寻迹
怪物猎人世界

日本 Ambit 书籍编辑部 编著　　赵栩嘉 译

吉林美术出版社 | 全国百佳图书出版单位

MONSTER HUNTER
WORLD

目 录

收藏版游戏用 插图

电子游戏博览会（E3）2017 宣传用 插图

电子游戏博览会（E3）2017 宣传用 插图

电子游戏博览会（E3）2017 宣传用 插图
美版、欧版游戏封面用 插图

卡普空《新闻摘要》2018 用 插图

卡普空宣传活动“狩猎感谢祭 2018”宣传册用 插图

展示用 插图

游戏封面（内侧）用 插图

海外杂志用 插图

海外杂志用 插图

《周刊 Fami 通》2018 2/8 增刊用 插图

海外杂志用 插图

寻迹

怪物猎人
世界

第一章
登场角色、据点之章

Character and Base

寻迹　怪物猎人　世界

巨大的古龙正在渡过大海，向遥远的新大陆进发，开始了古龙迁徙。古龙究竟为何会进行迁徙？为解开这一持续研究了十多年的谜团，由原大陆派出了对新大陆进行调查和研究的古龙调查团。本章的内容将介绍新大陆古龙调查团的主要成员和他们的调查据点——“星辰”。

新大陆古龙调查团——派遣概略

【一期团】

大约40年前，最初被派遣到新大陆的调查团。一期团中聚集了一批综合能力极强的精英，用过于有个性来形容每位调查员也不为过。现在一期团的大部分成员都已回到故国。

【二期团】

以促进技术发展为主要目标，二期团是以技术人才为主力的调查团。主要负责武器加工、机械材料开发和新设施的建筑等工作。他们是一群极具挑战精神、敢于打破常识、创造新鲜事物的人。

【三期团】

为了加快调查研究的进度，三期团的主要成员多为学者。他们到达新大陆后便立刻将船只改造成了热气球，向着大峡谷的另一边进发。然而，中途却意外遭遇了怪物袭击被迫降落。如今他们停留在陆珊瑚台地并建立了研究所，继续研究工作。

【四期团】

为了扩大调查范围和进度组成的调查团。聚集了大量组织能力极强的人才，同时也有很多优秀的猎人。整个期团的调查员都较为年轻，但有着较为丰富的经验。

【五期团】

以猎人为主的调查团，为了调查熔山龙的迁徙而被派遣来，是有史以来规模最大的调查团。聚集了大量优秀人才的五期团被寄予了极大的希望，被视作调查的“白风”而备受期待，或许是能将调查了十多年的谜团解开的希望之星。

关键词 [接待员]

虽然并不具备狩猎能力，但擅长信息的整理概括。她凭借自己丰富的知识和优秀的分析能力，对生态调查研究做出过许多贡献。

猎人赶赴原野的时候，接待员会用炉灶为猎人烹饪料理，为猎人提供强力的支持。至于食谱，接待员可是认真向料理长请教过的，因此，即便在野外营地也可以呈现料理长的手艺。

“来吧，向新大陆进发吧！”

人物

■强有力的编辑者

五期团的推荐组是由一位猎人和一位编辑者组成的、对新大陆进行调查的二人小队。接待员就是一位编辑者。即便是在五期团的众多编辑者之中，她的能力也是相当出众的。她对于生态调查有着浓厚的兴趣，经常会在任务和探索时到处走来走去为猎人引路（后来也有人称她为“活泼编辑者”）。为了绘制详细记录了地形、生态且方便猎人使用的地图，她经常不惜让自己身陷险境，执行力极强。此外，她不仅会活用地形，对环境、生物给予猎人有效的建议，还可以为猎人烹饪美味的料理，是猎人可靠的好伙伴。

人物

■被选到推荐组的前因后果

接待员的祖父曾经是新大陆古龙调查团一期团的团员，她从祖父那里听到很多故事，从而对新大陆产生了浓厚的兴趣。她之所以会被公会选到五期团的推荐组，是因为调查团的总司令说需要一位“遇到什么事情都不气馁的顽强编辑者”，这简直就是接待员自身的写照。她极高的行动力和开朗的性格在公会中也深受喜爱。

人物

■新大陆食物百科编纂计划

她作为编辑者来到新大陆有一个小目标，就是想编写一本专精于新大陆食物的大全。她不仅能在营地为猎人烹饪美味的料理，自己也是一位资深美食家。以“迷茫的时候，吃一顿就好了！”作为座右铭的她，公开表示自己最喜欢吃心跳加速菇。顺便提一下，心跳加速菇是一种神秘的食物，由于直接入口有可能会搞垮身体，所以在新大陆人们通常都避免直接生食，主要用它来调和回归球。

她还会偷偷委托植生研究所培育蘑菇等食材，笔记里也记录了大量的野外可食用食材。她对于食物强烈的探索欲望，被据点的料理长看在眼里。用餐区域的一角有一张她专用的大桌子，经常能看到她一边阅读堆得像小山一样的资料，一边大口吃肉或水果的豪爽身姿。据一期团的剑术大师说，她的祖父也很喜欢美食，是个爽快的汉子。

带有放大镜和望远镜的特殊眼镜，和仿鸟类形状的投射器，都是她自己制作的。她心灵手巧，很擅长制作这种小物件。

为了方便记录生态调查的进度，她总是在胸口插着一支羽毛笔，斜挎着的肩带上别着一瓶墨水和两个采集瓶。

关于新大陆的所见所闻，她喜欢用食物来形容。好比她会用“像一块巨大的肉直接在火上烤一样”来形容一些规模很大、很原始又粗犷的东西。

The Handler

CHARACTER AND BASE

接待员

新大陆古龙调查团

所属：五期团

她是一名编辑者，带着公会的推荐和自己的理想来到了新大陆。她和猎人一起行动，将复杂繁多的调查内容进行归纳整理。她是个又聪明又开朗的姑娘，坚信着“迷茫的时候，吃一顿就好了！”什么样的困难都可以克服。在前往新大陆的船上结识了自己命中注定的那位猎人搭档，从此开启了二人新大陆的征程。

她随身携带的汇集了任务资料的书里密密麻麻记满了调查资料，因为比其他编辑者多记录了很多关于食材的情报，所以格外厚。

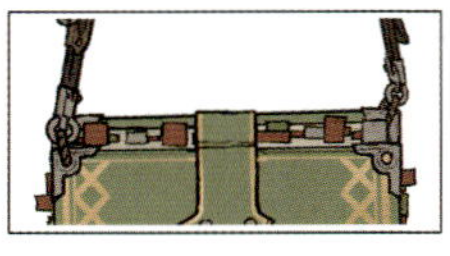

装备设定稿

接待员装备着编辑者标配的皮制无袖夹克和短裙，搭配能当作口罩使用的厚围脖，以及高至大腿的靴子。虽是轻装，却很适合调查需要。因为随身携带的资料比其他的接待员要多，为了方便，她自制了一个专门用来背书的肩带。

接待员自制的眼镜安装了可替换式镜头，由革制发带固定在头部。将长发别起来的发夹是用怪物的骨头加工而成的。

“感觉怪物的调查在有条不紊地进行着呢！”

话 题

旅行团的接待员是谁？

系列第四作的《怪物猎人 4/4G》中登场的女性角色，是商队移动公会中的随行接待员。

因为非常喜欢怪物，对怪物有着浓厚的求知欲，所以她整理了许多的调查报告并编写了一本《超☆手账》。另外，她还因为很喜欢青蛙，自己做了一个青蛙的小口袋，在性格和爱好上与本作的接待员有着一些相似之处。

※ 上图为《怪物猎人 4G》游戏画面

服 饰

■接待员的替换服装

除了新大陆调查员的装备，还有很多衣服也很适合接待员。在此介绍一部分猎人送给接待员的特殊服装。

▶服 装

旅行团的接待员

在原大陆某公会的随行接待员所穿着的其中一套衣服。这套衣服充满了知性的美感，青蛙的小口袋更是萌点所在。

▶服 装

新大陆三星主厨上衣

厨师帽和围裙，穿上简直变身大厨了。据说围裙的口袋里存放了导虫，想让她在参加特别任务“顺应食物链的趋势”时也穿穿这身衣服呢。

随从艾路

新大陆古龙调查团

所属：五期团

艾路是猎人的伙伴，和猎人一起征战四方遨游世界，现在和被选入推荐组的猎人伙伴一起来到了新大陆。艾路擅长使用武器和道具来辅助狩猎，发挥兽人族的体能优势，对新大陆的调查做出很大贡献。

关键词 [艾路]

艾路是兽人族，栖息在原大陆，拥有小动物一样的外形。艾路既有自己族群独特的风俗习惯，同时也非常热衷与其他种族之间的文化交流。它们好奇心很强，也很擅长学习其他种族的语言。

长期与猎人一起行动，对猎人有着强烈的信任，还可以在狩猎中听从猎人的指示，非常可爱。

因为好奇心旺盛，艾路在和猎人一起调查时会到处跑来跑去，热衷且擅长采集素材。这也正是艾路身体机能的优势，适应环境能力非常强。

Otomo Airou

CHARACTER AND BASE

装备设定稿

本着尽量不将原大陆的素材带到新大陆的原则，随从艾路的装备是一身初级的皮革套装，很多人都喜欢这种简单实用的设计。随从艾路的武器做成了它最喜欢的橡果形状，有时也可以当小铲子用。身后背的大瓶子里装满了回复药。

人物

■作为随从艾路

公会会在喜欢与人类交流的艾路当中选择一部分综合能力优秀的成为“随从艾路”，和猎人一起行动。在调查团，随从艾路不是以推荐组的形式进行编制的，而是作为猎人的伙伴加入五期团当中。

人物

■和猎人伙伴的关系

本作中的随从艾路和猎人在原大陆就结为了伙伴，一起完成过数个任务。即使结识了那么长时间，艾路还是会有强烈的表现欲，想让猎人看到自己熟练使用道具的样子，想让猎人带自己参与下一次的调查，从艾路的这些表现中也能看到它对猎人伙伴的信任和感情。

“如果遇见其他随从伙伴的话，我会试试喊它们来帮忙的！”

艾路是杂食性生物。虽然艾路和人类吃的东西是一样的，但猎人给他们的肉是特意为艾路做的，更适合艾路食用。可以说和人类一起生活的艾路，伙食要比野生艾路好得多。

话题

异文化交流不可或缺的随从艾路

在新大陆栖息着多种兽人族，它们每个种群都有自己的文化和语言体系，人类很难直接和它们交流，这时候就轮到随从艾路在中间传递信息了。艾路有着高超的语言习得能力，甚至能理解人类语言，在调查兽人族痕迹时就可以实现与它们的交流。有时它们互换一下信息，有时候可以帮助猎人共同狩猎，艾路就是这么与其他的随从伙伴建立羁绊关系的。艾路甚至可以学会小型怪物的语言，用食物作为诱饵，将小型怪物变为坐骑。可以说艾路现在已经是新大陆的调查中不可或缺的一分子。

装备设定稿

总司令穿着的装备是他很中意的，穿了许多年，身上能看到岁月的痕迹。夹克的右侧装饰着一期团的团旗，左腿的装备是为了辅助步行特意强化过的。

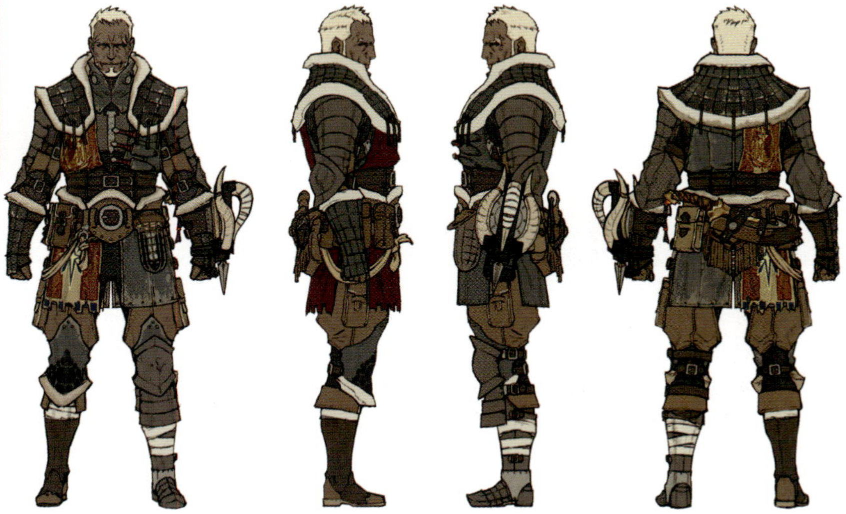

“愿指引你们的苍蓝星一直闪耀”

人物

■委任调查团总指挥

在一期团的调查活动进行时，掌舵的人被称为大团长，而总司令是他的辅佐官。但是由于大团长常会离开星辰据点出门调查，所以调查团的总指挥权便交给了总司令。当然总司令本来就是一位优秀的猎人，是重视缜密观察与思考的头脑派，可谓是领导者的最佳人选了。他胆大心细，注重生态和自然平衡，颇受大家的爱戴。

人物

■导虫利用的提案者

发出淡淡的绿光，为猎人引路的导虫，最早是由总司令在新大陆发现的。自从发现了导虫可以对人和物发出的气味做出反应这一习性后，经过多年的研究，终于让导虫在猎人探索和怪物调查时派上用场。现在导虫已经成了新大陆调查不可或缺的装备之一，五期团也在调查出航前分发了导虫。

刚加入调查团的时候还是个素质过硬的年轻猎人。即便过了这么多年依旧风姿飒爽，精气神上完全感觉不到上了岁数，深受团员们的喜爱。

女儿返回了原大陆，外孙则留在了新大陆，现已成为令总司令自豪的调查班队长。总司令本人也做好了埋骨新大陆的思想准备。

关键词 [公会]

猎人公会负责发布调查及狩猎活动的委托，各种信息情报的收集、整理，以及对猎人的行动提供后援保障。新大陆古龙调查团的猎人公会依然设置在原大陆。

接待员的祖父曾和总司令为同期的调查员，总司令说他和接待员很像，是个开朗又有趣的男人。虽然总司令喜欢挖苦别人，但这句话却是真心的。

总司令

新大陆古龙调查团

所属：一期团

他是执掌调查团总指挥权的人。40年前来到了新大陆，作为少数留下的一期团员，他拥有着丰富的经验。以沉着冷静的指挥和胆大心细的决策引领着整个调查团，得到了团员的爱戴与信赖。

Commander

CHARACTER AND BASE

因为在调查任务中负伤而退居二线，他擅长听取周围人的意见，多重分析之后做出决策。他的动力来源于强烈的探究欲和对神话中描写的“引路的苍蓝星”强烈的执念。

关键词 [推荐组]

被公会选入新大陆古龙调查团核心成员的精英猎人之一。按照猎人和编辑者二人组队的编制形式，刚入队便组好了队。
是个大家公认的路痴，连返回研究基地都能让他费一番功夫。他比任何人都更依赖导虫，赞美导虫的存在。

和外表相反，他其实是一个求知欲很强的人。他很喜欢读书，三期团团长和调查班队长所著的论文他都通读过。

虽然看起来很年轻，但他也是一位经验丰富的猎人。对于新大陆的调查充满热情，也会在面对巨大古龙迁徙的谜团时面露愁容。

他性格乐观，是那种看到熔岩会想到热腾腾的番茄汤，想吃霜降番茄的人。有不少人都被他的这种阳光性格治愈过。

Excitable A-Lister

CHARACTER AND BASE

阳光的推荐组员

新大陆古龙调查团

所属：五期团

五期团推荐组的成员，他和好胜的推荐组员是搭档，擅长活跃气氛。虽然外表看起来有点儿轻率浮躁，但他有着敏锐的洞察力，擅长在调查和狩猎中找准最佳时机出手，在执行很多特殊任务时都有过不错的实战表现。

装备设定稿

两侧剃光只留头顶的发型是他的一大特点。他最早穿着锁甲套装和猎人套装，后来换到了现在的雌火龙 α 套装。他很擅长收集素材，在原大陆时便每次都会将装备的防御力强化到最高。另外，他有着天选之子一般的运气，据说以前从未被缺少稀有素材困扰过。

人物

■全武器精通的能手

在原大陆的时候多次执行过特殊任务，素质相当过硬。因为超强的学习能力，不管什么武器和道具他都能在短时间内上手，渐渐便练成了全武器精通的能手。他的战斗技巧可以说是炉火纯青。他在新大陆最喜欢用的武器是片手剑。

人物

■将过去犯的错引以为戒

现在遵从师父的教诲，从不在强化防具上偷懒的他，以前做事也有过不成熟欠考虑的时候。在执行原大陆的一次大规模任务时，他就曾被某只怪物教育过。虽说那时候是新人，但由于自己的失误让师父们身陷险境也是事实。他发誓引以为戒，在新大陆要有所成长。

“师父教导过，保护自己的最后一道防线就是结实的防具和慎重的行动”

话题

最敬爱的师父

阳光的推荐组员总挂在嘴边的师父，是在公会中负责特殊任务的“顶尖猎人”当中的一员，而且他还是其中的领导者，是个擅长用双剑的人。那个男人秉承着自己的信念和骄傲，耿直又认真的性格深得公会的信赖，现在也时常去执行特殊任务。因为师父用双剑，所以阳光的推荐组员和他学到了不少剑术的技巧。右侧的人物和阳光的推荐组员很像，这会不会是当年他被师父救下时那场战斗的身影呢？

※ 上图为《怪物猎人 4》游戏画面

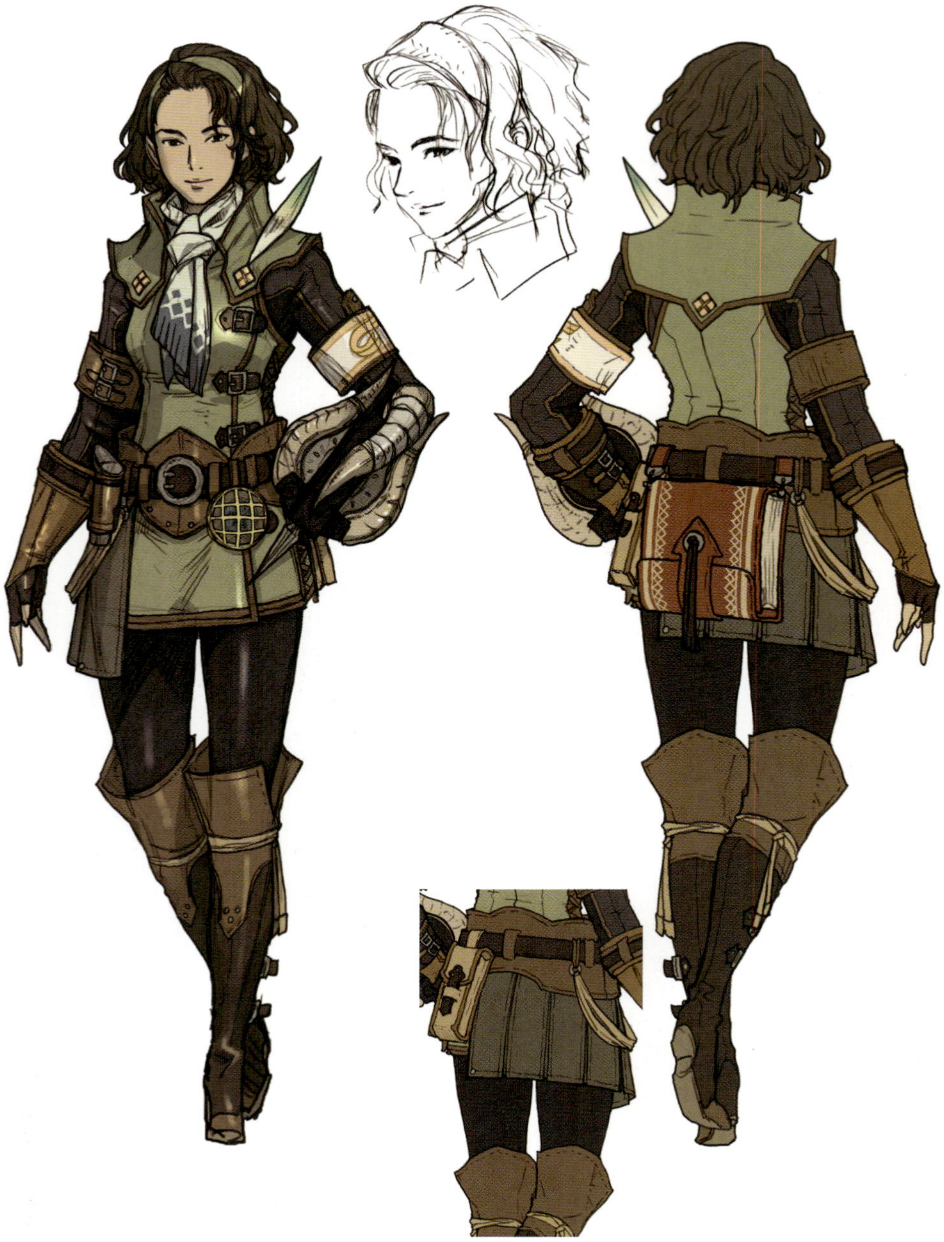

装备设定稿

为了轻便，她的服装卸掉了毛皮和披风，是接待员的服装中非常俏丽时髦的一款，精致的小围巾更是点睛之笔。腰带上挂着编辑者专用导虫笼和调查资料，导虫笼是紧凑型的。

“最重要的事就是不被既定认知所束缚，相信自己的所见。这也是我的搭档唯一擅长的事。”

她说在黎明目睹熔山龙身姿的那一幕，简直就像神话中描写的一样。在那次捕获作战中，她对现场的状况报告以及寻找熔山龙的散热器官帮了不少忙。

人物

■渴求知识的编辑者

遇到没见过的东西就想亲手碰一碰，想看看会发生什么，这就是好奇心旺盛的她。她不仅研究过四期团编辑者整理的资料，对接待员的“新大陆美食的百科全书编纂计划”也颇有兴趣。在第一次探访瘴气之谷的时候，她就被那里独特的生态系统所深深吸引。大量未知的植物和环境生物令她兴奋不已。

人物

■不顾反对加入调查团

因为讨厌自己的命运被规划好，想要自由自在的生活，她不顾父母和亲戚的反对离家出走，毅然决然地加入了调查团。当时支持她加入调查团的只有姐姐一人。但是来到星辰之后，她渐渐明白了亲人对自己的保护与关爱，现在的她想在调查结束后回到家人的身边。

她抵达星辰后不久就探查了周围的原野和栖息着的小型怪物，整理了一份资料，归纳总结能力非常强。

她非常喜欢接待员正在编写的《新大陆美食百科全书》，看了之后她表现出了极大的兴趣和热情。或许同为编辑者，想法会有比较相似的地方。

好胜的推荐组员

新大陆古龙调查团

所属：五期团

她是一名编辑者，作为五期团的推荐组成员来到了新大陆，和阳光的推荐组员是搭档。通读过许多学术方面的书籍，知识面很广。虽然她性格比较强势，但她聪明伶俐，情商也很高，团员们也是十分喜欢她的。

Serious Handler

CHARACTER AND BASE

她特别喜欢神话故事《五龙传说》，尤其是故事的开放式结局，让她尤为神往。

话题　求者众多的精英编辑者

新大陆古龙调查团的派遣已经是第五次了，这次可谓是人数最多，规模最大。本着招贤纳士的原则，五期团欢迎各界精英毛遂自荐，经过严格考核合格的人可以加入调查团。虽说五期团的推荐组是按照一名猎人与一名编辑者组队进行编制的，但编辑者的人数远少于猎人。所以说能成功地与编辑者结为二人搭档，对猎人来说是一种身份的象征。

剑术技巧师从于剑术大师，又得到了生态研究所所长在学术上的指导，虽然年轻但实力过硬。

在准备扩大瘴气之谷的调查范围时，是他提议将作为研究基地的三期团的船改造为热气球。这种大胆的战术风格也许是遗传自总司令。

人 物

■扎根新大陆的决心

要返回原大陆的父母对他说“你也一起来吧”，可他却拒绝了，毅然决然留在了新大陆。对他来说新大陆才是生他养他的故乡，毕竟他想和他的外公，也就是总司令一起住在星辰，守护大家的安全。目前正以统领调查班的队长身份履行着这份想法和责任。

人 物

■作为猎人对调查团的贡献

作为五期团的领路人，是位会进行随同调查、提供信息等入门指导的好青年。他作为猎人的综合能力固然优秀，但他有时候会在学术方面偷懒，个性上似乎不适合做研究者或编辑者。

Field Team Leader

CHARACTER AND BASE

调查班队长

新大陆古龙调查团

所属：——

他是个在原野进行实地调查时会大展拳脚的青年。总司令是他的外公，他也是调查团中唯一一个出生并成长在新大陆的猎人。作为一直生活在新大陆的前辈猎人，他从生活到调查任务上都帮了五期团很多。也能见到他照顾总司令的体贴一面。

装备设定稿

在猎人装备的基础上去掉了披风和肩部防具，立领是这套服装的特色。出生在新大陆的他加入调查团的时间大约和四期团是同期，所以胸前佩戴着四期团的纹章。

“嘿，你们的国家是什么样子的？我也想有机会去看看呀。”

遗传了总司令优秀的领导能力，将调查班团结在一起。他不仅是下达指示的人，还会亲自参与人员调配，甚至为了联络各地的组织奔波。

装备设定稿

虽然喜欢穿着花哨浮夸的衣服，但腰间挂着的物资清单是按照类别认真整理好的，右半侧的编发也是花时间认真打理过的，是个一丝不苟的人。

“调查团的工作可不只是调查怪物哟。”

和调查资源管理所的另外两位队长统称为“队长组合”，他们分工管理着据点的物资，同时她还负责营地补给品的分配。

人物

■追求刺激的生存方式

说到加入四期团来到新大陆的理由，她开玩笑地说：“比起在那边没人管的市场里当霸王，还是这边要有趣得多呢。”她还说过见不着家人会省去许多烦恼这种话，虽然定期会有船往返于新旧大陆之间，她却说：“回去了也没什么意思。”她就是这么一个对于未知事物无法自拔的人。

人物

■物资班整理大师的天赋

她喜欢收拾整理，而且也很喜欢从凌乱的状态变整齐的过程，简直是物资班不可或缺的人才。对于物资班的工作，整理的重要性自然不必说，但能对凌乱状态也乐在其中的人，可以说是有创意的人才具有的特点。做情报管理的工作，有的时候正是需要一点儿从这种状态中萌生的灵感。

物资班队长

新大陆古龙调查团

所属：四期团

在调查资源管理所中负责所有物资流通，是个做事果敢有气度的人。她做事细致从不出疏漏，需要提供补给的时候毫不含糊，不缺补给的地方也休想从她手里占便宜。一切都在她的掌控之中，调查班的人都对她心服口服。

过去的生活曾因遭遇古龙而被打乱节奏，除了等待事情结束别无他法。正是因为这段经历，面对熔山龙巨大的身影时她总是头皮发麻。

Provisions Manager

CHARACTER AND BASE

她会说一些让人联想到她过去的话，例如“如果发展到不择手段的话，事情就完了”“说不好会不会无颜面对老天爷”，有的人会被她的这种发言所吸引。

他有时会形容一件事是“新大陆的指示”“上天的启示”，接着又会说像是人类才会开的玩笑。

关键词 ［龙人族］

自古以来便存在的种族，有着异于人类的独立知识体系。长耳、四指、长后脚跟，从外观上可以很容易地分辨他们。龙人族虽然寿命很长但繁殖能力低下，现存种族人数非常少。

平时是个话痨，但一提到有关三期团的事他会立刻陷入沉默。他的妹妹，也就是三期团的团长，在被他叫来新大陆之后不久便遭到怪物袭击，他心里一直觉得对不住妹妹。

Analytics Director

CHARACTER AND BASE

调查班队长

新大陆古龙调查团

所属：二期团

在调查资源管理所管理着所有的调查和研究成果。虽然是个科学怪人类型的天才学者，但人员管理的能力也十分出色，和派遣调查团来的公会交往也很密切。他喜欢讲文绉绉的冷笑话，但大家一致认为并不好笑。

装备设定稿

穿着标准的学者长袍，学术书籍不离手。对他来说最重要的东西就是笔了，为了不把笔弄丢，他常常把笔插在编发的发尾处。

人物

■领导的立场和研究者的本分

他主要负责通过调查资源管理所的调查资料来制定研究方针，分配合适的研究人员。另外，他还需要将研究的最新发现和进展汇报给总司令和公会，每天忙得不亦乐乎。时间被公务所占据，他有时会特别想撇开工作，一心扑到自己的研究上。作为二期团成员来到新大陆后，因为太过繁忙甚至叫了妹妹来帮忙。

人物

■团结学者们的领导力

埋头沉迷研究的人，基本都是一些我行我素，有性格的学者。能把他们团结在一起的窍门，就是让他们各自做感兴趣的事情。就现在的团队成员来说，这绝对是效率最高的好办法了。

“每次发生古龙迁徙都需要重新完善生态地图，这就像是根据季节作诗一样。哈哈哈！”

对生物学、植物学，甚至自然科学的造诣都很深的他，比起辛辛苦苦地完善生态地图，似乎对古龙迁徙相关的调查更感兴趣。

话题

相似的兄妹？

三期团的团长是他的妹妹。虽然两人都不承认，但同为才华横溢的研究者，同样爱讲不好笑的笑话，可以说兄妹俩简直是一个模子刻出来的。她找不着眼镜时的迷糊样子，也能让人感觉到血缘真是个神奇的东西。

植生研究所所长

“古代树是众多植物的集合体，我所做的只是让它们发挥各自的特点，并加以利用而已。”

植生研究所所长

植生研究所所长是个对新大陆的植物颇有研究的年轻龙人。他将目光聚焦在古代树上，试图从古代树的形成来解开新大陆的生态系统之谜。这次的古龙迁徙事件，他完全忘了五期团的抵达时间，依然外出在原野工作，是个我行我素的人。他对植物有着浓厚的兴趣，经常会用植物来形容别人。

行踪不明的生物学者

一心扑在调查上的龙人学者，在大蚁冢荒地执行作业时和护卫走散，从而目击了袭击土砂龙的灭尽龙。陷入进退两难境地的他，不得不向猎人求助。用接待员祖父的话说，“学者的研究激情，有时候上头了不受控制”。外出调查的学者会为了防风沙佩戴头巾，用绷带和裹腿束起袖口和裤腿。

船 长

是个有着多年航海经验的专家，几乎所有船的驾驶方法他都精通。为了平安地护送调查古龙迁徙的调查员渡海，他做了不少功课，提前摸清了新大陆特有的气象和海面情况。当年作为一个新船员成功地护送一期团团员抵达了新大陆，当时的船长在返乡之际便将这个职位传给了他。

日复一日地看着大海，潮汐、风、浪，所有的变化全都逃不过他的眼睛。他往往会带着满满一船货，定期往返于各个交易港口之间。

补给物资负责人

管理物资管理所的四期团团员，和物资班队长是旧相识，是她在新大陆强力的左膀右臂。嗅觉敏锐，通过和猎人们闲聊就能大致得知他们需要什么物资，从而及时处理保证供应。他将账目管理得一丝不苟，自己也是一个勤俭持家的人。

据说他和物资班队长的结识，是他偶然在某个商队看到了这位和各路商贩讨价还价游刃有余的女性，被她的魄力所折服，从而倒贴着成了她的徒弟。

因为方便蹲下的时候在膝盖上放些东西，所以有很多商人都像这个男子一样，把围裙系在侧面。

知性的生物学者

曾是原大陆古龙调查机关的一名龙人族生物学者。他热衷于原野作业调查，比起古龙他对环境生物的生态要更痴迷一些，也正是因为这个，他从古龙调查机关来到了调查团。为了调查研究，他在寻找可以帮他捕获环境生物和怪物的猎人。

将捕获的怪物做上可以识别的标记，导虫记住这个特征之后就可以指引追踪调查了。

O T H E R S

CHARACTER AND BASE

■ 在星辰形形色色的人们

为了维持新大陆据点的正常运转，大家都各有分工，有条不紊地工作着。有负责锻造的，有搬运货物的，也有帮忙置备食材的……只有狩猎和研究是不够的，星辰的生活离不开这些后勤保障人员。

武器店团员

掌管工坊武器店的女性。是二期团中很可靠的一位成员，所以被分配来管理星辰的所有武器。她为了帮忙开发特殊装备，一直在寻找能协助开发的猎人，五期团的猎人自然也在她的目标范围之中。

她负责的工作包括贩卖现成的武器，也管理着星辰所有的配给武器。另外，她还开发出了许多特殊装备。

充满朝气的五期团团员

是个用重弩的猎人。日常负责做学者们的护卫，但他有时候看到调查对象会忍不住直接冲上去，精力旺盛。

行踪不明的学者在大蚁冢荒地和护卫走散，他那个时候也加入了搜索学者的先遣队。

酷酷的五期团团员

是个用双剑的猎人，外表给人一种很冷酷的感觉。她刚成为猎人的时候看到了调查团发来的新大陆调查报告，从而立志要加入调查团。调查报告中记录了许多东西，从作战会议的内容，到用餐区域的食谱，再到天空中翱翔的雄火龙的英姿，她看完后不禁激动到落泪。

大哥风格的五期团团员

喜欢吃东西，总能看到他在用餐区域吃饭的身影。因此他也经常受料理长的委托，帮忙寻找食材。他是个很聪明的人，在其他猎人的协助下发现了迄今为止大部分的食材，公会也很认可他的成绩。

他是在用餐区域的菜单上看到五期团招募团员的通知的，对于公会的推荐他也是欣然接受。

好强的五期团团员

因为痴迷于未知的怪物，为了成为猎人来到了新大陆。但由于对许多旧物恋恋不舍，现在已经没有那么强烈的热情了。

处事稳当的五期团团员

因为对新大陆的武器感兴趣而加入五期团的猎人。休息的时候会帮忙保养武器，或是帮队长们打打下手。

我行我素的五期团团员

她在故国时听到过一句话，“到新大陆的人不是天才就是怪人，还有不少问题人物”，对此她深表赞同。她自己或许也是其中一员，她对海上遭遇熔山龙的事故感到激动，甚至曾经把大团长错认成了金狮子，也算是个狠人。

装备设定稿

左手戴着连指手套，随身的工具袋里塞满了常用工具，身后还背着方便移动用的绳系统。导虫的虫笼内侧添加了反光板，固定在头盔上，在工作的时候可以当头灯用。为了保护他的大耳朵和鼻子，他还专门制作了革质的护甲。

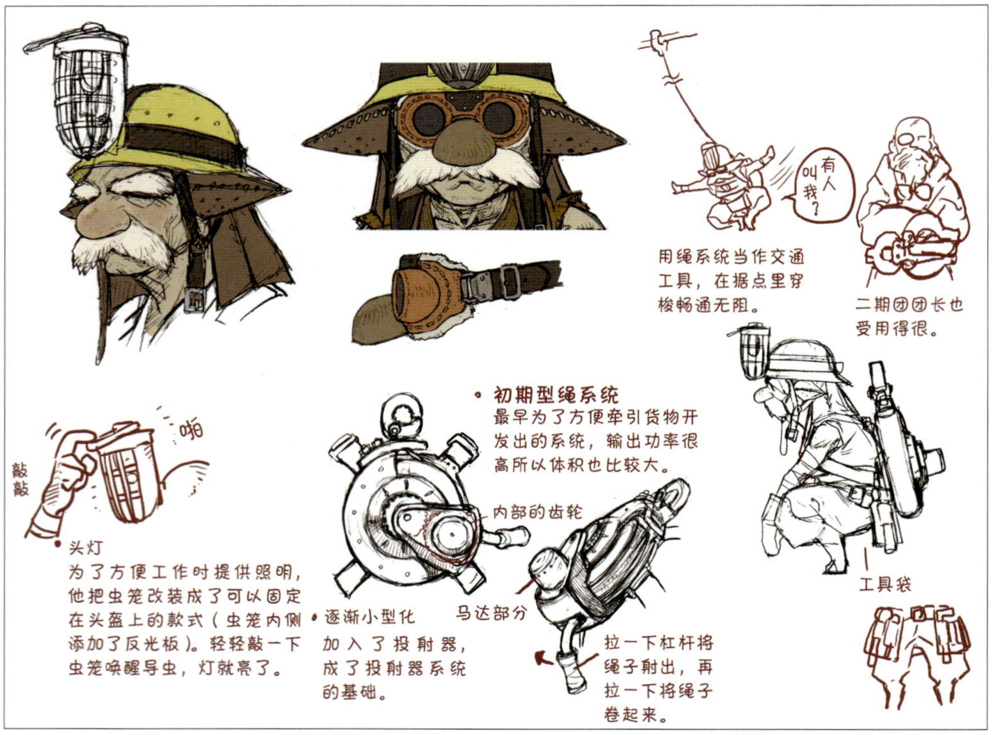

“比起正式任务，我还是更喜欢前期准备的过程！”

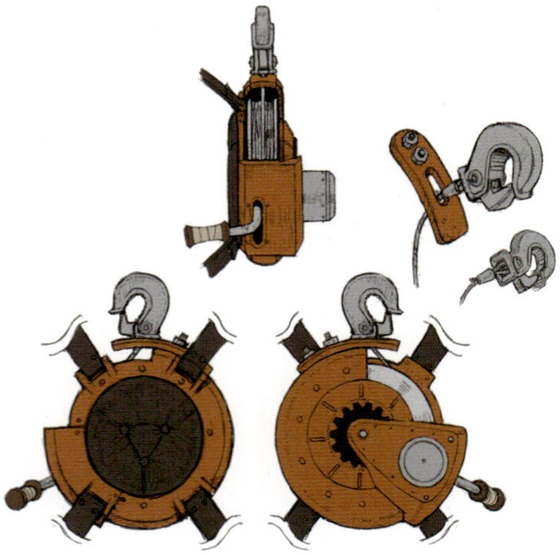

人物

■星辰资历最老的技术人员

作为一期团员来到新大陆，是从无到有建立起星辰的元老人物之一。当初作为技术人员来到星辰的加上他只有两人，二期团到来之前的这十年，二人为建立起星辰的基础设施可谓是费尽心力。即便如此他还是坚信着“准备是否充分决定了事情能否成功”这样的座右铭，十分享受前期准备的过程，是一个十足的匠人。

人物

■绳系统的开发

他自称新大陆的发明家，身后背的初期型绳系统就是他的杰作。这套系统主要用于方便在据点内移动，之后二期团头领开发的投射器就参考了一部分绳系统的构造。后来即便有了投射器他还是坚持使用绳系统，可见这个人心里有作为发明家的傲气。另外，猎人的防具不再分剑士和弩手，实现这个想法的基础调整也是由他完成的。

他几乎精通所有工种，而且无论物件大小，干所有活都一样一丝不苟。二期团的头领和武器屋其他的技术人员都亲切地喊他为“老爷子”。

他是那种听到东西准备得不齐会感到焦虑的人。要是让他听到料理长说缺食材的话，即便不在他的负责范围内他也会提交交货委托。

技术班队长

新大陆古龙调查团

所属：一期团

在调查资源管理所管理着星辰所有机械和材料的龙人。除了武器的加工，对建筑也十分在行，星辰据点就是他一手设计建造的。在原大陆是个有名的发明家，是个古怪的天才。

Tech Chief

CHARACTER AND BASE

在充满了天才、怪人和问题人物的一期团里，被人说成“天才得过了头，成了问题人物”的就是他。他非常讨厌无聊的生活，可以说发明就是他活着的意义。

二期团团长

新大陆古龙调查团

所属：二期团

管理着以技术人员居多的二期团。他思路灵活，不排斥旧物件的改造再利用。凭借着对品质的高要求和过硬的技术，在星辰的武器加工屋大展拳脚，为猎人们制作装备，提供强有力的支持。

想用亲自发现的古龙素材做新装备，在古龙调查中灌注了技术人员的梦想。

以前和他同期的猎人们大多因为年龄等种种理由退居二线，回到了故国。而他觉得靠手艺吃饭的技术人员还能活跃多年，于是留在了新大陆继续发光发热。

Second Fleet Master

装备设定稿

和大部分锻造者一样，他的服装以皮革制品为主。为了方便把素材放在膝盖上加工，左腿大腿装备了金属盔甲挡板。左臂上有一个造型粗犷的投射器，是现在普及的投射器的原型，以此为基础，后来吸纳猎人们的建议进行了改良。最初是因为腰痛，嫌总要走动很麻烦，才想到了这个主意，因此他的试用品上还装有钳子，可以将远处的工具夹过来。另外，常年处于火焰包围的高亮度环境，右眼的视力下降得很厉害，现在需要戴眼罩来保护眼睛。虽说他觉得技术才是资本，但到底屈服于昏花的眼睛。

人物

■技术人员集团的领导者

二期团的团员有六成都是技术人员。本着强化新大陆基础设施的目的，一期团希望在招募团员时特意挑选那些敢于打破常规，具有挑战精神的人。作为领导者的他正是一个不仅有技术，也很有创造力的人。

人物

■利用灵活的思路不断开发新技术

随着五期团在新大陆调查的展开，他开发出了许多方便猎人的新技术。像是活用古代龙人的技术生产护石，活用龙脉石来解放武器的强化上限等等。在大峡谷建造的特殊斗技场，也是他的得意作之一。

即便是常年被火光包围导致失明，他也依旧认为自己的技术和思想比不上龙人族，因此对技术班队长非常敬服。猎人来找他加工装备时，他也总不忘了叮嘱猎人几句。

“做装备可不许心疼素材，反正那些东西压箱底存着也没别的用。”

话题

近战远程统一化，防具做法全面升级

装备上不再区分近战和远程，将二者统一化，这是二期团的技术人员们提出的想法。当时虽然有人表示犹豫，但持反对意见的人一个也没有。在当时素材不算太充裕的情况下，技术人员们的努力就显得尤为重要了。

装备设定稿

重视生态自然平衡的龙人族，很少像猎人一样穿着重装甲。她也一样，穿着用龙人族喜爱的布料缝制的衣服，披着一件宽松的学者长袍。长袍上看起来像花一样的纹样，其实是实验的时候沾染上的污渍，衣服的下摆也磨损得有些参差不齐。她的披肩做工精细，款式优雅，是她最喜欢的一件衣服。

人物

■受哥哥邀请来到调查团

为了促进调查研究的进度，公会组建了以学者为主的三期团，她则是三期团的团长。她是受哥哥，研究班队长的邀请来到三期团的。她本身有很强的探究欲，对古龙迁徙现象的兴趣自不必说，对瘴气之谷独特的生态系统也很神往。

人物

■尝试让三期团的船飞起来

为了扩大新大陆北部的调查范围，她提出把三期团的船改造为热气球。虽然这个大胆的想法实践起来很令人期待，但他们刚飞越大峡谷就遭遇了怪物的袭击，此后的二十年都无法返回星辰，不得不在陆珊瑚台地建立了研究所。即使如此，她也从未对这一次的失败感到后悔过。

“想到大峡谷的另一边去看一看呢。在船上装热气球，我这个想法还真是挺胡来的呢。”

三期团团长

新大陆古龙调查团

所属：三期团

以学者为主的三期团的领导者。作为被称作科学怪人的学者之一，她专攻的方向是生物学中以气味研究为主的脑科学。到达新大陆之后，大胆地乘着热气球向大峡谷的另一边进发，遇险后便在陆珊瑚台地建立了研究所，继续着研究工作。

三期团的学者们被大峡谷险要的地形所阻挠，留在了陆珊瑚台地。一期团的原野大师有时会路过这里，成了三期团和外界联络的桥梁。

出于对发现未知生物时的感动和对自然的敬畏，遇到第一次见到的鸟类，她都会留下一根羽毛作为纪念，然后绑到一起做成了头饰。

她常说："我从不相信偶然。"正是因为这种态度她才能成为一个优秀的学者。而且她一旦取得了什么成果就会想探求更多，得到的越多胃口越大说的就是她这种人。

Third Fleet Master

CHARACTER AND BASE

开朗的学者

“各位，觉不觉得我们的熔山龙远比想象中的要大？”

他们简直就是好奇心的化身。为了收集熔山龙的痕迹，自己拉着行李外出调查。

■三位大爷的长相

阳光的学者戴着斗笠和布制口罩，快活的学者戴着兜帽和防尘面具，开朗的学者戴着头巾还留着胡子，三位学者平时脸都是被遮起来的。

▼阳光的学者

▼快活的学者

▼开朗的学者

学者三人组

阳光的学者、快活的学者和开朗的学者三人总是一起行动，大家亲切地称呼他们为“三位大爷”。他们是一群为了调查甚至愿意亲自赶赴前线的龙人学者。另外，他们还组织了“生态调查捕获班”，帮助知性的生物学者追踪调查已捕获的怪物。

生态研究所所长

生态研究所的负责人，掌管着关于怪物的各种各样的研究资料。是个知识很渊博的龙人，关于新大陆的怪物没人能比他懂得更多了。虽然平时挺难伺候的，不过日常生活中对猎人们多有关心，是个温柔的人。他不是很擅长收拾东西，身后的资料都堆成了山。他着重于去探究进行迁徙的古龙的共同点，试图解开本次熔山龙迁徙的秘密，一边埋头阅读现有的资料，一边等着最新一手的调查报告。

因为捕获怪物所获得的情报非常有价值，他提议增加捕获任务的报酬。

急性子的生物学者

对于怪物的生态有着很深造诣的龙人学者。她和同样有着学者抱负的丈夫一起来到了新大陆，在本次的调查中负责推测熔山龙的行动轨迹。

稳重的植物学者

在植生研究所研究新大陆植物、菌类培育的龙人学者。增加可培育的植物种类、扩充收获箱容量等都是她的研究成果。

三位大爷的服饰

生活在星辰的老龙人之间很流行遮阳斗笠。而生活在研究基地的老龙人则更愿意穿着学者长袍和学者帽这种正式一点儿的服装，同时蓝色系是他们的流行色，是三期团大部分龙人的选择。话虽如此，他们当中也还是有一些不拘小节的人。

兽人族研究员

三期团的龙人学者，负责研究德特尔之类的栖息在新大陆的兽人族，被猎人和随从艾路们亲切地称为“猫奶奶”。但不知为什么自从开始这项研究之后她总是不停地打喷嚏，这点还挺令她困扰的。

将五期团的其他随从艾路从研究基地派遣到各地去探索的“随从探险队”，就是基于她的研究才能得以实现的。

内向的学者

研究兽人族语言的三期团学者。来到新大陆以后进行过关于古代龙人的研究，据她说他们的发声方式更接近于震动。她还总说自然是残酷无情的，对自然充满着敬畏。

豁达的学者

负责观测瘴气之谷的龙人学者。因为梦想能在空中翱翔，所以不知不觉地研究起了飞龙。三期团团长提出的飞空艇计划，他二话不说就赞成了。

基地的补给物资负责人

在研究基地负责物资管理的龙人学者。自认为是三期团中最靠谱的一位，负责调查样本和资料的整理。随着对陆珊瑚台地和瘴气之谷观测的推进，据说他确信发现了一则真理，即“生命的美丽”。

三期团的学者其实都是酒鬼。他们会偷偷下单达人啤酒和火龙威士忌的原料，并且在下单时候还会让人帮忙对星辰的人保密。

神秘炼金研究员

研究新大陆特有炼金技术“神秘炼金”的三期团龙人学者。早期在研究基地进行工作，后来搬到了星辰，为猎人们生产装饰品和贵重素材。

据说搅拌着缸里的原料，会被一种莫名的睡意所侵袭。这个姿势保持久了腰也蛮累的，是个挺辛苦的工作。

O T H E R S

CHARACTER AND BASE

剑术大师

新大陆古龙调查团

所属：一期团

是最初一批到达新大陆的一期团团员，也是现在唯一一个依然穿着老款剑士专用防具的老派猎人。他的武器操作技术是一期团中首屈一指的，问他为什么不换掉老式装备，他就会回答“新东西我用不惯”这样的话。

从年轻时候开始就是个一心一意的猎人，这么多年来一直专注于锻炼自己的体能和狩猎技巧。用雌火龙的素材制作的武器充满了他初出茅庐时的回忆，到现在也不愿意换掉。

The Huntsman

CHARACTER AND BASE

是个守旧的人，嘴边常挂着“新东西我用不惯”这样的话，连导虫也不愿意去用。不过有时候也能看到他在生态研究所满脸好奇地盯着导虫的身影。

装备设定稿

身着最喜欢的雌火龙系列防具，背后背着太刀，肩上挂着一期团的团旗，这就是剑术大师的样子。原大陆的剑士专用防具和现在星辰主流的近战远程兼用型防具的外形有些细微差异，仔细看他其实并没有装备投射器。虽然调查班队长教了他投射器的使用方法，但他就是记不住。

人物

■沉默寡言的高手剑士

擅长所有近战武器，其中太刀的技法更是炉火纯青。从他最开始参与新大陆的调查已经过了四十年了，但现在依然活跃在最前线。总司令的外孙，也就是调查班队长的剑术就是师从于他。他话不多，耿直地进行任务和调查的生活方式令许多猎人憧憬不已。

人物

■总司令的左膀右臂

他闲时便喜欢坐在总司令部的角落里，不过经常找不着他人影。有时候他是在二等小屋里睡觉，但更多的时候他都是在出任务，像熔山龙捕获作战的时候，他就受了总司令的委托前去调查灭尽龙。他既不靠编辑者也不靠导虫，全凭丰富的经验和敏锐的直觉行动，由此可见他的实力是多么强。

话题

旧伤痕封印的记忆

头盔的侧面有一大块被剜开的伤痕，这是他在原大陆多次和名为炎王龙的古龙对峙时留下的。当时他有两位和他成天比着磨炼技艺的好对手，一位是个壮汉，另一位是个开心果。和这两位好兄弟一起度过的时光是他一段宝贵的记忆，每每看到头盔上的伤痕都会让他想起那段快乐时光。

“到了一片新大陆，要高度集中自己的五感。最后时刻可以依靠的只有直觉和心。”

虽然他在各种场合都留下过自己的英姿，但可能是上了岁数体力有所下降的缘故，经常能看到他坐着就睡着的样子。据说他在床上的睡姿也非常符合老派猎人的样子。

精通怪物的生态和地形，喜欢利用各种道具只身前去调查。偶尔会路过研究基地，她和三期团团长是茶友。她觉得研究基地有些凌乱的环境反而能让她身心放松，心情舒畅。

装备设定稿

身着背心夹克和卸掉了锁链装甲的短裤装，左臂上系着一期团的团旗。对于猎人来说算是非常轻便的服装了，但为了调查瘴气之谷，防瘴气的眼镜和面罩是必不可少的。她的投射器经过自己改造装备在了手杖上，像拿枪的姿势似的，双手持杖便可发射投射器。

“看，生命在陨落。”

原野大师

新大陆古龙调查团

所属：一期团

一期团成员，身兼猎人和编辑者两职。非常重视记录工作，所以提出了猎人和编辑者二人组队的制度。对自然科学的各个领域都很了解，现在正只身在瘴气之谷调查。她偶然发现了失去联络的三期团研究基地，之后便成了他们和星辰之间的联络员。到达新大陆之后作为猎人执行的任务较少，而是一心扑在了原野作业和调查研究上。

人 物

■提出记录重要性的猎人

即便一期团聚集了一批综合能力极强的精英，开拓一片完全未知的土地也是一件很困难的事。尤其是像从前那样各凭本事独自探索的话，不仅效率低，还可能会有生命危险。所以她提出了由负责整理收集信息的编辑者和体能素质强的猎人结伴共同行动的提案。也正是因此，四期团之后的调查进度获得了显著的提升。

能够翻越大峡谷的人仅限于极少数像她一样的铁人。即便是她，翻越大峡谷也不是一件易事，由于环境条件十分险峻，她之前往往数月甚至数年才能到访一次研究基地。

The Tracker

CHARACTER AND BASE

偶然间救下了坠落瘴气之谷的猎人们，之后便格外关心同为编辑者的接待员。

人 物

■追求生命的真理

想探究生命的起源，见证生命的更迭，这是她多年来的执念。为解开古龙迁徙之谜她常年在瘴气之谷进行调查，由此得到了一个猜想——或许五期团的到来可以解开一切的谜团，验证她心中的答案。

龙人族的猎人

新大陆古龙调查团

所属：一期团

一期团的调查员，也是调查团中唯一的龙人猎人。兼备着龙人敏锐的感官和猎人丰富的经验，经常被分配去执行核心调查任务。不仅是这次古龙迁徙的调查，他以前也有过深入调查前线不知所踪的情况。

性格沉默寡言，行动沉着冷静，但是对探究有着满腔热情。曾经感受到地脉的变动，就独自一人前去调查。

The Seeker

在调查熔山龙痕迹的途中，猎人一行人和他在大蚁冢荒地相遇。他在告知了附近营地的地点之后，就又匆匆启程去调查了。

装备设定稿

他的防具是总司令同系列的异色版。因为龙人族的脚部骨骼构造和人类不同，他穿的是用动物皮革将腿部包裹起来的特制护腿。他的操虫棍上绑着一期团团旗，在不需要战斗的场合他的操虫棍就充当手杖用，帮助他在探索未知区域时开路。

现在留在新大陆的一期团，依然活跃于单独行动的有五个人。他和总司令虽然种族不同阅历不同，但二人依旧保持了彼此相互信任的关系。

“找到痕迹就是找到了真相。”

话题

龙人族年龄与体格上的差异

龙人族的寿命可以长达人类的数倍。龙人族猎人和三期团团长都属于龙人族中的年轻人，即便如此，据说他们的年龄也已经超过 100 岁了。体形大小也因个体差异和种族相差甚远。

因为寿命长、阅历丰富，有不少龙人族在组织中充当着核心角色。不过愿意与人类交流的龙人族依旧占少数。

人物

■龙人族很少涉足的猎人职业

龙人族是个重视自然生态平衡，与世无争，喜欢安安稳稳过日子的种族。因为龙人族拥有超高的智力，所以拥有超高的求知欲。想要深入大自然亲力亲为体验世间万物的人不在少数。但是因为大部分的龙人都跻身学术界，像他这样作为猎人驰骋四方的龙人确实比较少见。

人物

■为了追求什么而踏上旅程？

40 年前他刚踏上这片土地的时候，就感受到了一股强烈的能量流动。这种感觉近些年变得越来越强，为了弄清楚原因，他踏上了调查的征程。他就像是被什么东西指引着一样，他说：“或许我只是单纯被那家伙所吸引罢了。”

孤高的鱼类调查员

为了寻求新发现而来到新大陆的孤高的垂钓者。垂钓就是他生存的意义，就连做梦梦见的都是钓鱼。原大陆的鱼类他已经全都摸清了，为了钓到新种类的鱼，他咬上了调查团的“鱼钩”。他负责完善《环境生物图鉴》的鱼类部分内容，对他来说这就跟记录垂钓结果一样。

在垂钓的同时，他也在寻找能跟他合得来的垂钓伙伴。在新大陆关于垂钓技术或是鱼类相关的知识，有不懂的向他请教就好。偶尔可以看到他钓到大家伙时候的样子。

头戴宽檐帽，身着皮革背心，脚上穿着耐水的靴子，是渔人的打扮。

老练的兽人族学者

为了调查新大陆兽人族而去寻找他们栖息地的龙人学者。有点儿搞不定行动敏捷的德特尔，现在调查进入了瓶颈，在寻求猎人的帮助。原先他和孤高的鱼类调查员两人一起为热情的生态调查员工作，现在他的情况还挺令他们担心的。

他曾经在一次调查行动中昏倒，是一只德特尔救了他。他手里的手杖就是那时候得到的。他一直希望能学会兽人族的语言，对救他的德特尔说一句：“谢谢。”

热情的生态调查员

对研究充满热情，关于环境生物捕获的知识和技术没人比她更在行。是《环境生物图鉴》的主编，其中自己负责小动物和昆虫部分的内容。曾经沉迷观察太过出神而忘了向星辰进行汇报，被老练的兽人族学者申斥了一顿。对此她解释道：“观察蚂蚁的时候找不到停下来的时机。”

她是某大户人家的继承者，带着两名随从一起加入的四期团。

孤高的鱼类调查员已经快把鱼类图鉴写成垂钓讲解了，她对此感到很头疼。她为了调查方便身着毒妖鸟系列套装，上身披着隐身衣装，全神贯注观察环境生物。

稳重的四期团团员

前去执行高难度任务之前他会去“五只龙的房间”坐一坐。期团旗上印的五只龙的神话是他的信仰，他相信这里可以给他带来勇气。

O T H E R S

CHARACTER AND BASE

热气球开发员

二期团的技术人员。按照三期团的需求将他们的船改造成了飞空艇，对于三期团的事故他深感内疚。之后他便一直在寻找解救三期团的办法。

为了前去研究基地，他为升级版热气球的打造出了不少力。之后他便留在了那里，为学者们的调查帮忙。

大姐头风格的四期团团员

为了扩大调查范围，四期团发布了大量募集消息，她就是那时候应征来到新大陆的。她是名编辑者，这次古龙迁徙之前她就已经调查到大峡谷了，但是被险要的悬崖挡住了去路。

亲切的四期团团员

被任务的丰厚报酬所吸引，现在是调查团的候补猎人。家中兄弟很多，东西常常不够用，所以她连用途不明的素材都不舍得扔。

兴奋的四期团团员

并非自愿加入调查团，而是被搭档的猎人忽悠来新大陆的编辑者。虽然爱发发牢骚，但记录工作还是做得一丝不苟。

冷静的四期团团员

在原大陆进行过多次古龙调查任务，将自己的见解汇总成了一份报告书。他把报告书交给公会之后，便被邀请登上了调查团的船。在星辰他也会把头一次见到的事物讲给学者们听。

他组织了一个小型调查班，带领着他们进行调查。他也经常和急性子的生物学者交流怪物的生态。

热血的四期团团员

从小便以加入调查团为目标的猎人，看到四期团募集成员的海报之后立即提交了申请，顺利加入了调查团。在新大陆和其他的四期团成员一起得到了剑术大师的指导。本次古龙迁徙，他参与了落海的五期团成员的援救。

热衷调查的四期团团员

想作为猎人闯出一番天地，把并不想来新大陆的搭档编辑者拽到了新大陆。在故国的长期任务告一段落的时候，正好赶上公会在准备出航，他就借机加入了调查团。

噗吱猪

调查团的宠物，是吉祥物一样的存在。把它摸舒服了它就会很亲人，抱着它走路它还可能在路上发现些东西。有很多人乐于收集衣服给噗吱猪换装，是团队里负责“治愈”的角色。

猎人们都各自给噗吱猪起了自己喜欢的名字。如果把它抱去用餐区域的话它会生气地逃走。

■国王的新衣

■引人入眠的小白羊

■回忆条纹

■青蛙马奇

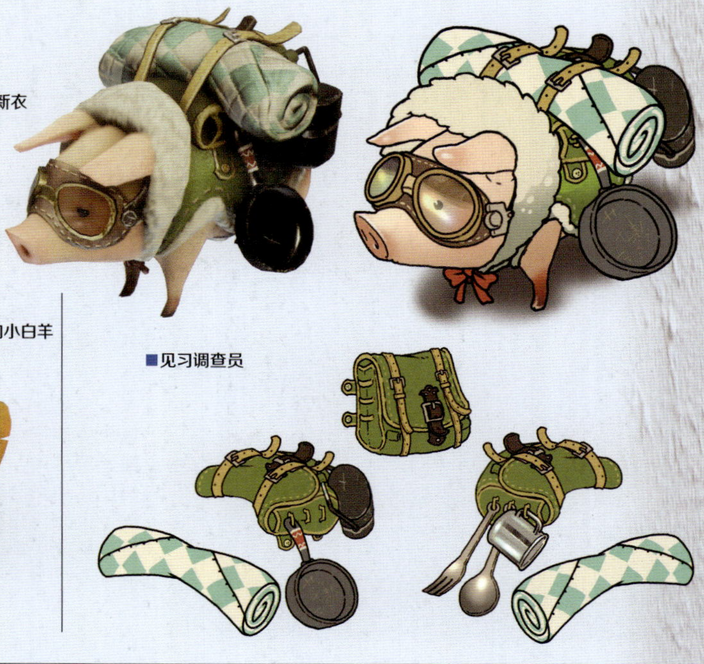

■见习调查员

装备设定稿

服装材质以皮革为主，左肩装备有垫肩。左手手腕上缠着系有箭头状钩爪的绳子，凭借强大的腕力和控制力他可以用这个装备代替投射器使用。飞散核桃一类的道具他可以直接投掷使用。

人 物

■率领调查团的人物

得知龙人族猎人下落不明时他也很震惊。让总司令承担总指挥的工作，他心里也是有所自责的。说起调查团几个人工作的侧重，龙人族的猎人是思考，总司令是指挥，原野大师是探索，剑术大师是行动。每个人都在自己擅长的方向一直坚持着。

人 物

■奔赴一线的前因后果

二期团刚抵达新大陆的时候，他和他的随从艾路遭遇了从未见过的怪物。他率先出发前去调查，从那之后便没人知道他去了哪里，他同期的人有时会开玩笑说“他会不会是看错了。”事实上他那时遇到的正是之后被命名为灭尽龙的古龙。

“迷茫的时候就向着天涯海角奔跑吧！跑起来大部分的事就都能解决了！”

在星辰很少露面的大团长，他说：“我回这儿就是为了吃饭的。”料理长是他过去的好兄弟，他很为料理长的手艺感到骄傲。

话 题

像金狮子一样的猛男

大团长曾真的被五期团员错认成金狮子。金狮子是原大陆的牙兽种大型怪物，怒气会使它身上的部分体毛变为金色，双臂力量惊人。大团长拥有比常人高大且肌肉发达的强健体格，鬃毛一样的金发，再加上大嗓门和豪爽的性格，别说还真的和金狮子有点神似呢。

※ 图为《怪物猎人 4G》游戏画面

大团长

新大陆古龙调查团

所属：一期团

一期团的成员，调查团的领导者。他豪放大气，在关键问题上说一不二，用强有力的决策带领着调查团。他为了赶赴前线调查，将指挥权交付给了总司令，之后自己便很少返回星辰，因此调查员们称他为“流浪领袖”。

看起来是个靠直觉和灵感行动的人，实际上他确实是这样的人。这次在调查灭尽龙的痕迹时又有了新的发现。

像闪电一样出现，像暴风一样离去。他一回到星辰，就会掀起一场“暴风雨”，简直就像是台风一样——有的团员这么形容他。

“不如做点好吃的，来满足那个流浪客的胃吧。”即便是决定作为料理人开启人生新篇章的那一刻，也饱含着对老朋友大团长的回忆。

料理长

新大陆古龙调查团

所属：一期团

掌管用餐区域“武器与山猫亭”的大个艾路。为饥肠辘辘的调查员们提供超大份的餐食，保证吃到爽。原本是一期团的随从艾路，隐退之后开始做起了厨师，一直工作到现在。它为人十分讲究，对待料理也是精益求精。加上它本身就有当厨师的天赋，它做的饭在星辰人人都说好吃。

虽然大部分的艾路都是身高一米左右的小个子，它却又大又壮。或许只有它这样的艾路才能跟着大团长吧，不知道为何觉得他们这种野性的气场挺像的。

使用食券就会免费提供美食的大方料理长。擅长收集食材的大哥风格的五期团团员说料理长是个特别能干的人，说它做的饭好吃到让人忍不住想舔光盘子。

人物

■决定随从隐退的一战

作为随从艾路活跃在一线的时候，曾多次跟着大团长出征，与怪物酣战。有一次在遭到怪物猛烈的攻击之后，它所使用的武器折断了。它当时就在想，这是武器的自然老化呢，还是自己承受不住攻击，在走下坡路了呢。不管是哪样，总之这件事让它决定隐退，不再做随从艾路了。

人物

■烤肉的方法有讲究！

转职做厨师不久，它就投入到为调查员做饭这一工作当中。特别是最近它总委托五期团员筹备食材，自己开发新食谱，忙得不亦乐乎。其中它烤肉的手法最为讲究，它会在巨大的铁板上用大刀干净利落地切肉，常能见到它在巨大的铁板上用大剑华丽切肉的姿态。

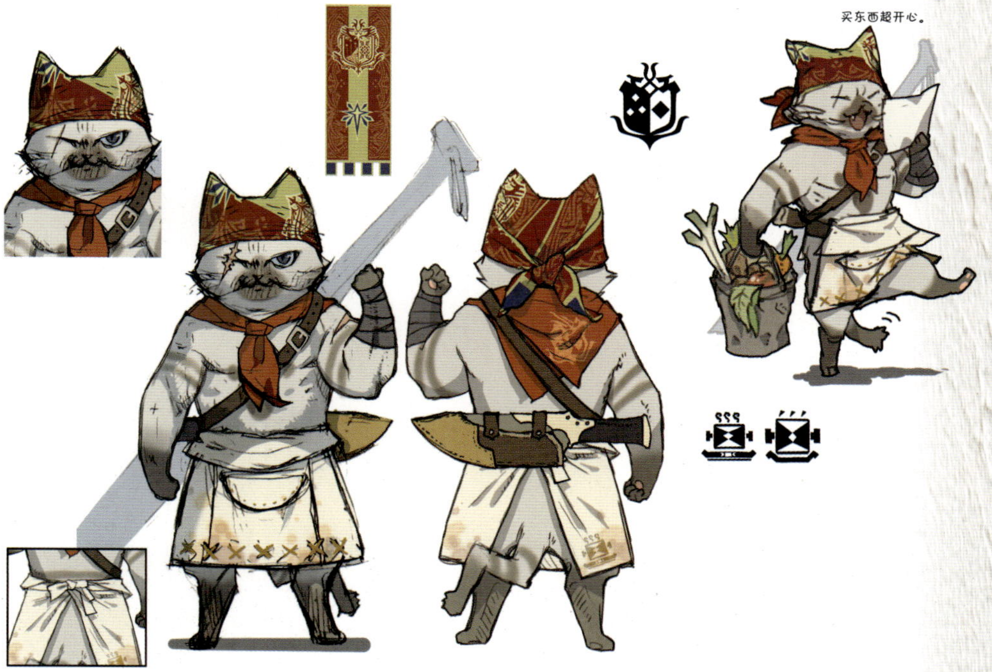

装备设定稿

脖子上戴着围巾，腰间系着围裙，是个大厨的样子。虽然现在的样子让人一点儿也感受不到它曾是随从艾路，但促使它隐退的那把武器却依旧随身携带着，成了它的菜刀和比萨饼烤盘。一期团团旗所制成的头巾，是它曾作为随从艾路的骄傲。

话题

寻找随从艾路时代的装备

根据了解料理长过去的人说，它最喜欢的一件装备是在原大陆生产的。找找看当时的装备发现有那么一把长得很像的刀。虽说是很像，但大体格的它和现存的装备大小并不匹配，它用的应该是通常尺寸两到三倍大的定制品。

※ 图为《怪物猎人4》游戏画面。

“呦！五期团，吃了饭再走吧！”

公会的女孩们

新大陆古龙调查团

所属：四期团、五期团

集会酒场“星之船”是由一期团的船改造而成的，由这四位公会接待员打理着。她们是公会派遣来的女性，负责做任务向导、物资贩卖和活动通知等工作。每个人都有着各自的分工，共同管理着集会区域。

Guild Girls

CHARACTER AND BASE

“星之船”是为了准备五期团的活动而开设的酒场。除了活动的接待员是四期团成员，其余三人皆为五期团成员，刚一到新大陆就投入到了工作之中。

▶集会区域的接待员

▶活动接待员

▶斗技场接待员

▶集会区补给物资员

关键词 [星之船]

许多猎人会聚集在这个酒场喝酒聊天，联络感情。因为所处的位置是星辰的最高点，所以起了“星之船”这一包含着猎人们思绪和心愿的名字。

人物

■接待员的工作

她们每天一边关注着来往猎人的一举一动，一边忙于各自的工作，是被公会认可的人才。为了工作的顺利进行，她们需要掌握与怪物生态相关的知识。活动的接待员负责管理小队，集会区域的接待员和斗技场的接待员负责为各自负责的任务做向导，此外集会区域补给物资员负责物资的筹措和贩卖。

“欢迎来到星之船！任务的准备都做好了吗？”

装备设定稿

统一穿着公会的配给制服。与猎人和编辑者不同，她们不用赶赴前线，所以没有装备武器和导虫。她们肩上挎着资料，戴着装有必要办公用品的小口袋，腰间别着一瓶墨水方便使用。制服的颜色是根据她们个人喜好自由选择的。

包括她们在内的调查员轮班管理着星之船。猎人少的时候，她们会在工作之余一起去给翼龙喂食。

料理艾路

在料理长管理的用餐区域工作的三只艾路。有调节炉灶火候的、有负责看着炖菜锅的，还有往集会区域的酒场“星之船”送餐的，它们各自分工，认真工作着。

料理长负责巨大烤肉的制作和成菜品控。摆盘、基本的料理都是料理艾路们分工完成的。

▼负责调理的艾路

▼负责锅子的艾路

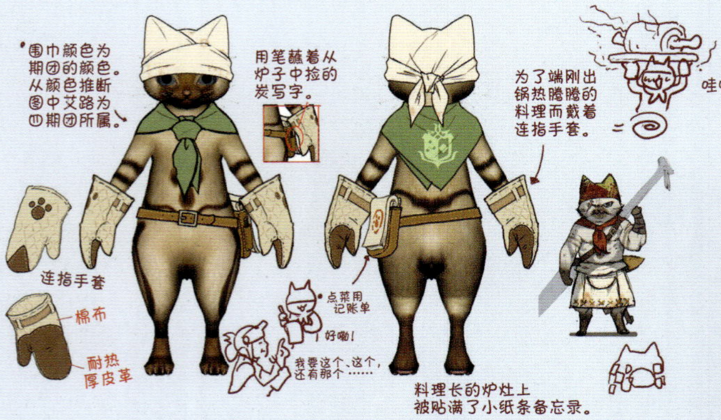

料理艾路的制服。为了保护手不被烫伤戴着厚厚的连指手套。围巾是按照期团的颜色佩戴的，用餐区域的艾路所属一期团，送餐艾路所属三期团。

▼配膳艾路

让猎人们填饱肚子，恢复干劲的料理。随着用餐区域的扩建，提供的食材种类也丰富了许多，变得更豪华了。

管家

常驻在小屋里，负责照料猎人生活起居的白毛艾路。除了可以带猎人去训练区域，还负责小屋的搬迁，管理猎人捕捉到的环境生物等。虽然嘴上不说，但它管理各种各样自由不羁的环境生物可谓是费尽心机。原本二等小屋也在它的负责范围内，五期团猎人一行搬到一等小屋之后它就成了那里的专属管家了。

时常挂念着猎人，猎人不在的时候它会帮忙打扫房间和铺床。

工作员艾路

在研究基地忙来忙去的艾路。主要负责船体安全的检修，在老龄化很严重的研究基地可谓是个珍贵的劳动力。这里喜好干净的人很多，所以它也负责研究基地的日常清扫。

穿着功能性很强的连体工作服。衣服前方和侧方都有兜，很方便放一些小道具。头盔上开了一些小孔，防止过于闷热。

O T H E R S

CHARACTER AND BASE

“那家伙是不是说想成为我们当中的一员？”

德特尔

栖息在新大陆的兽人族。体形小小的，外表富有野性。不仅是样貌，它们的身体机能和文化体系也有一部分和艾路很相似，有一部分学者推测它们是艾路的祖先。随从艾路可以从它们在领地留下的涂鸦和痕迹中理解它们的语言，试图与它们进行交流。但它们戒备心很强，轻易接近的话它们会飞快地逃走。

从栖息地能看出它们的文明发展，会使用道具和火，是一种高智慧的生物。除此之外它们还会使用陷阱，会进行集体狩猎，共同协作会让它们彼此更安心。

■水上移动用小船

不擅长游泳，需要渡水的时候便会利用周围的东西做个小船。它们会在大大的叶子里铺上厚厚的碎草，保证浮力的同时也不容易翻船。

话　题

因地区而不同的毛色

德特尔会在每个不同的地区形成小的部族。不同地域有不同的文化自然不必多说，然而不同地区的毛色也有着很大的区别。图中从左至右分别为森林虫笼族、荒地守护族、台地演奏族和山谷掠夺族。除了毛色，身体的其他结构并无区别。

奇面族

在新大陆发现的兽人族。虽然体形很小，但和艾路、德特尔的兽类骨架不同，它们的骨架更近似于人类。它们的语言系统和德特尔不同，想要进行交流的话需要解析它们的痕迹。它们这个种族很喜欢跳舞，也很好战。除了少部分和它们建立了友好关系的人，其余人接近就会被当作外敌，遭到猛烈的攻击，一定要小心这一点。在原大陆也有这种戴着假面的兽人族，它们被统称为奇面族。

奇面族居住在各地的洞窟里，其中有一部分奇面族愿意在狩猎中给猎人提供帮助。这一切都要感谢老练的兽人族学者，是他成功解析了痕迹后进行翻译的成果。

奇面族会用投掷炸弹的方式进行攻击。虽说新大陆合成火药的方式变得简单了，但还是可以看出奇面族拥有高等智力并有着勇敢的心灵。

穿着覆盖身体一部分的蓑衣和巨大的假面。它们的假面是以某个怪物为原型而制作的，具有勇气等各种象征意义。

■奇面族的小船

它们会在陶器中铺上碎草做成小船。奇面族的小船最大的特征就是陶器的底部有三个小脚。脚的方向对准前进的方向，能保证划行的稳定，是个虽然不起眼但很讲究的设计。它们不仅制作这样的陶器，还制作首饰等佩戴在身上的饰物，有着自己独特的文化和宗教观。

■奇面族的武器

奇面族的武器浸入了各种毒素，有夺取体力的毒，有让人不能行动的麻痹毒，还有让人入睡的麻醉毒。紫色、黄色、蓝色代表着浸入毒素的种类，它们所佩戴的假面和武器颜色是一样的。

奇面族

“○△×！（你们有困难的时候我们来帮忙！这是老大应该做的！）”

古代龙人

从古代开始便居住在新大陆的龙人。常年挡着脸，很难推断其年龄。会给路过的猎人提出一些建议或是援助猎人一些补给品，仿佛在进行什么试探似的。他之所以可以与人类交流是因为他通过长期观察调查团，习得了人类的语言。他们看待事物有着自己独特的价值观，是个谜一样的存在。

▼古代龙人

■神出鬼没的存在

忽然感觉到周围有东西，环视四周发现原来古代龙人就在那里，他们就是这样一种不可思议的生物。他们当中甚至有人对调查团团员说出过古龙迁徙的真相。

◀更罕见的古代龙人

戴着又大又华丽的面具的稀有古代龙人。他们和普通的古代龙人不同，会给猎人一些更稀有的补给品。

话 题 如何对付烦人的奇面族

虽然在老练的兽人学者和随从艾路的努力下，一部分奇面族和猎人建立了友谊关系，但依然会有猎人在各地遭受大群奇面族的袭击。和德特尔一样，它们当中也有许多的小部族，而每个部族之间缺乏沟通。它们擅长异常状态攻击，体形不大体力还很好，很难对付。用投射器发射闪光弹或是飞散核桃等道具把它们赶走，大概是现在最见效的解决办法了。

奇面族会集体行动。它们会一起威吓外敌，对靠近领地的敌人发起攻击。

很多猎人害怕因为奇面族的异常状态攻击而遭遇生命危险，但也有会利用奇面族的攻击来对付大型怪物的老手。

PORTRAIT

扩展画廊：人物画廊

Extend World Gallery

在人物创作的时候，许多的想法会被落实成多版设计稿。在这里将公开一部分星辰主要角色的早期设计图。特别是和猎人朝夕相处的搭档接待员，这里记录了她从人设到装备上的丰富变化，和现在的她对比着来看也很有意思呢。

大眼睛给人一种开朗快活，积极乐观的印象。粗眉峰下垂眼，嘴角上扬的表情塑造出一张单纯温柔的脸。

形象朝气活泼的一版设定稿。服装的配色很像猎人的防具，凸显曲线的束腰为之增加了一些女性的温柔气质。

接待员

为了突出她的可爱，整体形象有些孩子气。整身服装避免了衣着暴露，腿部穿了有光泽的皮质打底裤。

摘掉高度眼镜以后的脸很可爱，左右分开、位置较低的发辫和遮盖曲线的衣服塑造出了天真无邪的形象。自以为搞懂了却弄错就像是她的特权一样。

背包的使用方式、斗篷的特殊构造等细节都有详细考虑到。个人喜好偏向很浓厚的泡泡袖打底衫和兔耳围巾设计案也是别有一番韵味。

人设 17~19 岁的接待员。夹克上的领子增强了整套服装的制服感。自制的投射器看起来像个小玩具一样。

接待员在开发过程中被称作“活跃的姑娘”，这是混在众多姑娘当中的一版“活跃的少年”。看起来像个女孩实际上是男孩的这种感觉。

当时有过让接待员直接支援猎人的设想，这是她拿着狩猎笛的设计稿。表现出了她虽然用不惯这武器但依然在努力的样子。

接待员狩猎笛的几种设计案，基本的思路就是音叉、萨克斯、鸟笼等形状，像是猎人武器的样子。

时尚要从头讲究起——通过对斗篷、丝带和厚围脖颜色的调整来确定人物的最终气场和形象。

总司令

以老武将或海贼为原型描绘的总司令。这版设定中也包含了大团长的元素，像是不用投射器而用绳子这一点。

设定上很像是在编的猎人，但却和现在的总司令总体很像。调查班队长的职务也被揉在了初期设定中，因为一开始并没有安排他这位外孙的出场。

阳光的推荐组员

年龄推测在30岁左右，四期团时加入调查团的新人猎人。最终设定比初期设定更细化了与之前系列作品的关联。

三期团团长

和研究基地的设定图一起设计出来的，很能体现龙人族特征的异域风情美女。她是那种喝茶也会先品茶叶香气的人。

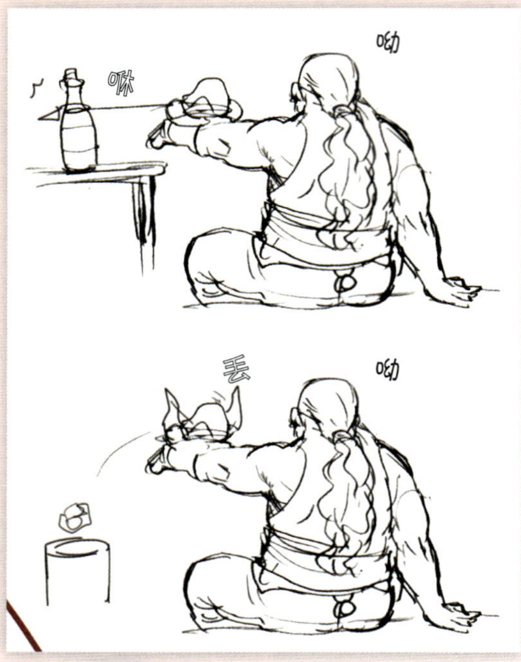

因为有腰疼的毛病，所以服装设计成了护腰的腰封，而不是整身的防具。再加上改装过的投射器的设定，这版调查员的设计稿是二期团团长的原型。

调查员

这版设定稿的人物后来也被细化后在游戏中登场。是遭难后留在研究基地的三期团研究员，人设上是好像有点打退堂鼓的样子。

料理长

料理长的武器是基于厨具设计的。但是这几种方案有点儿过于“玩梗”，不太像武器了，最终未被采用。

基于隐退之后成为料理长的背景故事，和过去饱含回忆的武器用作厨具的设定，这个设计案有些过于滑稽了。

古代龙人

虽然古代龙人的目击情报较少，谜团还很多，但根据栖息地的不同，外衣各有地域特色这点被很多人证实过。

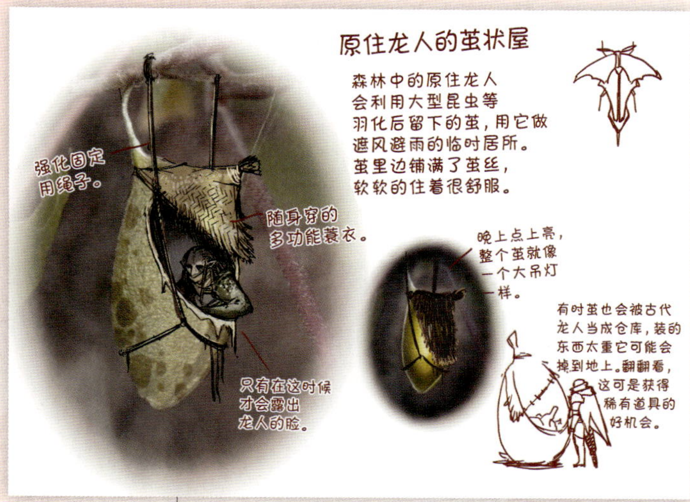

住在森林的古代龙人用大型昆虫羽化后的茧做临时居所和仓库的设定稿。

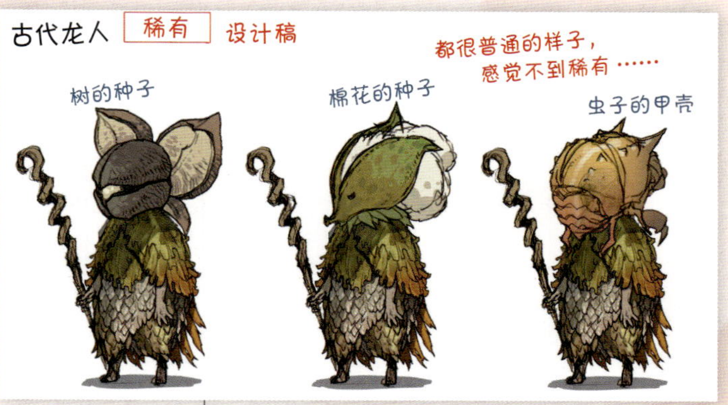

几种象征身份的面具的备选设计图。和现在冲击力较强的面具相比，这几种都有些缺乏稀有感。

基于灿烂、华丽的方向设计的稀有古代龙人。但这个好像有点儿太显眼了，导虫都快对他有反应了。

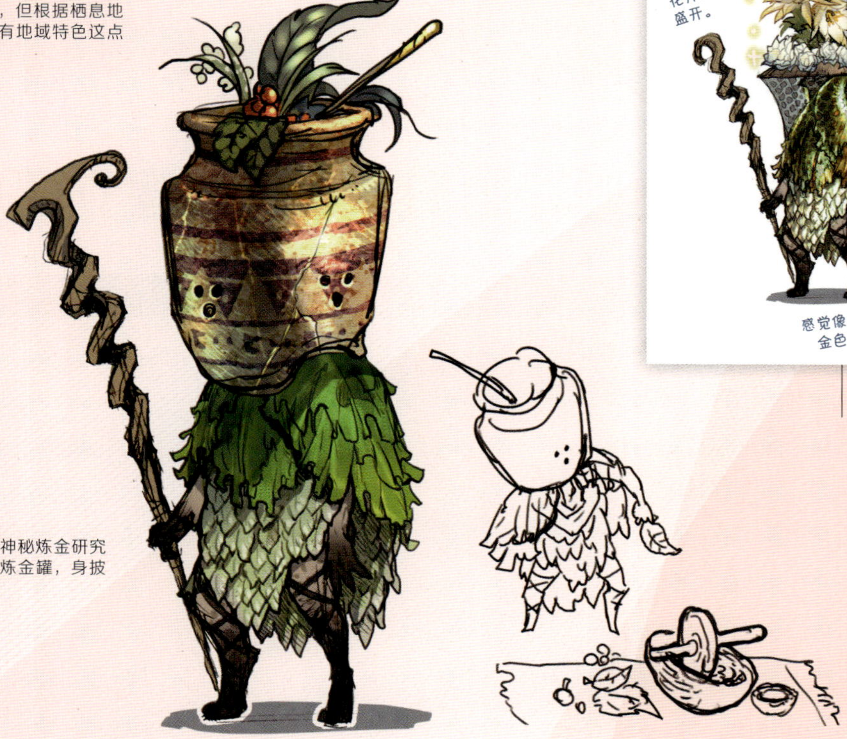

古代龙人作为神秘炼金研究员的设计稿，头戴炼金罐，身披药草做的外衣。

星辰

新大陆古龙调查团

调查据点

为了解开古龙迁徙之谜，公会召集了新大陆古龙调查团，他们在新大陆的调查据点就是星辰。自一期团抵达新大陆以来，历经四十年岁月建立起来的这一大规模据点，汇集了无数人的心血和汗水。这里将对星辰的构成、设施、建造构想等进行逐一介绍。

关键词 [新大陆]

虽然很久以前就确认过这片大陆的存在，但由于距离遥远和不稳定的气候，一直未有人踏足过。随着航海技术的进步，至今已经成功派遣了五批调查团团员。

总司令

“到了之后就把船留在悬崖上吧，咱们从头开始建立星辰。”

据 点

■搁浅的船成了据点的地基

当初追随钢龙的足迹的一期团是被狂风巨浪卷来新大陆的。因为与神秘古龙的遭遇，他们所乘的船被拦腰折断，吹到了悬崖顶上。他们并没有灰心，而是把那艘搁浅的船当作调查活动的立足点，开始了新大陆的调查。另外船的下方正好有一帘瀑布流下，这对他们来说无疑是上天的恩赐。

据 点

■据点扩建计划

历经长途跋涉抵达的新大陆是一片陌生的土地，即便想要扩建据点也很难收集相关资料。所以他们想通过船只再利用的形式来扩建据点。但是一期团的技术人员只有两人，真正开始动工只能等到下一次派遣的人员抵达。在这种状况下，最初的十年他们主要做的是修复和加固受损船只的工作。

【据点全景】

建筑概念图

扩建据点的时候，根据二期团工匠们的想法而绘制的设计案。当时他们将扩充居住区面积作为首要目标。

【用餐区域】

【居住区外观·右侧】

A S T E R A

CHARACTER AND BASE

【据点外观】

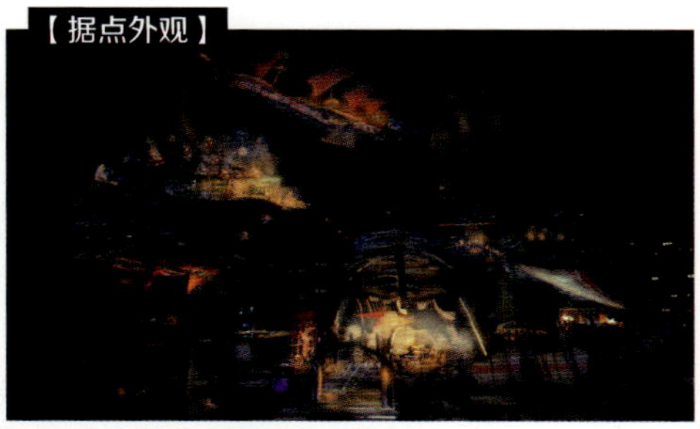

【入口】

【居住区外观·左侧】

据点

流通区域的完善

每次调查团派遣新人来到新大陆，研究和调查的进度就会加快。流通区域的建立是为了能妥善管理这些日益增多的物资，充满了活力。遮住过道的类似拱顶的屋顶是流通区域建筑的特征，地板则直接沿用了船底。这艘船是四期团抵达新大陆时所乘的船，现在物流的管理也由四期团的管理者们一手负责。

据点

流通区域周边的设施

从据点入口进到流通区域，可以看到管理物流情报的调查资源管理所和买卖道具的物资补给所。西侧设立有生态研究所和植生研究所，东侧向里走则可见召开作战会议的司令部。最深处有一个用瀑布水力驱动的缆车，方便搬运物资，以及将人移动到高处的其他区域。

流通区域

■物资补给所

调查员们购买狩猎道具和日用品的地方。物资补给员被大量的物品所包围，站在一大堆货物上边卖东西。

■调查资源管理所

由"队长组合"共同管理，利用巨大的齿轮装置可以轻松从地板下的物资仓库运送货物。

面向猎人的各种委托任务都张贴在任务板上。以前只有一个大型任务板，现在是有两个小型的，设置在了两个不同的地方。

■任务板

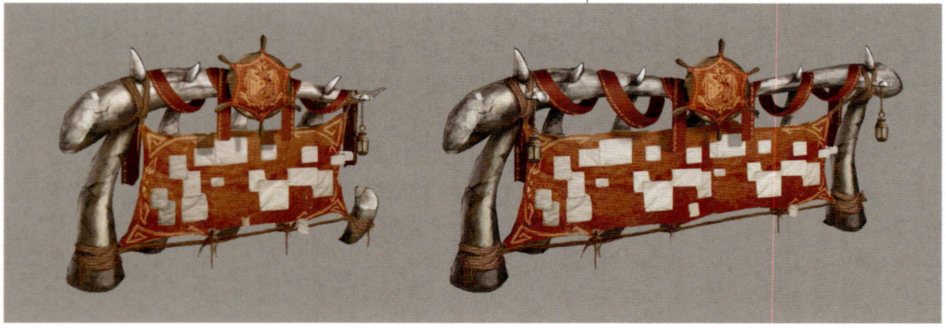

■ 司令部

在总司令身边召开调查作战会议的场所。中间的大桌子上平摊着大陆的地图。现在船头的装饰已经被卸掉了。

■ 神秘炼金

神秘炼金研究员的所在地，可以用新大陆发现的素材合成出新的素材。五期团登陆之后，它的位置搬到了调查资源管理所的旁边。

■缆车(一层)

虽然两侧建有楼梯，但用缆车可以更轻松地来往于据点各地之间。二层的工房区域、三层的用餐区域、四层的集会所和各层的小屋都可直达。

话 题

移动用缆车的构造

主要由二期团成员建造的缆车，将据点内移动和搬运物资的便利性提高了一个等级。为了方便调查员们移动，锁链的钩子上安装有被称为“锚”的铁棒状装置，调查员们可以像乘缆车一样站在上边。虽然方便，但调查团对这个开放式缆车的安全概不负责，乘坐时要自己多加小心。

■锚

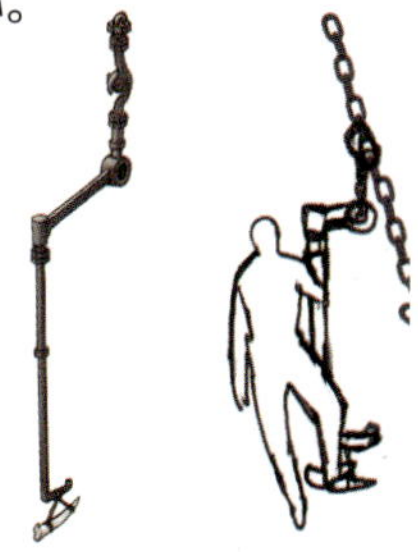

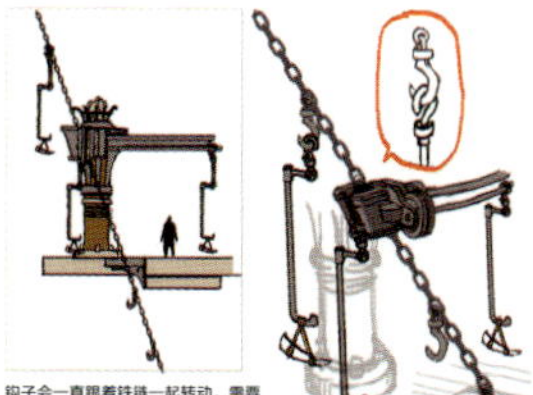

钩子会一直跟着铁链一起转动，需要乘坐的时候通过机关将锚挂在钩子上，就可以踩在上边移动了。

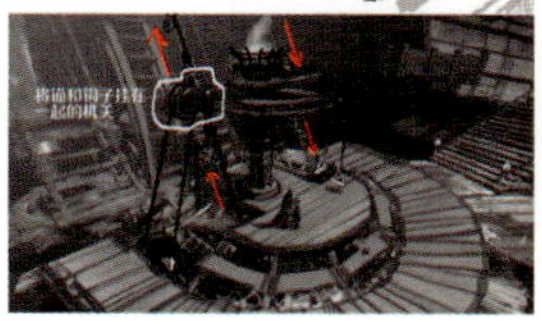

■生态研究所

因为所长不喜欢打扫卫生，大量调查资料和文献繁杂地堆积在一起，周围也散乱着不少书籍。图中绘制的是设施刚建立好时的样子，现在也几乎没什么变化，所长也总是在埋头研究捕获的怪物。

■植生研究所

等级一

等级二

等级三

随着所长的研究推进迅速成长的古代树。这虽说是所长的预想图，实际上它的高度已经超过了三层的用餐区域。另外，由于嫁接的缘故，一部分非古代树原生的植物也得到了成功栽培。所以能在星辰见到苹果和谷物等作物，只是目前产量还不是很高。

据点

■生态研究所的职责

生态研究所是研究怪物和环境生物等生态的设施。负责整理怪物的狩猎情况和研究的进展之类的情报，调查员将发现的怪物和痕迹汇报给他们，他们则会进行更深一步的研究，整理出更详细的资料。和植生研究所加在一起，主要由三期团的研究员构成。

据点

■植生研究所的职责

植生研究所是为了研究现地的植被，探究栖息于新大陆的怪物和生物的生态而建造的设施。星辰西侧不远处的土地上围绕着巨大的古代树，形成了独特的生态系统，现在以所长为首的研究员们正一心扑在古代树的研究上。据说利用生命力旺盛的古代树的性质，可以加速植物、虫、蘑菇等作物的栽培。

■古代树的成长

古代树是一种可以不断生长，并产出多种作物的神秘植物。因此采集各种虫子，收获各种果实也不再是一件难以达成的事。不过研究表明，想让古代树急速巨大化还是需要一些特别的诱因。

等级一

等级二

等级三

■缆车（二层）

工房区域

据 点

■加工屋的职责

加工屋是个围绕着巨大火炉而建的设施，主要由二期团成员负责，以卓越的加工技术进行武器装备的生产和强化。除了生产猎人们的装备，他们还负责星辰所需建筑材料的生产和加工。设施内同时还设有出售现成装备品的武器店，即便没有素材也可以凑一身说得过去的装备。

■加工屋 外观

加工屋是利用二期团的船改造而来的。将船的动力舱沿用作为工房的动力源，基于此理念绘制出了这样的设计图。

■加工屋

工房的柜台设计很特别，可以将做好的装备放到传送带上送到客人面前。武器店的位置经过重新规划，搬到了入口附近。

加工屋的后门有一个通往高台的楼梯，可以从眺望台将星辰附近的景致一览无余，是个调查员们放松的小秘密基地。

■二等小屋

■一等小屋

和设立在船底的二等小屋相比，单间的一等小屋显得格外舒适。屋内设有水缸，可以观赏水栖生物。

■特等小屋

小屋

由集会区域“五只龙的房间”改造而成，装修豪华的特等小屋。从漂亮的彩色花窗透进的光线很是柔和。

■ 随从手提箱

管家

“欢迎回来，主人！”

用餐区域

■烧锅

等级一

等级二

等级三

等级二以上的烧锅采用石窑中直接放炭的方式加热，火力更旺。

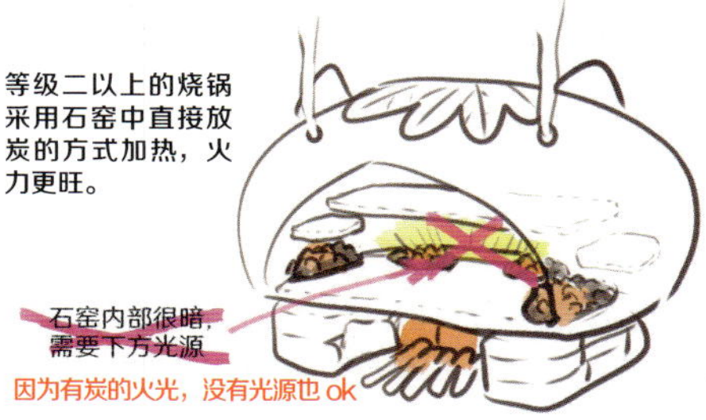

为了不跑烟，三个阶段的烧锅都有适当地将猫嘴调整小（眼睛位置也稍有下调）。

不甘心输给猎人们的干劲，料理长也在计划扩张石窑。随着用餐区域的升级，可以烹饪的食材也会增加，饭菜也会变得更丰盛。另外，集会区域的餐食也是在这里出炉的。

据点

■小屋的职责

小屋是猎人的居住区，在这里猎人们可以休息、整理装备，还可以饲养捕获到的环境生物。因为对调查团有突出贡献者有权使用更舒适的小屋，有很多猎人都扬言说自己早晚可以离开多人合住的二等小屋。在这看不见接待员的身影，作为搭档编辑者会被分配在其他地方居住。

据点

■用餐区域的职责

艾路料理长所掌管的用餐区域“武器和山猫亭”位于星辰的三层。烟熏和烤制的料理是用巨大的石窑烹饪的，一口大锅中炖着浓汤。很多调查员会在这里吃完饭后，从旁边的出发口前去调查。即便是晚上，餐桌旁也会挤满用餐的调查员。

话题

运送食材和物资必不可少的载货车

在星辰用于运送货物的载货车是用木材和动物的骨骼制成的，车轮外侧选用的是柔软的板材，缓冲减震性能很好，虽然造型简朴但很实用。将捕获的怪物运回据点的时候，需要将多个大桶载货车拼到一起使用。

■ 载货车

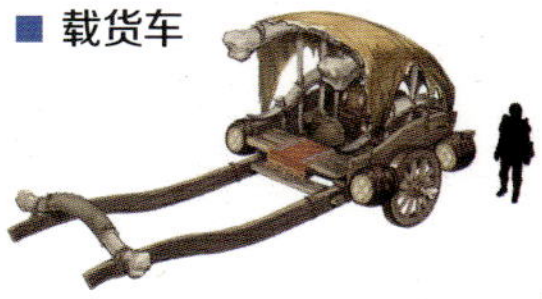

■ 大桶载货车

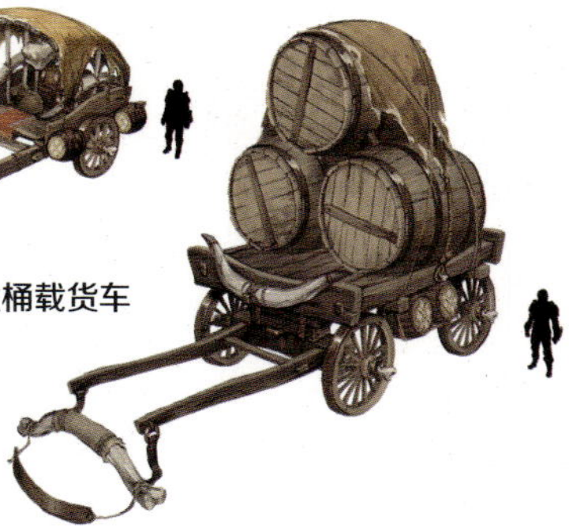

集会区域

■ 集会区域 外观

由中间严重损毁、搁浅在悬崖上的一期团船改造而成。现在风帆被卸掉改造成了遮阳棚。

关键词 [快速移动]

利用翼龙可以快速在特定场所之间移动。让翼龙记住星辰、各个营地的位置和主人的气味，就可以用口哨呼唤翼龙，用投射器抓住它后被带去指定地点。道具回归球含有特殊的强烈气味，可以让翼龙意识到事态的紧急性。

■ 布局

据 点

■集会区域的职责

许多猎人在这里往来社交，非常热闹。和伙伴们聊聊天吃个饭，之后结伴前去调查，这样的事每天都在这里上演。任务出发口在船头，有许多等猎人信号的翼龙在那里盘旋。顺便一提甲板上放着掰手腕用的大桶，这是以前便有的习俗，不知道为什么猎人们都很喜欢这项娱乐活动。

据 点

■关于“五只龙的房间”

船尾处有一个客舱改造而成的大厅，名为“五只龙的房间”。调查团的纹章来源于神话五龙传说，这间屋子里有一扇象征着这个神话故事的大窗户。现在这里成了星辰居民们心灵的归属——赐给人勇气和力量。总司令有时也会趁没人的时机，一个人到这里来坐一会儿。

甲板作为猎人们社交的场所，设置了环形餐桌和任务柜台。

■ 复合型酒炮

环形吧台里侧设有巨大的酒炮，大桶的内部被隔成若干个小桶，从不同的酒头可以打出不同品种的酒。

■缆车(四层)

从缆车上来的右手边，可以看到扩改建前的船客舱。另外，小队管理所就设置在桅杆下方的位置。

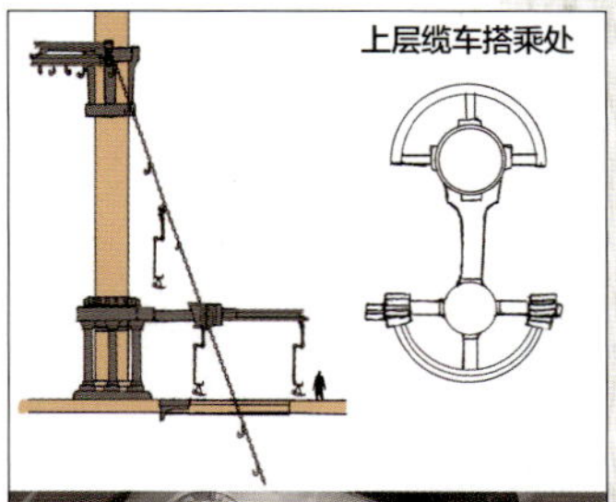

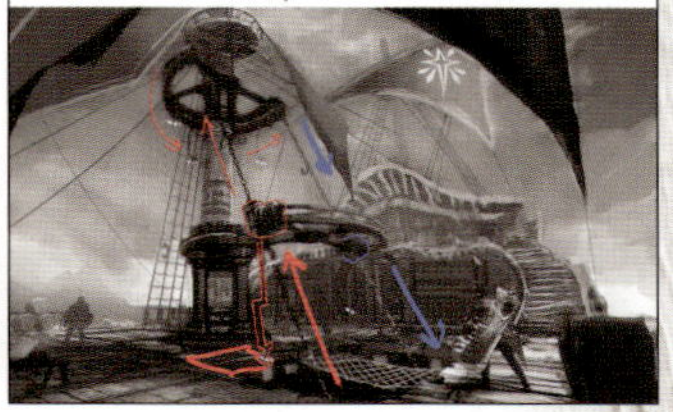

■任务柜台

原本是以酒吧吧台而修建，但同时也担任着任务柜台的功能，猎人们可以在这里承接任务。酒场是外出的调查员心里最惦记的地方了，有很多男性调查员闲时会前来帮忙。

■任务出发口

以前设有方便接近翼龙的平台，现在大家熟悉了翼龙的操纵方法后便不再需要，把建筑拆除了。

研究基地

新大陆古龙调查团

调查据点

研究基地设立在星辰北边，在险要的大峡谷对面。原本为三期团的船，在进行热气球改造时内部也进行了一些加工。以团长为首的三期团学者们在这里进行瘴气之谷的观测与研究。

据点

■目标新大陆的腹地

三期团到达新大陆之后，出于团长“想要去比星辰更远的地方”的目标而将船改造成了热气球。之后在翻越大峡谷的途中遭遇怪物袭击而坠落。因为当时船上只有三期团的学者，处于进退两难境地的他们在这二十年间一直未返回过星辰，孤立无援。

据点

■作为研究据点

陆珊瑚台地和瘴气之谷有着独特的生态系统。不幸中的万幸，迫降时的地点离可供学者研究的地区很近。而且附近的环境令大型怪物很难接近，学者们才得以安全地生活，并顺利开展调查。另外，这里的学者也在进行着关于兽人族和神秘炼金的研究。

■研究基地 内景

二十年前遭难的时候船体损毁严重，船头向下倾斜着。所以在船内建造了简易的螺旋楼梯，来连接各个平台。

三期团团长

“干脆一口气飞到高得够不到的地方好了。”

■研究基地 下层

下层有随从艾路休息的地方。根据兽人族研究员的指示，它们可以从这里出发到各地去探索。

■研究基地 上层

上层是三期团团长的特等席。她身后有一个巨大的香炉，船内还四处放着很多小香炉，整个空间弥漫着熏香的气味。

RESEARCH BASE

CHARACTER AND BASE

讲述调查据点正在发生的故事

星辰观察者见闻录

这里记录了五期团抵达新大陆的时候，星辰生活的方方面面。新大陆的生活到底是什么样的，这对后人来说是很有意义的参考资料。将所见所想记录下来，虽然简单但是项有意义的工作。

❖关于粮食

纵观星辰据点，并没有发现能够自给自足的农园一类的设施，这令人十分震惊。在流通区域可以看到不少杂粮、水果、根茎蔬菜之类的食物，但这些都是五期团这次渡海从原大陆带来的。在没有类似物资补充的情况下，他们不得不通过到古代树森林或大蚁冢荒地采集的方式来获取食物。究竟为什么不自己生产作物呢？

考虑到尽量不破坏新大陆的生态平衡的宗旨，原大陆的苗床和种子被严格限制携带入境。虽然植生研究所以研究为目的栽培了一部分原大陆的作物，但产量十分有限，远不足以解决星辰的粮食短缺问题。

但是新大陆的植物种类还是有不少和原大陆重合的。如果不把好吃放在第一位的话，可以吃到蜂蜜、青菇，甚至土堤南瓜这些为大家所熟识的食物，还是一件挺开心的事。另外很幸运的是，星辰一些捕捞难度低的鱼类都不难吃，很好入口。鱼类晒成干可以长时间保存，是现在星辰很受欢迎的食材。除了鱼类，物资补给所的稀有食材红虾总是格外地引人注目，据说那是人气很高的珍品。

除了海鲜之外，怪物的肉和蛋也是星辰饮食结构中蛋白质的主要摄入源。当然筹备这些食材可能会有危险，所以很多人选择委托猎人来完成任务。在离星辰不远的古代树森林，相对安全的地带里栖息着环境生物统行兔和憎恨鸟，还有小型怪物草食龙。因为捕获难度低，一定程度来说不得不将他们列入食物的范畴。除了晒干、熏制做成干货，烤着吃也是经典做法。炖煮后软烂入味的龙腿、切成薄片用炭火烤着吃的龙胸腹肉等，也都是很受欢迎的美食。顺便一提，接待员盘子里装的类似奶酪一样的乳制品是从精灵鹿或菌猪身上获取的，产量很少。这种数量有限的食材，只在为猎人们“充电”的用餐区域才可以吃到。随着五期团的到来，谷物、水果等大量酿酒的原料到货，酒场也要准备忙起来了。随着五期团调查范围的扩大，如果可以发现新的食材、扩大栽培区就更好了。

❖关于货币经济的引入

以前一期团的时期，星辰内是不进行货币流通的。因为人和物资的数量都很少，所以即便没有货币也可以维持正常运转。毕竟一期团都是一群充满理想主义精神的人，对新大陆的好奇心是他们的动力，他们可以说是把全部心血都扑在了基础设施的建设上。但是随着人数的增加和分工的细化，不同的调查员所需的物资也发生了改变，这才引入了货币。被高额的报酬金所吸引，想来新大陆赚了钱回老家扬眉吐气，有不少人抱着这种目的加入了调查团。公会除了会援助星辰食物，还会在运营资金上施以援手。猎人们的报酬就是在返回旧大陆的时候从公会领取的。

❖居住区的舒适性

调查员生活的居住区沿星辰东侧的悬崖而建，由大约六艘船构成。每次有渡海的船队到来，新船会被留下一艘作为联络船，年头最长的旧船则会被拆解作为板材，或是运到居民区进行循环利用。为了不破坏新大陆的生态系统，这种安排可谓是非常合理了。船体上方加盖了屋子，里面除了单间还设有宽敞的公共休息室。在露台上闲聊天的调查员说过，这里要比想象中住着舒服得多。同住的大家就像一个大家庭一样，而且景致也很好，看着令人心情十分舒畅。但是毕竟生活环境被海水包围，如何防止盐害是个大难题，不在星辰开设农场可能也有这方面的原因。另外，由于采用旧船循环利用做建材盐害很强的缘故，其他的材料需要采取对应的处理措施。

■五期团船

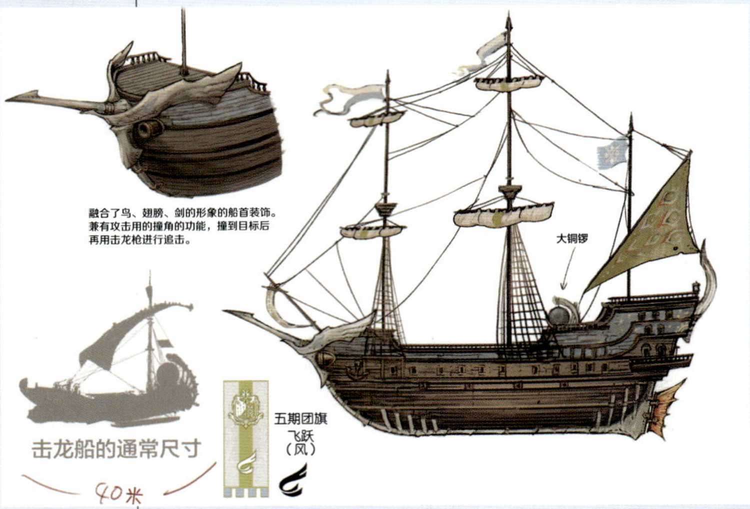

五期团船

五期团调查员前往新大陆时乘的船，全长四十余米。公会在标准型船体上加装了用大型怪物舌骨制作的船头饰物，坚硬的舌骨除去装饰作用还有一定的攻击性能。此外，船头还配有两根击龙枪，启动开关装备在甲板上。船体进行了改造，船头可以转动，击龙枪也可以向侧方进行攻击。

在探寻古龙迁徙途中，搁浅在熔山龙巨大身躯上的五期团船。船体几乎没有损毁，简直是不幸中的万幸了。

■击龙枪 启动开关

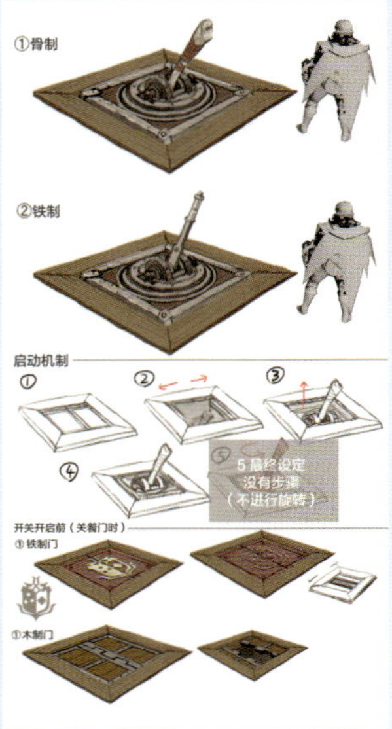

■五期团船（风帆打开，击龙枪射出的状态）

■改造船

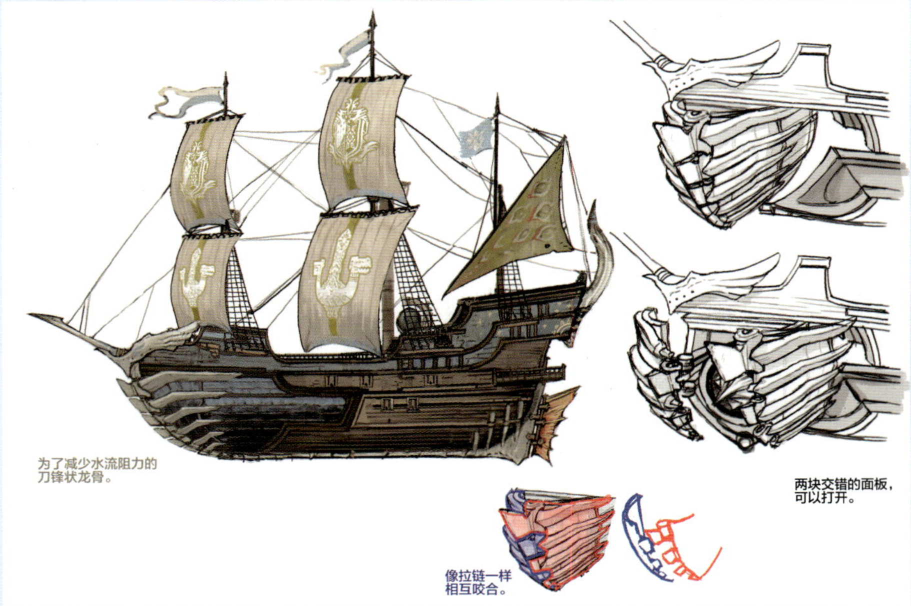

■改造船（击龙枪射出机制）

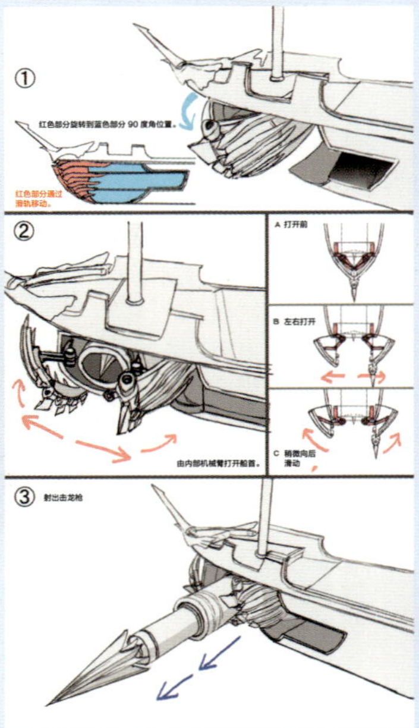

OTHERS

CHARACTER AND BASE

■研究基地 外观

三期团船

历经二十年再度装上热气球升空的三期团船。船体和五期团船大小并无大异，但船尾的居住区在迫降时损毁，现在的居住区设置在船首。在第二次安装热气球之前，先进行了船尾改造，使得整个船可以以船尾朝上的姿态升空。

加工屋旁边的小角落里坐着热气球开发员，他多年来一直在寻找解救三期团的办法，是热气球开发的核心人物。他的桌上还摆着热气球的小模型。

三期团的船为了完成二十年前未完成的使命，再次升空踏上了征程，桅杆上的团旗迎风飘扬着。

关 卡

在离星辰不远处，通往古代树森林和大蚁冢荒地的荒道上设立的巨大关卡。用于抵御大型怪物的入侵，从内侧的操纵机关可以控制栅门的开合。栅门的下部造型尖锐，不过这不是为了增加对怪物的杀伤力而做的设计，而是为了减轻重量，使门可以更流畅地开关。

■关卡 外观

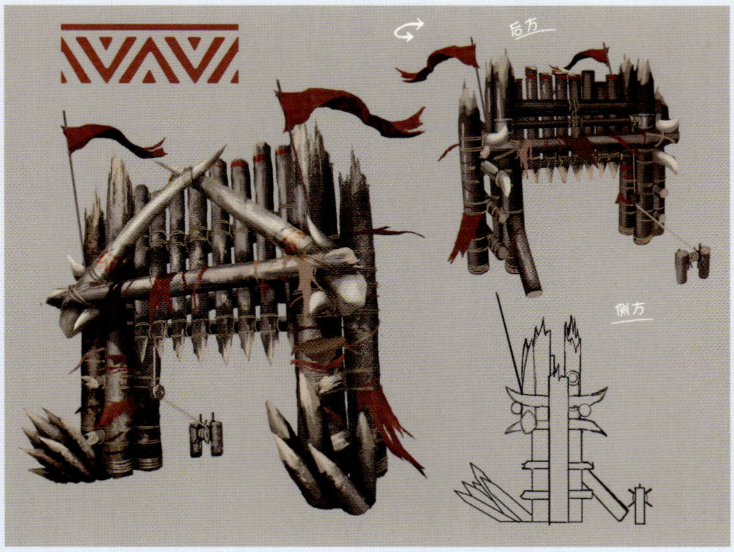

■关卡（开关机制）

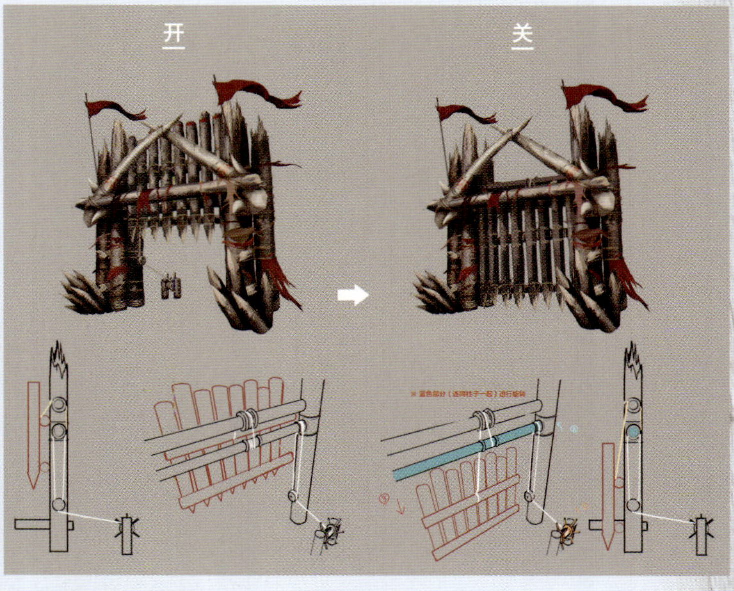

星辰抵御怪物入侵的关键。木材上涂有怪物讨厌的气味，若非极特殊的情况，怪物根本不会靠近。

BASE

扩展画廊：据点画廊

Extend World Gallery

调查员们精心设计，付出了多年努力才在这片未曾踏足过的土地上建立起了星辰据点。这里整理了星辰的一部分设定方案，其中包含一期团出发前对新大陆据点的构想，以及到达新大陆以来多年不断摸索的过程。毕竟当初谁也没有想到过一期团的船会搁浅在那么一片岩石群上。

❖调查据点的建造构想

最初送一期团来新大陆的时候，学者和工匠们根据想象中新大陆的地形而设计了多种据点营建方式。为了让怪物难以发现，利用海岸悬崖的夹缝和被海水侵蚀的海岸设立据点，还能有巨大的瀑布作为天然屏障。这当中活用岩石群的构想，还有将渡航的船拼接起来作为水上小屋的设计，都在当时得到了很高的呼声。

❖一期团船的遇难

对于船触礁这件事，一期团员们的态度还是很乐观的。为了扩建据点而抵达的二期团员们也是对损毁船只的再利用想法甚多，跃跃欲试。最终他们决定将横跨两座悬崖搁浅在高处的船留在那，改造为别的设施，此外再建造新的建筑，整体采用穴居的形式。之后成为研究基地的三期团船也参考了一部分穴居的构造。

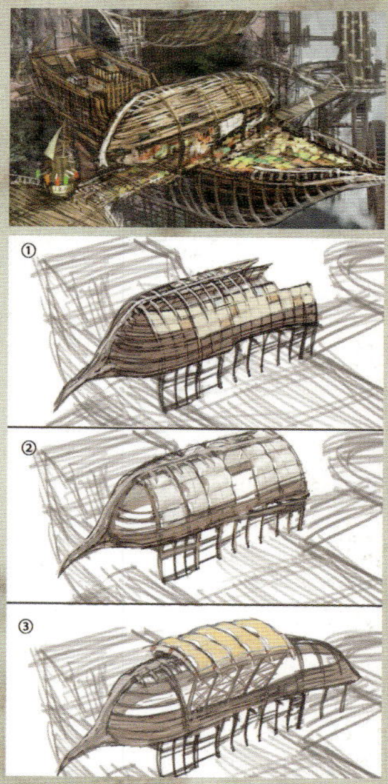

❖市场和资源调查管理所

市场在四期团的管理下大幅扩大了规模。听取了年轻工匠的建议，将船倒过来做成拱顶的改造方式既效率高，又让整个区域显得宽敞明亮。调查资源管理所在设计时遵从了技术班队长的建议，和缆车一样利用了瀑布的水力来提供动力。

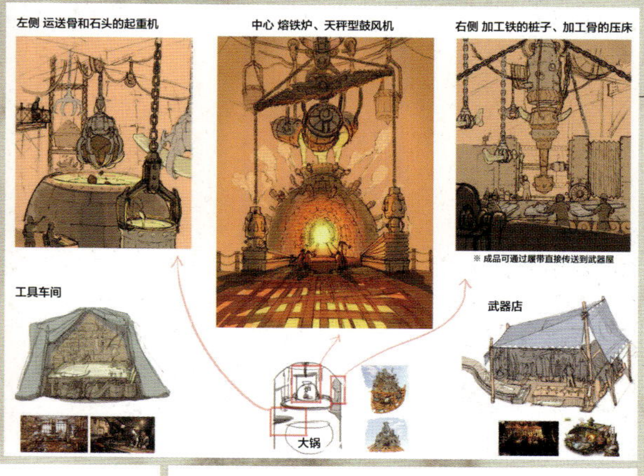

位于据点上层的乌龟型锻造屋。随着加工的进行细节部分会跟着动。

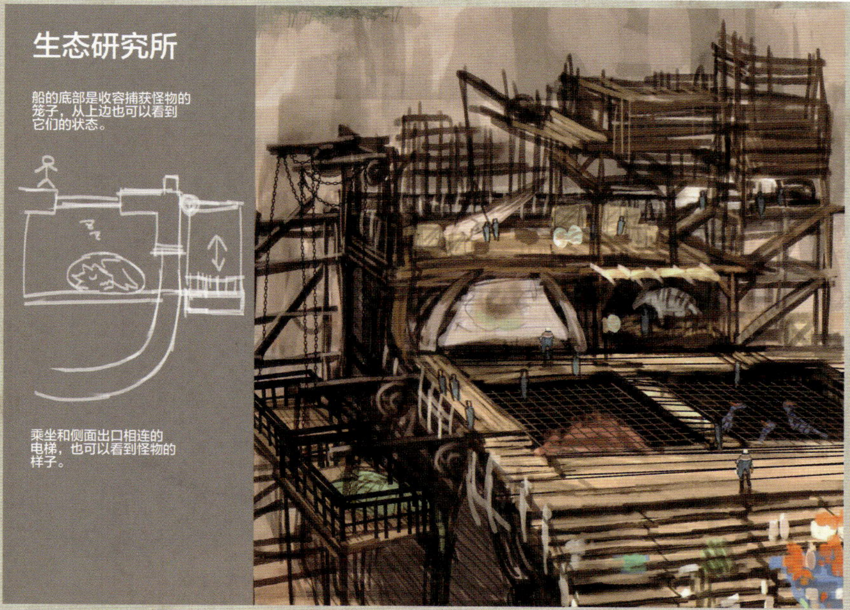

❖设施修建设计图

加工屋沿用了二期团船的动力系统，并将内部的设施进行了重新设计。年轻的工匠们设计了好几版动物主题的奇特外观，都被二期团的团长给否决了。楼梯旁书越堆越多的生态研究所初期设计和现在的样子并无太大出入，植生研究所的初期设定则成了之后建设的蓝图。

❖调查据点的居住区建造

居住区的扩建是以增加新的船体，堆叠在一起的方式实现的。考虑到实际有限的劳动力，这样的设计可以不用连续占用人力太长的时间，可以将工程分解为若干个小部分。除此之外也有将船体竖过来利用的方案，也有在船上再加盖房屋的方案，但都未被采纳。最初便有特等小屋的建造计划，准备在一期团船的下部扩建只有超一流猎人可以使用的高级居住区。

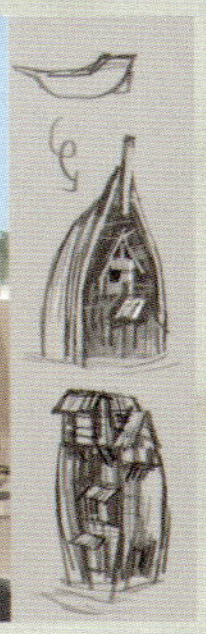

❖用餐区域的方案

作为猎人们“充电”必不可少的用餐区域，建设时融合了料理长的需求设计出了多版方案。当初有在集会区域设置大型的鱼塘的大胆设想，但实现难度太大最终放弃了。为了供应营地的餐食，当初还计划配备了移动厨房，但至今也没能够实现。

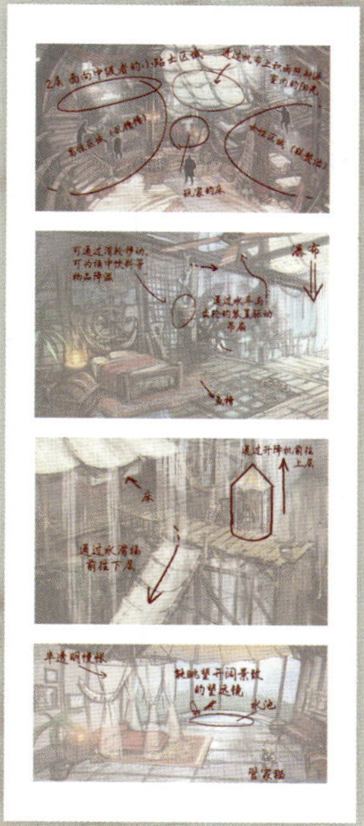

❖小屋的等级

居住区中的小屋根据舒适度和便利性被划分为了多个等级。根据对调查团的贡献度，猎人们会被分配到二等、一等甚至特等小屋。为了更好的居住环境，猎人们热情高涨，每次发布新的任务都会主动接受。

❖集会区域布局设计

设计酒场的时候有这种在船头建楼梯井的构想，但担心喝醉了的调查员会掉下去，有安全隐患，因此未被采纳。关于如何将餐食从用餐区域运到酒场，考虑过利用翼龙，也考虑过利用热气球，但全都被料理长否决了。

❖研究基地的改造

热气球开发员一直在发愁该如何将船再度改造成热气球，但三期团团长却不顾他的顾虑擅自更改了船的内装。因为船体内的设施均沿纵向而建，在改造热气球时光是找落脚点就费了好大的功夫。

利用深海瓦斯而浮空的热气球船，船尾部分被改造成了作为玩家据点的研究基地，船头部分则被改造成了居住区。

第二章
解密新大陆之章
Field Exploration

寻迹　怪物猎人　世界

在制作《怪物猎人　世界》过程中，我们绘制了大量的设定图和草稿图。本章将以某个五期团调查员的第一视角来讲述，从原野切入，揭开新大陆的神秘面纱。本章还收录了两位开发者，执行美术导演藤冈要先生和导演德田优也先生关于原野概念与设定的开发密谈，带你解密《怪物猎人　世界》的创造过程，走进美丽多彩的新大陆。

探索新大陆机遇——五期团的记录

第五期调查团的新大陆调查暂时告一段落，我也终于有机会深入调查星辰了。五期团在抵达新大陆的旅途中，遭遇了熔山龙的袭击。我在那时候受了伤，治疗浪费了很长时间。等我养好伤回到前线的时候，同期的猎人已经解开了古龙每十年一次迁徙之谜。其中一组猎人和编辑者更是成功抵达地脉收束地，讨伐了冥灯龙。

我为他们的成功感到高兴，但也为没能亲身参与其中感到不甘。所以，我没有听从公会的调度返回旧大陆，而选择留在了这片土地上。不能就这么不明不白地回去，至少要亲自走一遍他们走过的路，这是我作为一个猎人的使命。自从四十年前为调查古龙迁徙踏足这片大陆，星辰的人们就十分尊重生态系统，绝不对自然环境做不必要的干涉。据我养伤时了解到的信息，星辰的人们对新大陆的探索主要局限在古代树森林和大蚁冢荒地。每十年一次的古龙迁徙会引起地貌变化与生态平衡重建。每当生态地图需要更新的时候，调查进度就会停滞。但我听说，这次的古龙迁徙与以往都不一样，想来可能和熔山龙的异常举动有关系。一想到这儿我便坐立不安。在大部分五期团员踏上新的调查征程的时候，我追寻着他们的足迹开始了新大陆的冒险。我相信，即便是前人走过的路，也一定可以有我自己的新发现和见解。

——来自一个迟一步踏上征程的人的新大陆见闻

开发密谈

新大陆的构想起源

开发新大陆的想法来源于“象的墓地”。虽然有民间传说的成分，但有这么一种说法，据说人们很少能看到大象的尸体，是因为大象会选择去没人找得到的地方迎接自己的死亡。大象尚且如此，那像古龙这样强大的生物应该更不会让人找到自己的尸体了吧。这些强大的生物很清楚自己体内的能量，在感知自己死期将至的时候，应该会直接去为自己寻找一片安息地吧。有了对古龙生态设定的想法，才想着创造这样一片新大陆。（德田）

这参天巨树，真的是植物吗？

陆地绵延不绝，一直延伸到远方的地平线，令人心潮澎湃，激动不已。这就是猎人们无数次踏足过的新大陆，却是我刚刚开始的冒险。从星辰出发之后我便往古代树森林的方向前进，从开拓的平地上可将古代树森林的全貌尽收眼底。

据前人记录，那里基本是安全的，但我在这时候却感觉有哪里不对……即便只是看着这古代树的全景，我也觉得灵感迸发，可以提出一些前人所没发现的新观点。眼前这参天巨树，真的是植物吗？与其说是植物，不如说它是塔之类的建筑物了……

寻迹 怪物猎人 世界

古代树森林
Ancient Forest

生生不息的巨大森林。
树木葱茏，虬枝峥嵘，长成了高耸入云的巨大古代树。
古代树和栖息在其中的所有生物，构成了一个完整的独立生态系统。

沿海大平原：从新大陆最初的营地出发，穿过林间小道，首先映入眼帘的便是一望无垠的大平原。这里生长着茂盛的低湿地灌木，徐徐的海风中偶尔还会传来草食动物的啼叫声。简直就是一幅生机勃勃的唯美画卷。

波光粼粼的河畔：草食龙三两成群地聚集在一起，悠闲地吃着草。这里温风和煦，长满了低矮嫩草，是草食动物天然的草场。因为没有过于高大的植物遮蔽阳光，所以光照条件良好，非常适合植物生长，阳光照在水面上也显得格外明亮。

进入肉食动物领地：一进入郁郁葱葱的森林，就能从北方飘来的孢子上嗅到一丝血腥味，那边是肉食动物的领地。名为凶豺龙的小型怪物成群结队在这边窥伺，它们周围遍布着树枝树根，散落着白骨化的动物尸体。

凶豺龙漫步的森林：更深处的森林生长着高湿地树木，巨大的树枝向外呈拱形伸展，形成了凶豺龙们的道路。它们在上面东跑西奔，分工协作。泥泞的地面上筑着他们的巢穴，他们的首领大凶豺龙在那里休息。

白沙海滩：海边的开阔地带生长着低矮的灌木群，温柔的海风推起层层的波浪，波浪拍打着白色的沙滩，沙滩洒满明亮的阳光，在这阳光下沐浴令人神清气爽。动物们有时也会来沙滩享受日光浴，但要留意在附近出没的凶猛的兽龙种——蛮颚龙。

星辰前的岩石群：岩石群矗立在白沙海滩北部的海岸，一个个高耸的岩石形成了星辰的天然要塞，守护着这里的安全。岩石群长期在波浪和其他巨大外力的作用下，形成了这种歪向一边的形状。

身处古代树和其下方的森林中，每走几步都会有不同的环境展现在眼前。

他们被称为冒险者、旅人、挑战者，又或是一个荣耀的称号——猎人。他们的足迹踏遍了千山万水，被熔岩包围的火山地带、动植物繁多的茂密丛林、冰天雪地的冰原地带、高耸入云的群山顶峰、大地深层的峡谷谷底，又或是耸立着远超现在人类建造水平的巨大建筑物的神秘之地……

如此我们抵达了这片新大陆。为了追寻古龙迁徙之谜，先一步来的队友们已经建造了星辰据点。我们五期团此行的目的，就是要在前人的基础上，彻彻底底调查这片新大陆。星辰据点临近的区域，是一片在参天巨树“古代树”下繁荣生长的森林。

令我吃惊的是，这广袤的森林是由多种生态系构成的，每走几步，都会有不同的环境展现在眼前。海岸沿线为阔叶树林带，而向里再走不远就会变为湿地，有着热带密林一样的景色。而这高耸入云、闻所未闻的巨大古代树，有着像一座座山一样的粗壮树干。这让我不禁有一种感觉，这片新大陆果然还有什么没被发现的秘密。这绝不是无中生有的错觉，找出这个秘密，或许就是上天赐予我的另一个使命。

开发密谈

古代树的设计意图

最初被确定下来的区域就是古代树森林了。因为决定要在《怪物猎人世界》中着重生态的刻画，所以在最初的地图中做出了两点尝试。一个是创造能让玩家感受到生态系统的区域，一个是设计高密度的地形。为了体现多样的生态系统，地图中除了地形高低差之外还加入了许多玩家可以活用的地形要素。另外，藤冈提议说，加入一个能引人注目的地标吧。所以又加上了一棵巨大的古代树。之后每个区域的地图也都在设计时加入了各自的地标。（德田）

话题

古代树森林 区域构成

古代树下层为地面区域，被分为了很多个大区。中层为向上攀登的路。上层为古代树的顶峰附近区域。古代树本身的构造像一个塔，集合了多种生态系统，是个生物学的宝库。

▲上层

▼下层

▼中层

相互交织在一起，由树木群聚集成一棵树的样子，这就是古代树。

这里的大部分漂亮的插图都是同行的调查员们亲手绘制的，我真希望我所编写的《新大陆见闻》能成为配得上他们画作的作品。刚刚踏入古代树森林，但我最初感受到的违和感还是难以消去。我一直觉得古代树更像一个巨大的建筑物。这会不会不仅仅是种感觉，而是真的存在呢？可惜这个见解恐怕只是个谬论了。如果这是个木头或者石头构成的无机物那还有点可能，但古代树百分之百是由有机物构成，是鲜活的生命。树木群生长在一起，根茎相互缠绕，聚集成一棵巨大树木的样子，这就是古代树的真身。

但是我依然不想打消“古代树是个建筑物”这一疑虑。随着地脉收束地的发现，之前的调查告一段落，人们纷纷开启了全新的调查。我还有必要提出这种唱反调的问题吗……我自己也有点儿半信半疑。

浓雾笼罩的茂盛森林：巨大的树木遮天蔽日，地上隆起的树根长满了青苔，目光所及都被绿色淹没。雾一样的孢子在空中飞舞，这梦幻的场景让人有一种身处异世界的错觉。

森林内部的植物：一束光照射进被巨树包围的内部森林，顺着光的方向正好看见丛林始祖鸟在枝头盘旋。这里偶尔还会看到始祖鸟的使者这种稀有生物。

隆出地面的巨大树根：靠近古代树的话，可以看到突出地面的巨大树根。树干散发的湿气形成阵阵水雾，即使身处古代树的下层，也有一种登上了云端的错觉。

孢子飞舞的森林深处：茂密的森林深处有许多小水洼，潮湿的空气是青苔和青草的温床。细碎的阳光从树叶的缝隙漏进来，许多环境生物在这阳光的沐浴下漫步，在前方俯身饮水。随风飞舞的孢子给这美丽寂静的森林带来了一丝活力，就像是森林的脉搏一样，让我们感受到生命的跃动。

绿色隧道的另一边：巨大的树干弯成拱形，就像天然隧道一样。从地面渗出的地下水形成一个个小水洼，成了环境生物们舒适的栖息地。天空中飞舞着众多回复蜜虫，对于前来调查的我们来说，这里也是一个绝佳的歇脚点。

绿色洞窟的底部：沿着洞窟状的岩石小路出来，眼前被长满苔藓的墙壁包围，形成如同天井一样的空间。抬头可以从天井直接仰望到天空，虽然人在洞底，却有一种能够看到地面的错觉。这里栖息着许多鲜艳的青色钴闪蝶，像是林中的精灵一般。

昏暗的水边：再往孢子森林的深处走，光线便逐渐暗了下来。地表和树干生长着许多种特产蘑菇，可见这里是古代树周围湿度相当高的地区了。阳光几乎照射不到这里，可以观察到在这里栖息的环境生物发生了变化。

开发密谈

古代树的诞生

开发早期就确定了最初的地区要做森林。但是只是森林的话未免有些乏味，所以就想着，加个地标进去怎么样？后来，我一次偶然在老家附近看到了几棵树靠着长在一起，看起来像一棵大树的样子。我从这里得到了启发，决定参考这种象征性的生态系统。乍一看是一棵巨大的树，但实际上是由许多的植物缠绕着生长，共同长成了一棵大树的样子。而且这棵树的内部是可以深入进去的，这也很符合本次设计的理念，就这样古代树诞生了。

（藤冈）

点缀着橙色的藤蔓群：坐落在古代树西北角的是飞散核桃的森林。与被苔藓和藤蔓包围的孢子森林相比，橙色的飞散核桃显得格外鲜艳。地面上也散落着果实的壳，橙色点缀着每一处空间，给这片森林带来了一抹俏丽的生机。

空洞化的大树干：倒下的树木上又萌生了新芽，树干上缠满了藤蔓。渐渐地树干里出现了空洞，甚至可以让我们从中间走过去。但空洞化的原因至今还未可知。

森林里的食材仓库：凶豺龙占领着低湿度的空地区域，在前方昂首阔步。这里是比较容易狩猎到小型怪物的区域，换句话说，也是守株待兔的最佳场所。

古代树过于完整的生态系统，甚至让我有种违和感。

我继续在古代树森林中探索着。随着调查的深入，我越来越能理解这里为什么被称作生物们的乐园了。虽然靠近海岸，含有盐分的海风往往不利于植物的生长，但古代树却成了森林的天然保护伞，植物的生长完全没有受到影响。特别是生长在古代树北侧海岸地带的密林，没有古代树保护的话，或许整片林地范围都将是白沙滩，但现在却生长着郁郁葱葱的植物，真是不可思议。古代树用自身的营养来滋润土地，植物落叶再形成天然的肥料，植物吸引来草食生物，草食生物又吸引来肉食怪物，这样以古代树为中心的生态系统便形成了。同时古代树还化身为屏障，保护植物不受海风的侵袭，可以说这是大自然的恩惠了。

那么古代树的养分来源于哪儿呢？这个问题通过五期团历经千辛万苦的调查，已经得到了答案。在瘴气之谷所产生的养料深入地下，构成了蜿蜒曲折的地脉，再沿着地脉输送到新大陆的各个角落。古代树就是靠着这丰厚的养料成长起来的。另外，虽然本次古龙迁徙时没有观测到，但以前有四次观测到古代树会随着古龙迁徙而急速生长。虽然没有理由去怀疑大自然的循环，但由此诞生出以古代树为中心的生态系统还是觉得有种违和感，好像完成度有点儿过高了吧？

古代树是由许多的树汇集而成的巨大植物。它之所以规模如此惊人，是否除了地脉因素还有其他的原因呢？古代树是新大陆入口处的一个大地标，它就像是温暖湿润、生机勃勃的森林的创造者一样，让人不禁感叹这就是神。但是在人们所看不到的深深的地下，还有着地脉这一隐藏着的根本，而它就像是新大陆的血管一样。我会对这种过于完美的事物情不自禁地心生敬畏，可能还是我见识太少了，我还是继续调查吧。

开发密谈

生态的实现方法

不仅是古代树，所有的原野在构筑生态时都要先考虑食物链金字塔底边的构成。就比如森林和古代树不是都会随着场景的变化而发生改变吗，因为湿度和温度、日照强度都各有不同。而且海拔越高的地方气温就越低，通风也会更好，湿度高的地方会生长苔藓和菌类等植物。那么在这些地方所生长的最多的植物各是什么？我们正是以这些考虑为基础，开始了《怪物猎人　世界》生态系统的创造。之后再考虑拥有各种各样生活习性的怪物，要以怎样的方式与地形相结合，像这样每种地形都从金字塔底边的生产者开始，构建到食物链顶点的生物。最初构建古代树森林就是用这种生态构建方法做出的试验。（藤冈）

倾斜岩石群旁的池塘：这是位于初期营地西北方向的池塘，挨着岩石群倾斜的坡面，爬上去时要多加小心。池塘边我们可以看到大块的岩石和倾倒的树木。

向岩石顶端进发：池塘里栖息着多种淡水鱼。岩石群的顶端则是麻痹瓦斯蛙的栖息地。走路或是与怪物战斗时要多多注意脚下。

密林地带的生物小路：池塘边到森林途中的这片草木丛生的林地，栖息着许多环境生物。这里甚至还能看到菌猪的身影，被称为环境生物的宝库。

景观美图
古代树森林

这高耸入云的巨木景致如何呢——强壮的树根深扎大地，许多植物相互交织缠绕形成的古代树，其景观在自然的壮美和庄严中又不乏孕育生命的温柔与慈祥。映入眼帘的景色绝美，就连这片土地所蕴藏的神秘未知力量和大自然中随处可见的危险，也在这美景下被抛之脑后了。

巨大树枝的战场：在古代树伸出的树根上长出的巨大树木，占领了一大片区域。沿着巨大的树枝继续向上走，我们可能会遇到大型怪物争夺地盘的场景。附近草木丛生，视野受阻。

上层的森林：古代树上生长着许多巨木，像小树被嫁接到了大树上似的。有许多藤蔓从树上垂下来，我们顺着藤蔓可以爬到树的上层。

随着海拔升高气温下降，环境生物和生态系统也在一点点发生变化。

调查已经过半，我终于进到了古代树的内部。将巨大的树枝当成坡道向上攀爬，没有路的地方便借助藤蔓跳跃前行。我很是惊讶，因为这一点儿都不像在爬树，简直就像是在爬坡道很陡的山一样。树干上有些空洞，那是蛮颚龙一类的大型怪物干的。它们会把树干撞出个洞，从中间穿过去。行走在这自然的塔状立体迷宫中，眼前所见的景观在慢慢发生变化。和山区气候和环境会随海拔变化一样，越往高处走气温就越低，湿度因密生的树木环境而增大，而环境生物的习性也在随之变化。虽然关于古代树的构成方式已经有了较为明确的答案，但还有许多的巨木像嫁接似的插在古代树上生长，这不禁让我思考为什么这些树会后天生长在这里。人为植树自然是不可能的，毕竟这是一片之前人类从未踏足过的土地，也正是因为没有人类的干预现在才能保留住自然完整的样子。这么来看的话就可能是生物将种子带到这里来的了，有些花不是就靠虫子来授粉吗。那么会不会是大型怪物的鬃毛里夹了小树枝，而回到巢穴时正好把树枝掉在了地上呢？这样小树枝长出新树枝，久而久之就会变成新的参天巨木了吧……然而这些巨木出现的理由，现在被归结为自古以来地脉能量循环的结果，但真的只是这样吗？

毕竟四十年前抵达新大陆的前辈们就已经将这棵巨木命名为了古代树。虽然这数十年来随着地脉能量的活化，古代树进行过几次爆发式的成长，但四十年前发现它的时候规模就已经非常庞大了，在如此大的基数下爆发成长造成的变化并没有那么可观。这么看来，促使古代树长得如此巨大的因素，也许除了地脉能量，还有其他的东西呢。或许在古代树诞生之前，这里就发生过什么惊天动地的大事件呢。

树枝和藤蔓组成的钢丝：这是连接古代树下层和中层的立体道路。许多根茎和树枝垂在空中，顺着它我们可以上下移动。这片区域地形复杂很容易迷路，大型怪物都不愿意靠近。在这里一定要小心，不然有可能一个跟头就摔到下层。

古代树内部的水槽：这里看起来像一个阳光照射的绿色水池，可实际上已经位于古代树的内部。铺满枝叶的地面形成了池底，雨水和湿气凝结的露水形成了池水。在这里甚至还能看见不知道从哪儿混进来的小鱼和水栖生物。

树根创造的森林：古代树的树根如同若干巨大的支柱，支撑起的土地和岩石形成了一块洞窟一样的区域。古代树上方的积水会慢慢往下渗，会有成群结队前来寻找水源的冠突龙饮水。

树根洞窟：洞窟中栖息着很多虫类，想要捕获虫子的话非这里莫属了。虽然大型怪物无法通过狭窄的洞口，但凶豺龙一类的小型怪物可能前来狩猎，还是要多加小心。

话 题

古代树的上层全景

各层都可以进行探索的古代树，看它的立体构造图就感觉很容易迷路。枝叶繁茂，视野也不是很好，若想多次探访同一个地方进行调查，恐怕只能靠肌肉反射来记路了。

开发密谈

古代树森林的游戏设计

历代怪物猎人都是越往地图深处走难度就越高的，这回也会沿用这个传统。但是考虑到多营地的设置，生态的概念设定也会融入其中，如何来平衡难度是一个值得思考的问题。初始营地外的区域像惯例一样设置着草食龙等生物，再往里走便会有蛮颚龙，再向里会遇见雄火龙。雄火龙正好栖息在古代树森林的顶端，这也象征着它是这片原野上食物链顶端的生物，古代树中其他生物的栖息地也基本是和其在食物链中的位置吻合的。藤冈提到的自然界中的湿度之类的概念，在游戏设计中也有所体现。从海拔低湿度低的地区开始逐渐往里走，就能遇到越来越强的怪物。像这样将游戏设计和生态结合在一起，能激发玩家的探索欲望。

（德田）

藤条缠绕的通道：古代树的中层区域，地面是由无数的藤条缠绕交织而成，即便是人或怪物踩上去也绝不会塌陷。旁边的洞窟则是兽龙的巢穴。

绿色的吊桥：布满了藤蔓的小路，在阳光照射下十分的静谧惬意。这里通风良好，气温也比下层暖和。藤蔓形成了天然的隐身衣装，待在这里很难被天空中的飞龙发现。

古代树就像新大陆生命和环境关联的缩影一样。

天然的藤蔓确实比人工做成的绳子更强韧，但我心中又升起了一个疑团。登顶古代树的路线十分复杂，很容易迷路，而且途中经常会发生大型怪物的领地争夺战，非常危险。这么来看这些既能当作路标，又能帮助人移动的藤蔓，是不是有点儿像故意被放在这儿的呢？人为当然是不可能了，那么古代树自身又是出于何种意图创造了这些东西呢？或者说生命和大地的脉搏，是不是也是由于某种强大的意志才形成的呢？也许连这些藤蔓的存在也是受了这种意志的影响呢……

让我们换个话题。来到新大陆的猎人们比之前多了一个狩猎道具——导虫。这最早是总司令在新大陆发现的，后来经过研究后培育出了现在新大陆调查必不可少的昆虫，为调查员们指引方向。跟着导虫发光的痕迹，五期团员发现研究了很多怪物，甚至最后找到了冥灯龙。导虫在体内积累电能，但并不是被大型怪物的特性所吸引而发光，而是会被怪物的气味所吸引，并形成记忆。而且导虫和古代树一样，也会随着古龙迁徙的到来而活性化，飞散各地。但是为什么我在探索的时候都没遇到过野生的导虫呢？之后听说是因为此次熔山龙引发的事件对导虫也产生了一些影响。但原因真的就只有这些吗……

导虫也会对怪物的痕迹做出反应，但关于这些导虫的习性，应该还有我们所不了解的未知秘密。痕迹是怪物所遗留下来的记录，这些会循着气味聚集在痕迹附近的导虫，究竟还藏着什么秘密……我现在还没有整理好思路，暂且先写到这儿，我会把它列为今后的研究课题之一的。

在途中我一直觉得，古代树就像新大陆生命和环境关联的缩影一样。新大陆的养分由陆珊瑚台地产生，在瘴气之谷分解，再通过地脉形成循环。而古代树则是整个海岸地带生命的支柱。古代树上凋零的生命落到地上，成为新的养分，继续孕育新的生命生长。

古代树森林全景：这是以古代树为中心的海岸全景图。西侧海岸可见留有熔山龙撞击痕迹的岩石，星辰据点则坐落在海岸的东侧。这附近的所有生命活动，都围绕着如山峰一样高耸入云的古代树所展开。

话题 古代树内区域分布图

由于古代树规模巨大，已经可以把它看作一座要塞或者城池了。上层为飞龙的巢，中层为藤蔓编织而成的回廊，树根附近则零散分布着许多洞窟。

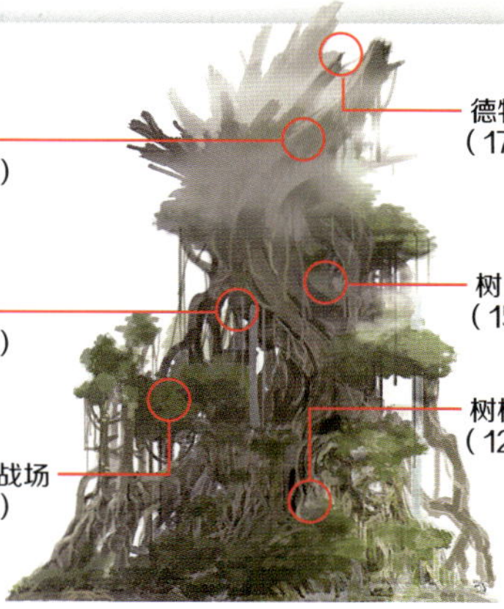

树内螺旋空洞下层：古代树的内部有一部分空洞化的空间，使我们可以进入其中。以树枝树干作为落脚点，借助藤蔓，就可以在其中探索。

树内螺旋空洞上层：从高层流出的水像瀑布一样落下。空洞里引人注目的大树枝看起来像飞龙的头似的，浓密的绿色空间中只有潺潺的水声做伴，十分静谧。

开发密谈 古代树森林想表达的东西

因为在制作过程中认为一张完整的地图对于“MHW”生态的表现很重要，所以我们取消了换区机制，而采用了整体的开放世界。我们想要达成的游戏目标不是两点一线的机械化狩猎，而是希望玩家可以多去探索眼前出现的东西。所以说，我们设计将关键信息隐藏在地图的深处，可能每个人想到达这里都会走不同的路，希望玩家可以去多注意路上所遇到的东西。另外，在导虫的引导下，玩家可能会发现一些以前不知道的路，这种小惊喜也是我们希望玩家可以去体验到的。先从远处看到古代树这一巨大的地标，之后慢慢地深入，最后甚至可以登上古代树的顶端俯瞰四周，玩家可以通过摸索地图的各个角落来对原野的全貌有一个整体的认识。所以最初实验的地图原型很快就被定为了密林、森林这种郁郁葱葱的环境，在当中会很容易加入许多适合漫步调查收集的元素。和大蚁冢荒地那种大空地不同，对于游戏设计更有挑战性也更有趣的，还是像古代树森林这样的地形。（藤冈）

古代树森林不同环境间的变化十分鲜明。

我已经大致将古代树森林的整个区域都走过一遍了，调查已经接近尾声。当翻阅调查员们所绘的画作时，我发现了新大陆的一个特征。这些画作看下来，有一个和猎人们整理的资料中相悖的点。

那就是环境变化的缓急。就好比说，古代树从沙滩到密林的这段路上，视觉上能够感觉到很鲜明的环境渐变，甚至可以说是突变了，这是在其他地方都体验不到的特殊感觉。从这开始就从低湿地变成密林了，这种感觉呼之欲出，你可以很清楚地区分出不同的环境在哪里分界。换句话说，环境的变化非常急，幅度很极端，简直就像是大自然划出了天然的分界线一样。

我又感觉到那种熟悉的违和感，好像这一切都是遵循着某种强大的意志而存在似的，可能是错觉吧。恐怕是因为新大陆的土地上所有的生态系统都存在得太过合理，运作效率极高的缘故，我才会产生这种错觉的吧。食物链、吸收与排泄、分解和再生，这里所有的生物都各有分工，像齿轮一样完美地咬合在一起，并井井有条地运作着，形成了这个没有多余浪费的完美生态系统。

所以我才产生了“这机能美、造型美简直像是谁精心设计而成的一样”这种错觉。关于古代树的感想我想就此先告一段落。在新篇中我想要探讨的未解之谜还有很多，在那里再进行详细的探究吧。

飞龙的巢：这里位于古代树的上层。因为海拔高，风力很强，气温也比下层要低许多。由树枝和树叶筑成的雄火龙巢位于此，常年被雾气环绕。

上层的水源：飞龙巢的正上方有一个雨水沉积形成的水源。因为水量很大，形成了水库。但可见天然水库很不稳定，水位高的时候水会从四周流出来。水源深处还有一个采掘场。

上层的水源（另一角度）：这是坐落在雾气环绕的古代树顶点的水源，是飞龙的饮水场。在古代树除了王者雄火龙以外，没有其他生物有胆子跑到这里来。从这里可以俯瞰下层的森林和大海，但是天然水坝有时候会被冲垮，不要说我们，就连大型怪物也会被湍急的水流冲到下层去。

树内最下层的饮水处：在树内空洞的最底部，形成了一个天然水槽，水上漂着落叶和倒木。上层流下的水全都集中在了这里，看起来像洞窟中的瀑布一般。

德特尔的栖息地：费尽千辛万苦我们才终于来到这里，古代树的最上层。德特尔是一种新大陆的原生兽人，外表和艾路很像，但是戒备心强很多，接近时要多加小心。

德特尔的生活：描绘德特尔巢穴生活的图示。它们在古代树的最上层建造栖息地，会生火做饭，会利用水，会采集果实，还会用木材和动物的皮做床，过着高等智慧生物的生活。另外，它们还会在器物设计和装饰上下功夫，族群文化在美术上也有所发展。

开发密谈

古代树的设计

在设计古代树顶上的飞龙巢的时候，是先有的活用地形，用水流将雄火龙冲到下层这一游戏互动的想法。那既然这样的话就需要蓄水的地方，所以便有了古代树最上层的天然水库。关于这个水库有个设定，它是过去古代树被落雷所破坏的场所，之后凹地便形成了蓄水池。然而古代树虽然本身被落雷所伤，但存下的水依然可以滋润下层的万物，是个能体现古代树独特生态的有趣设计。（藤冈）

接壤的森林、沼泽和沙地区域各自独立，但其生态系统又是相互关联着的。

放眼望去满眼都是黄白色的大地，零散地堆叠着岩石和枯树，从背光的阴暗处刮来干燥的风。这就是等待我们的下一片土地——大蚁冢荒地。其中接壤的森林、沼泽和沙地区域各自独立，但其生态系统又是相互关联着的，虽然被称作荒地，但也不是一片不毛之地。另外，地脉能量也可以通过循环网络输送到这里。

这片由岩石和荒野组成的原野，实在不像是和生物温床一样的古代树相邻的土地，但我也在这片原野上发现了许多想要努力活下去的生物。可以说它们对于生命的渴望和跃动感一点儿都不比古代树的生物差，甚至还要更胜一筹。或许可以说，正是因为这是一片由三种环境结合构成的土地，才孕育出了如此顽强的生命力吧。

寻迹　怪物猎人　世界

大蚁冢荒地

Wildspire Waste

一片由干燥的宽广地带和以古代树为水源的沼泽地带结合而成的原野。沙地区域伫立着巨大的大蚁冢，而水源附近则栖息着多彩的植物。在这片拥有两副面孔的原野中，生活着许多适应各自环境的生物。

西南初始营地：这是大蚁冢荒地的首个营地，设立在岩石群中。这里有源自岩石缝隙中像小瀑布一样的水流，是个不用担心饮水补给的舒适环境。

开发密谈

大蚁冢的设计思路

我们在设计游戏的时候，除了古代树，另一个希望玩家在初期可以接触到的原野就是这里了。和植被密度很高的古代树森林相反，我们想设计一片有开放感的广阔区域。但光是广阔的话趣味性远远不够，所以我们让这片土地上既有水源区域，又有沙地区域，再加上看起来像古代树森林延续的森林区域，这三个要素共同构成了这一片原野。然后我们在这片原野中加入了和荒地环境相搭配的巨大蚁冢作为地标。（德田）

裸岩环绕的荒野：从初始营地出来便是一片遍地岩石的荒野。远方能看见茶褐色的大峡谷。植物和古代树森林相比数量锐减，星星点点地散落在荒野各处。裸露的岩石上可以清晰地看到地层断面，让人不禁设想这块平地是被某种强大的外力所削出来的。

从森林地带变化到岩石地带的低地。

一进入这片原野，首先映入眼帘的是一大片荒地。明明和古代树森林的密林地区相隔不远，可环境却可以从茂密的森林突变为荒凉的岩石地。我前几天感受到的“极端的环境变化”在这里也得到了验证，但这片土地环境变化的理由和古代树中的不太一样，我想在这里说明一下。虽然这里地势较低，按理说地脉应该分布得更加均衡，但我觉得这里的地脉能量供给比古代树森林少了不少。具体说来，虽然海拔较低的话，地脉能量从深层运输到地表所需的路程就更短。但是考虑到裸岩断面上的地层断面，可能是大规模的地壳运动导致地表出现褶皱重叠，复杂的地层构造阻断了地脉能量的运输，因此这片土地上未能得到平衡的能量供给。

古代树森林能得到丰厚的能量供给可能是因为它处于海域附近的缘故。在地下横穿整个大陆的地脉为了不将能量释放到海中，从而在海域附近拐了个弯，将能量释放到了海域附近的地面上，这才形成了古代树这片区域……但是即便是能量供给不充分，古代树森林和大蚁冢荒地的差别也未免太大了些，这莫名的违和感到底是什么。这片土地上也有一个像古代树那样的地标，那就是北方的大蚁冢。或许等到达大蚁冢，这种违和感便可以解释得通了吧。

森林入口的水源：沿着荒野平地前进，可以看到裸岩中流出的瀑布和池塘。由岩石围出的水域最为清澈，很适合垂钓。凉风习习，映入眼帘的满是富有冲击力的色彩，这里景致绝妙。通过藤蔓可以爬到岩石上边去，那里是森林地带的入口。

静谧的森林：周围的环境突然从荒地变为了茂密的森林，地面也变成了潮湿的泥地。虽然看起来和古代树深处的低湿地带没什么两样，但望向远方映入眼帘的却依旧是焦茶色的裸岩。苔藓和蘑菇丛生，会吸引一些食草动物聚集而来，所以，这里也是雌火龙的狩猎场。

话题

大蚁冢荒地区域构成

和拥有巨大高低差的立体古代树森林不同，大蚁冢荒地的构成基本为平面。虽然地下有些巨大的空洞，但大部分的探索活动还是集中在地上。

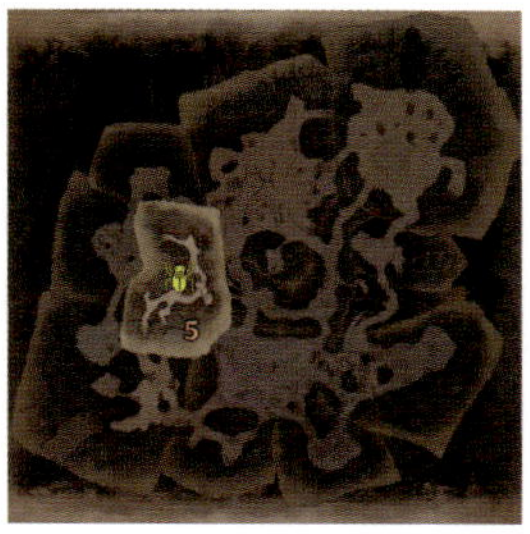

▲上层

▼下层

▼中层

森林深处的痕迹：再向森林深处前进，环境越来越像湿地的样子。巨大的树冠像屋顶一样，阳光从其缝隙中洒下，低草和苔藓集中生长在了日照稍微充足一些的地方。巨大的树干被拦腰折断，这是被怪物所破坏的呢，还是长期处于高湿度环境而腐烂了呢……

毒植物的森林：即便只有一点儿阳光，也能看得出地面颜色的差异。这里布满了紫色的苔藓和土黄色的蕨类植物，一种名为毒蔓草的毒性植物在这里扎根，同时这里也是森林地带的终点。

紫红色的浅沼泽：向初始营地的东南方向前进，能看到一大片沼泽地。地面上郁郁葱葱地生长着紫红色的小花，可千万不要只顾着看鲜艳的植物而失神陷入了沼泽。

眺望蚁冢：在荒地和森林地带的中间，从森林带的下层登到上层可以尽情地眺望远方。这是个绝佳的展望台，可以将大蚁冢和远处的大峡谷尽收眼底。

背甲龙的巢：位于沼泽南方的岩石群平地。地面覆盖着低矮的植物，这吸引了背甲龙成群结队地前来用食。在这里可以发现草食龙的蛋，当然如果想要搬走的话是会遭到雌龙袭击的。

从古代树森林流动来的能量都跑到荒地的哪里去了？

穿过低湿地区域的沼泽，爬过陡峭的坡道，再穿过洞窟一样的岩石群，我终于来到了大蚁冢的面前。过去的观测记录表明，这个蚁冢也是会随着古龙迁徙的到来而急速生长的。据到达过这里的同伴们说，这个大蚁冢里边就是一个巨大的蚁冢，就像古代树和其他的巨木没什么区别一样。但是我只是远远地看了它一眼，就觉得事情并没有这么简单。和古代树一样，它是这片土地上最显眼的地标。但是这真的是蚂蚁所筑成的吗？体形那么小的生物真的可以建出这么巨大的东西吗？我觉得大蚁冢的本质还有其他的东西，我准备结合之前感到的违和感一起思考试试。

之前说过，我觉得古代树森林得到了充分的地脉能量供给，而大蚁冢荒地的地脉则分布得不平衡。回想一下的话，古代树白沙滩附近海域的岩石群，也和被波浪冲刷自然形成的岩石样子有些不同。恐怕那是释放到海中的地脉能量将海底的岩石挤压变形后，冲到浅滩之后的样子吧。这里也能看到类似形状的岩石，在地下还可以看到削除岩石后留下的空洞，那个形状也和普通的岩石不一样。有拱门一样的岩石，还有台阶似的岩石，就好像故意设置好的一样。

我又感到了一种违和感。即便是地脉的分布有失均衡，但终究是能形成一个循环的。从古代树森林流动来的能量都跑到荒地的哪里去了？看着面前的大蚁冢，我不禁设想，这些能量会不会都集中到了大蚁冢的附近了？这么看来大蚁冢和其周围的地形确实有点超出自然常理的感觉。可能正是这些能量造就了底下的空洞和这些造型奇特的巨大岩石。

地脉的能量来源于瘴气之谷的谷底，过去荒地曾靠着这股能量繁荣昌盛过。但随着古龙迁徙的发生，地脉的出口随着地壳运动发生了变化，现在荒地的能量主要集中在了大蚁冢的附近。也正是因此，大蚁冢才会随着古龙迁徙而急速生长吧。

高低起伏的荒野：抵达大蚁冢途中错综复杂的岩石构成的荒野。四处分布着高低起伏的岩石，很容易在爬上爬下的过程中失去方向感。虽然这里只是个枯树横生的荒凉场所，却时常会发生大型怪物的领地争夺战。

中央营地：被岩石群包围，设有饮水处的安全营地区。顺着藤蔓可以回到荒地区域。

荒野的谷间回廊：南北向纵断荒地的谷间小路，和大蚁冢南部的沼泽相连，延伸出美丽的小溪。地下水和河川汇过来的清流也汇聚到这个小溪里，形成潺潺水路。

蚁冢的生态系统：散落在荒凉沙漠大小各异的蚁冢。在这种末世般荒凉感的背后，却栖息着许多的生物。不仅是蚂蚁和闪光翅虫，也有大型怪物的栖息地。

如果把古代树比喻成巨大的塔，那大蚁冢就是古代神殿。

大蚁冢周围矗立着数个排列整齐带有黑色斑点的粗大柱子，构成了一种异样的光景。就好像曾经坐落在这里的古代神殿，现在只剩下了这些柱子作为遗迹一样。这里强烈的存在感，让我觉得如果把古代树比喻成巨大的塔，那这一带就宛如古代神殿一般。之前提到过，大蚁冢是由受地脉能量影响活性化的蚂蚁所建筑成的。然而在星辰，也有人认为是接收了地脉能量的土壤和蘑菇等被蚂蚁用作建筑原料，才使得大蚁冢获得了能量。无论是哪种说法，如果将蚂蚁看作人的话，那么大蚁冢就更像古代神殿了。关于古龙迁徙之际大蚁冢急速扩张的原因，虽然已经有了结论，但我还是想提出一个关于大蚁冢的新猜想。到了夜间，蚁冢便会被闪光翅虫点亮。闪光翅虫本来就是通过体内的器官独自进行发光的，它们真的只是为了把蚁冢内的蚂蚁聚集过来才发光的吗？现在已经明确了地脉中流动的能量是真实存在的，那闪光翅虫会不会就是为了告诉我们荒地的能量都流向了哪里，才聚集在大蚁冢附近的呢？虽然我没有支撑这个观点的证据，但结合下面的假说来思考，这个观点也是可以站得住脚的。因为看着这满天星一样的闪光翅虫，我又发现了一件值得关注的事情。

我发现闪光翅虫的发光方式，和导虫在追寻痕迹时的发光方式基本相同。导虫可以从怪物的痕迹中记住特定的气味，并对这种气味做出反应，聚集到其周围。这个时候导虫会和气味产生共鸣，发出独特的光芒。但是看着痕迹周围这光的集合体，我不禁觉得他们的这种行为不仅是因为生物的习性，还因为某种特殊东西的存在。导虫和闪光翅虫，发光的习性和发光的场所，怪物的痕迹和大蚁冢……是不是感觉可以类比一下呢？

如果它们的共同点指向受到地脉能量的影响这一根本原因的话，那闪光翅虫的光芒是不是在告诉我们这生命光辉一般的地脉能量的存在，并将其可视直观地展现给我们看呢？

月夜的沙尘暴：有时沙丘上会刮起巨大的沙尘暴，简直就像落入了沙之地狱一般，这恐怖的景观笼罩着深夜的荒地。

泥沼泽地带：大蚁冢的南端，有土砂龙出没的泥沼泽地带。正因为地上遍布泥沼，非常不适合行走，陷进去的话行动会大幅受限。

话题

狂风呼啸的沙尘暴

有时荒野上会刮起沙尘暴，视野会变得很差。但是天气的变化在每个原野都会发生，在古代树森林会下大雨，在陆珊瑚台地会发生乱气流，在瘴气之谷则会下酸雨。另外，古龙的超常能力也会造成天气的改变，一般这种情况下出现的环境生物也会有所不同。

开发密谈

地标大蚁冢

现在说出来也无妨，荒地的地标其实是在开发末期才被确定为蚁冢的。最初的地标设计的是可以让海龙出场的湿地。但是验证过程中发现很难实现，又要保留水的要素，又要在后期加上沙地等别的要素，就感觉很微妙。我们当时就在想，这块地要起个什么名字好呢？叫荒地和沼泽吗？嗯……（笑）（德田）

沙地地区原本只设置了一个中心的大蚁冢。但这样它并不是一个贯穿整个原野的要素，而且地图中还有森林和沼泽存在，仅靠一个蚁冢就将整片原野命名为“大蚁冢荒地”好像有点儿牵强。所以我们就将蚁冢分散开来，分布在地图的各个角落，刚出营地的区域就可以看到。所以地图最后呈现出的就是一个每个区域都有很多蚁冢存在的样子。（藤冈）

大蚁冢群：蚁冢群以巨大的蚁冢为中心，小规模的蚁冢零星散落在沙漠中。蚁冢在白天看起来就像是普通的岩石，到了晚上寄生在蚁冢中的闪光翅虫幼虫便会发光，将整片大陆照亮。它们发光吸引蚁冢中的羽蚁聚集过来，将羽蚁作为幼虫的食料使幼虫成长。据说新大陆的闪光翅虫全部来源于这个蚁冢群。

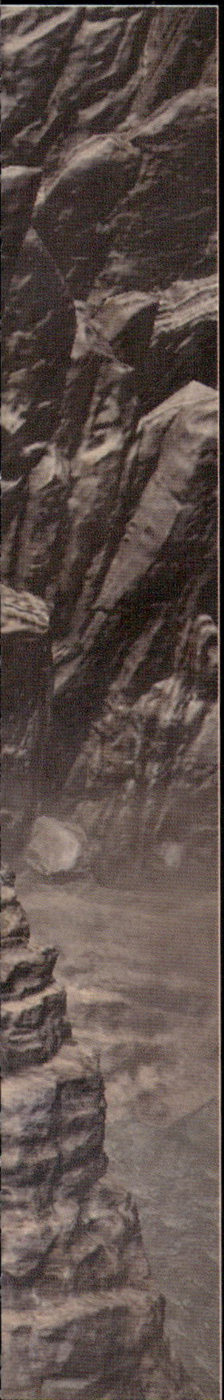

景观美图
大蚁冢荒地

沿着陡峭的裸岩吹来干燥的风，在此影响下植被贫瘠，是片荒凉的大陆。从古代树汇来的清流在这片土地上汇集成了沼泽。偶尔会刮起剧烈的沙尘暴，将这里的环境变得更加恶劣。沙地中央的大蚁冢高耸入云，和远处的大峡谷交相呼应。

岩石群和水域的分界线：泥沼和清澈的水源以一个有高低差的区域划分开来。两侧分别可以看到枯树和茂密的水草，是因为边界线清晰，两种环境没有混到一起的缘故。

用历史的眼光来看，我认为这片土地依然处在过渡期。

我再次来到了荒地水域附近。但这里和大蚁冢荒地南部的森林地带不同，这里的水大多与泥土混合，沼泽化的地方较多。这跟地质构成有关，南部多由硬质岩石构成，而这边多为疏松的土壤。虽然有明确的原因可以解释，但我还是想再多进行一步思考。

虽然荒地地带的地脉能量供给不足，但大蚁冢荒地表层多少受到了来自古代树的一些恩惠，那就是这片沼泽。从古代树森林流过来的水，夹杂着枯叶、草、根等有机物，和荒地的土混合后将其泥沼化。可能是过去古龙迁徙带来的地壳变动导致古代树的水进入到这里形成了沼泽，但我们无从得知它的形成时间。我们是不是可以认为这里以前也和荒地其他部分一样荒凉，或者是像古代树那样绿意盎然呢？至少在我们观测的期间里没有大蚁冢荒地整体湿地化的记录。而且角龙成为此地生态霸主的原因，除了它很强以外，还有种理解就是这里过去就是荒地。我有必要回星辰以后问一问周围的人，前辈中应该也有和我持相同观点的人吧。

在这片沼泽地栖息着一种名为泥鱼龙的怪物，以它为中心形成了独特的生态系统，完成了环境的循环。大蚁冢荒地也是拥有自己构建完整生态系统能力的，从这里能看得出，可能从很久以前古代树森林就和大蚁冢荒地一起共同繁荣，共同孕育生命。但是现在，地脉能量聚集到了大蚁冢，慢慢地在整片大地上起了连锁反应。所以用历史的眼光来看，我认为这片土地依然处在过渡期。我们的文明和技术越是日益进步，就越是有活力，竞争也更激烈。虽然这片土地现在看起来生长缓慢，一切都很和平，但有迹象表明它并没有丧失活力。我在这片荒地上所感受到的生命的跃动十分激烈，这种热情从未停歇过，无限燃烧的能量正在涌动着。

泥草的深沼：沼泽地深处泥和水源的终点。泥潭中混着枯萎的草木，有的地方很深，行动非常困难。泥鱼龙的巢穴就在这里。

洞窟营地：在连接南北的地下回廊设置的地下营地。虽然空间狭小，但四周都是悬崖和万丈深渊，待在这里还是很安全的。

钟乳石洞窟：森林的地下有地下水流过，冰柱一样的钟乳石从洞窟顶垂下，看来这个地下空间是经过相当长的一段时间形成的。

雌火龙的巢：洞窟内是雌火龙的巢穴，有时候摇鸟会来偷蛋。可采集的地点位于这片区域狭窄的部位，要多加小心，防止被大型怪物打得措手不及。

开发密谈

大蚁冢尺寸的设计

为什么大蚁冢的尺寸那么大，这其实都是根据瘴气之谷和陆珊瑚台地的相关设定逆推出来的。所有的生态系统都是相互关联着的，所以便有了动植物生息的陆珊瑚台地和分解其尸体的瘴气之谷。就像人类消化食物的胃一样，在瘴气之谷被分解的能量通过地脉运输到各个地方，所以才造就了巨大的古代树和大蚁冢。这种生态的设定成了设计的宗旨。（藤冈）

我们首先考虑的是新大陆全体的生态和循环。因为本次有很多东西是根据原野和生态来决定的，所以为了设计栖息在那里的怪物我们要先从生态入手。首先确定的是将瘴气之谷作为能量循环的源头，之后再考虑在其影响下的其他原野，先后定下了古代树森林和大蚁冢荒地。在地脉的影响下大蚁冢变得巨大这件事也是合理的，就比如地脉能量在经过大蚁冢附近的时候会将那里的土壤和蘑菇等植物活性化，而蚂蚁在用这些原料筑巢的时候，蚁冢就会变大了。另外随着古龙迁徙的发生，大蚁冢也会随着能量的爆发而急速变大，这些因素加在一起，蚁冢就被设定为现在的尺寸了。（德田）

大峡谷吹来的风干燥了这片土地，像将土地削开一般创造了这片空洞。

大蚁冢底下有一片巨大的空洞区域。虽然之前有过耳闻，但当我走进这地下深处时，还是不禁被眼前的景象所震撼。流沙从地上的地洞陷阱缓缓地落下，源源不尽的细沙像是永远漏不完的沙漏一样，就好像时间的流逝被冻结了一般，让我感受到了自然轮回的奇妙力量。来新大陆之前我也见过沙漠地下的空洞区域，但那里的沙地形成于坚厚的岩石层之上，地下空洞的形成是因为地下水，和这里的景象完全不同。不难想象从大峡谷吹来的风干燥了这片土地，像将土地削开一般创造了这片空洞。但我看着眼前的景象，不禁觉得事情不只是这么简单，背后还有什么更强大的力量……

正如我所再三重复的一样，我依然认为与深层的地脉能量有着不可分割的关系。新大陆就是起源于这地脉，也就是古龙能量的分解和再生。但这并不是我提出的新观点，我也只是从同伴们解开的古龙迁徙之谜中稍做提炼罢了。我感觉应该还有其他的东西能作为我新观点的支撑……

沙子堆积的地下空间：大蚁冢前方的大地，可以看得到大峡谷地层断面的地下空洞。沙子像瀑布一般从上层岩石的缝隙中落下，在地上堆出了小沙丘。再往里走便是角龙的巢。

大蚁冢营地：在大蚁冢地下设置的营地。这里虽然和大型怪物的巢穴只有一墙之隔，但地形的特殊性却可以保障营地内的安全。

沙粒的帘幕：大量沙粒从地上呈瀑布状落下来，发出细碎的沙沙声。但听觉敏锐的角龙能从这沙子发出的声响中分辨出细微的差别，来判别猎物的位置进行攻击。

沙漠地下的德特尔： 德特尔的栖息地位于大蚁冢最北端的地下。在这里栖息的德特尔都非常勇敢，且很重视同伴。它们选择的栖息地多为怪物和人类难以接近的秘境。

大蚁冢的内部： 大蚁冢内部有一个巨大的空洞。这是个被蚂蚁们废弃了的蚁冢，但从这里墙壁中的地层结构、埋藏着的化石可以解读新大陆的变迁史。

开发密谈

在大蚁冢荒地所想表现的东西

在古代树森林我们按照食物链金字塔设置了大凶豺龙、蛮颚龙、雄火龙，而在大蚁冢荒地我们则让雌火龙、土砂龙、泥鱼龙分别占据了森林、沙地和沼泽。这里我们想表现的是这种三足鼎立的对立状态，期待它们之间的碰撞又会产生怎样的火花。而再往地图深处走还有一个凌驾于它们之上的角龙，这位才是真正的沙漠王者，这样在游戏设计上和古代树森林形成了完全不同的结构。（德田）

角龙出现在那儿的理由，好像不只是因为它喜欢干燥的地区，那为什么它会出现在那里？我觉得更好的解释是它本来就潜伏在那里，整个大蚁冢荒地都是它的势力范围，作为这片大陆的霸主，应该有着极强的领地意识。（藤冈）

寻迹 怪物猎人 世界

陆珊瑚台地
Coral Highlands

高低差显著，布满了“陆珊瑚”的台地。
既像大陆又像海洋，拥有着不可思议的富饶生态系统。
陆珊瑚所产的卵乘着风飞散到台地的各个角落，成为以此为食的生物群生命的基石。

令人惊讶的美，令幻想和现实的分界线变得模糊起来。

听来过的猎人们说，来到这里的人都会被美景所震惊得说不出话。我到现在也探索了不少地方了，美丽的景色也见得不少。虽然我还是个新人，但我在见到那些美景的时候也没有惊讶到失态呀，陆珊瑚台地还能有多好看？但这种想法在我抵达的瞬间就消失得无影无踪了，令人惊讶的美，令幻想和现实的分界线变得模糊起来。我迷失在了幼年时读过的童话故事的世界里，眼前就是这种美到让人产生错觉的超乎想象的绝景。看着它，我不禁兴致勃勃，期待接下来的调查能让我有所发现。这片神圣的、美到不真实的土地，这份静谧可以一直持续下去吗？我感到了一丝异样，心中又出现了些许不安……

初始营地：最初到访的台地顶点地区，位于一整块陆珊瑚之上。站在这里眺望整片原野，远景和近景尽收眼底。

陆珊瑚的森林：陆珊瑚高矮错落，有的生得像大树，有的像小草、小花一样覆盖了大地。呈现在眼前的是一片五彩斑斓的陆珊瑚森林。

陆珊瑚自身的养分，来源于整片原野下方的瘴气之谷。

陆珊瑚台地，一个鲜艳到有些刺眼炫目的世界。这种被称为陆珊瑚的颜色鲜艳的动物遍布整个大陆，它们所产的卵在空中飘浮着，吸引了许多肉食生物前来捕食。丰富的食物又会招来更高级的捕食者，而这些动物死后的尸体又会继续变为陆珊瑚的养料。随着我从大蚁冢荒地来到大峡谷，陆地海拔升高了不少，而陆珊瑚台地这里要比大峡谷更高。原本我以为海拔越高的地方生态系统会越脆弱，而这里却像生物的乐园一样，完全颠覆了我的固有观念。但是我刚踏入这片土地时的那种有些不真实的幻觉依然没有消失，会不会这些陆珊瑚也和水生珊瑚一样含有一些毒素呢？虽然据星辰的学者们调查并没有发现类似物质，但聚集在这里的生物真的只是为了寻求丰富的养料吗？它们会不会存在意识，且被这美丽所迷惑，和我一样沉浸在了这远离现实喧嚣的世界中呢？

关于陆珊瑚的性质有一点是得到了确认的，那就是它自身的营养来源于整片原野下方的瘴气之谷。瘴气之谷也利用陆珊瑚的生物们作为催化剂，形成了自己独立的生态系统，上下两片区域其实是相互关联共生着的。

话题

陆珊瑚台地区域构成

高低海拔相差很大，各层可探索的地方也很多，给人一种非常复杂的印象。在这里活用气流、滑空的衣装等移动手段便显得尤为重要。

▼下层

▼中层

▼上层

开发密谈

陆珊瑚台地的游戏设计

陆珊瑚台地是在古代树森林和大蚁冢荒地之后，游戏稍中期的时候接触到的原野，在视觉上也能给人带来很大的冲击。陆珊瑚台地在游戏设计上有两个挑战，一个是以高低差作为其最大特征的地形，一个是和瘴气之谷相关联的富饶之地的这个生态设定。既要生机勃勃，又要有视觉冲击力，那将海洋的生态系统搬到陆地上会不会很有意思呢？照着这个思路，我们反复推敲如何能将这个想法变得合理。在其他的原野食物链，金字塔底端的生产者为植物，在这里则变成了身为动物的陆珊瑚，靠所产的卵来提供大陆生态系统的基础养料，最终我们决定按照这个方向来继续游戏的设计。（德田）

大群珊瑚形成的洞窟：浮空龙之类的怪物会在这上空飞过。拱桥形状的岩石群上有楔虫，利用投射器抓住它可以快速向上方移动。

珊瑚块小房子：大型陆珊瑚像屋顶一样遮蔽住了阳光，形成了洞窟一样的空间。里边零星散落着生命活动停止了的小型珊瑚，就像小房子一样，在危急时刻也可以用来暂时躲避危险。

猫蜥龙的巢：阴暗的空间中，地面上铺满了巨大的青色软质陆珊瑚，猫蜥龙便栖息在这里。

巨大陆珊瑚的柱群：高耸的巨大陆珊瑚像支撑着天幕的柱子一样，景色十分壮美。每到陆珊瑚的产卵周期，便会吸引芳翼龙和浮空龙前来觅食。而为了捕食它们，有时也能在这里目击到惨爪龙的身影。

古代，一部分珊瑚适应了通过地脉传来的气流，并成功地陆生化之后，变成了陆珊瑚。

陆珊瑚是一种统称，在这片土地上生活着很多品种的陆珊瑚。它们有的像色彩斑斓的阔叶树，有的呈海藻一般的藤条状，还有的呈平面状伏于地面，在不同的地带可以观赏到不同种类的陆珊瑚。

就和陆珊瑚台地这个名字一样，这片原野基本全是由陆珊瑚构成的，即便看起来像岩石的突起物和建筑物一般的巨岩也都是陆珊瑚。陆珊瑚作为食物链的生产者，多个品种的陆珊瑚吸引来的生物种类也十分多样。而种类越多，环境也就更复杂化，就会一步一步地走向繁荣，走向进化的道路。

在过去人们的认知中，珊瑚是一种只存在于海里的生物。至于为什么珊瑚能生长在陆地，并造就整片大陆繁荣，以前认为是由颜色鲜艳的水生珊瑚进化而来的，那这过程中少不了地脉能量的影响。

恐怕在古代，一部分珊瑚适应了通过地脉传来的气流，并成功地陆生化，之后便利用地脉能量单独进化成了现在的陆珊瑚。

话题

在海拔跨度很大的台地设置缆车

在多次调查陆珊瑚台地，摸清了其特性之后，热气球开发员们在这里设置了绳索道。有了这个装置就可以快速上下移动了，是这个海拔跨度很大的台地必需的设施。

星辰的绳索道：设置好之后在陆珊瑚台地的移动就变得方便多了。天上飘浮的是改造成热气球的三期团船研究基地。

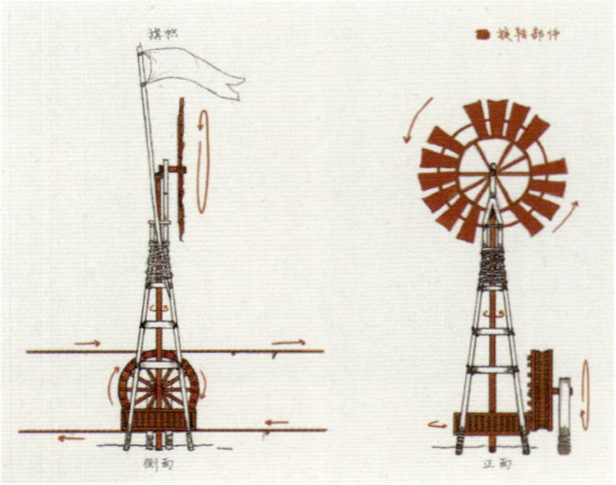

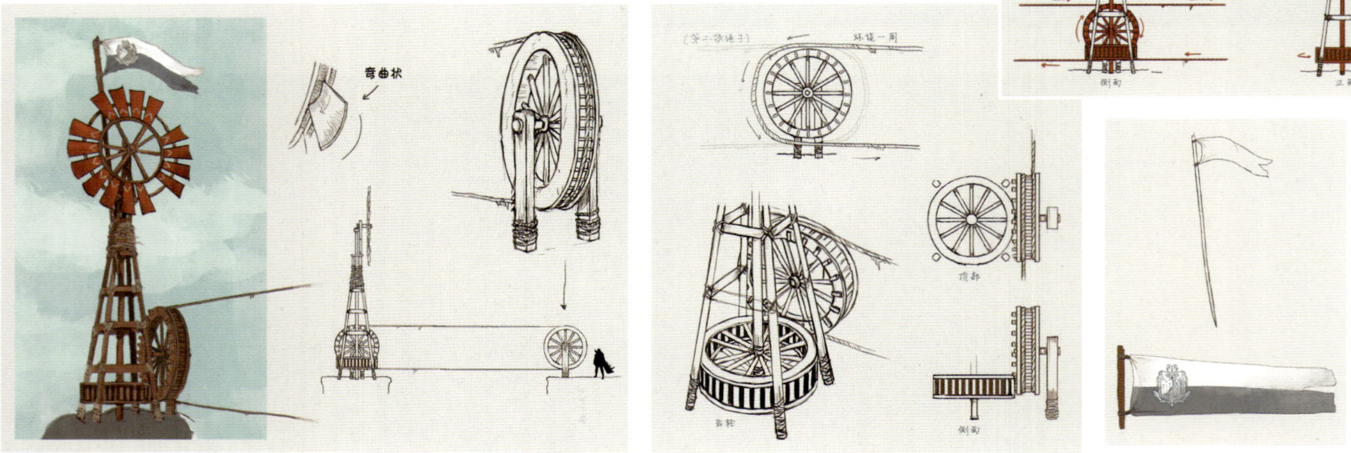

绳索道设计图

瘴气之谷附近的陆珊瑚：瘴气之谷附近的台地下层区域。下方来的上升气流带来了瘴气之谷的空气，有许多土黄色的物质附着在陆珊瑚上。

开发密谈

陆珊瑚的形象

最初画出过鱼在水中畅游这样的概念图，但因为这次我们也没有要做水中的原野，鱼自然也不能在空气中游泳了。（笑）但是那张概念图看起来的确十分有意思，所以我们替换掉了鱼，而考虑让浮游生物在空中飞舞。

所以我们才想构建一片上升气流喷涌的土地。而基于整片大陆富有生机的设定，我们让陆地所有的基础结构都和陆珊瑚相关联着。陆珊瑚本身是有机物，富含矿物质，它所产的卵随风飞舞，又会在其他地方生成新的陆珊瑚，同时还会吸引生物群前来觅食。正因为整个台地都是有机物的结合体，周边才会如此生机盎然，就这样陆珊瑚的形象被确定了下来。（藤冈）

眩鸟的巢：陆珊瑚上生长了许多五颜六色的贝壳，它们会反射眩鸟的闪光。

平面陆珊瑚田：像梯田一般排列的平面陆珊瑚群，是块视野很好的地方。很多怪物在这里来来往往，还有回复蜜虫和棉孢子草点缀在这里。

青色的昏暗断崖：光线昏暗，笼罩着青色的断崖。沿着墙壁向前抬头望去，就好像在从海沟仰望水面的景色一般。

PRODUCTION NOTE

开发密谈

陆珊瑚的尸骸

台地顶峰附近的白色区域全都是陆珊瑚的尸骸。离瘴气之谷越远，就越难获得能量，久而久之便死掉了。尸骸堆叠起来，这里便慢慢变得越来越高。普通的水生珊瑚越处于阳光照射不到的深海，白化现象就越严重。而陆珊瑚则是越位于下层颜色越鲜艳，随着海拔的增加渐渐由软质珊瑚变为硬质珊瑚，白化凋零。陆地珊瑚将水生珊瑚的习性完全反过来了，这个关系还是挺有意思的。（德田）

从游戏的角度出发，我们希望陆珊瑚不同区域的不同颜色能帮助玩家分辨方位。就好比看到周围都是粉色就知道自己正处在下层，希望能通过颜色让玩家形成这种条件反射。（藤冈）

瀑布流过的洞窟：被死亡的陆珊瑚围成的洞窟。可以捕虫和采矿的地方有很多，游过水池里面的区域也有采集点。

开发密谈

陆珊瑚的形象

因为上升气流很强，所以在这片台地，越善于利用风的生物就越强，上升到高处控制风会很有利于战斗。在陆珊瑚台地，比起雄火龙这种展翅高飞的豪迈家伙，像风漂龙这样浑身覆盖着膜，善于利用、操纵风的生物才是主宰。（藤冈）

从珊瑚穹顶漏下的光：珊瑚穹顶上有数个空洞，光透过这土黄色的穹顶，里边的空间也变得昏黄一片。这里是浮空龙的巢，猫蜥龙们正在小心地避开光源前行。

陆珊瑚形成了从下到上生与死的循环，这是它自己独特的生态系统。

之前提到了种类繁多的陆珊瑚，而在这里我还想介绍一下死亡的陆珊瑚。陆珊瑚的尸骸像骨质一样坚硬，大多被生物当成了栖息地。腐朽老化的陆珊瑚上出现的洞，正好能让阳光照射进来，形成了天然的花窗。海中的珊瑚是以浮游生物为食，而陆珊瑚的营养来源是坠落到瘴气之谷的那些尸骸，被分解之后重新被陆珊瑚所吸收。海中的珊瑚是因为地脉能量才陆生化的，陆地上的珊瑚依然是动物，但它这种获取养料的方式，可以说有些更接近植物了。所以陆珊瑚生长的地方离瘴气之谷谷底越远，所获得的养料就越少，也就离死亡更近。颜色鲜艳的陆珊瑚衰老之后会变成茶色系，最后和水生珊瑚一样发生白化，变成白色易碎的粉末状物质，再次跌落谷底。陆珊瑚形成了从下到上生与死的循环，这是它自己独特的生态系统。

我看着这梦幻般的世界中生命循环的光景，不禁感叹自然的伟大。

珊瑚穹顶的外观：浮空龙巢穴所在珊瑚穹顶的外观。蓝白色的墙壁配上土黄色的穹顶，感觉有点儿不搭。

话 题

上升气流吹过的风景

陆珊瑚台地常年刮强风。从高层陆珊瑚缝隙中吹来的风是这片土地不可或缺的元素，它将陆珊瑚的卵吹到四处，为其他生物提供营养，还帮助浮空龙、风漂龙这种擅长驱使风的怪物移动。而上升气流是另一种性质的风，是直接从谷底吹上来的风，经过瘴气之谷复杂蜿蜒的地形而形成了强烈的上升气流。

上升气流的出风口遍布陆珊瑚台地各地。掌握其位置和风向的话，我们也可以乘风而行，利用风来创造捷径。

景观美图

陆珊瑚台地

被大峡谷所包围，受地脉能量影响最直接的神秘盆地，这就是陆珊瑚台地。以平时看不见的角度观察，能更加直观地感受到前面文章所描述出来生命的渐变了吧。顶峰白化的陆珊瑚，或许在很多年前也是生长在最下层生机勃勃的“生命基石”呢。

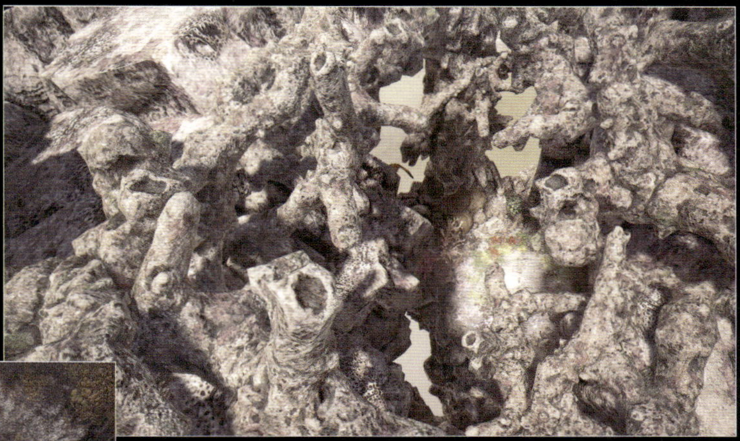

陆珊瑚尸骸的洞窟：位于北部的昏暗场所，几乎所有的陆珊瑚都已经白化死亡。还活着的陆珊瑚也基本上呈茶色或者泛红，生长状况不是很良好。

蘑菇状的陆珊瑚柱：白化的陆珊瑚尸骸在雾霭朦胧的空间中像是飘浮着一样，巨大的蘑菇状的柱子可以被当作落脚点，进行上下移动。

盘踞在一起的陆珊瑚尸骸：形成了环形坡道的陆珊瑚尸骸群，断崖处有上升气流喷涌而出，风漂龙在上空盘旋。

开发密谈

陆珊瑚台地和瘴气之谷的关系

陆珊瑚台地也从瘴气之谷摄取能量，在设定上也是地脉能量循环中的一环。水生珊瑚的话是靠海水中的营养得以生息，陆珊瑚的卵虽然可以供给原野上的其他生物能量，那陆珊瑚的能量又是从哪来的呢？所以我们才决定让地下的瘴气之谷担任分解者的角色，再将能量通过地脉输送给这整片原野。而受能量影响最显著的地标，不再是规模巨大的古代树或者大蚁冢了，而是构成这片原野，遍布各处的陆珊瑚。陆珊瑚受地脉能量的影响，层层叠叠越长越高，形成了台地。但离谷底越远营养就越输送不上去，所以高处便形成陆珊瑚尸骸堆积的地形。

（藤冈）

竖穴洞窟：位于北侧的竖穴洞窟，简直是白化陆珊瑚的墓场。地面有些积水，昏暗的光线中光苔闪着星星点点的光芒。

生物世界的法则就是这样，我不禁为此黯然神伤。

沉醉在陆珊瑚华丽的美景之中，回过神来却不禁有点儿黯然神伤，但这就是生物世界的法则吧。

经过了荣枯盛衰，生命华丽地跃动之后，等待在前方的也只有腐朽死亡了吧。化作灰尘的肉体再次坠落回无尽深渊。在这周边漫步，我就好像做了一场梦一样，心情又平静了下来。陆珊瑚们无法与死亡的命运做抗衡，地下的世界一直在那里等着它们落叶归根。而当我从梦中醒来的那一刻，我的思绪又开始活跃了起来。然而新大陆生命能量的基础来源于地脉，这件事已经是板上钉钉的事实了，也算不上是新发现了……

但是，我在这片土地上所感受到的某种强大的意志究竟是什么呢？随着我继续前进，它应该会浮出水面的吧……

话 题

陆珊瑚台地的高低差

这张图为陆珊瑚台地的侧视图。受地脉能量影响不断向上堆叠的珊瑚，达到了突破云层的高度。而下层再往下的空间则是阳光无法抵达的谷底，黑暗的万丈深渊。

台地的顶点：陆珊瑚台地的顶点，在云海的上空，陆珊瑚的尸骸所形成的区域。阳光洒在苍白的陆珊瑚上，为这里染上了一抹神圣威严的色彩。

风漂龙的巢：陆珊瑚地区食物链顶点上的风漂龙，栖息在台地的顶峰。地面的裂缝处会有上升气流喷涌而出。

除了这甚至可以兼顾到机能美的完美生态系统，怪物会不会也是被创造出来的呢……

风漂龙外形婀娜美丽，甚至能和原大陆的一些古龙相媲美。虽然它算是和这片大陆的美景很相称的怪物，但令我意外的是它的巢居然筑在了台地顶峰附近。那里距离瘴气之谷谷底最远，能量供给不足，堆满了死亡的白化陆珊瑚。如果风漂龙也有感知美的智能的话，那栖息在这片土地无疑是一件令它称心如意的事情。但作为食物链顶端的怪物，它所选的筑巢地点竟意外的是墓地。这片土地上也有像眩鸟一样喜欢在巢穴附近堆积贝壳的怪物，虽然它的巢穴被用贝壳装饰得很美，但这些贝壳只是用来防御外敌的，和风漂龙带给我的美感不太一样。但是话说回来，怪物也可以感知美可能只是我们的一种假想罢了。想到这，那种我再三提到过的：“新大陆是受了谁的强大意志才形成的。”这种感觉再次涌上心头。在这种意识之下诞生了这种甚至可以兼顾到造型美、机能美的完美生态系统，那会不会连这里的怪物也一并被创造出来了呢……恐怕现在也没有更好的解释了。

当初三期团正是遭遇了风漂龙的袭击，才被迫留在了陆珊瑚台地。换一种角度来看的话，陆珊瑚台地和瘴气之谷的整体就像是整个新大陆一个重要的器官，那风漂龙对入侵者发起袭击是不是在保护这里呢？如果是这样的话，风漂龙的栖息地选择也就变得合理起来了。也有可能只是我多想了，但毕竟没有假设就没有研究的方向，总要有人抛砖引玉……还是在这里先告一段落，继续接下来的调查吧。

陆珊瑚台地的全景：陆珊瑚台地和瘴气之谷相连，台地的怪物和其他生物死亡后，尸体坠落到谷底，被那里的生物食用消化，最终通过瘴气分解为能量物质。另外，谷底确认了有地脉回廊的水脉存在。

这里可以被称作新大陆的消化器官

令人喘不过气的异臭，让我不禁捂住了口鼻。在陆珊瑚台地的下层就已经能隐隐感觉到这股味道了，现在终于亲身来到了这里。这里到处都是生物腐败的尸体和匍匐着进食腐尸的狰狞怪物，还有等着来捡怪物吃剩的血肉残渣的小型环境生物。空气中到处弥漫着有色的烟雾，这是这里特有的毒性气体——瘴气，可以说这里就是新大陆的消化器官。我在陆珊瑚台地上跃跃欲试的探求心，现在被这难以忍受的毒气折磨得快没了心气。但是我不能停下脚步，还有调查任务要继续。

寻迹 怪物猎人 世界

瘴气之谷

Rotten Vale

陆珊瑚台地下方的万丈深渊。
从台地落下来的怪物尸体形成了腐肉和白骨的小山，而这正是生态系统的基础。
这里特有的“瘴气”，其实是可以分解有机物的菌群，它们也在这生态系统中扮演着重要的角色。

巨龙肋骨：在初始营地附近，一片巨大的龙骨遮住了天空。虽然这是一片很暗的岩石群，但它已经位于瘴气之谷的最上层，想渴求更多的阳光已是不可能。有时巨骨摇摇欲坠，被砸到的话恐怕凶多吉少，但若在狩猎大型怪物时活用它则能带来不小的帮助。

初始营地：最初设立在瘴气之谷的营地。周围被灰暗的岩石所包围，抬头望去，上层高大的陆珊瑚几乎将视线完全挡住，只剩下了一小块灰蒙蒙的天空。阳光透过狭小的缝隙渗入，从上层像瀑布一般落下的沙土堆成了小山，这里简直就是地下世界。

和陆珊瑚台地对比强烈的画卷在眼前展开。

在巨大生物的腐烂躯体内旅行……这恐怕是我在瘴气之谷最贴切的感受了。和先行的五期团猎人们所描述的一样，这阴郁、充满了恶臭的空间简直就是人间地狱。尽管他们都是身经百战的猎人，但我看到这场景还是不禁为他们所付出的努力感到敬佩。

陆珊瑚台地下方的世界便是瘴气之谷。虽然这两地相通，但环境和生态上有着天壤之别，所以便将其分开来命名了。陆珊瑚的卵飘浮在台地各处，空气香甜，但这里却只有腐烂血肉的恶臭，以及以这些腐肉为食的暴食者。不仅眼前的怪物是暴食者，就连这空气中飘浮的微生物也是暴食者。谷中像雾霾一样飘浮着的瘴气，其真身其实是微生物的结合体，其中的细菌可以分解腐肉。这瘴气除了具有毒性，还会让生物狂暴化。正如“有光便有影”这句话说的，瘴气之谷就像陆珊瑚台地的影子一样。看着这和陆珊瑚台地有着天壤之别的画卷在眼前慢慢展开，我想去揭开这恶劣环境的神秘面纱。

话题

瘴气之谷 区域构成

陆珊瑚台地底层巨大的立体区域便是瘴气之谷。这里不仅存在着高低差，还有许多围成圈的巨大环形道路。每一层的环境都有很大差异。

▼上层

▼中层

▼下层

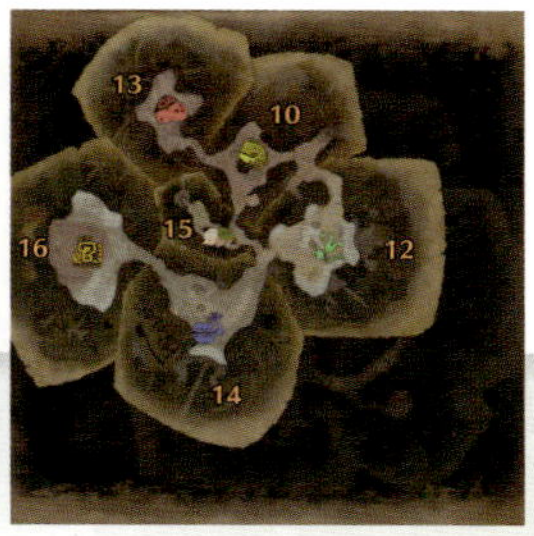

骨和皮所交织而成的广场： 岩石和骨、皮等交织在一起，在菌类的作用下形成了一张巨大的膜，成了一片大空地。这片空地可以承受人的重量，大型怪物踩上则可能会塌陷，可以在狩猎中活用地洞陷阱。

巨龙脊骨： 宛如巨龙脊骨一样的道路。这一带仿佛是由巨大生物的骨骼所构成，上层各处能看到肋骨或脊骨状的骨形巨大物。

恶臭弥漫的大地的真面目： 怪物的尸体在巨龙骨上堆了一层又一层，在菌类的作用下粘合在一起，形成了瘴气之谷的大地。构成瘴气之谷地面的都是从上层世界坠落下来的骨和腐肉，和将它们接合起来的黏性液体。

开发密谈

瘴气之谷的游戏设计

我们想通过这个地图为游戏中期的玩家带来生态和视觉上的双重刺激。所以我们便加入了瘴气这一要素。虽然主要成分是分解生物的细菌，但对玩家来说却是有毒的，玩家需要在处于瘴气区域的时候制造自己周围的安全圈。生态已经确定下来了，接下来就是选择与之相匹配的怪物。而恰巧在难度上以及生态上，这里都适合配置一些进攻性较强的怪物。而瘴气之谷地图的三层构造也是设计初期就决定好的。上层是相对安全的骨区域，再往下是瘴气区域，最底层则是净化了瘴气后的酸液区域，从视觉性和游戏性上都能带来变化冲击。（德田）

生命的诞生与成长，少不了消化与分解的过程。

虽然这里令人窒息的恶臭让人无法集中精神思考，但瘴气之谷确是新大陆生命循环中最重要的基石。生命的诞生与成长，少不了消化与分解的过程，而瘴气之谷正是这新大陆的分解者。之前提到过，古代树就好像新大陆循环的一个缩影，落叶入土成为新生命的沃土。而这瘴气之谷就好似是整个新大陆的沃土一般。

我在这艰苦的环境中继续着思考。说起陆珊瑚台地的芳香和这里的腐臭，会不会都是迷惑我们，让我们看不清新大陆真相的陷阱呢？就像我反复强调的新锐理论一样，这新大陆所积淀的森罗万象会不会都是依据谁的意志建造而成的呢？

当然，关于这个问题现在已经有了一个较为明确的答案，那就是受地脉能量的影响。虽然星辰的学者们一致认可这个观点，而且并没有想提出新假说的意向，但真的只有这么简单吗？之前在调查大蚁冢荒地的时候我就阐述过我的想法，虽然我不是学者，但我觉得如果想继续深入调查，是需要新想法、新假说的加入的。令人喘不过气的恶臭和模糊视线的瘴气逐渐让我的大脑停止了思考，我要继续前进了，我相信前方一定会有新发现。

捕食地：这是骨锤龙进行捕食的场所。地上堆满了食物残渣和骨，当它在这遇到大凶颚龙等生物时会发生领地争夺。左侧的头骨恐怕是个巨大的龙骨吧，中间皮纤维和骨交织而成的空地可作为地洞陷阱使用。

巨龙头骨：巨龙头骨的内部景象，从骨锤龙拿它当巢这一点就可以看出它的惊人尺寸。骨的各处已经风化腐朽，可见从它殒命那一刻起已经过去了非常久的时间。可作为地洞陷阱使用。

腐朽的珊瑚群：从上层落下的珊瑚柱和瓦砾堆在谷底。除了白化死亡的珊瑚，活着的珊瑚在谷底也难逃死亡的命运，瘴气的毒性会将它们完全侵蚀。

黑暗的毒林：瘴气之谷中少有的能感受到植物生机的区域。这阴暗潮湿的空间里，地面上零星点缀着孢子状的植物。只有自身含有的毒素足以抵抗瘴气毒素的生物才能在这里存活下来。

开发密谈

瘴气之谷的构造

瘴气之谷的三层结构各有分工。陆珊瑚台地的有机物掉落到最上层的骨区域，这里会残留一些未被分解掉的物质。这些物质再掉落到中层，被瘴气细菌所分解。一些纯度更高的物质会坠落到最下层，被酸液所分解，最终转化为能量。（藤冈）

瘴气所不能分解的物质最后会被酸液所分解，作为营养注入地脉中。我们想以这种结构来实现瘴气之谷的生态，这种关系就像人类的胃和肠一样。（德田）

话 题

构成瘴气之谷的巨大尸骸

构成瘴气之谷道路的是巨大生物的骨架。据某位猎人说，这和原大陆所栖息的古龙蛇王龙非常相似。就像为自己寻求安息之地的熔山龙一样，恐怕这也是古时迁徙到这里长眠的古龙吧。蛇王龙如同神话中的传说一般，是原大陆所发现的最大级的古龙。那它的近种为何会出现在这里呢？为什么现大陆的个体近些年才被发现，之前从未现过身呢？这两个问题会不会存在着某种联系呢……但是据说蛇王龙的个体大小不足以覆盖整个瘴气之谷，这个尸骸是固有种的，还是到了这片土地后急剧成长之后的个体呢？要说样子看起来也有点像多只蛇王龙交织重叠在一起……现在真相已经无从得知了。

▶蛇王龙

※ 图为《怪物猎人 4/4G》游戏画面

腐肉的瘴气喷出地：瘴气之谷上层至中层之间的区域，大气中常年弥漫着瘴气，以生物腐烂的尸体作为温床进行繁殖。偶尔会从陆珊瑚台地落下大型怪物的尸体。

大凶颚龙的巢：狭窄的空间被分成了上下两层，上层是大凶颚龙的巢，下层杂乱地堆放着布满瘴气的尸肉块。

开发密谈

与陆珊瑚台地的位置关系

瘴气之谷的正上方便是陆珊瑚台地，也就是说，大峡谷所围住的地区中央是一个巨大的盆地，而这里正是生态系统的基石。这里分解获得的能量沿着地脉输送至古代树森林和大蚁冢荒地，但实际上龙结晶之地那边能量也很丰富。当然这是后话了，后边的剧情会探索到，而去调查这些能量的走向的话，便会指向冥灯龙。（藤冈）

瘴气弥漫的区域：有许多洞穴通往凶豺龙们的巢穴。这里常年瘴气弥漫，会有阴森可怕的红褐色液体从上空坠落

瘴气不是简单的毒素。也有像尸套龙一样，瘴气缠身，依靠瘴气进行生命活动的怪物。

话题

瘴气喷出的原因

陆珊瑚台地对生物来说是营养的宝库。环境生物、小型乃至大型怪物为了寻求陆珊瑚的卵而聚集到这里，而在生存竞争中死去的个体则坠入到瘴气之谷。这些尸体先被喜食腐肉的怪物所捕食，残渣再由瘴气分解，瘴气之谷的作用简直就像生物的消化器官一般。瘴气对于大部分的生物而言都是有毒的。

瘴气四溢的窄道： 这里堆满了各种怪物的尸骸，甚至也有调查员不慎失足从上层摔落。空气中弥漫着瘴气的毒素和恶臭，惨爪龙正为了寻找食物而踱步着。

黄色的酸液池： 这里虽是瘴气之谷的中层，却有很浓的下层景观既视感。巨龙骨的腐肉分泌出的液体混合着雨水一同滴落，在地上积蓄成了黄色的水池，抬头可见巨龙骨。

只有可以和毒共存的生物才能在这里生存。

恶臭变得越发浓郁。可能是因为我已经习惯了，也可能是嗅觉已经不能正常工作了，我竟觉得现在的意识比刚抵达瘴气之谷时还要清醒。我很明确的知道，再往前走的地方才是真正的死亡世界。仅靠耐毒的能力恐怕已经不足以在这瘴气中生存了，恐怕这里的生物已经能利用留在身体里的瘴气给自己提供营养了。

听说尸套龙自身会和瘴气共生，在捕食之际利用瘴气。也就是说只有可以与毒共存的生物才能在这里生存。

尸套龙是古龙呀……之前的调查已经有了结论，古龙迁徙是寿命将至的古龙在为自己寻找安息之所，而地脉能量则是古龙的遗骸转化而成的。那为什么尸套龙会栖息在这古龙的墓场呢？它应该和其他即将寿终正寝抵达这里的古龙有所不同吧。

地脉和古龙，与新大陆的起源有着很大关联。丰润的自然生态系统在此基础上逐渐建立起来。我继续向着尸套龙栖息地所在的下层前进，我感觉这里或许可以印证我的猜想……

巨龙骨：通往下层的空间中，静静地躺着巨龙骨。虽然比不上构成瘴气之谷的巨龙骨那么大，但它的尺寸也已经相当惊人了。

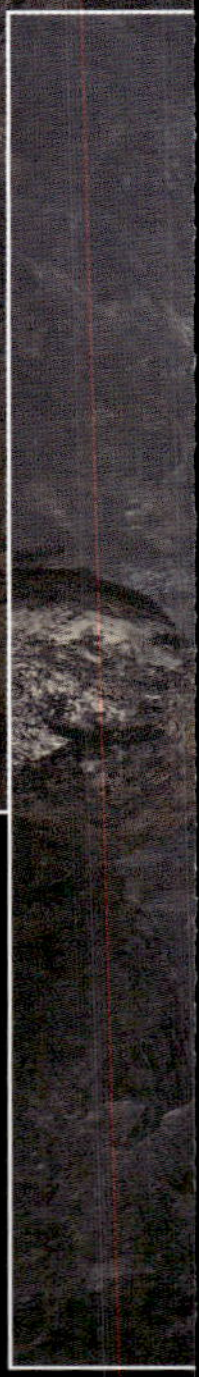

景观美图
瘴气之谷

以和平时不同的视角，便可将这三层重叠的原野全貌尽收眼底。这里是古龙的安息之地，新大陆的消化器官，其风景从上层到下层的美丽渐变描绘出了这个多彩的世界。就算被瘴气所笼罩，也挡不住这死亡之美。

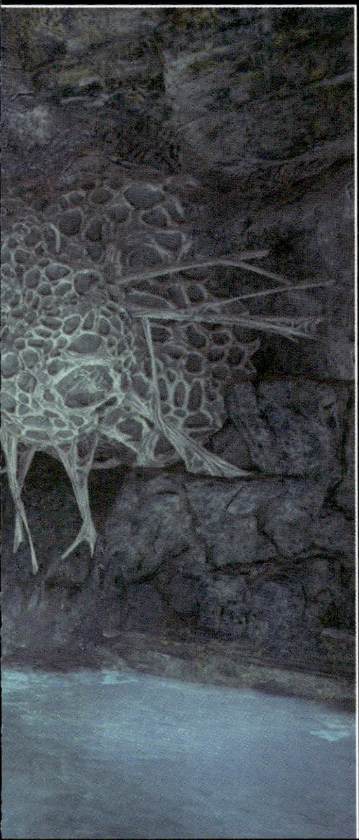

尸肉的堆积地：瘴气之谷下层的入口。到了这里，瘴气会明显变得稀薄。区域正中央有一个巨大的垃圾堆，堆满了尸体和碎骨头。虽然这尸堆会拦住人类的去路，但惨爪龙却可以轻松跃过，对人类发动袭击。

深部道路：位于下层，由岩石群构成的道路。右边惨爪龙的尸体仓库泛着红色，而左边通向青白色的酸液池，正中间这焦茶色的岩石或许才是地下世界本来的样子。

惨爪龙的巢：这是惨爪龙收集储存尸体的密室。在这黑暗压抑的空间中，一些细菌发出微微的绿光，成了这里的唯一光源。

第二营地：设置在中层的营地。巨大卷贝的化石构成了墙壁，北侧崖道的深处是白骨堆积而成的小山，其中甚至有巨大怪物的骨。

构成下层这压倒性景观的，是货真价实的清澈酸液池。

到达下层的我，被眼前青白色光闪耀的奇幻景色震惊了。这里真的还是瘴气之谷吗？这美景和陆珊瑚台地完全不同，好像是经过了高度提纯一般。但是前方腐肉堆积的尸套龙的巢穴，又将我的思绪拉回，这里果然还是瘴气之谷。

构成下层这压倒性景观的，是货真价实的清澈酸液池。瘴气之谷中层的酸液池有些发黄，为什么到了下层它会变得如此澄澈透明呢？恐怕和腐肉从上至下层层分解一样，酸液也会从上至下经过层层过滤。瘴气之谷下层作为最后一部分消化器官，到达这里的物质中的杂质已经被大量除去，纯度非常高。而这清澈酸池中的青白色光芒也是因瘴气产生的。瘴气中细菌的尸骸在被过滤的过程中积蓄在了池底，发出这幽幽光芒。

美丽的死亡之池：面前是一大片酸液的池塘，有潺潺水流从天花板流下。虽然这神秘的美令人流连忘返，但这里其实是很危险的地方。有机物在被中层的细菌分解后落到这里，被转化为能量。这里具有“胃的功能”。

同伴们的研究表明，这酸液池在新大陆的循环中起到了重要的作用。可我看着这青白色的光，脑中却回想起了至今以来的所见。聚在痕迹周围发光的导虫，大蚁冢的闪光翅虫，和这里发光的酸液池……

这些光象征了新大陆的根干和循环，会不会是在指示着地脉能量的存在呢?

我现在越来越确信，新大陆这过于完整的生态系统是因为某种意志而存在的。就好比作为生命活动温床的瘴气对生物有毒性，而这里的降雨就是为了减轻瘴气对生物的伤害被采取的后天补救措施。瘴气是能量循环不可或缺的一分子，但同时它也会对生物产生一定的伤害，而恐怕是某种意志支配了这里的雨水，来让它平衡过剩的瘴气的吧……再往深处想，可能连我们都是受到了某种意志才聚集到这片土地上来的。而这种意志恐怕和这些光有着微妙的关联，可能这光是在诱导着什么……

话题

酸雨是什么

瘴气之谷一带的酸雨是什么？其实是地下水的一部分。平常的地下水是将雨水或其他水源经过过滤后涌上地表的水。而从陆珊瑚台地落到这里的雨水在下落途中和瘴气发生混合，从而变为了酸性雨水。虽然雨水是为了削减过剩的瘴气，减轻瘴气对生物造成毒性的大自然恩惠，但它却会因为瘴气而发生酸化，这种矛盾也正象征了自然的复杂神秘所在。但陆珊瑚本身是没有毒性的，瘴气之谷中也存在着不少没有受到瘴气影响，直接落下的雨水。这些低酸性的水对于这里的生物来说是宝贵的生存资源，这里构建出了独特的生态系统。像黄金鱼之类的珍稀物种会在这里出现。

腐海的古代龙头骨：菌类的孢子四散飞舞，青白色光芒梦幻美丽。面前又是一具巨大的龙骨，头上可以看到被啃食的痕迹。出现在这里的酸翼龙，会因为瘴气而变得更加凶暴。

关于创造整个新大陆环境的神秘意志，德特尔是不是知道些什么。

新大陆栖息着一群原生兽人族德特尔，也被称作山猫族。关于它们我有一些想法。它们的语言和艾路的不同，不能直接和人类对话，但它们却也是高智慧生物，过着和人类一样的文化生活。在古代树森林碰到它们时我就在想，它们的巢穴位于古代树的最高层，为什么它们要把巢建在这种好像世界尽头一样的地方呢？虽然它们的居住环境相对隐蔽安全，但瘴气之谷的德特尔把巢建在了最下层尸套龙的巢穴附近。离危险这么近，这又是为什么呢？

由于和它们的语言不通，无法直接向它们询问。但我总觉得关于古龙、地脉和创造整个新大陆环境的神秘意志，它们会不会知道点什么。正是因为它们知道一些秘密，才会在栖息在危险地带，近距离感受怪物，追求与之共生。

腐海深处的山猫族：越过酸液池塘，可以看到德特尔的栖息地，古代龙人也偶尔会现身于这里。鱼儿畅游于这里的水源，为这墓场带来一片生机。

尸套龙的巢：开阔的空间中赫然耸立着尸体堆积而成的山。从巨大洞穴射入的橘黄色光，简直像是死神的召唤。暴食者尸套龙隐藏在这腐肉堆成的巢穴中，在这里甚至可以感受到地脉的流动。偶尔也会有凶暴化的凶颚龙在这里出没。

蓝光隐约闪烁的道路：青白色酸液的光芒，从墙壁深处孢子群的缝隙中穿透过来。贴近地脉的下层区域反而给人一种静谧的感觉，与地狱一般的上层区域形成了鲜明的对比。

开发密谈

瘴气之谷的由来

很久以前就发生过和熔山龙生物能量爆发差不多规模的大爆炸，从而引起了激烈的地壳变动和海底隆起。当时濒临死亡的珊瑚，其中有一部分适应了通过地脉传来的气流而成功陆生化。这样一来陆珊瑚台地的下方就形成了一个巨大的空洞，于是我们便赋予了这个空洞分解者的角色。从陆珊瑚台地坠落的有机物在谷底积蓄，死期将至的古龙会到这里来长眠。而之后多只迁徙而来的古代种蛇王龙的亡骸构成了瘴气之谷的结构地基。由此这种生态吸引来了类似冥灯龙的古龙，形成了新大陆全域的循环。（德田）

寻迹 怪物猎人 世界

龙结晶之地

Elder's Recess

这是一片充满强大能量的未知土地。以被称作“龙结晶”的不明巨大结晶为中心，周围分布着岩浆地带，以及由岩浆冷却所形成的玄武岩地带。许多强大的怪物栖息在这里，甚至古龙也会现身于此。

古龙云集的新大陆最深处的未知区域，堪称未知果实的宝库。

根据星辰的调查记录，现在所探明的地域中，龙结晶之地是位于最深处的区域。据前人描述，熔山龙在被击退之后，沿着地脉回廊来到了这里。

关于这片区域流传着一句话：这里是渴求探索知识的人的宝地，但对于想挑战自己能力上限的人来说可能就是墓地。这是因为这里聚集了最危险的一批怪物，它们各自赌上了自己的全部实力和威信，努力从这激烈的生存竞争中存活下来。人类踏足这里，就相当于做好了挑战与自然灾害同等力量的准备。

所谓古龙，就是指以现有的知识构架无法进行分类、生态充满谜团的生物。古龙云集的龙结晶之地，可以说是未知果实的宝库了。

走出地脉回廊，映入眼帘的是暗云下耸立的巨大结晶体。

陆珊瑚台地和瘴气之谷是被大峡谷所包围的盆地。南面的大峡谷被熔山龙开了一个大裂口，调查团员们通过这里来到了大峡谷内侧的世界，但北面的大峡谷依然巍峨耸立。是星辰的人们在追寻熔山龙时发现了位于地下的地脉通道，顺着这岩石下方的地脉回廊正好可以穿过大峡谷，抵达未知的另一侧。走出地脉回廊，映入眼帘的便是暗云耸立下的巨大结晶体。不愧是新大陆尽头的世界，居然存在着这种神秘物质。之前我只是听前人在描述这份感受，今天终于亲眼见到，不禁为这大自然的神奇瞠目结舌。我依然觉得，这宛如神之宫殿一般的巨大物，不仅仅是由于地脉和古龙的生物能量才存在的，一定还有什么别的原因。

研究表明，是冥灯龙为了自身的羽化而吸引来了古龙，引起了近几十年间古龙迁徙的活性化，它所产生的信息素可以对特定的生物起到引诱的作用。那在冥灯龙还不存在的古代，蛇王龙一类的古龙为什么依然会为了寻求安息之所而来到新大陆呢？这是怪物自己的意识吗……除了生殖与食性因素它们还在追求些什么，它们又将去向哪里，恐怕解决问题的关键就在这里。

与龙结晶之地相连的地脉回廊：穿过地下的巨大空洞，面前的是从未有人踏足过的土地。像山一样耸立的巨大耀眼结晶，好像被地下喷出的岩浆所守护着似的。

龙结晶之地的初始营地：越过地脉回廊所产生的大地缝隙，前方便是初始营地的所在地。龙结晶像是冲天的怒发一般，以它为中心，右边为玄武岩区域，左边为熔岩地带，整个大地尽收眼底。

石柱洞窟通道的出口：从地脉回廊的出口附近也可以看到耸立的龙结晶。这是地脉能量的结晶体，高纯度的古龙生物能量。周围的黑色怪石将龙结晶衬托得更加光辉闪耀。

弯曲的石柱坡：岩石群呈现不自然的弯曲弧度，爆锤龙会借助这里滚动转向。也许是爆锤龙将这里原本的直面磨成了曲面。

话题 龙结晶之地区域构成

大体上分为两层。地脉中流淌的古龙生物能量在此集结，凝聚成了龙结晶。火山山脉的地下是一大片熔岩区域，岩浆会和龙结晶一起喷出。

▲上层

▼下层

开发密谈

龙结晶之地的游戏设计

在游戏中，这片原野是针对高级玩家的上位挑战地。这片地图虽然栖息的怪物强大，本身的地形却较为朴素，较为容易游玩。我们想把它做成一片古龙地图，所以为它加上了古龙生物能量凝聚成的龙结晶作为地标。但是只有古龙的话未免有些乏味，难度上也过于高，所以我们便配置了岩贼龙、熔岩龙、爆锤龙等怪物来补全这里的生态，让它们成为沟通各个区域的桥梁。（德田）

古龙的战场： 这紧邻巨大龙结晶的平地，是古龙相互角逐的战场。这壮观的场面让人有种进入了神之世界的错觉。龙结晶的碎片飞散在四周，可以采掘到稀有矿石。

白与黑所装点的壮丽景观，简直就像天然的巨大神殿。

这陆珊瑚北部所连接的高层岩石地带，是庄严巨石群的舞台。由于古龙的死亡，它们的生物能量顺着地脉循环到这里形成了龙结晶，大型怪物们也为了寻求这强大能量而聚集在这里，即便今天这里的地形都在发生着变化。白与黑所装点的壮丽景观，简直就像天然的巨大神殿。

但是构建了这神殿的却不是神，可以说是古龙间接创造出了这片原野。古龙聚集在新大陆，释放出不寻常的生物能量，这些能量又汇聚成了结晶，渐渐形成了龙结晶之地。这一连串事件宛如水面上的涟漪，一波紧接一波。

构成世界的原子之间必会相互影响。而人类与怪物，自古以来一直通过“狩猎”来达成共生。古龙对我们来说大多持有天灾一般的强大能力，迷雾重重。而我们面对它们时而选择逃跑，时而选择防卫，我们和这些自然灾害般的古龙一道，写下了我们的历史。而古龙神秘的生态，也被五期团员调查清楚了一部分。

古龙迁徙来新大陆，而人类受到古龙的指引也来到这片土地，无疑是怪物和人类共生关系的表现。如今再看着这巨大的神殿，不由得再次生出了这样的感受。

开发密谈　龙结晶之地的设计

我们至今为止构建了许多生态系，创造一个完全没有之前生态系影子的原野岂不是很有意思。最初的设计概念图描绘的是一片没有任何有机物，只有古龙，赤红色的天空，结晶巍然耸立。这虽然看起来很壮观，但我们还是想让这里的生态系统更加完整，赋予冥灯龙选择栖息在这里的意义。所以我们完善了它的设定，龙结晶是结晶化的古龙能量，而这里聚集了大量这样的高纯度能量。中间矗立着巨大的龙结晶，而促使它巨大化的原因，和最终出场的冥灯龙有着千丝万缕的联系。

（藤冈）

话题　巨大龙结晶的形成

龙结晶是古龙生物能量的集合体。数万年前，许多古龙在瘴气之谷熄灭了其生命的灯火，而它们的能量从地脉中溢出，固化成了龙结晶。在抵达新大陆之前从未有人发现过这种素材。龙结晶不仅仅是能量的集合体，更是新大陆不可或缺的要素，甚至可以说，它就是新大陆本身。在这大地的深层流淌着古龙生命所转化成的地脉能量，这些能量时而流淌，时而停滞，有时又如同火山一般喷发。地脉滋润了大地，养育了万物，以怪物为首的各种生物都被吸引到了这片土地上。

钢龙的巢：位于龙结晶之地最顶端的平地，低矮的崖壁零星竖立着，活用楔虫可以更加快速地抵达这里。这片平地便是钢龙的巢，当它回巢时，这片土地上便像在回应它一样狂风四起。

石柱入海口：陡峭的岩石群悬崖，熔岩落到海水中会剧烈地腾起水蒸气。水汽所形成的云，就像飘浮在空中的巨大岩石一般。

岩石堆叠地：爆锤龙的巢穴所在地，研钵状的斜面下方堆叠有岩石。周围的墙壁呈弧形，爆锤龙可以利用这地形肆意滚动。

熔岩道的山涧：位于火山之中的地下空间，滚烫的岩浆会从地面的裂缝中喷涌而出。北侧的洞窟中生有巨大的龙结晶，可以在这里看到古代龙人和奇面族的身影。

结晶柱的山间：火山地带、石柱地带、结晶地带交汇的场所。这块区域东西向距离很长，许多怪物在这里徘徊。

开发密谈

龙结晶之地的古龙

龙结晶之地的古龙，只有灭尽龙是追寻着熔山龙来到新大陆之后，才栖息在这里的。它大概会遭到奇面族发疯一样的攻击吧。（笑）从龙结晶的数量来看，从很久以前就有古龙迁徙现象发生，而且有相当多的古龙长眠于新大陆。（德田）

石柱洞窟营地：被围在龙结晶石柱中的营地。离中央的巨大结晶不远，非常便于与怪物对峙及战略性回避。静静地观察龙结晶，甚至有种心灵得到放松的感觉。

石柱地下的探索：通过一条小路，可以到达奇面族的隐藏住处。到了晚上，它们会围着篝火跳舞，但观察的时候一定要小心，若被它们发现便会遭到袭击。

紧邻巨大龙结晶中心的山丘：一片由倾斜和有高低差结晶组成的开阔区域。包括古龙在内的许多怪物都会途经此地，时常会发生激烈的争斗。这里也是和灭尽龙展开战斗的地方。

我们可能一直在借着新大陆发出的求救信号来推进调查。

一直以来我提出了许多关于新大陆的新假说，但我想在此将其暂告一段落。和当时所阐述的一样，许多假说现在都只不过是猜想，想要验证的话恐怕要花掉大量时间。我一直在想，冥灯龙召唤古龙这件事，会不会也是古代龙人所提出的假说，而恰好被星辰的人所采纳了呢？所以我才追随着同伴的脚步，在新大陆中不断探索，提出了许多新的假说。但在此，我想阐述一个我得出的结论。

那就是“新大陆自身就是一个巨大的生物”，这样一切就都联系上了。我在想，古龙会不会不仅是死亡之后供给地脉能量这么简单，它是否本身就在利用地脉能量生存呢？我没有亲眼见过冥灯龙，听同伴描述，它是一个会发光的古龙，那些光会不会就是地脉能量呢？

这名为“新大陆”的巨大生物，召唤来了寻求安息之所的古龙，创造出了适合生物居住的环境，通过地脉将整片大陆连通起来。甚至可以说，连我们也是被召唤来这片土地的。而聚在痕迹周围发光的导虫，大蚁冢荒地的闪光翅虫，酸液池塘中发光的细菌，这些生物在告诉我们地脉能量的存在。

所以说不仅是古龙能量，甚至可以说新大陆庞大的生态系统都是在冥灯龙的助力下完成的。继续深入思考的话，也许我们对新大陆的探索，是借着调查新大陆所发出的求救信号来推进的。细想起来，新大陆给了我们很多关于生态和地脉的线索。总司令将依循气味发光的虫类命名为导虫，正是希望它可以作为调查员们的引导。而这导虫或许正是新大陆为了给我们指路而制造的引导之光。

景观美图

龙结晶之地

岩浆凝固而成的黑色地面上矗立着银白的龙结晶，再加上赤红色的岩浆，三种颜色融合成了龙结晶之地的独特景观。从平时看不到的角度，可以观察到高耸入云的玄武岩以及火山的活动。这环境残酷的大地，看上去寥无人烟，但是却聚集了最强力的生命能量，异常神秘。

岩浆硫黄洞窟：火山洞窟的一角，周围墙壁上附着着硫黄。岩浆冷却形成的地面非常脆，受到冲击可能会塌陷。

岩浆池之主：岩浆池中平坦的岩石上，熔岩龙在徘徊。它的巢穴在高处的火山口，有时岩浆会像雪崩一般喷涌而出。

新大陆激烈的怪物领地争夺究竟是为何?

龙结晶之地也存在着极为激烈的领地斗争。熔岩龙、爆锤龙、岩贼龙……即便古龙等强大怪物云集，它们依然争夺着这片土地。虽然在原大陆也存在着怪物的领地争夺，但新大陆的怪物在相互争夺的时候，眼中完全没有在一旁进行观察的人类。也就是说，它们不认为人类有能力威胁到它们的领地。在怪物看来，我们只是一些初次见面的渺小人类，它们在进行领地争夺的时候根本不会关注我们。但是我还想提出一个新的假说，它们会不会是在争夺一些超越了食物层面的东西呢？比如说地脉能量……所以怪物们才会在原野上徘徊，与其他怪物争夺领地。新大陆的探索就是这样充满了无尽的可能性，令人激动不已。

立体熔岩浮岛：岩浆像瀑布一般从天花板落下，这里简直是一个立体熔岩地狱。虽然环境残酷，怪物之间的领地争夺却异常激烈。

话题　从琥珀来看龙结晶之地独特的生态系统

在龙结晶之地可以挖掘到琥珀。琥珀是天然树脂长年累月形成的化石，大多会出现在地层中央。有的琥珀中封存着并不栖息在这里的蛍，从这一点来看，这片土地经常会发生变动，甚至可以想象到从前琥珀周围树林的样子。经过长年累月，再加上古龙迁徙引起的地壳变动，现在这里变成了岩石区。

琥珀中封存着各种各样的生物。通过收集调查琥珀可以推测过去的生态系统。

岩浆流淌的硫黄洞窟：这里是炎王龙的领地。这种古龙最喜欢“火的结界”和原大陆的个体没什么两样。

岩浆的瀑布湖：岩浆从裂缝中像间歇泉一般喷涌而出。这里是炎王龙和炎妃龙的巢，这里的残酷环境让人类很难接近。

荆棘结晶之地：荆棘状结晶丛生的区域。地面上布满了新生长出的锐利结晶，地形高低起伏明显。

灭尽龙的巢：以前这里是奇面族的栖息地，现在被灭尽龙霸占成了它的巢穴。仔细看来，灭尽龙的棘和荆棘状结晶形状还真是类似。

我不禁觉得，在上古时代，龙人和古龙存在着某种奇妙的关联。

我曾经提出了个大胆的假说，古龙迁徙和地脉能量，会不会都是新大陆自身的意志，且对各种生物的精神有影响？

就连我们也是间接地受到某种意志的吸引而来到新大陆的。这样的话，看起来像巨塔的古代树、像刻意被制成的大蚁冢、陆珊瑚台地和瘴气之谷过于完美的生态系统，像是人为构成的自然循环，这些违和感就都解释得通了。这些现象可以被简单归类为大自然的奇迹，但是提出这样的假说，完善知识体系，不正是我们的职责吗。我想再多收集一些证据，让这个假说引起大家的探讨。

下面换个话题。想象一下，如果古龙拥有着等同于甚至超过人类的智慧，那将是何等光景呀。现在这片土地上的高等智慧生物有人类、艾路和德特尔之类的兽人族，以及龙人族。新大陆的原住民古代龙人在种族上也属于龙人族。

龙人族拥有着远超过人类的寿命，人口总数却很少，拥有着自己单独的知识体系和文化。龙人很少和人类发生对立冲突，在我看来他们能够很好地融入人类社会。

我听说古龙的“龙”字与龙人的“龙”字语源相同[1]，他们之间会不会还存在着别的关联呢？龙人族比人类的寿命长，可以说他们的生命力更加旺盛。那他们会不会和古龙以及地脉能量有什么联系呢？

我们在新大陆所遇到的古代龙人，他们在上古时代，和古龙存在着关系的话……他们会不会是由同一个祖先分化出的不同物种呢？

我听说龙人族有着自己独特的技术，甚至还有少数个体有着能匹敌大型怪物的巨大身躯。如果在我们所不知道的时代，龙人族正处于繁荣鼎盛时期的话，我觉得他们甚至有可能创造出成就了新大陆的大自然。

①日语古龙写作“古龍”，龙人写作“竜人”。

硫黄温泉营地：硫黄所释放的热气与雨水相融合，形成了温度适宜的天然温泉。虽然营养丰富，但细菌繁多，泉水的颜色呈青苔色。

奇面族的住所：奇面族藏身于充满硫黄的洞穴中。它们和德特尔相比更像人类，也有着自己独特的语言和文化体系，十分感性。和可爱的外貌相反，它们性格非常好战。

奇面族的道具屋：奇面族住所的一部分。它们和德特尔一样有着高智慧，懂得使用道具，屋子中散落着它们自制的各种道具。

话题 从洞穴中的花纹来看奇面族的文字文化

奇面族的文字和人类不同，它们采用的是绘画般的文字。据说如果理解了它们的文字的话，可以知道一些地图中不为人知的暗道。如果能将它们的语言全部解明，那就可以从它们口中得知新大陆的历史了，但这要花费大量的时间去研究。

 ……部落的秘密基地

 ……汗水广场

 ……汲水瀑布

 ……闪石山丘

 ……仪式的舞蹈场

开发密谈 龙结晶是什么？

龙结晶是古龙能量的集合体。像古龙这种级别的生物，即便它死后的尸骸会经过酸液的熔解，也会剩下一些无法被熔解的浓缩物，从而形成高纯度的能量结晶。在设计方面，我们想要的龙结晶是一种既具有菊石之类的光辉，又有宝石质感的物质，所以便照着这个方向绘制出了设计图。（德田）

作为这片土地上能量的象征，我们添加了火山地形和岩浆。由此造成这片区域的熔岩石很多，矿石多为黑色。闪耀七色虹光的神秘结晶矗立在其中，这种颜色搭配岂不是很独特。乍一看像是水晶一样，而在不同环境不同角度下去观察，会发现龙结晶闪耀着七彩光芒。所以龙结晶在设定上会因每个人的观察方式不同而呈现多种色彩，是一种非常神奇的矿石。而将龙结晶融入到游戏设计中，便有了“龙脉石”这一概念。龙人族的猎人将龙脉石交到了玩家手上，从此玩家便可以利用龙结晶中所蕴含的强大能量。随着故事的推进和对龙结晶调查的深入，龙脉石可以发挥出越来越多的作用，真正的游戏才刚刚开始。（藤冈）

寻迹 怪物猎人 世界

大峡谷

Great Ravine

横断新大陆的大峡谷，
将古代树森林、大蚁冢荒地以北的地区挡在了视线之外。
峡谷悬崖陡峭，横风肆虐，根本无法对大峡谷
另一侧开展大规模调查。

集结了星辰全部人马的“熔山龙捕获作战”在这里执行。

据说在熔山龙现身之前，猎人们的导虫曾一齐奔向某个方向。导虫会像能感应到饲主的意志似的，寻找着特定怪物的痕迹，为猎人指引明路。许多猎人聚集在大峡谷等待熔山龙，他们的导虫一齐发光，向着同一个方向飞行。这个场景反而有种浪漫的美感，就像刚踏入陆珊瑚台地时的那种美景一般，让人能够短暂地忘却即将面对的激烈战斗。这险峻的大峡谷挡住了眼前的路，五期团抵达之前鲜有人能翻越它。虽然熔山龙捕获作战失败了，但我们却能越过大峡谷，踏足到新世界了。每每通过大峡谷，看到熔山龙制造出的峡谷裂缝时，我都不由得感叹，熔山龙的力量真是令人叹为观止。

建立在大峡谷的要塞：听闻熔山龙要接近大峡谷，调查团连夜赶工在这里建立起了一座要塞。虽然不可否认在捕获巨大生物这种超大型行动上准备有些不足，但短时间内能建立起这么一座建筑，已经非常惊人了。

■ 拘束弩炮

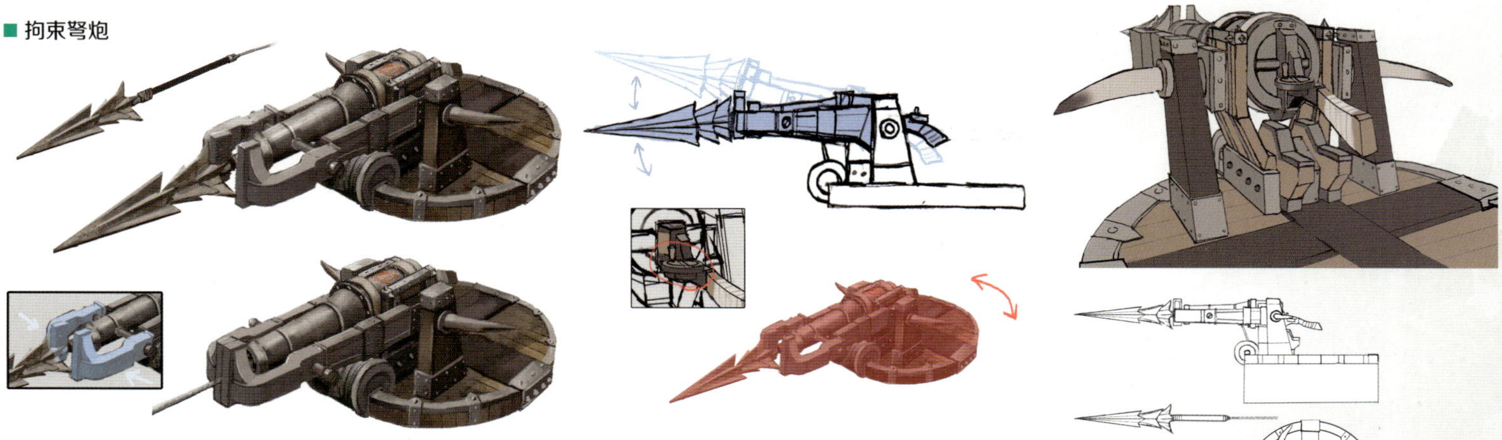

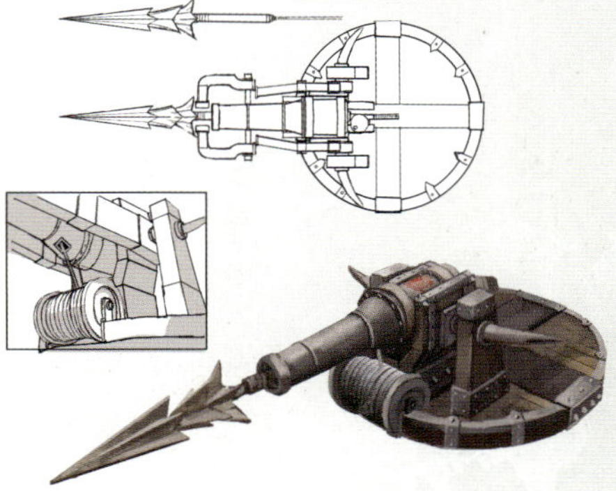

大峡谷的防御工事：赶工建造的防御工事的其中一部分。星辰几乎全员出动，为了捕获熔山龙而在这里静静等待。

大峡谷的另一个防御工事：赶工建造的防御工事的其中一部分。很遗憾这个防御工事没能拦住熔山龙的脚步，反而被严重损毁。果然赶工制造的建筑不足以阻止这巨大生物的行进呢。

话 题

大峡谷区域构成

位于古代树森林和大蚁冢荒地北部，由无数岩山构成的山脉。这里地形十分险恶，令调查团踌躇不前。

开发密谈

阻拦去路的岩地

从地图上来看，将陆珊瑚台地围起来的岩山全部属于大峡谷。我们想在设计上表现出地形的连续感。在大蚁冢荒地便可以远远望到这片难以翻越的大峡谷，设置这个路障也是为了激起玩家的好奇心，想让玩家更加期待大峡谷另一侧的世界。熔山龙将峡谷破坏之后，玩家便可以穿过大峡谷来到陆珊瑚台地，我们想让玩家享受这种探索的快乐。（藤冈）

虽然古代树森林和大蚁冢荒地有些想象的元素在，但毕竟是基于现实进行设计的，相比之下陆珊瑚台地和瘴气之谷要更具有幻想风。本次我们力求让生态真实，给玩家带来身临其境的沉浸感。大峡谷不仅将地图隔开，也将游戏难度划开了界限。我们希望玩家一开始可以通过一些简单的任务来上手体验这个游戏，沉浸在这富有创造性的世界里。（德田）

寻迹 怪物猎人 世界

地脉回廊

Everstream

饱含了覆盖新大陆全域地脉的巨大回廊。
受地脉中流淌的岩浆影响，这里酷热难耐。

诱导熔山龙，使新大陆免受烈焰的伤害。

之前听说过地脉位于巨大的地下空洞，但直到亲眼见到之前我一直以为地脉中流淌着像水流一般的光，但是这里并没有奔流而过的光。如果熔山龙殒命于地脉回廊，那么它所蕴含的生物能量会顺着地脉蔓延到新大陆各个角落，将新大陆变成一片火海……所以我们需要将这颗定时炸弹一样的熔山龙诱导到海中。激战过后，这里恢复了安宁，空洞中只剩下了因战斗损毁的兵器和地脉熔岩的热气。在地脉回廊的熔山龙诱导作战获得了成功，这不仅拯救了新大陆，也帮助我们发现了龙结晶之地，离真相又进了一步。对调查团来说，新的调查才刚刚开始。

伏击的最终防线：改变熔山龙的行进轨迹，让其向着入海口前进的最后一道防线。

话题 地脉回廊区域构成

熔山龙的方向发生了偏离，目的地从瘴气之谷变成了龙结晶之地。调查团在地脉回廊修建了防御工事，将其引到入海口。

火山之龙现身：熔山龙为了寻求自己的安息之地，漂洋过海迁徙来新大陆，出现在了调查团面前。狩猎这种级别的古龙是违反自然规律的，所以才要采取诱导作战。

装填式大炮

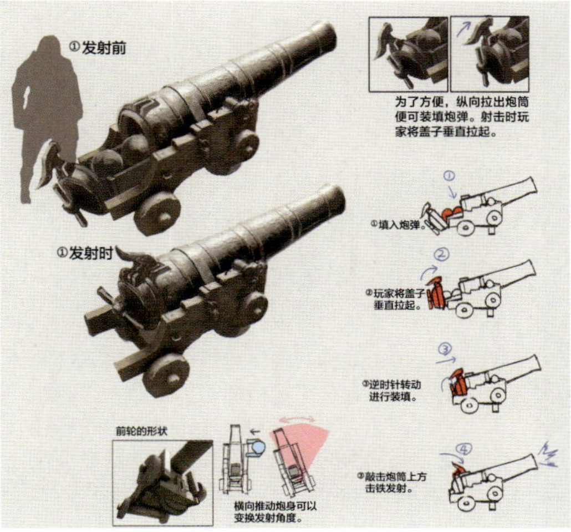

大炮是诱导熔山龙的重要武器之一。虽然没有击龙枪那么大的威力，但可以连续发射，起到良好的牵制作用。

阻止熔山龙的前进：猎人们不仅在防御工事上迎击熔山龙，还会从上空飞到它身上进行攻击。再加上洞窟内可活用的钟乳石，所有人都使尽了浑身解数。虽然依旧遭遇了灭尽龙的袭击，但这次投入了星辰全部战力的作战总算是有惊无险地成功了。

第三次决战：随着补给物资的到位，击龙枪狠狠地刺向了熔山龙。第一次遭遇熔山龙是在它登陆新大陆时，第二次是在大峡谷的捕获作战，这第三次作战终于要一决雌雄。

开发密谈

地脉回廊的游戏设计

原本熔山龙不会到地脉回廊来，而是会在瘴气之谷结束自己的生命。但它受到了冥灯龙的召唤，才调转了方向，现身在了地脉回廊。通过调查团的诱导，熔山龙长眠在了新大陆附近的海域。也许它所蕴含的古龙能量，能够构建出一片全新的大陆呢……当然这可能是几万年后的事情了。（德田）

寻迹　怪物猎人　世界

地脉收束地

ConfLuence Fates

位于龙结晶之地地下，河流流淌而过的巨大洞窟。这里遍布着许多高纯度的龙结晶。

对新大陆来说冥灯龙有什么样的意义？

冥灯龙感应到了即将寿终正寝的古龙，为了将它们的能量全部为己所用，将它们从瘴气之谷诱导至这里。在这片寂静当中的冥灯龙，对新大陆来说有什么样的意义呢？我觉得冥灯龙是个灾难，也是新大陆所发出的求救信号。但是冥灯龙收集新大陆的地脉能量，我们将其讨伐，不就相当于切断了自然界的循环吗？不，并不是这样。冥灯龙收集了过多的地脉能量，我们是在帮助自然界恢复平衡。看着这怦然跳动的新大陆心脏，我不禁为消灭了冥灯龙的五期团同伴们感到自豪。

话题　地脉收束地区域构成

位于地脉回廊下方的空洞，与冥灯龙的战斗导致了天花板塌陷。将新大陆的地脉能量收束于此，利用其完成羽化的冥灯龙，将周围的地壳全部骨骼化，变成了自己的孵化温床。

▲上层

▼上层

破茧而生的新古龙：它好像是在回应前来探索的猎人一般，恰巧在这个时间点完成了羽化，闪着幽光的巨大身姿展现在了猎人面前。这是全新物种生命的诞生，但恐怕在场的人一看到它就能明白自己即将面临的危险吧。

裸露的收束之地：与冥灯龙的战斗导致了地下的天花板塌陷，直接与闪着赤红色光芒的龙结晶之地相连。龙结晶之地养育的古龙，拥有着难以想象的强大力量。

话 题

地脉能量所养育的伟大生命

神秘的古龙在被讨伐后被命名为冥灯龙，它为了自身的孵化长年累月吸收着地脉能量。看到作为温床耸立着的巨大龙结晶，不难想象这其中蕴含着多么惊人的能量。

■ 新大陆能量循环图

这是新大陆的横截面示意图。如果将地脉的流通比作生物的血管，那将能量活化的龙结晶之地无疑就是新大陆的心脏。其地下的收束之地，正如名字所描述的一样，是个所有能量收束集中的中心。可以说收束之地就像是孕育冥灯龙的“子宫”一样。

寻迹 怪物猎人 世界

斗技场

Arena

星辰的人们所建造的隔离设施。
通过各种各样的机关来调查怪物的反应，从而逐步解开生态之谜。由于是调查的一环，不是讨伐任务，需要通过限定的装备来限制猎人们的武力。

星辰宝贵的训练和调查设施。

在新大陆捕获的怪物会通过事先铺设好的木质轨道被运送到生态研究所的广场。这里由星辰顶尖的猎人们看守，研究员们在此谨慎地展开生态调查。而在经过了研究，且怪物的伤势有所好转之后，它们就会被从附近的海域运往位于星辰东南方的小岛。由骨和木质素材建造而成的斗技场就坐落在这里。斗技场的面积足够多只怪物同时在此行动，而被运送来的怪物会被用于新手猎人的训练，也会成为老手猎人为精进技艺而进行锤炼的对手。

船内的准备室： 参加斗技大会的猎人需乘船前往斗技场所在的小岛，而这船也就充当了猎人们的准备室。船内挂有期团旗，从后方登上陆地便是斗技场的入口。

斗技场的入口：斗技场入口处耸立着两根巨大的怪物之骨。栅栏门的下方被削得很锐利，跨过它就好像穿过了怪物的血盆大口一般。也可以通过翼龙直接飞到斗技场的里侧。

比武场：斗技场的地面主要由沙和岩石构成。区域内设置有飞散核桃、小石子等道具，用来观察怪物的反应。

话 题　斗技场区域构成

设置在小岛上的隔离设施。整个斗技场为一个平面，由一道栅栏隔开南北。

■ 怪物运出口

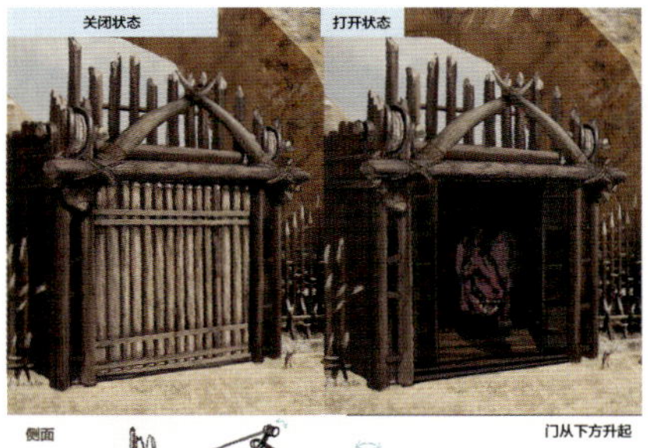

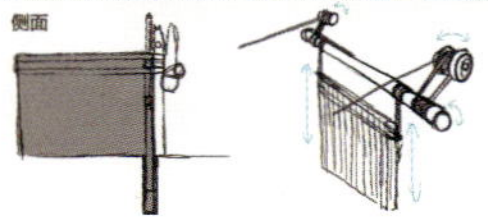

运出口栅栏门的每部滑轮组结构。场地中央的栅栏上点缀有龙的设计纹样。

■ 栅栏滑轮装置

设置在斗技场中央的栅栏：猎人可以操纵场地中的操纵杆，将场地分割开，同时与多个怪物战斗时非常有用。

开发密谈　将斗技场建在单独小岛上的理由

用于训练猎人以及生态研究的场所，我们觉得还是设置在可以被隔离开的场所比较好。虽然对玩家来说只是换个地方讨伐怪物，但考虑到生态的真实性，我们将其设置在了稍稍和星辰有一段距离的小岛，和星辰隔海相望，这样更能让玩家感受到世界的复杂性。被捕获的怪物会在星辰经过初步研究后运送来这里。（藤冈）

寻迹 怪物猎人 世界

特殊斗技场

Special Arena

二期团在熔山龙撞开的大峡谷中设置的特殊斗技场。这里成了连接各个原野的纽带。

大峡谷的岩石形成了天然的要塞。

比起人工建造的斗技场，特殊斗技场可以说是利用了大峡谷岩石的天然要塞了。星辰的人们所发现的这片区域面向陆珊瑚台地，是调查员们绝佳的歇脚点。但是大峡谷横断新大陆数百年，现在这里是唯一一条可以通行的道路，不仅是人类，许多怪物也会云集在这里。所以比起讨伐设施，在这里建造捕获用的研究设施用途会更广一些。现在这里既是连接各个原野的通路，也可以用于阻挡怪物。这里环境险恶，有时会遭到古龙种般强大怪物的袭击，或是飞龙的空袭。所以这里兵器设施齐全，做好了随时迎战的准备。

营地：大峡谷上方的木质简易平台上搭设的营地。强烈的谷间风从这里吹过，通过绳索缆车可以到达特殊斗技场。

话题 特殊斗技场区域构成

特殊斗技场是建造在大峡谷中的设施。调查员需要通过绳索缆车越过大峡谷才可以到达斗技场。

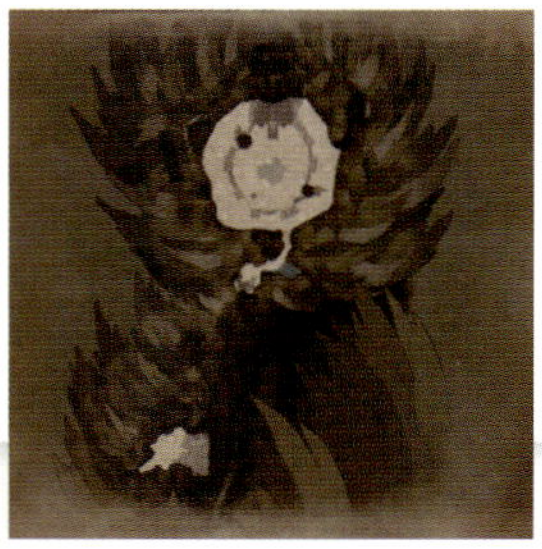

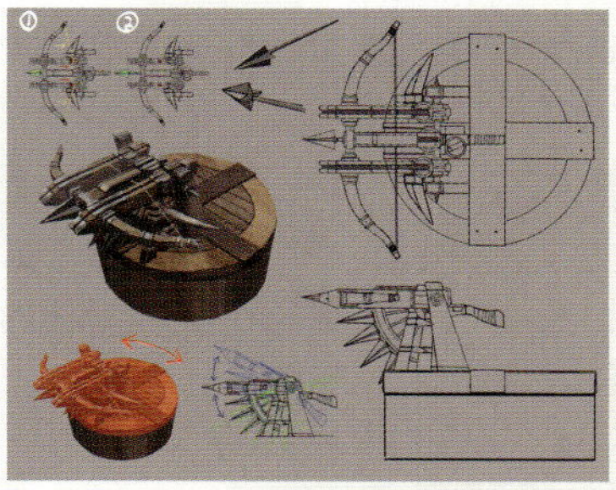

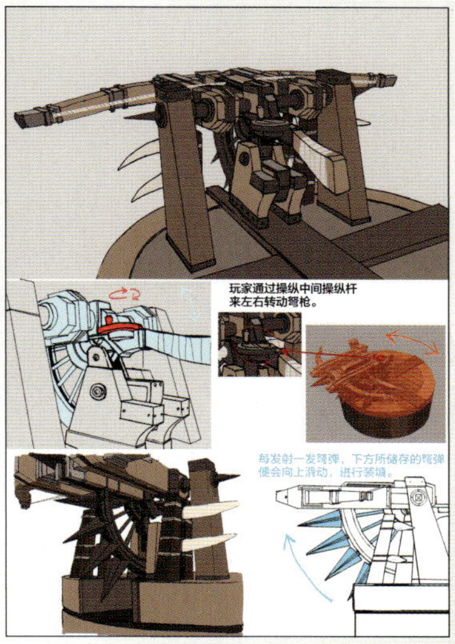

■ 弩炮

环状高台上设置有大炮和弩炮，可以向场中央发动攻击。大型弩炮主要被用于牵制大型怪物。

使用滑轮装置的落石：人为设置的落石，可以用于牵制怪物。通过操纵杆启动，可以让落石砸向下方的怪物。

■ 击龙枪

正如其名字所描述，这是一种将钢铁制的巨枪旋转射出的装置。虽然需要一定的装填时间，但它是迎击怪物最强力的武器。就连熔山龙都在它的冲击之下变换了前进路线，可谓是人类的希望。

开发密谈

进行怪物研究的场所

熔山龙引起了大峡谷的地壳变动，而人们在那里发现了一片合适的区域，建立了特殊斗技场。熔山龙引起了地形平衡的变化，生物活动也变得活跃了起来，许多怪物都会从这大峡谷的缝隙中通行。所以这片区域兼有捕获怪物的功能，方便调查员们直接从这里截获调查对象。（藤冈）

在初期概念阶段，有一张草稿画了大量怪物像百鬼夜行一般从大峡谷的缝隙中通过的场景。那时我们就开玩笑说，那干脆放个钓竿把它们都钓上来吧。（笑） 之后便有了现在兼有捕获功能的特殊斗技场。（德田）

CAMP

扩展画廊：营地设置向导

Extend World Gallery

营地是新大陆各个原野上的调查活动据点。在这里调查员可以整理装备和道具，可以休息，还可以拜托接待员来烹饪美味的料理，得以休整。在调查活动的同时，寻找适合设置营地的候补区域也是猎人重要的职责。这里记载了关于营地和其设置向导的相关资料。

麻雀虽小，五脏俱全，舒适的营地生活。

最初设置好的营地有古代树森林的西南初期营地和大蚁冢荒地龙人族猎人所设置的东营地，其他的营地都是随着五期团猎人们的调查开展而逐渐搭设起来的。

营地的帐篷虽小，功能却很齐全。一体式的帐篷搭设方式很简单，只需将折叠在中央支柱的布呈锥状展开即可。这样的帐篷收纳起来体积也很小，非常方便携带。帐篷中的空间足够宽广，足以让猎人和随从卸下武器，休息片刻。有人会在帐篷中恢复体力，打磨武器和剥取小刀，也有人会喂随从艾路一些零食，每人的习惯各有不同。

帐篷旁边设有小型石炉和简易的用餐区域，在这里可以做饭，填饱肚子再前去调查。营地中还设有星辰的补给品箱、装有随从武器和道具的袋子等，麻雀虽小五脏俱全，可以说营地是一个非常完善的临时调查据点。

帐篷内景。猎人坐在枯木制成的椅子上，而艾路在柔软的草垛上休息。曾经有一段时期，帐篷内的灯是由导虫来充当的。

■ 锅

锅中温着的是回复药。回复药在温热的时候喝会吸收更好，效果更佳。

用餐区域景观。还有许多像接待员一样的编辑者，他们不仅管理任务，还可以在营地用石炉烹饪料理。

■ 道具箱

■ 补给品箱

帐篷所使用的布料和星辰道具箱上所覆盖的布料相同。运送补给品的载货车被拆解后收纳在旁边。

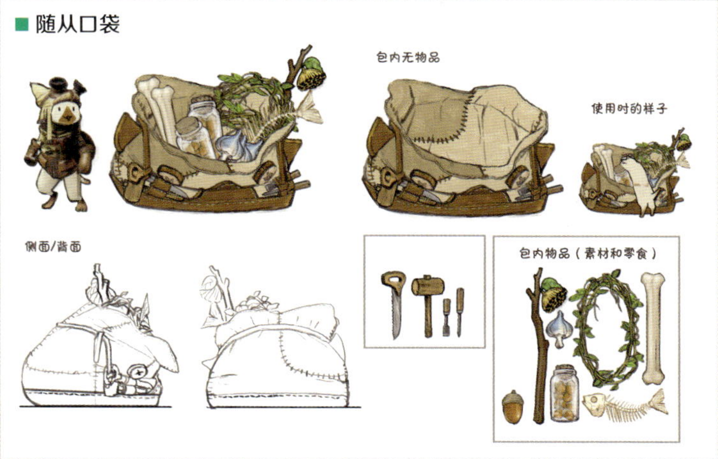

■ 随从口袋

话题

关于营地的安全性与便利性

营地被设置在大型怪物难以侵入的地区。有的周围树木丛生，有的位于洞窟里，还有些紧邻水源可以垂钓的营地深受猎人们喜爱。利用翼龙可以快速移动，所以直接前往已设置好的营地会非常方便，可以大大提高调查效率。

这里简直像是存满了金银财宝的地下宝库一般。

梦幻的古龙绚辉龙，曾经一期团发现过它的痕迹，但未能成功完成调查。五期团在此发现了它的身影，并成功追寻着它抵达了地脉黄金乡。绚辉龙有着收集金属的习性，这里的岩石群上布满了黄金块，光辉灿烂，简直就像是存满了金银财宝的地下宝库。本次调查团从龙结晶之地发现了通往黄金乡的通道。灼热的岩浆喷出，大量的黄金在这高热下融化，发生变形。

但是为什么绚辉龙会收集金属呢？新大陆的调查到此也要告一段落了，我也要为我提出的新假说做个总结了。

寻迹 怪物猎人 世界

地脉黄金乡
Caverns of El Dorado

追寻着绚辉龙的身影，人们发现了这片土地。
绚辉龙长年累月积蓄下来的金属，在地脉的影响下生成了这种独特的地形。
地层深处存在着巨大的地热能量，
据说那里存在着绚辉龙的巢穴，但目前还未被发现。

绚辉龙收集金属并不是为了获取食物和营养。

绚辉龙收集金属似乎并不是为了获取食物和营养。有人认为绚辉龙将金属附着在体表，是一种极度高温环境下的防御机制，但我觉得这层金属铠甲完全不是为了防御什么而存在的，只是绚辉龙在满足自己的审美需求，使自己看起来更魁梧更美丽。

我之所以会这么想，是因为新大陆所有的生物，包括古龙，都是在和自然的和谐共生下生长的。它们是拥有蓬勃生命力的生物，无论在什么环境下，都不会存活得很艰难。它们跃动的生命充满了新生的喜悦。冥灯龙被讨伐之后，地脉的收束得到了解放，沉睡的绚辉龙也在此开始了活动。如果说它的金属层是为了保护来自大自然的威胁，实在不太像新大陆原生古龙的做派。

岩石的钟乳洞：高低差显著的岩石广场，完全没有黄金乡的影子。有许多独特的环境生物只有在这里可以看到。

话题 炫目的黄金和其独自的生态系统

地脉促进了全体生物的进化，从而带来了生态系统的繁荣和多样化。如此来看，身缠黄金，构建出全新生态系统的古龙也遵循着这进化的道路。而栖息在这里的身缠黄金的环境生物，无疑也是进化道路上的一分子。

这里栖息着许多稀有品种的环境生物。它们基本上都是黄金色的，可能也含有拟态的因素。

■ 黄金洞穴

绚辉龙的体形在古龙种也属于大型的，这供它通行的洞穴尺寸可想而知。洞穴的边缘镶有黄金，但这不是天然的黄金洞穴，而是绚辉龙体表的黄金附着在上边所形成的。

话 题

地脉黄金乡区域构成

从靠近地面的岩石地带逐渐深入，就能进入黄金山所打造的幻想世界。最下层是绚辉龙的巢穴，灼热的熔岩如地狱烈焰一般喷出。

黄金的神殿： 黄金的岩石群在阳光的照射下，将整个洞窟染成了灿烂的金色。站在这石柱般并列矗立的黄金中，仿佛迷失于神之宫殿一般。

黄金神殿的石柱： 黄金乡的内部，空间非常开阔。石柱群的表面上覆盖满了绚辉龙所洒落的黄金，金碧辉煌。

■ **黄金奇面族**

聚集在绚辉龙黄金片附近的奇面族，喜欢收集亮闪闪的黄金。它们性格好战，会从背后袭击猎人。

开发密谈

地脉黄金乡的游戏设计

绚辉龙会不断地向黄金乡深处移动，玩家也会在讨伐的过程中跟着它深入黄金乡。随着讨伐的熟练，玩家可以抢占先手，多次游玩会有不同的感受，我们在设计的时候想呈现的就是这种可以不断深入的地图。绚辉龙会将金属融化附着于自己身上，随着它的脚步向下层深入，离地脉越来越近，热量也就越来越高，最终玩家会在融化的黄金中与它对峙。既然设计了新地图，我们想为它加上与之匹配的独特生态系统，所以便设计了许多生活在黄金乡的环境生物。（德田）

灼热的领域：绚辉龙所镇守的灼热地下空间。火光在黄金的反射下格外刺眼，有一种置身于闪着赤褐色光芒神殿的错觉。滚烫的热风向我们迎面袭来。

新大陆创造出了像黄金乡一样既美丽又高效运作的自然系统。

抵达了黄金乡之后，我也想将我的假说暂时告一段落了。我作为一个编辑者，和猎人一起探索新大陆，寻找人类的全新认知，记录令人心跳的冒险之旅，令思想在世间遨游。新大陆的地脉推进了自然的繁荣和进化，而最擅长操纵地脉能量的生物非古龙莫属。人类恐怕是对于地脉能量的感知最迟钝的生物了，但是人类的高等智慧可以弥补感官上的不足。

我之前也提到过，我觉得地脉，乃至新大陆整体都是有意识的。而生物们在没有察觉到的状态下受到了这意志的引导，聚集到了这片新大陆。调查团中流传着“引路的苍蓝星”的传说。这何尝不是一种意志，一种能量呢？我们也正是意识深处受到了这光辉的引导，才来到了这里。

还记得我曾经说觉得古代树看起来像巨塔吗？现在想想看，这种想法也不是无稽之谈。人类凭借着自身的智慧创造出了文明的利器，而古龙和其他生物会不会在内心深处曾有过忌惮和羡慕呢？它们的这些意志或许就是新大陆的意志，在此之下创造出了古代树、大蚁冢、陆珊瑚、龙结晶、黄金乡之类的景观，创造出了既美丽又高效运作的自然系统。归根结底，这里依旧是一个存在诸多谜题的未知世界……好了，同伴们在叫我了。

我的文章就先写到这里了。但我们的调查并没有结束，我们还将继续新大陆的征程——

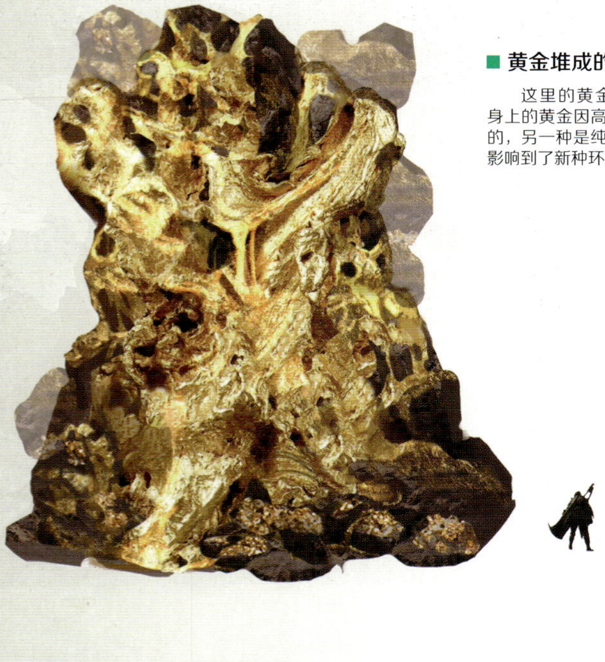

■ 黄金堆成的山

这里的黄金堆有两种，一种是绚辉龙身上的黄金因高热融化而覆盖在岩石上形成的，另一种是纯粹的金山。这大量的黄金也影响到了新种环境生物的诞生。

不断变化的火焰空间：原先浅黑色的石柱上被黄金点缀得金光璀璨，黄金在绚辉龙热量的影响下不断在融化，发生形变。这里的火焰和热量是喷火口所喷射出的，还是……

黄金与潜热的领域：地下的开阔平地，周围被因绚辉龙热量所融化的黄金包围。天花板上布满了下垂的黄金碎片，像是宫殿的华丽装饰一般。

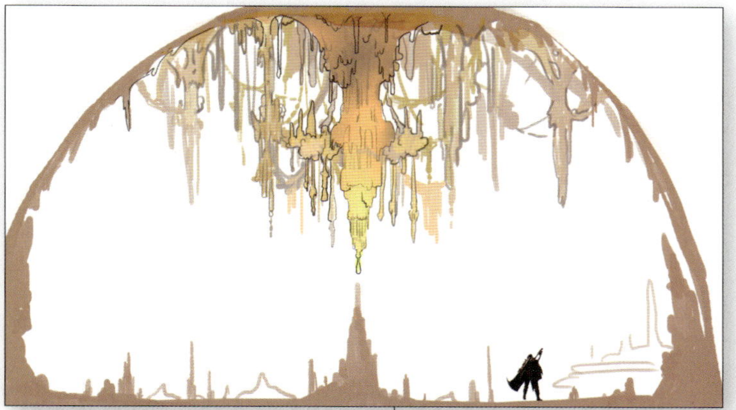

豪华绚丽的天花板：在这里绚辉龙会甩掉身上的黄金铠甲，解放出真正的实力。这里是黄金的储藏所，对绚辉龙来说就像圣域一般。

开发密谈

黄金乡在新大陆的位置

黄金乡并不在特定的某个场所。并不是先有黄金乡再有绚辉龙，而是绚辉龙筑成了黄金乡。绚辉龙会在移动时将黄金附着在周围的墙壁上，若绚辉龙离开的话，这里的黄金乡也会随之消失。在设定上，绚辉龙的个体不止一只。绚辉龙选择适合自己身体大小的区域定居，而那片区域可能就会变成黄金乡。所以说，有可能在新大陆的某地还存在着更加壮美的黄金乡。（藤冈）

在设定上，一期团最早发现绚辉龙的位置是在大蚁冢荒地的裂缝。但是由于地下的龟裂蜿蜒复杂，当时调查团并没有查明黄金乡的位置。本次五期团所发现的绚辉龙位于龙结晶之地的裂缝。所以说一期团和五期团所发现的绚辉龙是两只不同的个体。（德田）

■ 绚辉龙所融化开的岩洞

绚辉龙移动时所融化开的大岩洞。将洞口大小和绚辉龙大小相对比，可以看出其高热的威力有多么强大。

景观美图 其他

未曾被人类踏足过的新大陆，仅在惊鸿一瞥间，其自然面貌所展现的温柔与严酷令人赞叹不已。然而，这份风貌的背后，不断活性化的地脉能量正在对整个生态系统产生极大的影响。我们人类迈上了这片神秘的土地。我们经过了若干年建立起了自己的基地，和自然一同和谐地生存下去。

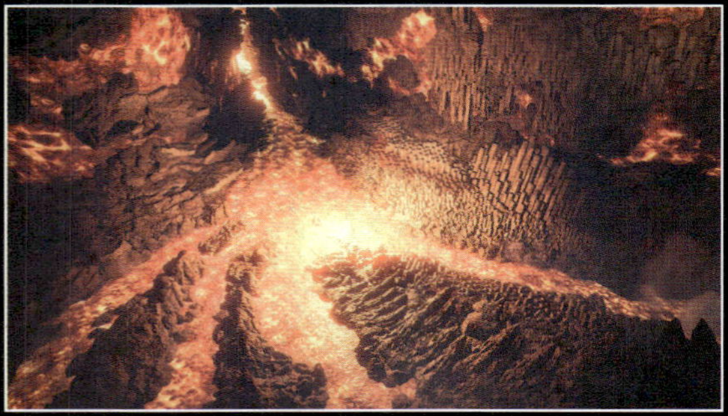

训练区域

地脉收束地

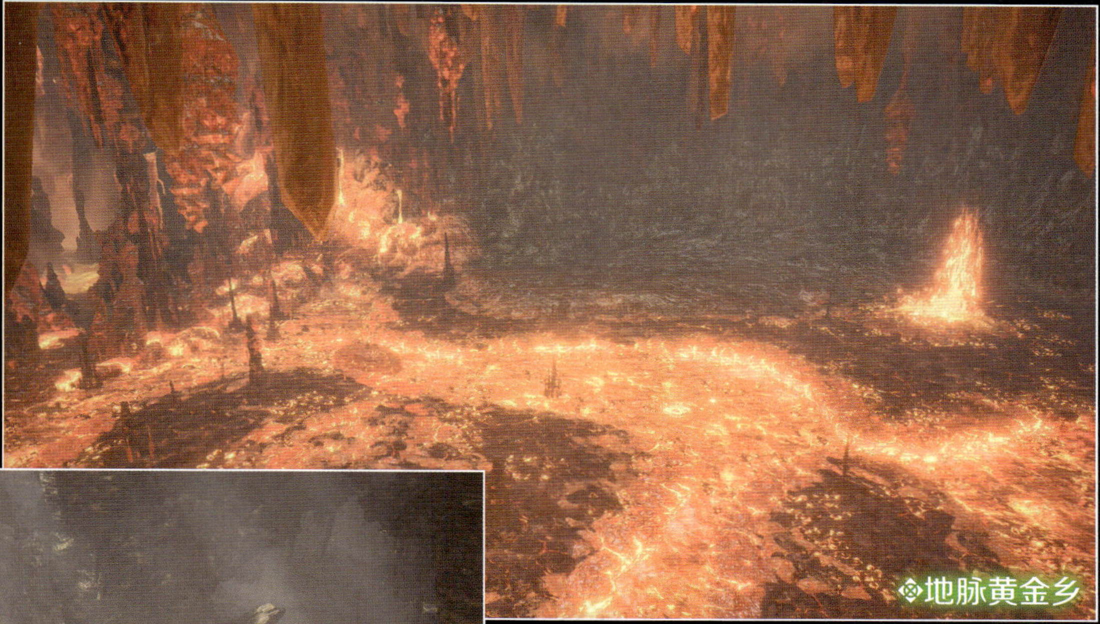

地脉黄金乡

斗技场

特殊斗技场

藤蔓陷阱：可以拘束大型怪物的藤蔓束。通过破坏支撑它的树干或吊着它的藤条来使用。

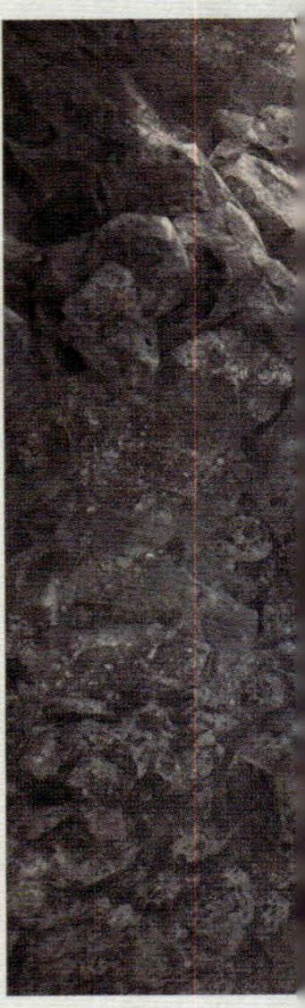

ENVIRONMENT GIMMICK

扩展画廊：新大陆的自然环境记录

Extend World Gallery

在新大陆的原野上，各种环境之下都存在着天然的陷阱。从可以进行躲藏、逃过怪物追击的倒木，到可以作为辅助攻击道具的藤蔓和岩石，再到可以改变地形的流沙等，无一不是大自然的杰作。如果使用得当的话，大部分的陷阱都可以对狩猎提供很大的帮助。这里主要记录的就是这些自然环境，有了这些知识可以更好地了解新大陆，更好地在新大陆生存。

“将手头的道具物尽其用。
详细地观察四周。
想象力很重要，不光靠身体，要动脑。
这就是新大陆猎人的真实写照。”

这是总司令曾经说的话。新大陆的生态系统还存在着许多谜题，猎人们今后将遵循着总司令的话，继续去探索现象背后的真相。

树冠的堤堰：巨大的树冠形成了蓄水池的天然大坝。若将其破坏的话会引发洪水，巨大的冲击力会将猎人和怪物全部冲到下层区域。

流沙地形：受到角龙的突刺攻击，这里的地面就会塌陷，流沙会将怪物和猎人冲到下层空洞。

软质陆珊瑚：受到大力的冲击会弯曲，站在上边的人会摇晃失去平衡。大型怪物可能会因此跌倒，甚至被拘束。

龙结晶的碎片：地面所散落的尖锐龙结晶。通过特定的攻击将其打散，可以对怪物造成伤害。

上升气流：陆珊瑚台地特有的强烈上升风。若装备滑空衣装跳进风口，便可以随风飞翔。

岩浆喷出口：有时会有岩浆从裂缝中喷出。不仅会给怪物带来伤害，也会将猎人击飞。

落石：将天花板上下垂的钟乳石或龙结晶打掉，便可对怪物造成伤害。地面上也有骨类可以刺入怪物身体的障碍物。

话题

原住民的协力作战

新大陆上栖息着特德尔、奇面族等原住兽人族，与它们建立友好关系的话，它们可以在猎人狩猎大型怪物时提供帮助。它们可以通过藤蔓陷阱来将大型怪物拘束，或是一齐向怪物发射壶爆弹进行轰炸，可以说这也是环境利用的一种方式。

德特尔们拼命地拉住藤蔓，除了古龙外，其他大型怪物都可以被德特尔的藤蔓陷阱长时间束缚。

扩展画廊：解读古代龙人壁画

Extend World Gallery

在古代龙人眼中，怪物和人类都一样是年轻幼小的生物，无高低贵贱之分。他们将自己的所见所闻暗中记录在墙上，留下了遍布新大陆各地的神秘壁画。我们通过一位古代龙人的帮助确认了壁画的含义，并记录在了这里。

译文：圆圆的蓬松生物在乘风飞行

［补充］

凶猛的生物=蛮颚龙/人类=猎人/红色生物=雄火龙/绿色生物=雌火龙/猫=德特尔/像鸟一般的生物=搔鸟/火山一样的巨大生物=熔山龙/白色生物=风漂龙/圆圆的蓬松生物=浮空龙/流星群=不祥之物/有用的东西=道具/强大的生物=灭尽龙/呼风唤雨的生物=钢龙/手印=自己的想法、不错、原来如此

译文：狩猎凶猛生物的人类，远处红色生物正在天空翱翔。

译文：人类想要抢像鸟一样的生物的蛋。这里视野真好，我试着画下了沙原的景色，远处还有巨大的带刺墙壁。

译文：从猫的巢穴可以清晰看到流星群。

译文：人类在和强大的生物战斗。

译文：古代树的顶端有红色生物和绿色生物的巢。

译文：火山一样的巨大生物跨海来到了这里。它通过之后留下了一道锯齿状峡谷。

译文：从高台看到的流星群。

译文：宇宙的心。

译文：古代树上有猫的巢穴，它们正在烤大鱼。

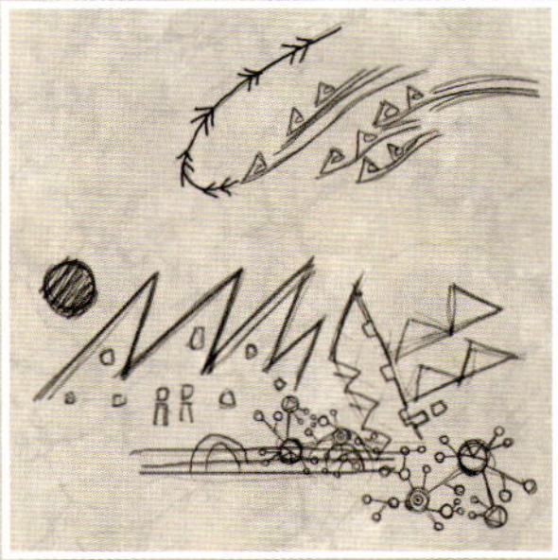

译文：峡谷上方的天空挂着一轮巨大的血月。我看到有船触礁了。

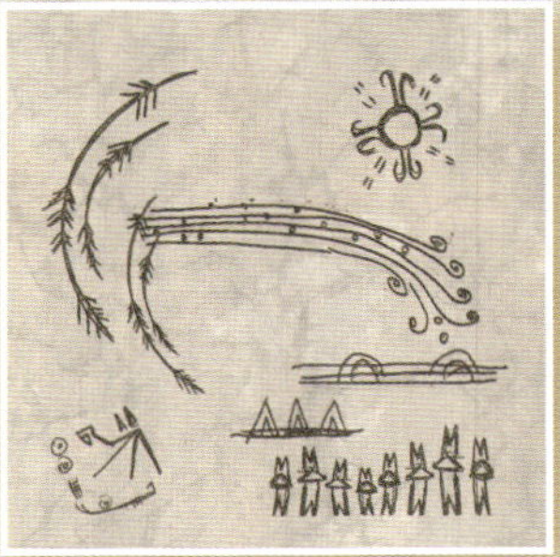

译文：这里聚集了很多猫，还有一些有用的东西。

译文：我看到龙结晶之地的高台上有呼风唤雨的生物。

译文：像鸟一样的生物正在搬蛋。人类追着它抢走了蛋。

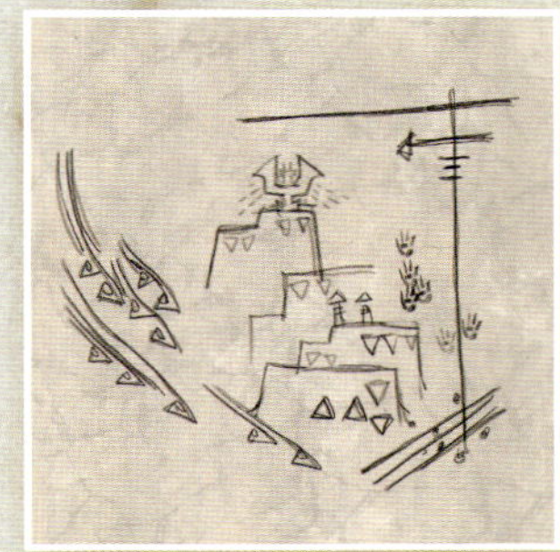

译文：白色生物盘旋在陆珊瑚的上方。它现身的时候风就会很强。

译文：在营地做饭的人类。有鱼和有用的东西。

译文：手印。

讲述调查据点正在发生的故事

投射器带来的全新调查体验

投射器是新大陆古龙调查团猎人们的标配装备之一。它是一种小型弩枪，装备在防具的左前腕部，通过手掌握住握把进行操作，可以装填弩箭或绳索等道具。有了投射器，新大陆的调查活动范围被大幅地扩大。

• • •

❖通过用绳索钩住翼龙来实现长距离移动

发射绳索是投射器的一个基本功能。这项简单的技术使得原野作业的效率和舒适度都得到了飞跃性的提升。在星辰的人们驯化了行翼龙，用投射器绳索上的钩子钩住行翼龙的爪，便可以实现在营地和原野间的长距离移动，使快速移动变为可能。这是个里程碑式的进步。虽然需要一些小技巧来指示行翼龙飞行方向，以及在负重时保持飞行的平衡，但现在绝大多数的猎人都可以熟练操控行翼龙，赶赴各地调查。投射器绳索的长度大约有五米，除了借助行翼龙飞行，绳索还可以帮助猎人钩住藤蔓来快速攀爬，以及在骑乘怪物时防止被怪物甩落，用途十分广泛，有时也可用于防止高空坠落。根据使用者的熟练度不同，投射器还可以有各种各样的用法。

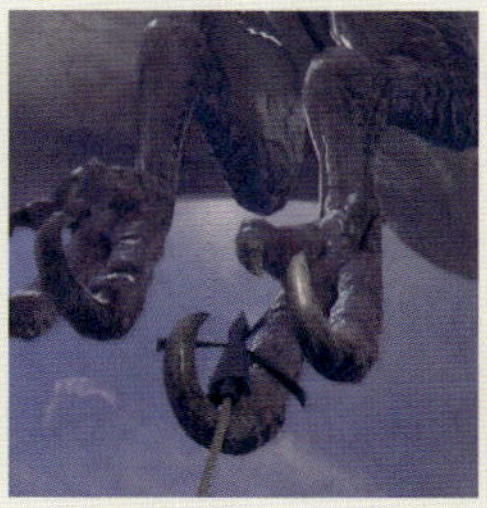

❖方便利用绳索移动的楔虫

楔虫是新大陆的一种环境生物，投射器的绳索也可以对应楔虫使用，实用性极高。以楔虫为支点，可以通过摆动的方式快速移动到远处的平台或高处。通过绳索垂在楔虫下方时，可以先调整着地方向，再进行跳跃。在与怪物战斗时，猎人们也可以利用楔虫来回避攻击，或者骑到怪物背上。关于楔虫的生态还有许多不明之处，但它遍布新大陆全域，今后的调查活动也离不开它的帮助。

❖利用捕获用网子来捕捉环境生物

除了用作移动手段，投射器也可以装备各种各样的道具。其中作为标准装备被开发出的捕获用网子，就获得了广大学者的一致好评。有些环境生物警戒心非常强，贸然靠近就会逃走。而捕获用网子比普通虫网的射程远，大大提升了捕获的成功率，这是它最大的优势。特别是捕获水中成群的小鱼时，用传统的方法会非常麻烦，而利用捕获用网子则便利又快捷。捕获用网子正如其名字，并不是一个攻击用的道具，但将它发射出去时也有一定的冲击力。捕获网正如其名所言，并不是用来攻击怪物的道具。但当你想要收获完整的小型甲虫种怪物的尸体或是引爆大桶爆弹、冲击环境物时，捕获网是你最好的利器。

❖活用装填道具

除了捕获用网子、投射器还可装备闪光弹、小刀等道具。不仅如此，原野上的许多环境物都可以被当作子弹装填在投射器中，适用性非常广。过去的许多投掷道具，在投射器的帮助下会变得更好瞄准，十分实用。除了直接攻击怪物，还可以在远处发出声响吸引怪物的注意力，用途广泛。有了它，剑士也可以在远处安全地引爆大桶爆弹。虽然大家都知道投射器可以活用环境物，但它还有许多高阶使用技巧，比如许多猎人就不知道在骑乘状态时也可以使用投射器。投射器可装填的环境物多种多样，从随处可见的小石子、种火石，到怪物身上掉落的尖锐石、灭龙石等。这些道具各有各的特殊效果，猎人们在狩猎生活中受用得很。

• • •

调查员们得以在新大陆各个角落活跃，全靠这项伟大的发明。可以说投射器是新大陆进一步的调查生活中不可或缺的物品。

不同的环境物在投射器下的使用效果

装填在投射器中的子弹除了可以对目标造成伤害，还有着各种各样的效果。这里总结了一部分具有特殊效果的道具。

■飞散核桃、爆裂结晶

除了可以驱逐一些小型怪物，还可以造成大型怪物的硬直，令摇摇欲坠的怪物跌倒，以及使岩石坠落。另外，它还可以打断一些古龙的特殊状态。

■光苔

不仅可以为黑暗场所提供照明，连续攻击空中怪物的头部还有概率使它胆怯坠落。还可以用于吸引趋光的甲虫种，以及驱散厌光的小型怪物。

■投射器水流弹

使用水球罐作为子弹，可以将怪物身上的泥击落，减轻怪物火焰和电气的状态效果。另外，也可以用于消除猎人自己身上的泥。

■投射器松明弹

使用种火石作为子弹，可以吸引趋光的甲虫种，以及驱散厌火的小型怪物。攻击附带火属性，除了能给目标带来伤害以外，还可以软化熔岩龙的岩浆甲壳。

■投射器灭龙弹

使用灭龙石作为子弹，攻击带有龙属性和龙封力。可以消除一些古龙的特殊状态。

第三章
生物之章

Monster and Endemic Life

寻迹　怪物猎人　世界

这个世界中所有的生物都是生态系统的一部分，它们互相关联、共生，共同构建出了这赖以生存的家园。

这里整理了关于怪物和环境生物的生态研究成果。从对其他生物造成威胁的肉食怪物，到食物链下层的环境生物，都是这个世界中不可或缺的一分子。

本章还记载了两位开发者，执行美术导演藤冈要先生和导演德田优也先生关于生物的开发密谈，带你全方位地理解怪物猎人的世界。

牙龙种
大凶豺龙

怪物数据

- 全长：约1109.66cm
- 全高：约373.28cm
- 脚长：约153cm
- 主要栖息地：古代树森林

基本介绍

栖息在古代树森林的牙龙种，是凶豺龙们的首领。离开群体后生存下来的成年雄性凶豺龙，食欲非常旺盛，捕食的时候会将草食龙等生物整只吞下。它在空腹的时候甚至会去袭击比它强大的怪物，曾经也有调查员因为不小心靠近了它而被袭击，它对食物的贪欲简直可以与大型肉食怪物相匹敌。它的腹部伸缩性很好，吞了食物之后可以膨胀得很大，它在战斗时会用这巨大的腹部给予敌人重压。除此之外，它还会吐出胃里未消化的食物进行攻击。

调查班队长

“大凶豺龙一发现猎物就会将其整个吞下，对在现场进行调查的调查员来说是极度危险的存在。”

在寻找猎物时会扩大行动范围，在古代树之森的许多地点都有过目击报告。

生态

■拥有强酸性的胃酸，经常为了捕食四处徘徊

正是因为大凶豺龙能分泌大量强力胃酸，才可以将整个吞下的猎物消化掉。而由于胃酸的酸性过强，甚至会损伤自己的胃壁，所以它需要一直进食不让胃袋空着，肚子一空它就会大范围徘徊寻找猎物。

生 态

■族群内以一雄多雌的方式交配产生后代

繁殖期的雄性大凶豺龙会向雌性凶豺龙求爱，雄性大凶豺龙之间会进行争斗，只有最终的胜利者有交配权。而这个胜出的雄性会和所有求爱成功的雌性进行交配，一次繁殖期可以和 10 ~ 20 只雌性凶豺龙配对。雌性在受孕后会在温暖的腐叶土层生蛋，平均每头凶豺龙可以产 3 ~ 4 枚蛋。因为雌性不孵蛋，而是等待蛋自然孵化，所以有时候它们的蛋会被搔鸟等外敌偷走。

头 部

生 态

■长长的鬃毛是成年体的象征，也是强大的象征

大凶豺龙的鬃毛会随着身体的成熟而变长，从头部一直延伸到背部。长长的鬃毛是成年的象征，也代表着它就是率领凶豺龙们的领袖。在繁殖期求爱的时候，大凶豺龙的鬃毛越长，鼓膜下的鳞片越大，就越有魅力。

鬃毛长成前

上半身和下颚上的长毛，其实是由小刺形成的鬃毛，相互缠绕形成绳子状。从这片鬃毛的长度可以推断个体的年龄。

鬃毛长成后

生 态

■族群领袖的世代交替

凶豺龙的族群是雌雄混居的，但达到一定年龄的雄性凶豺龙就会脱离群体独自生活。它们当中成功存活的，便成长为大凶豺龙，它会回到故土，打败原来的领袖，完成世代交替。

主视图

脚印

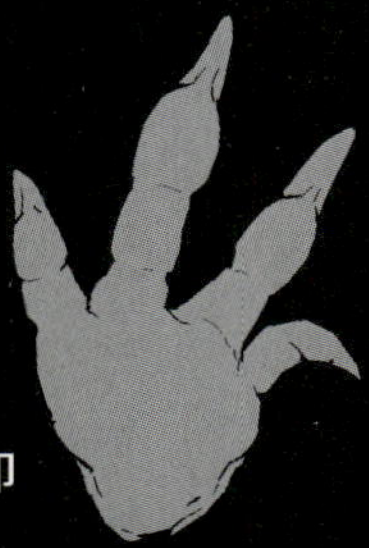

生 态

伸缩性极佳的腹部，可以完整地吞下猎物

大凶豺龙最大的特征便是其伸缩性极佳的腹部了，甚至可以完整地吞下一头草食龙。进食过后，它的腹部会膨胀得巨大，一定要小心这样饱腹状态的大凶豺龙。虽然这种状态下它很少主动发起攻击，但一旦发生战斗，它便会利用其巨大的腹部对敌人发动进攻。虽然动作迟缓，但攻击的杀伤力很大，万万不可轻视。另外，大凶豺龙在饱腹状态下腹部非常柔软，受到强力的冲击有时会将胃中的东西吐出来。

利用前肢的攻击将猎物杀死，然后直接整个吞下，这个场景十分有冲击力。

生 态

将吃下去的东西吐出来的习性

吞食整个猎物的大凶豺龙会分泌大量胃酸来促进消化。但是它们却不会将吞下去的食物完全消化掉，而是会将消化了一半的食物吐出来。比起将食物消化完，吐出来之后再去捕食新的猎物能更有效率地摄取营养。而它吐出来的未消化物则成了凶豺龙们的食物，凶豺龙群和大凶豺龙总是形影不离也有一部分原因是这个。

考 察

凶豺龙们的共生关系

大凶豺龙并不是一直和凶豺龙群一起行动，毕竟对抗外敌是这个族群领袖的任务。但是当同行的大凶豺龙愤怒或是濒死的时候，凶豺龙群也会来帮忙，这可以看作它们将大凶豺龙视为领袖的象征。然而，它们这么做还有其他的理由，那就是保护食物。凶豺龙多以绕行兔等小动物为食，而大凶豺龙所吐出来的未消化物营养价值要比这些小动物高得多，所以为了得到这些美食，凶豺龙群和大凶豺龙就这样构成了一种食物上的共生关系。另外，凶豺龙也会成为大凶豺龙的捕食对象，所以在大凶豺龙捕猎的时候，凶豺龙群为了避免误伤，会主动保持距离躲到树上去。

（摘自某生物学者的论文）

利用膨胀的腹部进行攻击。前肢和牙可以很好地进行正面防御，但侧面弱点暴露，对侧方的袭击反应迟钝。

生态

■利用膨胀的腹部和胃酸进行攻击

饱腹状态下膨大的腹部是大凶豺龙最强有力的武器。平时它会多用前肢的利爪抓挠，或是啃咬等敏捷的攻击方式，饱腹的时候则多会用自己巨大的身躯对敌人发动泰山压顶式攻击。虽然敏捷性会下降，但随着身躯变大会给敌人带来加倍的压迫感，而且其利用自重发起的攻击威力也是十分可观的。

另外大凶豺龙的消化器官十分发达，会将混合着胃酸的未消化物吐向敌人进行攻击。将胃中残存的食物吐出去会加速饥饿感的到来，因此它会想立刻离开这里去捕食小型怪物。可以说大凶豺龙是一种食欲导向型的怪物了。

空腹时性情会变得很暴躁，会毫不留情地袭击比自己强大的怪物。大凶豺龙名字中的“凶”字也正来源于此。

骨骼图

开发密谈

PRODUCTION NOTE

作为制作雏形蕴含了大量信息的怪物

前作中初见的怪物均为弹跳性极佳的中型怪物，但因为体形太小又灵活，有些新玩家攻击容易打空，不是很好上手。所以这回设计出了这个可以整个吞下草食龙，身体会变大的怪物。受打击面积变大，攻击不容易打空，更好上手，而且也能更好地体现新大陆的生态。游戏性和生态性，我们的设计基本是从这两个角度出发的。（德田）

大凶豺龙担当了《怪物猎人》教学用怪物的角色，对它的讨伐是为了让玩家在面对大型怪物之前，适应游戏操作和机制。按照惯例，我们可能会制作像凶颚龙和大凶颚龙那样的小体形怪物，但大凶豺龙何止是中型，制作它的麻烦程度甚至堪比大型怪。（笑）它既可以改变身体的尺寸，又可以吐出未消化物吸引来凶豺龙群，设定上的信息量很大。就这样，制作大凶豺龙时的思路，这样的生态和动作，以及皮肤质地的刻画，成了之后我们细化制作怪物时的方针。（藤冈）

KULU-YA-KU

生态

■以其他怪物的蛋为食

搔鸟的主要食物为飞龙、草食龙以及其他生物的蛋。它不挑食，只要是蛋，什么都吃。另外，它会把偷来的蛋带回自己的巢再吃，这是为了避免雌龙或者其他外敌的袭击，安全地进食。它平均每天会进食 3 ~ 4 枚蛋，它靠本能可以分辨出一枚蛋营养最丰富的地方在哪儿，所以它不吃蛋白只吃蛋黄。

趁着雌龙不在的空隙溜进巢穴，快速地翻出地里藏着的蛋并偷走，整个过程甚至用不了一分钟。

生态

■为了寻找蛋而长距离移动

搔鸟为了不被雌龙盯上，不会总盯着一个巢偷，而是会到处寻找各种生物的巢穴去下手。所以沼泽地和森林地区也会出现它的身影，整个大蚁冢荒地的巢都是它的备选目标。除了进食和睡眠，它绝大部分的时间都是在怪物的巢穴外徘徊，因此它每天饮水的次数也很多。另外，它还会经常梳理前肢上的羽毛，用掉落的羽毛来标记领地。

为了适应多悬崖、地形崎岖起伏的荒地，搔鸟的后腿肌肉非常发达。它的弹跳力非常强，陡峭的断崖都可以跳跃过去。

生态

■攻守结合的“持岩”习性

搔鸟性格谨慎，很少主动去袭击其他生物。但是当它察觉到危险，准备交战的时候，会从地里挖出石头，利用它来进行战斗。石头不仅可以作为它突袭敌人或是投向敌人的武器，也可以作为盾来保护它脆弱的头部和嘴。平时温顺的搔鸟拿起石头也会变得好强起来，甚至敢和角龙这种实力远超自己的怪物叫板。据记录，有的搔鸟个体前肢非常有力量，甚至可以举起三百公斤左右的大石头，所以现在有些学者在专门研究搔鸟的胸大肌。

鸟龙种
搔鸟

怪物数据

- 全长：约901.24cm
- 全高：约338cm
- 脚长：约70cm
- 主要栖息地：古代树森林
  大蚁冢荒地

物资班队长

“搔鸟很擅长用前肢偷东西，一定要小心看管货品，不然它会来搞破坏。”

基本介绍

主要栖息在大蚁冢荒地的鸟龙种，几乎不会在意对自己不构成威胁的生物，性格温和又大胆。主要的食物为其他生物的蛋，它会用察觉力很强的喙快速在巢穴中找到蛋并偷走，很是狡猾。为了寻找食物，经常会在大范围内到处徘徊，有时甚至会出现在古代树森林。它脚步轻盈，留下的脚印都很浅。头部和前肢上长有鲜艳的饰羽，它摇头晃脑地环视四周的样子着实有些可爱，让人讨厌不起来。但是它在和外敌战斗的时候会灵活地利用巨大的石头，攻守结合，轻视它恐怕也是要有苦头吃的。

在地里挖掘东西的样子像是在抓挠一样，因此被命名为“搔鸟”。

生 态

尤其擅长抓东西的三趾前脚

搔鸟的前脚有三根脚趾，中间的脚趾要更长一些，更容易抓住球状物。趾尖部分膨大，大面积的趾腹上布满了小突起。这使得摩擦力大大增加，起到防滑的效果，即便是光滑的蛋也不容易脱手，也能帮助搔鸟搬起重量更大的岩石。锋利的钩爪除了用于攻击外敌，在翻巢找蛋和挖掘地面的时候也起了很大的作用。

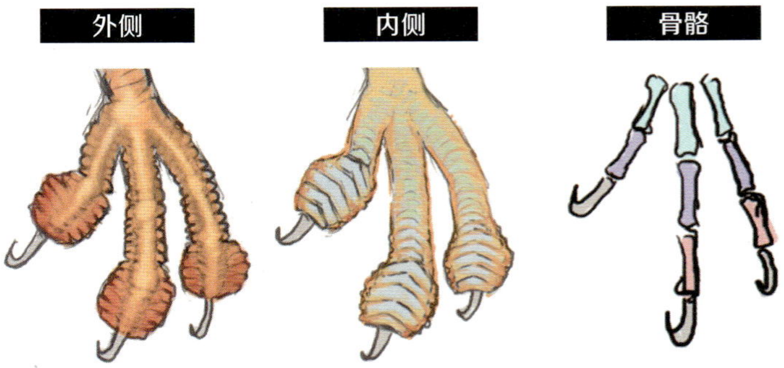

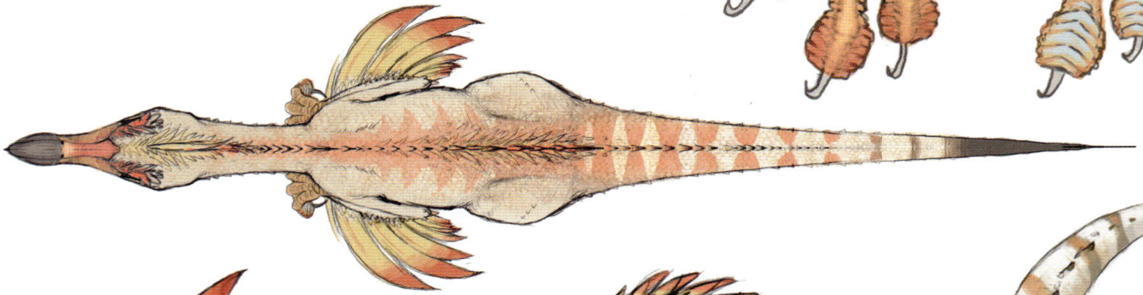

搔鸟全身的鳞片呈土黄色，这是与其主要栖息地，荒地和岩场相匹配的保护色。

生 态

依靠察觉力优秀的喙来寻找地里的东西

搔鸟的喙上集合了许多感知器官，可以通过接触到的东西微妙的变化而探知到埋在地里的岩石或蛋。所以搔鸟的喙很敏感，如果受到意料外的强烈冲击，可能会反射性地将前爪抓着的东西扔掉。另外，幼年搔鸟的喙还在发育中，硬度不足以直接敲碎蛋壳，会将蛋固定在地上用石头敲碎。这样被敲碎的蛋，蛋白会流走只剩蛋黄留在壳中，也有人推测成年搔鸟只食用蛋黄的起因在这里。

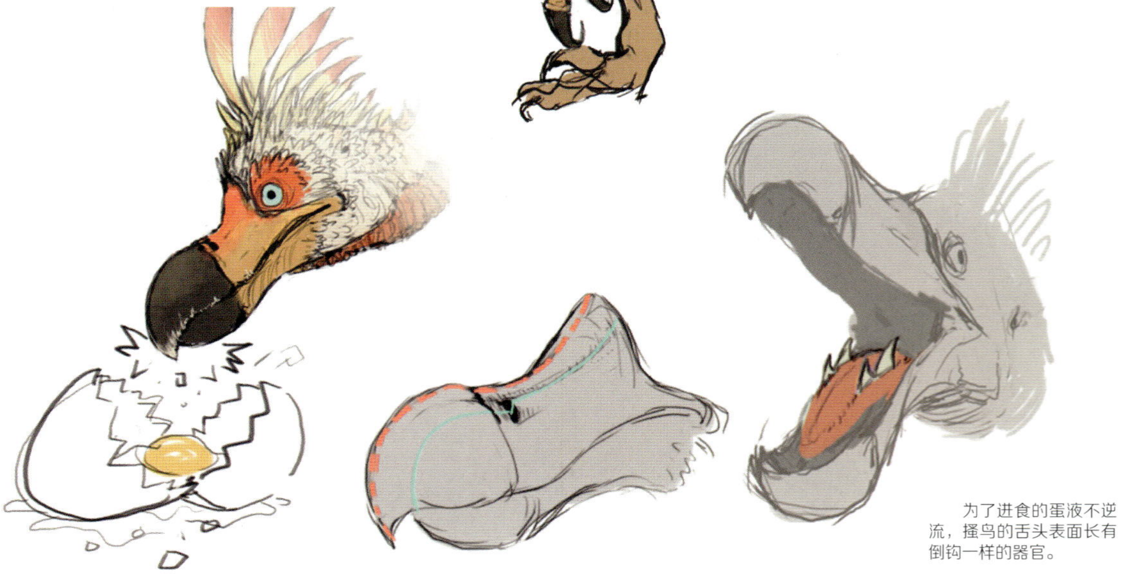

为了进食的蛋液不逆流，搔鸟的舌头表面长有倒钩一样的器官。

主视图

脚印

生态

鲜艳饰羽的作用

虽然搔鸟全身覆盖着保护色的鳞片，但头部和前肢却长着华丽鲜艳的饰羽。而这又大又漂亮的饰羽主要是为了吸引雌性求偶用的，象征了雄性的魅力。另外它们还会通过掉落的羽毛来标记领地范围。但也有人主张说搔鸟前肢的饰羽是进化过程中消失的翅膀所留下的痕迹。

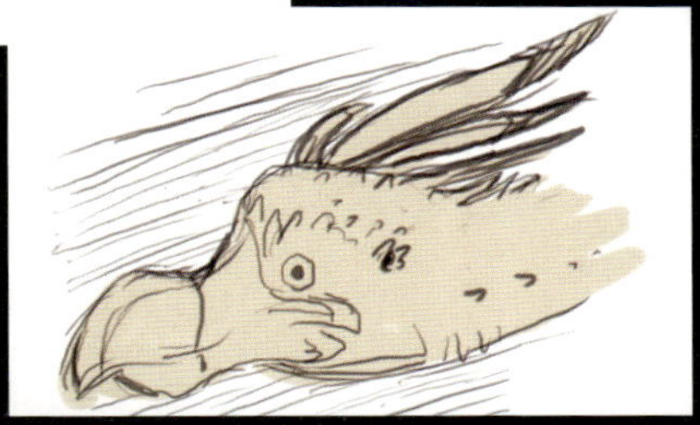

生态

以饿肚子为代价繁育后代

繁殖期的雌性一次受孕可以产两个蛋。为了蛋不被天敌和其他搔鸟破坏，这两个蛋由雌雄双方各抱着一个负责孵化。另外，为了防止双亲将蛋误食，搔鸟后代的蛋呈现一种极为特殊的颜色。因为抱着蛋就无法再抱其他东西，所以直到蛋成功孵化，搔鸟会一直处于绝食状态。但是也有极少数的搔鸟忍受不了饥饿吃掉自己的后代。

考察

古龙迁徙导致的行动领域变化

搔鸟主要栖息在大蚁冢荒地，以草食龙和雌火龙的蛋为食。但是有的时候它们也会出现在古代树森林，领地变动的理由有很多，因为搔鸟的目击报告往往和大凶豺龙的繁殖期相重合，所以最有说服力的一种理由就是它们是为了偷大凶豺龙的蛋才来森林的。但是随着近些年调查的进一步深入，出现了一个新观点，由于熔山龙的迁徙带来了巨大的能量，而搔鸟是在本能地追寻这股能量才改变行动范围来到了这里。

（摘自某生物学者的记录）

开发密谈

PRODUCTION NOTE

搔鸟的生态习性与其肉质相关，它也是有着可爱一面的怪物

搔鸟是和毒妖鸟同期登场的怪物，富有动作特征的怪物我们已经有很多了，我们希望这可以是一只生活习惯也很有特点的怪物。大蚁冢荒地的三个区域分别为雌火龙、土砂龙和泥鱼龙的领地，这个基本设定和背甲龙的出现地点都已经决定好了，所以我们决定在其中加上一个在原野上抱着蛋捣乱，将各个区域连接起来的怪物。通过搔鸟特征性的抱蛋动作，玩家可以了解到游戏中肉质变化和弹刀的系统。* 另外，作为玩家的环境利用指南，用投射器命中它就可以让它丢掉石头，不把石头打掉则它会处于绝对防御状态，可以让玩家熟悉投射器活用的机制。但是话说这家伙握力有将近三百公斤，它要是脑子好使的话，直接把猎人捏爆就可以赢得战斗了吧。(笑) （德田）

搔鸟拿起石头就会变得很硬气，甚至敢和平时不交锋的对手正面刚，但是把石头弄丢了就会立刻想要逃跑，是种感情丰富的怪物。所以我们在设计的时候特意将它的表情做得很丰富，展现出它可爱的一面。因为它以蛋为食，鸟喙的形状会比较适合这个习性，所以最终将它做成了这种类似鸟的外形。 （藤冈）

* 肉质与弹刀都是《怪物猎人》游戏系列的专用词。
肉质：怪物身体各部位的软硬度——对伤害吸收的程度。
弹刀：近战武器斩味（锋利度）与攻击动作所决定的“攻击力”低于怪物某一部位的肉质，会出现的武器被弹开，无法完成攻击动作的现象。

鸟龙种
毒妖鸟

怪物数据

- 全长：约1102.45cm
- 全高：约338.27cm
- 脚长：约146cm
- 主要栖息地：古代树森林
  大蚁冢荒地

接待员

“毒妖鸟喜食植物，到植物茂盛的森林深处探索说不定就能遇到它呢。”

基本介绍

栖息在古代树森林的鸟龙种，主要以飞散核桃等植物为食，植物繁茂的古代树森林无疑是最适合毒妖鸟的居住环境。但是毒妖鸟在吃植物之余，还会帮助植物授粉播种，与自然环境形成了一种共生的关系，这在大型怪物中是很罕见的。毒妖鸟的领地意识很强，它体内含有毒素，不仅会用毒性黏液标记领地，还会吐出毒物来击退侵入领地范围的外敌。它虽然会对比自己弱小的敌人很强势，但见到强敌却会立刻示弱，畏畏缩缩。

生 态

■安于自己在食物链中的位置，不与命运做抗争

毒妖鸟的警戒心和领地意识都很强。它们在植物和树木茂密、食物充足的地方筑巢，几乎一整天都在自己的领地周边巡逻。通过敏锐的洞察力可以立即发现入侵者，但是它们会根据入侵者的强弱做出不同的反应。当遇到看起来比自己弱的对手时，它们会毫不留情地发动攻击，喷吐毒雾将入侵者击退。但是如果遇到雄火龙这种比自己强大的怪物，它们脸上则会露出害怕的表情，只采取咆哮的方式来威吓对手，而不发动攻击。如果遇到更强的敌人，它们会毫不犹豫地逃离自己的领地。把握好对手和自己的实力，为了生存不做无谓的抗争，这是一种胆小但是变通的处世之道。

对待比自己弱小的怪物态度会很强硬，但是见到蛮颚龙它便会缩起身子逃离自己的领地。

PUKEI-PUKEI

生态

根据心情变色的羽毛

毒妖鸟生活在植物繁茂的地区，羽毛呈绿色的保护色。但如果它自身的状况发生改变，羽毛的颜色也会相应地改变。它的羽毛上覆盖着结晶状的细碎粒子，通过改变羽毛的角度和形状可以改变光线的反射角度，从而让颜色看起来发生变化。

比如它在受到攻击时羽毛会立起来，颜色会变为象征攻击性的红色来威吓对手。相反地，当遇到比自己强大的对手时，羽毛便会缩起来贴在皮肤上，使自己的体形显得尽可能小，颜色也会变为有些发黄的绿色。这样将颜色变得黯淡可以更好地融入环境，更容易从危险的地方逃离。

愤怒时

通常时

为适应植物茂盛的领地范围，毒妖鸟的羽毛呈绿色。储存着毒性气体的尾巴色彩鲜艳，可以说是它的警戒色。

胆怯时

虽然视力好的怪物有不少，但是毒妖鸟是少有的可以双眼同时看到对象的怪物。它可以在远处识别出大凶豺龙和蛮颚龙，并做出相应的反应。

生态

凭借色彩识别能力超强的双眼，在暗处也可以感知敌人

毒妖鸟的超强感知力来源于它特征性的大圆眼睛。据研究表明，毒妖鸟眼睛上的色彩感知细胞要明显地多于其他生物，所以它的色彩识别能力极为出色，可以识别红、青、绿、紫、黄等多种颜色。而且它的视力也很好，纵长的瞳孔可以根据亮度控制光线的射入量，在暗处也可以准确地辨别颜色。这卓越的色彩识别能力可以让它快速发现会构成威胁的怪物，迅速做出反应，逃离危险地带。

生 态

适合树上生活的脚趾形状

从足迹可以推断出毒妖鸟的脚骨骼结构，它可以用四根脚趾牢牢地抓握住脚下的东西。有意思的是，这种脚可以很方便地抓住树枝一类的细长柱状物，和生活于树上的生物骨骼结构很像，但是现在的毒妖鸟却是主要栖息在地面附近的。从脚的结构来看，很可能以前的毒妖鸟是生活在古代树森林的高层树木区域的。

考 察

与古代树森林的密切关系

毒妖鸟和古代树森林有着非常密切的关系。生长在森林的植物种子大多都被一层又厚又硬的壳所包裹，发芽率非常低。但是毒妖鸟在吃种子的时候会把壳咬开，一部分的种子掉到地上，促成了新芽的长成。另外，毒妖鸟会把植物储存在嘴里，有些未消化的种子也会随着它的粪便排泄出来，它的行动进一步帮助植物扩大分布范围。毒妖鸟的领地附近植物通常会格外茂盛，而这与它自己和自然的互惠共生是分不开的。

据推测，这种关系可能构建于很久以前。从毒妖鸟脚趾的结构来看，它过去是生活在树上的，可能直到有一天雄火龙的到来将它赶到了地面上。这么来看，也侧面证明了雄火龙可能是后迁徙到新大陆的。

（摘自《新大陆生态论》）

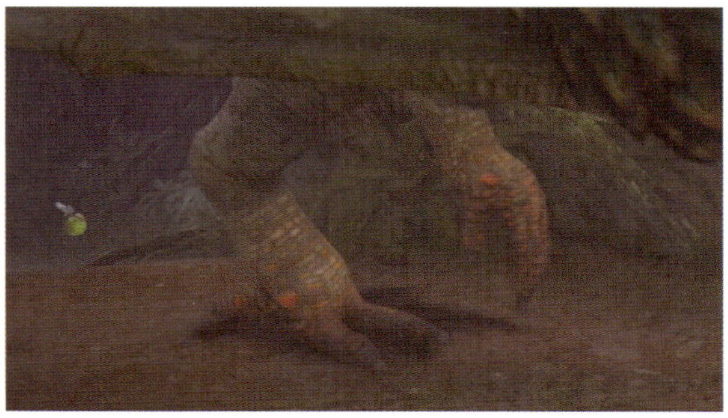

生 态

■颚袋和尾部的储存物与毒液混合形成吐息

毒妖鸟主要食用毒蔓草等植物，而吃下去的食物会被储存在下颚的袋和尾巴中。和外敌战斗的时候，储存的食物就会和体内毒袋生成的毒液相化合，它会从口中喷出这种毒来攻击敌人。毒吐息的性状会根据所化合的植物而改变，与棉花孢子草相化合就会形成毒雾，与飞散核桃相融合的毒液便会在地上爆裂扩散开来。毒妖鸟所喷出的毒液变化多端，一定要小心它颚袋膨大的状态。另外，毒液和植物相化合会产生毒性更强的气体，这个气体会和毒袋内的组织液相融合形成强力的毒气，被毒妖鸟储存在具有伸缩性的尾巴里。当毒妖鸟遭遇比自己强大的敌人时，这些毒气就是它最后的防御手段。植物对毒妖鸟来说既是食物又是攻击防御的手段，所以毒妖鸟大部分的时间都会待在自己植物茂盛的领地中。

尾部储存了毒气时会膨大，若察觉到危险便会从尾巴尖的孔穴释放出这些毒气。

膨大的下颚通常会用来储存植物，极少数情况下毒妖鸟会为了防御而在颚袋中储存石头。因为石头难以和毒液化合，它会直接将石头吐出进行攻击，攻击速度要比毒气快。

生 态

■拥有惊人力量与长度的橡胶质舌头

毒妖鸟的橡胶质长舌有着和尾巴一样卓越的伸缩性。舌头的内部中央生有舌骨，舌骨向前顶便会带动周围的肌肉让舌头伸长。调查表明，毒妖鸟的舌头长度甚至可以超过 4 米，而且橡胶质非常结实，单靠人类的力量无法使其发生形变，而毒妖鸟的舌骨和周围肌肉非常发达，可以让舌头自由伸缩。这又长又有力的舌头是毒妖鸟的一大武器，既可以帮助它捕食，也可以快速攻击远处的敌人。

灵活的舌头可以让毒妖鸟一边低空滑翔一边摘飞散核桃吃，强韧的舌头也会帮助破坏植物的坚壳。

毒妖鸟会用舌头像鞭子一样发动攻击。它的伸缩速度非常快，即便是熟练的猎人也很难摸透其动作。

生 态

■将蛋寄抱在行翼龙处繁殖

毒妖鸟在繁殖期会出现罕见的寄抱行为，它会趁行翼龙离巢的空隙将蛋产在行翼龙的巢里，让行翼龙替其孵化养育幼崽。毒妖鸟的蛋会比行翼龙的蛋先孵化，而幼体一出生便会把其他的蛋推出巢穴，这样行翼龙就会在幼崽孵化以后也继续照顾它们了。在行翼龙处生长到离巢期，它们便会自行学会飞行，并开始自己捕食。

开发密谈

PRODUCTION NOTE

环境利用、投射器、动作，负责《怪物猎人 世界》游戏机制指南的怪物

玩家可以通过毒妖鸟的讨伐了解到相关环境利用的机制。毒妖鸟本身就是一个善于利用环境的怪物，它会使用毒蔓草等与玩家进行周旋，玩家也可以体验到投射器的活用。毒妖鸟的攻击动作比较大，没有过多的小动作，玩家比较容易读懂它的攻击模式。游戏制作初期给毒妖鸟的定位是飞龙种的教学怪，让玩家接触飞龙种的怪物之前可以有一个学习适应的过程。但是由于已经设计了大凶豺龙这个在动作上给玩家上手空间的怪，毒妖鸟的设计里便多加入了些环境因素，成了环境利用方面的指南怪物。（德田）

最终呈现出的毒妖鸟是一个蛮狡猾的怪物，但我觉得这种富有个性的设计还是挺好的。它色彩斑斓的外表很有趣，我们最初的设计理念是想通过它的外形来直接反映状态。毒妖鸟在面对不同的敌人时反应会有所不同，因此我们便设计通过羽毛的变化来表现它愤怒或者胆怯等状态。（藤冈）

扩展画廊：未确认生物图鉴[1]

Extend World Gallery

自从踏足新大陆，调查团陆陆续续地发现了许多种新怪物。其中关于大凶豺龙、搔鸟和毒妖鸟的生态，早期时候有过许多的研究和猜想。这里收集了一部分研究资料，因为是很早以前的记载了，很难判断这些图是想象图还是实物图，在这里分享给大家以供参考。

■牙龙种④

■牙龙种①

■牙龙种②

■牙龙种③

类似大凶豺龙的个体

牙龙种①~③：大凶豺龙的头部周围生长有鬃毛和刺。图中的个体并未长有鬃毛，尾棘的生长方式也异于大凶豺龙。不知是近似种还是大凶豺龙生长过程中的样子。

牙龙种④：能像导虫一样发光的个体，很不可思议。尾部的形状类似头上的角，这样的构造恐怕是为了迷惑敌人吧。

类似搔鸟的个体

鸟龙种①~②：当时听说有抱着蛋到处走的鸟龙种怪物存在的时候，许多调查员都惊讶不已。用前肢抱蛋对鸟龙种怪物来说不是件易事，那它们会不会是用长着羽毛的大尾巴卷着蛋的呢？当时有不少学者是这样推测的。

鸟龙种③~⑦：听说搔鸟不仅能抱蛋，还会抱大石头的消息，学者们进行了许多关于其前脚的构造以及派生种的研究。

类似毒妖鸟的个体

鸟龙种⑧：虽然面部到颈部的颜色看起来像毒性的警戒色，但整个身体形态更贴近于鸟类，与毒妖鸟并不是很相像。

鸟龙种⑨~⑩：这种喙呈锯状的特殊个体，还有和环境生物很像的全身被羽毛覆盖的个体，也有过被目击的记载。

鸟龙种⑪：当时各种复杂情报的汇总页。

CREATURE

鸟龙种③

鸟龙种④

鸟龙种①

鸟龙种⑤

鸟龙种②

鸟龙种⑥

鸟龙种⑦

鸟龙种⑧

鸟龙种⑨

鸟龙种⑩

鸟龙种⑪

兽龙种
土砂龙

怪物数据

- ▶全长：约1383.07cm
- ▶全高：约519.66cm
- ▶脚长：约193cm
- ▶主要栖息地：大蚁冢荒地

怪物图鉴

“不管对手是谁，只要是入侵它领地的怪物，它都会用‘突进龙车’袭击。”

基本介绍

栖息在大蚁冢荒地，以蚂蚁为食的兽龙种。它会在泥沼、干燥地带以及蚁冢附近等地进行大范围巡视，并用附着在身上的泥进行领地标记。它的泥还会被用于与外敌争斗，是有力的攻击手段，它也正是因为这种与泥息息相关的生态习性而被命名为“土砂龙”。土砂龙的领地意识非常强，性格暴躁，如果在巡视时发现了外敌，它会立刻发起猛烈的攻击，即便对手是比它强大的角龙，它也绝不退缩。它腿部肌肉发达，身手敏捷，会利用自己的优势全身心应战。土砂龙全身都覆盖着坚硬的甲壳，头部尤为坚硬。它的“突进龙车”虽说是直线攻击，比较好预测，但战况激烈起来时即便是身经百战的猎人也难免会受伤。

BARROTH

生态

全身裹满泥浆，免于荒地严酷气候的伤害

土砂龙会定期在沼泽地沐浴泥浆，厚厚的泥浆可以帮助它抵御大蚁冢荒地的暑热干燥，免于寄生虫及吸血虫类的困扰。日照特别强烈的时候它会直接潜入泥潭中，仅将头顶的鼻孔露在外边呼吸。

土砂龙每天会进行好几次泥浴，它会在泥浆黏稠的沼泽地里打滚，让全身裹满泥浆。

生 态

通过甩落泥浆来限制外敌的行动

领地意识极强的土砂龙，通常会通过甩泥浆来威吓入侵领地的生物。黏稠的泥浆会限制对手的行动，必要的话土砂龙就会借此机会解决掉对手。但是泥浆同时也是土砂龙保护自己的铠甲，如果身上的泥浆变得太少了，即便处于战斗中它也会跑去沼泽地重新沐浴泥浆。

裹满泥浆的状态

主视图

脚印

土砂龙会潜在沼泽中睡觉，只留鼻孔在水面上呼吸。这样不仅可以免于高温和寄生虫的烦恼，还可以隐藏自己，不被天敌发现。

生 态

为潜行泥浆而生的鼻孔

为了潜行泥浆时可以顺畅地呼吸，土砂龙形状特殊的鼻孔长在头顶上。当它受到外敌攻击处于亢奋的状态时，鼻孔中便会喷出大量的气体。另外，为了潜在泥中时可以吸取更多的外部空气，土砂龙进化出了多个鼻孔，以保证足够的氧气供给。

生态

争夺领地和雌性，雄性之间的激斗

在原大陆，沼泽地区域的范围会随着旱季的到来而变小，这时候雄性土砂龙之间的斗争也会变得愈发激烈。它们会用坚硬的头部相互撞击，甚至有的个体会因为头壳严重破损而丧命。经过这样你死我活的惨烈争斗，最终将对手全部逐出领地，成功占领沼泽地的一只雄性土砂龙才可以与雌性交配。土砂龙多为一夫一妻制，当雄性占有的沼泽地面积非常大时，也会少有地出现一夫多妻制。但是新大陆并没有观测到雄性土砂龙之间争夺领地的现象，不排除这一带土砂龙的习性发生变化的可能性。土砂龙的头部中生有气管，是土砂龙最重要的部位。因此它的头上长有全身最坚硬的甲壳，而且它还会时常保养头壳，这点倒是和原大陆的土砂龙没什么区别。

为了调整头部生长带来的重心变化，以及清除鼻孔残留的污垢，土砂龙会经常用头壳去摩擦地面。

生态

利用泥进行繁殖的特殊方法

土砂龙会借助泥浆进行繁殖。雌性土砂龙会用泥土堆一个高高的土丘，并将蛋产在里面，一次繁殖期会产 10 ~ 20 枚蛋。蛋孵化的期间雌雄各有分工，雄性负责在领地巡逻，警戒外敌，雌性则负责守护蛋。土砂龙的蛋由地热保温，数月后便可成功孵化。幼崽在一定年龄之前以泥中的虫子为食，而且从一出生起样貌就和亲代很像，头壳会随着成长变得越来越大。另外，因为一出生便生活在黏稠的泥地中，它们的腿部肌肉会发育得很健壮。这是原大陆土砂龙的习性，新大陆的同种土砂龙也具备着相似的习性。

考察

领地巡逻和行动的范围

虽然土砂龙领地意识很强，给人一种粗野暴躁的印象，但如果追踪某一只个体一天的行动，可以发现它们过着非常规律的生活。从巢穴所在的 9 区沼泽地穿过 5 ~ 6 区的干燥地带，再到大蚁冢所在的 8 区，一边标记领地一边按照这个路线巡逻着。途中会在 4 区的沼泽地裹上泥浆，之后再回到 9 区的巢穴潜入泥浆小憩……土砂龙每天的日常生活基本就是在重复这些事情。但是它们不是每次巡逻都会去捕食，捕食的频率是 4 ~ 5 周一次，可以观察到它们啃食蚁冢的样子。土砂龙会对投射器的刺激做出强烈反应，将它们引诱到天敌附近是一种有效的狩猎方式。

（摘自调查员笔记）

开发密谈

PRODUCTION NOTE

教程级的老怪物回归，将环境利用作为首要考虑因素

土砂龙是一个教会玩家如何回避“突进龙车”的怪物。考虑到大蚁冢荒地的属性，比起重新设计一个怪物，老朋友土砂龙能让大家更好地适应新地形和新机制，所以便让它登场了。虽然对于新玩家有一定的上手难度，但摸清了它的动作之后立刻会变得乐在其中。这里还增加了让它去重新裹满泥浆这种利用环境的设计。玩家可以利用蚁冢等地形来回避“突进龙车”，和过去系列相比讨伐难度是有所降低的。（德田）

原本只是肉质会发生变化的一只怪物，但将肉质与其身上覆盖的泥构成关系，立刻让这只怪物变得个性又有趣。但是以前即便肉质变差，玩家也只能硬打，现在有了投射器等新机制，玩家可以操控肉质的变化，这恐怕是游戏体验上和以前相比最大的升级了。由于土砂龙会巡逻的习性，我们还在游戏中加入了它与泥鱼龙等其他怪物的领地争夺，利用这些来辅助狩猎也是别有一番乐趣。（藤冈）

鱼龙种
泥鱼龙

怪物数据

- 全长：约1508.71cm
- 全高：约554.6cm
- 脚长：约192cm
- 主要栖息地：大蚁冢荒地

JYURATODUS

虽然泥鱼龙绝大部分的时间都会守在自己的领地，但每天也会有两三次移动到浅滩的沼泽地去沐浴泥浆。

生态

为防止皮肤干燥全身裹满泥

泥鱼龙长期生活在泥沼中，其鳞片对干燥的耐受力很弱。如果环境过于干燥，不仅鳞片会变得十分脆弱，皮肤呼吸的效率也会大大降低。所以它会用黏稠的泥浆涂满自己全身，时常保持湿润。另外它的体质很适合在湿地生存，几乎整天都会在深水沼泽区度过。因此泥鱼龙的领地意识很强，非常讨厌被外敌搅扰安宁，如果有入侵者的话，即便是比自己强的对手也会发动攻击。泥鱼龙栖息地附近的泥浆痕迹正是它宣示地盘主权的印记。

生态

利用泥浆战斗的专家

对泥鱼龙而言，泥浆不仅可以用于保护身体，还是战斗时候的武器。泥鱼龙会将泥浆吸进体内并储存起来，而其体内的水袋会分泌一种特殊的水，与泥浆相结合后便可形成一种黏性超强的泥。这种泥吐到对手身上后会大大降低对手的行动力。另外泥鱼龙很清楚沼泽地是自己的主场，沼泽本来就会限制其他生物的行动，所以它会潜进泥浆中进行突袭，很善于利用地形。

怪物图鉴

> “利用泥浆来捕捉猎物以及保护自己，也会巡视领地和土砂龙发生领地争夺。”

基本介绍

生活在大蚁冢荒地，被称为沼泽地霸主的鱼龙种。它的身上裹着厚厚的泥浆，用于保护皮肤以及抵御外敌的攻击。因其外形很像鱼类，所以很擅长在沼泽地中游泳，但其发达的鳍进化成了两只健壮的脚，拥有着水陆两栖的身体构造，在陆地上也可以自由活动。泥鱼龙巨大的身体在沼泽地中缓缓游动，接着华丽地翻身跃出水面的样子很是壮观。泥鱼龙的领地意识很强，会对入侵其领地的生物进行无差别攻击。一定要小心不要被它吐出来的泥浆粘住脚，否则很可能就要变成它的盘中餐了。

生 态

多对背鳍辅助陆上行走

泥鱼龙在越过有高低差的地形时，或是为了捕食背甲龙而上陆时，会利用其双足步行移动。它的腿是腹部的鳍进化而来的，在游泳的时候可以灵巧地折叠起来。另外，泥鱼龙比普通的鱼类多很多对鳍，这些鳍可以在泥鱼龙上陆行走时帮助它巨大的身躯保持平衡。泥鱼龙在陆上和在水中的行动方式有比较大的区别，在水中鳍则用于调整行进角度，而在陆上则用于平衡辅助。

近些年发现的古代鱼龙种化石表明，古代鱼龙种就是生有多对鳍的。所以有理由推测泥鱼龙从很久以前就一直保持着这种样子。

泥鱼龙有四片背鳍，巨大的胸鳍，以及已经进化成脚了的腹鳍，鳍的数量要多于一般鱼类。另外，虽然平时被泥浆覆盖不是很明显，但它全身被鳞片覆盖的皮肤都是有呼吸功能的，同时它也可以采用肺部呼吸。

泥鱼龙上陆后动作会变得很迟缓，所以它仅在需要捕食陆上生物等不得已的情况下才会上陆。

主视图

脚印

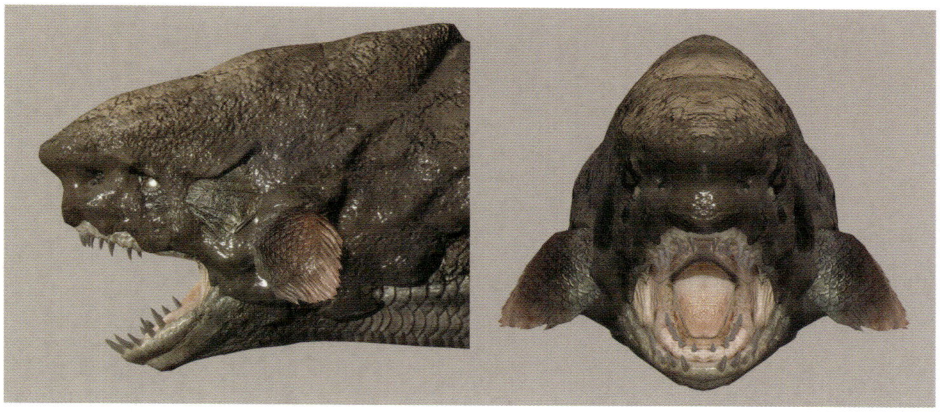

生态

■齿板状的牙可直接剜下猎物的肉

泥鱼龙大约每天进行一次捕食，会将前来喝水的草食龙等生物视为猎物。它口腔内无数的锐牙呈齿板状排列，可以直接将猎物的肉剜下来食用。它下颚的咬合力超强，观察它留下的捕食痕迹不难发现，被攻击的部位甚至被咬得露出了白骨。从它的捕食习性可以看出泥鱼龙喜食内脏，这可能是与其幼时的食性相关。

生态

■与土砂龙争夺沼泽地主宰权

泥鱼龙在沼泽地中游动时会将泥翻起来，形成一条泥路，而这也是它宣示领地主权的一种方式。但是同样栖息在沼泽地的土砂龙在移动时会破坏掉泥路，泥鱼龙便会将其视为入侵领地的外敌而发动袭击。

土砂龙和泥鱼龙的栖息范围有一部分重合，所以有时候可以看到它们相互争夺领地。它们的身体机能和力量都相差无几，这两者可以说是对手一般的存在了。

生态

■众多卵中能活到成年的寥寥无几

泥鱼龙会在雨季中雨量最大的时期产卵。这时候处于繁殖期的泥鱼龙会成群地聚集在沼泽地，雌性大量排卵的瞬间雄性也排出精子，从而形成受精卵。泥鱼龙的交尾是在荒地各处的沼泽同时进行的，所以产卵时的场景就好像地面在剧烈翻滚一样。大量的受精卵孵化成幼鱼，但大部分都会被天敌的捕食和同类的互食所淘汰，只有寥寥无几的个体可以顺利长大成年。另外，泥鱼龙的繁殖行为只会在长时间的雨季时进行，一般很少能看到，近些年也没有观测到过。

开发密谈

PRODUCTION NOTE

和泥浆息息相关，能体现新大陆生态复杂性的鱼龙种

作为湿地地区的霸主，我们想设计一种和这里的环境很搭配，没有违和感的怪物，所以最终做出了这类似肺鱼的鱼龙种。和泥鱼龙同级别的怪物有许多种，而它是其中最适应在泥水地形生存的，这也体现出了新大陆生态系统的多样性。另外，值得一提的是，泥沼泽地形会限制玩家的移动，但是泥鱼龙行进会留下泥路，被翻起来的泥踩上去反而不会行动受限。这里的环境地形不仅是一种限制，也是可以为玩家提供正面加成的。泥鱼龙的行进会将泥堆起来，也是想和土砂龙会将泥堆破坏掉这种行为形成一个对比。（德田）

游戏中一些拖玩家后腿的负面因素，往往不管我们怎样设计解决方案都很难让玩家理解到我们的初衷。这次我们则通过将怪物与地形和生态结合的方式，将其优势和劣势鲜明地展现出来。例如小型怪物的闯入在历代游戏中都是一个对玩家不利的因素，但本作理解它们的习性，利用它们的生态的话反而能将其变为对自己的一个优势加成。在设计上，我们想创造一只有始祖感的怪物，所以最终选择了这种原始朴素的造型。（藤冈）

考察

■泥鱼龙幼体的食性

泥鱼龙从幼体开始便是肉食动物，其进食方式极为独特。它们会从其他生物体表的伤口，或是口鼻等孔穴钻进体内，从内部进行捕食。成年泥鱼龙的鳃部长有倒钩状的棘条，据推测这应该是幼时留下来的结构，这样的器官可以防止幼鱼被暴走的寄生主排出体外。

（节选自生物学者的论文）

TOBI-KADACHI

生态

■栖息于树上，穿梭跳跃于树木之间

很少能看到飞雷龙待在地上的样子，它几乎一天都在树木间跳跃穿梭，巡逻着自己的领地。飞雷龙之所以会花大量的时间进行移动，是因为它们需要依靠身体与树木摩擦产生的静电来使体毛带电。因此它们的身体机能和敏捷性都极佳，几乎可以强过栖息在古代树的其他怪物，非常擅长在树木丛生的森林中自由移动。

猎人难以逾越的悬崖或其他复杂地形，飞雷龙轻巧地一跳便可跨越过去。在狩猎和调查时想跟紧它的步伐可不是件容易事。

怪物图鉴

“飞雷龙依靠移动时和树木及地面的摩擦，来使体毛积蓄静电。”

牙龙种
飞雷龙

怪物数据

- ▶全长：约1300.52cm
- ▶全高：约329.22cm
- ▶脚长：约134cm
- ▶主要栖息地：古代树森林

基本介绍

一瞬间，空中闪过了巨大的黑影，虽然没有下雨但却看到了小型的闪电。朝树木之间望去，只见一双闪着红光的眼睛，正用犀利的目光盯着我，之后便消失在了黑暗中——这就是飞雷龙，生活在古代树森林茂密的树丛之间，擅长在树木间跳跃的牙龙种怪物。它体毛内的棘可以储存静电，平时在森林中悠然地闲步，一旦发生争斗它便会张开前肢后肢之间的滑空膜辅助其战斗。它在树木间跳跃穿梭的速度非常快，行动轨迹难以预测，同时它还会用带电的强壮尾巴进行攻击，凭借这些优势甚至能和比它强大的怪物打得有来有回。关于其习性，除了敏捷的动作和看护猎物防止被其他生物抢夺的戒备心，其他的情报甚少，尚在调查中。

锐利的钩爪和抓握力很强的脚掌，可以让飞雷龙垂直贴于树木上。

生 态

■适应树上生活的足和钩爪

飞雷龙的前脚生有三根脚趾，抓握能力很强。掌心还生有肉球防滑垫，即便是在容易打滑的树上，它也可以尽情地自由移动。飞雷龙长有尖锐的钩爪，可以牢牢地抓住树干，为了时常保持锋利，它们需要定期磨爪子。飞雷龙磨爪子留下的痕迹往往位于树木比较高的位置，这是飞雷龙在宣示自己的领地和强大能力，而故意将痕迹留在了高处。

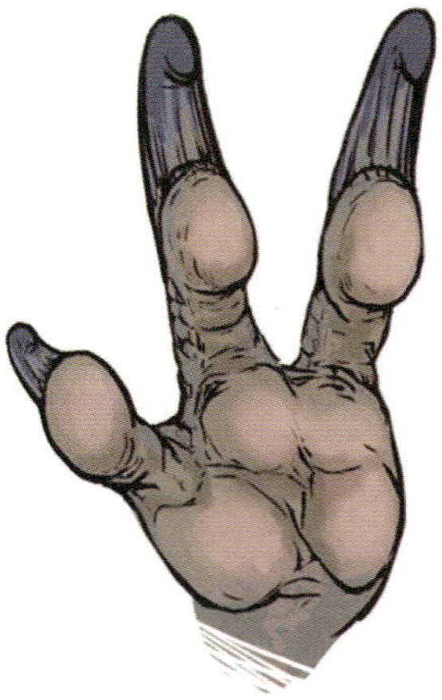

生 态

■用满口锐牙来捕捉猎物

飞雷龙的下颚上有两个突起，这看起来像牙的结构其实是下颚的一部分鳞片硬质化所形成的。鳞片形成了倒钩一样的结构，以防止咬住的猎物逃走。其口中的小尖牙排列成了数列，这种构造也可以有效地防止到嘴的猎物跑掉。另外，飞雷龙嘴角的膜弹性很好，它的嘴可以张得很大，即便是体形稍大的猎物也可以完美地控制住。

飞雷龙的牙齿很小，但上下颚的鳞片硬质化形成了突起，在咬合的时候可以像獠牙一样控制住猎物。

考察

飞雷龙生态的各种假说

通过狩猎和捕获所获得的调查资料，我们对飞雷龙的战斗方式和习性有了一些了解，但其生态还有许多的未解之谜，因此存在着各种各样的假说。首先，飞雷龙在与外敌交战时主要通过啃咬和带电的尾巴进行攻击，很少会使用爪子攻击。学者们认为它这样做是因为如果爪子受伤，就很难在树上生活了。另外，由于飞雷龙不群居，通常都是单独行动，其繁殖方式现在还不明确。从其通过摩擦来使身体积蓄静电的习性来看，它的尾巴大小应该是和个体强度呈正比的，在求偶过程中也应该是尾巴越大就越有魅力。但是目前还没有过飞雷龙交尾行为和幼崽的目击记录。

（摘自《新大陆调查报告书》）

生态

利用滑空膜悄无声息地扑向猎物

擅长爬树的飞雷龙前后肢中间生有滑空膜，在移动和狩猎时可以将这层膜伸展开，进行快速滑行。它可以敏捷地进入猎物的视觉死角区，从树上悄无声息地张开滑空膜急冲向猎物，再用锐牙死死地咬住猎物。因为很擅长在树木之间穿梭，所以飞雷龙在交战时会喜欢绕到敌人背后进行偷袭，充分利用自己的优势。

滑空膜平时是折叠起来的。其手腕向内侧弯曲，连接着针状软骨，将其向外推出即可将滑空膜展开。

生态

■全身带静电所引起的变化

飞雷龙会花费大量的时间用身体和尾巴与树木摩擦，在体毛中积蓄静电。当与外敌发生争斗处于兴奋状态的时候，它全身的体毛便会在静电的作用下立起来。飞雷龙在带电状态时，啃咬和甩尾攻击都会附带电击效果，杀伤力大幅增加。另外，也有人提出静电可以作为肌肉的兴奋剂，使得飞雷龙的运动机能得到短期的提升。飞雷龙在狩猎时会利用滑空来接近猎物，通过放电来让猎物麻痹，从而控制住猎物。但是关于它食性的情报现在几乎没有，原因之一是飞雷龙很少捕猎。它们利用能量效率很高，且代谢很慢，所以甚至可以很多天都不吃东西。

虽然飞雷龙大部分的时间都在移动，但偶尔也会停下脚步，在原地将身体和尾巴与树木摩擦。这样做除了可以积蓄静电，还可以一定程度地将自己的体毛留在树上，进行领地标记。

通常时

带电时

放电时

愤怒放电时飞雷龙的体毛会立起来。体毛下的鳞片和皮肤是绝缘的，以防止过剩的电对自体造成伤害。

生 态

负责放电的电极针

生长在体毛内的电极针是飞雷龙积蓄电能用的重要器官。电极针平常会隐藏在体毛内，会积存摩擦时产生的静电，当静电积累到一定量的时候，体毛和电极针便会立起来。电极针是成对生长的，每两根电极针之间会产生高压电流，此时飞雷龙全身会被闪电一般的青白色电光所包围。另外在啃咬和甩尾攻击时，飞雷龙会用带电的电极针刺向对手，使其触电，从而限制对手的行动。由于被外来的电流刺激扰乱了正常的神经电信号，触电的对手会很容易失去知觉陷入昏迷。

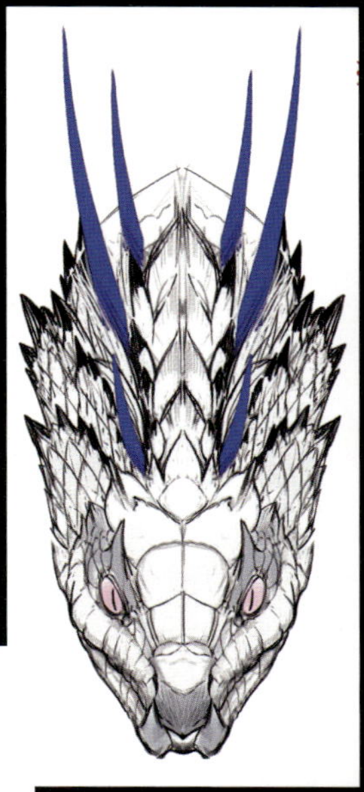

在战斗中飞雷龙除了与树木摩擦，还会抖动全身的体毛，让体毛之间摩擦产生静电。

放电时电极针的示意图。飞雷龙会敏捷地接近对手，用电极针使对手触电，让对手插翅难逃。

生 态

能够产生更多电能的巨大尾巴

飞雷龙的尾巴甚至比躯干还要大。飞雷龙的尾巴越长，表面积越大，摩擦产生的静电也就越多，更容易蓄电进入带电状态。所以说飞雷龙的尾巴越大，个体往往就越强。从背部延伸到尾巴的鳞片由鸟类羽毛一般致密的纤维构成，尾尖附近的鳞片变得很柔软。具有灵活性的鳞片让飞雷龙可以进行更灵巧的移动，且这种鳞片构造能够提升摩擦的效率，提高电能储存效率。

开发密谈

PRODUCTION NOTE

融合了蛮颚龙攻略法的第一只速度型怪物

飞雷龙是一只在玩家已经适应了游戏之后，使讨伐变得更有乐趣的速度型怪物。这里玩家需要思考如何来应对它狡猾的偷袭和连招。另外，因为蛮颚龙雷属性抗性低，考虑到玩家在讨伐蛮颚龙之前需要雷属性的武器，便将飞雷龙设定为了雷属性的怪物。另外，我还和藤冈他们说，想让这只怪物生态上所活用的地形和其他怪物完全不同，想把它做成栖息在树木繁茂的区域，会趴在树上与敌人进行对峙的怪物。（德田）

最初设计的形象和电鲶类似，完全没有让它在树木间跳跃穿梭的想法。之后我们将它推翻重新思考，如果是一个像蛇一样，会嗖嗖爬树的怪物会怎样呢？结果最终飞雷龙有着一张类似蛇的脸，但却生有四只脚，且可以依靠滑空膜在树木之间跳跃移动。通过自己的行动在体毛中储存静电，再用电击进行狩猎。但是游戏中玩家并不能看见飞雷龙的捕食行动，恐怕它会把猎物运到人类去不到的高处食用吧。（藤冈）

兽龙种
蛮颚龙

怪物数据

- 全长：约1646.46cm
- 全高：约625.75cm
- 脚长：约182cm
- 主要栖息地：古代树森林
  大蚁冢荒地

基本介绍

栖息在古代树森林的兽龙种，从其全身紧绷着的肌肉和生长着巨大骨刺的强壮下颚可以看出，这是一种十分好战且凶猛的怪物。为了捕食草食龙，它甚至会从古代树森林跑到大蚁冢荒地，可见它的贪欲有多强。这种贪欲也影响到其争斗的本能，无论是入侵领地的生物还是对它产生威胁的生物，一旦被它视为敌人便会遭到穷追不舍的猛烈攻击。蛮颚龙身上一部分长着毛茸茸的羽毛，它有时候也会悠闲地晒日光浴，看着有点可爱。但是如果把它惹怒了，就会遭到难以想象的火焰攻击。

怪物图鉴

“那便是叫作蛮颚龙的怪物，是森林中的‘暴徒’。”

ANJANATH

生态

少有的生有羽毛的兽龙种

新大陆栖息的兽龙种中，从背部到尾部生有羽毛的只有蛮颚龙一种，属于极为罕见的特征。只有手足生有厚厚的甲壳，其余身上大部分的地方都被柔软的外皮所包裹。或许是因为皮下血管的缘故，蛮颚龙全身的皮肤呈现一种鲜艳的粉红色，也正是因此它的体温比较容易受外界影响。想要发挥优秀的运动能力需要维持较高的体温，它身上的羽毛可以起到保温的作用。据推测，蛮颚龙幼年时期的体温更容易受外界因素影响，所以全身都覆盖着羽毛，成年后则为了更好地散热，身体下部的羽毛会自动脱落。但是现在并没有过蛮颚龙幼体的目击情报。

在森林中悠闲地晒着日光浴的蛮颚龙。据研究表明，蛮颚龙进行日光浴的频率大约为每天三次。

生 态

通过背后的膜来调节体温

蛮颚龙腰骨上部生长的弯曲软骨支撑着一层背膜，这层膜平时处于折叠状态很难被发现。就像羽毛这一特征一样，背膜这种构造也是在兽龙种中很少见的。背膜上聚集了大量毛细血管，体温偏低时则张开背膜，通过日光浴来让体温升高，剧烈运动导致体温升高时，它则起到散热的作用。

骨骼图

生 态

超强的领地意识与捕食的习性

蛮颚龙不群居，而是单独行动。比起同样栖息在古代树森林的大凶豺龙和飞雷龙，蛮颚龙多了强韧的下颚这一强力武器，能让它在领地争夺中获得压倒性的胜利。但是面对天空王者雄火龙，它还是略处于下风的。关于其捕食习性，蛮颚龙非常喜欢食用草食龙。草食龙由于其饮食结构，自身的肉腥味较少，所以蛮颚龙在捕食的时候很少使用火焰，而更倾向于食用原汁原味的软嫩生肉。

考察

领地巡逻和行动的范围

蛮颚龙在古代树森林的领地范围非常广。有些交错蜿蜒的树根构成的障碍物它可以用蛮力推开，健壮的腿部肌肉和钩爪状的前爪可以让它轻松攀爬陡峭的岩石。观察其一天的行动可以发现，它会进行 30 多次领地标记，会在各种地方留下自己的黏液进行主权宣示。而捕食和饮水每日五次左右，其常活动的 1 区、4 区、8 区附近狩猎难度较低，比较容易获取食物。捕食之后蛮颚龙便会回巢睡觉，睡醒了再去饮水，饮水之后会再去晒个日光浴，这就是蛮颚龙的一天了。顺便一提，如果让蛮颚龙吃生肉的话，那它通常吃完会去饮水，另外在它饿的时候会主动去追草食龙。活用这些特性的话，可以将它从地形复杂、不利于狩猎的区域中引诱出来。（摘自调查员笔记）

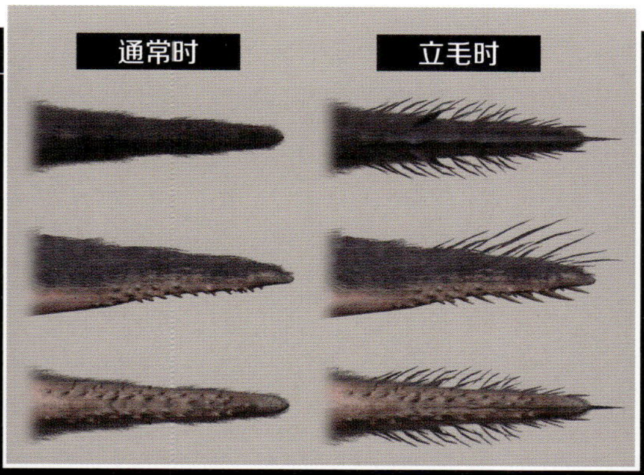

与尾巴上侧放射状立起的羽毛不同，尾巴下侧羽毛在立起时会有尖刺突出来。立毛时不是所有尾巴上的羽毛都会立起来，而是会立起一少部分羽毛。

主视图

脚印

蛮颚龙通过肌肉来牵动背部软骨，从而控制背膜的开闭。由于体表没有汗腺，所以蛮颚龙在进行长时间行动之后需要打开背膜来散热。另外，它在锁定猎物以及愤怒的时候也会张开背膜，用于对敌人的威吓，也有可能会用于同物种的交流。

生 态

辅助攻击——甩尾

有力的下颚是蛮颚龙最大的武器。对待脚下和背后的敌人，它则会用双腿和尾巴进行牵制和攻击，同时找机会转身，给予敌人强力的正面攻击。为了更好地牵制敌人，它在甩尾攻击时尾巴上的羽毛会立起来，从而产生小型的风压。没有羽毛的尾巴下侧则会突起许多尖刺，提高杀伤力。除了甩尾攻击，它在发现猎物和发怒的时候尾巴也会发生立毛。日常它可能还会利用风压来驱赶蚊蝇吧，不过只是推测，没有相关的目击记录。

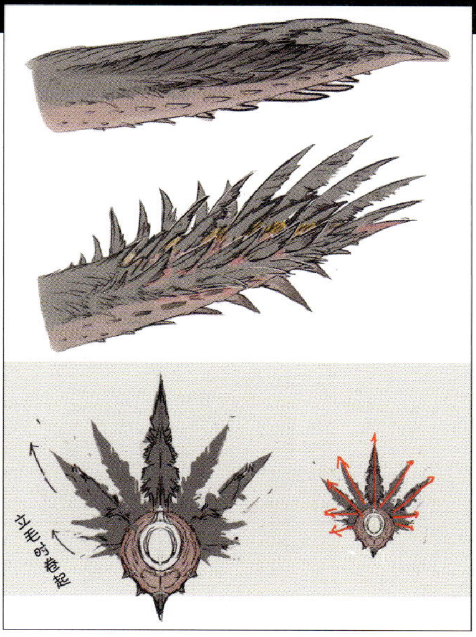

生 态

■露出的鼻腔和喷出的黏液是嗅觉发达的表现

经常可以看到蛮颚龙抽动着鼻子，像在找东西一样环视四周的样子。那是蛮颚龙在根据猎物的气味或者是残留的气味来定位猎物。在兽龙种中嗅觉格外发达的蛮颚龙，可以通过空气中的气味准确地判断猎物的方向、位置，甚至是距离。其嗅觉发达的其中一个原因便是因为它可以将鼻腔外露的特殊构造。被称作鼻盖的外皮可以向上打开，内侧的鼻腔伸到体外，从而获得比平时更敏锐的嗅觉。一旦与蛮颚龙交战，即便是与它拉开距离或是找遮蔽物躲起来也不能甩掉它，这是与其敏锐的嗅觉分不开的。另外蛮颚龙也会用鼻腔喷出的可燃性黏液来标记领地或是攻击，而产生黏液的器官正与鼻腔相连。

蛮颚龙在嗅闻气味或是喷射黏液的时候会将鼻腔露出体外。发怒了之后鼻腔也会一直露在外边，和背后的被膜一样肉质柔软，成了它的弱点部位。

鼻部周围的组织具有伸缩性。鼻盖向上卷开，伸出体外的鼻腔可以横向翻开。

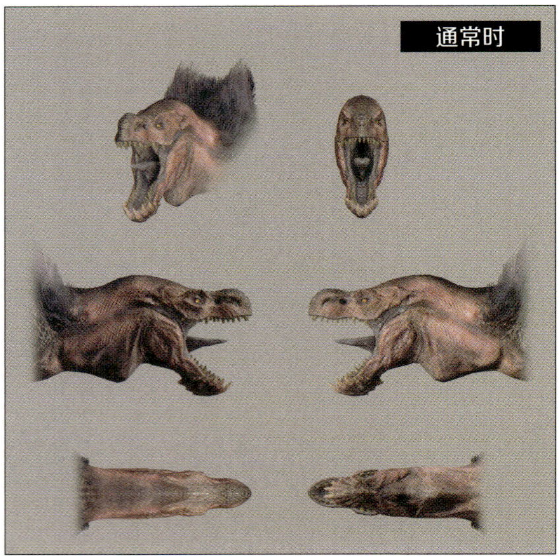

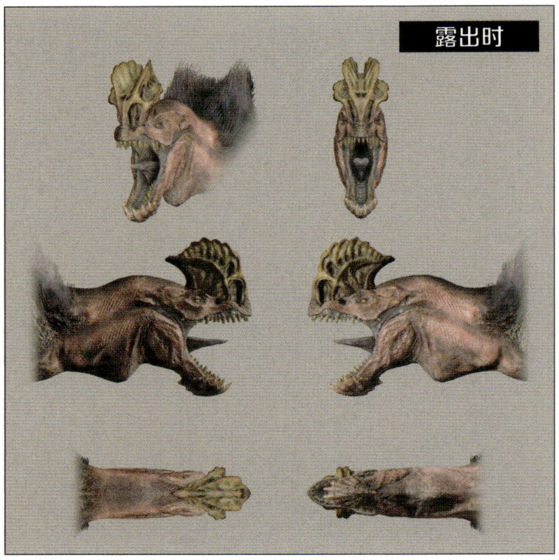

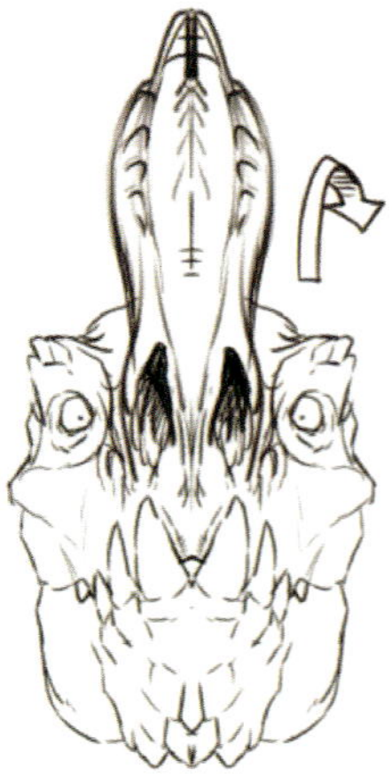

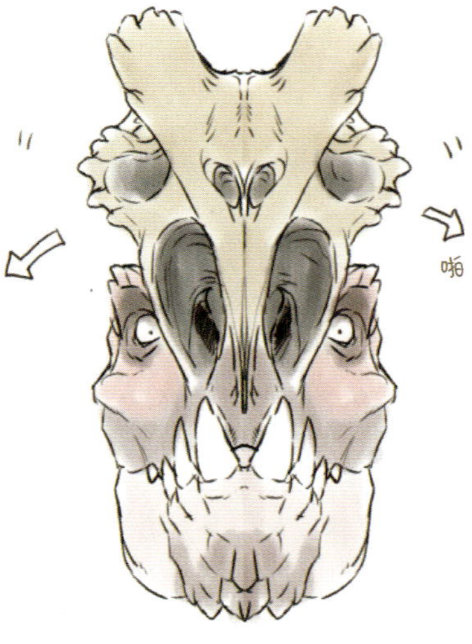

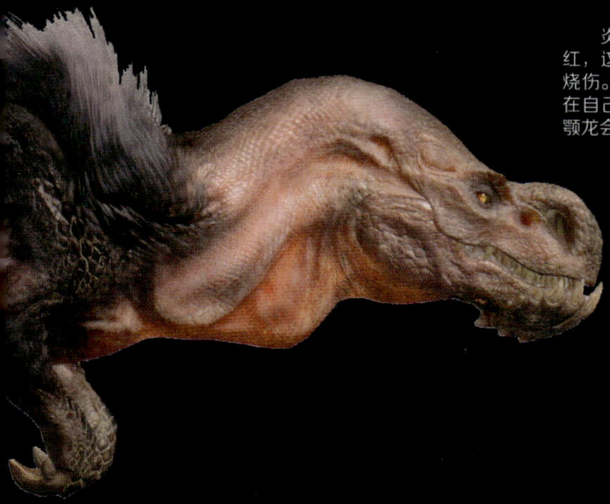

炎热积蓄状态的喉咙，会因为高热而发红，这时如果咬住敌人的话甚至可以把敌人烧伤。但是这种状态也是把双刃剑，火焰有在自己口中爆炸的风险，受到冲击之后的蛮颚龙会硬直倒地，痛苦地打滚。

不是说愤怒状态等于炎热积蓄状态，而是炎热积蓄状态的危险程度要大于愤怒状态。蛮颚龙从不在捕食的时候使用火焰攻击，这恐怕是为了与包括同类在内的敌人战斗使用的能力。

生 态

■在喉咙储存助燃剂的炎热积蓄状态

在鼻腔外露、背膜展开的愤怒状态下，偶尔可以看到蛮颚龙口中好似含着火一般，喉咙也会发红，这就是炎热积蓄状态。蛮颚龙可以在喉咙的特殊器官储存助燃剂，当助燃剂和鼻腔喷出的黏液在空气中相遇时，会在氧气的作用下发生爆燃。蛮颚龙特有的火焰吐息就是这么形成的。

蛮颚龙的吐息分为直线形远距离吐息和头部周围小范围横扫的吐息，它会根据情况灵活切换使用。蛮颚龙的吐息攻击会耗掉自身大量的能量，攻击过后会露出疲劳的样子。

虽然蛮颚龙可以维持炎热积蓄状态，但也是有限度的。当它忍不住时便会将火焰吐息喷出。

生 态

■擅长追捕的狩猎专家

从炎热积蓄状态吐息的喷出方式，可以看出蛮颚龙精通战斗技巧。它会维持着炎热积蓄状态待命，先用下颚和身躯的攻击将猎物逼入绝境，当猎物山穷水尽露出破绽时，它便会用强力的火焰吐息加以追击。与愤怒之后忘我的狂暴化攻击不同，蛮颚龙是讲究策略的，可以看得出它狡猾的一面。

开发密谈

PRODUCTION NOTE

目标是做成将之打倒后便会进入游戏中盘的挑战型怪物

蛮颚龙是游戏初期第一个有难度的挑战型怪物，所以在设计上普适性比较强，用所有的武器都可以打。但是在打它的时候恐怕不会那么轻松，它会迫使玩家去使用防御、回避，以及回复道具，教给玩家一些战斗技巧。所以我们去创造了一只构造简单朴素的兽龙种怪物。另外，由于本作是开放式地图，所以我们给怪物加上了嗅觉敏锐的设定，即便躲起来它也还是可以顺着气味跟过来。初期阶段的怪物大凶豺龙是四足骨骼，蛮颚龙是二足骨骼，而雄火龙是翅膀骨骼，这三种骨骼形态也对应了古代树森林的立体地形。（德田）

这次的原野遮蔽物较多，仅凭视觉追寻猎物的话很容易跟丢，所以我们给蛮颚龙加上了可以依循气味找寻猎物的设定。外形设计上通俗地说就是个长毛的恐龙，但在表现羽毛的质感上我们也下了不少的功夫。最终呈现的就是这个样子，其头部看起来有点像秃鹰的样子。（藤冈）

飞龙种

雌火龙

怪物数据

- ▶全长：约1754.37cm
- ▶全高：约577.22cm
- ▶脚长：约260cm
- ▶主要栖息地：古代树森林
  大蚁冢荒地

基本介绍

雌火龙拥有着飞龙种中格外强劲的脚力，主要擅长在地面上狩猎，被称为“陆地女王”。在原大陆，其强力的火球吐息和含有剧毒的尾棘令许多生物望而生畏。新大陆的它依然保持着女王的威严，在其栖息的古代树森林和大蚁冢荒地威风凛凛。新大陆的雌火龙为了适应这里的环境，外观特征和原大陆的个体稍有不同。原大陆的火龙夫妇总是会成双成对出现，当雌火龙陷入危险时，雄火龙会赶来支援。这一现象在新大陆一样存在，但关于育儿的习性和原大陆的个体有所差异。

怪物图鉴

“主要在地面狩猎的
‘陆地女王’，
用其强劲的爪子和含有剧毒的
尾来杀死猎物。”

生 态

■夫妇共同育儿

火龙最有特点的习性就是夫妇会共同育儿。在原大陆，雌火龙每次大约会产 10 枚蛋左右。从产卵到孵化，再到幼体可以离巢，这期间由雄火龙负责保证巢附近的安全，雌火龙负责捕猎喂食。但是在新大陆，雄火龙的习性和原大陆稍有差异。栖息在大蚁冢荒地的雌火龙并没有雄火龙协助育儿的迹象，这是因为一只雄火龙会与多只雌火龙交配，只有地位最高的那只雌火龙才可以和雄火龙一起在古代树森林繁衍后代。其他的个体会在大蚁冢荒地单独筑巢，抚养后代。

只要不对龙蛋出手，就很少会遭到雌火龙的主动袭击，这可以说是其身为“女王”的自信。

生 态

■偷蛋贼不可饶恕！

平时雌火龙不太会把小动物和人类放在眼里，但如果是谁敢对蛋动歪心眼儿它便会毫不留情地发动攻击。它会通过气味察觉到异常，偷蛋者跑到哪里它就会追着打到哪里。即便远离巢穴也不会放松警戒，为了驱除想偷龙蛋的小动物，它会放一些凶豺龙之类的小型肉食动物进入领地。

RATHIAN

生态

单独生活在大蚁冢荒地的个体的警戒心

新大陆的雌火龙主要栖息在古代树森林和大蚁冢荒地两片原野。在“正妻争夺战”中败北的雌火龙会单独在大蚁冢荒地筑巢，不能依靠雄火龙来保护巢穴的安全。它们只能自己守护自己的幼崽，和古代树森林的雌火龙比起来警戒心要更强一些。这也影响到同样栖息在大蚁冢荒地的雌火龙之间的关系，由于各自的警戒心都很强，有时会发生同类之间的争斗。

在大蚁冢荒地的雌火龙巢附近，有着一些腐朽的植物长年累月沉积成的可燃性油泥。雌火龙可以用吐息点燃它们，吓退一些不耐火的小型怪物。

主视图

脚印

考察

新大陆与原大陆个体的外貌差异

雌雄火龙的祖先在早年间从原大陆渡海来到了新大陆，并于新大陆扎根。新大陆的雌火龙和原大陆的相比，其背部、肩部、翼部骨骼中央附近，以及尾尖等部位的棘都要更多一些。翼的骨骼形状也有所变化，翼展更大。这一变化可能是多年进化来的，在强力怪物众多的新大陆，更大的翼可以提升飞行能力，对于生存竞争更加有利。另外，也有可能迁徙来新大陆的火龙先祖本身就是飞行能力较高的个体群。

（摘自《怪物进化论》）

和原大陆的雌火龙一样，发达的腿部肌肉和强劲的脚力是它最强力的武器。其脚趾短粗，利爪坚硬，每日会多次在岩石上留下爪痕，进行领地标记。

开发密谈

PRODUCTION NOTE

让玩家可以自由选择武器，安心狩猎的怪物

既然有雄火龙出场，那么就把雌火龙也加进来吧。在思考哪个地形更适合雌火龙栖息时，我们考虑到大蚁冢荒地是古代树森林的延续，于是便让其在大蚁冢荒地筑巢，以背甲龙为食。雌火龙和蛮颚龙属于同级别的怪物，它的讨伐并不是一个强制的剧情任务。它会在蛮颚龙之前出现，玩家可以在原野中遇到它，也可以在自由任务中去狩猎。（德田）

雌火龙的动作比较清晰，它的战斗模式比较好读懂。所以对玩家来说武器选择性就会很广，用各种武器都可以去尝试狩猎。飞雷龙也好，泥鱼龙也好，都有一些活用特性和地形的特殊招式。而这时候玩家可以去讨伐雌火龙，制作它的装备。穿插着打一些这样中规中矩的怪物可以让玩家换换脑子，稍作放松。在设计上我们要考虑如何将它高清化后表现得更佳，所以我们是基于雄火龙的建模加以修改完成雌火龙的设计。（藤冈）

基本介绍

栖息在陆珊瑚台地下层的鸟龙种。其头部上侧生有可以开闭的扇形闪光膜，可以释放出眩目的闪光。眩鸟的闪光非常强力，就连大型怪物也会被暂时致盲。它会用闪光来牵制外敌，或是狩猎其最爱吃的芳翼龙。同样生活在陆珊瑚台地的猫蜥龙非常讨厌眩鸟的闪光，两者呈敌对关系，经常会发生争斗。眩鸟的领地散布在陆珊瑚台地的各处，因为它经常会穿梭于各个领地之间，所以并不是很在意其他生物的靠近。但是它戒备心很强，会对长时间停留在其视野内的生物发动攻击，在观察其捕食行动的时候一定要多加小心。

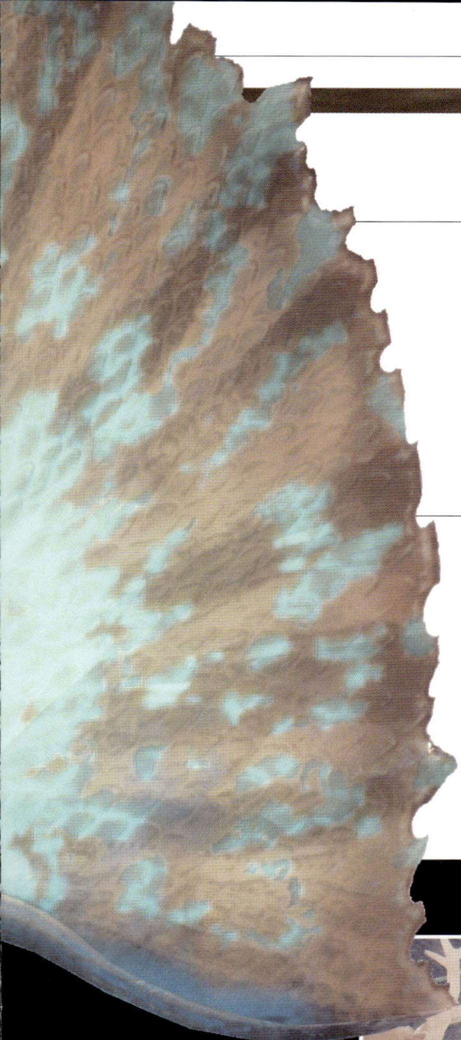

鸟龙种
眩鸟

怪物数据

- ▶全长：约894.04cm
- ▶全高：约351.53cm
- ▶脚长：约99cm
- ▶主要栖息地：陆珊瑚台地

学者三人组

“我们听说陆珊瑚台地
有一种会释放闪光
令对手暂时失明的怪物，叫眩鸟。”

单凭跳跃难以通过的墙壁，眩鸟也可以灵活运用锐爪和发达的脚力快速攀爬。

生 态

■利于攀爬的锐爪

眩鸟的爪又长又锐利，在新大陆栖息的所有鸟龙种当中属于格外突出的。这锐爪除了能在狩猎时给予猎物致命一击，还可以帮助其在高低差显著的陆珊瑚台地移动。眩鸟为了寻找猎物，会在原野内大范围来回巡视，其在攀登垂直的峭壁时，利爪可以像镐头一样紧紧抓住藤蔓，使其可以自由移动。

生 态

■依靠强劲的脚力捕捉猎物

眩鸟的武器不仅是闪光，强劲的脚力和优秀的跳跃力也是其有力的武器。中了闪光攻击的猎物会本能地想要逃走，为了能在猎物逃脱前迅速地完成捕获，其运用发达的脚力，以距离见长的跳跃力，快速移动到猎物身边。其利爪紧抓地面发力，以一种要将自己发射出去的姿势进行跳跃，快速的远距离移动可以让其在猎物逃跑之前将它们解决掉。

TZITZI-YA-KU

生 态

■通过巨大的发光器官释放闪光，陆珊瑚台地的特技能人

通常时

眩鸟额头生有储存特殊物质的器官，这种物质受到刺激便会发光。在与外敌战斗或是捕食的时候，它会通过发光膜的开闭，来刺激与之相连器官中的特殊物质发光。光线经发光膜的反射形成强力的闪光，令敌人暂时失明。这种能力在狩猎其作为主食的芳翼龙的时候极为奏效，芳翼龙在受到闪光攻击后会从天上坠落，而眩鸟就会趁机将它捕获。关于其发光物质的来源说法不一，有人认为是它自身合成的，也有人认为是来源于会发光的陆珊瑚或是飞天乌帽等会发光的环境生物。

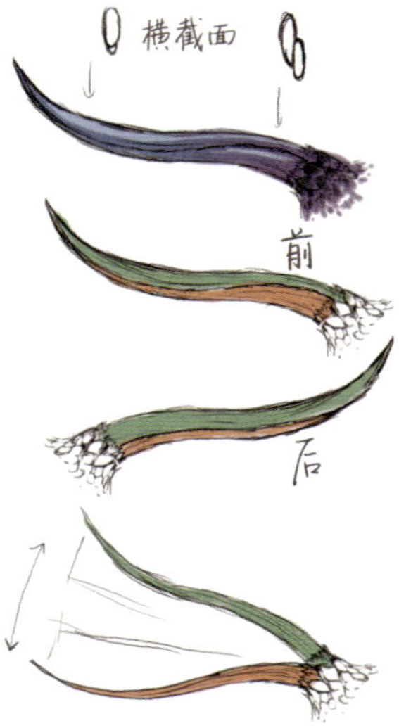

发光时

发光膜关闭的时候形状像是两根触角一样。两根骨头中间生有发光膜，平时叠在一起，通过操控它可以像展开扇面一样打开发光膜。

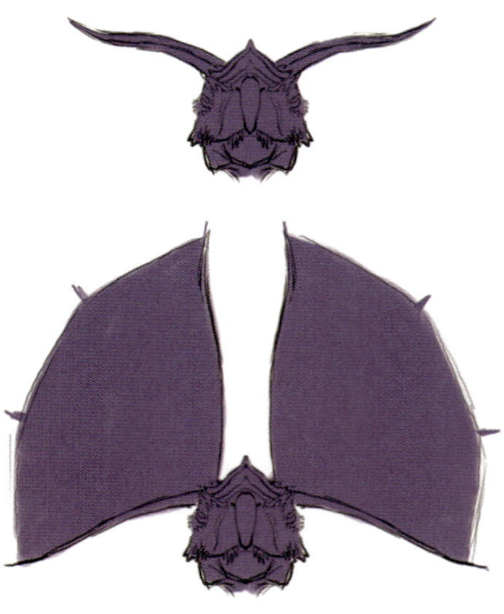

考　察

贝壳收藏家眩鸟

眩鸟巢穴的墙壁上点缀满了五彩斑斓的贝壳，这都是它从陆珊瑚台地的各个角落收集来的。贝壳表面泛有光泽，可以反射眩鸟发出的闪光，所以狩猎眩鸟的猎人可能会在一些意想不到的地方被闪光击中致盲，遭到反击。眩鸟收集贝壳的理由，有一种说法是它在保护巢穴不被外敌入侵，也有说法认为这是眩鸟的一种示威方式，贝壳贴得越多就代表自己越强大，在繁殖期对雌性也就更有吸引力。

（摘自某生物学者的论文）

生　态

融入陆珊瑚的鲜艳体色

眩鸟全身覆盖着光泽艳丽的紫色鳞片，非常漂亮。虽然给人一种很显眼的感觉，但实际上这种体色的存在是为了拟态。在色彩绚丽的陆珊瑚台地，反而是鲜艳的颜色更容易融入环境，这是眩鸟长久以来自然进化的结果。这种拟态最大的作用就是能在睡眠或是日光浴一动不动的时候骗过敌人的眼睛，让自己在最无防备的时候不会遭到袭击。

眩鸟的鳞片可以根据光的角度不同呈现出多种颜色，在这绚丽的陆珊瑚台地，鲜艳的颜色反而会成为它的保护色。

开发密谈

PRODUCTION NOTE

将台地生态系统和趣味性相结合的闪光

陆珊瑚台地栖息着很多的翼龙，而捕食这些翼龙的怪物有什么好办法将它们一网打尽呢？所以我们便想到设计一个会利用环境因素来放大范围干扰技能的怪物。陆珊瑚台地有不少的生物是仿造海中生物设计的，会发光也好，通过闪光让翼龙坠落也好，这些设定都可以与生态完美地结合在一起。（德田）

因为陆珊瑚台地会飞的怪物比较多，所以我们设计了一个更容易和玩家发生互动，以陆地为战场的怪物。关于它的闪光，和之前闪光弹的360度全方位判定不同，它只有发光膜的正面会发光，绕到它不会发光的后侧则是安全的，玩家可以清楚地判断自己是不是在闪光判定范围内。眩鸟的巢装点了许多的贝壳，这些贝壳可以反射它的闪光，增大攻击范围。虽然我们的设计本意是让眩鸟回巢时就像到了主场一样，有更大的发挥空间，但后来发现它回巢的时候基本发光膜已经被打坏，放不出闪光了，真是失算。（笑）（藤冈）

UNCONFIRMED

扩展画廊：未确认生物图鉴[2]

Extend World Gallery

这里收集了一些关于飞雷龙、蛮颚龙和眩鸟的调查资料和记载。这都是一些在生态调查过程中的记录，其中还有许多类似蛮颚龙个体的记载，推测可能与蛮颚龙存在着某种关联。但是这些推断都缺乏相关的证据，有待进一步研究。

牙龙种③

牙龙种①

牙龙种④

牙龙种⑤

牙龙种⑥

牙龙种②

牙龙种⑦

鸟龙种②

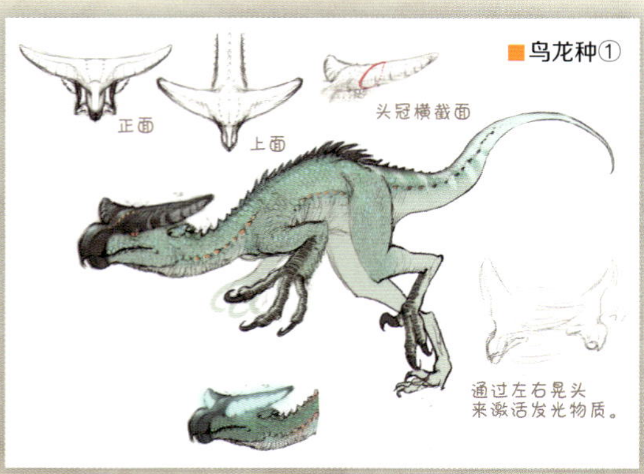

鸟龙种①

鸟龙种③

■兽龙种①

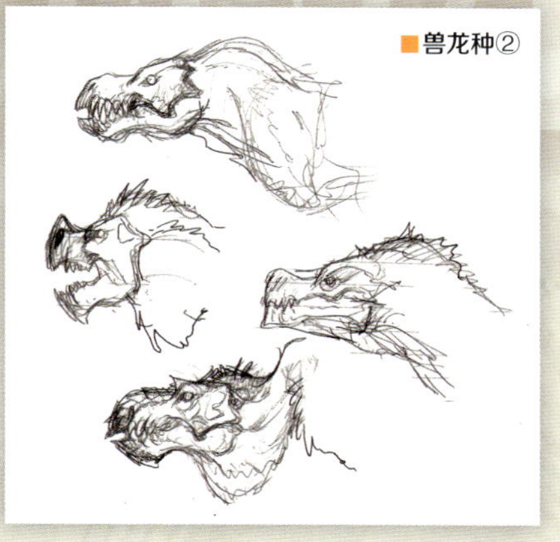

■兽龙种②

■兽龙种④

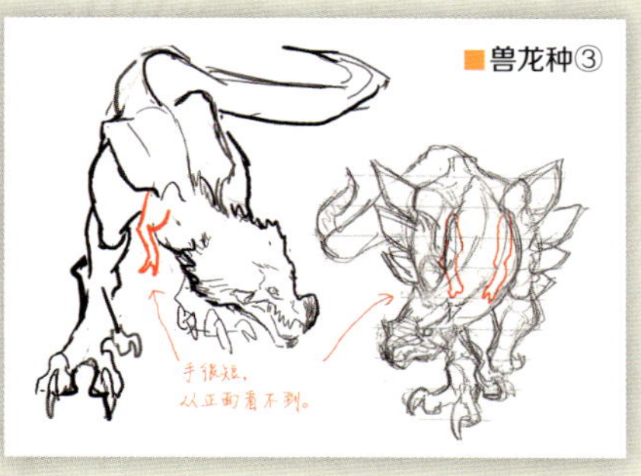

■兽龙种③

■兽龙种⑤

■兽龙种⑥

■兽龙种⑨

■鸟龙种⑦

■兽龙种⑧

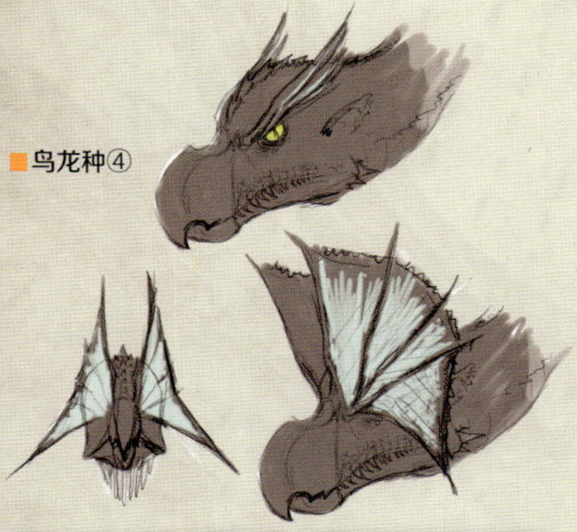

■鸟龙种④

■鸟龙种⑤

■兽龙种⑥

类似飞雷龙的个体

牙龙种①：虽然角、尾巴及各部位形状结构不同，但同样长有飞膜和放电棘。据推测，雌雄个体的下颚突出情况不同。

牙龙种③：不用电极而利用角来放电，这一特性可以利用在武器的制作上，需要赶快调查清楚其工作原理。

类似蛮颚龙的个体

兽龙种①：给人一种被瘴气侵蚀过的感觉，已经不太像蛮颚龙了。它大概是以腐肉为食的吧。

兽龙种⑦：外形像是巨大的鸟兽，生有这么浓密羽毛的兽龙还真是第一次见。

兽龙种⑨：也有鼻骨构造存在差异的个体，现在正在调查中。

类似眩鸟的个体

鸟龙种②：发光器官会发出微光，而头冠上的微生物会对光产生反应，放大其亮度。关于其头部的发光方式，现在还在继续深入研究中。

鸟龙种③：看起来像栖息在古代树森林的生物。盖住其头部的头冠形状，和其立起来的方式，有一种淡淡的忧伤气质。

基本介绍

栖息于陆珊瑚台地，喜食陆珊瑚卵的飞龙种怪物，主要栖息在陆珊瑚生长茂盛的台地中层地带。由于它和同栖息地的其他大型怪物的捕食对象不重叠，所以很少发生领地争夺，性格比较与世无争，也几乎不主动袭击其他生物。虽是飞龙种，但全身长满柔软的羽毛，样子也很是可爱，简直就像陆珊瑚台地的吉祥物一样。但是它对伤害自己的生物会抱有强烈的敌意，会面露凶相地回击应战。浮空龙外皮的一部分由橡胶质构成，它会活用能自由伸缩的颈袋和尾巴来进行战斗。浮空龙的素材由于可以用于制作多种道具和武器而受到重视。

生态

以陆珊瑚的卵为主食，通过吸入来进食

浮空龙是栖息在陆珊瑚台地的大型怪物中唯一以陆珊瑚的卵为主食的，而它进食的方式也极为独特。它会将陆珊瑚的卵连同周围空气一起吸入腹中，再在低空飞行时把多余的空气排掉。然后再次吸入空气和卵，重复直到饱腹为止。而在它饱餐之后，同样以陆珊瑚的卵为主食的芳翼龙会成群结队地聚过来，去吃剩下的卵。

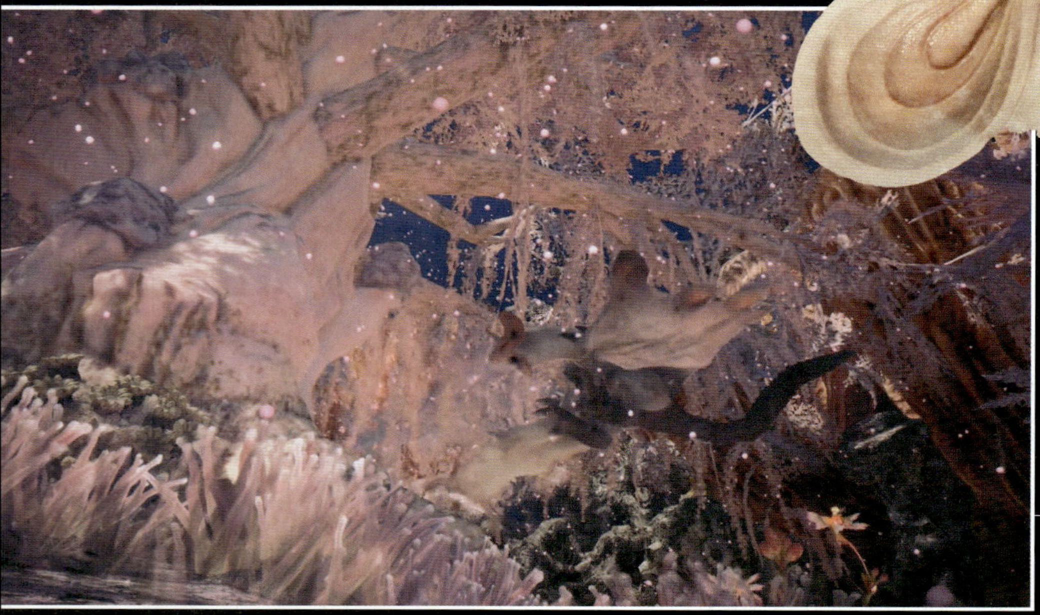

浮空龙每天会进食一至两次。因为要靠小型的卵填饱肚子，所以每次进食都会耗去很长时间。

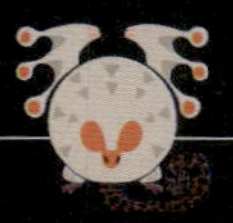

PAOLUMU

飞龙种
浮空龙

怪物数据

- ▶全长：约1143.36cm
- ▶全高：约348.91cm
- ▶脚长：约137cm
- ▶主要栖息地：陆珊瑚台地

调查班队长

“为了去瘴气之谷，需要把研究基地改造成热气球。学者前辈们说用浮空龙的素材来做热气球最合适不过了。”

生态

在颈袋中充满空气，使之膨胀，华丽地在空中翻跟头

浮空龙头部周围的颈袋是它独有的一个器官。颈袋柔软度很好，吸人空气后可以膨胀得比自己的身体还大。陆珊瑚台地遍布着上升气流的出风口，浮空龙通过颈袋的膨胀把自己变得像个气球，这样它便可以借着风力自由翱翔。飞行中的急速转向是通过将颈袋中的空气吐出来完成的，可以说它是个操纵空气的高手。但是当它处于地表，或在安全环境飞行的时候，并不会使用颈袋，因为变为“膨胀状态”会让身体显得更大，也有威吓外敌的作用。

借助风力飘浮可以减少翅膀的挥动，这种低体力消耗的状态使它可以长时间滞空。而且不挥动翅膀的话声音也会减小很多，更不容易被外敌发现。它在战斗的时候会利用其独特的飘浮感和通过呼吸实现的空中横移与敌人周旋，是个很难缠的怪物。

浮空龙的颈袋柔软度和强度都很优秀，三期团的热气球需要在强风肆虐的台地飞行，最合适的材料非颈袋莫属。

通常时

浮空龙的尾巴长度大约占了身体全长的一半，且尾尖膨大，可以帮助浮空龙在滞空的时候调整平衡。另外，其发达的颈袋是为了活用环境中的上升气流进化而成的。

膨胀时

生态

将颈袋中的空气作为武器

作为操纵空气的专家，浮空龙会在与外敌交战的时候活用颈袋中的空气。和其强大的吸人力一样，其将空气吐出时的爆发力也很强。它喷出的空气会产生风压，受到影响的敌人会被限制行动，它会经常在领地争斗和外敌对抗时使用它的空气弹。即便在战斗中消耗了空气，它也可以凭借强大的吸人力迅速地补回来，可以说空气是浮空龙取之不尽、用之不竭的强力武器。

它很擅长将压缩后的空气像气弹一样射出，击飞敌人。

生态

具有回声定位功能的大耳朵

浮空龙拥有一对大招风耳，但从它不害怕投射器音爆弹，可以看出它的听力并不是那么敏锐。浮空龙的大耳朵不是用来听声音，而是用来接收超声波的。在台地陆珊瑚丛生、地形复杂，而浮空龙可以在当中自由穿梭，靠的是自己的回声定位系统。它可以从口中发出特殊的超声波，再通过返回耳朵的超声波信息准确判断障碍物的位置，从而在复杂的地形中顺利飞行。

生态

■用坚硬的橡胶质尾巴击退敌人

浮空龙板状的大尾巴，是这软软的“气球”身上少有的硬质部位。为了方便滞空时攻击地面上的对手，其尾巴进化成了这种又长又硬的样子。另外，它的尾巴为橡胶质，有一定的弹性，可以轻松地变形或是将尾巴卷起锤击对手，或是用尾巴上尖锐的突起敲击对手，可以自由操作灵活应战。行迹诡异的浮游式飞行，还有灵活强韧的尾部攻击，浮空龙不仅对猎人来说是个难缠的怪物，对许多大型怪物也是个强力的对手。

浮空龙会借着身体的旋转进行甩尾攻击。惯性会使橡胶质的尾巴进一步拉长，像是强有力的鞭子一般，攻击范围非常广。

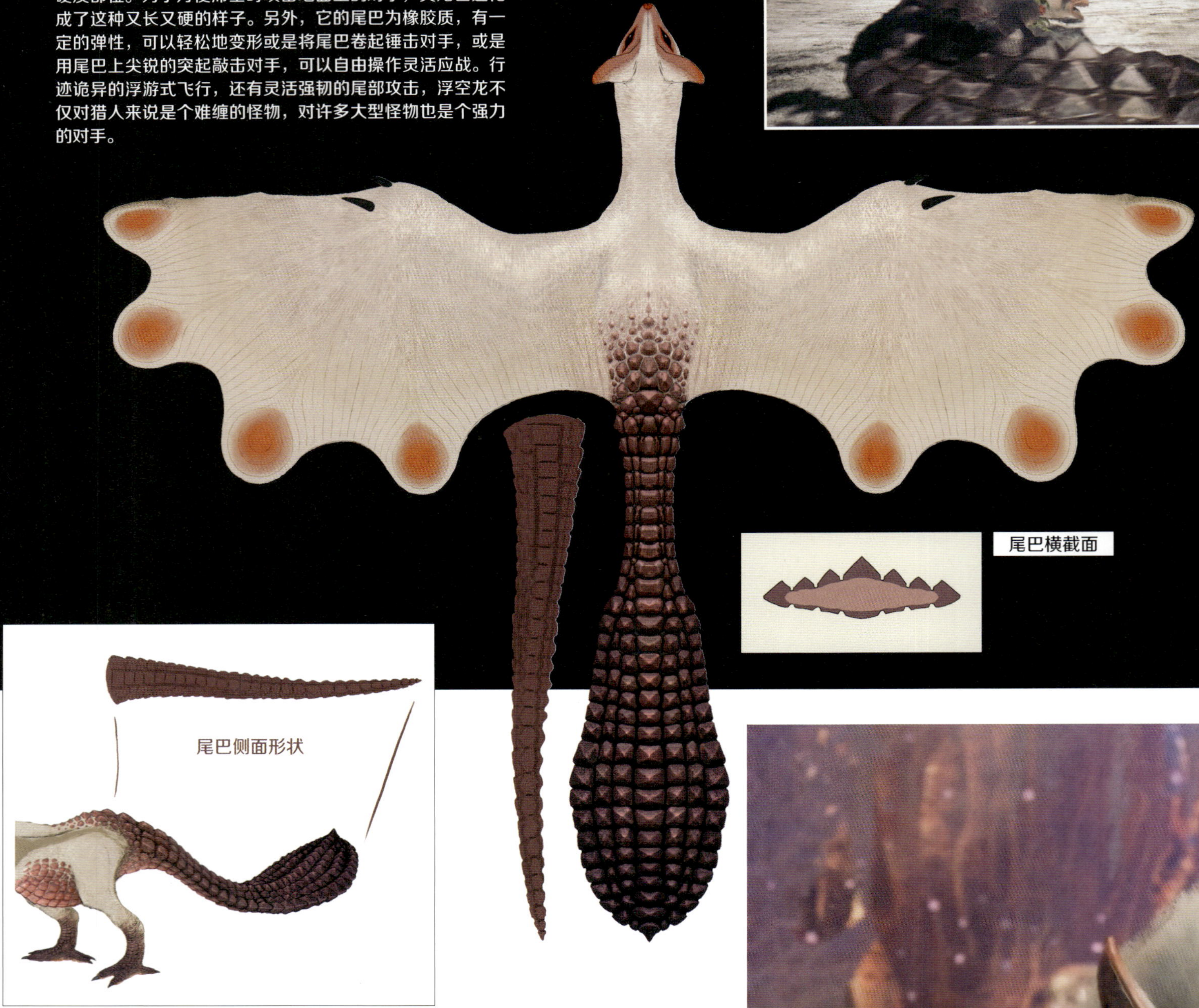

尾巴横截面

考察

■将敌人诱至对自己有利地形的策略家

浮空龙有两个栖息地，平时休息的巢和因战斗受伤后休息的巢位置是不一样的。它平时的栖息地在 10 区的下层，但战斗后需要回复体力时它会到 9 区来睡觉。因为 9 区的陆珊瑚连成了一片拱顶，而天花板上遍布着空洞。这些洞的大小正好能供浮空龙穿过，它可以在拱顶内外自由穿梭，活用这片拱顶来与敌人周旋，发动奇袭，让自己在战斗中占据主动。浮空龙找了一片地形上能让自己占据优势的区域作为第二栖息地，为的是给穷追不舍的敌人绝地反击，着实是个聪明的策略。

（摘自某调查员笔记）

生态

被毛皮包裹的翼和锐爪

因为可以靠颈袋飘浮，所以浮空龙的翼要比一般的飞龙种小许多。虽然不太明显，但它翼的内侧生有指一样的构造。为了适应陆珊瑚台地的强风，在颈袋的进化过程中，原先的手臂也逐渐进化成了今天翼的样子。

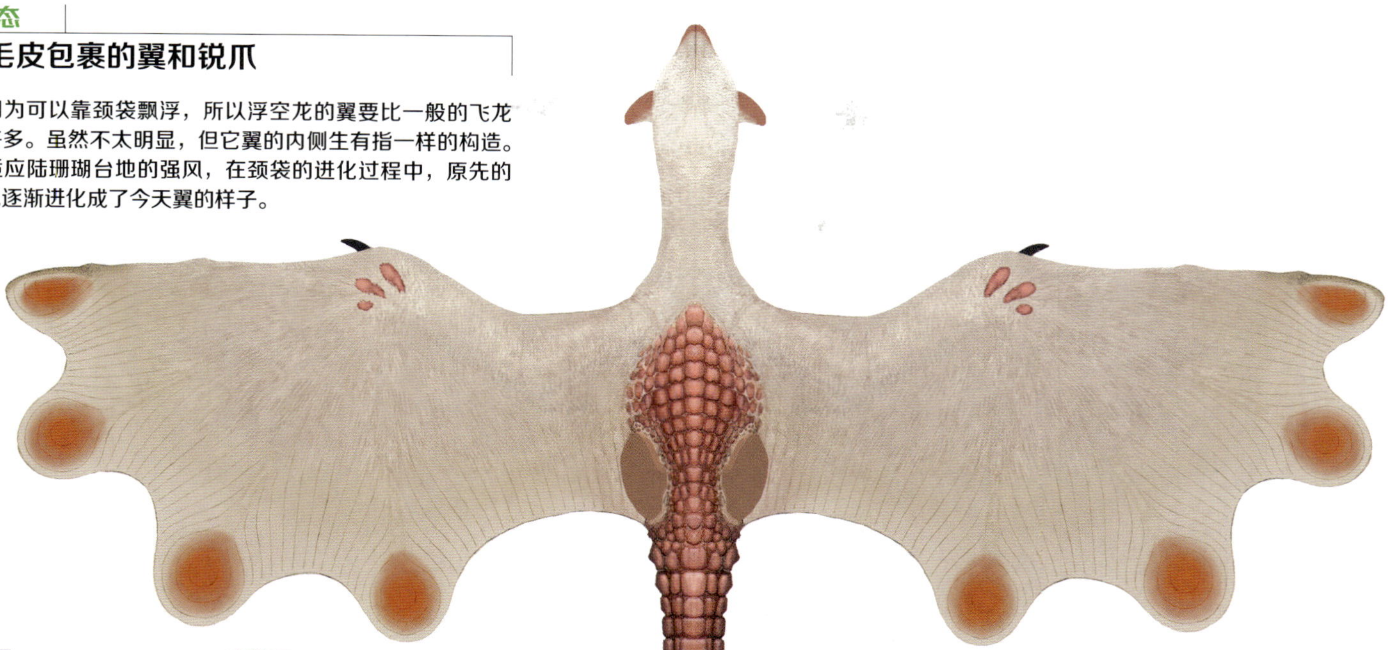

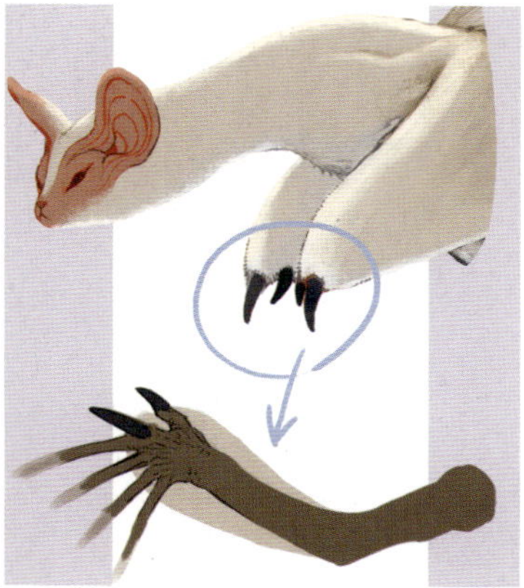

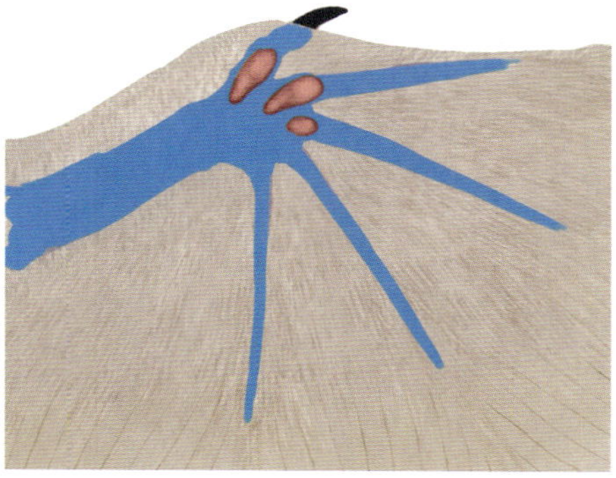

浮空龙翼的骨骼图，毛皮下露出的爪和指是手臂进化后所残留下来的。

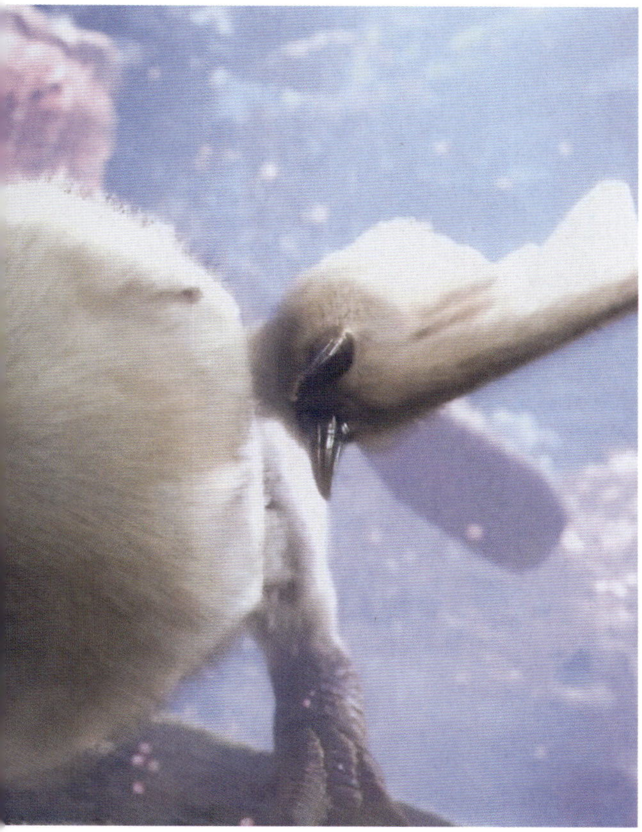

平常是大耳朵圆眼睛，长着一张可爱的脸。但警戒和交战时便会露出獠牙，面相狰狞。

开发密谈

PRODUCTION NOTE

不同于普通的飞龙，为玩家带来新的游玩体验

浮空龙和普通的飞龙飞行方式不同，它会利用风飘浮，在玩家身边一边控制滞空高度一边进行攻击。我们想让玩家见到这种飞龙有种耳目一新的感觉，所以便想到了悬浮在空中，用尾部进行攻击的怪物这一概念。之后又加上了吸食陆珊瑚的卵等要素完善了设定。（德田）

为了实现独特的浮游感并与生态相结合，我们让它可以像气球一样膨胀起来。它的造型设计非常富有挑战性，不仅要在内部结构上做文章，要表现全身毛茸茸的质感，我们还想把它做得很可爱。但是加上了啮齿动物一样的脸之后，漆黑一片的眼球看起来有点瘆人。（笑） 尾部的攻击方式是企划和设计一起进行的，最终定下了这种橡胶质感，让其尾巴卷起来可以变硬，伸开又变得很柔软，攻击方式可以随之改变。（藤冈）

牙龙种

大凶颚龙

怪物数据

▶全长：约1053.15cm
▶全高：约273.04cm
▶脚长：约109cm
▶主要栖息地：瘴气之谷

被麻痹的调查员

“在瘴气之谷的任务中被大凶颚龙从背后咬了一下，就被麻……麻……麻痹了。”

基本介绍

栖息在瘴气之谷，统帅着凶颚龙群的牙龙种怪物。从其巨大的獠牙不难看出，牙是其最有力的武器之一，它可以凭借敏捷的动作快速咬住敌人，并将麻痹毒液顺着獠牙注入敌人体内。大凶颚龙主要以从台地掉落到谷底的怪物尸骸为食。它会带着数头凶颚龙一起在瘴气之谷徘徊，寻食腐肉。大凶颚龙在狩猎时号召凶颚龙群共同出击，集体狩猎，凶颚龙群会根据首领的指示将猎物逐步逼入绝境。大凶颚龙同时还是一种聪明狡猾的怪物，它会先判断对手的实力再采取下一步行动。若遇到比自己强大的怪物它便会迅速撤退，“识得大体，懂得分寸。”

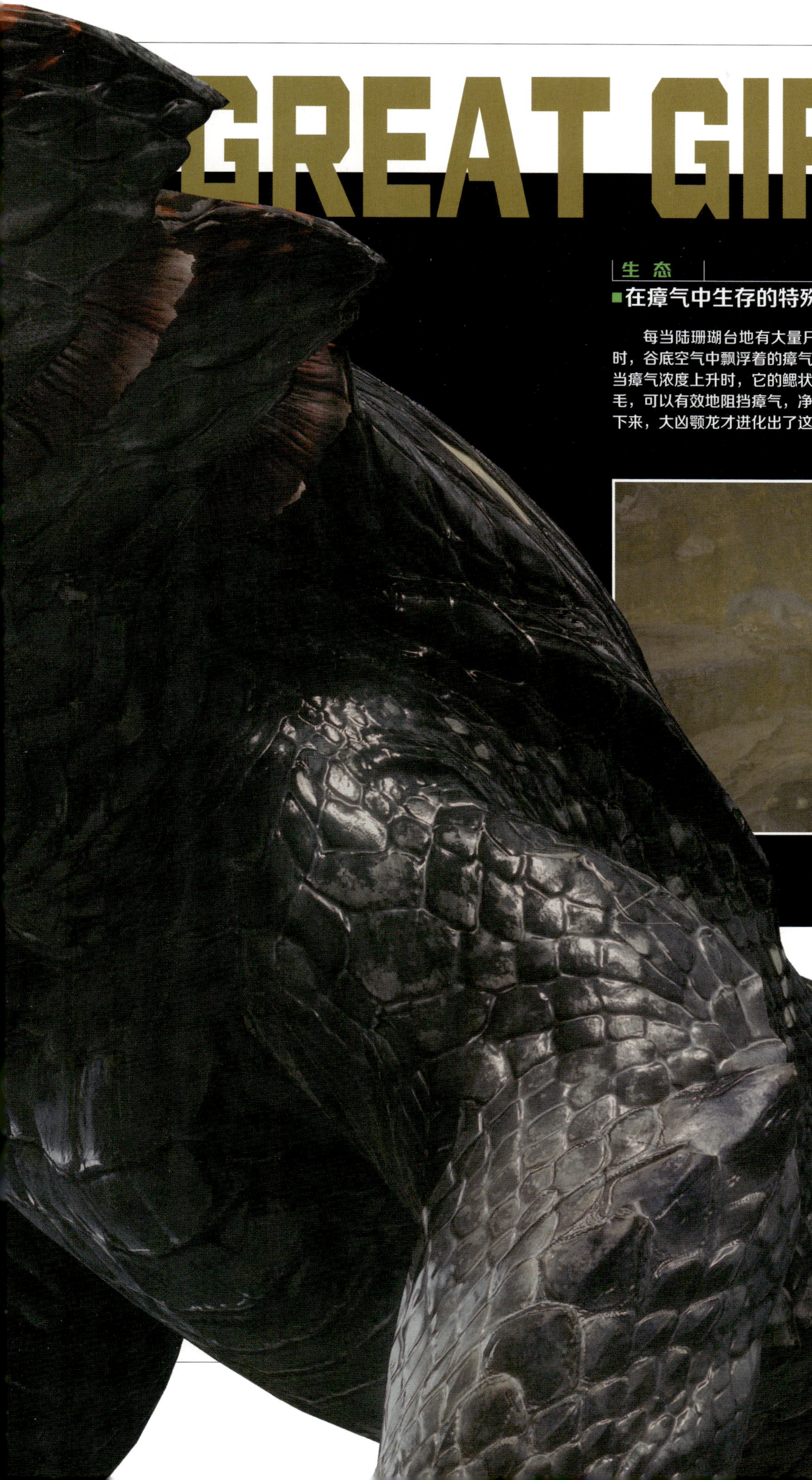

GREAT GIRROS

生态

■在瘴气中生存的特殊生态

每当陆珊瑚台地有大量尸骸掉落谷底时，或是蕴含巨大能量的古龙殒命时，谷底空气中飘浮着的瘴气浓度便会增加。大凶颚龙平时采用口鼻呼吸，而当瘴气浓度上升时，它的鳃状器官便会开始辅助呼吸。鳃中生有可以过滤的纤毛，可以有效地阻挡瘴气，净化空气。正是为了在瘴气之谷严酷的环境中生存下来，大凶颚龙才进化出了这种独有的器官。

大凶颚龙会率领着族群在瘴气之谷巡逻。正是因为有了过滤用的鳃状器官，它们才能长时间生活在瘴气环绕的环境之中。

生态

■利用巨大牙里的麻痹毒液狩猎

大凶颚龙最明显的特征就是其上颚的一对大牙了。分泌强力麻痹毒液的毒腺与大牙相连，在与猎物争斗之际它便会用充满麻痹毒液的大牙啃咬猎物，将毒液从伤口注入猎物体内。被注入麻痹毒液的猎物会丧失行动力，猝倒在地，成为大凶颚龙的盘中餐。

考察

■讲究捕食效率的优秀指挥官

栖息在瘴气之谷的生物，以陆珊瑚台地落下来的尸骸为食的不在少数。所以很可能会在捕食的时候撞见别的怪物，出现双方抢食物的状况。通常这种情况下大凶颚龙会选择避免斗争，主动离去。这和它事先判断出胜算不是很大，不愿做无意义的争斗有关。虽说有其性格方面的原因，它撤退得如此果断也是因为瘴气之谷有着大量的尸体，它认为比起争来争去还是赶紧去找别的尸体来得更有效率。作为指挥官的大凶颚龙宁错不莽，不将身边的凶颚龙群置于危险之中……并没有这种美好的故事。

（摘自某调查员笔记）

生态

通过鳃部发出的咆哮来号令凶颚龙群

凶颚龙族群会进行集体狩猎。为了在这残酷的环境下确保食物，生存下去，它们的狩猎效率非常高。发现猎物之后，为首的大凶颚龙会先去追赶猎物，并用鳃部震动发出声音。之后听到这声音的凶颚龙群便会一齐出击，逐渐将猎物逼入绝境。最后再由大凶颚龙用大牙给予猎物最后一击，完成一次狩猎。大凶颚龙鳃部发出的高频声波可以传播得很远，不仅是跟在大凶颚龙身边的凶颚龙，连在附近领地徘徊的凶颚龙也会一并被叫到战场上来。它们的战斗模式简直就像是战场上的司令和士兵一样，分工明确，干净利落。如果被大凶颚龙盯上了，一定要小心它发出的这种声音。

凶颚龙群会将目标包围起来，阻断其退路，再听从大凶颚龙的号令一起发动袭击。

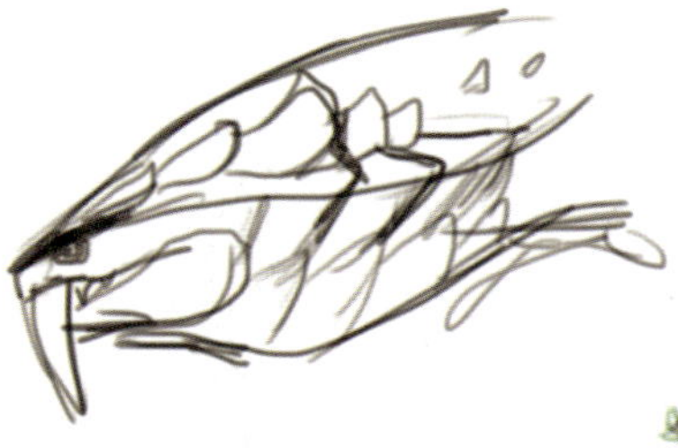

生态

用于求偶的震动器官

大凶颚龙鳃部传出的声音是由体内的震动器官所发出的。振动器官越发达，其传出的声音就越动听。雄性在求偶时会利用振动器官发声，而雌性则是根据听到的声音选择自己心仪的对象。也正是因此，雄性大凶颚龙之间的争斗会先瞄准对手震动器官下手，身经百战的大凶颚龙鳃部往往伤痕累累。

开发密谈 PRODUCTION NOTE

擅长使用麻痹毒的族群领导者

大凶颚龙和惨爪龙在生态系统中都负责分解掉落到瘴气之谷的尸体。凶颚龙的族群有点儿类似鬣狗，而大凶颚龙则是整个族群的首领。我们为它设定麻痹属性，有一部分原因是出于游戏到这个阶段需要麻痹属性的怪物，另外也符合它的生态。为了在残酷的瘴气之谷生存，即便是弱小的怪物也以麻痹毒作为自己的武器努力撑了过来，这就是大凶颚龙。就像毒妖鸟的毒和眩鸟的闪光一样，为这些原野上不是很强的怪物附加异常状态，也让玩家可以利用这些怪物去对付更强的怪物。通过大凶颚龙的素材还可以制作麻痹属性的武器，对之后的游戏进程也是有所帮助的。（德田）

大凶颚龙的设计思路很简单。因为它是整个族群的领导者，所以我们为它加上了可以发出号令的器官。凶颚龙的设计已经基本成型了，大凶颚龙只需要将其适当修改放大化即可。而且大凶颚龙和凶颚龙一样免疫力很强，不会被瘴气伤害到。（藤冈）

兽龙种

骨锤龙

怪物数据

- 全长：约1803.47cm
- 全高：约899.52cm
- 脚长：约194cm
- 主要栖息地：瘴气之谷

基本介绍

名为骨锤龙的兽龙种，全身裹满其他生物的遗骨，擅长用其发达的下颚进行战斗。主要以瘴气之谷中尸体的骨为食物，包裹在体外的骨既是它的保护盾也是它的武器，可以说骨锤龙的生态整个是围绕着骨头建立起来的。但是它没有用来防御瘴气的器官，所以主要栖息于瘴气之谷的上层。其身躯巨大，行动缓慢，但如果将身体团起来，像车轮一样滚动，便可以进行大范围高速移动。据说瘴气之谷上层有一条窄路就是靠骨锤龙的移动轧出来的。骨锤龙虽然看起来凶残但是其实性情很温厚，对于不伤害自己的生物完全不会表现出敌意。

生态

■以骨为食，或将其转化为自己的铠甲

瘴气之谷到处散落着尸骨，也存在着很多种细菌。近年研究新发现了一种可以分解骨骼中无机物的稀有细菌。骨锤龙虽然食用骨头，但研究表明上述的这种细菌才是它的营养源。骨锤龙会将细菌和骨的软组织一起吃下，同时将一些散落的骨头粘在体外来保护自己。

RADOBAAN

接待员

“骨锤龙浑身缠满骨头，到处滚来滚去。要是放任它不管的话，根本没办法进行瘴气之谷的调查。”

生 态

柔软的皮肤与粘住骨头的焦油

骨锤龙看起来浑身是骨头，硬邦邦的，但它的皮肤却质感柔软。它之所以可以把自己团成车轮状滚动，也是因为其皮肤韧性很好。为了保护这层娇嫩的皮肤，骨锤龙会在身上裹上一层有黏性的焦油，再在骨堆里打滚，让骨附着在皮肤外侧形成坚固的铠甲。这层骨铠在与外敌战斗的时候可以起到很好的防御作用，而且身上附着的骨头越漂亮就越容易吸引异性，在求偶时也可以发挥一定的作用。

利用甩尾时的惯性可以将身上附着的骨发射出去，作为武器使用。

骨锤龙可以通过滚动来进行长距离快速移动。它所通过的地方偶尔会掉落混合着焦油的骨。

生 态

活用大骨进行灵活转动

骨锤龙会利用身上的骨头在滚动过程中控制其笨重的身躯。将骨像钉子一样扎入土地中，可以获得极大的抓地力，从而进行快速滚动。特别是位于腿根的巨大骨刺，深深地扎入地面，可以防止急转向时失去平衡摔倒。因此，骨锤龙往往会将最大最硬的骨头附着在腿根部位。

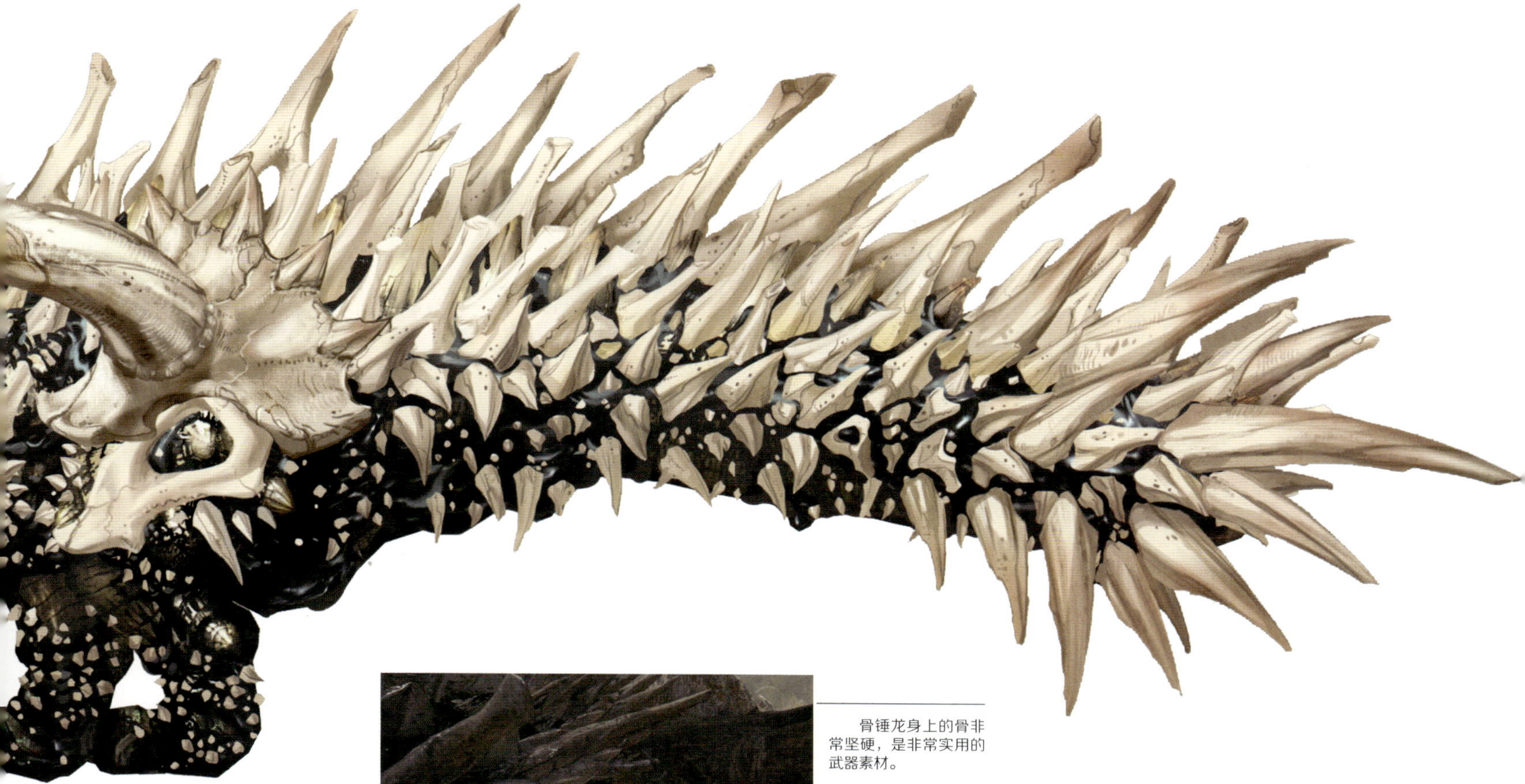

骨锤龙身上的骨非常坚硬，是非常实用的武器素材。

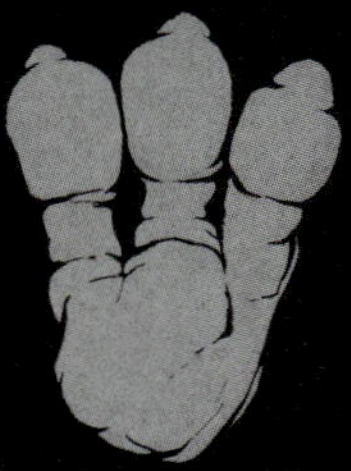

脚印

主视图

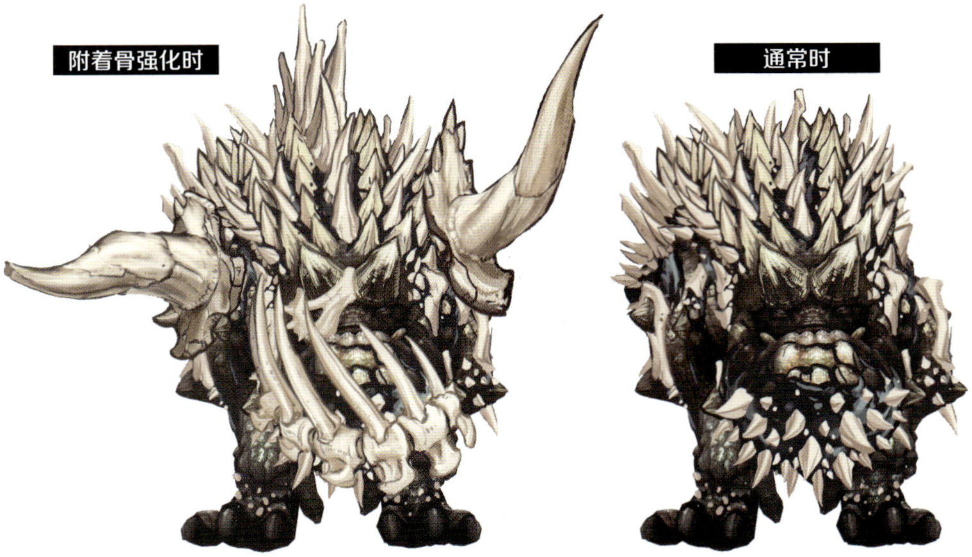

生态

全身各部位骨头的作用

就像脚部的骨可以辅助转向一样，骨锤龙全身各部分的骨都各有用途。背后又细又尖锐的骨头可以在直线滚动时支撑身体的自重，提供更好的抓地力。而下颚作为骨锤龙的一大武器，其上附着的骨则会强化攻击，杀伤力极高，还可以扩大攻击范围。看起来随意粘在身上的骨头，其实都是骨锤龙有意而为的，是它为了高效行动而本能地粘上去的。

生态

活用细菌所生成的睡眠瓦斯

骨锤龙会在食用骨时一并吞食可以分解骨的细菌。这种细菌在消化骨软组织的时候会产生气体，再在骨锤龙体内发生化学反应后变为睡眠瓦斯。当骨锤龙与外敌交战受伤、山穷水尽的时候，便会从特殊的孔穴中喷出睡眠瓦斯，令敌人陷入昏睡。

骨锤龙是个温柔的大块头，很少与其他怪物发生争斗，这种睡眠瓦斯可以说是它遭遇不测时的底牌了。

睡眠瓦斯的喷出口集中在腹部附近。它会借着自重将腹部向下压，从而向四周喷出睡眠瓦斯。

考察

和爆锤龙的关系

从现大陆来的调查员看到骨锤龙，脑海中基本都会浮现出爆锤龙的影子。二者不仅长得像，连生态习性也很像。骨锤龙是用骨来强化自己，爆锤龙用的是矿石，二者还都以硬质的东西为食，都会像车轮一样滚动前进……二者的关系虽然现在还没有明确的定论，但是有一种假说。爆锤龙存在于新大陆和现大陆，而骨锤龙只存在于新大陆，由此推断二者有着相同的祖先，骨锤龙是为适应瘴气之谷的环境而进化出的一个分支。可以说是骸骨散落的瘴气之谷造就了骨锤龙。

（摘自《怪物进化论》）

生态

可磨碎骨头的特殊牙齿形状

骨锤龙没有犬齿，口中紧密排列着大小几乎相同的扁平臼齿。为了能更好地将骨头嚼碎，骨锤龙的牙齿进化成了这种构造。其巨大的下颚则可以帮助它食用硬质骨头，或是要将骨头粘在身上的时候，事先将骨头砸碎。

每天会进食一至两次，主要食物为陆珊瑚台地落下的尸体的骨。下颚和牙齿非常结实有力，可以将坚硬的骨头直接嚼碎。

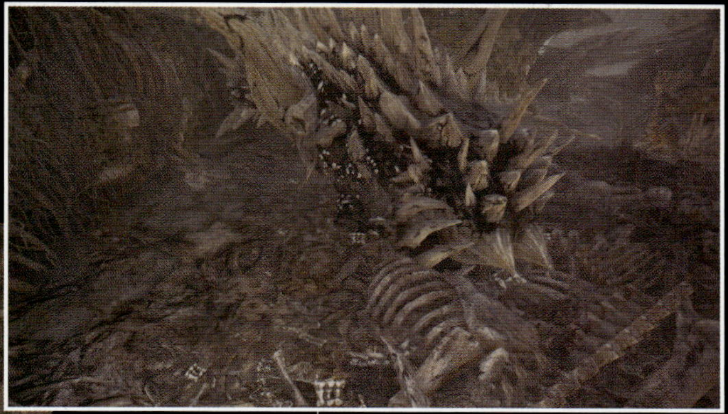

骨锤龙选了瘴气之谷中骨头最密集的一片区域作为栖息地。当外层骨甲被外敌破坏的时候，它便会回到栖息地，在骨堆里滚一圈便可以迅速附着上新的骨甲。

生态

从焦油地层孵化的幼体

骨锤龙是卵生动物，繁殖期会将产下的蛋埋在地里，不孵蛋。瘴气之谷的地表有一层焦油，骨锤龙行动时会摩擦生热并给地面施加压力，地层中的草木腐肉等有机物在此作用下发生热分解而形成焦油。在这层焦油中孵化的骨锤龙幼崽会在爬出地面时直接将骨头粘在身上，一出生就浑身是骨。随着成长它身上附着的焦油会越来越多，会将更大的骨粘到身上。由于骨锤龙不会抚育幼崽，所以极难目击到幼年骨锤龙，关于其繁殖和成长的谜团还有很多。

开发密谈

PRODUCTION NOTE

活用瘴气之谷的骨，速度与力量并存

既然是生活在瘴气之谷上层骸骨繁多的这三个区域的怪物，那为什么不让它利用一下这些骨头呢？瘴气之谷整体的氛围像地狱一样，所以我们想做一个像妖怪火焰车一样会滚来滚去的生物，（笑）这时候我们想到了身附矿石滚来滚去的爆锤龙，也许可以做一个进化成新大陆特有种群的亲戚呢。所以一开始并没有计划让爆锤龙出场，而是从骨锤龙开始制作的。（德田）

我们在设计瘴气之谷上层的时候把它做成了一个环线，看起来“滚动”是一个能在这里高效快速移动的方式。我们以爆锤龙为设计雏形加以改动设计出了瘴气之谷的骨锤龙，但是觉得骨头可能没有矿石那么坚硬，所以便渐渐地补足了许多它的形象和设定，最终变成了这副凶巴巴的样子，看起来是比之后出场的爆锤龙要强。（笑）（藤冈）

飞龙种

风漂龙

怪物数据

- ▶全长：约1699.75cm
- ▶全高：约455.48cm
- ▶脚长：约299cm
- ▶主要栖息地：陆珊瑚台地

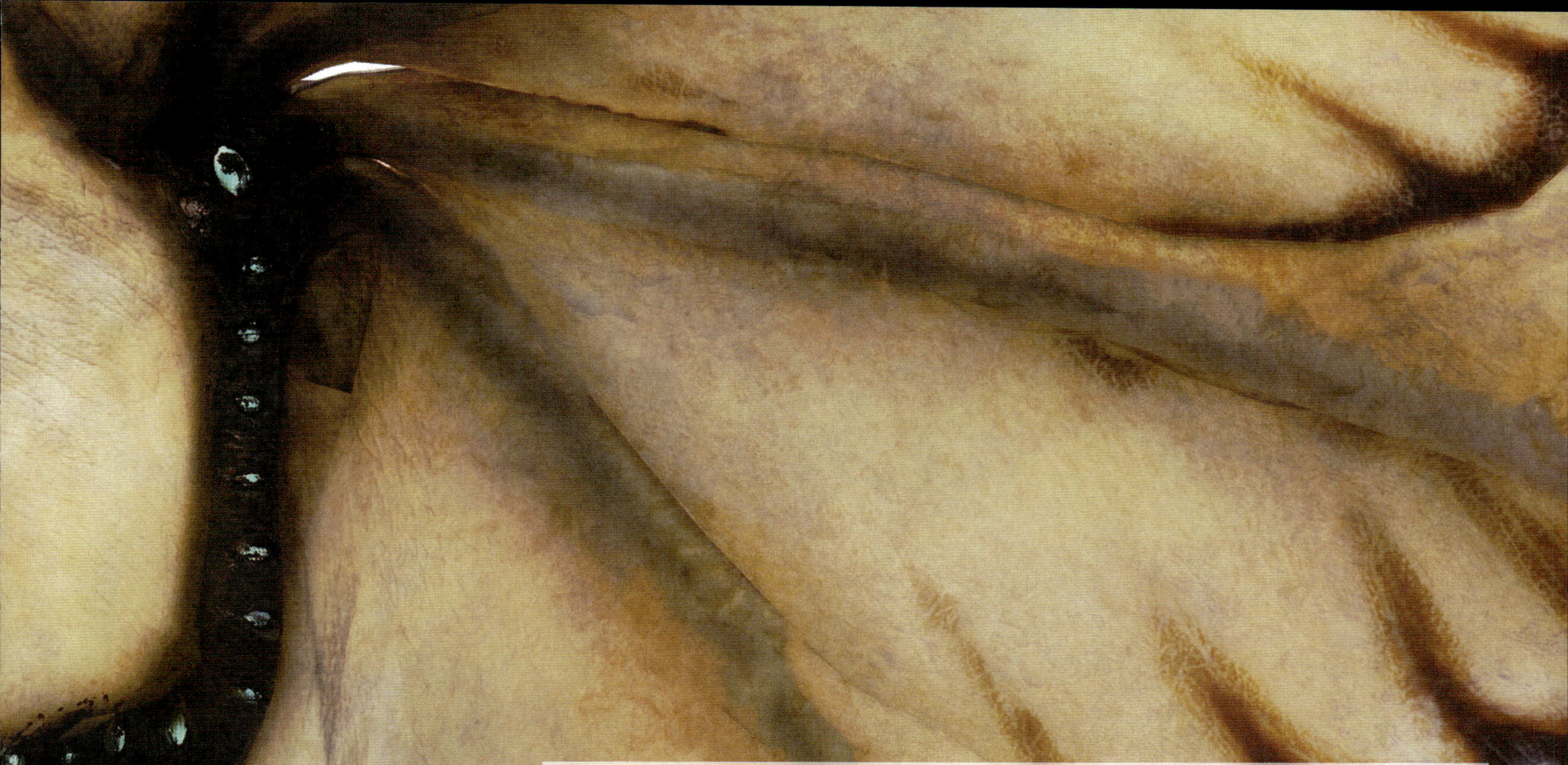

三期团的团长

“那就是袭击我们的飞龙种……恐怕是这里食物链顶端的生物吧。”

基本介绍

风漂龙拥有着卓越的飞行能力和美丽的外表，占领着陆珊瑚台地最高的一片区域，被称为“陆珊瑚台地的王者”。翼腕和尾部生有特殊形状的皮膜，通过精细控制皮膜，它可以在气流不稳定的环境中自在飞翔。它很擅长在空中追击狩猎。领地意识和战斗本能都很强，性格凶暴，会对一切接近者亮出獠牙。它飞行姿态优雅，用体内冰结袋生成的冰发动攻击时就像在冰上起舞一样，猎物一旦被它捕食便会遭到锐爪和尾部的重创，难以逃脱。

生态

■立于陆珊瑚台地的顶点

在高低差显著的陆珊瑚台地，风漂龙将其巢筑在了台地中最高的区域，整个上层部分都是它的领地。它几乎不会到下层来，除了捕食和睡觉，它基本都在领地中巡逻，观察着猎物和入侵者。风漂龙领地意识非常强，它对于领地的入侵者反应非常敏感，会毫不留情地赶尽杀绝。另外，撕裂耳膜一般的高音咆哮声是风漂龙的一大特征。这种声音对远距离的入侵者也可以起到威吓作用，所以它才会发出这种响彻整个领地范围的高频声波。

盘旋在领地中警戒着四周，发现可疑分子便会立刻发动袭击。这是身为台地之主的傲气。

LEGIANA

腹面 皮膜收纳时

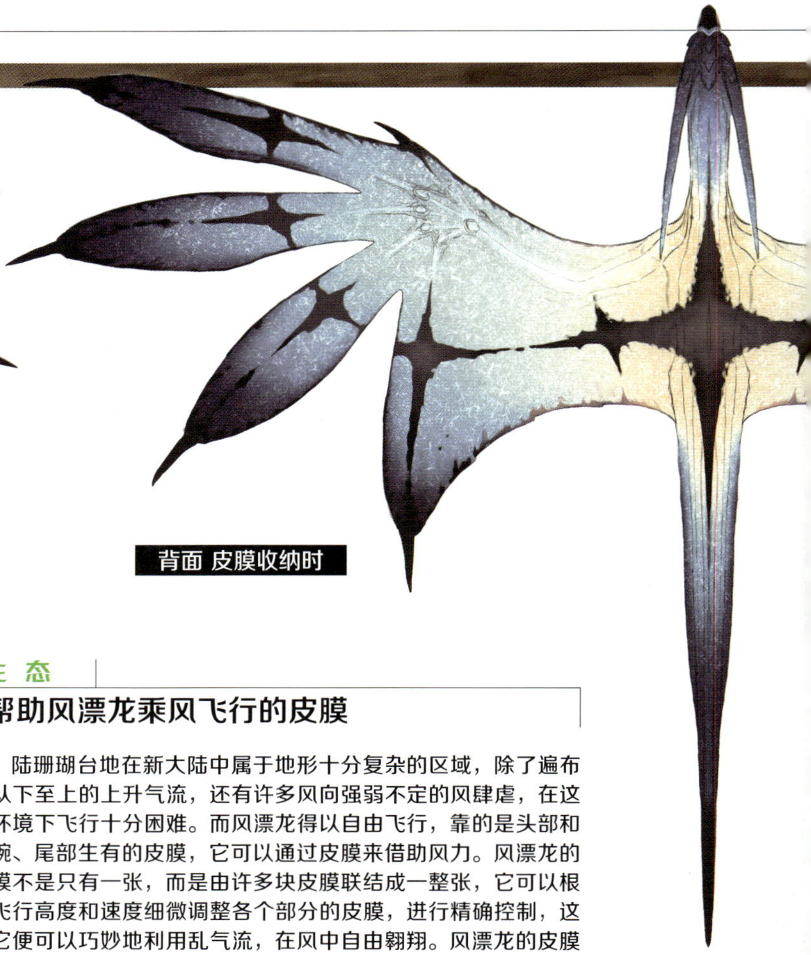

背面 皮膜收纳时

生 态

■帮助风漂龙乘风飞行的皮膜

陆珊瑚台地在新大陆中属于地形十分复杂的区域，除了遍布着从下至上的上升气流，还有许多风向强弱不定的风肆虐，在这种环境下飞行十分困难。而风漂龙得以自由飞行，靠的是头部和翼腕、尾部生有的皮膜，它可以通过皮膜来借助风力。风漂龙的皮膜不是只有一张，而是由许多块皮膜联结成一整张，它可以根据飞行高度和速度细微调整各个部分的皮膜，进行精确控制，这样它便可以巧妙地利用乱气流，在风中自由翱翔。风漂龙的皮膜结构精密，非常脆弱，如果在与外敌的战斗中皮膜受损则会影响到平衡能力，造成飞行障碍。

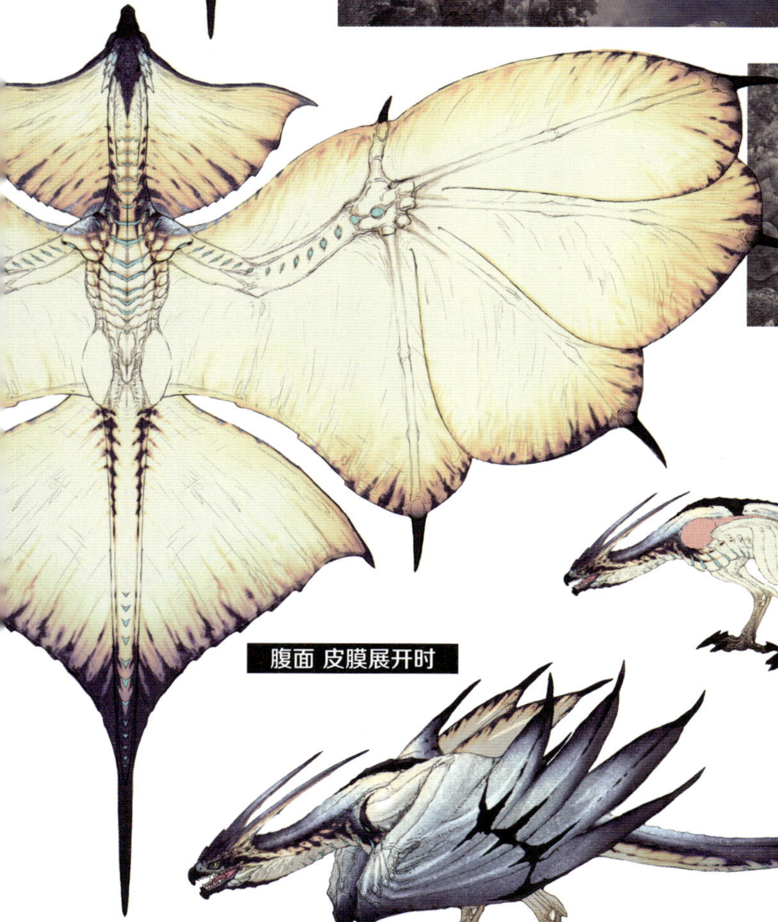

风漂龙处于地面的时候会将皮膜折叠，起飞时则会将皮膜全部张开，快速升空。它会通过伸缩膜内的肌肉，牵引皮膜外缘的肌腱，从而控制皮膜的开合。

腹面 皮膜展开时

背面 皮膜展开时

生态

用来捕捉猎物的锐爪

风漂龙的脚骨骼和爪的构造非常适合捕捉猎物。在与外敌战斗时，风漂龙往往会占据制高点，滞空作战，此时最方便进行攻击的武器便是爪子。在捕食时爪子也会起到重要的作用，所以它会经常在巡逻时磨爪子，每天会进行十数次。同时，地面和陆珊瑚上的爪痕也是它标记领地的标记。

生态

从全身的分泌腺释放冰

风漂龙头部、胸部、翼腕和尾部的青色部位遍布着分泌腺。体内的冰结袋会和水起反应生产过冷的液体物质，这种物质从分泌腺释放出便会形成冰。当猎物行动过于灵活，无法通过空中急袭控制时，风漂龙会改用冷气和冰封锁猎物的行动，再将其逼入绝境。有时非战斗状态的风漂龙也会身上带冰，这是为了不让冰结袋生成的物质在体内积存过多而主动释放出的。

冰附着状态

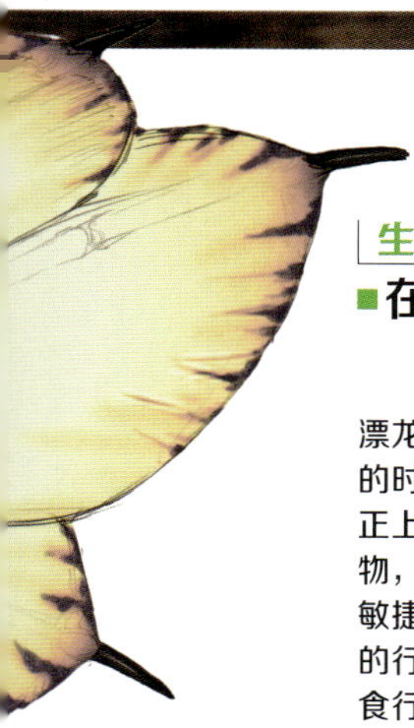

生 态

在空中捕食芳翼龙

身为陆珊瑚台地的空中支配者，风漂龙的捕食也是在空中进行的。在捕食的时候，它会从猎物芳翼龙视线死角的正上方极速降落，用锐爪紧紧地抓住猎物，在空中完成捕食。当捕食对象动作敏捷的时候，它会释放冷气来限制猎物的行动，之后再进行捕食。风漂龙的捕食行动主要发生在清晨，每天也只会进行这一次捕食。其余的时间便不再进食，会一直保持警惕在领地巡逻。进食次数少还有一个理由，为了保持敏捷的身手自由飞行需要尽量保持纤细的体形，避免过量捕食带来的体重变化。

为了提高成功率，风漂龙往往会选择成群的芳翼龙下手。在新大陆，可以说没有什么怪物的飞行技巧能比得上风漂龙了。

考 察

关于毒对风漂龙的效用

风漂龙对毒的耐性极低。受到毒的影响，它的平衡感会变差，飞行能力会随之显著降低，因此，推荐在讨伐的时候使用毒属性的武器或道具。风漂龙的飞行建立在细微精准的控制上，如果中毒则会意识混乱，对它来说是致命性的打击。另外，与其他怪物相比，风漂龙中毒时的体力消耗要更大一些。这是因为受冰结袋生成的物质影响，风漂龙的平均体温很低，在此基础上想要精准控制皮膜就需要发达的毛细血管，而毛细血管恰巧关系到毒液的吸收。

（摘自某生物学者笔记）

开发密谈

PRODUCTION NOTE

像战斗机一般的怪物，展现出狡猾的动作和速度感

风漂龙作为陆珊瑚台地之主，速度感的连续攻击会给人很大的压迫力，讨伐难度相对较高。我们希望玩家可以通过衣装使用上升气流，争取骑乘，和风漂龙一起活用风力滞空而战。在这里我们希望加入一个冰属性的怪物，而风漂龙的生态和动作又恰好和冰属性很合适，所以便将它的属性定为了冰。风漂龙会从最高的地方移动到芳翼龙聚集的狩猎场，如果计划好的话，玩家可以利用它和浮空龙的领地争夺进行狩猎。（德田）

我们最初是想设计一个拥有利爪、行动敏捷的飞龙种。但是由于飞行动作的惯性，很难做到动作迅速，所以我们便通过急速下降以及空中急停等技巧性的动作来展现它的身手。我们将它的翅膀设计得像战斗机机翼一样，皮膜可以发挥像襟翼一样的作用。最终形象和雄火龙那种威严相反，是个精致利落的怪物。另外，即便是台地的霸主，也会有天敌来捕食它，所以我们让它现身在了瘴气之谷的“演出”中。（藤冈）

扩展画廊：未确认生物图鉴[3]

Extend World Gallery

这里记录了一些关于浮空龙、风漂龙以及大凶颚龙的未确认资料。由于这些都是栖息在陆珊瑚台地和瘴气之谷的怪物，它们的调查工作主要是由三期团的学者们完成的。这里的大部分图片都是根据调查资料所推测出的，虽然也有老学者说亲眼见过这样的生物，但没有证据支撑，是真是假还有待进一步调查。

■飞龙种①

■飞龙种②

从鼻子喷出空气时末端会变粗。

■飞龙种③

■飞龙种④

■牙龙种②

■牙龙种③

■牙龙种①

CREATURE

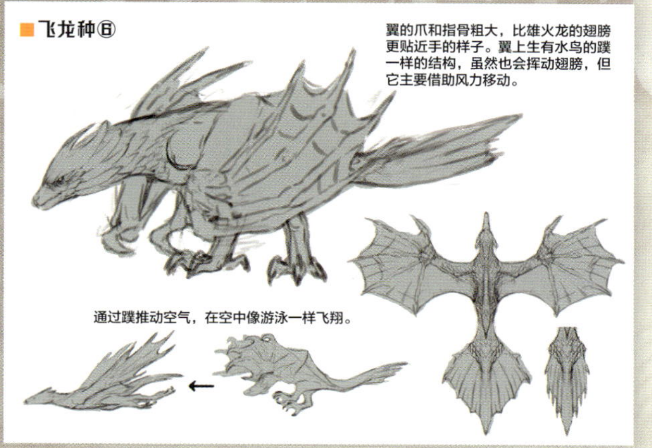

■飞龙种⑥

■飞龙种⑤

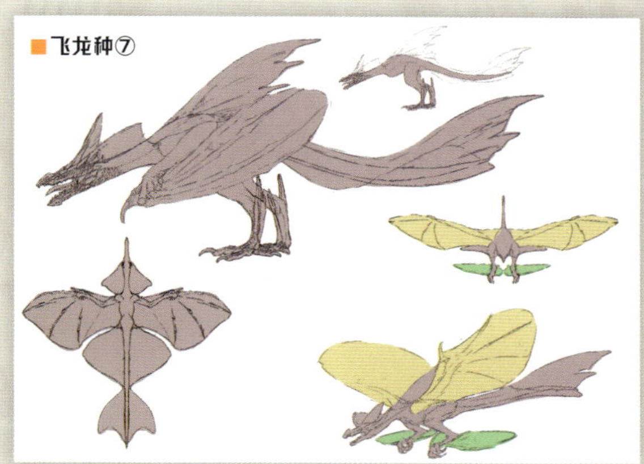

■飞龙种⑦

类似浮空龙的个体

飞龙种①：吸入空气后会膨胀的颈袋以及适合敲击的尾部和浮空龙很像，但长有长鼻子的脸不是很像。
飞龙种②～④：这些个体的嘴都很长，和浮空龙圆圆的头部形状不符，也很难说成是雌雄个体差异。

类似风漂龙的个体

飞龙种⑥：有着猛禽一般的外貌和粗大的骨骼。构成翼的指骨又长又粗，其中间生有像蹼一样的膜。虽然有类似风漂龙的要素，但尾部结构有着显著差异。
飞龙种⑦：为了提供低速飞行时的升力，其脚的第二趾和第五趾分别生有连结着小腿的翼膜，作为第二对翼辅助飞行。

类似大凶颚龙的个体

牙龙种①：通过大凶颚龙所发出的声音而推测出的结构。鳃长成了外露的管状结构，可以从中发出声音。
牙龙种④：这是个靠尾部发声的个体。背部的顶饰和平时会收起来的獠牙很有代表性，也不是没有存在的可能性。

■飞龙种⑧

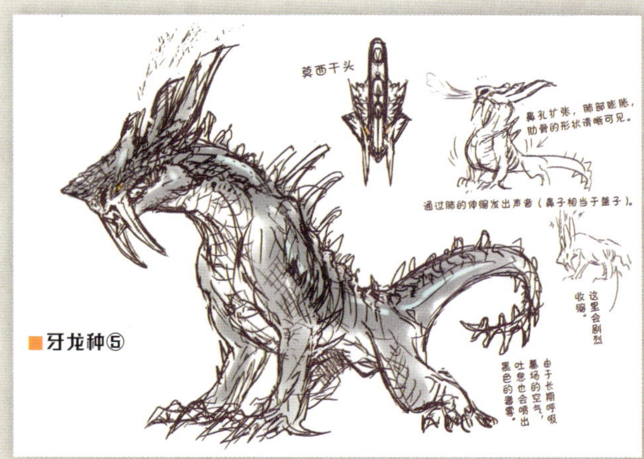

■牙龙种⑤

■牙龙种④

■牙龙种⑥

怪物图鉴

“会毫不犹豫地对其他怪物发动袭击，有将猎物和肉片带回巢穴的习性。”

基本介绍

生活在瘴气之谷中危险度极高的牙龙种。虽然体形不是很大，但其浑身肌肉发达，身手敏捷，特殊的锐爪有着压倒性的杀伤力，在新大陆首屈一指。正如它贪食尸肉的食性和肌肉发达的狰狞外表，它的性格十分暴戾好战，即便是再强大的对手它也会毫不犹豫地发动攻击，对敌人施以暴力。它的爪构造特殊，在袭击猎物时会直接把肉剜下来，非常凶残，所以被命名为“惨爪龙”。它的领地主要集中在瘴气之谷下层的洞窟，在洞窟深处的巢穴可以看到许多它存在这儿的肉和怪物死尸。

ODOGARON

生态

■为找寻尸肉而大范围徘徊

惨爪龙的体脂含量很少，这能保证它敏捷的身手，但也让它需要时常补充能量，找寻猎物，也正是因此它嘴里总是叼着肉块。陆珊瑚台地的尸体会坠落到瘴气之谷，惨爪龙并不满足于眼巴巴地在下边等尸体，所以它经常会踏足上层的陆珊瑚台地。连比自己强大的肉食怪物也会被它列为捕食对象，它会活用自己的机动力，对猎物进行单方面碾压式的攻击。即便是体格上比它大许多倍的骨锤龙也拿它毫无办法。

它性格暴躁到不许有其他生物跟着它。它的实力足以碾压瘴气之谷和陆珊瑚台地的大部分怪物。

牙龙种
惨爪龙

怪物数据

- 全长：约1388.75cm
- 全高：约423.79cm
- 脚长：约104cm
  （愤怒状态：约146cm）
- 主要栖息地：陆珊瑚台地
  瘴气之谷

生态

将尸肉带回巢穴食用的习性

为了在瘴气笼罩的这片不毛之地上生存下去，惨爪龙会将狩猎来的猎物和捡来的尸块叼回巢穴存起来。惨爪龙咬合力强大，再加上浑身发达的肌肉，连风漂龙的尸骸它也可以整个搬运回巢。另外，有人将惨爪龙存在巢中的肉视为一种美味，有些美食家非常热衷于这些食材。

主视图

脚印

考察

散布在瘴气之谷的横向洞穴为惨爪龙的密道

瘴气之谷下层洞窟的内壁上可以看到很多横向的洞穴。这些洞穴是惨爪龙在捕食了风漂龙等大型怪物后，搬运大型尸体的通路。洞的宽度刚好够惨爪龙叼着猎物通过，除了惨爪龙自己挖洞的可能性以外，也有可能是它将这些洞穴视为重要的领地，将原本在这里的外敌全都清走之后占为己有。瘴气之谷以尸骨为食的生物不在少数，占领这种通道可以更高效地搬运猎物。

（摘自《新大陆生态论》）

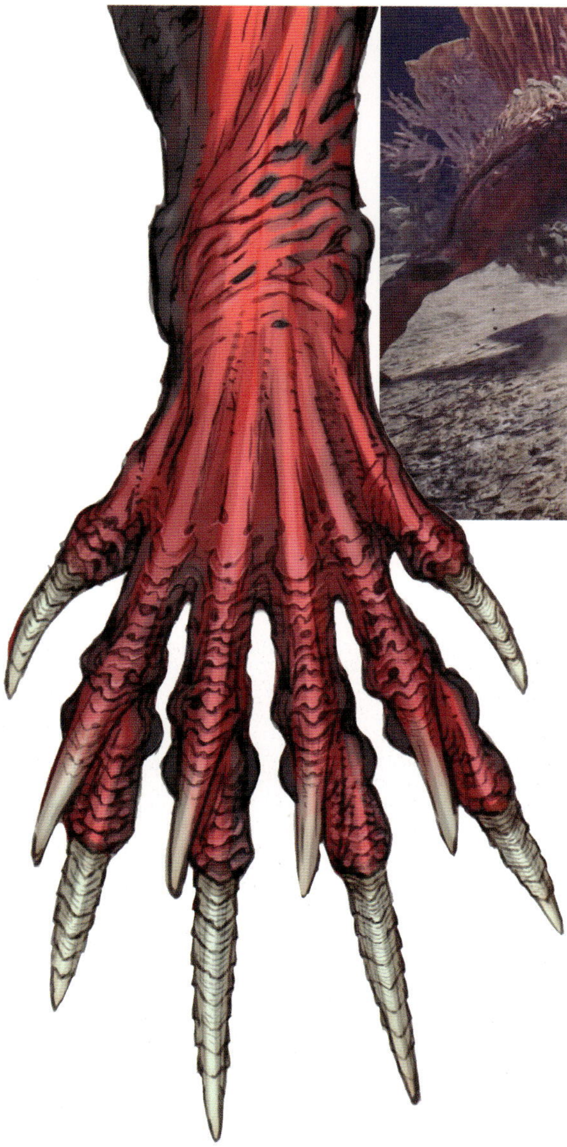

裂伤的伤口形状和深度导致很难进行止血。过量失血耗尽体力的猎物，就都成了惨爪龙的盘中餐。

生态

可以造成裂伤的双层爪构造

惨爪龙最具特征也最吓人的部位莫过于生有两层爪的脚了。它的脚生有六根带有尖爪的脚趾，中间的四根脚趾从第一关节又伸出四根稍小的尖爪。平时惨爪龙在行走时会用四根小尖爪着地，六根大尖爪是向上翻起来贴在脚踝上的。这样可以尽可能地压低脚步声，给予猎物奇袭。在扑向猎物的时候迅速地将六根大爪展开，刺人猎物的身体。惨爪龙的爪就像长长的锯，被剜到的伤口会呈裂开外翻的状态，因此被称为裂伤。

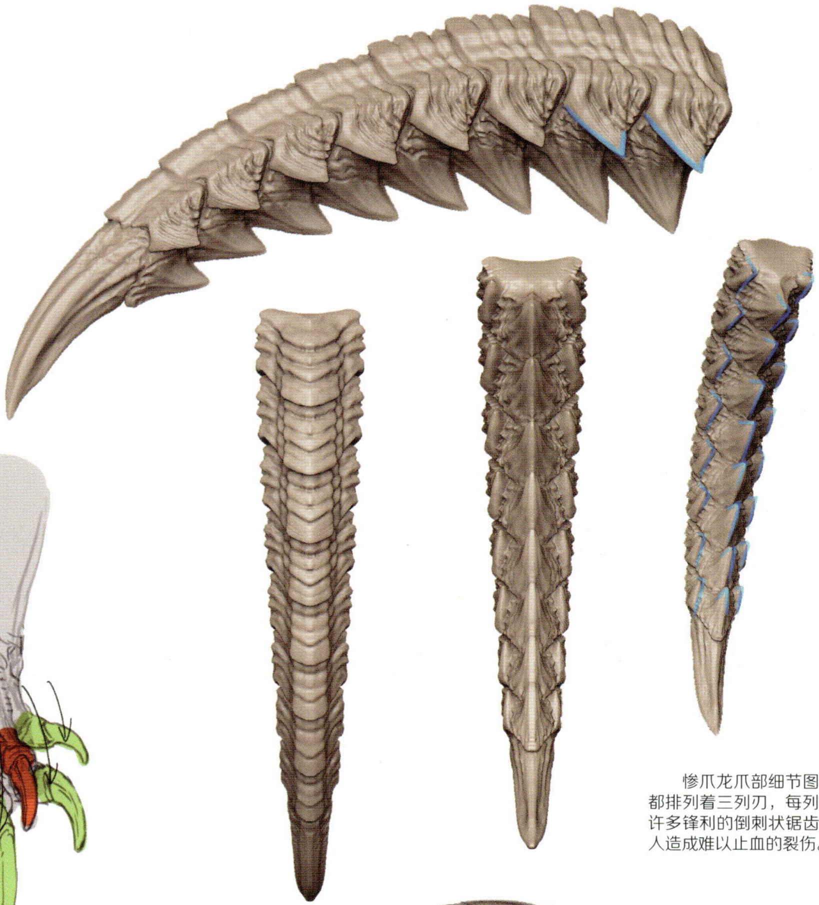

惨爪龙爪部细节图。其每根爪都排列着三列刃，每列刃上都生有许多锋利的倒刺状锯齿，可以给敌人造成难以止血的裂伤。

正面

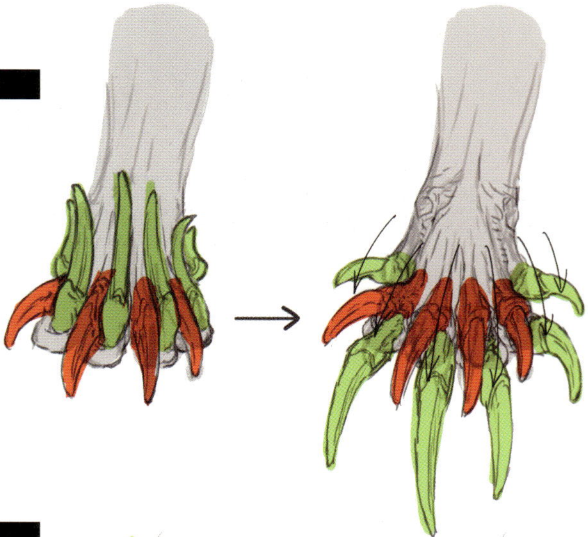

侧面

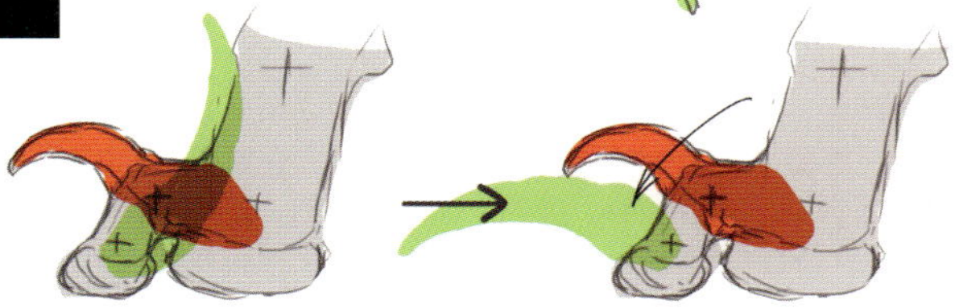

生 态

保护眼部不受瘴气影响的特殊结构

瘴气之谷环境残酷，在新大陆中拥有独特的生态特性。而生存在这里的怪物经过长年累月的进化也发生了一些变化，惨爪龙的眼睛就进化成了可以抵御瘴气侵害的结构。它没有眼睑，眼角膜进化得厚且坚韧，覆盖住整个眼球来保护眼睛。受此影响，惨爪龙的视力非常差，从对眩鸟的强力闪光只有微弱反应来看，它只有勉勉强强的光感。为了弥补视觉上的欠缺，它的嗅觉非常发达。

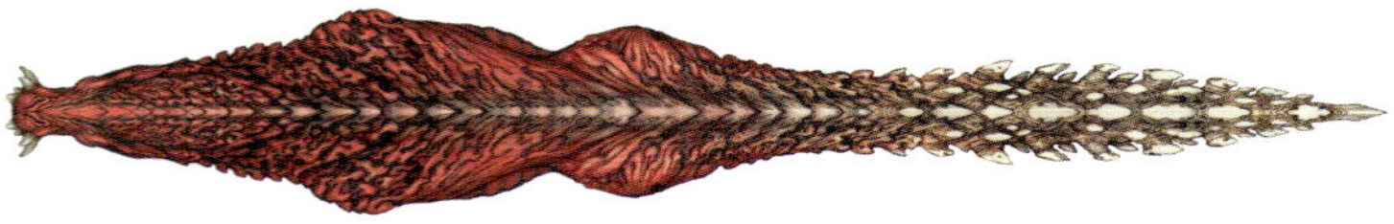

生 态

体表面泛红的原理

惨爪龙在捕食尸肉后体表面会急速泛红，口中冒出蒸汽一样的白雾。这是因为在空腹时食用尸肉可以使其代谢剧烈活化，从而体温急剧上升。处于这个状态的惨爪龙身体机能会提高一个等级，也更具有攻击性。惨爪龙在巢穴囤积尸肉除了储存食料，还为了当兴奋剂用，在自己疲劳或是有生命危险时能让自己兴奋。另外，也有人认为，它的这种身体机能的上升也可能单纯是吃到了好吃的食物，从而身心愉悦造成的。

生 态

■依靠发达的嗅觉追击猎物

瘴气之谷因其地形构造缺乏日照，光线昏暗。惨爪龙的视力又很差，所以它会在捕猎的时候依赖嗅觉。通过扩张鼻腔它可以捕捉到空气中稀薄的气味，凭借这蛛丝马迹定位到很远距离的猎物，发动精确袭击。它还会使猎物中裂伤之后流血不止，循着血液的气味对猎物穷追不舍。这份深深的执念，简直就像“瘴气之谷的猎人”一般。在瘴气之谷许多生物都以尸肉为食，而它往往能最先发现新鲜的尸肉，靠的也是这敏锐的嗅觉。

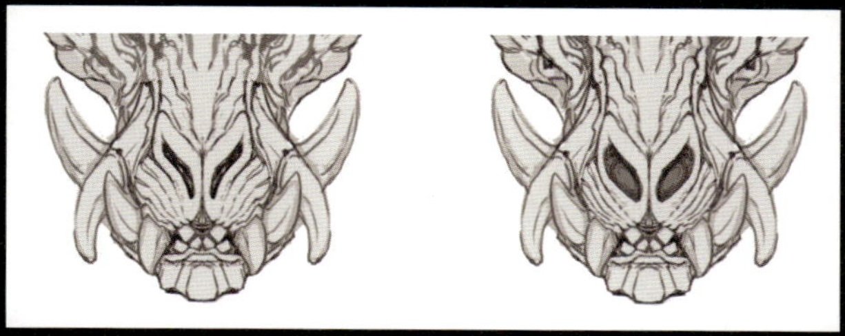

交战中即便猎物躲到掩体后边脱离视线范围，惨爪龙也可以依靠敏锐的嗅觉快速找出猎物。

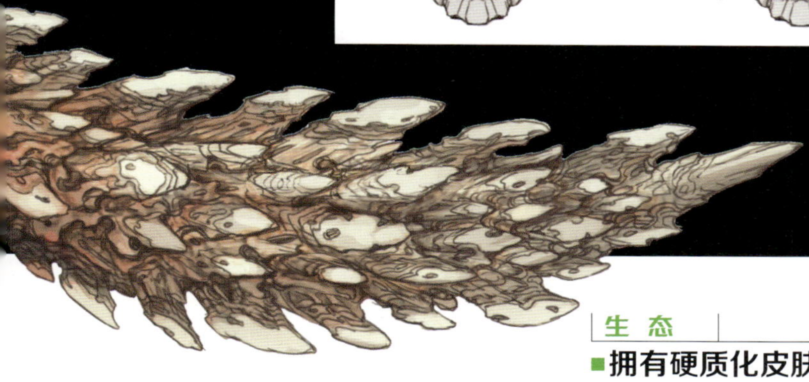

生 态

■拥有硬质化皮肤的尾巴

惨爪龙的尾部生有无数的突起，这其实是角质化的皮层。其幼崽的尾巴很短，也几乎没有突起，但随着它的生长，尾部的皮肤会像地层一样重叠在一起，变成白色的硬质皮层。这坚硬的尾巴是惨爪龙用来牵制外敌有力的武器，而且因为表面的突起是不连接神经的角质层，被打坏了也不会觉得疼。而且角质层受损之后，会有新的皮肤重叠硬化成为角质层，完成再生。

开发密谈

PRODUCTION NOTE

吃了肉，攻击力便会上升，瘴气之谷的最强怪物之一

和骨锤龙那种体形巨大、看起来就很强的怪物不同，惨爪龙是那种虽然体形小，但是可以给人以强大的压迫感的怪物，骨子里散发出瘴气之谷最强者的气场。它可以发动快速的连招攻击，拥有可以导致裂伤的双层爪，还可以利用尸肉让自己变得更强，全是增加玩家狩猎难度的技能。所以为了平衡性，惨爪龙每下攻击造成的伤害相对并没有那么大。（德田）

我正思考惨爪龙吃了生肉会变强是个什么原理呢，喜欢生肉的德田却毫不犹豫地说：“没道理，就是会变强的。”（笑） 我们本意是让它吃了肉之后进入兴奋狂暴状态，但现在的玩家都很会控制，完全让惨爪龙没机会吃肉，发挥不出真正的实力呢，（笑）但是这反而说明了游戏设计的合理性。我们在简单的原型基础上加上结构独特的利爪，通常生物身上的爪在这里变成了锯一样的利刃，是种十分有趣的构造。（藤冈）

飞龙种
雄火龙

怪物数据

- ▶全长：约1704.22cm
- ▶全高：约567.96cm
- ▶脚长：约260cm
- ▶主要栖息地：古代树森林

“古代树森林食物链顶端的‘天空王者’。无论入侵者是谁，一律铲除。”

基本介绍

身披赤色甲壳，操纵着火焰的雄火龙，有着飞龙种优秀的飞行能力，凭借空中的袭击和火球吐息，制服了许多生物。因为有着称霸天空的实力，所以被誉为“天空王者”。新大陆的雄火龙将巢筑在古代树的顶端，威风凛凛地翱翔于蓝天，流露出王者的威严。它的实力远远凌驾于古代树森林的其他生物之上，见多识广的古代龙人称它为“森林之主”。原大陆的火龙为一夫一妻制，会成双成对地出现。而新大陆的雄火龙会和多只雌火龙进行交配，只有地位最高的一只雌火龙可以在古代树森林和雄火龙共同生活。当雌火龙身陷险境的时候，雄火龙便会赶来和雌火龙齐心协力对抗外敌。

生态

以灼热的火焰制服敌人

正如其名字一样，雄火龙体内拥有火炎袋这样的脏器，可以喷出可燃粉尘燃烧形成的火焰吐息来攻击敌人。结合其卓越的飞行能力，雄火龙可以在空中瞄准猎物发射火球，或是在原地升空的同时吐出爆炎等，使用各种各样的火焰攻击来将猎物和外敌制服。

RATHALOS

※《怪物猎人　世界》游戏内译为“火龙”，为便于与“雌火龙”区分理解，本书中除武具之章外译为“雄火龙”。

生 态

和原大陆雄火龙不同的进化路线

栖息在新大陆的雄火龙是从原大陆迁徙而来的。而这些雄火龙为了适应古代树森林的环境，经过长年累月的进化，样貌和原大陆的雄火龙有了一些差异。首先是翼骨骼的差异，支撑翼膜的骨架比原大陆的雄火龙多了一根。古代树森林植物繁茂，这种结构可以使雄火龙在复杂的地形中更加灵活地展翅。另外，为了更容易腾空，大腿部的肌肉也较原大陆的雄火龙更为发达。适应了古代树森林环境的雄火龙赶走了原先生活在树上层的毒妖鸟，作为森林之主称霸了整片原野。

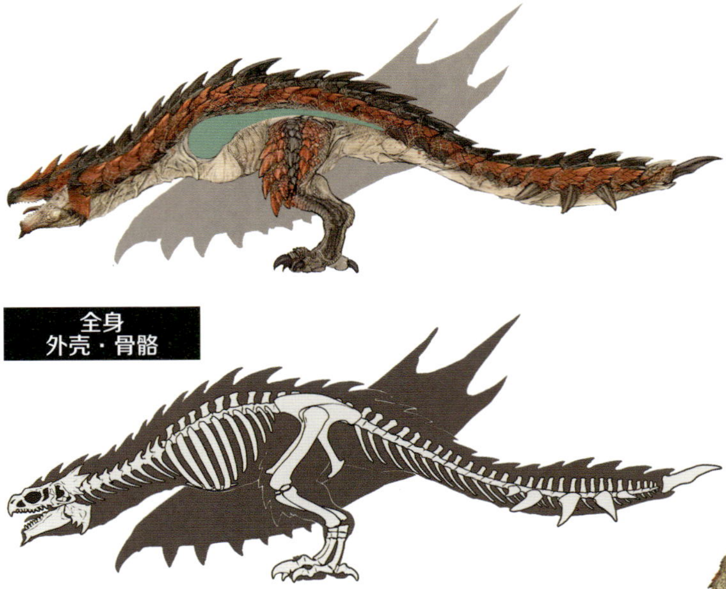

全身
外壳·骨骼

原大陆个体的腿部

新大陆个体的腿部

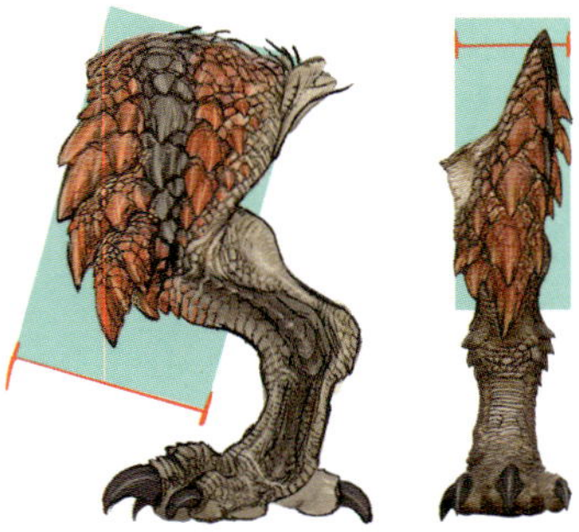

脚印

主视图

生 态

■可以灵活飞行的外壳和皮肤结构

被称为天空王者的雄火龙拥有着卓越的飞行能力，而这能力的实现离不开其肩部周围的构造。雄火龙体表覆盖着坚固的大片甲壳，甲壳的缝隙中贴合皮肤生有许多小鳞片，不会影响到皮肤的拉伸。而这些被小鳞片覆盖的皮肤会随着翅膀的扇动伸缩，扩大肩部周围的可动范围，让翅膀变得更加灵活。正是因为有这种构造，雄火龙才可以在狭窄的区域中自由飞行。

翼·骨骼图

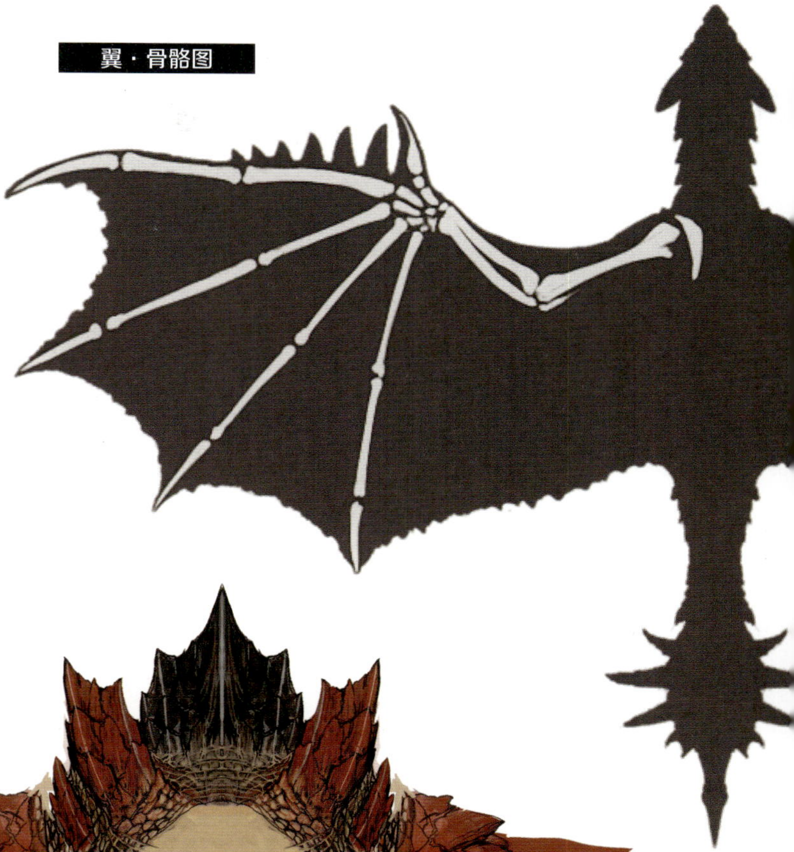

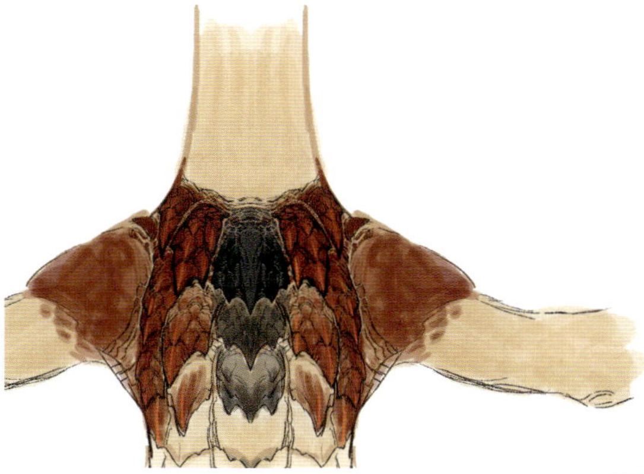

背部·甲壳

背部甲壳的详细图解。雄火龙坚硬的甲壳几乎不会发生形变，绿色区域所示为柔软的皮肤和覆盖在上面的小鳞片，正是因为甲壳缝隙中有这种结构的存在，雄火龙的翼才得以自由挥动。

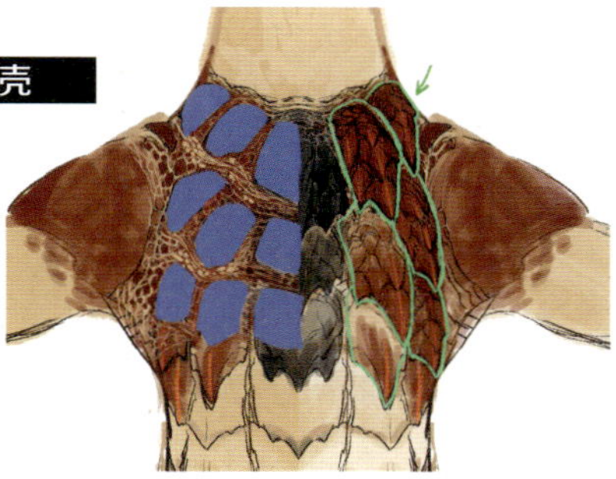

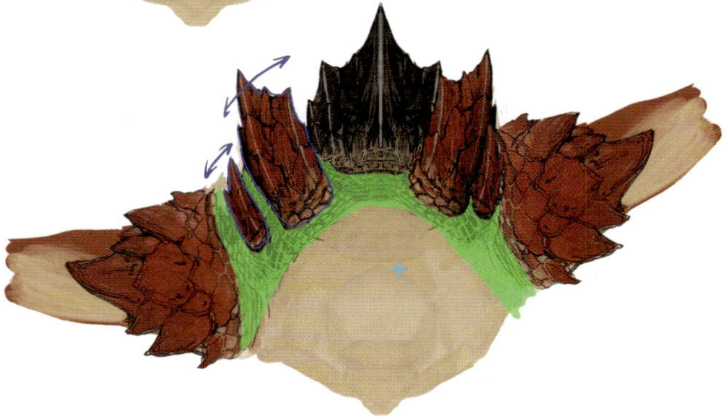

翼扇动时·胸部

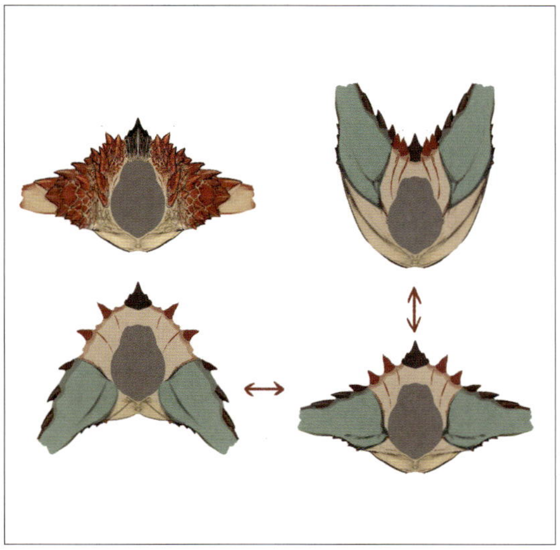

生态

■陆地步行时脚趾的变化

新大陆的雄火龙很擅长用脚抓住猎物，尖锐的利爪深深地嵌入猎物的皮肤，连蛮颚龙这种大块头它也可以轻松地拎到空中。这是因为它的脚趾很长，而且第一趾向后，三趾向前的形状很适合抓握。但是在空中用处很大的长脚趾，在陆地行走时就会变成阻碍。因此雄火龙会将关节稍微弯曲，将过长的脚趾收起来，来保证顺利行走。和原大陆的雄火龙相同，新大陆的个体也可以通过锐爪分泌毒液，在交战时通过空中奇袭使对手中毒，夺取体力。毒液攻击也会用在捕猎的时候，它会等猎物中毒绝命之后食用。

飞行时

步行时

生态

■立于古代树森林的顶点

雄火龙的领地意识非常强，性格也很好战。它会将一切与它对立的生物视为入侵者，不由分说发动袭击。它将巨大的巢筑在古代树森林最高的树上，也是它森林之主身份的象征。它的行动范围很广，每天大部分的时间都会在森林中四处盘旋，留下爪痕来示威。对雄火龙来说，古代树森林的每一寸土地都是它的领地。在繁殖期，它会将捕猎的任务交给雌火龙，自己则负责保卫巢周围的安全。

栖息在古代树森林的生物，即便是大型怪物也会见到雄火龙扭头就跑。而雄火龙对逃跑的怪物也依然会亮出獠牙追杀到底。

考察

雄火龙一日的行动

为了调查雄火龙的生态和行动范围，我们对它一日的行动进行了追踪。除了巢穴所在的16区，我们还目击到了它在14区、15区的树干上磨爪子的样子。雄火龙食欲旺盛，每天大约会进行3~4次捕食。在某一次调查中我们发现它一定会去8区捕食草食龙，而在另一次调查中我们也目击到了它去1区平地狩猎的样子。我们认为这是它会根据当天的天气和草食龙的动向来判断狩猎成功率最高的地区，从而变换目标地点。它会在狩猎的时候观察猎物周围的状况来制定作战计划。我们所观察的个体一天在磨爪、捕食、回巢休息之后，飞离了森林——它抛下雌火龙独自离开森林的理由尚不明确，感觉接下来的调查会发现些大新闻。

（摘自某调查员笔记）

和雌火龙的领地不同，并没有在大蚁冢荒地目击雄火龙的记录。在古代树森林它也很喜欢盘踞在自己的巢穴，一边沐浴阳光一边警戒着四周。

生态

一夫多妻制的繁育

经调查确认，新大陆的雄火龙会和多只雌火龙进行交配，而当中能力最强的一只雌火龙会被它选做“正妻”，和它一起在古代树森林的领地中生活。据说在原大陆，一夫一妻制的雌火龙为了争一只雄火龙会打得头破血流，甚至将一整片森林烧成焦土。雄火龙下颚上的棘状突起是筑巢时用的，越临近繁殖期棘便会生得越大，用来挖掘适合孵蛋的巢穴。雄火龙会和雌火龙共同分工育儿，不过蛋的孵化工作还是交给雌火龙来完成的。

生态

育儿的分工

察觉到雌火龙有危险，雄火龙便会立即赶到，夫妻同心抵抗外敌。在蛋孵化之后，雌火龙负责外出狩猎储备食物，而雄火龙则主要负责盘旋在空中监视四周。当雌火龙在巢中休息的时候，雄火龙便会像个保镖一样警戒着周围，这时候它会对环境中的危险因素非常敏感，十分凶狠。

在古代树森林可以感受到火龙夫妇之间强烈的羁绊，它们表现出了很专一的习性。但其实包括大蚁冢荒地的个体在内，雄火龙会记得所有与自己交配过的雌火龙。

开发密谈

PRODUCTION NOTE

立于生态顶点的最强陷阱，焕然一新的“天空王者”

如果记住雄火龙的飞行路径，可以引诱其他怪物与其进行领地争夺。虽然危险，但活用到狩猎中的话是个强力陷阱，我们希望玩家可以在游玩中体会到这一点。和简单的地形利用不同，想要利用领地争夺进行输出的玩家不仅需要知晓它的动作，还要预测其行动轨迹，属于较为高阶的玩法。在开发初期，我们在夜晚的古代树森林进行了雄火龙和蛮颚龙领地争夺的测试，皓月下雄火龙展翅翱翔，最终在映红暗夜的火光中潇洒离去，看到这一幕我们一致感叹：“就是这个劲，这就是森林的霸主。”（德田）

雄火龙是和大凶豺龙及蛮颚龙一起在开发初期制作的怪物。大家都已经对雄火龙这位老朋友非常熟悉了，所以我们才想让它带给玩家全新的体验。不仅是外貌，骨骼结构也发生了改变，彻底的革新可以带来更大的冲击力。结果雄火龙设计的高水准就成了质量标杆，之后回归的老怪物我们也会照着这个标准来制作。（藤冈）

DIABLO

生态

在地下生活，从流沙中发动奇袭

在大蚁冢荒地的内部有一个沙漠化的地下洞窟，那里便是角龙的领地了。角龙很少踏出自己的领地，对于入侵者会毫不犹豫地加以铲除。它习惯在地中潜行，所以视力并不是很好，取而代之的是敏锐的听觉。即便身处流沙之中也可以准确地判断地面上敌人的位置，发动攻击。但也正是因为听力过于发达，角龙很难忍受大分贝的噪音，所以它大部分的时间都在地下洞窟中度过。另外，由于它全身肌肉格外发达，在地中潜行的速度也非常惊人。

接待员

“哇，好大的角！被顶一下应该就完蛋了吧。”

基本介绍

由于其强大的实力，古代龙人称之为“大蚁冢荒地的霸主”。其震天的咆哮可以导致人出现听觉障碍，尾巴一挥便可轻易将数位猎人一起击飞，一举一动都十分危险。特别是头上一对巨大的角，在突进时甚至可以改变地形，拥有着惊人的破坏力。它执意将敌人彻底铲除的凶暴性格让它被冠上了“沙漠暴君”的称号，但它却是飞龙种中罕见的草食种，以沙漠中的仙人掌为食。它虽然长有一对大翅膀，但很少飞行，基本只会在地面或地下行动。

飞龙种
角龙

怪物数据

- 全长：约2096.25cm
- 全高：约738.96cm
- 脚长：约213cm
- 主要栖息地：大蚁冢荒地

生 态

通过突进，巨大的角可以改变地形

角龙最大的武器就是它巨大的角。弯曲的尖角在沙地中阻力很小，在地中移动时开路全靠它。虽然角龙块头很大，但它奔跑速度极快，在战斗中它会通过急速冲刺用大角突击，其威力之大，一击便可顶穿土砂龙坚硬的甲壳。因为角龙十分讨厌噪音，所以响翼龙的叫声等声音会将角龙从巢穴引出来。它会从地下暴躁地冲出来，将地面顶出一个巨大的空穴，强大的冲击力甚至可以改变地形。

从地下观察角龙开出的空洞会发现，这洞距离地面足有十余米。这惊人的爆发力，角龙是荒地霸主的同时也是个不折不扣的暴君。

考 察

围绕仙人掌不为人知的争执

草食动物当中也有会为了争地盘和保护族群表现出攻击性的，这当中最具攻击性的恐怕就是以仙人掌为食的角龙了，甚至可以说新大陆的角龙攻击性要比原大陆的个体更胜一筹。追寻其理由，这里的角龙需要和其他的角龙以及草食动物抢食物，独占仙人掌的生长地。而它庞大的身躯需要食用大量的仙人掌，它便会进一步扩张自己的仙人掌领地。在荒地中生长的仙人掌有时会出现营养不良的情况，角龙没有办法只能进一步地去争夺仙人掌领地……其实导致仙人掌营养不良的元凶是在荒地中筑建蚁冢的搬运蚁，它们会夺取仙人掌的养分，使其枯萎。但角龙并不知道这个潜在的威胁，要是被它发现了会不会变得更狂躁呢……

（摘自某调查员的狩猎笔记）

生 态

同类之间激烈的领地争夺

角龙的通常种和亚种之间会发生非常激烈的领地争夺。角龙的通常种为雄性，而黑色的亚种则是处于繁殖期的雌性。原本通常种和亚种基本是在同一片领地下成双成对生活的，而到了繁殖期，雌性本来就很强的警戒心会变得爆棚，连和自己共同生活的雄性也会被它列为入侵者的行列，一并发动袭击。通常种和亚种之间会用自己的大角一决胜负，凭实力制服对方。有的个体甚至会因为战斗过于激烈而损伤到角，今后的行动也会变得困难。

角龙对领地入侵者毫不留情。几乎所有栖息在荒地的怪物，它都可以通过大角的突刺一击打败。

角龙总是会吃同一块地方的仙人掌。也许是因为它认为这里的仙人掌水分含量最丰富，又或许是单纯的口味偏好。

生　态

■通过仙人掌补充水分

荒地地带的植物为了适应干燥的环境，会在硬壳中储存水分。角龙在食用仙人掌的同时便可以完成水分的补充，不必再特意跑到远处的水源饮水。对于时常警戒在自己领地附近，不常远距离移动的角龙来说，仙人掌是再合适不过的食物了。角龙的尖牙可以让它轻易地咬破仙人掌的坚壳，它在进食的时候会离开所在的洞穴到地面上来，大摇大摆地横穿沙漠。为了提供庞大身躯所需的营养，它每天进食多达五六次。

开发密谈　PRODUCTION NOTE

以力量彰显存在感，立于大蚁冢荒地的生态顶点

虽然可以设计新怪物，但无论对于新玩家还是老玩家来说，将角龙放在沙漠顶点这个位置都是最合适的。角龙强力的龙车和高攻击力这些特点依旧保留，在此基础上我们还追加了可以对响翼龙的声音起反应，作为音爆陷阱使用等要素，另外，在讨伐其他怪物时也可以引诱角龙加入战斗，利用角龙的地盘争夺造成可观的输出。（德田）

雄火龙喜欢在原野中巡逻，有的时候会意外地加入战斗，而角龙则属于待在自己领地不怎么出来的怪物。所以将角龙引出来利用领地争夺来对付别的怪物要好实现得多，和利用雄火龙地盘争夺时的玩法和思路完全不同。当时我们的开发人员苦恼于要怎么表现角龙冲破地面后流沙的地形效果，结果德田说："就做成古代树森林的瀑布那样就行了嘛。"最终角龙冲出地面后的地形变化呈现出这种生动又有趣的样子。（藤冈）

古龙种
麒麟

怪物数据

- 全长：约536.26cm
- 全高：约406.36cm
- 脚长：约24cm
- 主要栖息地：陆珊瑚台地

性急的生物学者

“终于凭借着响彻台地的落雷和蹄声找到了它。居然在新大陆也能看到它的身影，太不可思议了！”

基本介绍

麒麟是身上缠绕着青色闪电、出现在雷云之中的古龙种。它神圣的银白鬃毛和高雅纯洁的身体令许多猎人神往。但是它神出鬼没，目击情报极少，有很多人一生也见不到麒麟一次。它种群数量稀少，行迹不定，因为这层神秘的面纱又被人称为“幻兽”。古龙种拥有着超过人类认知的强大能力，而麒麟在古龙种当中属于体形非常小的了。但是它拥有操控雷电的能力，危险度足以和大型古龙比肩，这种庄严的体态和绝对强的能力令人心生敬畏。随着在陆珊瑚台地高层出现的多起麒麟目击案例，其在新大陆的调查也陆续展开，原先迷雾重重的生态也逐渐明朗了起来。

麒麟出现在陆珊瑚台地的时候，周围的小型怪物会感知到它的气息，从它的身边逃离。

生 态

栖息在陆珊瑚台地的孤高古龙

在新大陆发现的古龙大多栖息在地脉能量丰富的龙结晶之地，但麒麟却没有在陆珊瑚台地以外的观测记录。正是因此，不排除麒麟栖息在尚未被人类发现的秘境的可能性。现在由于熔山龙的迁徙导致了新大陆生态系统和能量流动的变化，致使麒麟的活动范围延伸到了调查区域的附近。

生 态

自由操纵雷电甚至可以改变天气

小体格的麒麟被认定为古龙种，最大的原因就是它拥有影响周围环境的能力。麒麟出现在万里无云的晴空下，便会立刻阴云密布，雷鸣滚滚。而麒麟对自己的敌人则会操纵雷电进行攻击，落雷像暴雨一样无情地袭来。麒麟这种能够影响自然气象的强大能力，正是被称为天灾的古龙种才能够拥有的。

麒麟在发动强力的落雷时，雷能量会集中在其额头的角上。这个角则是落雷的发生源。

KIRIN

生 态

身缠雷电进行自我强化

敏捷性和攻击能力都极高的麒麟，在怒气达到顶点时体内会激发出强大的电压、电流。此时通常会发生击向麒麟自己的落雷，但这可以被认为是它在主动诱雷，吸收了大量雷电能量之后的麒麟体表会缠绕着一层青白细小的电流。通过体内积存电能，麒麟可以进行长时间大规模的放电，而且电信号还可以刺激全身的肌肉使其硬化。麒麟硬化之后，锋利度不够的武器完全不能对它造成任何伤害，这对于猎人来说是极大的威胁。

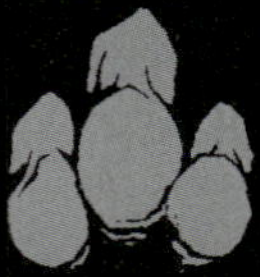

脚印

主视图

生 态

惊人的身体机能

在高低差显著的陆珊瑚台地可以看出麒麟身体机能的过人之处。麒麟的脚成蹄状，腿部肌肉发达，跳跃能力和奔跑能力都非常优秀。无论什么悬崖，麒麟都可以凭借跳跃能力翻越过去，即便是自身几倍高的垂直陆崖，他也可以凭借跳跃力和平衡能力像平地飞行一般轻松越过。麒麟这种惊人的能力，可以认为是它通过控制肌肉中的电信号来提升身体机能的结果。

考察

■关于麒麟的食性

之前关于麒麟的生态一直是迷雾重重。这次奇迹般的在陆珊瑚台地发现麒麟，才使得调查有了进展，对其食性有了初步的了解。麒麟栖息在陆珊瑚台地的上层，而它会从走过的地方吸食植物上的露水。从其嘴部结构可以推断它不是肉食动物，在没有观测到麒麟的其他饮水和进食活动的情况下，我们假设它吸食这些露水是为了将水分解之后用于发电。另外，我们观察到麒麟在吸食露水的时候大多会伴随体毛的掉落，目前原因还尚未明朗。如何凭借微量的水产生能量，其中的原理也还有许多方面值得进一步研究。

（摘自某调查员笔记）

生态

■新大陆个体的特殊攻击

麒麟在原大陆的许多地区都有过目击记录，而其在新大陆的个体则会诱发一种特殊的“平行于地面的闪电”。这种横向的电击比从天而降的落雷范围更大，极其危险。有可能是新大陆的气候条件形成了这种独特的落雷，也有可能是新大陆的麒麟适应了环境之后获得了相应的能力。

在地面上光速奔走的电流，即便再强大的怪物也很难挨一发命中要害的直击。在闪电释放之前，地面会泛出淡淡的光芒，这是因为地下所含的矿物质和强电流起了反应。

开发密谈

PRODUCTION NOTE

梦幻般的古龙，是对调查的奖励

一开始便设计好了让炎王龙、钢龙和灭尽龙聚集在龙结晶之地。而大蚁冢荒地的炎王龙、古代树森林的钢龙，和瘴气之谷的尸套龙，各个地形也各有一个古龙会出现，只有陆珊瑚台的位置还空缺着，于是我们便考虑将哪个古龙放到那里去。加入麒麟的理由，一是从属性和平衡性的角度来说想要加入一些变化，二是因为麒麟的防具历代人气都很高，而且我们也很想看到高清的麒麟装。（德田）

这次的调查团很重视捕获任务。麒麟作为唯一一个可以在下位讨伐的古龙，其并没有出现在主线剧情中，而是作为支线剧情存在。当玩家完成了前置的几个捕获任务之后，便可解锁讨伐麒麟的任务，就好像是在对玩家说继续深入调查有好东西奖励你一样。在这里事先做出麒麟的装备，对于之后剧情解放猎人等级的双麒麟任务会有所帮助。（藤冈）

总司令

“这次进行古龙迁徙的是熔山龙，背负着火山的巨大古龙。”

基本介绍

因为岛屿一般的巨大身躯和喷射出岩浆般灼热物质的外壳，熔山龙被称作“背负着火山的古龙”。它漆黑坚硬的外壳就像岩山一样，几乎所有的冲击对它都无效。熔山龙自身性格非常温和，对于聚集在它身边的酸翼龙群和其他生物，它没有表现出任何敌意。但由于它庞大的身躯中蕴含着大量生命能量，仅仅是移动就可能带来天灾级别的巨大灾害。关于熔山龙的生态，未知的地方仍有许多，目击情报也较少，但随着某一只熔山龙的迁徙，新大陆的地形发生了改变，生态系统也随之发生了变化，它的这次行动带来了诸多的影响。

ORAH MAGDAROS

和旁边的大型船相比，可以看出熔山龙的尺寸是多么惊人。之前学者们根据文献资料推测熔山龙的大小和原大陆有记录的超大型古龙类似，但实际上它的尺寸远远超过了预测值，令所有学者都大跌眼镜。

生 态

■跨越大陆的超巨大古龙

被划分为古龙种的怪物中，有许多有着超出人类身高几十倍的庞大身躯，而熔山龙的体形足以称霸这些大块头。有记录的熔山龙平均体长都超过了200m，而和五期团一起前来新大陆的熔山龙体长则达到了惊人的257m。古龙迁徙来新大陆的原因，其实是古龙得知自己死期将至，寻求安息之地。据调查，熔山龙的体格是与年龄成正比的，本次进行古龙迁徙的熔山龙是历史记录上最大的一只，正因为它比至今为止发现的个体都要年迈。

古龙种
熔山龙

怪物数据

▶全长：约25764.59cm
▶全高：约13132.76cm
▶脚长：约1845cm

生态

■以二足步行支撑巨大的身躯移动

对古龙迁徙的追踪调查表明，熔山龙有二足步行和四足步行两种姿态。通常移动时，它会将重心分散到四肢，采用四足状态爬行。但是当它遇到障碍物，去路受阻，四足状态无法通过的情况时，站起来切换到二足状态步行移动。二足站立时，后脚将承受其全身的巨大体重，所以其后脚比前脚要大得多，肌肉也更加发达。

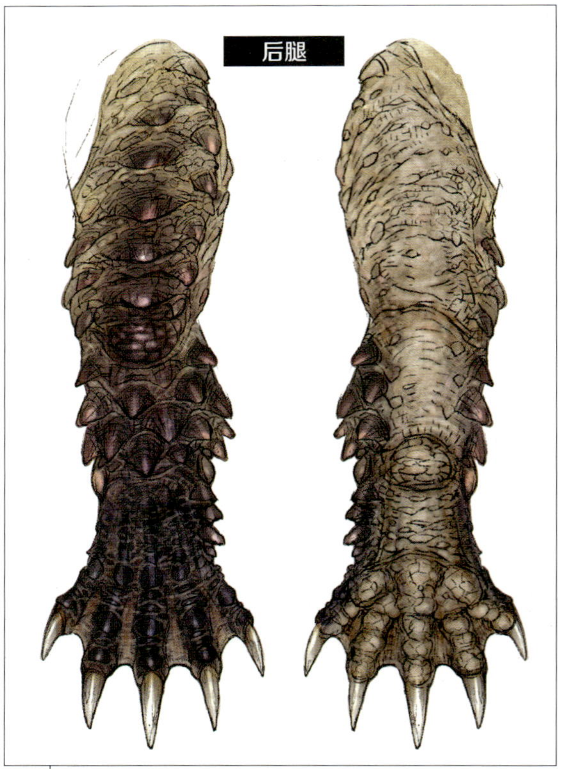

熔山龙的行动范围不局限于地面，海中、地下等场所它也会涉足。后脚脚趾之间的蹼状结构既可以支撑自重，又可以辅助其在地下和水中的移动。

二足状态时·侧面

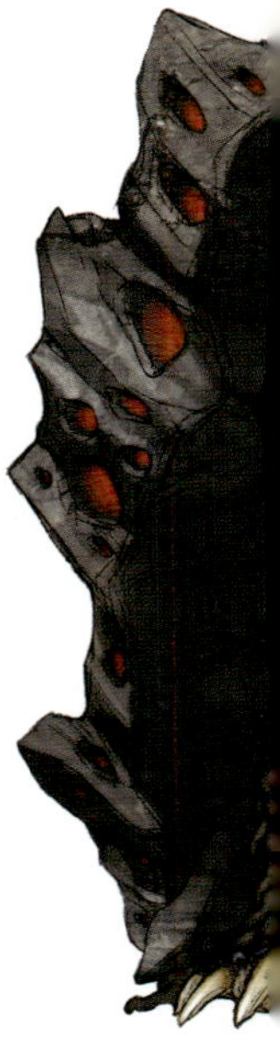

二足状态时·正面

生态

■火山般坚固的外壳

熔山龙背上的巨大火山，是它排出的岩浆般的组织液与大气接触冷却凝固成的外壳。弩弹和大炮打在它身上就像蚊虫叮咬一样，不痛不痒。岩浆状的组织液其实是食物代谢的废物，从外壳上细小的孔穴中喷出后附着在身体上，随着时间的推移越积越多，就像火山岩一样。正因如此，可以通过熔山龙外壳的积蓄程度来判断个体的生长情况，观察外壳的层数可以大致推算出其年龄。如果可以对本次进行迁徙的个体进行详细调查的话，应该也可以搞清楚它的寿命。

熔山龙日积月累形成的外壳会变得越来越硬。有时它身上掉落的外壳会残留在原野上，即便是小碎片也足有人类身体的几倍大。

在地脉回廊的熔山龙诱导作战中，它会用前脚攻击调查团的壁垒。即便是尺寸略小的前脚，其大小也非常惊人了。

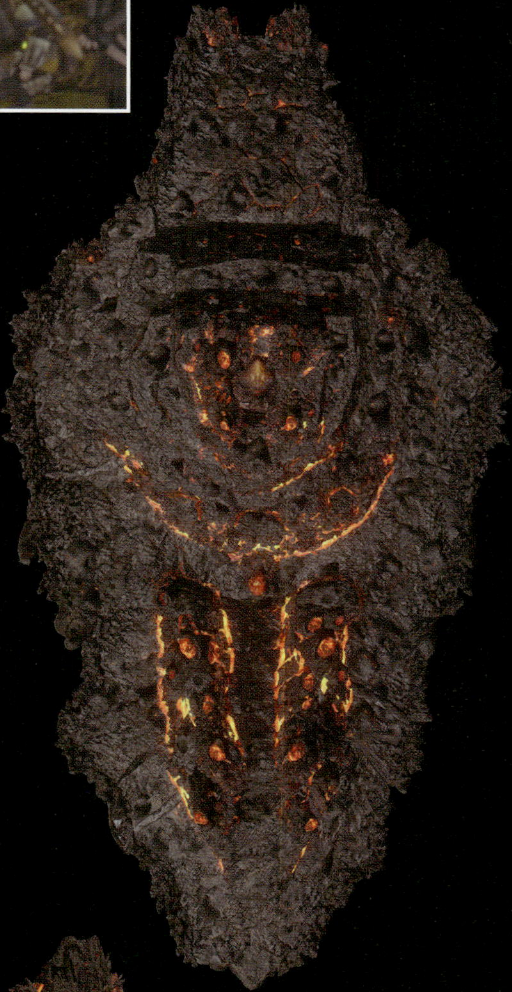

四足状态时·上面

四足状态时·侧面

生态

以爆炸性矿物为食物

熔山龙的食性一直以来都谜团重重，不过近些年的研究有了进展，确定了熔山龙是以爆炸性的矿物为食的。它会从矿物中吸收高纯度的能量，再由体内的内核来增强这些能量。而被吸收了能量的矿石便会成为岩浆状的组织液，从孔穴中排出。由于能量的吸收和积蓄会产生大量的热量，排出体外的岩浆便充当了汗液的作用，加速散热。随着熔山龙的成长，其体内内燃机关的供能效率会提高，渐渐地便不再需要摄取大量的食物。这次进行迁徙的个体命数已尽，但它却越过了作为墓场的瘴气之谷，误入了地脉回廊，恐怕是受了其他古龙的影响。

它巨大的身躯有时甚至可以诱发地壳变动。鲜有人能翻越的险要大峡谷，在熔山龙迁徙的作用下产生了巨大的裂缝，使得大多数的生物得以穿行于峡谷两侧。

熔山龙会在绝命时释放出体内积存的所有能量。这次进行迁徙的个体长眠在了海底，化身成了孕育新生命的苗床。但如果它绝命于地脉回廊，后果将不堪设想，恐怕整个新大陆都会被火海淹没。

生态

影响新大陆生态系统的巨大能量

发生古龙迁徙时往往会因为古龙自身强大的能力而影响到沿途的生态系统。本次正是熔山龙体内的巨大能量导致了新大陆生态系统的激变。寿终正寝的熔山龙长眠在了海中，大量的能量使得整个新大陆的能量循环活化，所以出现了营养状态良好的亚种怪物的身姿。假设包含同等级别能量的内核在陆上爆发的话，恐怕会酿成难以想象的惨剧。

熔山龙身体各处的散热器官，有时会将岩浆状排出物一口气释放出，达到散热的所用。

生态

喷出岩浆状排出物的散热器官

在熔山龙厚硬的外壳覆盖的背上裸露着许多散热器官。虽然外壳的孔穴中会源源不断地渗出“岩浆”，但散热器官是与内核直接相连的，其喷出的“岩浆”温度要更高一些，通过释放出高热“岩浆”可以进一步调节体温。虽然散热器官看起来像岩石一样，但毕竟是裸露在外的身体器官，它的质地要比外壳柔软一些。破坏散热器官除了可以给熔山龙造成伤害，还可以降低它调节体温的机能，使它体力持续消耗，行动变得迟缓。

熔山龙背后外壳陡峭的石壁上可以隐隐看到高热的“岩浆”流淌而过，宛如一座活火山一样，这也是熔山龙这一名字的由来。

生态

■支撑超重量外壳的翼

熔山龙的肩部生着一对翼，由于生在外壳的内部，很难被观察到。它的形状与其说是翼，不如说更像巨大的树干，而且几乎从来不动，用于支撑巨大厚重的外壳。熔山龙背后中央外壳最厚的部分（也是最高的部分）下方就是这对翼，它像巨大的柱子一样支撑着这座“火山”。另外，翼的表面也会附着岩浆状的排出物，也会随着“岩浆”包裹得越来越多而更加粗大。

外壳内部・侧面

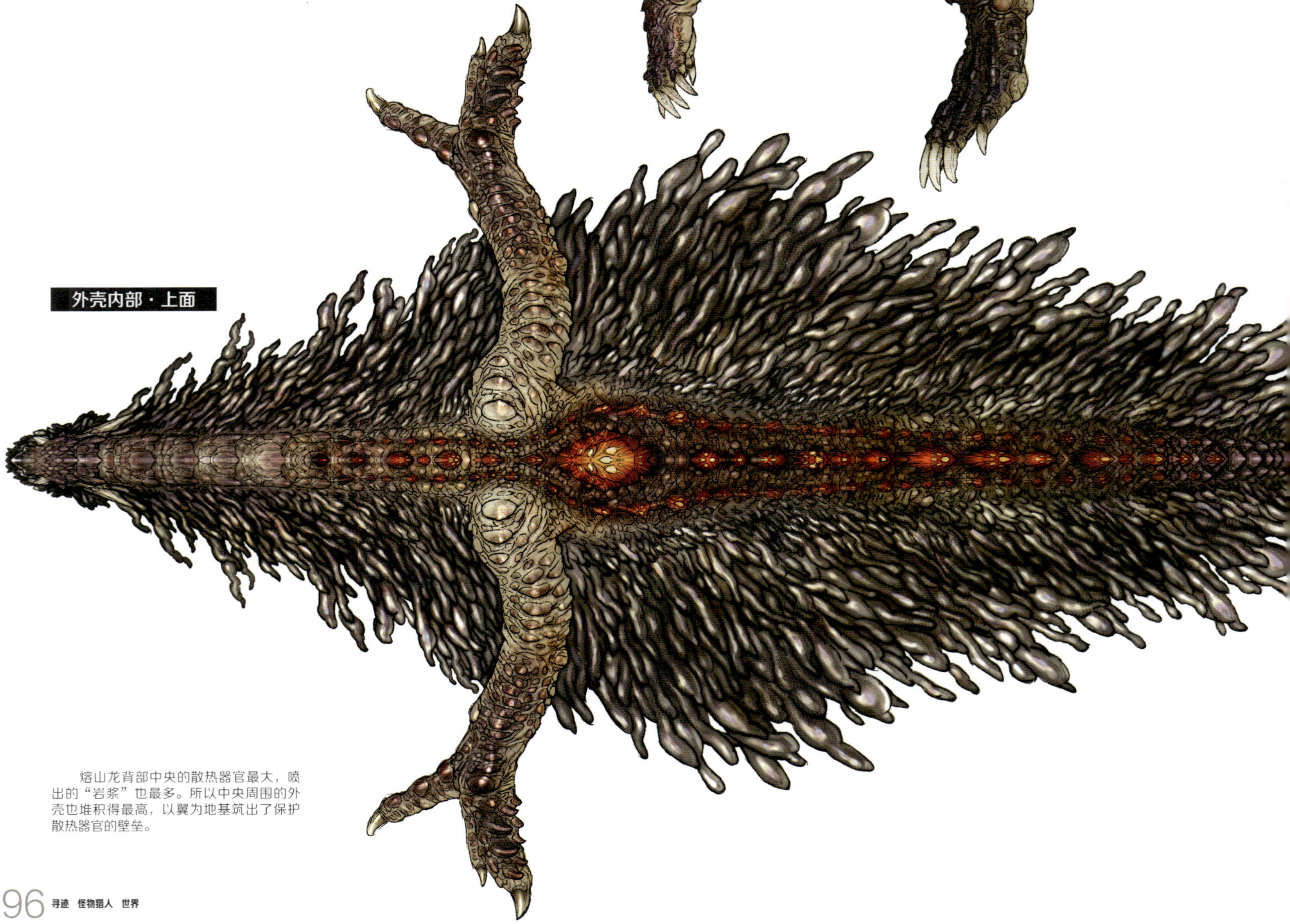

外壳内部・上面

熔山龙背部中央的散热器官最大，喷出的“岩浆”也最多。所以中央周围的外壳也堆积得最高，以翼为地基筑出了保护散热器官的壁垒。

二足行走时熔山龙的侧面。为了支撑起甚至比本体体重还要重的外壳，强韧的翼必不可少。

生态

■没有外壳的幼体的生态

虽然关于熔山龙幼体的记录非常少，但我们还是根据稀少的目击案例和生态调查解开了一部分谜团。刚出生的熔山龙既没有成体那样坚硬的外壳，也没有能够增幅能量的内核。它们出生之后不会进行移动，而会直接摄取周围矿物中的能量慢慢成长。内核生成之后熔山龙便可以高效地摄取大量高纯度的能量了，这时它们便会为了寻找食物开始移动。随着体形的增长，其维持生命所需的能量会增多，内核的增幅能力也会上升。吸收能量后的排出物也会随之增多，源源不断地从孔穴中排出，长年累月下来，它的外壳也就随之越长越大。虽然幼体的存在和成长方式得到了确认，但关于雌雄个体差异以及繁殖方式依然是谜。

熔山龙出现的时候周围往往盘旋着酸翼龙。酸翼龙栖息在火山等气温较高的地带，所以喜欢围在散发高温的熔山龙附近。

考察

■原大陆熔山龙的所在地

虽然我们对迁徙成功的熔山龙个体进行了研究，但熔山龙在原大陆的目击情报却极少。这和个体数量少，而且它们总潜在海里或是地下有着一定的关系，但是这么大的目标怎么就这么难被人发现呢？可能是因为年轻的熔山龙几乎不进行移动，而且它这种超规格的体形很难让人认为眼前的东西是个生物吧……所以说不是人们没看见它，而是人们根本没意识到这就是熔山龙。我们所认为是火山的东西，很可能就是熔山龙的外壳。

（摘自某古龙研究者笔记）

开发密谈

PRODUCTION NOTE

将游戏性与故事相结合的巨大古龙，解释了猎人存在的意义

奔向墓地的熔山龙，想要利用它的冥灯龙，和吞噬古龙的灭尽龙，这三者形成了三角关系。我们的故事要考虑的就是如何将它们的行迹与调查团的活动结合起来。拥有火山级别能量的古龙若在新大陆殒命，地脉便会被岩浆所覆盖，对环境造成巨大的影响，这种动机作为故事的主线在冲击感和逻辑上都是说得通的。熔山龙就像一片会动的原野一样，玩家可以爬到它后背的火山上，是一个将故事性与游戏性进行了结合的怪物。（德田）

制作时的难点在于它四足状态和二足状态之间的切换。这时候地形要如何变化，玩家的可站立区域要如何改变，我们做过各种尝试。而且不仅要考虑到背后的甲壳，还要结合散热器官的破坏机制一同设计。我们还决定在它的背上加上别的怪物，许多方面的设定是同时决定下来的。它的外形类似老山龙那种四足结构，但内部却有坚韧的翼支撑着背部的甲壳，可以让它在改变姿势的时候能保持住平衡。（藤冈）

牙龙种

岩贼龙

怪物数据

- 全长：约1111.11cm
- 全高：约359.28cm
- 脚长：约121cm
- 主要栖息地：龙结晶之地

DODOGAMA

生态

■给口中的岩石附加爆炸效果

岩贼龙喜欢吃岩石，特别是龙结晶。比起普通的岩石，由岩石化合生成的龙结晶能量含量要更高，而岩贼龙吸收了其中的能量之后会将剩余龙结晶吐掉。这些龙结晶会在它的口中与唾液化合，带上了爆炸效果，当它与外敌交战的时候，便会将这些会爆炸的石头吐出来保护自己。这些会爆炸的物质非常不稳定，轻微的冲击便可引爆，如果受到强烈的外部冲击，甚至可能在岩贼龙口中发生爆炸。

岩贼龙有时也会将岩浆状的唾液直接吐出。这些唾液不仅能给岩石附加爆炸效果，沾到它的地方还可能会因为受到冲击而发生爆炸。

“将嚼碎的龙结晶和唾液在口中融合，形成带有爆炸效果的石头，通过吐出这些石头来保护自己。”

基本介绍

岩贼龙是在龙结晶之地发现的牙龙种，主要以龙结晶为食。它会用强韧的下颚从地面刮取龙结晶储存在口中，与唾液合成具有爆炸效果的岩石，用其抵御外敌、铲除对手。它的领地主要集中在龙结晶含量丰富的地下，巨大的下颚和肥胖的身体导致它行动缓慢。它一边嚼岩石一边踱步的样子看起来跟青蛙似的，给人一种人畜无害的印象。但是它攻击手段凶悍，既可以吐出具有爆炸效果的岩石和唾液，封锁远距离的敌人，也可以用其坚固的下颚横扫近距离的敌人，攻击方式变化多端。而且它性格好战，但凡接近它的生物，即便比自己强大，它也会毫不犹豫地喷出炸弹岩石轰炸。猛烈的爆炸甚至可以吓退强敌，威力不可小觑。

生态

通过膨大的腹部向地表散热

岩贼龙的唾液可以为口中的岩石附加爆炸效果，也可以令粘上它的东西受冲击发生爆炸，这种唾液在和岩石化合的时候会产生高温。为了保证这种唾液的最佳活性，岩贼龙的体温就要比其他生物高。但体温过高会影响到正常生理机能，岩贼龙又没有用于散热的器官，这时候它便会用到腹部。肥大的腹部与地面的接触面积很大，从而能够将热量传导到地面，排出体外。另外，如果将口中储存的爆破性岩石咽下去，还可以与腹中其他物质发生化学反应，获得新的营养补给。

正面

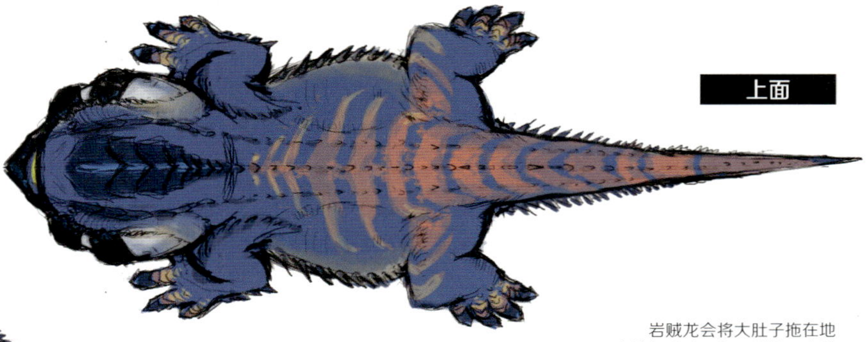

上面

岩贼龙会将大肚子拖在地上进行移动。为了散热，它除了休息和进食，其他时间基本都在移动。

侧面

主视图

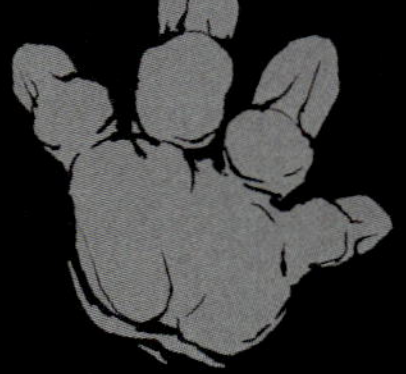

脚印

生态

■硬度高、重量大的强壮下颚

岩贼龙最大的特征便是圆圆的巨大下颚。其下颌骨的形状极为突出，咬肌也十分发达，它可以像挖掘机一样从地面铲下龙结晶送到自己嘴里。强韧的下颚不仅能削下岩石，还可以抵抗激烈的爆炸。其甲壳的耐热性能也很好，甚至可以从火山的灼热大地里挖出岩石。这巨大坚硬的下颚密度很大，重量大概占了岩贼龙体重的三成。为了支撑这重量级的头部，它头部周围和前肢的肌肉都非常发达。

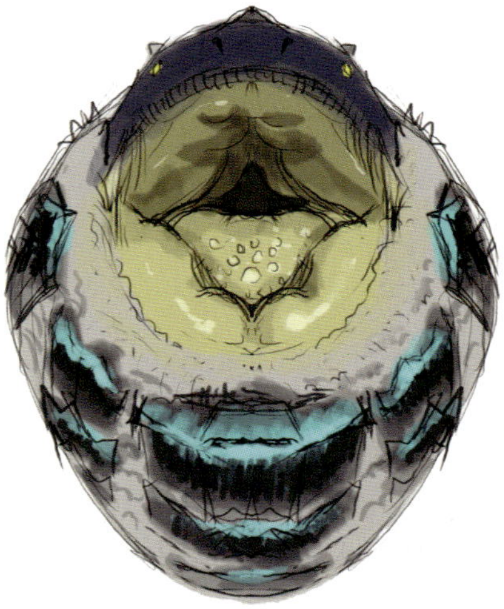

岩贼龙可以将挖出的矿石和土直接吃进嘴里。其下颚可以直接将矿石铲碎，口中便不再生有用于咀嚼的牙齿。

坚硬的下颚也被它用于攻击。将唾液含在口中进行突击，不仅可以给敌人撞击伤害，还可以将唾液沾在敌人身上引发爆炸。

考察

■与爆炸瓦斯蛙的关系

据调查，龙结晶之地上栖息的所有怪物（除了灭尽龙之外），基本上都是被这里丰富的地脉能量从其他土地所吸引来的。而岩贼龙以龙结晶为食，与外敌交战时龙结晶也是必需品，所以它才是龙结晶之地土生土长的物种。照着这个思路去探究岩贼龙的起源，从骨骼来分析它应该是凶豺龙家族适应龙结晶之地环境进化出的分支。但是龙结晶之地在此之前一直与世隔绝，于是也有学者大胆推测岩贼龙可能和爆炸瓦斯蛙有着某种渊源。有可能远古时代的某些爆炸瓦斯蛙获得了龙结晶的能量，从而进化成了岩贼龙的祖先。

（摘自《怪物进化论》）

如果按照岩贼龙的先祖是爆炸瓦斯蛙来思考的话，也就不难解释它为什么不是群居生物了吧……

生 态

积蓄岩石引起的下颚形状变化

岩贼龙的下颚由坚硬的甲壳和柔软有伸缩性的皮肤交替排布的，根据口中积存岩石的情况，下颚的样子也会发生改变。在空腹且下颚中没有积存岩石的情况时，其坚硬的甲壳会严丝合缝地并在一起，可以将外部攻击完全弹开。而下颚中储存了东西的话，甲壳间隙柔软的皮肤便会拉伸开，下颚的硬度就会下降。不光是下颚的结构，外观也会有所变化。当它口中储存了岩石的时候，唾液化合时的化学反应会使岩石变得滚烫，岩贼龙口边也会呈现赤红色。仅有坚硬的甲壳的话下颚无法伸缩，无法储存大量岩石，而仅有柔软的皮肤的话又无法抵御爆破冲击和敌人的攻击。纵向交替排列的结构完美解决了这个矛盾，可以说是兼顾两种属性的最佳结构了。

进食时它会一边用下颚挖掘地面一边迅速移动，将结晶用坚韧的下颚铲到口中食用。

生 态

吐出口中的岩石来抵御外敌

龙结晶之地有着险要的熔岩地形，能量也极为丰富，因此聚集了新大陆极为一批凶悍的怪物。虽然岩贼龙也不是好惹的，但亚种怪物以及古龙等危险的对手云集也是事实。岩贼龙不是很介意比自己弱小的生物接近自己，但这并不代表它的警戒心就低。当它遇到大型怪物的时候，会主动向对手喷射爆炸岩石来示威，将对方赶跑。所谓机会总是留给有准备的龙，即便不在战斗状态时，它也会在口中备好爆炸岩石，以便遭遇天敌时可以抢占先机。它发射岩石的精准度非常高，即便是飞在空中的对手也可以命中要害。但如果惹怒了自己打不过的对手，遭到反击的话，岩贼龙便会立刻逃跑，可见它性格里还是有胆小的一面的。

岩贼龙休眠时会用下颚在地上挖出一个坑，将身体大部分埋在这个坑里睡觉。既可以保护重要的下颚和柔软的腹部，也可以与周围的环境融为一体，令天敌难以发现。

下颚形状变化的详细图。口中不积存岩石的时候，下颚的甲壳会并拢，可以抵御攻击。而口中的岩石越多，皮肤就被抻得越开，下颚也会随之变大。

生态

区别于凶豺龙家族，单独行动

从四足爬行的骨骼构架来看，岩贼龙和大凶豺龙、大凶颚龙同属“贼龙”一类。不吃其他动物，不群居，单独行动。岩贼龙和其他肉食动物不同，它主要以矿物为食，所以没必要进行集体狩猎，这也是它不群居的一个重要原因。

在强大怪物云集的龙结晶之地，除了会飞的翼龙种小型怪物外，其他小型怪物很难生存。岩贼龙不群居或许也有这方面原因。

开发密谈

PRODUCTION NOTE

在古龙云集的龙结晶之地，作为玩家的调剂

我们想让玩家在第一次踏足龙结晶之地见到它的时候觉得：“啊，这东西能打得过！”（笑）如果这一片原野只有古龙栖息的话难度过于高，而且生态上也不是很合理。而且作为第一只上位怪物，我们想让它的难度相对简单，讨伐过后可以凑齐一身上位装备，为之后游戏进程做准备。为了增加冲击力，我们为它加上了爆破岩石攻击，而且当它口中积有爆炸岩的时候，攻击嘴部可以让岩石在口中爆炸，这样一来也能让玩家更容易地理解其攻击原理。（德田）

大凶豺龙有通常状态和饱食状态，一只怪物拥有两个形态，游玩体验丰富。虽然那是我们在开发初期制作的怪物，但完成度很高，我们以它的骨架为原型制作了岩贼龙。在设定上，岩贼龙以矿石为食，但它吃东西不用牙齿，而是用舌头像锉刀一样将其碾碎。它能在这残酷的环境下生存，恐怕是因为作为食物的矿石非常多，而且没什么怪物跟它抢。（笑）（藤冈）

扩展画廊：未确认生物图鉴[4]

Extend World Gallery

熔山龙的存在从很久以前就被确认了，但是信息过于碎片化，生物学者们只能进行大胆的猜想。这里记载的是一些以确定了大方向的推测为基础的研究资料。近些年确认的物种惨爪龙和岩贼龙，这里也整理了一些类似它们的个体，每一份资料都饱含着学者们的心血。

■古龙种②

■古龙种①

■古龙种③

■古龙种④

类似熔山龙的个体

古龙种①：大部分关于熔山龙的描述都是说它像移动的山脉一样。也有记述说它后背排烟器官喷出的烟像云一般扩散开来，远看就好像浮游的陆地一样。二足站立、翅膀展开的样子也有所记载。
古龙种⑤：也有推测其背后生有炽热的巨石。

类似惨爪龙的个体

牙龙种②：皮肤的褶皱非常明显，头部生有特征性的鼻孔，其从侧面看是完全贯通的。从后背到尾部生有一片角质疣，像是单独形成了一个皮层一般。
牙龙种③：第一趾和第四趾生有长长的隐爪，平时会交叉藏在小腿前侧的毛中。据记载，其腕部和尾部的刚毛是硬棘变化而来的。

类似岩贼龙的个体

牙龙种⑤：根据强韧的下颚推测出的个体外貌。它可以通过外骨骼的开闭来挖掘地面，口中积蓄爆弹岩或是需要防御的时候，便会将整个头部缩成球状。
牙龙种⑨：为了高效率地从岩石中摄取能量，其嘴部长成了又大又坚固的贝类形状。腹部外皮上的沟则是便于移动形成的竖条纹。

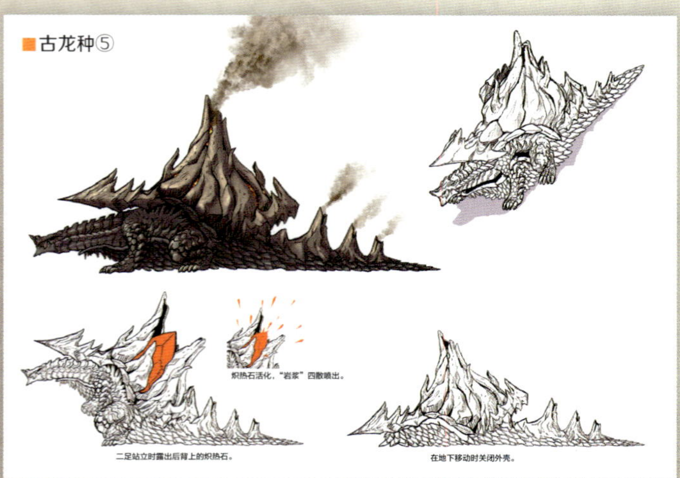
■古龙种⑤
炽热石活化，“岩浆”四散喷出。
二足站立时露出后背上的炽热石。
在地下移动时关闭外壳。

■古龙种⑥

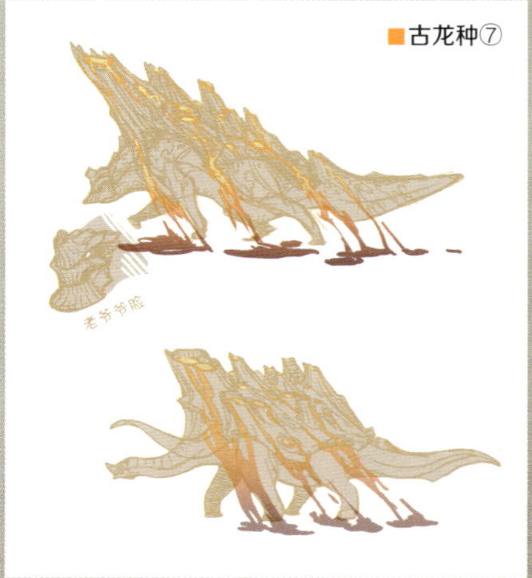
■古龙种⑦

CREATURE

牙龙种①

牙龙种②

牙龙种③

牙龙种④

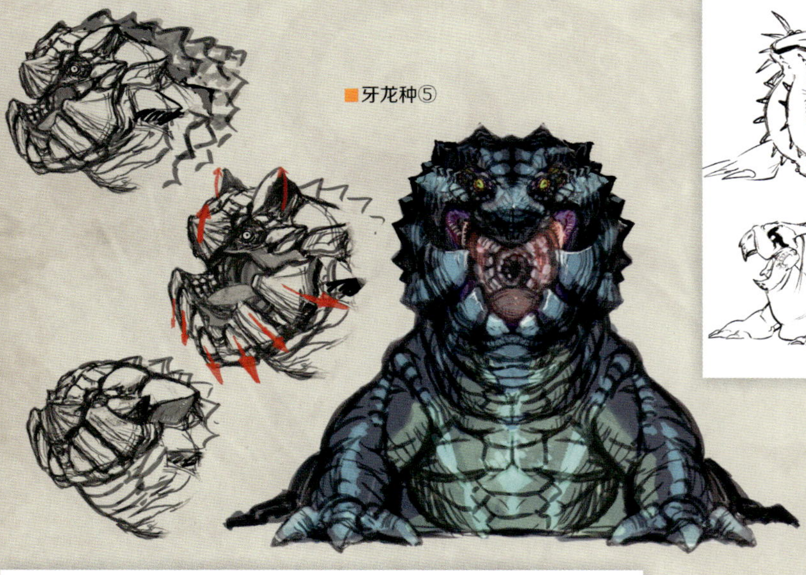
牙龙种⑤

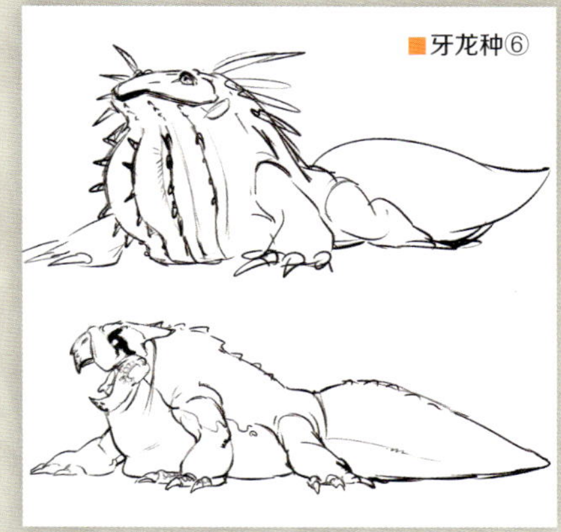
牙龙种⑥

牙龙种⑦

牙龙种⑧

牙龙种⑨

接待员

“那个怪物是樱火龙。这还是第一次在新大陆目击到亚种怪物。”

基本介绍

鲜艳美丽的桃色甲壳，不禁让人联想到原大陆某国盛开的樱花，所以雌火龙的亚种得名樱火龙。亚种和通常种相比个体数极为稀少，即使在原大陆也是珍贵的调查对象。作为首个在新大陆被观测到的亚种怪物，它在活性化的新大陆积蓄了养分之后出现在了大蚁冢荒地和陆珊瑚台地。调查团也以此为契机开始踏足龙结晶之地进行调查。至于新大陆樱火龙的来源，现在尚不明确。有可能是新大陆的雌火龙完成了亚种的分化，也可能从原大陆迁徙而来，还有待进一步研究。

PINK RATHIAN

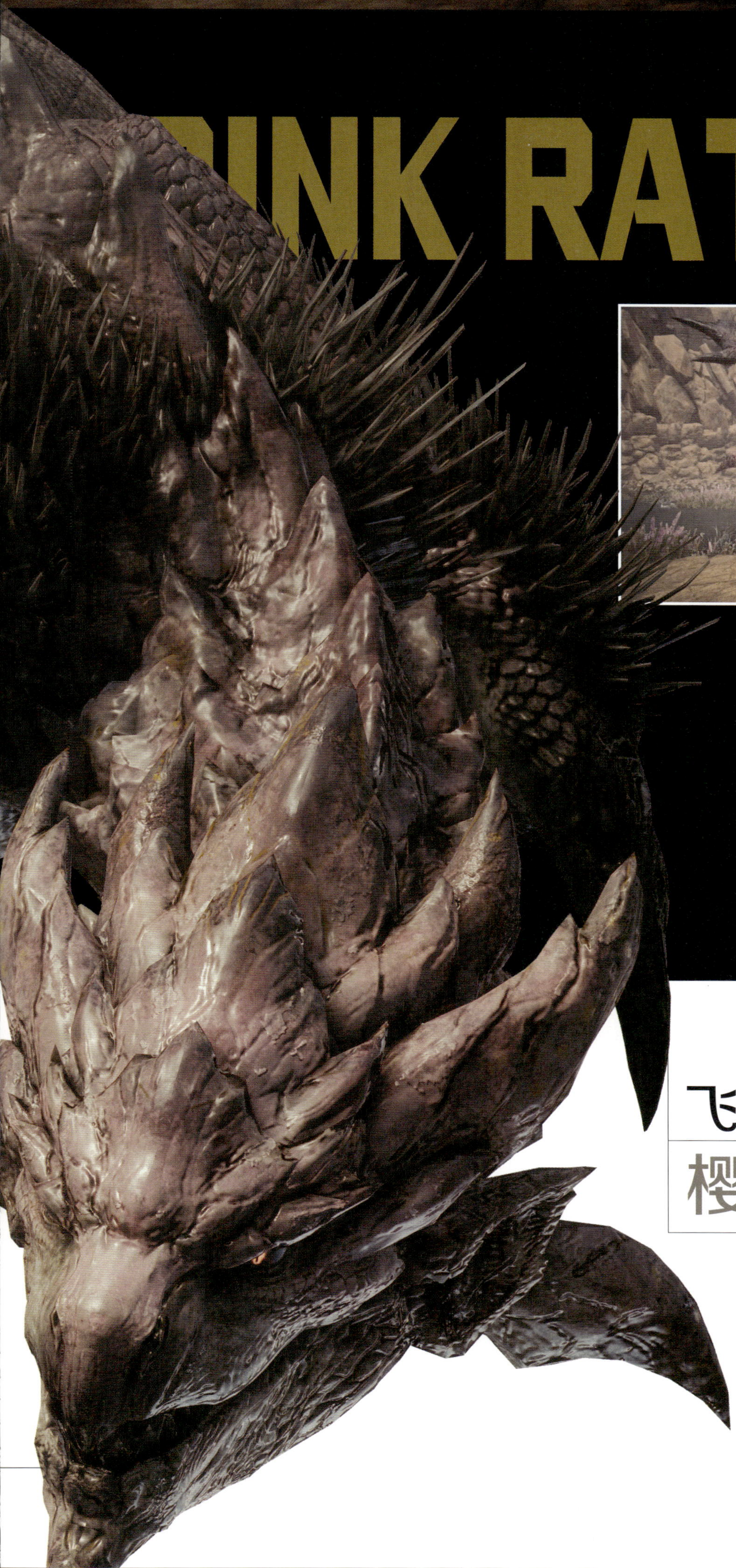

对雌火龙奏效的武器，在樱火龙坚硬的外壳面前却毫无作用。这桃色的甲壳不仅美丽，更是在和外敌激烈的争斗中生存下来的强者的证明。

生态

■比起通常种，有着坚固和韧性并存的甲壳

樱火龙和雌火龙最明显的差异就是其鲜艳的体色了。地脉活性化之后的新大陆孕育出的特殊环境，给予樱火龙前所未有的丰厚营养。不仅是体色上的差异，其外壳和肉质也受到影响发生了变化。它的甲壳变得更加坚固，而鳞片和皮肤则变得更加柔软。因为形成樱火龙身体结构的主成分与通常种有着一些差异，所以从发现大蚁冢荒地的痕迹到分析清楚其原形花费了不少时间。

飞龙种

樱火龙

怪物数据

- ▶全长：约1754.37cm
- ▶全高：约577.22cm
- ▶脚长：约260cm
- ▶主要栖息地：大蚁冢荒地
  陆珊瑚台地

生 态

追着猎物不放的攻击性和敏捷性

在其优雅的外表之下，樱火龙藏着一颗十分凶猛好战的内心。和通常种不同，即便接近实力凌驾于自己之上的对手，它也会毫不留情地发动攻击，用强烈的火焰和灵活的尾部全力攻击。另外，樱火龙对通常种的雌火龙也会表现出敌意。在领地重合的大蚁冢荒地，经常可以看到樱火龙和雌火龙碰面之后相互威吓的场景，有时甚至还会打起来。樱火龙的身体能力凌驾于雌火龙之上，它会追着敌人进行连续啃咬攻击，危险度倍增。樱火龙继承了雌火龙强劲的脚力，同样擅长地面作战，与此同时，它的飞行能力还比雌火龙提升了一个等级。它可以通过短距离助跑快速腾空追击逃跑的猎物，再用敏捷的动作和带有猛毒的尾巴给予猎物致命一击。

亚种除了体色上的区别，外貌和通常种并无大异。肉质的变化和性格的凶暴，这些可从外貌上看不出来。

除了地面上的攻击，樱火龙也经常发动滞空攻击。敏捷性也较通常种有所上升，对地面上的猎人来说是个极大的威胁。

生 态

用灵活的尾巴痛打敌人

比通常种雌火龙攻击性更强的樱火龙，非常擅长活用自己附带猛毒的尾巴来施展攻击。不仅是原地后空翻甩尾，由于飞行能力的上升，樱火龙可以旋转上升甩尾，对周围的生物进行大范围无差别攻击。另外，其尾棘所含的毒液也比通常种更浓，毒性更高。它可以利用尾部攻击给敌人造成致命伤，中了毒的敌人会迅速耗光体力。即使是在新大陆四处空降袭击的爆鳞龙，也会因为中了樱火龙的强毒而仓皇逃离。

考察

在龙结晶之地没有发现樱火龙的原因

从樱火龙的发育状况来看，它应该是生存在营养和地脉能量丰厚的场所。但是在地脉能量集结的龙结晶之地却没有过樱火龙的目击记录。亚种和通常种的生态习性不会有太大的差异，樱火龙也和雄火龙的亚种苍火龙有着配对的关系。但是苍火龙在新大陆的栖息地和樱火龙并不重合，在大蚁冢荒地和陆珊瑚台地的樱火龙都不与雄性成双成对出现，而是单独筑巢生活。追寻其原因，可能是古龙云集的龙结晶之地太过危险，不适合繁育后代。为了保证蛋和幼崽的安全，樱火龙才离开了苍火龙，独自移居到了较为安全的土地。

（摘自某调查员笔记）

通常种也在大蚁冢荒地进行繁殖，所以二者会为了抢夺最佳巢穴而发生争斗。

主视图

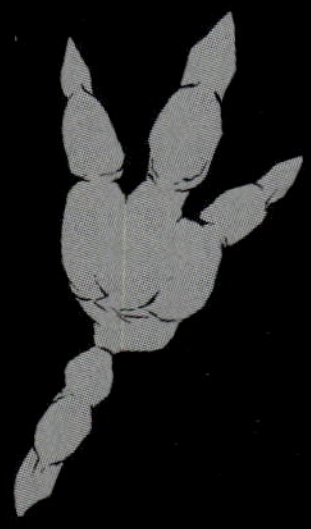

脚印

上面

下面

PRODUCTION NOTE

开发密谈

以强于通常种的实力，开启上位探索的篇章

在上位陆珊瑚与何种怪物相遇最有冲击性呢？考虑到下位雌火龙不是强制狩猎的剧情任务，所以我们便在这里让它的亚种登场了。调查团不能根据痕迹推断出其原形，是因为在新大陆从未有过亚种的调查记录。根据玩家调查点数的增加，调查团会逐渐提出新的疑问：“为什么会突然出现亚种？”“这些强壮的个体是什么？”故事会随着这些谜团的解开而推进。设置这样的剧情，绝不是因为调查团在原大陆时不知道亚种的存在。（德田）

之前的系列都是下位结束之后开启上位，中间有一个较为明显的段落感，而本次的故事是平缓地从下位推进到上位的。这里通过引入比通常种强大的亚种，可以在游玩难度和故事性上都做到无缝衔接。虽然熔山龙捕获计划失败，但地脉还是受到其影响而活性化，因此之前的怪物能力得到了加强。一些吸收了能量的怪物个体变得更加凶猛，我们便将它们划分为上位怪物。（藤冈）

飞龙种

爆鳞龙

怪物数据

- 全长：1928.38cm
- 全高：约611.4cm
- 脚长：约259cm
- 主要栖息地：古代树森林
  大蚁冢荒地
  陆珊瑚台地
  瘴气之谷
  龙结晶之地

基本介绍

即使在危险度普遍很高的飞龙种中，爆鳞龙的危险程度也是首屈一指的。它可以像空投炸弹一样将颈部和尾部的鳞片散落在原野上，连环爆炸之后的土地会瞬间化作火海，因此才得名“爆鳞龙”。它对于争斗很敏感，哪里有争斗它就到哪里，并且性格凶暴，非要拼个你死我活。它神出鬼没地流窜于新大陆各个原野，调查团也将其列为阻碍调查的危险对象进行高度警戒。它身躯巨大但身体机能很高，可以悄无声息地腾空，凭借惊人的速度压制其他生物。当它斗志高昂的时候，黑色的身体中泛出赤红色的光芒，威风凛凛地在空中盘旋，给人一种暴力的美感。

接待员

“搭档，那是个相当强的飞龙！它那异样的鳞实在是太危险了！”

BAZELGEUSE

有许多猎人在狩猎其他大型怪物时遭到它的攻击，身受重伤。这是因为它拥有感知战斗迹象的能力。

生态

对战场和生态系统搞破坏的暴徒

许多猎人惧怕爆鳞龙的原因之一，就是它的行动范围大得惊人。将整个新大陆视为自己的狩猎场的爆鳞龙，会毫无征兆地出现在任何环境中，加入大型怪物的战斗中，用自己强力的爆炸给予对手重创。但是爆鳞龙现身于调查团的探索区域内只是最近才开始的事，之前从未在据点附近见过它的身影，而这和熔山龙的渡海有着密不可分的关系。受古龙迁徙的影响，各地怪物的行动变得更加活跃，而爆鳞龙嗅到了这一丝喧嚣，认为这里适合作为它的新狩猎场，所以为了寻求更多的猎物而扩大了领地范围。

生 态

通过滑空飞行接近猎物

爆鳞龙的飞行动作最大的特征就是它很少扇动翅膀，大多数的时间都在滑行。它最大限度地利用了自己翼展宽阔的细长形翅膀，将空气阻力减到最小。所以它飞行的时候不会发出振翅的声音，可以悄无声息地接近猎物，然后趁猎物来不及逃跑用爆鳞封锁住其退路，之后就是等猎物被炸死之后悠闲地享用了。另外，这对翅膀还充当了手臂的功能，与其他的飞龙有所不同。

上面

下面

它在捕猎的时候一定会用爆鳞进行轰炸。由于爆鳞龙的牙不是很锋利，所以它需要用爆炸破坏猎物坚硬的外壳、骨骼，乃至肌肉组织。

生 态

爆鳞的生成

爆鳞龙颈部和尾部异样的鳞被称为爆鳞，是一种具有爆炸性的物质。虽然被称作鳞但和一般的角质鳞片不同，它是由爆鳞龙自身的体液形成的。它的体表遍布着无数分泌体液的分泌腺，体液接触到空气后会冷却形成一层外膜，胀大凝固后便形成了一颗爆鳞。爆鳞龙会通过抖动身躯让爆鳞从体表脱落，地面上的爆鳞若是受到强烈冲击，或是长时间置于空气中发生氧化，都会变得不稳定而易发生爆炸。爆鳞龙在和外敌交战时会最大限度地活用爆鳞的特性。它会先在目标周围空投爆鳞，然后突进过去用自己充当引爆剂，引发一场连环爆炸。

爆鳞・掉落之后

爆鳞・爆炸之前

爆鳞龙的外壳对激烈的冲击和爆炎有着很强的耐性，所以它不会被自己的爆炸所伤。

考察

爆鳞龙原本的栖息地

近年来爆鳞龙开始在新大陆全域流窜，那么它在这之前的栖息地在哪里呢？爆鳞龙的飞行主要采用滑空的方式，比较擅长从上至下的滑行，不太适合上升飞行。所以我们推测，爆鳞龙原先栖息在龙结晶之地的中心处，也就是整片新大陆海拔最高的地方。它占据制高点监视着整片大陆，发现哪里有了活跃的猎物便立刻冲过去。之后有的个体便没有再返回龙结晶之地，而是留在了各个原野上。

如果这个假说成立的话，那也就不难理解爆鳞龙的大量出没了。由于熔山龙的迁徙，许多调查区域的生态系统发生了显著变化，爆鳞龙在这些地方袭击各自生态系统顶点的怪物，大概是想夺取整片土地的控制权。

龙结晶之地的爆鳞龙会在地上摩擦爆鳞进行领地标记。这里离他们原本的栖息地很近，所以只有这里的爆鳞龙有这个习性，其他原野的个体不会进行领地标记。

爆鳞生成前

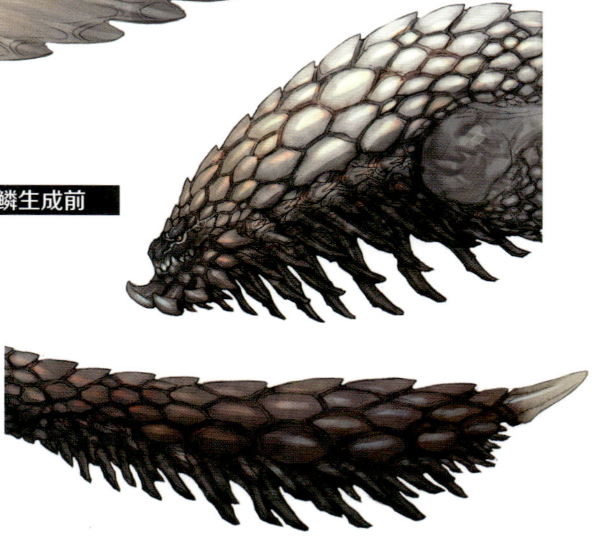

爆鳞生成时

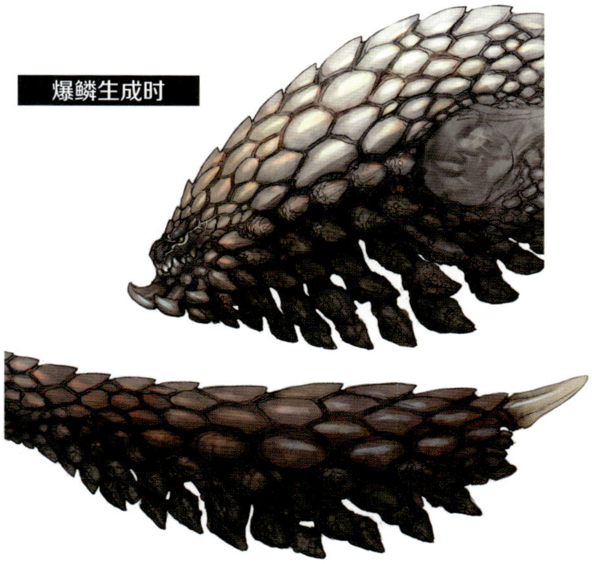

颈部和尾部的腺体会排出含有爆炸性成分的体液，凝固后便形成其独特的鳞片。其体液会源源不断地分泌，爆鳞脱落之后短时间内便可再生。

主视图

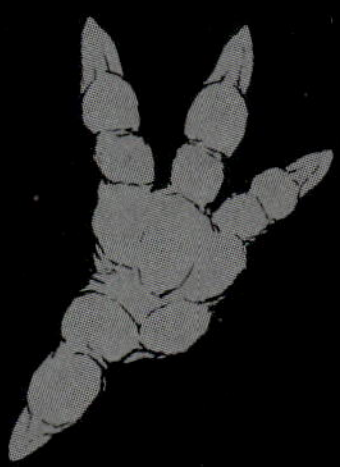

脚印

生态

使爆鳞活性化的赤热化状态

爆鳞龙在和大型怪物争斗时，或是狩猎小型怪物时，爆鳞和其周围部位会散发红色的光芒。这种现象被称作“赤热化”，是由于其在激战中斗志高昂，血液循环加速，体温升高所引起的。这种状态下的爆鳞温度也会升高，仅是掉到地上就会引发爆炸，危险度上了一个台阶。而且这时候它的新陈代谢速度会显著提高，体液的分泌量也成倍增长，爆鳞脱落之后便会立刻产生新的，源源不断。它在捕食的时候会故意让自己进入赤热化状态，为了将四处逃窜的小型怪物一口气搞定，它需要可以被快速引爆的“炸弹”，所以会调整自己的身体状态。

赤热化状态时体温会急剧上升。不仅是爆鳞，身体上侧的鳞片缝隙中也会闪耀红光。

赤热化・正面

赤热化・侧面

赤热化状态时爆鳞的生成周期大幅缩短，所以它的一举一动都有可能导致爆鳞的脱落，身边卷起剧烈的爆炸风暴。

爆鳞的生成・赤热化的过程

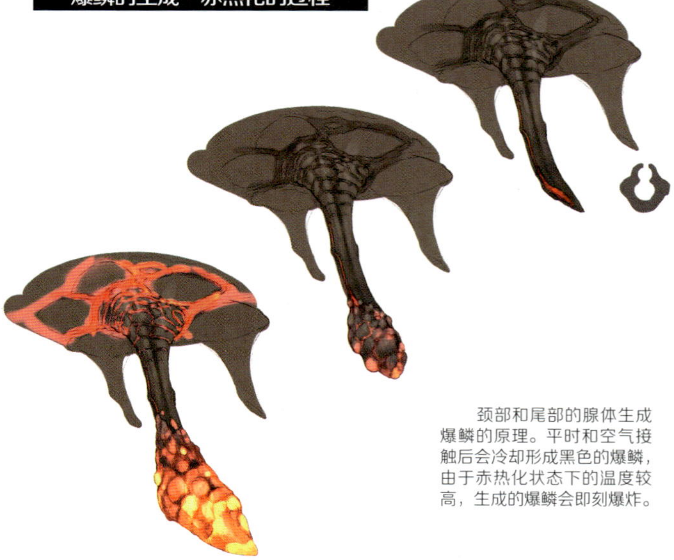

颈部和尾部的腺体生成爆鳞的原理。平时和空气接触后会冷却形成黑色的爆鳞，由于赤热化状态下的温度较高，生成的爆鳞会即刻爆炸。

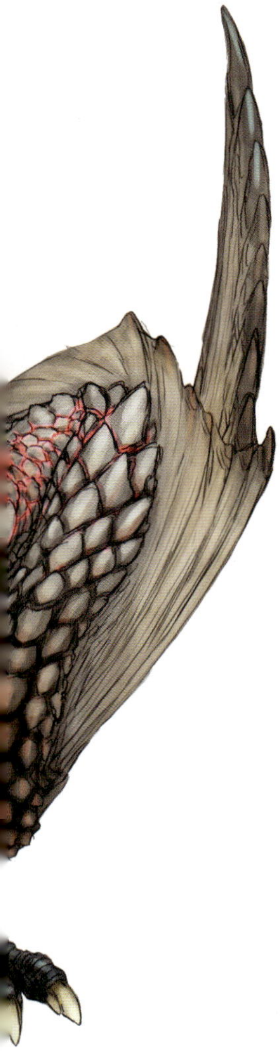

生态

企图铲除所有障碍的强烈独占欲

爆鳞龙将新大陆全域都视为自己的领地，性格十分固执。每当它感受到自己的领地有外敌入侵，便会发起猛烈的袭击，直到将外敌赶出领地或让其绝命于此。它对大型怪物抱有如此强的敌意，是想独占自己狩猎场中的猎物，所以要将所有可能跟它抢食物的竞争者统统赶尽杀绝。和独占欲如此强的爆鳞龙打得最凶的怪物，便是近些年出现在新大陆的恐暴龙了。恐暴龙有着远超其他生物的食欲，会为了找寻猎物在整个新大陆徘徊。有着同样贪欲的恐暴龙和爆鳞龙，实力也不相上下，这两头狂暴化的怪物会打到附近火光四射，小型怪物吓得纷纷四散奔逃。

恐暴龙会用自己强力的下颚咬住爆鳞龙，狠狠地砸向地面，而爆鳞龙也会引爆所有的爆鳞，给予恐暴龙强力的反击。这二者之间的战斗可以说是新大陆最激烈的了。

生态

引燃爆鳞的火焰吐息

爆鳞龙有时候会口吐火焰将爆鳞引爆。这是除了冲击和氧化之外，第三种让爆鳞爆炸的方式——对其施加高热。但是和火龙等其他会发射火焰吐息的怪物不同，爆鳞龙体内并没有火炎袋。它的嘴部附近也生有和颈部相同的分泌腺，它会通过喷出气体的冲击将嘴部附近的爆炸性液体引燃，从而形成火焰吐息。

开发密谈

PRODUCTION NOTE

闯入之后狂轰滥炸的怪物，带来上位游戏新体验

我们想让玩家在进入上位后，在同一片地图上获得新的体验。考虑到这次的设计注重生态，着重刻画了怪物之间的领地争夺，所以我们便想加入一个主动挑事的怪物。它会未雨绸缪地袭击其他可能和自己抢猎物的怪物，而爆破属性的飞龙就很适合来充当这个角色。它大概会给初次接触《怪物猎人 世界》系列的海外玩家留下很深刻的印象吧，但无论印象好与坏，我们都希望它能引发玩家之间的讨论。(笑)　（德田）

提起闯入，第一个浮现在脑海里的便是恐暴龙，但是我们想创造一个新大陆特有的怪物。从天上空投爆炸物是我们一开始便有的构想，在设计上我们将鳞设定成了金属感材质，翼也像善于展翅滑翔的海鸥一般细长。其特殊的分泌物都藏在腹侧，背部的外形就非常朴素。它的爆炸能给人留下很深刻的印象，脸也比较小，看起来还挺帅气。　（藤冈）

鱼龙种
熔岩龙

怪物数据

- 全长：约1797.24cm
- 全高：约669.71cm
- 脚长：约229cm
- 主要栖息地：龙结晶之地

怪物图鉴

“在岩浆中畅游，身披坚固熔岩铠甲的鱼龙。”

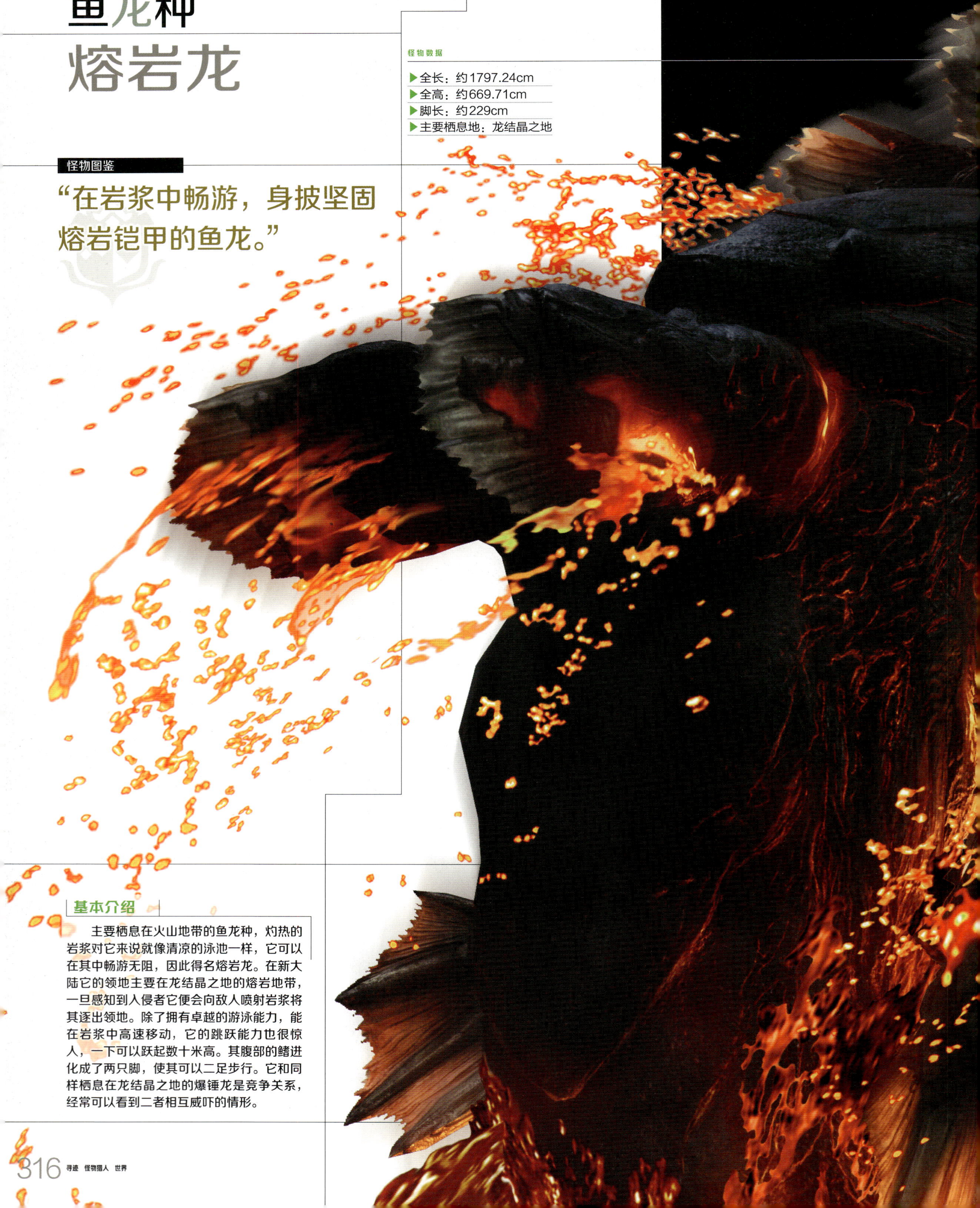

基本介绍

主要栖息在火山地带的鱼龙种，灼热的岩浆对它来说就像清凉的泳池一样，它可以在其中畅游无阻，因此得名熔岩龙。在新大陆它的领地主要在龙结晶之地的熔岩地带，一旦感知到入侵者它便会向敌人喷射岩浆将其逐出领地。除了拥有卓越的游泳能力，能在岩浆中高速移动，它的跳跃能力也很惊人，一下可以跃起数十米高。其腹部的鳍进化成了两只脚，使其可以二足步行。它和同样栖息在龙结晶之地的爆锤龙是竞争关系，经常可以看到二者相互威吓的情形。

LAVASIOTH

生 态

■悠然自得地畅游于岩浆中

龙结晶之地集结着许多强劲的怪物，但可以在炽热的岩浆中畅游的怪物只有熔岩龙一种。它用来呼吸的肺上生有阀门状瓣膜，来抵御岩浆的侵害。其强韧的外皮拥有极高的耐热性，在超过800℃高温的岩浆中也可以毫发无损。另外它也可以利用摩擦生热，将地表冷却凝固的岩浆融化后在当中游动。它会在狩猎或与外敌的领地争夺中活用这一招。

当熔岩龙在岩浆中或凝固的岩浆上移动时，其产生的热量会使岩浆进一步融化，从而会随着其移动轨迹现出一条岩浆道路。

生 态

■利用飞散的岩浆进行大范围攻击

新大陆的熔岩龙和原大陆的个体相同，会将体内积蓄的岩浆吐出来进行攻击。而且它会在自己的领地附近最大限度地活用地形进行战斗。它会潜入到敌人无法近身的岩浆中保护自己，同时将岩浆喷向敌人进行攻击。当它从岩浆中跃出时会溅起大片岩浆，可以将一定范围内的敌人全部铲除。

熔岩龙会频繁地从岩浆中跃出，将岩浆洒向四周。这是它的一种领地标记方式，同时也是对外敌的威吓。

生态

■覆盖全身的是坚硬的岩浆铠甲

覆盖熔岩龙全身的漆黑外皮，其实是附着在其身上的岩浆。已经冷却凝固的岩浆坚硬无比，成了熔岩龙天然的岩浆铠甲。熔岩龙从岩浆中上岸之后身上附着上新的岩浆，这层岩浆冷却成为坚硬的铠甲需要一定的时间，而将铠甲加热的话也可以使其重新软化。所以在狩猎熔岩龙时推荐使用投射器松明弹或火炎弹，将铠甲软化后再进行攻击，效率会高许多。熔岩龙和泥鱼龙一样可以二足步行。身上冷却凝固的岩浆会使其自重加倍，所以它的腿部肌肉要远比泥鱼龙发达。

通常状态头部

通常状态侧面

通常状态正面

岩浆铠甲因战斗受损剥落，便会露出熔岩龙自身金色的鳞片。

有时可以观察到熔岩龙在自己领地内饮用岩浆。它会通过在体内储存岩浆，使自己保持较高的体温。

考察

■熔岩龙和泥鱼龙的关系

因为外貌和生态上有颇多相似之处，所以有学者便指出了熔岩龙和泥鱼龙二者之间的关联性。虽然泥鱼龙是在新大陆新发现的怪物，但其遗传学性状表明它是一种极为古老的鱼龙种。照这个思路考虑的话，可以认为熔岩龙是泥鱼龙一部分个体适应熔岩地带进化出的分支。这样就需要思考哪片大陆的熔岩龙是先出现的了。可能是泥鱼龙在新大陆进化成了熔岩龙，而其中的一部分熔岩龙出于某种原因迁徙到了原大陆。也有可能是泥鱼龙迁徙到原大陆之后一部分进化成了熔岩龙，而剩余的泥鱼龙又返回了新大陆。毕竟有记载以来没有现大陆泥鱼龙的目击记录，未解之谜还有很多，研究鱼龙种的祖先是一个相当有趣的课题。

（摘自《怪物进化论》）

炽热状态头部

新大陆的熔岩龙可以将大量的岩浆在口中压缩后喷出，岩浆弹着地时会大范围溅射，攻势猛烈。

炽热状态侧面

炽热状态正面

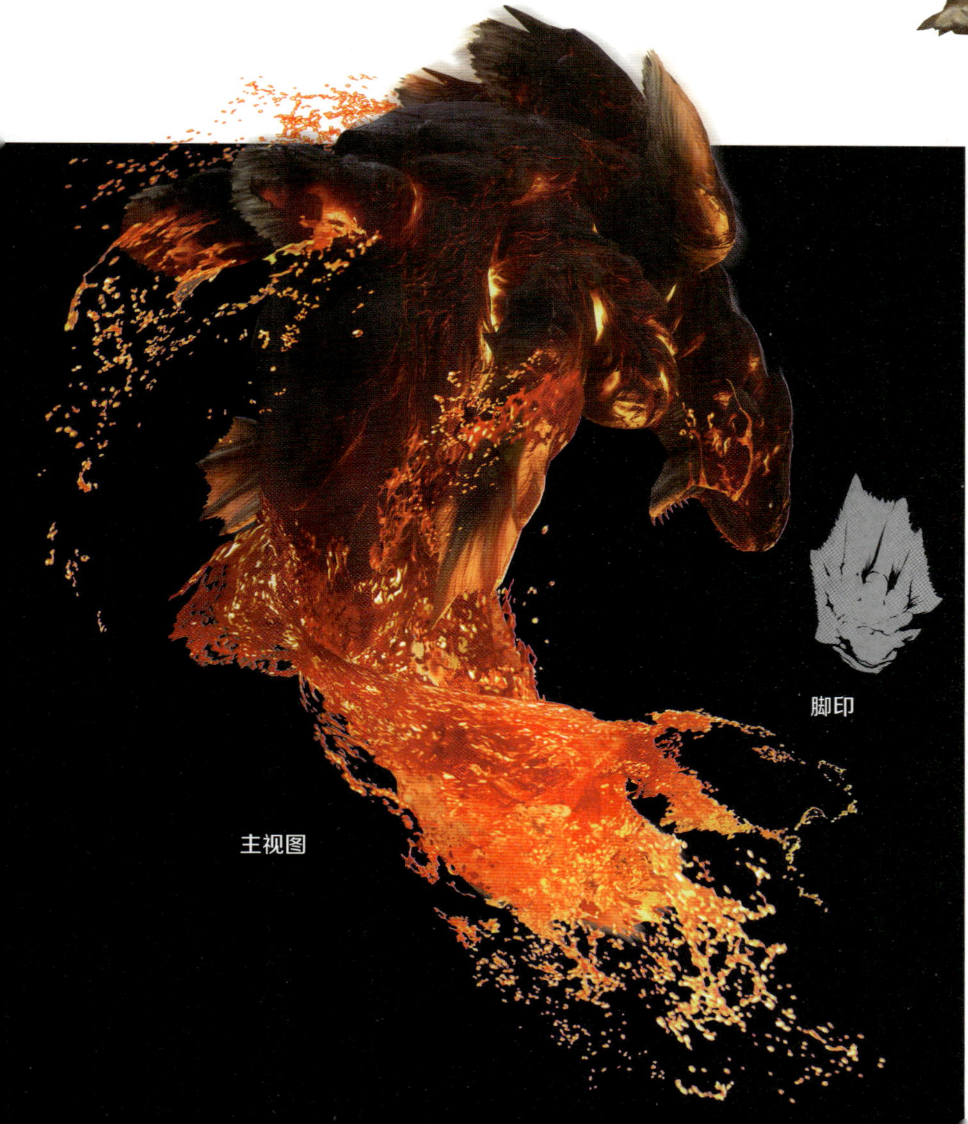

主视图

脚印

开发密谈

PRODUCTION NOTE

补全龙结晶之地熔岩地带生态的怪物

随着炎王龙的登场，龙结晶之地熔岩地带的地图被打开，我们需要加上其他栖息在这里的怪物。考虑到与生态的联系，难度上又需要低于古龙一个级别，所以思来想去最合适的就是熔岩龙了。但可惜的是，熔岩龙的讨伐不是强制剧情任务，大家都不怎么打它……所以我们在游戏发售一周年的时候出了一个特别任务，那个任务会随着熔岩龙的攻击掉落许多珠子，玩家可以快速刷装饰品，这样大家就会来多打打它了吧。（笑）（德田）

熔岩龙多用大范围的岩浆攻击，虽然它的招式给人一种很平常、缺乏趣味性的感觉，但如果能活用生态去游玩的话还是很有意思的。比如用种火石引燃它身边的地面的话，高温就会将它的岩浆盔甲软化，它的防御力就会变低，游戏难易度会大幅降低。可能很多玩家没怎么打过它所以不知道，今后请务必试一试。（笑）（藤冈）

兽龙种
爆锤龙

怪物图鉴

“用坚硬的下颚敲碎岩盘，摄取矿石为食的怪物。”

怪物数据

- 全长：约2058.63cm
- 全高：约750.53cm
- 脚长：约195cm
- 主要栖息地：龙结晶之地

基本介绍

以岩石中的能量为主食的兽龙种怪物，在原大陆栖息在矿物含量丰富的火山地带，在新大陆地脉能量丰富的龙结晶之地也确认了它的存在。即便在大型怪物中，爆锤龙的体形和体重也是首屈一指的。它可以将身体团成车轮状，在岩石地区和熔岩地带之间进行大范围高速移动。遇到它一定要多加小心，若是普通人类被卷进它的行进路线怕是根本顶不住，而且它还会在行进途中丢落附着在身上的爆炸岩石，是一种连移动都充满危险的难缠怪物。虽然爆锤龙有着利用睡眠瓦斯进行攻击的习性，但它自身却是几乎整天都不睡觉，一直在活动。

生态

为了加速岩石的消化吸收而制成的爆炸岩

爆锤龙将巢筑在富含焦油的地层中，所以它的全身都附着着焦油。它会利用焦油的黏性，将岩石粘在腹部和尾部。作为爆锤龙主食的岩石虽然含有丰富的地脉能量，是进补的佳品，但是由于其硬度，消化速度很慢，营养吸收效率也很低。爆锤龙为了弥补这一缺点，将岩石通过焦油粘在身上，再通过和可燃性气体化合形成易消化的岩石，这些岩石就是爆锤龙所放出的爆炸岩。爆炸岩既是爆锤龙的随身食物，又是威吓外敌乃至交战时的武器。

生态

食用龙结晶之地的岩石后，将产生的气体排出体外

爆锤龙喜欢吃富含地脉能量的岩石。岩石所含的成分会在它肠道内细菌的作用下，生成大量的气体。爆锤龙下腹部附近生有特殊的孔穴，它会将这些气体定期地从这里排出。这些气体可以诱发其他生物的睡意，爆锤龙会用它来保护自己不受外敌的侵害。

爆锤龙会将爆炸岩撒在自己周围或外敌附近，通过用尾或是用下颚砸地的方式将其引爆，这是活用爆炸岩的性质和坚固的身体进行战斗的方式。

URAGAAN

生 态

活用背部突起进行高速滚动

爆锤龙背部的突起像是指甲一样，随着成长越来越大，而且会终生持续生长。这些突起摩擦系数很大，可以起到调整滚动方向和防滑的作用，还可以帮助它在滚动时保持平衡。爆锤龙自重很大，二足步行的话，动作非常迟缓，用滚动的方式它可以快速地在领地之中徘徊。突起变得太长就会有碍滚动，所以它会经常通过在地上滚动的摩擦来调整突起长度，就像修剪指甲一样。也正是因此，爆锤龙突起的截面被磨得又平又亮。

头部侧面

观察爆锤龙的下颚，可以明显发现其颜色和体色的不同。这是因为融化了的矿石在下颚表面形成了涂层。

上面

爆锤龙排出的睡眠气体是有可燃性的，因愤怒而体温上升时很可能会在喷出的瞬间着火，将睡眠气体攻击变成喷火攻击。

生 态

使用强大的下颚摧毁周围的一切

爆锤龙外貌最引人注目的地方，就是其超乎寻常的巨大下颚了。它需要把岩石砸碎后食用，而下颚就是它的锤子。其下颚会随着年龄的增长而增大，而且在敲碎矿石的时候有一部分矿石会因为热量融化，附着在下颚上形成涂层，使其下颚变得更大更坚硬。正是因此，下颚越发达的爆锤龙在领地争夺时就越占优势，在求偶时也更有魅力。爆锤龙在直立行走时仅靠两只腿来支撑自身的重量，而在滚动时以下颚为重心。为了顺畅地滚动，爆锤龙会频繁地调整下颚的形状。

爆锤龙巨大的下颚是其攻击外敌最有力的武器。将全身的重量压于下颚，全力地砸向敌人，甚至可以引发周围地面强烈的震动。

考察

■新大陆的爆锤龙是战略家？

虽然和原大陆的个体一样擅长依靠滚动进行移动，但新大陆的爆锤龙有一个最大的特征，那就是会在战斗时最大限度地利用地形。据前去狩猎的猎人报告，龙结晶之地有一块区域的地形呈研钵状，爆锤龙到了这个区域便会利用墙壁360度尽情地滚动，在这里的狩猎会变得非常困难。在其他区域它也会利用墙壁加速旋转，再飞身从上至下砸向敌人。这可能是为了在强者云集的龙结晶之地生存下来，爆锤龙做出的本能反应。

（摘自《新大陆调查报告》）

主视图

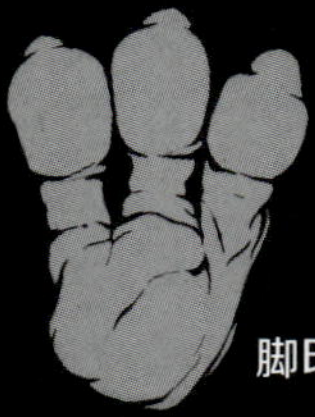

脚印

生态

■繁殖期习性和强烈的领地意识

爆锤龙的雌性和雄性平时外貌并无大异，但在短暂的繁殖期里，雄性会在全身附着上坚硬闪耀的矿石来吸引雌性。由于所食用的矿石成分会直接影响身体的硬度和外观，所以雄性在繁殖期会更倾向于去食用坚硬且漂亮的矿石。雌性在交配结束到生产的这段时间，会一直躲在其他生物难以接近的地下等地方。幼年爆锤龙主要以树木、叶子之类的植物为食，进入成长期便会逐渐将矿石作为其唯一食物。矿石消化时会产生大量的气体，向体外排气的孔穴会随之生成。幼体背后的突起发育得还不是很完全，所以它会在尽量平坦少倾斜的区域练习滚动。以上是原大陆爆锤龙的调查情报，关于新大陆个体的情报尚不完全。

要摄入大量的矿石，所以对于领地入侵者抱有很大的敌意。同种之间通常会通过下颚和身体的大小来决定胜负，有时候胜负难分，双方便会相互碰撞发生争斗。爆锤龙在龙结晶之地的领地是和熔岩龙有所重合的，二者又都是领地意识很强的怪物，所以经常能看到它们长时间对峙的样子。

开发密谈

PRODUCTION NOTE

在古龙之间起到润滑调剂作用的怪物

龙结晶之地上层的高处是钢龙的领地，下层的熔岩区域是炎王龙的领地，我们还需要一个怪物把这高低差如此大的地图给串联起来。爆锤龙栖息在上层，会移动到下层去吃矿石，而且还是龙结晶之地未出现过的睡眠属性怪物，加入它最合适不过了。而且它不会飞，靠滚来滚去在地图中移动，也很适合活用地形的游玩方式。它的角色就像是大蚁冢荒地中将泥鱼龙和雌火龙所在的区域串联起来的搔鸟一样，但毕竟是龙结晶之地，怪物的级别完全不一样。（笑）　（德田）

古龙不会四处徘徊，只会守在自己的领地里。玩家见到它们的感受可能更多的不是想着怎么去控制它们，而是想着怎么活命吧。在这些压迫力极强的古龙之间，到处滚来滚去的爆锤龙可以完美地发挥润滑调剂的作用。虽然我们觉得爆锤龙很有冲击力，很适合这个角色，但转念一想，像爆锤龙这么厉害的怪物都只能在龙结晶之地充当“润滑油”了，这片土地得有多可怕。（笑）　（藤冈）

生 态

■以坚牢的苍蓝色双翼制霸苍穹

苍火龙的甲壳和翼呈美丽的蓝灰色，这颜色鲜艳的外壳有着远超通常种的坚固性。它超高的飞行能力离不开一对坚韧的翅膀，保护后背的甲壳质地也非常坚硬，一般的攻击根本无法对它造成任何伤害。它的耐热性也非常优秀，即便在龙结晶之地大范围的熔岩地区飞行也不在话下。苍火龙的各方面实力要强于古代树的王者雄火龙。近些年随着怪物的活动变得活跃，在古代树森林也目击到了苍火龙的身影，森林的生态系统可能会因此发生变化。

生 态

■极擅长空战，压倒性的滞空能力

有着空中王者美称的雄火龙以卓越的飞行能力著称，而其亚种苍火龙的飞行能力还要比它更胜一筹。另外，新大陆的苍火龙比起原大陆的个体肌肉力量有着飞跃性的提升，所以它在与外敌交战的时候可以一直保持滞空状态，几乎不会落地。它会用强韧的翼保持一定的飞行高度，再从空中发起猛烈的连续攻击。但是苍火龙虽然爆发力很强，耐力却似乎不如通常种，它落地后的攻击节奏会变慢，也会出现疲累状态。

AZURE RATHALOS

"和通常种相比机动性更强，在空中以快速的连击来追击猎物。"

基本介绍

苍火龙是天空王者雄火龙的亚种，和雄火龙的通体赤红色不同，苍火龙有着蓝天一般的青色甲壳。受变异的影响它们的狂暴性要胜于通常种，以无与伦比的飞行能力和强力的火焰吐息为武器，将视线中的敌人全部铲除。新大陆的苍火龙主要栖息在龙结晶之地，但之后在古代树森林也发现了其踪影。像火龙夫妇成双成对一样，苍火龙与樱火龙也经常会一起行动，共同合作狩猎。但是虽为同根生，亚种和通常种的火龙并不相容，有时在古代树森林能看到苍、红火龙在天空激战的场景。

飞龙种
苍火龙

怪物数据

- ▶全长：约1704.22cm
- ▶全高：约567.96cm
- ▶脚长：约260cm
- ▶主要栖息地：古代树森林
  龙结晶之地

生 态

■擅长活用多种多样的连续攻击

擅长空战的苍火龙，其在空中的华丽动作可以说是收放自如，机动灵活。和同样很擅长空战的通常种相比，苍火龙的速度和灵活程度都要更胜一筹，它怒涛一般的连续攻击丝毫不给敌人喘息的机会。它会先用钩爪使敌人中毒，在敌人虚弱之际扭头咬住敌人，接下来转身又是一个大火球正面攻击，这套连招下来让敌人无处可逃，毫无还手之力。除此之外，它还会活用尖爪和火焰吐息进行远距离的奇袭，将自身的身体机能最大限度地发挥，利用多种多样的技能发起攻击。

苍火龙翼膜上的绿色部位是其特有的，这个部位的翼要格外坚硬，通常种的雄火龙翼没有这一强化部位。

从远距离用火焰吐息瞄准猎物，当猎物倒地时再冲过来用毒爪加以追击解决掉猎物，苍火龙的连招多种多样，令猎物毫无招架之力。

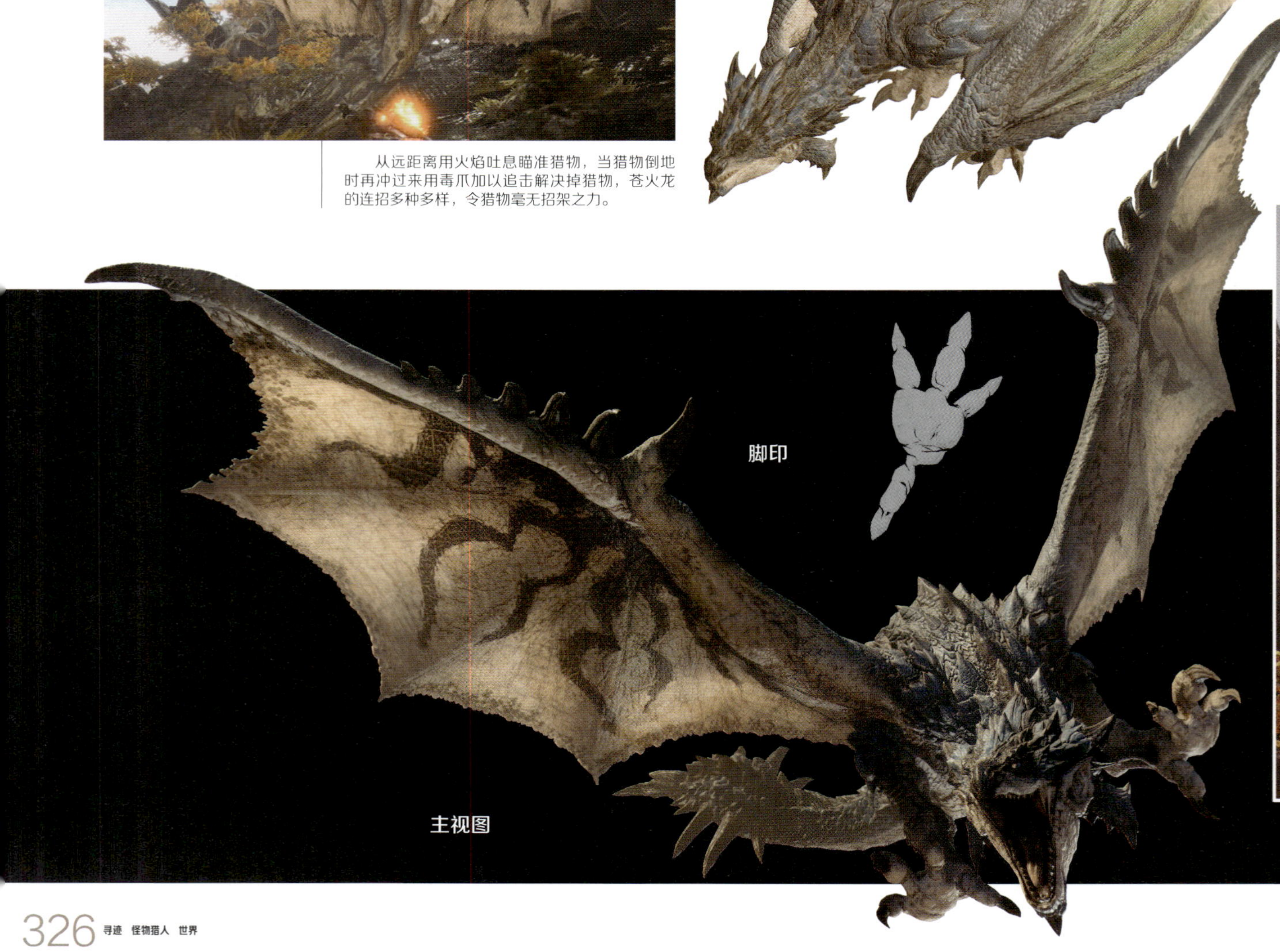

考察

新大陆雄火龙亚种及其栖息地

调查表明，新大陆的雄火龙是从原大陆迁徙而来的，对毒妖鸟的生态研究也侧面印证了这一点。而雄火龙亚种——苍火龙的由来普遍存在着两种说法：一是迁徙到新大陆的雄火龙其中一部分来到了龙结晶之地，受丰富的地脉能量影响体质发生了变化；二是和通常种一样，由原大陆的苍火龙迁徙而来。那为什么苍火龙的身影会出现在古代树森林呢？

通常种的雄火龙适应了古代树森林的环境，基本没必要到其他地方去。亚种超强的耐热性和飞行能力虽然更适合在龙结晶之地生存，但那里环境过于险恶，不适于繁衍后代，所以苍火龙可能每逢繁殖期便会造访古代树森林。但这一说法还未得到印证，或许我们只能等樱火龙和它成对出现在古代树森林的那一天了。

（摘自某三期团生物学者笔记）

苍火龙肺活量极大，其喷出的火焰吐息不仅范围广，而且可以长时间持续燃烧，威力不可小觑。即便是烧剩的残火温度也非常高，接触到难免会烧伤。

生态

愤怒时火焰吐息威力加倍

苍火龙有着比通常种雄火龙更强的领地意识，性情也更加凶猛，它所操控的火焰吐息甚至能将周围的一切燃烧殆尽。当它斗志高昂，怒气达到顶点时，其火焰的威力也会增加。不仅是燃烧更加充分，造成的火焰温度上升，其肺活量也会增大，火焰放射的范围会变得更广。另外，它的飞行速度也会随着怒气而提升，它会周旋到猎物的视野死角发动奇袭，或是向后方腾空后喷射火焰吐息，配合尖爪的连续攻击，使出多种多样的组合技能。

开发密谈

PRODUCTION NOTE

强化雄火龙的飞行能力，强调玩家对怪物的控制

在龙结晶之地除了古龙我们也想加入飞龙种的怪物。苍火龙在概念上和雄火龙并无大异，但是却大大加强了飞行能力。比起通常种，亚种更爱在天上飞，这样玩家既能感受到难易度的差异也可以有新鲜感。（德田）

在游戏设计上，我们通过雄火龙简单易懂地告诉了玩家如何控制天上飞的怪物。本来我们还想加入更多机制，例如用投射器对怪物进行控制，或是破坏翼部使其飞行能力下降等，但又觉得在这个阶段就加入实在是太早了，有点儿浪费经典的动作设计和攻略法。所以便在亚种的设计中加入了这一元素，也就是说如果不去有意识地控制就很难让怪物落地，恐怕会有很多玩家都会在心里呐喊“别再给我飞了！”。玩家可以多试一试主动去控制它，会带来新的游玩体验的。（藤冈）

它既可以边在空中旋转边喷射火焰吐息，也可以向后腾空之后用后延吐息封锁敌人退路，招式花样很多。

飞龙种

黑角龙

怪物数据

- 全长：约2096.25cm
- 全高：约738.96cm
- 脚长：约213cm
- 主要栖息地：大蚁冢荒地

BLACK DIABLOS

生态

■缓急自如的突进攻击 将猎物玩弄于股掌之间

角龙最大的武器就是一对巨大的角，黑角龙也一样会活用这一对大角，进行突进龙车或是从地下进行突刺攻击。除此之外，黑角龙的动作更加灵活，有着更加丰富的战斗技巧。亚种特有的招式中最有代表性的，便是它独特的龙车。它会在目标身边缓缓周旋寻找机会，然后趁敌人不防备突然发起猛烈的突刺。另外，黑角龙也可以敏锐地感知外敌的声音和气息，可以在突进途中精确捕捉敌人的位置进行急转向，常常打得敌人措手不及。别看它外表凶猛，但它可不是一个无脑的暴徒。

黑角龙会通过周旋逼近敌人，再突然发动突刺将敌人击飞。有不少的猎人曾被其动作所迷惑，深受重创，甚至危及生命。

怪物图鉴

“黑色甲壳是对其他生物的警告色，拥有着比通常种更高的攻击性。”

基本介绍

黑角龙是妊娠中的雌性角龙，它的警戒心极强，性情也更加狂暴。雌性黑角龙平时的体色也是土黄色，只在某些特定的时间段会变得通体漆黑，所以严格意义上来讲它并不算是亚种。但是它拥有着远超通常种的强韧体魄和狂暴性格，以亚种来命名它是为了给前线的猎人们敲响警钟。而实际上它的甲壳要比通常种更加坚硬，习性也存在着一些差异，所以从生态上来说，将其列为亚种也是合理的。由于其凶暴的性格，身体机能力量也超越了通常种，身经百战的黑角龙实力甚至可以和古龙相匹敌。

生态

连配偶都要袭击的极强领地意识

妊娠期的雌性由于内分泌紊乱，保护自身及后代的防御本能过剩，以至警戒心增强，这是自然界中雌性共通的生理反应。而对于原本领地意识就很强的角龙来说，这种生理反应带来的变化甚至可以将妊娠期的雌性个体归为亚种。在其所栖息的大蚁冢荒地，有过雌性和雄性共同出现在同一片领地的目击记录。但是和火龙夫妇的协力狩猎、共同行动不同，角龙的雌雄个体都是单独行动的。不仅不能成双成对，雄性只要一接近雌性就会引起雌性的过激反应，将其视为外敌，发生争执。

正是因为妊娠期的雌性角龙不能和雄性好好相处，所以基本可以认定角龙不会夫妻合作抚养幼崽。不仅雄性不管幼崽，以黑角龙的脾气，很有可能它自己也不会去抚育幼崽。

黑角龙和角龙的领地争夺势均力敌，有时争斗会导致被角龙视作生命的大角折断。

黑色是角龙的婚姻色。对雄性来说意味着这只雌性已受孕，不可交配，而对于其他生物来说则象征着警告。体色变黑，也有可能是为了更好地吸收阳光中的热量，使体温上升。

亚种的突进龙车有着远超通常种的威力。有时它全力的冲击甚至可以破坏大型的蚁冢，要知道大型的蚁冢可是异常坚固的，平常的攻击很难对其造成伤害。

生态

称霸荒地的压倒性破坏力和凶暴性

繁殖期的黑角龙几乎一天中大部分的时间都会在巢穴度过，它的巢穴位于通常种角龙领地最里侧的洞窟里。因为时常会警戒着四周，领地内鲜有其他生物踏足，除了常见的四种角龙，黑角龙几乎不会和其他大型怪物碰面。它出去觅食的时候如果碰上了其他生物，便会二话不说发动袭击。比起荒地之王角龙，黑角龙的破坏力和凶暴程度要更胜一筹，很少有生物能强得过它。即便是被称作生态破坏者的恐暴龙，有时也会因为黑角龙的攻击而退却逃跑。

考察

黑角龙与角龙食性上的差异

黑角龙的主食是沙漠地带的仙人掌，而且会特别倾向于进食水分含量丰富的仙人掌。所以它们会和角龙到差不多的场所去觅食同种的原生仙人掌。但是某位猎人证实了黑角龙和角龙喜食的仙人掌种类并不相同。角龙食用水分含量高的仙人掌，是为了在进食的同时补充水分。而亚种为了妊娠期的营养补充，会更优先选择营养价值高的仙人掌食用。

头部正面

黑角龙不仅甲壳黑，连角也是黑色的。体色的变化是交尾后产卵期引发的色素沉淀，从亚种身上剥取的素材含有和通常种不同的成分。

头部上面

开发密谈

PRODUCTION NOTE

以凶恶的攻击从生存竞争中存活下来，有着亚种中少有的设定

黑角龙和其他的亚种不同，不是剧情主线任务，但是我们依然希望增加大蚁冢荒地上强怪的种类，所以便让它登场了。它会和同物种的角龙进行领地争夺，这个设定是在通常种之间没有的。这是因为它是妊娠期的雌性角龙，神经比较紧张，会把所有的生物视为敌人。虽然它连老公都打，但现实中是存在交配后体色改变、攻击性上升的生物的，所以我们便以此为蓝本创造了黑角龙。（德田）

和其他的亚种相比，黑角龙和性别有着直接关系，它是妊娠期的雌性。它的攻击性和妊娠反应期间的内分泌紊乱有关，但同时也是出于生存上的考虑。但实际上由于它不是强制剧情任务，好像玩家打它打得也不多，这也是某种意义上的在生存竞争中存活下来了吧。（笑）讨伐黑角龙很容易到最后时刻被它反杀，所以很多玩家会选择破角之后就捕获它。（藤冈）

扩展画廊：怪物的种别

species

Extend World Gallery

这里将对新大陆的生物区分标准做一个简单的讲解。我们在原大陆的生态树形图的基础上添加大量设定的时候，又发现了一些新的事实，所以还需要进一步研究和修改。详细的资料现在被公会禁止泄露，等整理完成之后，希望有一天详细完善的生态树形图可以与我们见面。

飞龙种

飞龙种最具代表性的便是雄火龙，大多数物种有着卓越的飞行能力。它们生有健壮的后肢和分化为翼的前肢，大多数飞龙特征性的翼是由伸长的指骨骨骼和翼膜构成的。虽然现在在新大陆并未确认，但在原大陆也存在着前肢发达、四足步行的飞龙。另外有时候人们也会把有翼的鸟龙种一并称为广义的飞龙。

■搔鸟

鸟龙种

这种生物身上有着很浓重的鸟类影子。鸟龙种中既有像搔鸟这样身体细长，未生有翅膀的；也有像毒妖鸟这样生有翅膀，可以飞行的物种存在。前者往往头部会生有头冠一类的装饰或是特殊器官。鸟龙种被划分为中型怪物的物种比较多，大多数后肢肌肉发达，靠二足步行，拥有惊人的弹跳力。

牙龙种

和鸟龙种、飞龙种有着相同的祖先，但比起后肢，牙龙种的前肢要更为发达，拥有适合四足步行的骨骼结构。在原大陆属于较为后期被发现的种别，在新大陆以凶豺龙和大凶豺龙为首确认了多种牙龙种生物，调查正在稳步进行中。

■大凶豺龙

鱼龙种

鱼龙种没有前肢，取而代之的是鳍状结构，主要栖息在水域附近。像泥鱼龙这样的大型怪物，全身的重量都靠两只后腿支撑，在陆地的行动会较为迟缓。鱼龙种属于进化阶段较为初级的种类，在向其他种类分化的途中会进化出肺部，大部分的鱼龙种都既生有鳃又生有肺部结构。

■泥鱼龙

话题 亚种的存在

公会所定义的亚种，是指因为环境因素变化发生了适应性进化的通常种群体。大部分的亚种体色会和通常种有所差异，性格也更加凶暴。新大陆发现的樱火龙等亚种，可以认为是受了地脉能量的影响而出现的。但是像黑角龙这种雌雄个体差异的亚种属于例外。

■雄火龙

兽龙种

兽龙种为适应陆地生活，后肢肌肉非常发达，采用二足步行的行动方式。虽然在现大陆有些例外物种，但大部分的兽龙种前肢非常短小，起到行动时辅助平衡的作用，但是其威力却不可小觑，即便短小的前肢也是非常有力量的。就像新大陆发现的蛮颚龙，就有着能和飞龙种相互角逐的实力。

■蛮颚龙

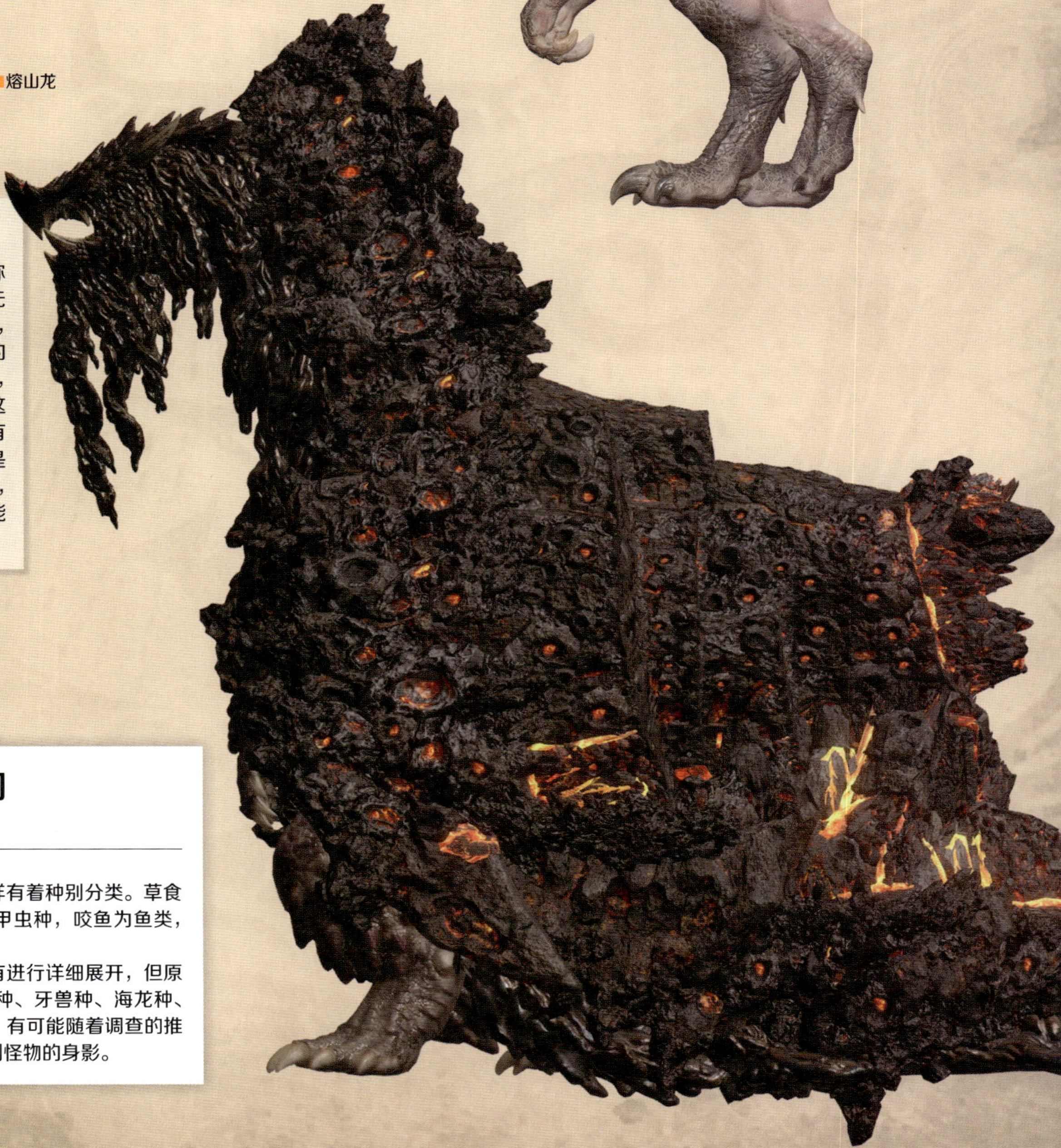

■熔山龙

古龙种

古龙种并不是生物学上的称呼。现在的人们将知识范畴内无法分类的生物群归纳为古龙种，其中大多数有着匹敌天灾一般的特殊能力。有些古龙头上有角，背后生有翼，四足行走。但像这次进行迁徙的熔山龙一样，没有类似角的结构，翼部结构也不是用来飞行的个体也有很多。另外，研究表明，古龙之血是龙属性能量的根源。

话题 公会所确认的其他生物种

新大陆所发现的小型怪物同样有着种别分类。草食龙等为草食种，巨蜂及巨甲虫为甲虫种，咬鱼为鱼类，而行翼龙等为翼龙种。

由于尚未在新大陆发现，没有进行详细展开，但原大陆被确认的大型怪物还有甲壳种、牙兽种、海龙种、钳角种、蛇龙种、两生种等种别。有可能随着调查的推进，在新大陆也可以看到这些种别怪物的身影。

“连远离前线的我
都知道，那家伙很棘手、
很危险、很可怕。”

二期团团长

基本介绍

在古龙迁徙时期现身于新大陆的古龙种。由于目击情报稀少，它在调查团中一直被当作传说中的怪物来看待，但它这次追寻着进行迁徙的熔山龙，出现在了调查团的视线范围内。它之所以追寻熔山龙，是被庞大的能量所吸引，想要将其捕食，占为己有。因为这种超越人类认知范畴的生态习性，生态研究所将其归类为了古龙种。古龙种有着压倒性的强大实力，完全不将其他生物放在眼里，灭尽龙十分凶猛好战。灭尽龙以含有强大能量的古龙为食，凭借着惊人的再生能力，即便受伤也要坚持战斗，执意要将一切毁灭。它的这副模样，称其为恶魔也不为过。

古龙种
灭尽龙

怪物数据

- 全长：约1848.12cm
- 全高：约590.6cm
- 脚长：约190cm
- 主要栖息地：龙结晶之地

生态

■吞噬古龙的古龙

生态研究所通过对灭尽龙战斗痕和捕食痕的研究，发现了它以古龙为食。实际上不只是古龙，所有的生物都是它的猎物。灭尽龙需要大量的能量来维持它的再生能力，所以它会为了寻求强大怪物所蕴含的高纯度能量而四处徘徊。而此次进行迁徙的古龙即将寿终正寝，其所蕴含的古龙能量已经积累到了极限，灭尽龙正是被这股能量所吸引，追赶到了新大陆。

它如此执着地追寻熔山龙，是因为熔山龙蕴含了远强于其他古龙的高纯度能量。

NERGIGANTE

生态

隐藏在全身黑棘中的再生能力

覆盖在灭尽龙全身的黑褐色硬棘，即便在和其他古龙的交战中破损，也可以瞬间修复再生。刚刚生长出的棘是乳白色的，质地不那么坚硬，受到攻击的话很容易被破坏。乳白色的棘氧化后，颜色会变黑，质地也会越来越硬，而灭尽龙的棘会在不断地破坏与再生中被锤炼得更加坚硬。据调查，本次所讨伐的灭尽龙棘的总数大约要超过一千八百根，而为了完成这些棘的再生和硬化，需要难以想象的巨大能量。

灭尽龙的棘即便被破坏，也可以在数秒内就长出数十厘米长的乳白色再生棘，再生速度惊人，而且仅需数分钟便可完成再生棘的硬化。

通常状态

再生状态

上下图分别为刚刚生成的乳白色棘和硬化后的黑棘。如果灭尽龙长长的棘全部硬化，则会一定程度上影响动作的灵活性，所以它会自己将一部分棘破坏，进行调整。

硬化状态

通常状态·上面

生态

使用硬化的身体进行舍身攻击

灭尽龙会在战斗中不断地重复棘的破坏和再生，它强大的破坏力有时会伤到自己，而这时它只需将被破坏的棘再生回来。而且它还有一个狠招，当一定量的棘完成硬质化后，它会强制让身上再生中所有的棘都瞬间完成硬质化。灭尽龙正是要利用这一瞬间扼住猎物的命根，它会用自己整个身体砸向猎物，巨大的冲击力会使全身的棘四散迸射，就连硬质化的棘也会被削掉。这一招的威力和其他攻击完全不在一个层级上，因此也被星辰的人们赋予了一个酷炫的名字：破棘灭尽旋·天。灭尽龙将超速再生运用得淋漓尽致，竭尽破坏之极限，这便是最贴合它名字的一招了。

灭尽龙会用似乎能震破耳膜的咆哮来震慑住猎物，之后借着飞空的惯性直接舍身攻击。这一招也有处理多余的硬化棘的作用，会在全身的棘大半变黑时使出。

再生状态·上面

考察

关于灭尽龙繁殖方式的假说

关于灭尽龙的生态到现在依然是迷雾重重，但最近关于灭尽龙的繁殖方式出现了一种惊人的假说。猎人们在狩猎中获取了一些灭尽龙棘的样本，在研究所为这些棘注入营养的时候，有那么一瞬间随着强烈的生物反应，棘中的细胞朝着卵细胞的方向进行了分化。基于这种现象，生态研究所提出了某种假说：灭尽龙是从棘之中诞生的。

灭尽龙吞噬古龙获得的巨大能量会用于棘的再生，而获得了过剩能量的棘则会变化为生殖细胞，通过无性生殖产生遗传信息相同于亲代的个体。乍看之下这个假说思维过于跳跃，但若沿着这个思路重新审视本次出现在新大陆的灭尽龙，或许会有一些新的看法。这次的灭尽龙执着地跟着熔山龙，但新大陆加上原大陆含有强大能量的怪物并不在少数，如果只是为了棘的再生的话，其实它大可不必盯着熔山龙不放。那有没有可能是它为了繁殖，需要更大量的高纯度能量呢？为了进一步证明这个假说，学者们的研究还在继续进行着。

（摘自某调查员笔记）

生 态

全身棘刺的再生和硬化

棘遭到破坏后，外壳会以惊人的速度进行细胞分裂，开始棘的再生。再生棘的表面成分和大气中的氧气接触，形成类似釉质的氧化皮膜，从而使棘变黑变硬。灭尽龙会将过多的硬化棘主动甩掉，或用身体撞击地面破坏掉身体上的棘，促使它再生。这样重复破坏和再生，便可形成坚固的棘刺铠甲。

从正面看再生棘的位置

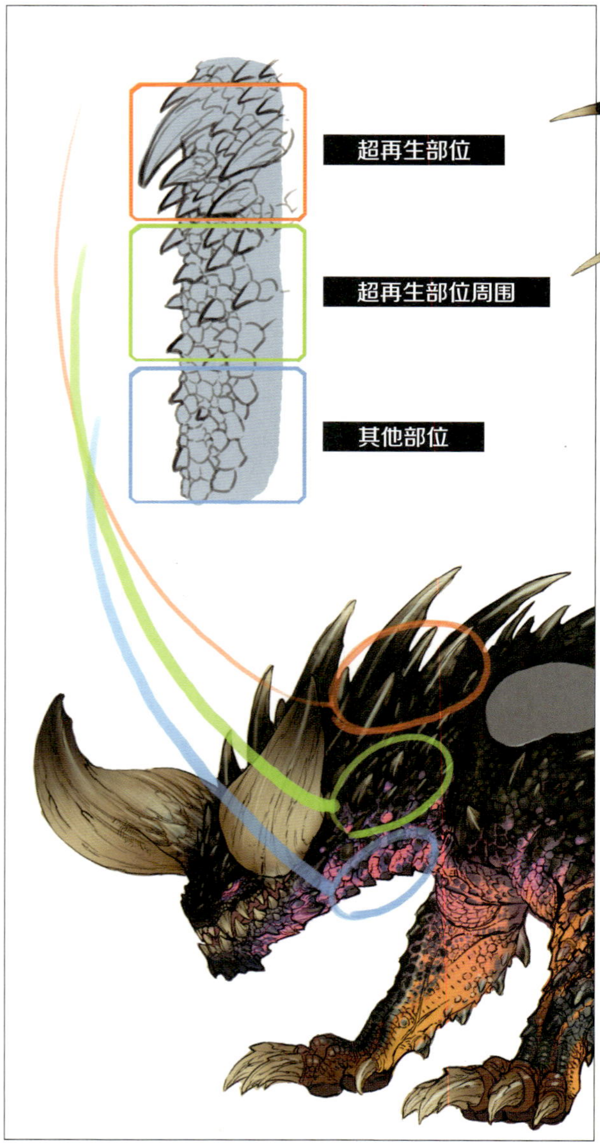

颈部内侧生有可以变为棘刺的鳞。但是为了保持机动性，也为了节省再生所使用的能量，这里的鳞片不会分化成棘。

从上面看再生棘的位置

再生棘主要集中在颈部、两翼中央、背部和尾稍。比起保护自己，这些棘生在了更方便攻击猎物的位置，且将对动作灵活性的影响降到了最低。

通常的棘由单个鳞片生长而成

粗大的棘由多个鳞片聚集而成

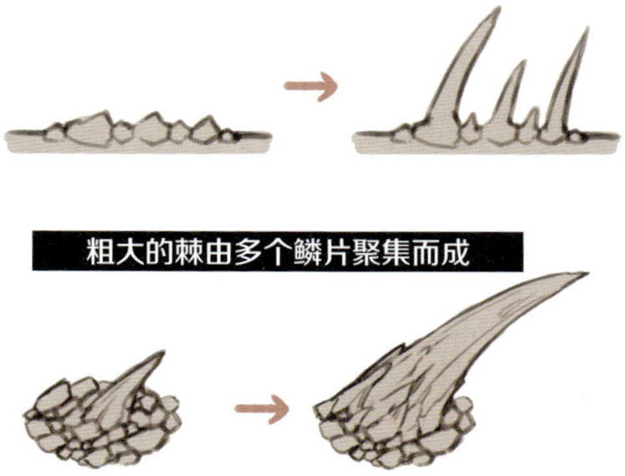

灭尽龙的棘是由全身的鳞片生长而来的。许多鳞片聚在一起生长，会形成一根巨大的长棘。

生态

身处绝境之时凶暴性加倍

当灭尽龙因战斗体力消耗过度，处于绝境之时，性情便会变得更加凶暴。伴随着震天的咆哮，它会将折叠在身上保护自己的翅膀伸开，腾空后的舍身攻击频率也会大幅上升。虽然体力即将耗尽，但它的机动性反而会上升，它会跳起来砸向敌人，还会以惊人的速度蹿到远距离的敌人面前发动奇袭。其前肢的连续攻击宛如狂风暴雨一般，挥舞着豪腕要将一切毁灭殆尽。因为感知到了自身的生命危险，它会将长久以来吞噬古龙所积累的能量全部释放，利用它来使身体机能得到飞跃性的提升，即便战斗结束它也久久不能从这狂暴状态中复原。由于这惊人的毁灭性，也有的人将能量释放状态时灭尽龙的咆哮称为“破灭的冲动”。

灭尽龙会借着展翅时的惯性将细小的棘发射出去。这时翼可能会被棘刺所伤，但灭尽龙会完全无视自己的伤势，全力歼灭敌人。

生态

灭尽龙的迁徙与奇面族的关系

灭尽龙不是新大陆土生土长的怪物，而是漂洋过海迁徙而来的，其证据就握在龙结晶之地的兽人族奇面族手里。据某位与奇面族建立了友好关系的兽人族学者说，现在灭尽龙所栖息的龙结晶之地深处，曾经为奇面族的栖息地。而被古龙吸引来新大陆的灭尽龙占了它们的地盘。常常有奇面族徘徊在灭尽龙的巢穴周围，也是出于这个原因。因此一部分奇面族对灭尽龙充满了敌意，有可能成为讨伐灭尽龙的调查员的得力伙伴。

开发密谈

PRODUCTION NOTE

不用属性攻击，拳拳到肉的格斗型封面怪

熔山龙和冥灯龙虽然代表着主线故事，但是大事件感过强，和新大陆的秘密关联太大，不太适合作为封面怪。所以我们便考虑让经常出现在玩家眼前的古龙来充当这个角色。属性古龙已经有了钢龙之类的了，所以我们便想设计一个不靠属性攻击，擅长拳拳到肉的格斗型古龙。它的关键词是“破坏与再生”，由于持有超强的再生能力，所以会毫无保留地发动攻击，伤到自己也在所不惜。就这样，一个拥有着表里如一的破坏力的封面怪便诞生了。（德田）

设计的过程颇为坎坷。由于被“破坏与再生”这一主题限制了思路，我们一开始甚至设计出了有好几个脸的怪物，净是些神奇生物。（笑） 最终我们将破坏与再生表现在了棘上，再生时攻击力会得到提升，以这种简单的形式得以呈现。在游戏平衡性的表现上，以及其从棘进行无性繁殖的生态上，都与“破坏与再生”这一概念紧密相关。（藤冈）

古龙种
炎王龙

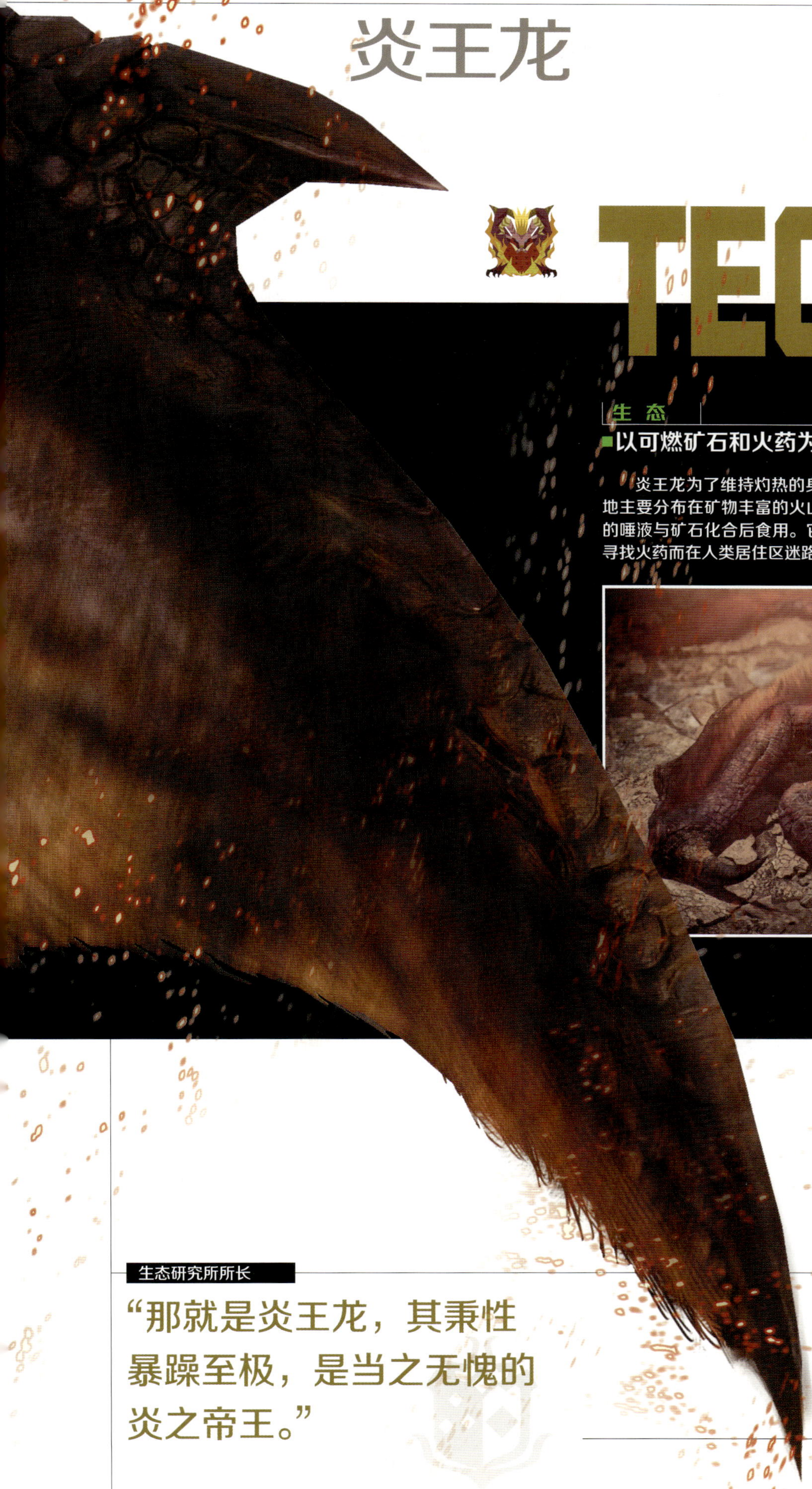

怪物数据

▶全长：约1790.15cm
▶全高：约622.18cm
▶脚长：约112cm
▶主要栖息地：大蚁冢荒地
龙结晶之地

TEOSTRA

生 态

■以可燃矿石和火药为食

炎王龙为了维持灼热的身体，会以含有可燃性物质的矿石作为主食。所以它的领地主要分布在矿物丰富的火山地带和熔岩地带，对原大陆个体的调查表明它会用自己的唾液与矿石化合后食用。它尤其喜欢热能量丰富的矿物和爆炸物，有时甚至会因为寻找火药而在人类居住区迷路。

曾经发生过寻找火药的炎王龙现身大峡谷特殊斗技场这样的事件。唾液与矿物相化合时会生成气体，它会用这种气体来制造热气和火焰。

基本介绍

炎王龙有着牙龙种一般的尖牙和容貌，背后生有宽大的翼。它可以操纵可燃性粉尘和猛烈的火焰，四肢发达动作敏捷，凭借快速的攻击和烈火来压制对手。它的领地主要在大蚁冢荒地和龙结晶之地的最深处，所以目击和受灾记录都相对较少，但它属于脾气相当暴躁的古龙种，对于敌人会毫不留情地用烈火灼烧。据说原大陆的炎王龙曾经一夜之间焚毁了一整片广阔的沙漠，映天的大火将夜晚照得如正午般明亮。炎王龙的配偶为同为炎龙科的古龙——炎妃龙，极少能目击到它们成双成对出现的场景。炎王龙栖息在龙结晶之地的深处，受冥灯龙的影响新大陆的能量循环活化后，它开始出现在了大蚁冢荒地。

生态研究所所长

“那就是炎王龙，其秉性暴躁至极，是当之无愧的炎之帝王。”

生 态

烈焰缠身，将接近者全部焚毁

说到炎王龙就不得不提它自由操纵火焰和粉尘的能力了。与外敌交战时，它会从口中喷出放射状的烈焰，进行大范围焚烧。这熊熊烈火不仅可以从口中喷出，还可以覆盖在炎王龙身上，即便是靠近也会被火焰层散发的超高热量灼伤。另外，由于炎王龙躯体、四肢和尾稍都缠着烈火，随着攻击火焰会将敌人引燃，甚至全身剧烈燃烧。这层熊熊燃烧的烈火产生的热气形成了强烈的风压，投射器这种小东西自不必说，连弩炮和弓的攻击几乎都可以完全反弹，简直就像烈焰铠甲一样。炎王龙身披这融化一切的烈焰铠甲，像烈日一般熊熊燃烧，让人不由得对其威严心生敬畏。

粉尘附着状态

炎王龙附着粉尘后，尖角向后方弯曲的部分会发出红光。炎王龙正是通过这对角来自由控制粉尘威力和爆炸位置的。

通常状态

生 态

操纵与火焰性质不同的特殊可燃粉尘

在众多会操纵火的怪物中，炎王龙之所以被称为“王”，是因为它操纵的是一种特殊的爆炸性粉尘。炎王龙不仅身披火焰铠甲，有时它也会让粉尘附着在身上。它翼的内侧生有浓密的短毛，当中积蓄了大量的粉尘。它会通过翼和腕的动作向周围播撒粉尘，再通过牙齿摩擦出的火花来引爆，引起大范围的粉尘爆炸。它分别通过火焰和粉尘，操控了燃烧和爆破两种不同性质的能量，这正是炎王龙的威力所在。这爆破性粉尘其实是炎王龙身体上掉落的代谢产物。它在摄取矿石时，或处于其他非战斗状态时偶尔也会散播粉尘进行引爆，这是它在定期清理代谢废物的行为。

在火焰附着状态下，炎王龙的身体上会有火舌缠绕，这热量甚至可以引燃坚硬的大地，随着足迹留下的还有残火的痕迹。

粉尘附着状态下，它会向猎物周围散播粉尘。它会控制爆炸时间，使物理攻击和爆炸之间留有时间差，让爆炸起到完美的补刀作用。它还会用强韧的翼将粉尘向远距离扩散，再引发大范围的连环粉尘爆炸。

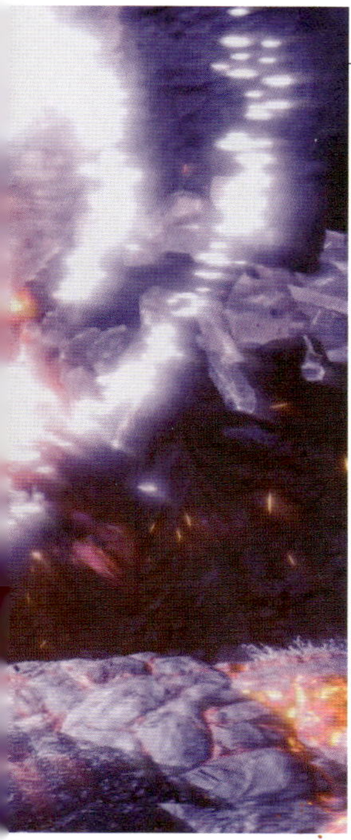

炎王龙最强力的攻击，是在身体上附着的火焰和粉尘量达到极限时释放的大招。它会在空中将巨大的燃烧能量压缩，以自身为中心发动核爆一般的壮烈爆炸。这场景简直就像超新星爆发一样，所以这个招式也被命名为了“超新星”，不幸被卷入其中的话，会被毁灭殆尽。

由于有着进食火药的习性，炎王龙的体温非常高。它出现的地带地貌会灼热化，甚至会出现升腾的热气流。其实在新大陆，当炎王龙出现在大蚁冢荒地的时候，就由于气温急剧上升引发了热气流，其他怪物纷纷四散奔逃。

考察

■降临于大蚁冢荒地的炎王龙

主要栖息在龙结晶之地的炎王龙，偶尔也会现身于大蚁冢荒地。原大陆的炎王龙会将沙漠地带也列入自己的领地，新大陆的炎王龙恐怕是把大蚁冢荒地当成了它广大领地范围中的一部分了。但是在过去的数十年中都没有炎王龙在大蚁冢荒地出现的目击记录。这次随着灭尽龙来袭，冥灯龙羽化，栖息在新大陆的古龙活动变得越发活跃。炎王龙也是受到了这方面的影响，才在最近扩大了行动范围，扩张了领地。

（摘自某调查员笔记）

在夜晚的沙漠地带，沉睡于地下洞窟里侧的炎王龙。这里和它在龙结晶之地的巢穴相对位置差不多，都在原野的最里侧，可能它待在这种地方最能安心。

生 态

以发达的四肢敏捷地奔跑

炎王龙虽然体形巨大，但它在灼热的大地上也能轻快地跑动，快速逼近敌人后用锋利的爪将其撕裂，敏捷性相当出色。它不仅四肢肌肉发达，锐爪还可以牢牢地抓紧地面，发力奔跑起来可以完全无视翼所带来的空气阻力。由于其四肢强壮，原大陆的炎王龙个体专精地面作战，几乎不怎么展翅翱翔。所以甚至有的学者提出炎王龙的翼已经丧失了基本飞行机能这种假说。但是在新大陆的调查中，不管是移动还是领地争斗时，炎王龙都展现了其华丽的飞行身姿，并且它还可以滞空向地面的敌人喷射火焰进行攻击，这无一不证明了炎王龙卓越的飞行能力。

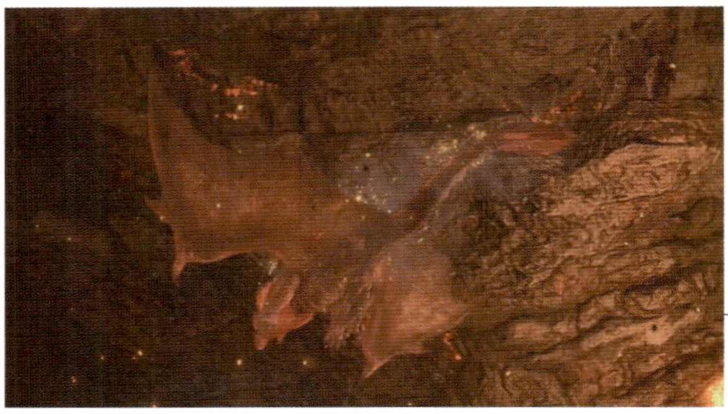

栖息在新大陆的个体比原大陆的个体飞行能力强，甚至可以进行长距离飞行。

脚掌内侧生有厚厚的肉垫，防止它被熔岩烫伤。前脚的锐爪可以轻易地撕裂敌人，而后脚宽大的脚掌可以更好地发力，使它快速奔跑。

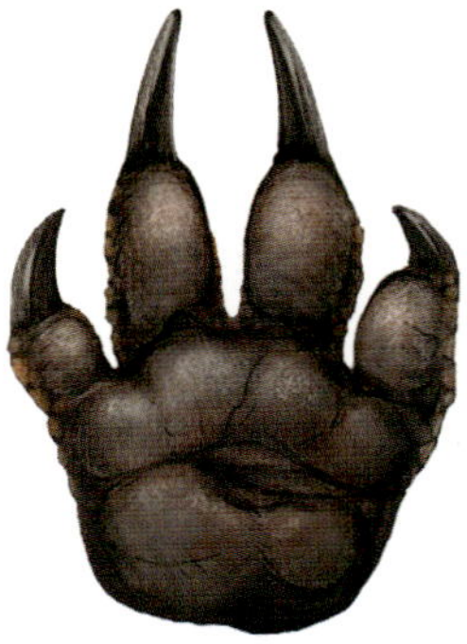

前足・里侧

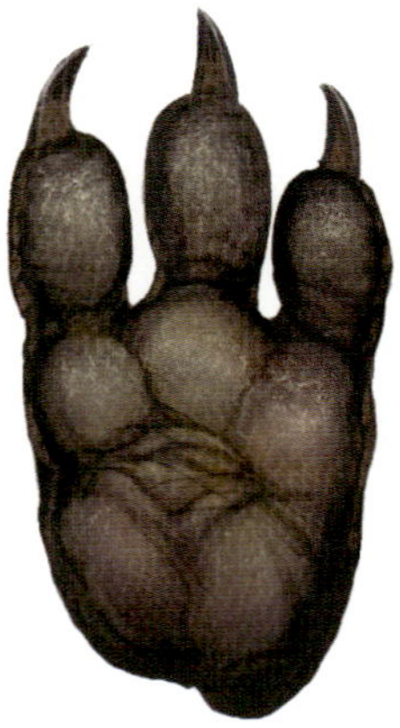

后足・里侧

生 态

依靠粉尘爆炸制造出巢穴

炎王龙的巢穴位于龙结晶之地的最里侧。这里平时会被一堵岩浆的墙壁挡住，任何生物都无法靠近，只有在炎王龙离巢的时候这里才可以通行。炎王龙的巢是一块被岩浆所包围的大平台，就像火中的舞台一般。这个区域的地形不是天然形成的，是炎王龙自己做出来的。它通过粉尘爆炸削掉岩山多余的部分，创造出了平坦的台地。巢穴的面积很大，即便体形巨大的它也可以自由活动，但由岩浆凝结成的地面非常不稳定。随着炎王龙愤怒状态体温的上升，周围的气温会受到影响，地面上会有岩浆喷涌而出，就像舞动的喷泉一般，火舌无情地将入侵巢穴的敌人吞噬。

另外，这个巢穴不单单是栖息地，还与对雌性个体炎妃龙的求爱行动密切相关。炎王龙做出的巢穴越大，巢穴选址的矿石含量越高，就越容易吸引炎妃龙。炎妃龙会选择巢造得最好的雄性进行交配。

炎王龙巢穴全景。通过山崩地裂的爆炸改变地形，这种筑巢的方式简直太符合炎之帝王的做派了。据说炎王龙的筑巢行动甚至会将火山活化，引起火山喷发。

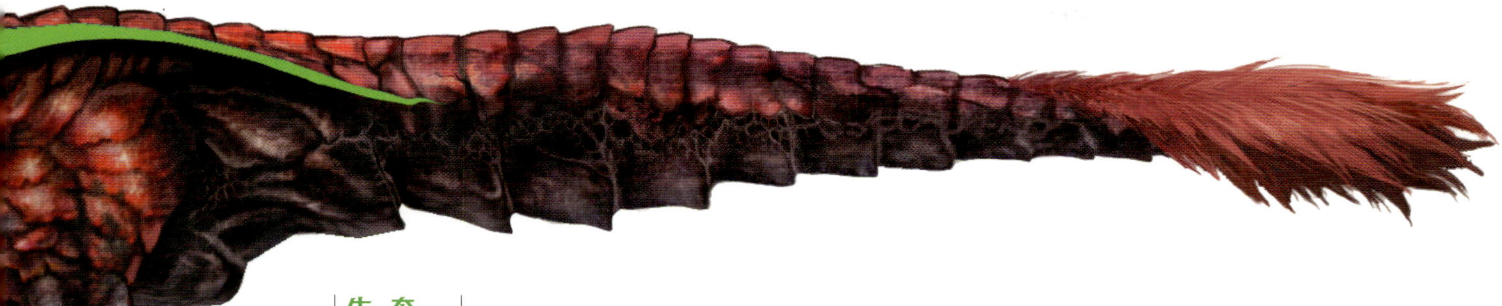

生态

■保温性和耐久度出色的鬃毛

炎王龙漂亮的赤红色鬃毛散发着王者的尊严。鬃毛在展示实力立威的同时，还负责生成储存粉尘，以及保护作为要害部位的头部。炎王龙看起来毛茸茸的，但它的体毛远比观感上硬得多，一般的武器根本无法伤到它分毫。炎王龙为了自由操纵火焰，需要保持较高的体温，而其鬃毛出色的耐热性和保温性可以达到这一效果。新大陆栖息的炎王龙个体比原大陆的鬃毛毛量要更多，连头部下方也被浓密的鬃毛所覆盖。另外，鬃毛越漂亮的个体越容易吸引炎妃龙。炎王龙的鬃毛在繁殖活动中不仅起到展现雄性魅力的作用，据推测，它还有一些别的作用，但现阶段还没有调查清楚。

随着火焰和粉尘越积越多，炎王龙保温性能优越的鬃毛内部热量集中，鬃毛会像灯一样发出光芒。

上面

炎王龙的翼骨骼很有特点，它只生有支撑翼膜的外骨，并没生有翼膜内的指骨。这种构造是为了将毛皮的覆盖面积增到最大，储存尽可能多的粉尘。

开发密谈

PRODUCTION NOTE

开发初期便决定登场的代表性古龙

作为古龙云集的大陆，自然需要多种多样的古龙。而我们在开发初期就决定了，无论如何也不能舍弃炎王龙和钢龙这两只怪物。我们确信无论有没有接触过前系列的《怪物猎人》，炎王龙都可以在《怪物猎人 世界》的再造中给玩家带来比较舒适的游玩体验。我们在龙结晶之地中设计了符合它栖息环境的熔岩地带，这和故事中地脉的设定也是吻合的。炎王龙就是这么一只在游戏性和设定上存在感都很强的怪物。（德田）

我们想通过岩浆地区的喷火和岩浆喷溅，来表现这附近古龙的强大，强到可以影响周边环境的程度。这次的高清化，为火的效果制作带来了许多新的挑战，我们想通过它来展现炎王龙前所未有的风姿。另外在属性方面，炎王龙的火和钢龙的冰也正好是互补的。（藤冈）

古龙种
钢龙

怪物数据

- 全长：约1913.13cm
- 全高：约689.1cm
- 脚长：约103cm
- 主要栖息地：古代树森林
  龙结晶之地

生态研究所所长

“它名为库沙欧达奥拉，
是被称作钢龙的古龙。”

KUSHALA DAORA

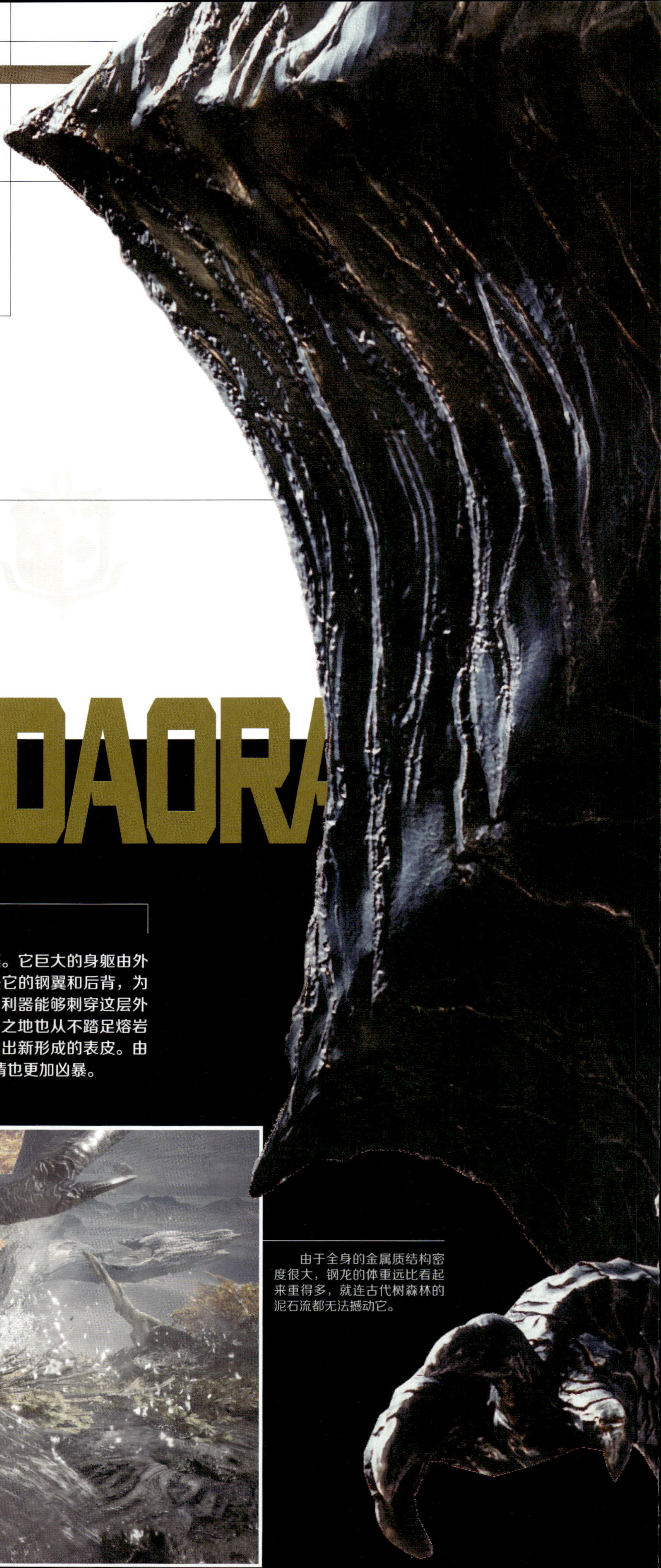

生 态

以金属质地的外壳抵御外敌

正如“钢龙”二字所示，它通体被有光泽的银灰色金属质外壳所包裹。它巨大的身躯由外骨骼化的金属质外壳所支撑，这种金属质的硬度甚至要强于钢铁。特别是它的钢翼和后背，为了能在暴风中飞行，这些部位的坚硬程度要远超其他部位，几乎没有什么利器能够刺穿这层外壳。但是由于金属质导热较快，钢龙对高温不是很耐受，即便身处龙结晶之地也从不踏足熔岩地带。钢龙会进行脱皮行为，因氧化“生锈”的表皮会从下至上裂开，露出新形成的表皮。由于刚形成的表皮硬度还没有那么高，所以钢龙在脱皮期警戒心会上升，性情也更加凶暴。

由于全身的金属质结构密度很大，钢龙的体重远比看起来重得多，就连古代树森林的泥石流都无法撼动它。

基本介绍

传说中和暴风雨一同现身的古龙，它身缠狂风，钢铁般坚硬的外壳坚不可摧。迄今为止在原大陆发现的古龙当中，有过个别个体为了扩张领地而袭击人类都市或防御工事的事件发生。如今新大陆的古龙受到灭尽龙和冥灯龙的影响，活动变得越发活跃，栖息在龙结晶之地高处的钢龙也将古代树森林列为它的新领地，现身于森林中。由于钢龙压倒性的强大实力，它不将任何生物放在眼里。它所到之处天气就会骤变，强大的影响力甚至可以改变生态系统。

上面

钢龙翼和身体上的“金属”层层堆叠在一起，构造如甲胄一般。这种构造可以让坚硬的金属质外壳伸缩自如，伸展振翅。

下面

为了将自重如此大的身躯带向空中，钢龙巨大的翼力量十分惊人，振翅产生的上升龙卷风甚至可以将自己拖起来。它长长的尾部则负责在飞行的时候调整重心，保持平衡。

背面

前面

从钢龙前后的观察图可以看出，它为了在地上行动时支撑沉重的身体，四肢要明显比躯干粗大强壮。

考 察

■迁徙的钢龙

新大陆的钢龙个体与原大陆的相比飞行频率较低，多于地上行动，但是操纵风的招式更为丰富，频率也更高。钢龙有着脱皮的习性，但在新大陆却未发现过其脱下来的皮，由此推测新大陆的钢龙是更擅长操纵风，且经过长时间锤炼经验丰富的群体。钢龙最近的一次古龙迁徙发生在约 20 年前。本次的调查表明，古龙会在即将寿终正寝时迁徙去自己的墓场。但钢龙迁徙来的是一整个小群体，迁徙到墓场这种理由显然有点站不住脚。可能有些古龙是在将死之际进行迁徙，而有些则单纯是为了繁衍栖息而迁徙来了新大陆，而钢龙为后者的可能性较高。当然受到龙结晶之地丰富能量的影响，不排除会有老年个体突破了寿命极限而活到今天的情况……会不会这就是“历战王”个体的由来呢？这还真是个有趣的猜想。

（摘自某调查员笔记）

主视图

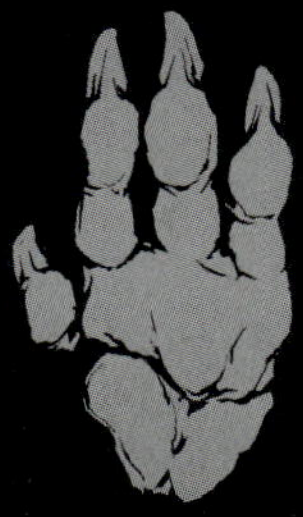

脚印

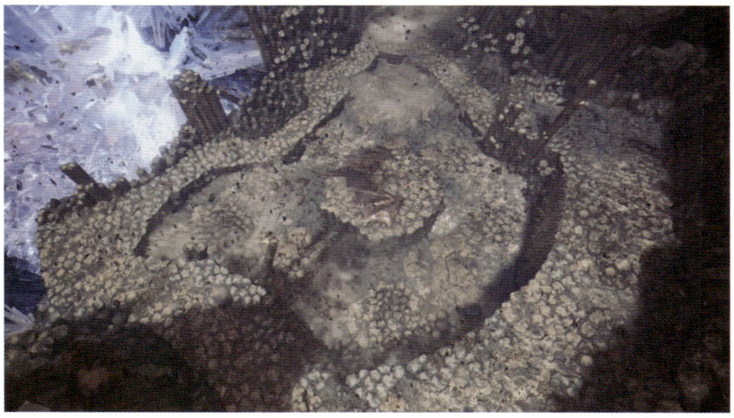

生 态

■以发达的四肢敏捷地奔跑

正如传说中所描述的一样，钢龙会和暴风雨一同现身。它会在自己周围掀起龙卷风，并将其缠绕在自己身体上。这可将一切吹飞的风化作了钢龙的铠甲，猛烈的风压可以弹开弓矢和弹丸的攻击。当钢龙濒死返回龙结晶之地的巢穴时，它的控风能力提升到极限，接近狂暴化。巢穴附近的气象条件刚好可以和钢龙产生共鸣，地表会刮起猛烈的龙卷风，这无数狂暴的龙卷风守护着钢龙一样，周围暗无天日飞沙走石，仿佛置身于天灾级别的大暴风雨中。钢龙的别名“风翔龙”，也正是从它随心所欲操控暴风雨的姿态中得来。

生 态

■以头部的角来操控风之力

钢龙可以通过体内的特殊器官产生风，将其缠绕全身作为风盾，或是作为吐息从口中喷射出去。虽然关于产生风的器官至今还有许多未解之谜，但通过调查已经确定了钢龙控制风的结构是通过它头上的一对短尖角。钢龙的角若遭到破坏，风力便会明显减弱，它会通过角来控制风压的威力和龙卷风的发射方向。据推测它金属质的角可以释放特殊的电磁波，以此来自由地操控狂乱的暴风。

有着控风能力的头部和角，在全身的金属质外壳中属于相对硬度较低的，是个极为敏感的部位。若角部受到强烈冲击，钢龙可能会胆怯，所操控的龙卷风也会消退。

生 态

■风暴吐息性质随护体风强度而变化

钢龙可以将体内器官生成的风在口中压缩，形成风暴吐息攻击敌人。据遭遇过吐息的猎人说，那感觉就好像是被大炮打中了一样，伴随着猛烈的风压，攻击力极强。钢龙的风暴吐息会受护体风强度的影响，如果护体风较小的话吐息的距离也会变近，渐渐消散在空气之中。但如果护体风的风压变强，吐息会经旋转加速后射程变长，有着能将敌人撕裂的威力。当护体风开到最大的时候，吐息的威力也是超乎想象，即便做好了完全的防风压准备也还是逃不过被吹飞的命运。

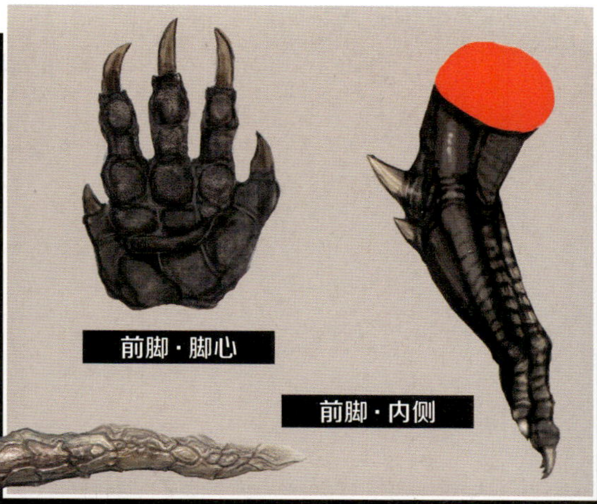

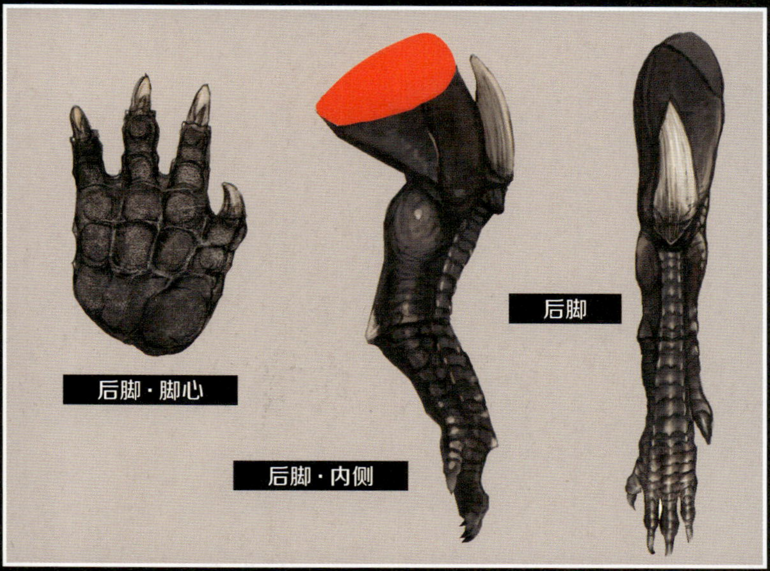

生态

■能够在陆地敏捷行动的强健四肢

钢龙拥有着超乎寻常的体重，但它奔跑起来的时候动作敏捷，完全感觉不到笨重，而这无疑要归功于它强有力的四肢。它的四肢上的肌肉既有弹性又紧实，力量惊人，而且后脚趾要比前脚趾更粗大，肌肉更加发达。它脚掌的面积很大，爪尖锐弯曲，非常适合在行动时牢牢抓住地面。它用后腿发力蹬地，前脚辅助支撑身体，可以以惊人的爆发力发动猛烈的突进攻击。

钢龙挥动翅膀旋转升空，借势可以释放出巨大的龙卷风。强大的龙卷风久久不会消散，会一直留在战斗场上干扰人的视线。

为了能将大炮一样的风暴吐息平滑地发射出去，钢龙没有明显的大牙，取而代之的是排列成两排的小锐牙。

开发密谈

PRODUCTION NOTE

龙卷风的性质受地形影响，栖息在龙结晶之地的古龙的过人之处

和炎王龙一样，钢龙也是新大陆的古龙中不可缺席的一分子。与熔岩地区的炎王龙相对，钢龙在龙结晶之地的高山带建立了自己的领地。而且由于美术负责人花了非常大的功夫，这两只怪物的视觉呈现效果非常好，所以我们在游戏性上也一定不能落后。最终呈现出的钢龙效果有点两极分化，掌握了攻略法的玩家会觉得很容易，也有相当一批玩家不是很擅长讨伐它。换种角度来看，一只怪物会使游戏平衡发生变化，也正是制作完成度高的表现。（德田）

一直以来龙卷风都是制作的一个难点，而我们这次也成功地表现出了它的厚重感。而且这次除了龙卷风，我们还想为它多增加点变化，所以加入了影响龙卷风性质的因素。如果结晶被龙卷风打中，细碎的晶体就会被卷在风里，对玩家造成伤害，根据地形差异，风的构成会有区别。像长枪这种武器在别的区还好，但到了巢穴区域可能就感到绝望了吧。（笑）（藤冈）

古龙种

尸套龙

怪物数据

- 全长：约2095.4cm
- 全高：约712.05cm
- 脚长：约158cm
- 主要栖息地：瘴气之谷

三期团团长

“瘴气变浓的原因就是这家伙，它可以将瘴气聚到自己身边。”

基本介绍

于新大陆发现的新种古龙，其样貌宛如复活的死尸一般让人毛骨悚然，令新大陆古龙调查团的人面面相觑。调查瘴气之谷的三期团曾在20年前观测到过一次它的身影，之后的许多年它便一直没有再现身过。它浑身覆盖的不仅是腐肉，身边弥漫着的瘴气还可以吸收猎物的养分，之后它再通过吸食浓厚的瘴气来摄取营养。尸套龙栖息在瘴气之谷最下层瘴气稀薄的地区，新大陆的能量受到熔山龙死亡的影响而活性化，而它的行动也随着冥灯龙的羽化而变得活跃。尸套龙的生态简直可以说与瘴气之谷浑然一体，不仅如此，它实力还非常强大，就连凶暴的惨爪龙都可以不费吹灰之力碾压，是名副其实的瘴气之谷霸主。

生态

以瘴气为食

瘴气之谷是个名副其实的怪物墓场。有在谷中迷路被困的生物，寿终正寝迁徙而来的生物，或从上层陆珊瑚台地落下的尸体，谷底蕴含着大量有机物。由菌群构成的瘴气，会以这些有机物为苗床，通过分解它们获得能量从而不断繁殖。瘴气对于人类以及大部分的生物来说都是有害的，但近年的调查表明尸套龙正是以这种瘴气为食。瘴气分解了有机物之后含有大量营养，尸套龙不进行狩猎，而是靠吸食瘴气来摄取能量。

被腐肉包裹的尸套龙，其周围会弥漫着高浓度的瘴气。瘴气既是尸套龙的食物，也可以侵蚀接近它的敌人，是它的铠甲。

VAAL HAZAK

瘴气减少时

瘴气最大时

生态

■ 吸收侵蚀猎物的瘴气

尸套龙除了将瘴气作为自己的食物，在侵犯其他生物之时也会操纵瘴气。瘴气可以吸收生物的生命能量，尸套龙会先从自己全身的腮状器官中散布瘴气，使瘴气侵蚀到猎物体内。当猎物体力消耗殆尽，行动变得迟钝的时候，它会将周围饱含营养的瘴气再吸回自己体内。瘴气侵蚀了猎物的血肉，尸套龙此举可以从根源榨干猎物的能量，等待猎物的只有死亡一个结局了。

它会将周围大范围的瘴气一气吸入自己体内。为了方便在瘴气不足的时候进行补充，尸套龙是少有的允许小型怪物进入自己领地的古龙。

被瘴气侵蚀的怪物会变得更加凶暴。原本性情温厚的芳翼龙也会在瘴气的影响下体色发生改变，主动去袭击进入视线范围内的生物。就连对瘴气有一定耐性的凶颚龙，在吸入过量瘴气之后也会狂暴化，为了寻找猎物在瘴气之谷徘徊。

生态

■ 瘴气减少时敏捷性会提高

即便是自由操控瘴气的尸套龙，也是不能自己凭空制造瘴气的。它在狩猎中向四周喷出瘴气后，自己身上所包裹的瘴气就会减少。与外敌激烈交战导致身体部位破损也会使瘴气流失，瘴气减少后尸套龙的敏捷性和攻击性都会增加。也就是说身缠瘴气会让它损失掉原有的灵活性。

瘴气会聚集在尸套龙全身的腐肉上，当冲击导致腐肉剥落的时候，积攒在这个部位的瘴气便会爆发式地喷涌而出。

瘴气芳翼龙

瘴气凶颚龙

考察

通过瘴气实现对怪物的支配

通常来说，古龙出现的时候，小型怪物会感受到这超乎寻常的气息而躲起来。但是在尸套龙这里则是另一番光景，芳翼龙和凶颚龙们会聚集在它身边，像小跟班一样和它一起攻击敌人。陆珊瑚台地的芳翼龙会在麒麟降临时躲起来，说明它自身是惧怕古龙的。而成群结队的凶颚龙，它们的领导是大凶颚龙，没有必要服从尸套龙的命令。那为什么会有这种现象呢？答案是瘴气。尸套龙周围的小型怪物无一例外都处于被瘴气侵蚀的状态，尸套龙会不会通过瘴气控制小型怪物的思维呢？如果真是这样，那可真是太不可思议了。

（摘自某调查员笔记）

许多猎人会在讨伐尸套龙时遭到芳翼龙的撞击，或是被凶颚龙所麻痹，被打得措手不及。尸套龙将它们操控成了自己的棋子，在需要补充瘴气时还会将它们体内的瘴气吸干。

生态

与瘴气共生，维持瘴气之谷生态平衡

通常一定浓度的瘴气会平均分布在瘴气之谷的中层地带，有条不紊地分解着尸肉。但是当陆珊瑚台地落下大量死尸时，局部的瘴气浓度就会激增。大量活化的瘴气除了会影响生物，使生态不稳定，还会在分解尸肉时消耗掉大量的氧气造成局部缺氧。过量的瘴气之间还会互相吞噬，很快瘴气中的细菌便会大量死亡，浓度锐减。这样下去瘴气之谷的生态环境便有崩坏的可能性，而在其中起到调节作用的就是瘴气之谷的霸主尸套龙。尸套龙在瘴气之谷中活动的时候会通过吸收掉局部囤积过量的瘴气，同时自己身上的尸肉也会成为瘴气的苗床来让瘴气增殖。它使得瘴气适量均匀地分布在各地，同时还保证了瘴气不会绝种。正是尸套龙这个霸主的存在，才让瘴气之谷特殊的生态系统得以成立。

主视图

脚印

生态

通过钩状的突起将尸肉包裹在身上

尸套龙全身布满了细小的棘刺，尸肉会通过这些棘刺挂在它身上，周围的瘴气也会聚集在尸肉附近。这种状态被称为“尸肉附着”状态，尸套龙这一名字也正是出自这一习性。附着在尸肉上的瘴气，对尸套龙来说是一种便携食料。瘴气通过分解尸肉来获得营养，而尸套龙再通过吸食这些瘴气获得能量，往复循环。如果瘴气之谷的尸体数适量，不需要尸套龙去调节的话，它可以待在自己的栖息地足不出户就能依靠瘴气补充足够的养分。它的栖息地堆积了大量的尸肉，像一座小山一样，而尸套龙待在尸肉堆里形成了一种拟态，这可能也是它长年没有目击记录的原因之一。

尸肉附着状态

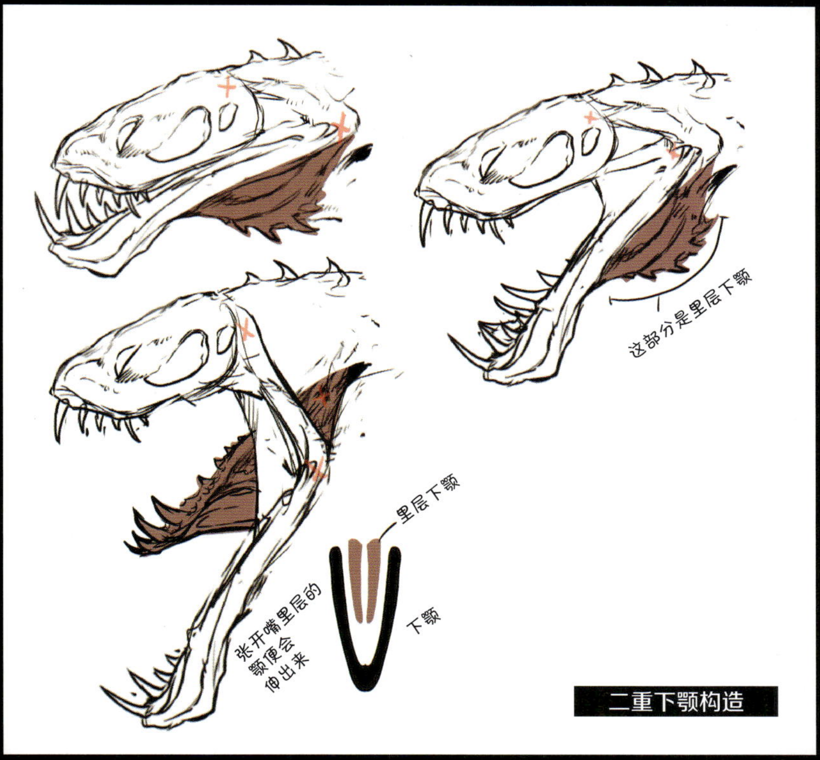

二重下颚构造

生态

■适合捉住猎物吸食瘴气的下颚构造

尸套龙的特征性的下颚令人毛骨悚然。它的下颚由两层构成，除了外部的颚，在口腔下部还生有一个隐藏颚。这种构造并不适合撕咬猎物的肉，但是却很适合镇压猎物。通过瘴气吸取生命能量的尸套龙并不需要直接吃猎物的血肉，它通过外颚的锐牙捉住猎物后，内侧的颚可以直接把猎物拽到喉咙深处，之后它只需向猎物喷射大量的瘴气便可以夺走猎物的生命。被瘴气侵蚀而绝命的猎物尸体，又会变成新的瘴气温床，而产生的瘴气又将变成尸套龙的食物。

特殊的颚关节使得尸套龙的外颚可以上下打开很大的角度，即便是体形较大的猎物它也可以用下颚控制住，再从体内向猎物吐出大量的瘴气。

尸套龙体内储存了大量的瘴气。它会喷射出强烈的瘴气吐息，来让瘴气侵蚀周围的猎物。

尸肉剥离状态

尸肉之下尸套龙的真身，覆盖着鱼鳞状的青白色鳞片。利用遍布全身的倒刺，它只需将身体浸入尸肉山里，再站起来时身上便会挂满尸肉。

开发密谈

PRODUCTION NOTE

利用神奇的瘴气及瘴气谷生态共生的古龙

瘴气之谷是新大陆生态系统的基石，而位于这里生态顶点的生物比起飞龙，我们觉得可以利用生态的古龙要更合适一点。由于它会使用瘴气，所以比起其他古龙弱点会多一点儿，但它会在战斗中给予玩家一定程度上的限制。我们希望玩家在讨伐它的时候可以活用技能、特殊装具或者打消果实。(德田)

尸套龙通过瘴气获取能量，也就是说它在一刻不停地摄人着能量，基本不需要真正意义的进食任何东西。所以说如果没有瘴气，它可能根本没法存活。它全身生有腮状的器官，它会通过这些器官来吸收瘴气并输送到全身。它在身上附着腐肉的行为，不是为了求爱也不是为了拟态，只是为了让瘴气细菌聚集过来，这是为了生存而做出的行动。也正是因此，可以说尸套龙是个和瘴气之谷共生互惠的怪物。(藤冈)

UNCONFIRMED

扩展画廊：未确认生物图鉴[5]

Extend World Gallery

在被确认的多种新怪物中，有三种怪物对新大陆的生态系统影响颇深。将新大陆全域生物视为捕食对象的爆鳞龙，吞噬迁徙来新大陆古龙的灭尽龙，以及在新大陆的瘴气之谷称霸的尸套龙——生态研究的新篇章即将在这里开启。

■飞龙种②

■飞龙种①

■古龙种①

■古龙种②

类似爆鳞龙的个体

飞龙种①：整个腹侧都被爆破鳞所覆盖，且腿后部没有爆腺，这个图像应该是研究初期的推测图。除了脸的样子不同，翼的骨骼结构也和普通飞龙种一样。
飞龙种②：姿态像兽类的个体和头部像蛇类的个体，这是近似种的推测难免让人觉得有点离奇了。

类似灭尽龙的个体

古龙种①：骨架基本和兽龙种一致，但却生有翼，这种不符合已有认知的外貌，很引人注目。可能是吞噬古龙这一事实给了人暴食者的印象，所以外貌能看出恐暴龙的影子。
古龙种③：诡异的构造超越了古龙的概念。它会用鼻尖的刺将猎物挑起来，趁着猎物胆怯扑上去，用钩爪拘束住它，之后再进行捕食……这些记录意味着什么呢?

类似尸套龙的个体

古龙种⑦：为了让尸套龙更有美感，绘图者将其身上附着的腐肉涂成了青灰色。虽然翼的骨骼和隐藏下颚的形状和真实的尸套龙有出入，但脸上诡异的笑容一样让人觉得毛骨悚然。
古龙种⑨：既然吸入瘴气就等于吸入了大量的细菌，那细菌必然会在尸套龙体内流动。

CREATURE

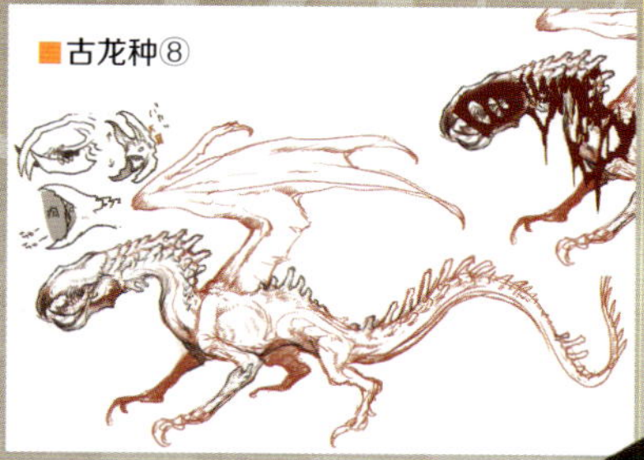

■古龙种⑧

■古龙种⑨

■古龙种⑦

■古龙种⑩

■古龙种⑤

■古龙种③

■古龙种⑥

■古龙种④

古龙种
冥灯龙

怪物数据

- ▶全长：约4509.1cm
- ▶全高：约1248.45cm
- ▶脚长：约348cm
- ▶主要栖息地：地脉收束地

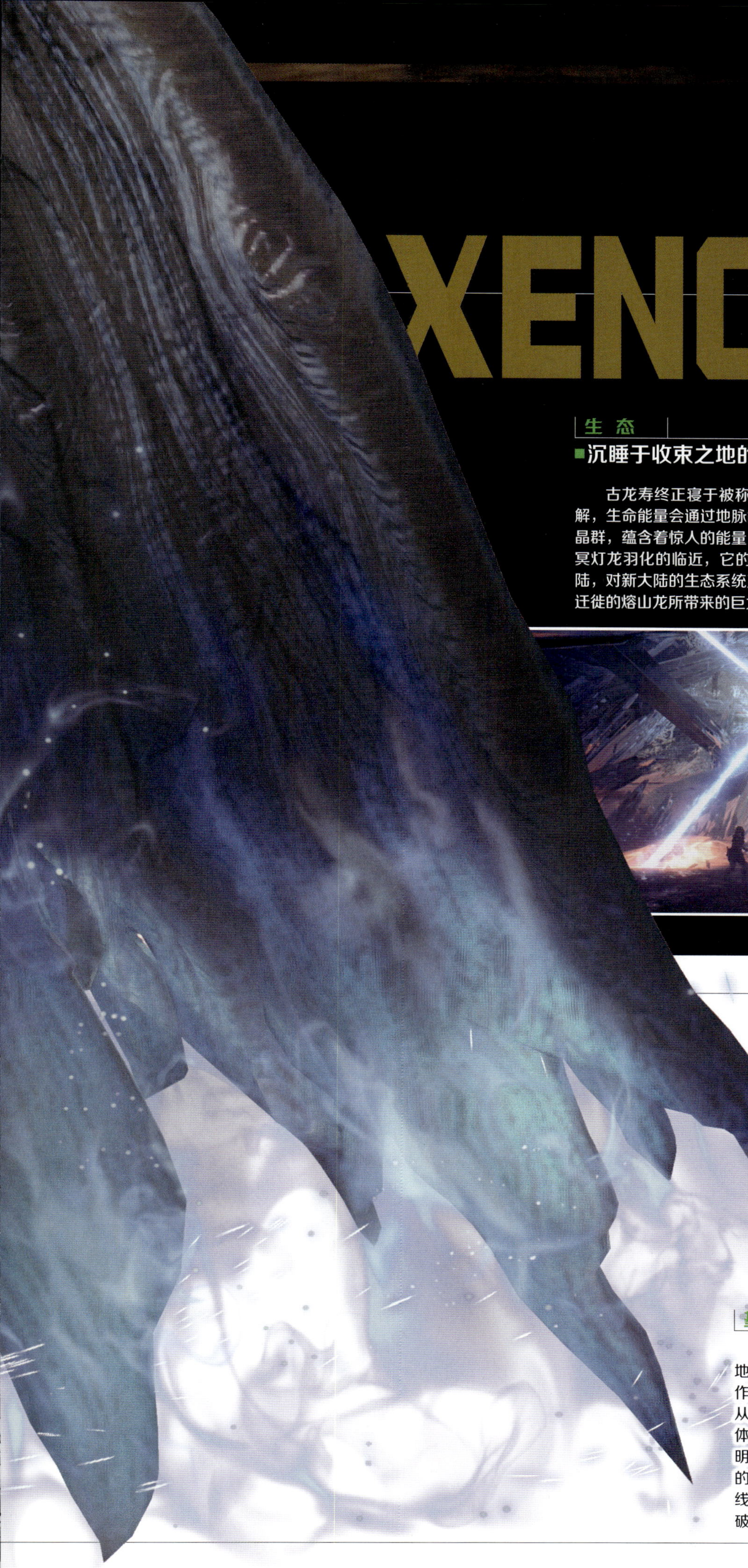

XENO'JIIVA

生态

■沉睡于收束之地的古龙

古龙寿终正寝于被称为古龙墓场的瘴气之谷深处，而它们的尸体会被瘴气所分解，生命能量会通过地脉能量积蓄，逐渐结晶化。而收束之地则是一大片巨大的龙结晶群，蕴含着惊人的能量，冥灯龙正是在这里作了茧，吸收着古龙的生物能量。随着冥灯龙羽化的临近，它的力量也在加速膨胀。急速增长的能量将古龙们引来了新大陆，对新大陆的生态系统产生了影响。为冥灯龙的长眠敲上休止符的，正是进行古龙迁徙的熔山龙所带来的巨大能量。

吸收了众多古龙生物能量完成羽化的冥灯龙，是当之无愧的“古龙之王”。

龙人族的猎人

> “吸收其他生物的能量而完成羽化，新大陆居然存在着这种怪物。”

基本介绍

新大陆全域流淌着输送古龙能量的地脉，冥灯龙正是在地脉最集中的区域被发现的全新古龙。它以死去古龙的能量作为食料，在茧中经过了长年累月积累的能量达到了顶峰，从而发生了羽化。冥灯龙可以说是所有古龙生命能量的集合体，其通体像龙结晶一般闪耀着青色的幽光，胸部正中央像明灯一样的发光器官使它得名“冥灯龙”。它可以将所积蓄的能量直接作为武器射出。虽然刚刚破茧而出，但它会将视线内的所有生物视为敌人，排除异己的本能让它拥有强烈的破坏冲动。

生 态

■羽化后全身通透的状态

刚刚破茧而出的冥灯龙身体质感很湿润，可以从半透明的皮肤外侧看到全身脉管的分布。这种状态下的冥灯龙皮肤和翼还没有硬化，非常柔软。而且它在茧中的时候翅膀处于折叠状态，刚刚伸展开的翼上可以看到许多细小的皱纹。它的骨架类似古龙种，既有四肢又有翅膀。虽然刚刚完成羽化，但它将积蓄至今的能量分布到全身各处，横冲直撞的凶暴姿态，让人感叹它一定是古龙当中潜力非常大的个体。

虽然刚刚羽化后翼还未定型，不能飞行，但用不了多久，随着能量流动到翅膀，冥灯龙便可以腾空而起。

生 态

■将体内的能量集中在特定部位

观察冥灯龙暴走时脉管的状态，可以发现它的能量主要集中在了头部、前肢、尾部等特定的位置。它会将体内循环着的大量能量集中于用于攻击的部位，将高压化的能量一气释放出。但是刚刚完成羽化时，冥灯龙还不能完美地控制这庞大的能量，行动的精度较低。但换个角度来看，如果它羽化后在未被人发现的状态下长成完全体的话，完全掌控了能量的冥灯龙带来的威胁将不堪设想。而且由于它可以将积蓄的能量进行体内循环，将来也许会像永动机一样将生命活动无限地持续下去。

将能量集中在攻击部位，发动的攻击威力会大大提升。集中了能量的前肢，简单的叩击攻击都会导致喷涌而出的能量引发连锁爆炸。

通常状态

临界状态

冥灯龙白色的外皮，在能量发光后显现出通透的青色。但是这种状态只在刚完成羽化时存在，据推测，随着它的成长，皮肤的透明感会消失。

其外壳末端的部分要比其他部位薄。虽然刚破茧而出的时候这些部位是紧闭着的，但它会随着能量的积蓄像开花一样绽放，能量像青色火焰一般摇曳。

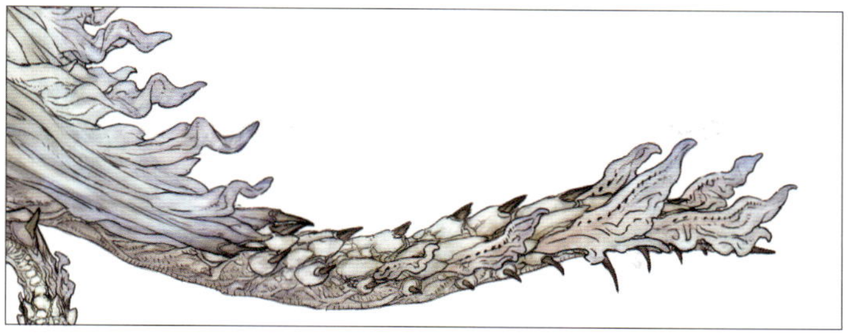

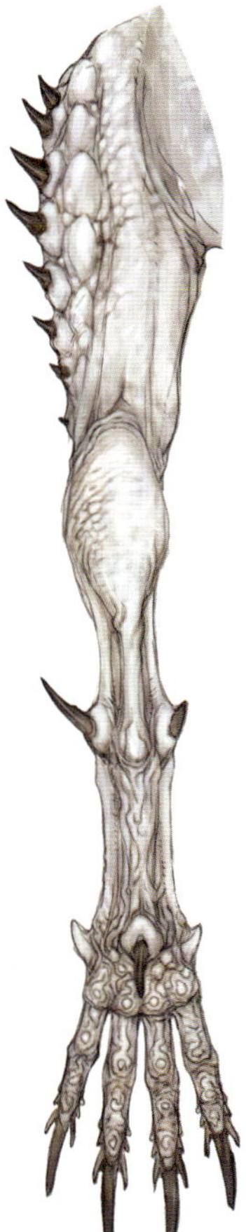

后腿

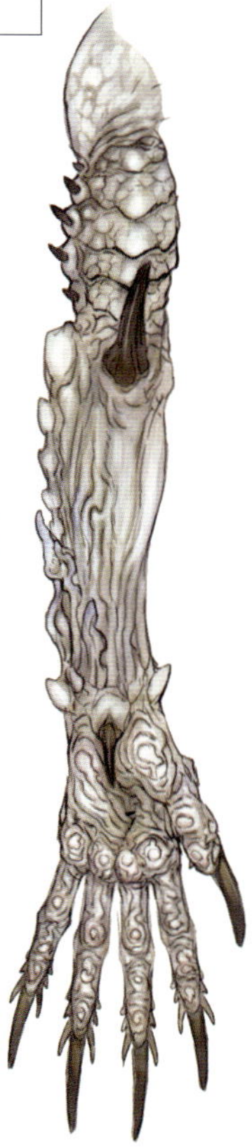

前腿

冥灯龙前脚有5根脚趾，后脚有4根脚趾，各自在脚后跟附近的位置还生有一根向后的短脚趾。凭借极为强大的肌肉力量，它可以仅靠后腿支撑整个身体的重量站起来。

考察

冥灯龙并非以进行迁徙的古龙为目标

关于冥灯龙的生态，某位学者提出了一种假说。冥灯龙是以其他生物的能量为食的怪物，它所散发的信息素一类的物质可以吸引含有强大能量的怪物。而它这次栖息的场所，正巧是古龙墓场的所在地新大陆，所以说它对怪物的吸引和怪物自身的意志正好重合了。如果这个假说成立的话，那么就不仅是冥灯龙的能力使得古龙迁徙变得活跃，也是这片新大陆赋予了它如此强大的能力，造就了这位古龙之王。

（摘自三期团某学者的记录）

生 态

■集聚能量的胸部，赤色发光的器官

冥灯龙的名字正是来源于其胸部格外闪耀的赤色发光器官。这是位于冥灯龙全身脉管中心位置的器官，能量正是通过这里输送到前肢及尾部等部位，增大攻击威力。而且他也可以主动切断循环，将能量完全积蓄在发光器官。当能量积蓄量达到一定程度时，它便会进入“临界状态”，强大的能量充满全身，使身体机能活性化。随着操纵的能量增强，它的一举一动都可能带来灾难性的危险。据推测，成体的冥灯龙不会通过捕猎来获取营养，以储存的能量为食就足够了。

临界状态·下部

到达临界状态的瞬间，冥灯龙全身闪耀的光芒会像燃烧的火焰一般，能量也随之活性化。胸部发光器官的光芒甚至会蔓延到整个躯体，身体能力也会得到飞跃性的提升。

临界状态

就连收束之地的地脉都会和临界状态的冥灯龙产生共鸣，喷发出大量的地脉能量，十分危险。

生态

通过临界光线吐息将暴走的能量排出

在冥灯龙集中能量的部位当中，头部随着积蓄量发生的变化最为明显。它会用汇集在口边的能量发射出光线一样的吐息，将周围的大地燃烧殆尽。光线吐息不仅仅是冥灯龙的一种攻击手段，还是它调节能量的一种方式。当能量积蓄超过上限时，冥灯龙会很难控制这些能量，对身体产生影响，所以它会主动将体内的能量释放。临界状态的冥灯龙胸部的能量积蓄到极限时，它便会通过猛烈的吐息将这些能量一气释放。刚刚羽化的冥灯龙发射临界光线吐息后便会解除临界状态，巨大的消耗会导致动作变得有些不协调。但是据推测，成体冥灯龙可以控制能量的释放量，调节吐息的威力使自己可以维持临界状态。

冥灯龙会站起来，对四周进行无差别大范围扫射。焚烧产生的高热会导致它脚下的大地也被软化，自重甚至会导致地表塌陷。

临界状态下冥灯龙各部位的机能都被活化到了最强。当其猛力叩击地面的时候，它自身的生物能量会和喷出的地脉能量交汇融合，引发猛烈的大爆炸。

开发密谈

PRODUCTION NOTE

靠一己之力甚至能终结生态，呼唤古龙的古龙之王

这是强大的古龙之王，可以说猎人能打得过它完全是因为它刚出生。在游戏性上我们活用了“古龙之王”这一概念，它可以聚集能量，所有的攻击几乎都是由激光一样的射线构成的。射线会被地形阻挡，但当热量上升到一定程度就可以贯穿地形障碍。我们将新技术与设定相结合，创造出了活灵活现的冥灯龙。（德田）

我们想创造一个可以控制全身能量的怪物。它可以通过胸口的发光器官让能量全身循环，加强攻击部位的威力，但如果将循环掐断的话，胸部积蓄的能量就会爆发，爆发后再开始新的能量循环。由于冥灯龙生有可以持续生成能量的内热器官，所以不需要捕食。如果放任它长成完全体飞出新大陆，那将造成巨大的灾难。在设计上冥灯龙并不是表皮会发光，而是内部的光透过了半透明的皮肤，从外边看脉管就像是在看 X 光片一样。（藤冈）

总司令

“恐暴龙……它会贪婪地吞噬一切，是不折不扣的生态系统破坏者……”

兽龙种
恐暴龙

怪物数据

- 全长：约2063.82cm
- 全高：约723.49cm
- 脚长：约146cm
- 主要栖息地：古代树森林
  大蚁冢荒地
  陆珊瑚台地
  瘴气之谷
  龙结晶之地

基本介绍

恐暴龙非常残暴凶猛，会为满足自己的贪欲而过度捕食，是个暴食破坏王。据说它曾经只身将原大陆某地的生态系统破坏到崩溃，虽然是兽龙种，但有着能与古龙种匹敌的危险度，因此被公会列为重点注意对象。它对食物的贪欲无人能及，小型怪物自不必说，包括古龙在内的大型怪物，甚至是同种的恐暴龙都在它的捕食范围内，没有什么生物能逃得过它的嘴。虽然它对所有生物来说都是个威胁，但由于过强的食欲和剧烈的新陈代谢，恐暴龙的寿命非常短。也许是受此原因影响，调查员近 40 年来一直未曾在新大陆发现过恐暴龙的身影，近些年才确认了其栖息状况。和原大陆一样，恐暴龙对新大陆的生态系统也造成了不小的影响，简直就是站立在食物链顶端的生物。

DEVILJHO

恐暴龙在古代树森林火龙的巢穴悠闲地晒着日光浴。恐怕即便是巢穴之主归来，它也会毫不犹豫地冲上去捕食。

生态

为了寻求猎物在原野间四处徘徊

恐暴龙是少有的没有特定领地的怪物。因为恐暴龙比其他生物新陈代谢要快，而且也是为了维持体温，它需要一刻不停地进食。如果它在某地停留得太久的话很可能会把这一带的生物全都吃光，导致猎物不足，生态系统崩坏。当它空腹时，它会根据气味来找寻猎物的踪迹，然后压低身子放缓脚步悄声接近猎物，再用自己有力的下颚直接将猎物撕碎，吞进肚里。另外恐暴龙还有着惊人的环境适应能力。无论是对生物有害的瘴气，还是灼热的熔岩，对它来说都不在话下，它依然可以在这些地带闲庭信步。它会主动入侵古代树森林火龙的巢，大蚁冢荒地角龙的巢，以及各地生态之主的领地。这种为满足自己食欲而去践踏其他生物的样子，简直就是个名副其实的“恶棍”。

生 态

■敢与大型飞龙正面争夺领地的凶暴性

在新大陆的各个原野都存在着立于当地生态顶点的怪物。像古代树森林的雄火龙，陆珊瑚台地的风漂龙之类，都是飞行能力优秀的飞龙，对于不会飞的怪物来说它们有着压倒性的优势。但是这优势在恐暴龙这里却起不到多大作用，恐暴龙看到飞龙一点儿都不会胆怯，反而会扯开嗓子咆哮，发动袭击。飞龙会从恐暴龙够不到的空中发起反击，而恐暴龙则会找机会用强力的颚叼住飞龙，狠狠地摔在地上。它的强大和它捕食一切怪物的贪婪，让原大陆的人们称它为“暴食的恶魔”。而且即便它不饥饿也会肆意攻击小型怪物，凶暴性和危险性远超其他生物。

在和雄火龙的领地争夺中，即便它的吐息被雄火龙躲开，处于下风，它也会借着自己的盛怒和发达的肌肉咬住雄火龙，将其狠狠地甩出去。即便是天空的王者，在“暴食的恶魔”面前也只能甘拜下风。

主视图

脚印

生态

■腐蚀猎物外壳的强酸性唾液

恐暴龙由于代谢旺盛，会在进食后短时间内空腹疲劳。它张着血盆大口，唾液挂在口边徘徊寻找猎物的样子，令人心生畏惧。经调查，恐暴龙的唾液酸性极强，猎人的钢铁铠甲只要碰到这唾液就会被腐蚀。它酸性的唾液是为了加速坚硬食物的消化速度，背甲龙的甲，甚至大型怪物坚硬的外壳都会被这唾液溶化。另外在追寻侥幸逃脱的猎物时，它也会根据在猎物身上留下唾液的气味来判断猎物的位置。

生态

■以强韧的下颚捕获猎物

在恐暴龙浑身发达的肌肉中，属下颚最为强韧。它咬住了猎物就绝不松口，全力地将猎物甩来甩去，砸在地上。在这压倒性的力量面前，被捕捉的猎物即便奋力挣扎也无济于事，命丧龙口也不足为奇。另外，恐暴龙有叼着猎物四处徘徊的习惯，猎物完全被它当成了便携食料。如果它在这时看到了下一个捕食对象，便会兴奋起来，斗志昂扬。它这时会忘了口中咬着的是个“猎物”，利用口中的猎物去袭击敌人，甚至狠狠地扔向远处的敌人。恐暴龙下颚外侧的无数棘刺其实都是它的牙，如果牙齿破损或是老化，它便会摩擦地面使旧牙剥落，促进新牙的生长。

头部

平时耀武扬威捕食其他生物的惨爪龙，到了恐暴龙这里也毫无招架之力，沦为被捕食者对象。

考察

■过去未在新大陆发现恐暴龙的原因

踏足新大陆以来的这 40 年里，谁也没有目击到过恐暴龙的身影。那为什么现在会出现呢？

有人推测是原大陆的恐暴龙经过长途跋涉抵达了新大陆，或者什么生物无意中将恐暴龙的蛋带来了新大陆。无论是哪种原因，恐暴龙都是一种适应了各种各样严酷环境存活下来的生物。也有可能是它之前一直栖息在调查团尚未踏足的新大陆深处，而最近才出现在了观测范围以内的区域。

（摘自某调查员日记）

肌肉膨胀状态

兴奋会导致肌肉充血膨胀，力量也得到加强。肌肉膨胀时它会用恶魔一般的力量去碾压对手，但同时它胸部的旧伤痕很有可能因为剧烈活动而被撕裂。

生 态

■全身的肌肉随着怒气而膨胀

恐暴龙通体的外皮漆黑，但当它和强大的敌人对峙，愤怒达到顶峰时，头部和背部的肌肉便会充血膨胀，呈现红色。膨胀状态的肌肉高度兴奋，这时候的攻击会“拳拳到肉”，每一下都可以给敌人造成致命伤。它会被愤怒冲昏头脑执拗地追逐猎物，活性化的肌肉带来的强大力量使它更加横冲直撞。但是肌肉在膨胀时，外皮的缝隙中会露出伸开的筋膜，而这些柔软的筋膜很容易受伤。肌肉活性化对恐暴龙来说，无疑是一把有利有弊的双刃剑。

它体内的龙属性也会随着愤怒而活性化，可以释放出强力的吐息。即便被困地洞，它也会一边挣扎一边试图用吐息反击，可见其凶暴。

通常状态

生态

拥有更强壮上半身的新大陆个体

新大陆的恐暴龙和原大陆的个体外貌上有所差异。除了腹部的肌肉更加紧实，头和下颚周围的肌肉量也有所增大，变得更加粗壮。而且肌肉膨胀状态时的膨胀面积也会增大，整体来说上半身变得更加强韧。像岩贼龙这种重量级怪物，它都可以叼在嘴里悠闲地徘徊，甚至当作武器甩来甩去，可见其上半身的力量有多么强大。可以说这是有着首屈一指适应能力的恐暴龙，适应了新大陆的环境，从而进化成了更强健的个体。在原大陆记录在案的还有一些生态发生了改变的个体，有些老年恐暴龙无法控制自己的本性而变得更加狂暴，甚至会消耗生命来释放体内强烈的龙属性能量。在新大陆是否也能发现这样的个体呢？研究者们对此表露出了极大的兴趣。

即便是重量级的角龙，恐暴龙也能轻易用嘴接住它的龙车，并把它高高举起，可见其惊人的力量。

过去观测到的个体外观

令人心里发毛的漆黑表皮和锐爪基本和原大陆的个体相同，除了肌肉量的不同，尾部形状和棘的分布也有所差异。

支撑整个身体重量的后腿虽然细长，但肌肉力量强大。它借助自身重量跺脚可以引发大地的剧烈摇晃，远距离的敌人也会因此被限制行动。

开发密谈

PRODUCTION NOTE

和爆鳞龙双剑合璧，新大陆的暴食破坏王

如果说爆鳞龙负责在天上捣乱，那恐暴龙就是陆地的破坏王了。恐暴龙本来就有捕食大型怪物的习性，和这次活用生态的游戏宗旨很搭。虽然我们在开发初期就决定让恐暴龙登场，但觉得它对于新玩家的冲击力可能有点过大了，所以将它作为了第一波的更新内容。在游戏中它会经常和其他怪物发生领地争夺，为了更加突出它凶暴的性格，我们为它添加上了叼着其他怪物到处走，并利用它们进行攻击这种暴力举动。（德田）

虽然叼着怪物到处走这个行为很符合恐暴龙的个性，但毕竟脸比较小，呈现到画面上可以叼的怪物有限。（笑）都有哪些怪物能叼，我们从大凶豺龙开始一一验证过，最终在每个原野上都至少有一种怪物可以让恐暴龙叼在嘴里进行攻击。恐暴龙是玩家的老朋友了，如果再不给它加点新鲜元素，就不能带来超越爆鳞龙的存在感。（藤冈）

古龙种
绚辉龙

怪物数据

- 全长：约4573.25cm
- 全高：约1219.32cm
- 脚长：约321cm
- 主要栖息地：地脉黄金乡

大团长

"我们为了表达对'她'的敬意，称'她'为黄金地母神绚辉龙。"

KULVE TAROTH

地脉黄金乡的墙壁和地面分布着闪耀的黄金，这是绚辉龙在洞窟中移动的时候，黄金的外壳因摩擦剥落，从而附着上去或掉落的。

生 态

■地下深处黄金乡的霸主

新大陆遍布着输送古龙生物能量的地脉，而在这地脉的一角存在着被称为黄金乡的区域。在这片区域的最深处存在着大量的金属块，绚辉龙栖息于此，通过将黄金熔解在自己身上形成了金灿灿的外壳，尽显神圣的威严。而当它为了寻求矿物进行移动时，身体上附着的金会星星点点地掉落在四周，久而久之它活动的范围便形成了黄金乡。40 年间从未有过它的目击记录，也是因为它一直扎根在地下深处，从不露面。

基本介绍

绚辉龙喜欢闪闪发光的金属，会将各种金属吸附到自己身上，再通过自身的热量使其熔化，凝固在身上。40 年前一期团刚抵达新大陆时曾确认到过一次它的身影，但调查还未结束它就消失了，从那之后便再也没有出现过。不过由于熔山龙的迁徙和冥灯龙的羽化，地脉活性被提升到了最大，绚辉龙也再次开始了活动。调查团这才得以发现了它的栖息地地脉黄金乡，再次见到了这位地母神的身影。由于一期团所发现的黄金乡和本次的黄金乡位置有所不同，所以推测绚辉龙存在着多个个体，而它们各自栖息在不同的黄金乡。另外，调查团根据外表上的一些蛛丝马迹推测本次发现的绚辉龙是雌性个体，但是具体情况还有待进一步调查。

生态

■以吸附金属的能力制成的黄金铠甲

绚辉龙的外壳正如其名字所描述的一样金光绚丽。它可以将岩石和地层中富含的各种金属矿吸引到自己身上，再将金属用高热的体温融化，附着于全身。随着时间冷却凝固后，这层金属便成了黄金的铠甲。每只绚辉龙身上附着的金属都不同，所以为了得到准确的信息，最好对同一个体进行反复调查。它全身的外壳中有可能会融入过去人类的武器，这些武器和黄金相结合后会发生改变，有时能在它身上发掘出这些特殊的武器。

绚辉龙全身的金属又硬又厚重。有这层坚固铠甲的保护，它会对受到的冲击置之不理，继续前进。

黄金附着状态

经过熔解后凝固在绚辉龙身上的金属，因为被精炼过一次，更加地闪耀。它的金鳞含有稀有金属，得到一片都能带来巨大的财富。

黄金熔化状态

体温上升会导致全身的金属发红，一部分开始熔化。熔解的金属硬度会下降，受到外部冲击可能会剥落。

在黄金熔化状态下，负责体温调节的胸内部会亮起红光。假设绚辉龙身上的金属是纯金，那体温需要升到1400℃以上才可将其熔解。

腹部金属的详细构造图。绚辉龙的胸部和坐骨附近钟乳石状的突起，黄金会附着在这些突起上，像金属铠甲一样蔓延开，为脆弱的腹部提供保护。

生态

■随着体温急剧上升，金属开始熔化、身体进行散热

绚辉龙的胸口生有负责调节体温的重要器官。当绚辉龙的黄金被剥离时，愤怒会让它主动将体温急剧提升。金属会随之熔化，全身也会因为热量而发红。进入到“金属融化状态”中，绚辉龙的攻击性会变强，会周期性地喷出超高温的火焰进行散热。另外，当它失去身体上附着的金属时，它会潜入含有金属的地层中补充金属。对绚辉龙来说，身体上不附着金属既不适合交战，也不美观。

考察

绚辉龙对生态系统的影响

在地脉黄金乡存在着许多这里独有的环境生物。绚辉龙会掉落许多富含金属的有机物，吸收了这些有机物的生物比如金箔萤和馒头蟹，以及为了拟态维持金色体色的黄金鳞片打击手，都会呈现金光闪闪的体态。还有试图通过武器和装备挖掘优质黄金的黄金奇面族，以及极其稀有的珍兽土龙，许多环境生物在这里和谐地生存着。这里以绚辉龙为中心，构建出了与地上世界出人颇大的生态系统。绚辉龙为了收集金属在熔岩地带和地脉之间移动创造出了黄金乡，而环境生物也为了适应黄金乡的环境发生了进化。

另外，据推测，绚辉龙是通过它的大角来吸附金属和矿物的。恐怕是含有强磁性的物质使它可以通过磁力来吸附金属。真希望能有大角的样本来让我研究呀。

（摘自三期团的研究记录）

通过主动将身上的金属剥离，绚辉龙可以达到全力输出的临界态势。它还会将敌人引到自己的巢穴，在地形上对自己有利的巨大金脉进行战斗。

生态

耀眼的黄金铠甲下隐藏的灵活又强壮的四肢

当绚辉龙的金属铠甲被外敌剥离，怒气达到顶峰的时候，它会索性主动将全身的金属全部释放，现出真身全力对抗敌人。虽然金属缠身的绚辉龙给人一种臃肿的印象，但其实它肢体的肌肉非常结实。呈现这个姿态后，它被厚重金属铠甲所限制的敏捷性就会完全发挥出来。它会用锐牙进行啃咬，用强有力的前肢进行攻击，或是用强韧的大角锤击敌人，以丰富敏捷的招式与敌人进行对峙。

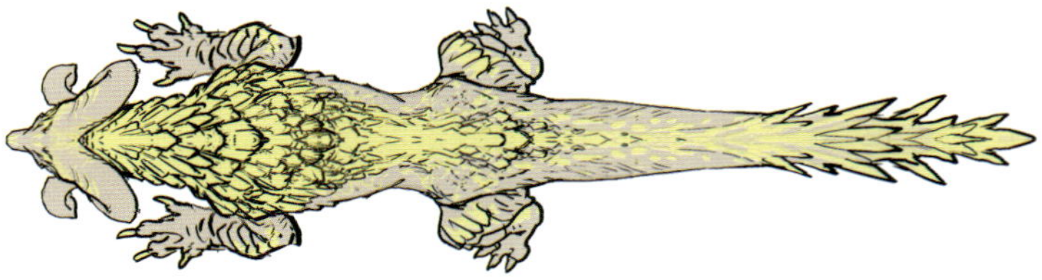

被解放的绚辉龙

支撑着巨大躯体和沉重金铠甲的四肢粗壮有力。因为栖息在地下，所以虽为古龙但并未生有翼的结构。

因为很多古龙种的角都拥有特殊能力，所以现阶段研究员推测绚辉龙的角也持有某种机能。尽快在调查中获取绚辉龙角的样本是第一要事。

虽然绚辉龙的角常年被黄金所包裹，但将金属剥去就会露出钟乳石一样的乳白色角。特别是绚辉龙的大角，它会根据观察角度不同反射蓝或绿色的虹光，光彩夺目，非常漂亮。

生态

为了调节体温而释放的热波吐息

除了金属以外，操纵热能也是绚辉龙的一大特征。绚辉龙可以操控自己的体温，通过体温的短时间上升来将身体所接触到的金属熔化，再通过体温下降来将金属凝固形成黄金铠甲。黄金熔化状态下的绚辉龙为了控制急剧上升的体温，也为了攻击外敌，会释放出超高温的热波吐息。它的吐息不是火焰，而是远比火焰温度要高的热波。金属自不必说，热波的高温甚至能熔化地壳，如果正面吃上一发的话恐怕会被直接蒸发掉，连灰烬都不剩。

绚辉龙主要使用大角来破坏障碍物为自己开路。遇到非常坚硬的岩盘或黄金墙壁，它便会使用高温吐息将眼前的障碍物熔化出一个大洞，自己再钻过去。

由于会影响到身上附着的金属，它通常都会将吐息温度调整到黄金熔点以下。但是当它盛怒体温急剧上升时，释放出的吐息甚至可以将巢穴周围的黄金全部熔化掉。

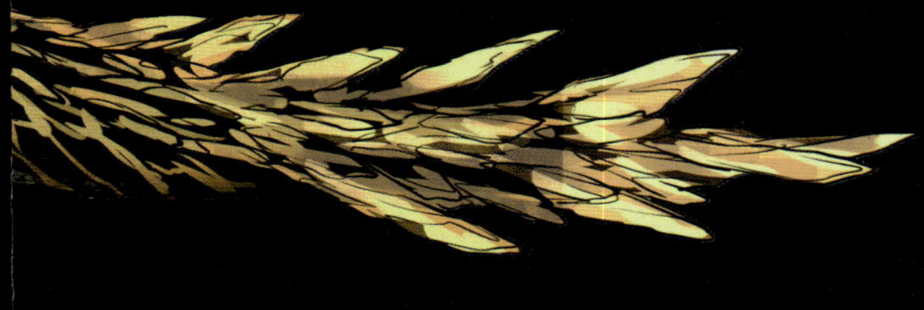

开发密谈

PRODUCTION NOTE

16 人配合，线上特有的游玩方式

通过多人配合共同来推进调查进度，在任务设计上我们兼顾了特殊游戏机制和传统的战斗动作性。藤冈一直想做一个囤积金银财宝的巨龙形象的怪物，这次终于实现了。而游玩机制上我们也与其形象相配合，力图给玩家带来一种历尽千辛万苦终于找到宝藏的感觉。由于和传统的报酬获取方式不一样，所以我们没有把它加到本篇中，而是通过下载内容的形式作为通关后的要素出现。（德田）

喜爱闪闪发光的财宝的巨龙栖息于地下，所有前来寻宝的人都被它缴械了武器，有去无回……这种故事中的巨龙多有浪漫色彩！而将这种形象表现在游戏中，就形成了现在的绚辉龙，这正好和大家齐心协力调查这一概念也很相符。我们想着重强调玩家之间的关联和配合，最终能以 16 人组队共同调查的形式呈现出来真是太好了。（藤冈）

基本介绍

炎龙亚目、炎龙科的雌性个体，作为炎之帝王的王妃而被称为炎妃龙。全身覆盖鲜艳的青色外壳，身边缠绕着赤青二色混合的闪耀粉尘，这身姿简直像画中的女神一般优雅美丽。但是它的脾性十分刚烈，攻击性也是狂暴到了极致。新大陆的炎妃龙和炎王龙成双成对，共同在龙结晶之地和大蚁冢荒地的领地中行动。和炎王龙一样，炎妃龙也拥有操纵火焰和粉尘的能力，通过从翼散播的粉尘以及火焰吐息，可以让周围瞬间变成青色的火海。另外，它的飞行能力也很出色，当炎王龙陷入绝境时它会直接从天而降。炎王龙的火舌舔着大地，而炎妃龙的火焰遮天蔽日，目睹这一光景的人无一不被吓得魂飞魄散。

古龙种
炎妃龙

怪物数据

- 全长：约1828.68cm
- 全高：约627.56cm
- 脚长：约112cm
- 主要栖息地：大蚁冢荒地
  龙结晶之地

生态

身缠灼热的青色火焰

炎妃龙可以自由操纵火焰，将其像铠甲一样缠绕在身上来维持自己的高体温。青色火焰比红色火焰温度高，这是我们周知的事实。而炎妃龙也不例外，它的青色火焰温度要超过炎王龙的红色火焰，稍微一靠近就会被热风所灼伤。它还会将储存在翼和尾部的青色粉尘散发出去，通过坚硬甲壳的摩擦来引爆，引发周围超高热量的粉尘爆炸。

炎妃龙警戒心极强，即便周围没有外敌它也会火焰铠甲加身，拒绝同种族之外的任何生物靠近自己。

LUNASTRA

调查班队长

“那就是……炎妃龙？！没错，这一定就是炎王龙的配偶了！”

生 态

超强的警戒心与超高的攻击力

炎妃龙在古龙种中属于警戒心极强的，关于它的目击情报极少。过去如果大队人马赶赴调查的话，炎妃龙便会察觉到气息隐蔽起来，所以炎妃龙的调查一直都是单独进行的。可是在新大陆遭遇的炎妃龙个体，在遇见多个猎人的时候不仅不会隐蔽自己，甚至还会摆好临战态势准备迎战。炎王龙不会把小生物放在眼里，但炎妃龙不同，只要有别的生物存在，它就会立刻进入战斗准备，二话不说发动攻击铲除敌人。

在猎人行动之前它就已经把猎人视为了敌人，主动对猎人进行威吓，发动猛烈的攻击。

生 态

青色火焰的延烧和粉尘爆炸

炎妃龙所操纵的粉尘最大的特征就是其燃烧温度高和持久性强。它的粉尘在被火焰引燃发生爆炸后，还会迅速扩散燃烧范围。地面会在这高热的火焰灼烧下开始燃烧，火焰可以持续很长一段时间。这种现象被称为延烧，周围很大的范围内都会气温升高变成灼热的“炉子”，对敌人造成持续的伤害，体力消耗速度不可小觑。另外，炎妃龙深知粉尘和延烧是自己最有力的武器，在战斗时它除了会用火焰吐息来引爆飘浮在周围的粉尘，还会时常通过摩擦尾部等小动作来促燃。

为了增加延烧火焰的火势，炎妃龙还会进一步引发连环粉尘爆炸。连锁反应使得火势进一步蔓延，熊熊烈火甚至可以覆盖一整个区域。

生态

■宛如王冠一般的大角，气质非凡

和配偶炎王龙有着类似的躯体，但炎妃龙头上的角要更宽一些。为了更容易操纵粉尘，炎妃龙的鬃毛也要比炎王龙更为浓密，分布范围更广。其头上如同王冠一般的大角作用尚不明确，但不排除其有操控火焰和粉尘的可能性。另外，炎妃龙鬃毛的形状、分布等细节部分也与炎王龙有着差异，它的外观除了彰显了凶暴脾性下的威严，还散发出优雅高贵的气质。

新大陆的炎妃龙鬃毛和尾尖的毛量比原大陆的更浓密，能够更好地起到保护要害部位的作用。这种变化的原因除了适应新大陆的环境，也不排除与繁殖行为有关联的可能性。

炎妃龙不是通过牙，而是通过翼上的硬棘互相碰撞产生的火花来引发粉尘爆炸。延烧引发的火焰会蔓延到四周，瞬间形成一片火海。

生 态

■将随着周围温度上升而释放的特殊粉尘引爆的“地狱火”

炎妃龙可以释放出与平时身边所弥漫的粉尘性质相异的特殊粉尘，引发瞬间的大型爆炸。平时大量粉尘飘浮在身边导致它周围的空气密度上升，空气更加保温，体温的上升继而带来周围空气进一步的升温。达到一定的温度之后，炎妃龙所释放的粉尘就会变质，这种粉尘可以引发被称为“地狱火”的强烈爆炸。

以自己为中心，舞动的青色火舌爆裂开来，将领地上的所有无礼入侵者全部吞噬殆尽。这就是地狱火，炎妃龙的最强招式。

生 态

■求爱时通过熊熊烈火来加深彼此的羁绊

炎妃龙与配偶炎王龙同处一地时，便会协力作战。炎王龙会用火焰吐息来引燃炎妃龙所散播的粉尘，二者的配合毫无缝隙，十分默契，让敌人毫无喘息的空间。而当战况焦灼，斗志昂扬的时候，它们便会释放出彼此最强力的爆炸……炎妃龙释放地狱火，而炎王龙也像是在回应它一样释放超新星。这种行为被视为一种求爱行为，炎王龙和炎妃龙的羁绊会因此更加深刻。双重爆炸将周围全部变为地狱般的火海，这可真是炎龙独有的究极爱之火焰。

爆炸后炎妃龙的延烧火焰中混杂着炎王龙的烈焰，它们周围整个会被熊熊烈火包围。任何生物靠近都会被耗光体力，这无疑是它们独自的舞台。

考 察

■阻止火焰延烧的方法

炎妃龙引起的延烧现象会导致周围的温度急剧升高，对于猎人来说相当棘手，但是如果将火势蔓延开之前的小火苗及时灭掉的话就能有效地阻止延烧的发生。具体方法，可以用小桶爆弹或是爆裂结晶将火种清除，也可以用水属性的投射器或武器来使温度下降。但是只要炎妃龙身上缠有粉尘，就会一直有新的火种来引发延烧，如果狩猎人数少的话根本来不及灭火，只能依靠冷饮降温硬着头皮迎战。但是这次新大陆的炎妃龙个体可以由多人来协同调查了，所以在每个调查班中配备一名负责灭火的队员也许是个好办法。 （摘自某调查员笔记）

生态

■现身新大陆的理由

炎王龙和炎妃龙会成双成对出现。这次的调查中，炎王龙在与灭尽龙的战斗中陷入苦战的时候，炎妃龙现身了，它们通过心有灵犀的配合成功将灭尽龙击退。从它们保护对方的行动中，可以确认这两只个体互为伴侣。但是至今为止，从未有人观察到过炎龙科的雌雄个体同时出现的状况，这次炎妃龙出现在新大陆，是因为它进入了繁殖期。它比原大陆的个体警戒性和攻击性都更强，也是因为繁殖期的缘故。

在配偶遭遇危机时及时赶到的炎妃龙，二者的连招相互配合，将灭尽龙击退。

二者的粉尘相互融合交织在空中飞舞，会引起极大的连环爆炸。这场面宛如末世一般，极为壮观，如果被波及的话恐怕性命难保。

炎王龙和炎妃龙在大蚁冢荒地亲密相伴的光景曾被目击到。

开发密谈

PRODUCTION NOTE

着重表现古龙夫妇的生态——用粉尘和爆炸将大地化作焦土

这是炎妃龙时隔多年的首次复活。选择它的理由有服务粉丝的因素在，然而更多的是因为之前出于种种限制都没有实现过真正的两只古龙同场。与领地争夺不同，炎妃龙和炎王龙的关系我们想通过别的行为来表现，所以就成了它们两个会共同协力攻击敌人。果然两只古龙同场的话，炎妃龙和炎王龙是最合适的。我们对于游玩难度有过顾虑，但考虑到这是后期的下载内容，应该有不少玩家都已经习惯了游戏的节奏，所以还是以两只同场的形式来设计了任务。（德田）

本次炎妃龙的粉尘和炎王龙的火焰存在着很大差别。前作中二者的能力差不多，只是效果范围的差异，这样一起出场的话未免有些乏味，所以我们做了比较大的改动，想来想去最后让炎妃龙变成了一个残暴娇妻。（笑）在外貌设计上，炎妃龙的毛覆盖面积要比炎王龙更大。虽然鬃毛更加秀气，但尾部的毛一直延伸到尾根，很适合储存粉尘。（藤冈）

扩展画廊：历战个体

Extend World Gallery

进行迁徙的古龙长眠于瘴气之谷，其身体所蕴含的庞大生物能量会通过地脉输送到新大陆的各个角落。近些年的研究表明，这些能量会对栖息在各地的怪物产生一定的影响。有一些以古龙的生物能量作为养分，经过长时间的积累而变得更加强韧的怪物——公会将它们命名为历战个体，并高度重视它们的存在。它们不仅比通常的个体力量更强大，体色会变得更加鲜艳，凶暴性也会变得更高。这里列出了已经得到确认的历战个体，记得去讨伐它们时一定要做好万全的准备，千万不可大意。

虽然不是古龙，但导虫在对历战个体起反应时也会变成蓝色。这也侧面证明了它们含有超常的强大能量。

[已确认的历战个体]

[危险度1]	[危险度2]	[危险度3]
土砂龙	雄火龙	炎王龙
毒妖鸟	苍火龙	钢龙
浮空龙	樱火龙	灭尽龙
飞雷龙	风漂龙	尸套龙
泥鱼龙	爆锤龙	麒麟
蛮颚龙	熔岩龙	恐暴龙
骨锤龙	爆鳞龙	炎妃龙
雌火龙	角龙	
	黑角龙	
	惨爪龙	

龙脉石及其作用

历战个体和历战王个体从地脉获得的古龙能量会在体内产生结晶，这结晶块就是龙脉石。越是身经百战的怪物体内的龙脉石就越大，所以公会为其划分了危险度，以此指标来判断其体内龙脉石的等级。龙脉石可以解放武具的强化上限，或为之附加特殊能力，还可用于护石制造和神秘炼金，可以说星辰的人们也受到了这活性化地脉的恩惠。

历战王个体

历战王个体有着凌驾于历战个体之上的实力，它们的发现令星辰和公会都大吃一惊。这些个体都是寿命长久的古龙种，自体本身所积蓄的巨大能量再加上地脉所赋予的强大力量，个体的能力会得到急剧的提升。它们的体色会比历战个体更加鲜艳，可以让人感受到其全身生物能量的跃动。真的有人能够制服这些拥有可怕力量的怪物吗……

[已确认的历战王个体]

- 麒麟
- 炎王龙
- 炎妃龙
- 冥灯龙
- 尸套龙
- 钢龙
- 熔山龙
- 绚辉龙
- 灭尽龙

历战王个体从外观上可以明显感受到生物能量的饱和与活性化。受此影响，它们的攻击行动会被强化，甚至会使出新的招式。

历战王个体比历战个体在攻击力和体力上都有着飞跃性的增强。对投射器闪光弹的抗性也会显著上升，大幅增加了狩猎的危险性。

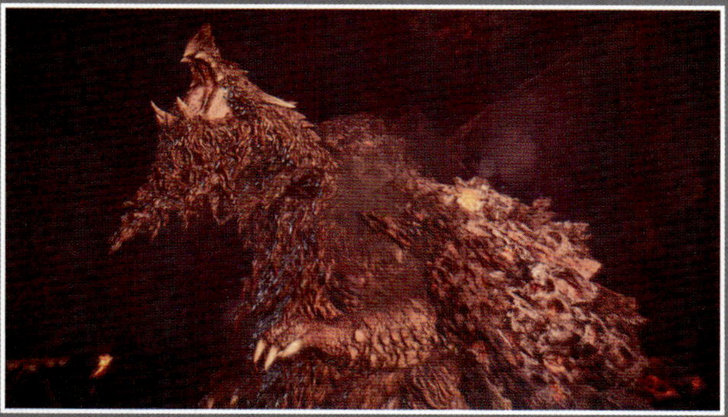

扩展画廊：未确认生物图鉴[6]

Extend World Gallery

加速地脉活性化和古龙迁徙，为新大陆的生态系统带来巨大变化的古龙之王——冥灯龙，以及在新大陆建立起黄金乡这一独特生态系统的古龙——绚辉龙。关于它们的调查和研究才刚刚开始，这里记录的一部分资料还缺乏缜密的调查，有待进一步推敲。

■古龙种②

■古龙种①

■古龙种④

■古龙种③

■古龙种⑧

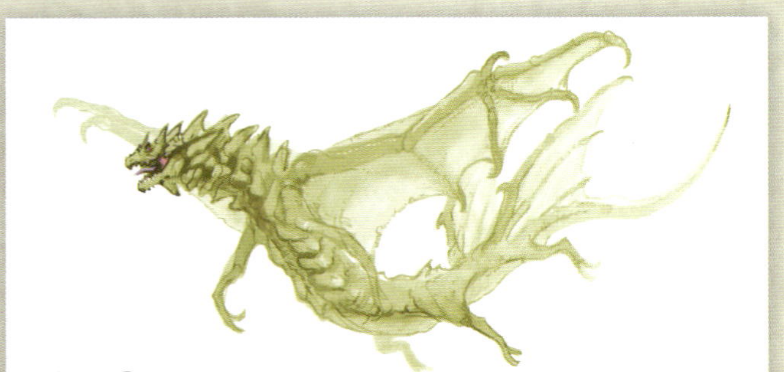

■古龙种⑤

■古龙种⑥

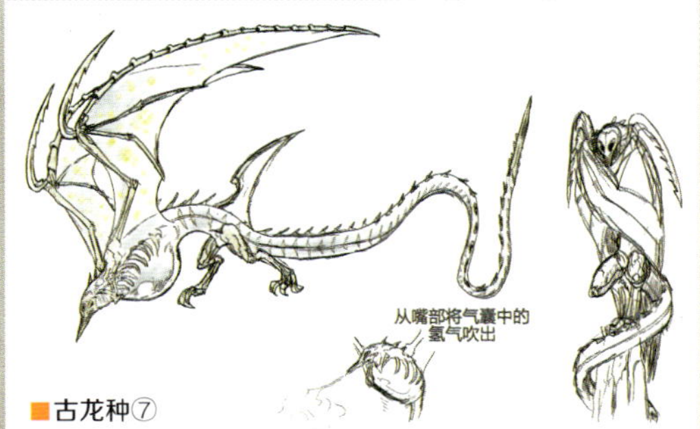

■古龙种⑦

■古龙种⑨

■古龙种⑪

■古龙种⑫

■古龙种⑩

■古龙种⑬

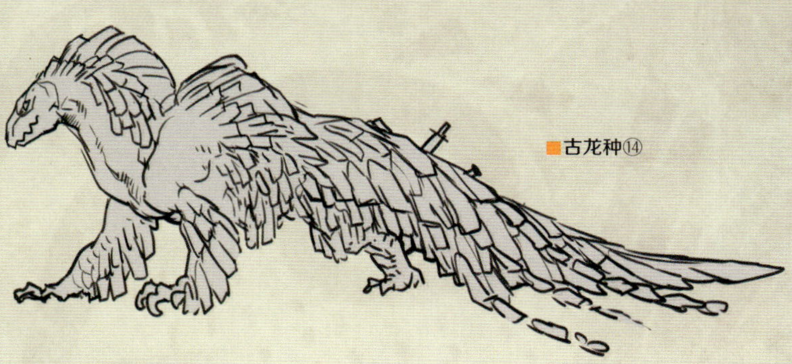

■古龙种⑭

■古龙种⑮

黄金像是有羽毛恐龙的翼一般垂下来。

■古龙种⑯

■古龙种⑰

类似冥灯龙的个体

古龙种③：全身因为电气而闪耀发光，它会通过将铁沙附着于身体而硬化。据传闻，从远处看它的身影就像飘浮在夜空中的骨架一般，但好像可信度并不高。
古龙种④～⑧：除了由骸骨一般的外骨骼包裹着透明身体的个体，这里甚至还记载了生有四只前肢的个体，种类繁多。
古龙种⑩：像浮在空中绽放的花一般的优美姿态，却让人感受到死亡的气息。

类似绚辉龙的个体

古龙种⑪～⑰：由于绚辉龙可能存在着多种个体，所以很可能个体之间角的形状存在着差异。不排除差异与性别有关的可能性，现阶段关于雄性个体的调查依然在进行中。除此之外，金属的附着方式也有可能不同。

小型怪物
Small Monsters

草食种
草食龙

▶主要栖息地：古代树森林

温和的草食种怪物。当受到攻击或察觉到危险时会成群结队地逃走。它的肉质鲜美，营养丰富，很多怪物都以它们为食。

APTONOTH

草食种
背甲龙

▶主要栖息地：大蚁冢荒地

为了从捕食者口中保护自己而生有坚硬的甲壳，它们在遇到危险时会聚在一起形成防御壁。如果有其他生物要偷蛋的话，它们会做出比较激烈的反应。

APCEROS

草食种
冠突龙

▶主要栖息地：古代树森林、大蚁冢荒地

群体中的雄性擅长攻击，而雌性擅长感知，分工明确。拥有坚固头壳的雄性会对入侵领地的外敌发起突进攻击。

KESTODON

草食种
突击龙

▶主要栖息地：龙结晶之地

在龙结晶之地群居生活的怪物。它们会对入侵领地的外敌进行威吓，发起愤怒的强烈攻击。其性情凶猛，就算是大型怪物也敢正面冲击。

GASTODON

生态

■作为生态环境情报源的草食种

草食龙一类的草食种在食物链中属于被捕食者。它们的遗骸就相当于在提醒猎人们，这里属于肉食大型怪物的行动范围，一定要多加警惕。另外，也有不少调查员会通过草食龙的叫声来吸引大型怪物，在原地做好准备，守株待兔。

■ 被肉食大型怪物盯上的草食龙

生态

■以甲壳为盾抵御外敌的攻击

被天敌盯上时，大部分的草食种要么会逃跑，要么会发动攻击。而新大陆的背甲龙则会活用坚硬的甲壳进行防御。它们每三只围成一个圈，重心降低，将后背拼合成一个大盾，这种状态对捕食者来说不是很好下手。说句题外话，据说有不少调查员在被大型怪物追击时都是靠着背甲龙的防御阵才死里逃生的。

■ 组成防御阵型的背甲龙

■雄性冠突龙和雌性冠突龙的外貌差异

生态

■雌雄分工的群居生物

雌雄群居的草食种，在面对外敌的时候各个物种的对策都有所不同。草食龙是雄性负责攻击对手，吸引敌人，让雌性和幼崽优先逃命。而冠突龙则是警戒心较强的雌性负责感知外敌，雄性负责攻击。雄性在攻击时雌性也不会逃命，而是在后方对敌人进行威吓，如果有敌人接近的话它们也会迎战。雄性冠突龙的头壳要比雌性更大更厚重，攻击力也更高。对雄性来说头壳越大就象征着个体越强大，对雌性也更具吸引力。另外，他们会通过臼齿来碾碎树果食用，群体中的雌性则负责用额头撞击树干使树果落下。偶尔也会发生撞得太用力，把自己撞晕的情况。

■象征力量的雄性冠突龙头部和其结构

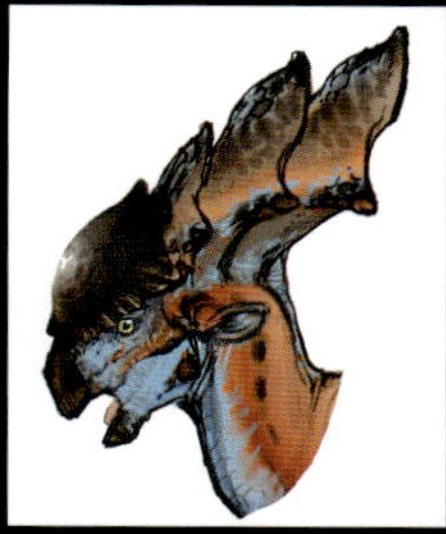

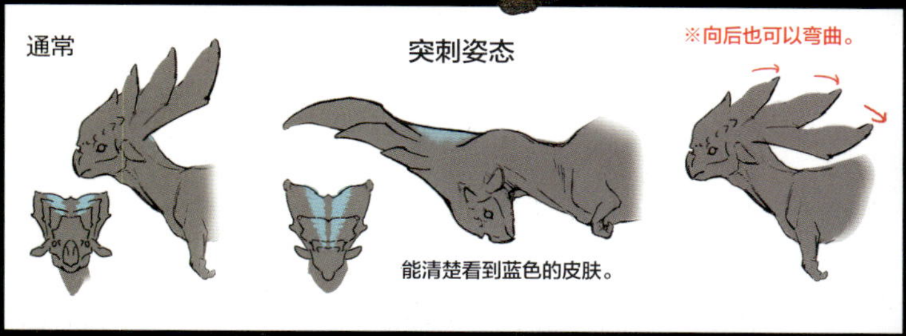

生态

■领地意识和面对外敌时的愤怒

草食种当中也存在着领地意识极强的物种，突击龙就是其代表。由于栖息地龙结晶之地环境残酷，它们总是成群结队地聚在一起，守在自己的领地。如果有扰乱这份安宁的入侵者，它们便会齐心协力铲除外敌。如果战况胶着，突击龙处于盛怒状态下甚至会追出自己的领地进行攻击。但是当群体中的个体数有所减少的时候，它们也会选择逃跑。

■ 通常时的突击龙和其头部形状

■ 全身泛红的愤怒状态

■ 怒气冲天的突击龙，即便看到火焰也不会退却

生态

■有的需要破坏角，有的不能破坏身体，收集素材方式独特的小型怪物

精灵鹿的毛皮和角有着很大的素材需求量，特别是角作为药的原材料一直以来被广泛使用。如果附近有大型怪物出没，精灵鹿便会胆怯地逃到草场来，但它却不怕人，即便有调查员接近也不会躲。因此想要获取它的角可以直接将其折断，或是将它打晕之后进行剥取。相比精灵鹿，甲虫种的素材获取起来要麻烦许多。巨蜂和巨甲虫若受到强烈冲击躯体会碎，素材的价值就会大大受损。因此，大多数猎人会通过毒来保留住它们完整的躯体。另外，如果将冲击的力度控制好也可以保留住它们的躯体，最近使用投射器猎杀它们的人也逐渐多了起来。

■ 掉落角的精灵鹿

■ 完整的甲虫种尸体可以剥取素材

生态

■喜欢食用珍贵菌类的菌猪

老话说得好，“跟着菌猪走，总能发现好蘑菇。”它们最大的特征就是喜食珍贵的菌类。如果发现了贴着地闻来闻去的菌猪，跟着它走的话肯定能找到菌类的植物。新大陆的菌猪不群居，每只个体单独在自己喜欢的区域内享用美味的菌菇。据说稍微给菌猪一点刺激，它便会逃去自己的秘密基地，而那里往往生长着极为贵重的“特产品”。菌猪自身也会在发现珍贵菌类时表现出很开心的样子。

■ 发现珍贵菌类后的菌猪，很开心的样子

生态

■甲虫种集合起来警戒外敌的行为

甲虫种也和其他小型怪物相同，会以一个团体一起守护自己的小领地。虽然不小心接近它们的话会遭到攻击，但对人类来说并无大碍。但是当它们警戒大型怪物时情况会大有不同。它们会聚集在一起警戒领地周围，这时候如果有生物靠近的话，它们便会群起而攻之，将敌人逐出领地。对它们来说，人类的调查员威胁程度没有大型怪物高，它们并不会针对人类产生这种警戒行为。

生态

■甲虫种的趋光性

喜欢光亮，会向着亮处前进，这种趋光性是甲虫种共通的特性。趋光性是指生物会对光的刺激产生反应，从而向着光源移动。虽然趋光性的存在缘由现在尚不明确，但却可以利用这一习性进行狩猎。在原大陆，猎人就会利用光源将巨蜂或巨甲虫聚到一起以后一窝端。在新大陆，投射器松明弹和光苔可是立了大功了。等巨甲虫聚集在光苔附近后再引发小爆炸的话，有些巨甲虫甚至会被吓得翻过个去，毕竟甲虫种普遍都比较怕火。

■ 聚集在光源周围是甲虫种特有的习性

■ 会进行集体警戒行动的巨蜂（上）和巨甲虫（下）

草食种

精灵鹿

▶主要栖息地：大蚁冢荒地

性格温和的小型草食兽。雄性个体和雌性个体的体色体毛，以及耳和角的形状都有所差异，其角是珍贵药材的原料。受新大陆环境的影响，要比原大陆的个体发育更加良好。

KELBI

MOSSWINE

草食种

菌猪

▶主要栖息地：古代树森林、大蚁冢荒地、瘴气之谷

凭借敏锐的嗅觉寻找自己喜食的菌菇，在原野上徘徊的小型草食兽。它生有长长的鼻子，头部的硬质化甲壳像个小帽子似的，性格温厚，是种十分可爱的小动物。它背部会根据栖息地的不同生有当地特有的苔藓。

甲虫种

巨蜂

▶主要栖息地：古代树森林、大蚁冢荒地、
陆珊瑚台地、瘴气之谷、龙结晶之地

巨蜂拥有着能将猎物的肉咬掉的强韧下颚和腹部的麻痹毒针。它不仅有超高的飞行能力，环境适应能力也很强，几乎新大陆所有原野都有它的身影。

VESPOID

甲虫种

巨甲虫

▶主要栖息地：瘴气之谷

在地表活动的小型甲虫种。性格比较好战，对于侵入领地的外敌，它们会用尖锐的角进行突刺，发起攻击。栖息在瘴气之谷，以腐肉为食。

HORNETAUR

牙龙种

凶豺龙

▶主要栖息地：古代树森林

食欲旺盛的小型牙龙种。它们身体纤瘦但肌肉结实，黄绿色的外皮为它在森林中的保护色，背部的大棘是它的最大特征。它们是群居生物，有时也会和共有领地的大凶豺龙一起行动。

JAGRAS

SHAMOS

牙龙种

猫蜥龙

▶主要栖息地：陆珊瑚台地

喜欢黑暗的小型牙龙种。它们是性格非常凶猛的肉食动物，连尸体的肉也不放过。在对抗外敌时即便同伴数减少它们也不会退缩。它们有着柔软的身体和与暗夜浑然一体的体色，还有一双特征性的大眼睛。

牙龙种

凶颚龙

▶主要栖息地：瘴气之谷

生有两颗含有麻痹毒素的巨大犬齿的小型牙龙种。凶颚龙体格健壮，以爬行的方式移动。它们成群结队，在找寻食物时共同听从大凶颚龙的指挥。另外，也有些个体在被瘴气侵蚀后会变得异常凶暴。

GIRROS

鱼类

咬鱼

▶主要栖息地：古代树森林、大蚁冢荒地

咬鱼会将侵入领地的外敌团团包围起来进行捕食。对于陆地上的敌人它们也会果敢地跃出水面，当它们从水中露出脸进行威吓的时候千万不能轻易靠近。

GAJAU

生 态

■群体将外敌包围，狡猾的攻击战术

牙龙种会进行集体狩猎，会将猎物团团包围起来进行攻击。有不少人因为它们是小型怪物就放松警惕，结果等回过神来已经被包围了，下场非常惨。这是这些小型怪物在本能地利用群居生物数量上的优势。另一方面，当群体的个体数减少时，它们也会放弃狩猎，四散奔逃。特别是凶豺龙，它们会对飞散核桃的冲击起反应，胆怯退散。在狩猎中可以通过生肉来分散它们的注意力，或是通过火光来驱散它们，活用它们的习性会为调查带来很大的便利。

■ 凶豺龙（上）和凶颚龙（下）

■ 将外敌团团包围起来的牙龙种

■ 咬鱼也会用包围战术进行狩猎

生 态

■对大型怪物的警戒和袭击

牙龙种中属凶豺龙的警戒心最强，最为胆小，而它们的其中一个习惯便完美地反映了这种性格。当其领地中有大型怪物侵入时，它们会快速地躲到树上，在高处观察情况。如果大型怪物跌倒，或是被困在陷阱里的话，它们判断现在的情况不再对自己有危险，便会从树上跳下来发动袭击。它们细长灵活的脚趾和尖锐的钩爪非常适合爬树，即便是和大凶豺龙一起行动的时候它们也会做出这种反应，着实是活得谨慎小心的一种生物。

■ 先在树上观察情况，等怪物倒地再上前攻击的凶豺龙

■ 在牙龙种中外貌较为特殊

生 态

■惧怕光线，喜欢黑暗的猫蜥龙

栖息在陆珊瑚台地的猫蜥龙是夜行生物。白天它们大多会在阴影处休息，等太阳落山夜幕降临时它们便会大范围活动。从它特征性的大眼睛就能看出它的夜行习性，为了保证夜间的视力，它的瞳孔可以放得很大，对光线非常敏感。它对于投射器闪光弹的强光和松明弹的火光，甚至光苔都会产生强烈的抗拒反应。它们和会释放闪光的眩鸟是相互争夺食物的敌对关系，经常可以看到它们帮着浮空龙打眩鸟的场景。在狩猎中可以故意引它和眩鸟相遇，利用它来帮助狩猎。

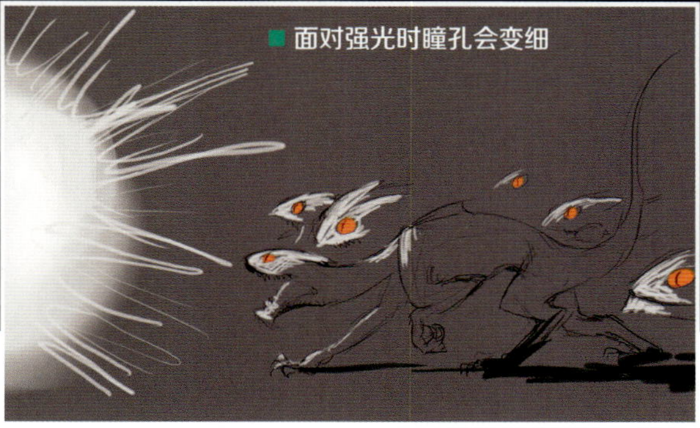

■ 面对强光时瞳孔会变细

■ 在暗处也可以通过面部的红色辨别出同类

生 态

■遵从领袖指挥的牙龙种

同样是牙龙种，但凶豺龙和凶颚龙在跟随领袖作战时行动会有所不同。凶豺龙不会积极主动地进行攻击，它们只会在大凶豺龙愤怒或是陷入危机的时候出手。而凶颚龙在和大凶颚龙协作作战时则会非常好战，主动对外敌发动攻击。在没有领袖指挥，小群体单独行动的时候，这两种生物都会在遭遇敌人时先在远处待机观察情况，找准时机一齐发动进攻。

■ 围在大凶颚龙身边的凶颚龙群

生 态

■成群结队飞行的行翼龙

行翼龙以地面或树上的果实为食，常常能看到它们悠闲地在太阳下梳理毛发的样子。它们性情温厚又胆小，遇到凶猛的大型怪物时自不必说，受到投射器或投掷的轻度惊吓它们都可能会逃跑。它们以两三只为一个群体一起生活，集体移动的时候会排成一列飞行。早期研究表明，行翼龙有着沿特定路线进行移动的习性，而正是这种习性导致了成列飞行的行为。它们非常亲人类，新大陆的调查员们会利用投射器钩住它们的脚爪进行移动，这已经成了新大陆不可或缺的移动手段之一。在翼龙种中行翼龙的飞行能力最为出众，它们尤其擅长远距离飞行，是新大陆调查员的好帮手。

■ 成列飞行的行翼龙

生 态

■喜食尸肉的响翼龙，叫声刺耳

在大蚁冢荒地可以看到在特定领地徘徊飞行的响翼龙，它们和行翼龙一样，性情都很温厚。但是响翼龙的肉食性要更强一些，它们发现尸肉时便会围在上方盘旋，确认安全后会落下来慢慢享用。它们会对身体上的冲击或是巨大的响声有着过激的反应，甚至会在飞行时失去平衡坠落，同时发出刺耳的叫声，它们会通过这种行为来警告同伴危险的到来。响翼龙可以通过颈部的鸣袋将叫声放大，有时这种声音可以在响翼龙群中引发连锁鸣叫。

■ 拥有鸟类般喙和鸣袋的响翼龙

生 态

■以巨大群体一起行动的芳翼龙

翼龙多以群体进行活动，特别是生活在陆珊瑚台地的芳翼龙，它们会由许多的小群体汇集成一个大群体。陆珊瑚开始产卵时，它们便会一齐移动到巨大的粉色陆珊瑚区域。十数只芳翼龙在空中盘旋捕食珊瑚卵的场景，不禁让人感叹自然生态的美。另外，芳翼龙在逃离外敌追击的时候会和安全地带的其他的群体汇合。它们在感受到危险时便会一边鸣叫一边盘旋，所引起的恐慌会在群体中蔓延开来。在警戒天敌的时候，它们会排成一列进行巡逻。

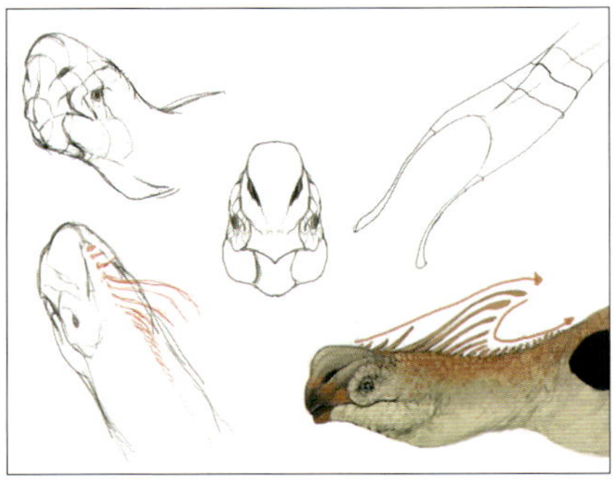

■ 适合在强风中飞行的构造

生 态

■活用酸液进行攻击的凶猛酸翼龙

酸翼龙性格固执凶猛，不将视线内的敌人赶出领地决不罢休。它们会从口中吐出酸性液体来牵制敌人。在警戒大型怪物时，它们会因受到外部刺激而发动酸液攻击，这种酸具有的腐蚀性，可以对调查员的衣物产生影响。而且，它们也会追寻酸液的气味，对身上沾有酸液的敌人进行群袭，这种习性对大型怪物同样适用。另外，在它们受到突然袭击而胆怯，或体力低下、濒死的时候，猎人们可以用投射器钩住它们进行移动。而在体力低下的时候，它们会直接回群体巢穴的所在地。

■ 生有钩子状钩爪的酸翼龙

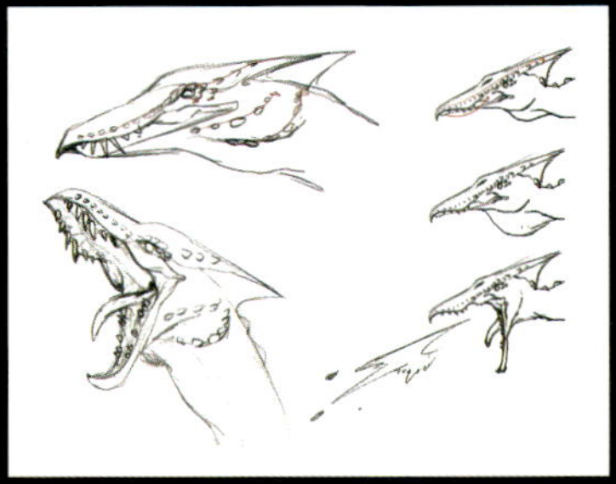

■ 吐出特殊的酸液进行攻击

翼龙种

行翼龙

▶ **主要栖息地：古代树森林、大蚁冢荒地**

喜食飞散核桃等果实的翼龙种。拥有着比身体大很多的翼，以群体为单位一起在领地中飞行。如果受到惊吓的话它们会进行大范围群体移动，用投射器抓住它们的爪可以很方便地进行快速移动。

MERNOS

翼龙种

响翼龙

▶ **主要栖息地：大蚁冢荒地**

受到刺激时会发出堪比投射器音爆弹的尖锐叫声的翼龙种。它们是喜食尸肉的肉食生物，偶尔也会聚集在鲜肉附近。即使用投射器抓住它们，它们也不会飞出自己的领地。

NOIOS

翼龙种

芳翼龙

▶ **主要栖息地：陆珊瑚台地、瘴气之谷**

以陆珊瑚的卵为主食的群居翼龙种。受到其食性的影响，它的肉质柔软鲜美，很多大型怪物以它为食。有些个体被瘴气侵蚀后会凶暴化。

RAPHINOS

翼龙种

酸翼龙

▶ **主要栖息地：龙结晶之地**

生存在残酷环境下的凶猛翼龙种。它们经常东张西望地监视着领地，发现接近领地的外敌的话，即便对手是大型怪物，它们也会通过特殊的酸液来削弱对手，之后群起而攻之。

BARNOS

扩展画廊：未确认生物图鉴[7]

Extend World Gallery

这里公开了许多未经整理的小型怪物相关资料。有的是根据碎片化的信息做出的推测，有的是经过反复调查生态后得出的结果，要是有不明确的内容还请多谅解。如果真的目击到了以下个体，我们将即刻跟进调查。

■甲虫种

■草食种

■牙龙种①

■牙龙种②

■翼龙种①

类似草食种的个体

草食种：看起来像冠突龙的调查记录，其中有许多特征性的头部的描绘，可以储存树果或小石子的研钵形状、可以发声的笛状、甲壳之间碰撞发声的打击乐器状，变化多种多样。

类似牙龙种的个体

牙龙种①：这是一些凶豺龙调查资料中的草图。其中有生有兽状四肢和毛皮的个体，也有生有昆虫般外骨骼的个体。
牙龙种②：这是一些关于猫蜥龙的调查资料，其中也包含了看似两栖的个体。

类似翼龙种的个体

翼龙种①：这是一些行翼龙调查资料中的草图。翼部前爪的三根骨头会在悬停的时候展开，滑翔的时候折叠起来。另外，据说有些个体像箭头一样的嘴有着舵的作用，会为整个队伍指明前进方向。
翼龙种②：这是一些关于芳翼龙的调查资料，其中具有海洋生物特征的个体很显眼。
翼龙种③：关于酸翼龙的调查报告，除了有关于酸液的生态考察，也记录了许多不同的外形。

■翼龙种②

■翼龙种③

环境生物
Endemic life

环境生物也是新大陆独特生态系统中不可或缺的一分子。这里记录了至今以来已确认的超过 60 种环境生物的资料和一些编辑者手绘的草图。

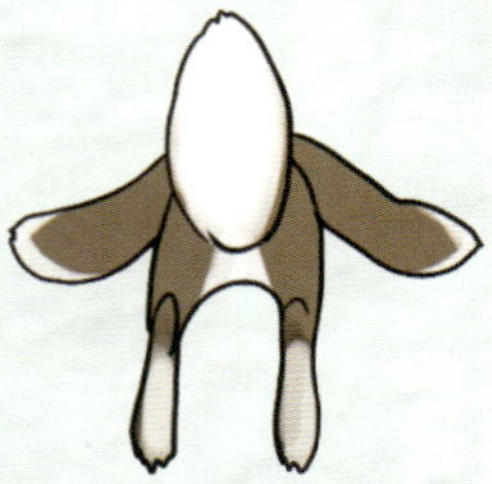

◀ 绕行兔
▲ 向导兔

绕行兔灰褐色的体毛中生有几条白毛，而向导兔是白色体毛中点缀着桃色，眼睛周围的一抹红色很惹眼。它们修长的四肢健壮有力，主要依靠弹跳移动。听到什么响声后它们会前脚离地站起来，竖起耳朵东张西望，样子着实可爱。

▼ 黑暗森林蜥蜴
▶ 月光蜥蜴

黑暗森林蜥蜴鲜艳的体色似乎是毒性的警戒色。而其体色发生改变后便成了身体一部分会发光的月光蜥蜴。它们的脚趾上密密麻麻地生有细小的绒毛，可以紧紧地吸附在地面和墙壁上。

陆栖

绕行兔

生有大大的耳朵，可以捕捉到细小声音的小动物。喜欢往狭窄的道路里钻。主要栖息地：古代树森林、大蚁冢荒地。

森林蜥蜴

栖息在树上的蜥蜴。为了捕食具有趋光性的虫类，有时也会出现在光苔附近。主要栖息地：古代树森林。

蚁窝蜥蜴

栖息在蚁冢附近的蜥蜴。以搬运蚁为主食，有时会大量聚集在巨大蚁冢附近。主要栖息地：大蚁冢荒地。

(稀有)向导兔

稀少种的绕行兔。它喜欢温暖的阳光，只会在晴天时出没。

黑暗森林蜥蜴

喜欢洞窟等暗处的蜥蜴。体表鲜艳的警戒色可以让它免于被捕食。主要栖息地：瘴气之谷、龙结晶之地。

(稀有)月光蜥蜴

使用光苔成分使尾部发光的稀有蜥蜴。它会依靠亮光吸引猎物，进行捕食。主要栖息地：瘴气之谷、龙结晶之地。

▲霞雾女郎 ▶斯卡班杰拉

这两种生物虽然看起来很危险，但霞雾女郎只用自己的蜘蛛网捕食小型昆虫，斯卡班杰拉则只吃尸肉和骨，对人类并无害。

◀桃源乡
▼憎恨鸟

基本有大型怪物出没的地方都能看到憎恨鸟的身影。当它发现尸体的时候，即便周围有大型怪物，它也会奋力争抢。桃源乡则是草食性动物。

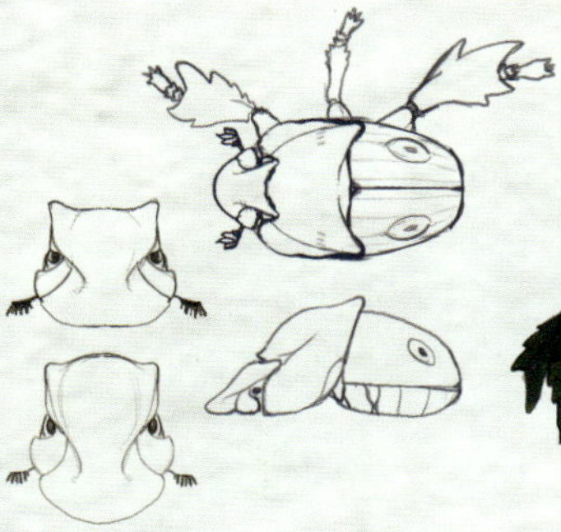

◀粪金龟
▶爆弹甲虫

有粪金龟在的地方附近一定有怪物的粪，它所滚动的粪可以制作为投射器异臭弹。而爆弹甲虫所滚动的爆弹岩可作为投射器爆发弹使用。

霞雾女郎

生有八只脚的小型节肢动物，可以通过体内排出的黏性丝筑成巢或陷阱。主要栖息地：古代树森林、大蚁冢荒地。

憎恨鸟

以尸肉为食的小型鸟类。为了捡残羹剩饭它们会盘旋在大型怪物的头顶。主要栖息地：除陆珊瑚台地以外。

粪金龟

小型节肢动物。以倒立的姿势，用四只脚熟练地将粪便滚成球。主要栖息地：大蚁冢荒地。

斯卡班杰拉

以腐肉为食的小型节肢动物。聚集在骨和腐肉附近，感知到外敌的气息会一齐撤退。主要栖息地：瘴气之谷。

桃源乡

感受到外敌气息会立刻逃跑的胆小鸟类。喜食果实和种子，不是很怕人。主要栖息地：古代树森林、大蚁冢荒地。

爆弹甲虫

推着爆弹岩四处走动的小型节肢动物。和粪金龟一样，遇到危险会将手中的球丢掉逃命。主要栖息地：龙结晶之地。

◀睡眠瓦斯蛙
▼爆炸瓦斯蛙

受到强烈刺激会喷出睡眠瓦斯或是爆炸物的瓦斯蛙家族。龙结晶之地的爆炸瓦斯蛙的爆炸性液体在爆炸时的火焰可以将熔岩龙的岩浆铠甲软化。

▼摇曳鳗
▶摇曳鳗女王

摇曳鳗们对外敌反应敏感，感知到危险会立刻缩到地里藏起来。它们以空中飘浮的陆珊瑚卵为食，会以生有膜的小脚支撑着身体，从地里探出头来进食。

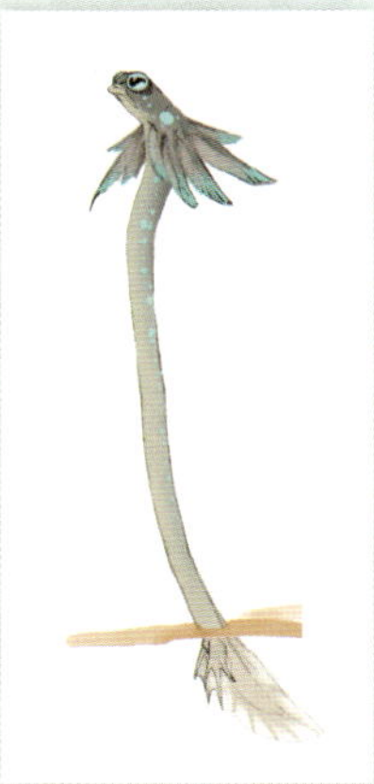

陆栖

话题 追踪环境生物①

大部分的环境生物警惕性都比较高，感受到疑似外敌的气息就会藏起来。虽然下蹲潜行可以更容易接近它们，但为了确保捕获的成功率，现在越来越多的人会选择着隐身衣装。

麻痹瓦斯蛙

会将体内储存的麻痹气体喷出的小型青蛙。它动作迟缓，几乎待在原地不动。主要栖息地：几乎覆盖新大陆全域。

爆炸瓦斯蛙

可以在体内积蓄爆炸性液体的小型青蛙。它爆炸的冲击甚至可以令大型怪物退却。主要栖息地：龙结晶之地。

(稀有)摇曳鳗女王

仅在满月之时现身的稀少种摇曳鳗，被称为皓月下的女王。主要栖息地：陆珊瑚台地。

睡眠瓦斯蛙

体内有睡眠性瓦斯生成器官的小型青蛙，基本上不会移动。主要栖息地：陆珊瑚台地。

摇曳鳗

身体细长的小型生物。大多成群出现，从地面探出身体随风摇摆。主要栖息地：陆珊瑚台地。

搬运蚁

会集体列队搬运食物与素材的小型节肢动物。主要栖息地：古代树森林、大蚁冢荒地、瘴气之谷。

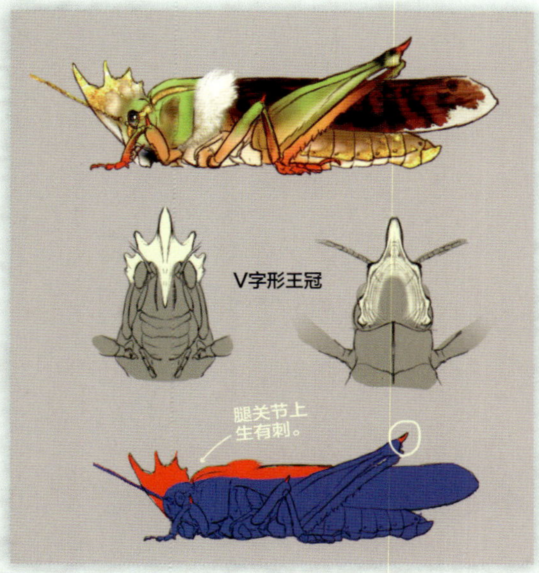

◀ 皇帝蚱蜢 ▲ 暴君蚱蜢

皇帝蚱蜢有着皇冠一样的头冠，躯体上的白毛，生有斑点的翅像披风一般，看起来就像威风的帝王一样。而暴君蚱蜢身体的颜色更粗犷狂野一些。

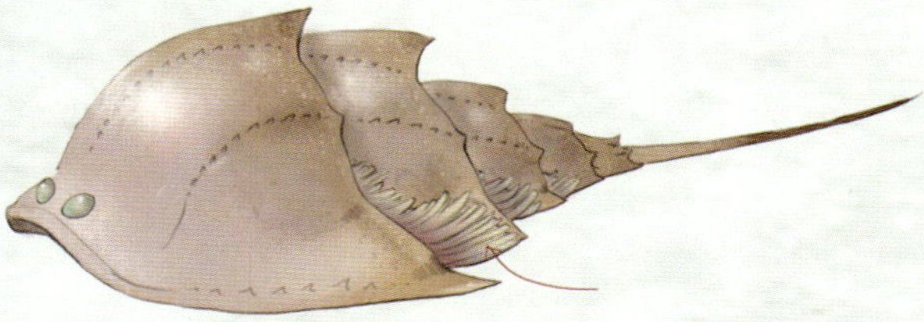

◀ 铁萤 ▲ 军铁萤
▼ 绿宝石萤

其背甲下隐藏着许多条腿，铁萤会抱着尖锐石，而军铁萤会抱着黏着石。有时候它会站起来观察周围，眼睛的颜色也会随着警戒的状态发生改变。

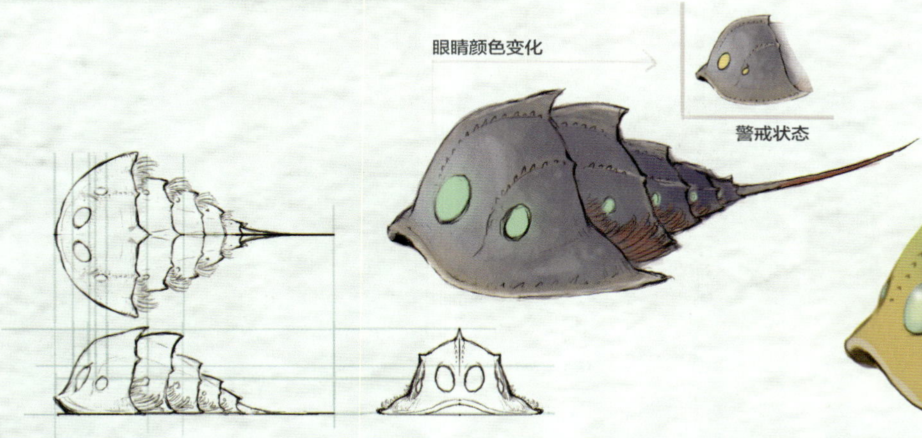

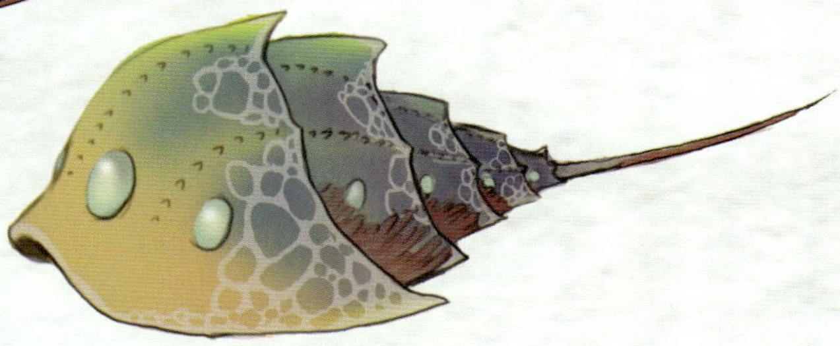

皇帝蚱蜢

生活在平地或草丛的昆虫。在蚱蜢中属于体形较大的，接近的话它会跳着逃走。主要栖息地：古代树森林、大蚁冢荒地。

铁萤

身体被坚硬的背甲所覆盖，尾部像棘一般的小型节肢动物。拥有抱着硬物进行移动的习性。主要栖息地：大蚁冢荒地。

(稀有)绿宝石萤

外壳颜色丰富的稀少种萤。大多数会于天气不好时现身。主要栖息地：大蚁冢荒地、瘴气之谷。

暴君蚱蜢

是皇帝蚱蜢的近缘昆虫。受瘴气的影响性格变得十分凶猛，甚至有人会被它咬伤。主要栖息地：瘴气之谷。

军铁萤

和铁萤不同，群居生活的小型节肢动物。为了不和同伴走散离队，它们会抱着黏着石移动。主要栖息地：瘴气之谷。

金箔萤
(稀有)纯金萤

黄金色的萤和其稀少种。因地脉黄金乡的特殊环境，它们会抱着灭龙石。主要栖息地：地脉黄金乡。

水栖

▲泪之龟壳攀鲈

生有四肢一样的鳍和头部附近特征性的发光器官。最大的发光器官平时很不显眼，但会随着鸣叫声变大。

▼行灯鱼

体形有些像青蛙，鳍进化得有四肢的样子。发光器官会随着对大型怪物的反应而忽亮忽灭。

话题 追踪环境生物②

捕捉到的环境生物可以进行饲养，可以在小屋里仔细地观察它们的生态。坐在床上或椅子上，给它们喂食，观察它们各种各样的反应，着实是一件有趣的事情。在这里可以看到平常在野外看不到的场景，比如泪之龟壳攀鲈鸣叫的样子，或是回复蜜虫制作蜜袋的样子，就算不为了研究，看着这些小动物也是很开心。随着小屋的升级，水槽等设施也会被追加进来，可饲养的环境生物也越来越多。

猎人可以在小屋近距离观察爆炸瓦斯蛙将吼袋膨起吐出爆炸性液体的样子，激烈的爆炸还是很惊人的。

抚摸回复蜜虫的话，其蜜袋就会破裂。如果在特等小屋的庭院中饲养它们，就能观察到它们在草丛中制作新蜜袋的样子。

馒头蟹

聚集在黄金之地附近的蟹型节肢动物。它们会寻找富含食料的黄金片，并带回巢穴。主要栖息地：地脉黄金乡。

(稀有)土龙

被称作“传说中的珍兽”的稀有生物。通过尾根的鳍状结构来使身体伸缩前进。主要栖息地：地脉黄金乡。

粉色异型鱼

形状基本保留了古代鱼的样子。为了让其他生物难以捕食，它生有棘状的鳍。主要栖息地：几乎覆盖新大陆全域。

(稀有)金馒头蟹

馒头蟹经过长年累月生长而成的个体。它们不需要黄金片，而会寻找更为完整的黄金块。主要栖息地：地脉黄金乡。

泪之龟壳攀鲈

被称为两栖类祖先的生物。既可在水中也可在陆上活动，察觉到雨天会发出鸣叫。主要栖息地：古代树森林、大蚁冢荒地。

破裂龙鱼

鳞片含有爆炸性化学物质的龙鱼。喜欢栖息在野草丛生的水边。主要栖息地：几乎覆盖新大陆全域。

▶ 化石汤釜

原以为已经灭绝了的物种，却在新大陆被确认存在，这可是名垂青史的世纪大发现。遍布全身的发光斑状花纹给人一种神秘感。

▼ 坚硬竹筴鱼

身体上部的粗大鳞片和背鳍经常被用于武器的快速研磨，腹侧的细鳞也常被当作锉刀使用。

▼ 贪食鲔鱼

生有扁扁的前凸下颚和密密麻麻的锐牙。这些牙不仅是为了咬住猎物，更是为了让吃进嘴里的东西不会掉出去。

爆裂龙鱼

和破裂龙鱼一样，鳞片中含有爆炸性化学物质，对活动的物体较为敏感。主要栖息地：几乎覆盖新大陆全域。

蛇麻古比鱼

巡游在水面的群居鱼类。擅长跃出水面，将胸部宽阔的鳍展开可以短暂滑空。主要栖息地：古代树森林、大蚁冢荒地、陆珊瑚台地。

坚硬竹荚鱼

生有非常坚硬背鳍的小体形鱼类，主要在水深较深的水域中央游动。主要栖息地：几乎覆盖新大陆全域。

行灯鱼

在陆上也可活动的类两栖类生物。利用头部垂下的发光器官可以引来飞天乌帽，进行捕食。主要栖息地：陆珊瑚台地。

(稀有)化石汤釜

一直以来都被认为已经灭绝了的传说鱼类，又被称作活化石。主要栖息地：瘴气之谷、龙结晶之地。

贪吃鲔鱼

几乎什么都吃的大型鱼类，有时吃剩的东西会残留在胃里。主要栖息地：除陆珊瑚台地以外。

“水栖生物”相册

新大陆的巨大鱼种垂钓报告

对引诱的反应不同

通过摇动钓竿，可以让鱼饵对鱼产生进一步的吸引作用。拿巨大鱼种来说，大粉色异型鱼、大坚硬竹筴鱼、大贪食鲔鱼、帝王旗鱼、大刺身鱼和上等爆裂龙鱼六种鱼，会对这种引诱起反应，并且靠近钓钩。

陆续上钩黄金饵是万能鱼饵

陆续上钩黄金饵被垂钓者们称为万能鱼饵，不管什么鱼都会瞬间咬钩，就连巨大鱼种也不例外。

巨大鱼种——这是所有垂钓者的向往。一部分种类的鱼中存在着比通常尺寸大数倍的特大个体，能钓上这些个体对垂钓者来说是身份的象征。即便不是专业垂钓者，看到它们压迫感十足的巨大躯体也会兴奋得心跳加速。这里展示了一位中年调查员的垂钓记录，他走遍了新大陆各地，为巨大鱼种的垂钓倾尽心血。发现目标，钓竿入水，紧张得等待大鱼上钩，甚至大气儿都不敢出，然后在鱼咬钩之后拼尽全力与它一决胜负。如果看这份记录的人，能从他执着追求垂钓真髓的身影中感受到追求人生理想的热情，那真是再好不过了。

抱着对所有鱼类，不，所有生命的敬畏与感谢，今后还会继续挥舞钓竿，继续自己的垂钓人生。

水栖

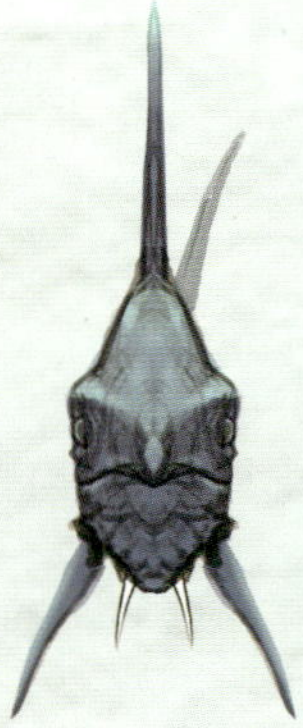

▶ **大王旗鱼**

背鳍高高立起，游在小鱼周围，再向着鱼群高速突进进行捕食，那身姿简直像巨大的鱼叉一样。

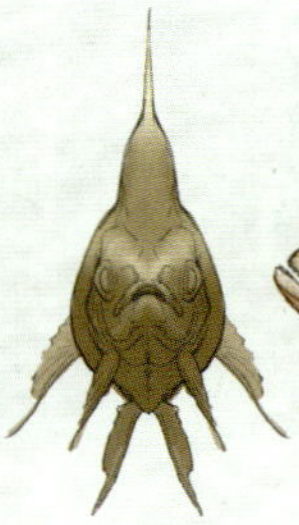

◀ **小金鱼**

比起观赏，更多的人用它来卖钱。和它可爱的相貌相反，性格却是格外的凶暴。

▼ **刺身鱼**

它的肉可以生吃，富含油脂、味道鲜美。从它身上剥取的鳞片也有着出色的回复效果。通常人们会用捕获用网子进行大量捕捞。

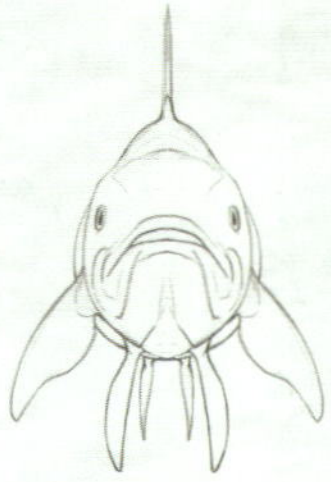

▶ **火药金鱼**

火药金鱼身上的鳞片含有和鬼爆炸菇中相同的爆炸性物质。

(稀有)大王旗鱼

生有像剑一般长长的尖锐上颚的鱼类。栖息在温暖的海洋，会在白天捕食小鱼时靠岸。主要栖息地：古代树森林。

白金鱼

银光闪闪的珍品鱼类。它耀眼的鳞片有着几乎等同于白金的价值，和黄金鱼一样，警戒心都很强。主要栖息地：龙结晶之地。

刺身鱼

作为食物很受欢迎的鱼类。其鳞片也有着很高的营养价值，有着回复体力、治疗裂伤的效果。主要栖息地：几乎覆盖新大陆全域。

黄金鱼

金光闪闪的珍品鱼类。栖息在洞窟等地，它的鳞片有着和金子等同的价值。主要栖息地：瘴气之谷、龙结晶之地。

小金鱼

栖息在洞窟等地，闪着黄金色光芒的小型鱼类。它美丽的鳞片几乎和等量的黄金价值相同。主要栖息地：几乎覆盖新大陆全域。

火药金鱼

有股火药味的金鱼。含有特殊成分的鳞片可以用于制作炸药。主要栖息地：陆珊瑚台地、瘴气之谷、龙结晶之地。

空中

▶ 钴闪蝶
▶ 幽闪蝶

钴闪蝶两对翅膀的表侧均为深蓝色。幽闪蝶的翅膀形状有所不同，闪耀着美丽的虹光。这两种蝴蝶鲜艳的色彩都是由翅膀所附着的鳞粉反射出的。

▶ 预兆蜻蜓
▶ 吉兆蜻蜓

两种会对大型怪物起反应的蜻蜓，随着大型怪物的接近其尾部的光会由白变黄表示警戒，发现怪物后则会变成红色。据说发现吉兆蜻蜓后，天气就会放晴。

▶ 雅致珊瑚鸟
▶ 伶俐珊瑚鸟

腿部很短，腹部几乎直接连接着爪。其尾部羽毛会在保持平衡的同时激烈抖动，在空中保持悬停姿势。雅致珊瑚鸟的群体中只允许一只伶俐珊瑚鸟的加入。

钴闪蝶

翅膀呈鲜艳的钴蓝色，姿态非常优雅的蝴蝶。它的美貌甚至会让人把它错认成鲜花。主要栖息地：古代树森林。

预兆蜻蜓

尾部会变色的蜻蜓。通常时为白色，察觉到危险便会变为红色。主要栖息地：几乎覆盖新大陆全域。

雅致珊瑚鸟

珊瑚鸟雌性个体的统称。受陆珊瑚台地食物的影响，体色呈漂亮的粉红色。主要栖息地：陆珊瑚台地。

(稀有)幽闪蝶

如同异世界的生物一般，虹色的美丽翅膀令人着迷。几乎很少能被目击到，有时会在晴天现身。主要栖息地：古代树森林。

(稀有)吉兆蜻蜓

很难遇到的稀有昆虫。只会在雨天进行羽化，目击案例也多发生在天气恶劣的时候。主要栖息地：几乎覆盖新大陆全域。

(稀有)伶俐珊瑚鸟

珊瑚鸟雄性个体的统称。由于个体数非常少，所以极难被目击到。主要栖息地：陆珊瑚台地。

回复蜜虫

利用生有浓密纤毛的脚来采取回复露草的蜜。大回复蜜虫的蜜在飞散之后会在空中停留一段时间，有持续性的回复效果。

远古鬼蝠魟

生有大小不一的多对翅羽，乘风轻轻飘浮在空中。它从远古起就是这副样子，未曾改变过，看起来柔软的尾部其实十分坚硬。

飞天乌帽

类似水母的生物，栖息在有风流动的场所。通过伸缩头部的帽子来乘风移动。

鳞片打击手

外貌残留着浓厚的飞龙影子。前肢保留了大拇指的钩爪，翼膜一直覆盖到后肢根部。它的后肢不适合行走，仅限于可以帮它挂在树上。

空中

回复蜜虫

可以储存具有回复效果的蜜的虫类。受到冲击后蜜会飞散到空中。主要栖息地：古代树森林、大蚁冢荒地、陆珊瑚台地。

飞天乌帽

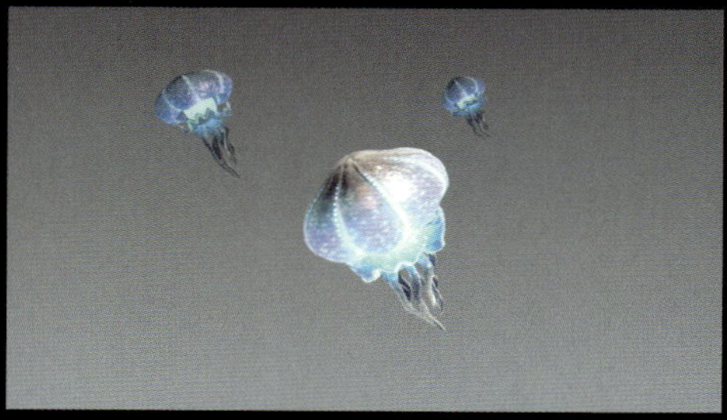

分布在陆珊瑚台地的生物。为了乘风移动，它们主要会聚集在风力较强的场所。主要栖息地：陆珊瑚台地。

远古鬼蝠魟

乘风飘浮在空中的大型虫类。对冲击的耐性很差，来自小物体的轻微碰撞就可以使它从空中坠落。主要栖息地：陆珊瑚台地。

大回复蜜虫

可以储存具有高浓度回复效果的蜜的虫类。它的蜜可以带来持续性的回复效果。主要栖息地：古代树森林。

闪光翅虫

受到冲击会发出闪光的虫类。虫聚集得越多，发出的光就越强，甚至可以让大型怪物暂时性失明。主要栖息地：几乎覆盖新大陆全域。

鳞片打击手

超小型化的飞龙。为适应洞窟内的生活，其外形较像蝙蝠。主要栖息地：除陆珊瑚台地以外。

树栖

◀ 丛林始祖鸟
▶ 始祖鸟的使者

口中排列整齐的小锐牙和头顶长长的饰羽，都是与古代鸟类共通的特征，被称为活化石。前肢的翼不是很擅长飞行，顶多可以实现在树木之间滑行。

◀ 大独角仙
▼ 金色独角仙
▶ 虹色独角仙

头部生有象征强大的尖角。虹色独角仙中央的头角虽然要比颚下的钳角短，但其左右两侧还生有两根粗大的头角，其甲壳像宝石一般光辉璀璨。

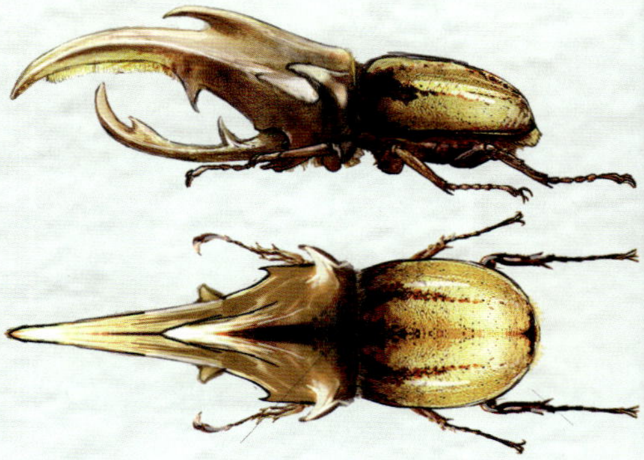

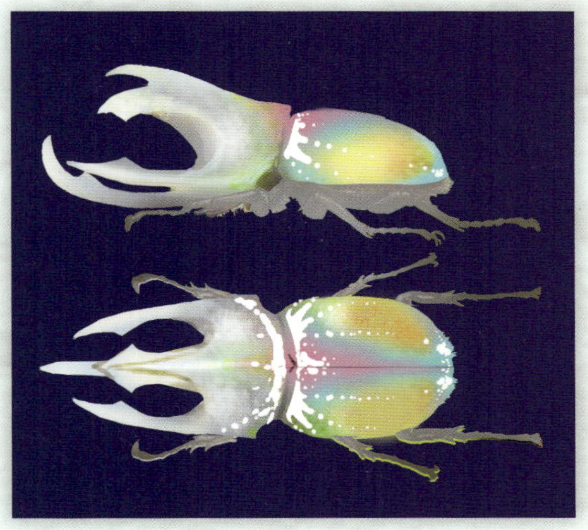

金色的鳞片打击手

鳞片打击手的同类。大在金脉矿中更好地隐蔽自己，体色变为了金色。主要栖息地：地脉黄金乡。

(稀有)始祖鸟的使者

平时很难遇到的稀有生物。即便和远古化石相对比，它的有些特征也是前所未有。主要栖息地：古代树森林。

(稀有)金色独角仙

金光闪闪的甲虫。它是夜行生物，只在夜间出现，可以说是象征幸运的昆虫。主要栖息地：古代树森林、大蚁冢荒地。

丛林始祖鸟

栖息在植被繁茂区域的生物。它骨骼和羽毛的部分特征和化石中的古代生物类似。主要栖息地：古代树森林。

大独角仙

生有气派大角的大甲虫。在古代树森林中有 7 个栖息点。主要栖息地：古代树森林。

(稀有)虹色独角仙

闪耀七彩虹光的甲虫。只在日出日落短暂的时间中出现，简直是传说中的昆虫。主要栖息地：几乎覆盖新大陆全域。

◀ 柔毛秧鸡
▼ 粗毛秧鸡

柔毛秧鸡和粗毛秧鸡会站在共生生物的背上。当它们受到惊吓时会伸出藏在身体下的细长腿，快速逃跑。

未查明

(稀有)柔毛秧鸡

很少被目击到的稀有神奇的鸟类，其毛茸茸的羽毛触感极好。主要栖息地：古代树森林、大蚁冢荒地、陆珊瑚台地

(稀有)粗毛秧鸡

很少被目击到的稀有神奇的鸟类。它羽毛硬邦邦的触感，有着和松软羽毛相比别样的高级感。主要栖息地：瘴气之谷、龙结晶之地

话题

追踪环境生物③

环境生物，特别是稀少种的环境生物，其习性大多都与天气有关。时间和天气条件不满足时是看不到它们的。在这其中，柔毛秧鸡和粗毛秧鸡尤为特殊。它们会和其他生物共生，站在别的生物后背上。通过它啾啾的叫声可以知道它在附近，但它们察觉到有人接近会飞速逃跑，极难捕获。想要捕获它们，隐身衣装可以说是必需品。

柔毛秧鸡除了会成群出现在草食龙和背甲龙的背上，也会出现在远古鬼蝠魟的身上。

粗毛秧鸡会出现在菌猪或突击龙的背上。它们以寄生虫为食，和其他生物建立了共生关系。

植物及其他

▼ 飞散核桃

▲ 飞砾果实

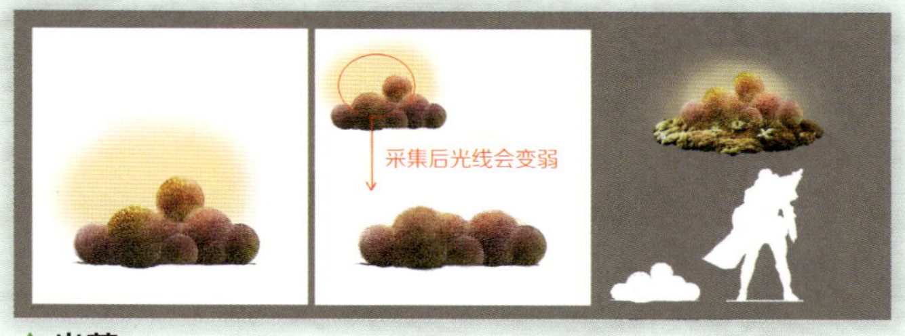

▲ 光苔

▲ 回复露草

▲ 棉花孢子草

▲ 毒蔓草

▲ 耐力雷虫

营养价值非常高，可以一定程度提升耐力持久度的虫类。虽然长得像青虫，味道却带有一种果香，有点像小点心，可以食用。

楔虫

甲壳非常硬的虫类，甲壳内部的身体会发光。虽然不可捕获，但可以用绳子钩住它进行快速移动。

导虫

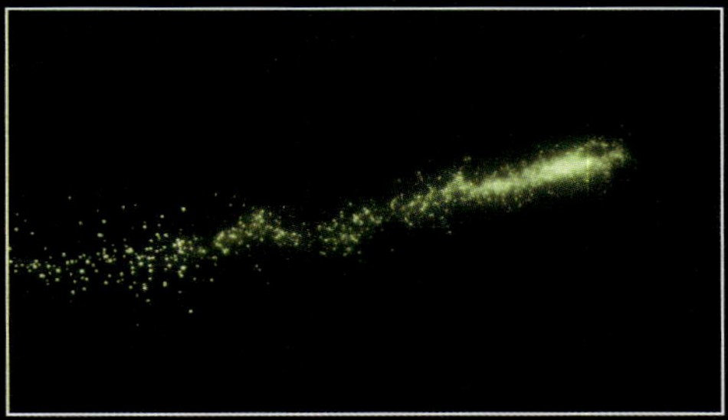

发出淡淡绿光的小型虫类。可以对怪物的痕迹、植物、矿脉等特定物质的气味起反应，聚集在其周围。

话题

导虫的颜色变化

在古龙迁徙时反应异常的导虫，可以根据物质的气味做出反应，聚集在其周围。而根据对象所含能量性质的不同，其发光颜色也会变化。当感受到怪物的攻击行为时，它会变为红色以示警诫。当感受到古龙或同等级别的强大能量时，其颜色便会变为蓝色。

UNCONFIRMED

扩展画廊：未确认生物图鉴[8]

Extend World Gallery

有一批学者对环境生物的研究兴致高涨。他们除了考察现今的生物，还会追溯进化的过程，推测派生种的存在，以此来推进研究的进程。这里记录了一部分他们的研究资料。作为研究的一环来看，非常有意思。

■刺身鱼系列

■憎恨鸟系列

■麻痹瓦斯蛙系列

■摇曳鳗系列

■搬运蚁系列

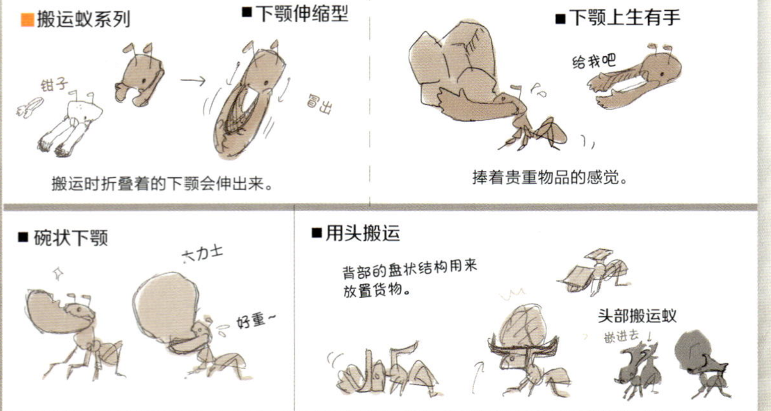

类似憎恨鸟的个体

憎恨鸟系列：从处于爬虫类和鸟类中间形态的森林始祖鸟向着鸟的方向进化形成的物种。在进化过程中翼部保留了原来前爪的两根脚趾，可能有一天前脚会完全退化，翼的功能进一步增强。

类似搬运蚁的个体

搬运蚁系列：看到巨大蚁冢的学者做出了某种猜想。他认为想要筑成这么大的蚁冢，可能存在着比搬运蚁能力更强的蚂蚁，所以绘制了这些草图。虽然确认了古龙迁徙带来的地脉活性化对大蚁冢造成了一定影响，但关于大蚁冢的筑成依然存在着许多谜团，许多学者都将目光投在了它们身上。

CREATURE

■鳞片打击手系列

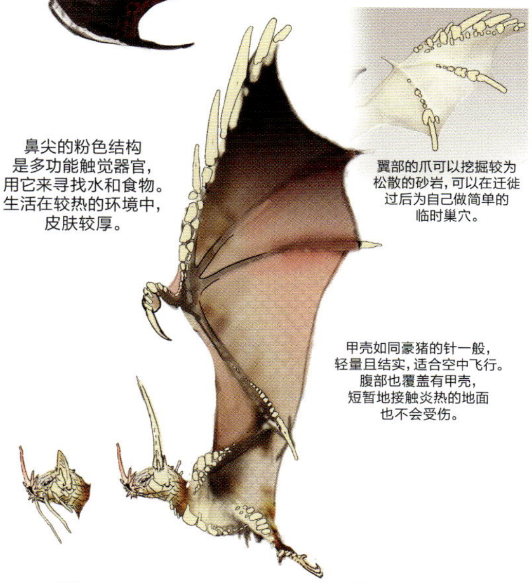

类似鳞片打击手的个体

鳞片打击手系列：正因为是飞龙适应进化之后的样子，所以每一种都生有鳞片或甲壳，翼也由飞膜构成。这里所绘的个体有些背后生有硬甲，有些生有毛。近些年随着适应了新生态环境的金色鳞片打击手被发现，学者们热血沸腾，对今后的调查期待满满。

■柔毛秧鸡系列

第四章
武具之章
Weapon and Armor

寻迹　怪物猎人　世界

这里记录了星辰一部分武器、装备的设计图。
鉴于篇幅有限不能将所有图纸全部展示，且有很多设计图是开发初期的构想，若有与实际装备相异之处还请谅解。

有时候用它来保护自己的性命，有时候用它来夺取猎物的生命——

近些年随着加工技术突破性的革新，

从工房的工匠们手中诞生了许多优质的武器和防具。

这是星辰的人们辛勤研究多年的成果。

但是关于新大陆的探索才刚刚开始。

随着新种怪物的相继发现，越来越多的新素材被投入使用。

今后有必要对这些素材的使用进行更加深入的研究。

大凶豺龙衍生武具

以大凶豺龙的素材制成的武具。不仅素材较好收集，加工起来也不费事，是猎人们和工匠们都很喜欢的一系列武器。抵达星辰的工匠们会先从大凶豺龙的素材入手，来熟悉新大陆的素材特性。

■牙龙铳枪

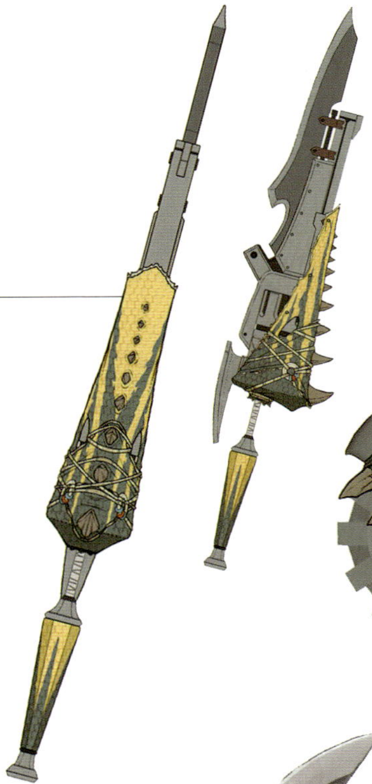

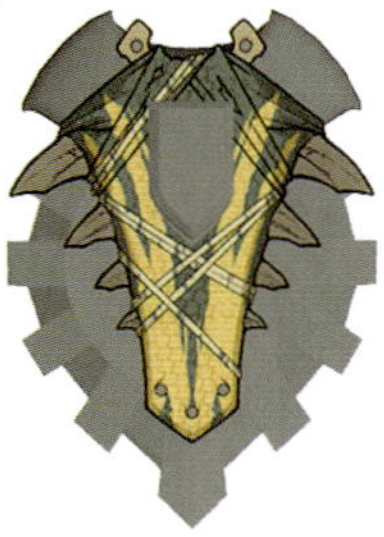

CG渲染图

CG渲染图

■凶豺龙之刃

■凶豺龙锐剑

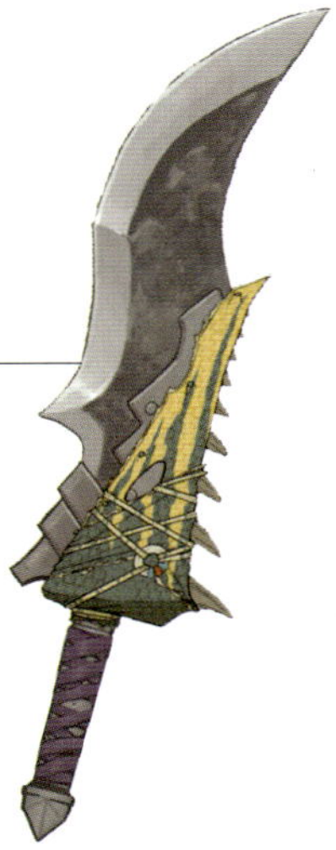

CG渲染图

■凶豺龙剑斧

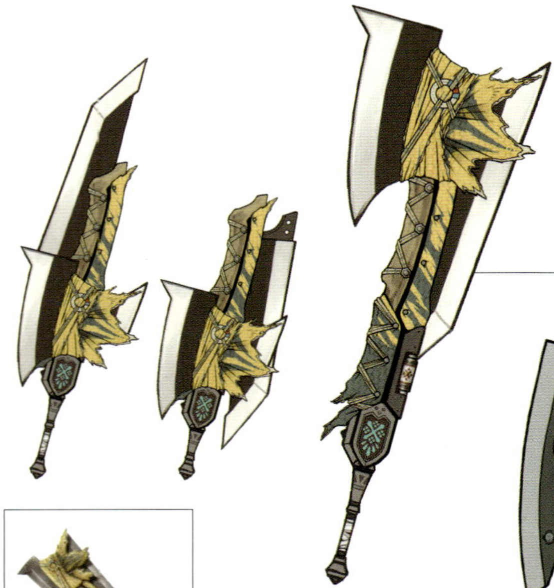

CG渲染图

■凶豺龙兵装 / 凶豺龙盾斧

CG渲染图

近战武器用上位素材强化后会出现隐藏的水属性或睡眠属性，其秘密可能就藏在大凶豺龙用处丰富的鬃毛中。

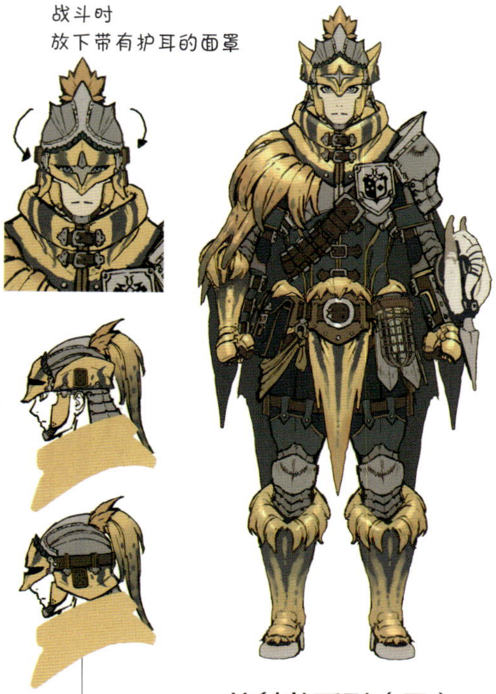

CG渲染图

CG渲染图

用柔软的皮制作的防具既防水又轻便，下蹲匍匐前进等动作也完全不会受限制。和大凶豺龙粗暴的形象相反，防具采用了规整的兵装设计，深受猎人们喜爱。

■凶豺龙系列（男）

■凶豺龙系列（女）

CG渲染图

■凶豺龙猫系列

CG渲染图

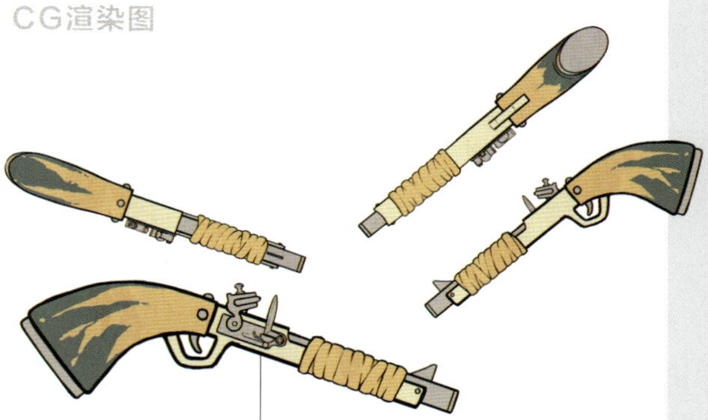

■凶豺龙猫铳槌

CG渲染图

■凶豺龙迅击弩

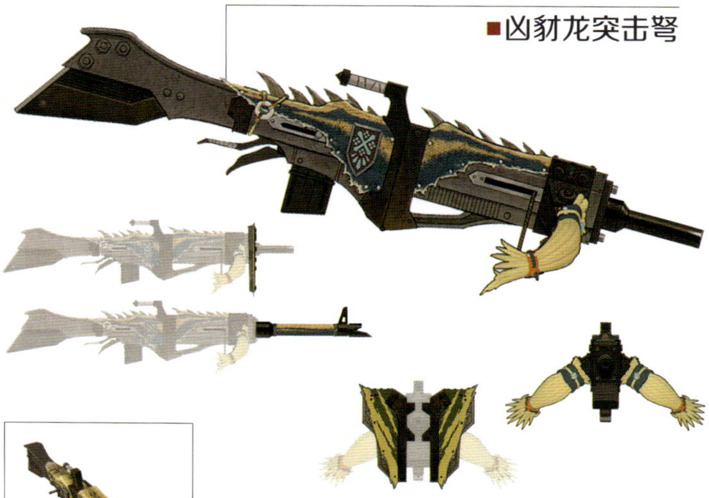

■凶豺龙突击弩

CG渲染图

大凶豺龙的轻弩对应多弹种的单发自动装填，即便是不习惯上弹的弩枪新手也可以轻松操作，广受好评。

摇鸟衍生武具

以摇鸟的素材制成的武具。工匠们将摇鸟前肢的饰羽当成了装饰，在整套武器的设计中都融入了这一元素。以红色和橙色为主色调的防具透着浓浓的异域风情。

CG渲染图

■摇鸟长枪 / 摇鸟尖枪

■星空太刀

CG渲染图

■摇鸟长刀 / 星空长刀

CG渲染图

■钉钩小刀

CG渲染图

■摇鸟弓

CG渲染图

在矿石系武器的基础上用坚硬的鸟喙强化过的武器。只有这里未收录的大锤是用骨系素材制成的。

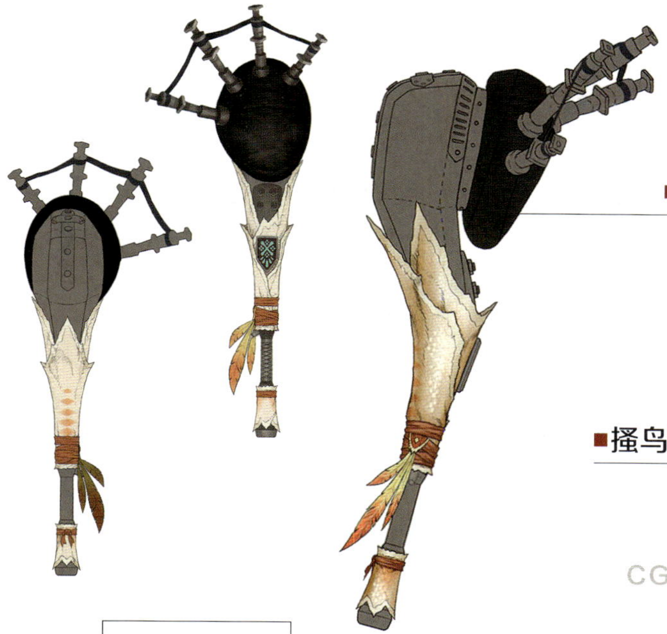

■摇鸟风笛

CG渲染图

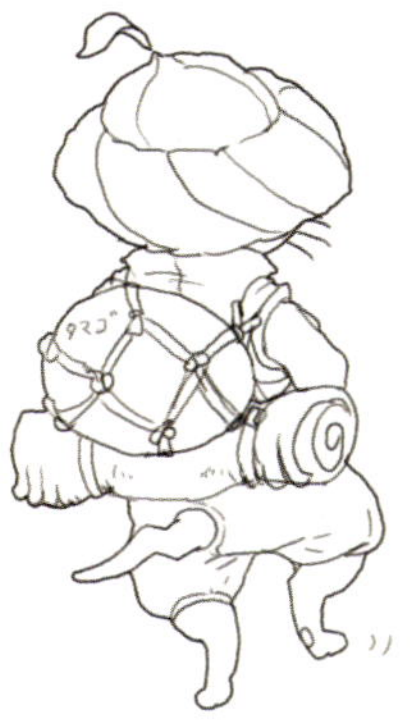

■摇鸟猫系列

CG渲染图

随从防具不是猎人那样的盗贼风，正相反是被偷了东西的商人的形象。背在背后的珍贵的蛋好像很容易被盗贼盯上。

CG渲染图

■摇鸟系列（女）

■摇鸟系列（男）

从摇鸟偷蛋的生态出发，猎人防具的设计偏向盗贼风。整身防具轻便又灵活，非常适合搬运东西。

CG渲染图

毒妖鸟衍生武具

以毒妖鸟的素材制成的武具。绿色的鳞片和甲壳除了用于武器的基础强化外，其富含的毒素还可以让武器发挥出很高的毒性。防具则是使用了多种材质不同的皮制成的。

CG渲染图

■花朵小刀

■花朵长枪 / 曼陀罗长矛

CG渲染图

■花朵之刀 / 曼陀罗之炎

CG渲染图

CG渲染图

毒妖鸟的武器有着比看起来大得多的杀伤力。毒液会顺着刀刃切开部位而渗入体内，会一点儿一点儿地将怪物逼入绝境。

■花朵之刀 / 曼陀罗长刀

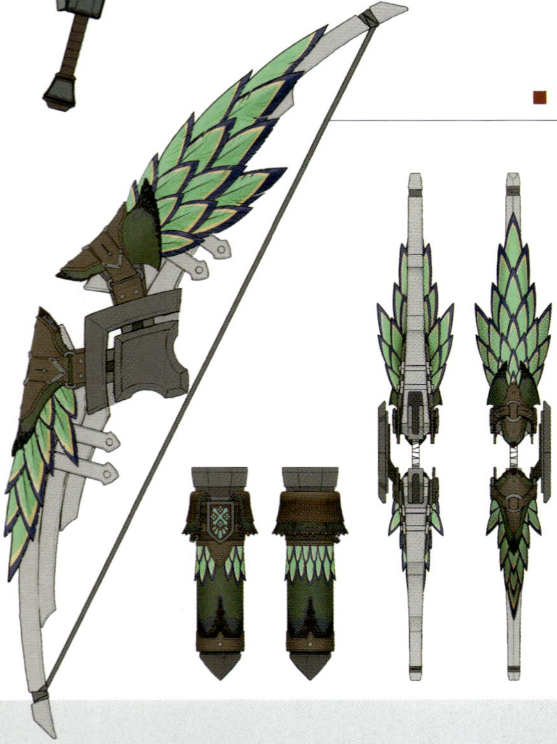

■花朵弓

CG渲染图

CG渲染图

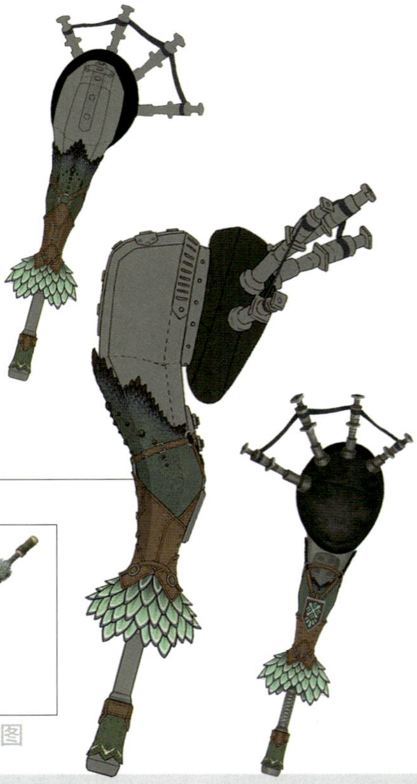

■花朵号角 / 曼陀罗号角

CG渲染图

毒妖鸟的防具可以利用环境中的棉花孢子草回复体力。其头部装备很特殊，兜帽、护目镜和面罩全部装备上的时候可以将面部完全遮起来，起到完美的保护作用。因为制作防具的工匠觉得毒妖鸟样子看起来很可爱，所以防具设计上也能看得到毒妖鸟的影子。

■毒妖鸟系列（男）

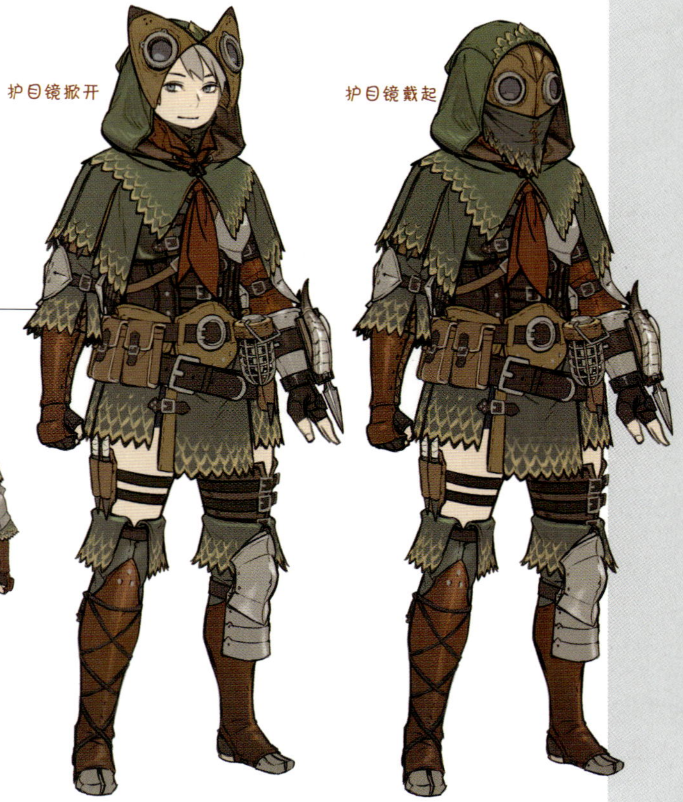

■毒妖鸟系列（女）

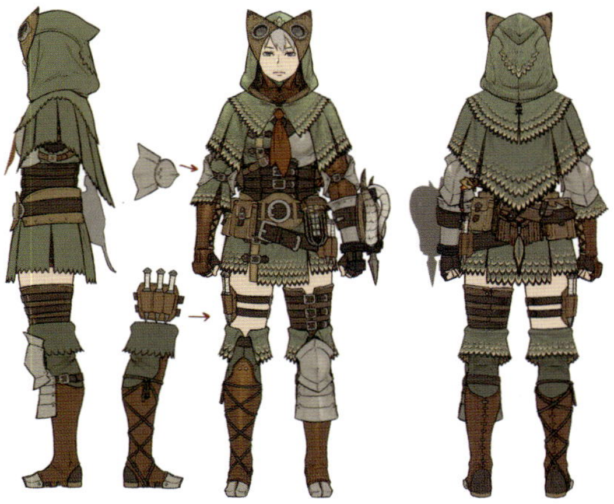

CG渲染图

样貌平平的花朵锤，再进行强化样子便会变为一朵盛开的“花”。被这美丽所魅惑的猎物甚至都心甘情愿地牺牲在这“花朵”之下。

■花朵锤

CG渲染图

■花朵发射器

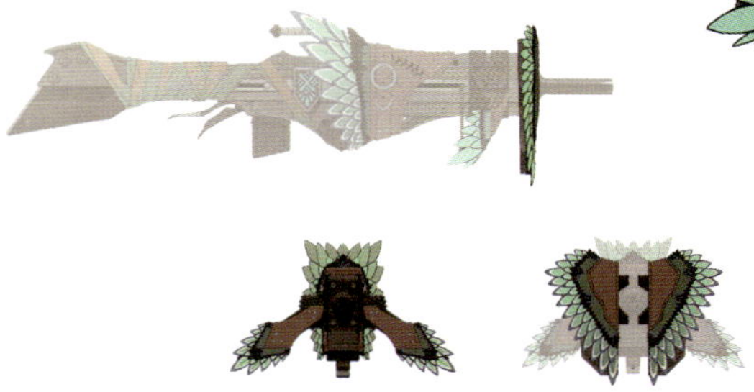

CG渲染图

泥鱼龙衍生武具

以泥鱼龙的素材制成的武具。用柔软的鳞片制成的贴合身体曲线的防具凸显出工匠精湛的技艺。泥鱼龙硬质的泥也被一并用于了强化武器，整套武器以镶着红边的鳞和鳍作为装饰设计主题。

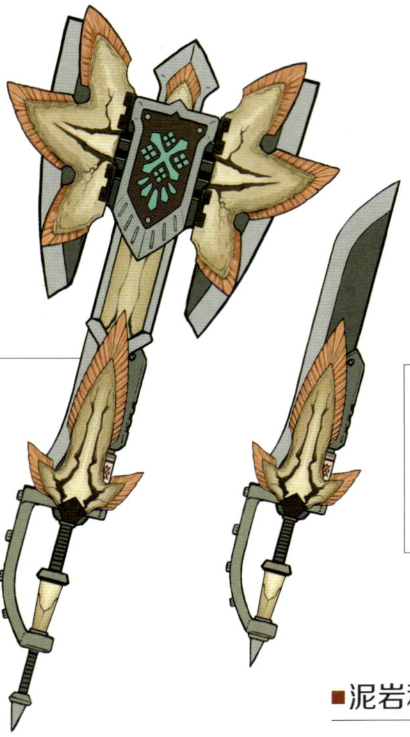

■泥流盾斧

CG渲染图

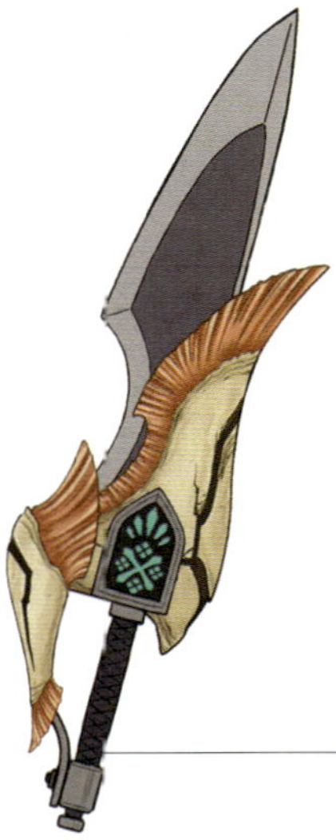

■泥岩战斧

CG渲染图

CG渲染图

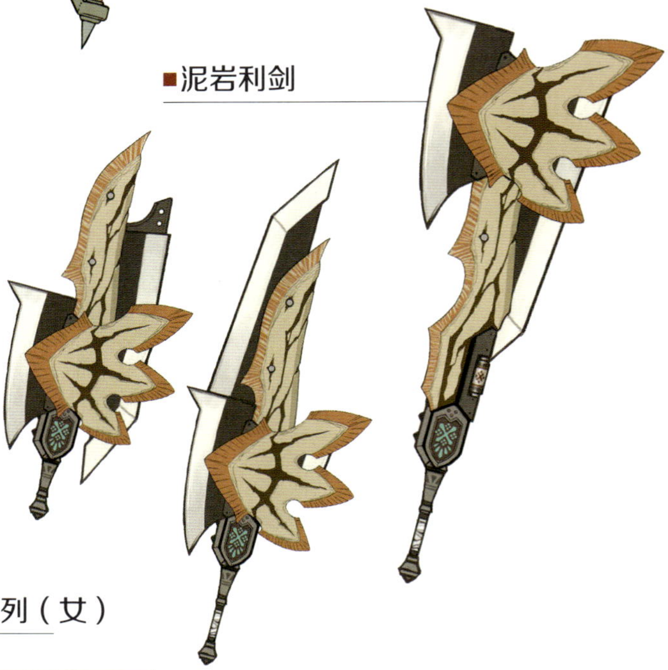

■泥岩利剑

防具用一个词来形容的话就是泥铠甲，但其强度不可小觑。其形状受水的阻力较小，所以可以轻易在水中和泥沼中移动。

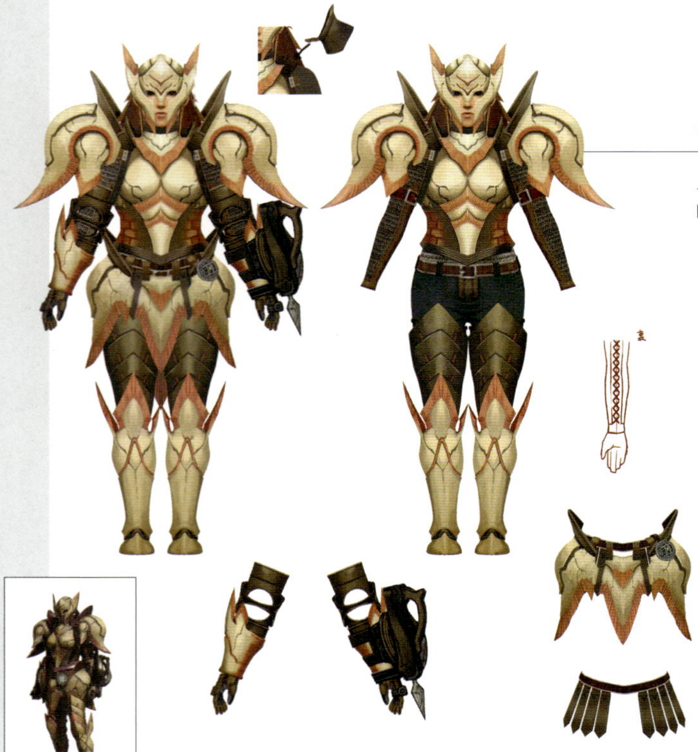

■泥鱼龙系列（女）

■泥鱼龙系列（男）

CG渲染图

CG渲染图

CG渲染图

■泥岩铳枪

■泥鱼龙弯刀

CG渲染图

泥鱼龙体内生有可以储水的水袋，将其用于加工武器则可以赋予武器水属性。

■泥岩步枪

CG渲染图

■泥鱼龙猫系列

随从的防具外形像是古代剑斗士。头盔上的鳍质地柔软，可以减缓攻击对头部带来的冲击。

CG渲染图

飞雷龙衍生武具

以飞雷龙的素材制成的武具。处理其积蓄静电的体毛需要精湛的加工技术。整套武器沿用了飞雷龙的外观，白色体毛和青色鳞片的装饰很漂亮。

■飞雷弓射手大蛇 / 飞雷弓【羽羽矢】

CG渲染图

CG渲染图

■脉冲战斧

■脉冲长棍 / 飞雷龙之柱

CG渲染图

武器除了自身携带的静电，还在加工时以电气袋作为辅助，从而能放出更强的雷电攻击。飞雷龙头部的电极针被加工成了武器蓄电和放电的装置。

CG渲染图

■脉冲弯刀

■ 脉冲射手

飞雷龙柔软的皮膜被大面积用于制作防具。因其绝缘的特性，也被广泛使用于武器的强化。

CG渲染图

■脉冲兵装

CG渲染图

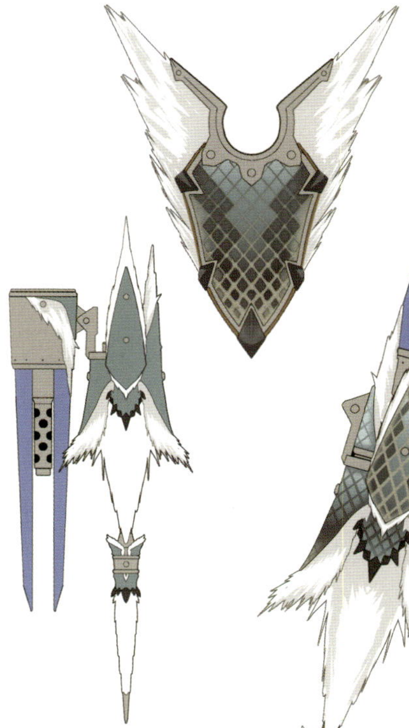

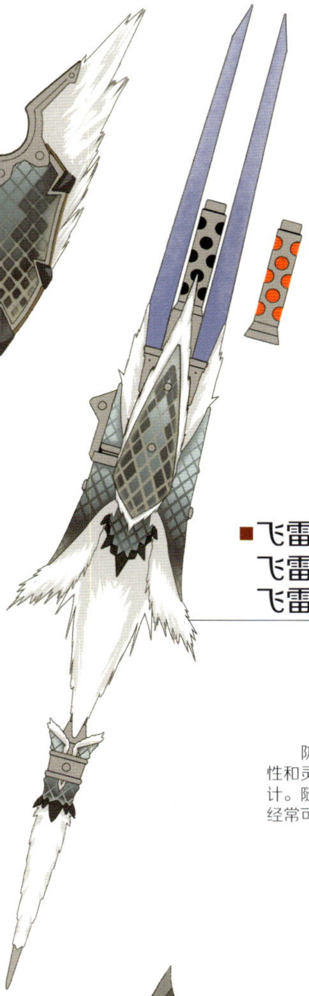

■飞雷铳枪铁飞蛇铳枪 /
飞雷铳枪铁飞蛇铳枪改 /
飞雷铳枪【蜻蜓切】

CG渲染图

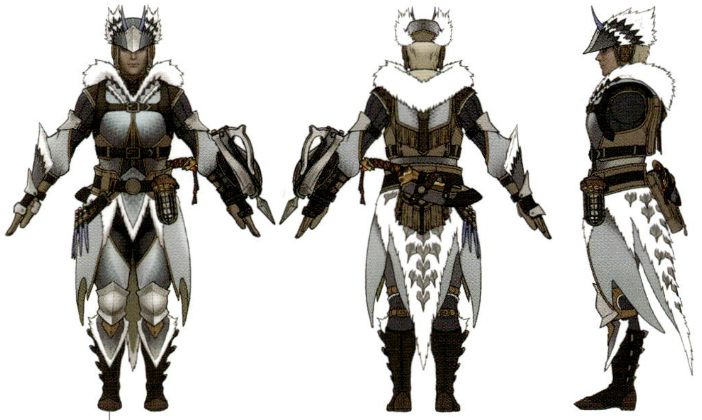

■飞雷龙系列（男）

CG渲染图

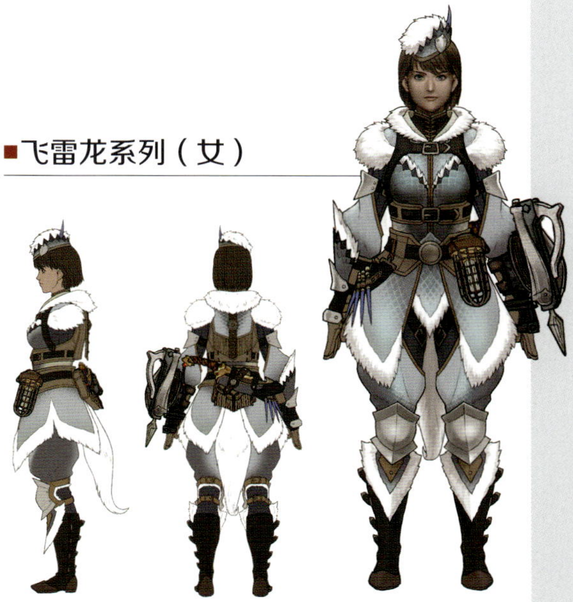

■飞雷龙系列（女）

防具和飞雷龙一样拥有较强的雷耐性和灵活性，有很多猎人特别喜欢它的设计。随从防具也很受欢迎，白色毛皮部分经常可以看见噼里啪啦的静电火花。

CG渲染图

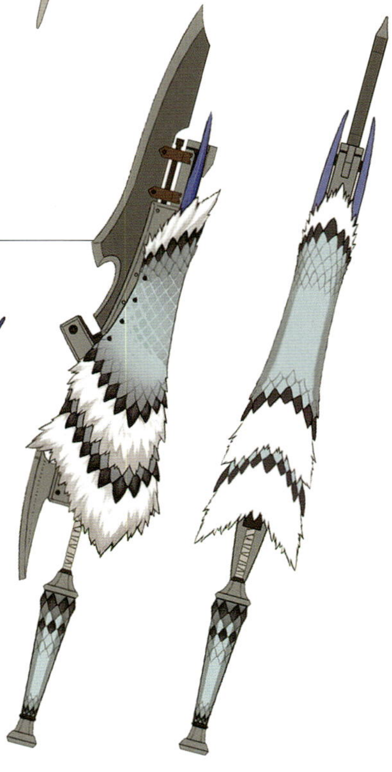

■脉冲铳枪

CG渲染图

■飞雷龙猫系列

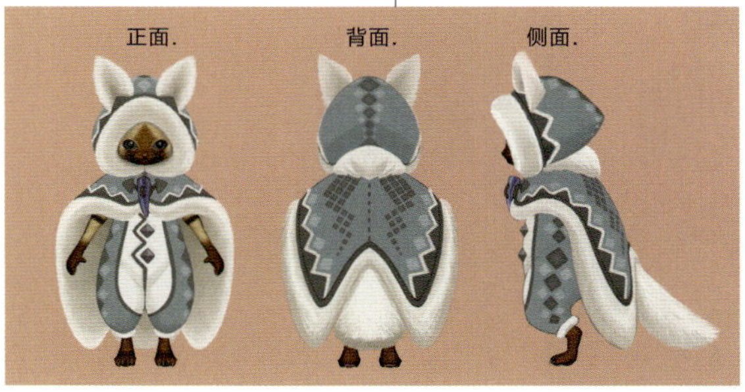

CG渲染图

■飞雷龙猫叉

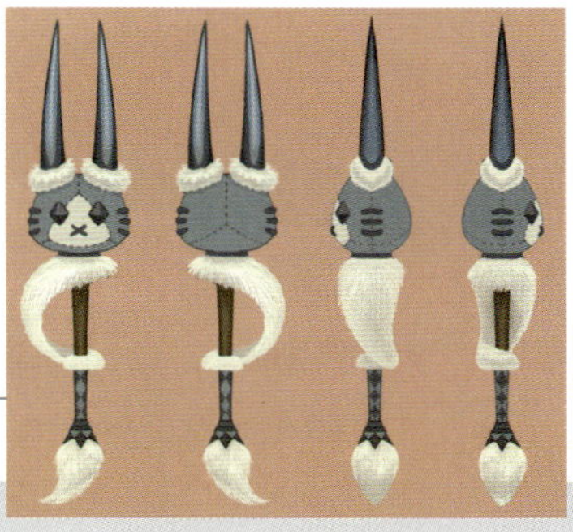

CG渲染图

蛮颚龙衍生武具

以蛮颚龙的素材制成的武具。像蛮族一般的粗犷的武器，是猎人们的最爱。防具设计则以部落的狩猎装束为原型，加入了工匠自己的理解而制成。

■ 蛮颚龙杆刀 / 蛮颚龙杆刀改 / 蛮颚棍翼龙杆刀

CG渲染图

■ 火焰弯刀

CG渲染图

CG渲染图

■ 蛮颚龙大剑 / 蛮颚龙大剑改 / 蛮颚大剑

蛮颚龙的毛皮能耐得住其灼热的吐息，耐热性能很好。加工于武器则不仅能提升强度，还能给武器附加火属性。

CG渲染图

■ 蛮颚龙战锤

■ 蛮颚龙系列（男）

CG渲染图

头部防具上冲天的尖棘为勇敢的证明，毛皮的装饰象征着丰收的祈愿，构造精密的腕甲代表着智慧，厚重的制作为平安的祈愿，而结实的制作是不屈斗魂的象征——防具从头到脚都饱含了部落信念一般的象征意义。

■ 蛮颚龙系列（女）

CG渲染图

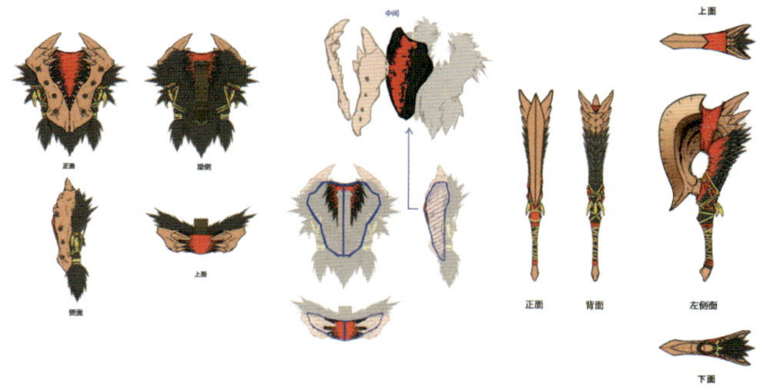

CG渲染图

■蛮颚龙剑 / 蛮颚剑追寻者

■蛮颚龙长号

CG渲染图

CG渲染图

■蛮颚龙斩斧 / 蛮颚龙斩斧改 / 蛮颚剑斧

片手剑研磨锋利的刀刃吸饱了敌人的血，剑身逐渐发热。为了将素材中狂暴的灵魂压制住，剑斧上绑着施了咒语的绳子。从素材复杂的特性和处理的难度上，都可以看得出蛮颚龙的霸气。

■蛮颚龙破坏炮

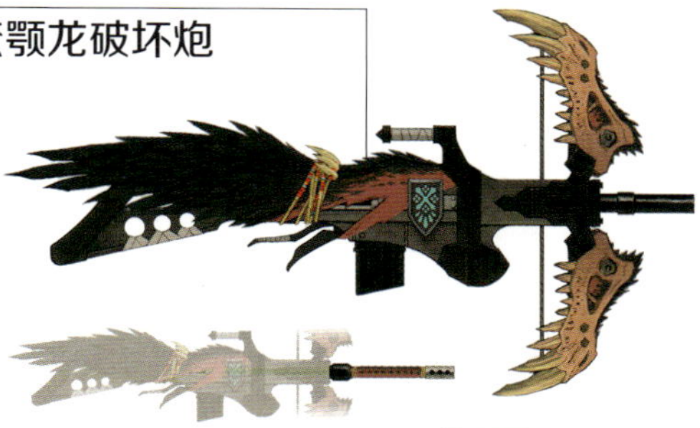

CG渲染图

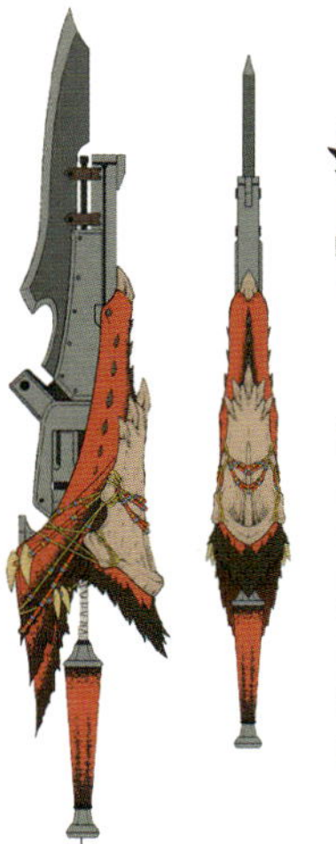

CG渲染图

■蛮颚龙加农炮

CG渲染图

■蛮颚龙射手

■蛮颚龙猫系列

CG渲染图

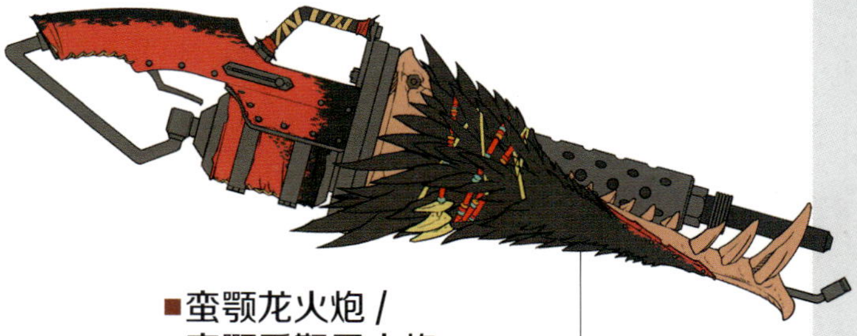

■蛮颚龙火炮 / 蛮颚重弩黑火炮

CG渲染图

扩展画廊：迷人的猎虫标本

Extend World Gallery

可由操虫棍控制的猎虫，包含成长阶段的体态差异，总共有二十种不同的形态。从原大陆带来的两种基础猎虫，经过在新大陆环境中十余年的培育，已有了很大的变化，甚至可以释放猎虫粉尘进行生态攻击。这里陈列了在新大陆育成的猎虫标本，展示出了新大陆独自的生态体系。

话题　猎虫的派生种类和能力育成

最初可以入手的猎虫有切断虫和打击虫两种。前者头部生有锋利的钳，攻击具有切断属性，而后者的头部小而尖，攻击附带打击属性。将它们进行培育，可以强化一部分的特征，成为威力型、体力型和速度型的猎虫。武器若和猎虫相兼容，则可以进一步提升猎虫的效果。

猎虫的育成

新大陆的猎虫育成可以交给加工屋来完成。在原大陆需要自己亲自准备虫饵喂食，非常辛苦，而在星辰则只需支付报酬和必要的材料，加工屋就会替猎人完成猎虫的培育。

话题

猎虫粉尘的属性和能力倾向关系

猎虫有着其特有的猎虫粉尘。其会在追踪印弹攻击的时候释放猎虫粉尘，除了造成冲击伤害外还会产生特定的效果。根据猎虫的不同，其效果可能是对怪物赋予异常状态，或是回复猎人的体力。大多数的威力型猎虫会配备毒粉尘，体力型猎虫配备麻痹粉尘，而速度型猎虫配备回复粉尘，爆破属性粉尘往往和能力倾向关系不大。这些能力也会受到操虫棍的影响，兼容性良好的话，猎虫粉尘的性能也会得到提升。

猎虫粉尘的属性
■毒 ■回复 ■麻痹 ■爆破

猎虫名称旁的小方格的颜色表示了猎虫粉尘的种类。猎虫粉尘对投射器音爆弹和闪光弹也有影响，十分有趣。

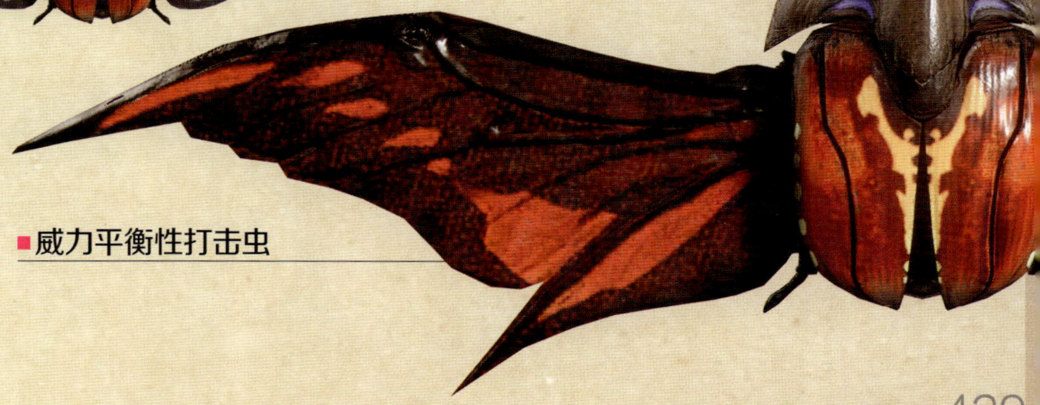

◇火、水、冰、雷、龙的附加属性

和育成一样，猎虫的属性也可以交给加工屋来进行更改。但是无论哪一种猎虫，附加了属性的话，攻击便会相应地有所降低，反过来说对于不追求攻击的猎虫来说，附加属性几乎相当于没有副作用。成长后的猎虫能力个体差异不是很大，这是猎虫养殖者追求虫饵饲育效率的结果。

雌火龙衍生武具

以雌火龙的素材制成的武具。防具以甲胄为基础造型，配合耐火性高的素材，提高了对火焰的抵抗力。穿着它就好像获得了女王的威严一样，无论男女款都是强力又有品位的装备。

■公主弓矢

拉紧弓弦的时候，弓身优美的弯曲就像是女王流线型背部一样，突显使用者身份的高贵。但是就如同美丽的玫瑰带有刺一样，这美丽的弓也是带有剧毒的。

CG渲染图

话 题

剑术大师所用的雌火龙装备

剑术大师所用的也是雌火龙的装备，但他的那一身装备生产于原大陆，通过不断的加工修复使用至今。他的装备是过去的剑士专用款，机能上不适用于弩手，所以和新大陆所生产的雌火龙防具设计也有所不同。

■雌火龙系列（男）

CG渲染图

普通的金属根本无法对雌火龙防具造成任何伤害。防具内层材料使用了雌火龙的翼膜，这种素材保湿性良好，但加工难度很大。

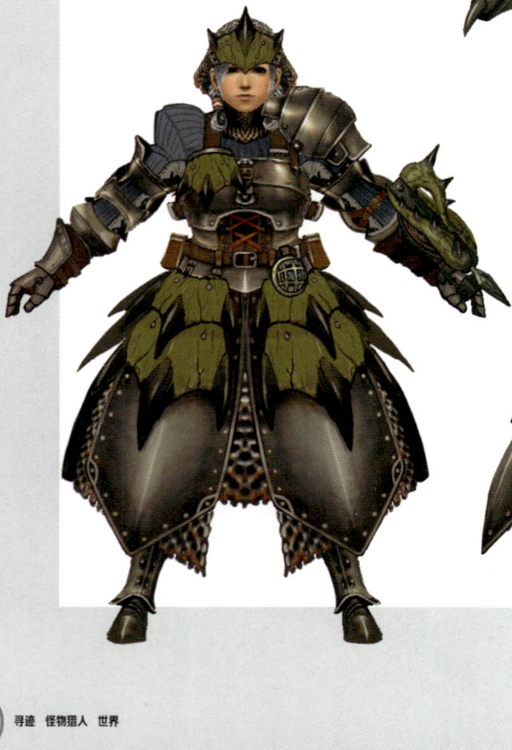

■雌火龙系列（女）

CG渲染图

眩鸟衍生武具

以眩鸟的素材制成的武具。拥有美丽的光泽和花纹，受到很多猎人的喜爱。眩鸟的素材吸收光之后会闪闪发光，由于它对周围光线的漫反射，反而可以使刺眼的光线对装备者的伤害降低。

CG渲染图

■眩刀【摇】

CG渲染图

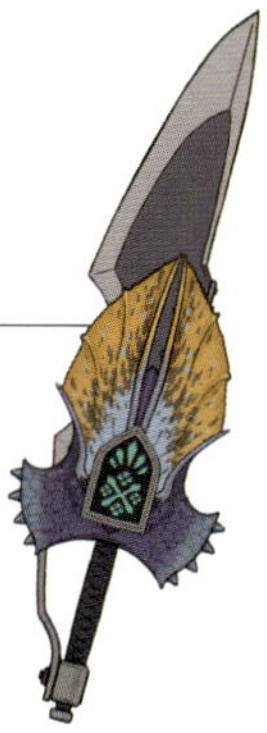

■闪耀小刀

■闪耀长刀

CG渲染图

CG渲染图

制作武器时使用了眩鸟的发光膜，而它可以赋予武器雷属性。

■闪耀突击弩

■眩鸟系列（女）

CG渲染图

将眩鸟特征性的头部素材用于头部防具的设计，使用深海结晶研磨加工过后强度非常高。

■眩鸟系列（男）

CG渲染图

浮空龙衍生武具

以浮空龙的素材制成的武具。高灵活性的装备大面积使用了浮空龙温润的毛皮，机能也十分讲究。特别是穿着整套防具的时候，还能获得一种额外的治愈效果。

CG渲染图

■浮空龙迅击弩

用硬质的鳞片和橡胶质的甲壳强化过的武器，在攻击的时候很好发力，很好上手。再往上强化便可以出现爆破或水等隐藏属性。另外，可以单发自动装填毒弹和麻痹弹的轻弩，其威力也是不可小觑的。

CG渲染图

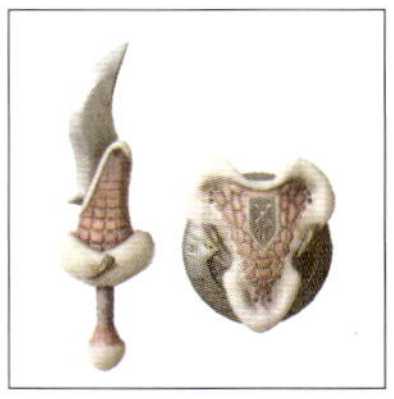

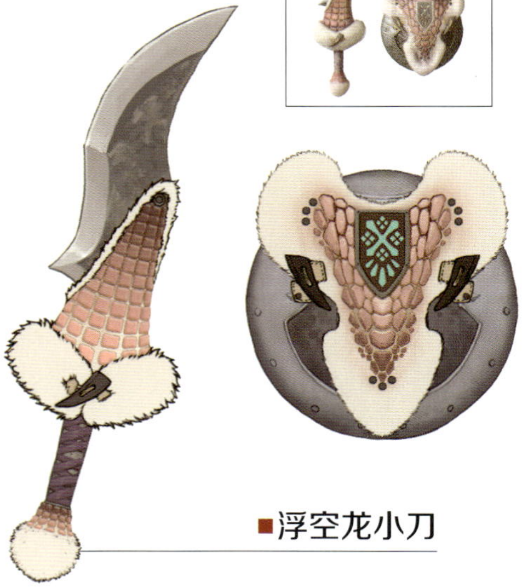

■浮空龙小刀

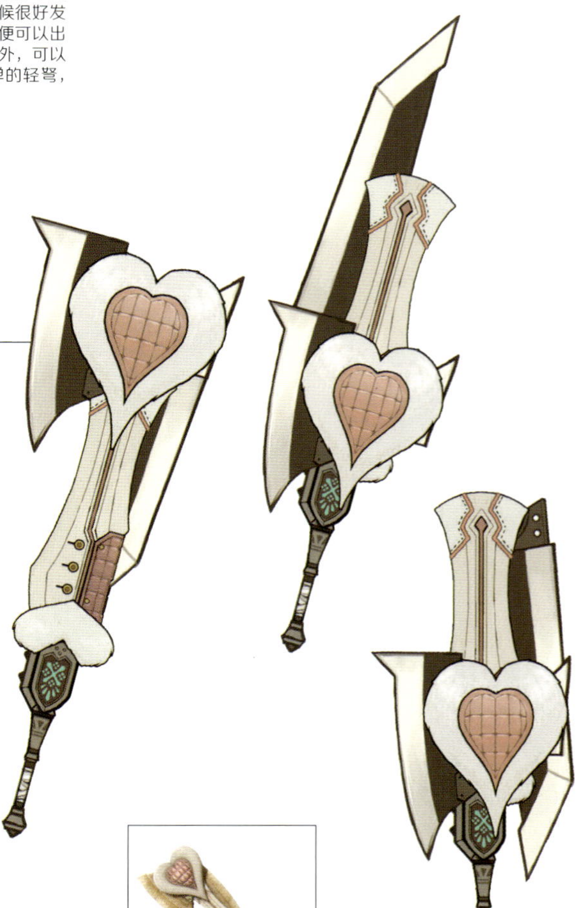

■浮空龙大斧 /
浮空龙斩斧

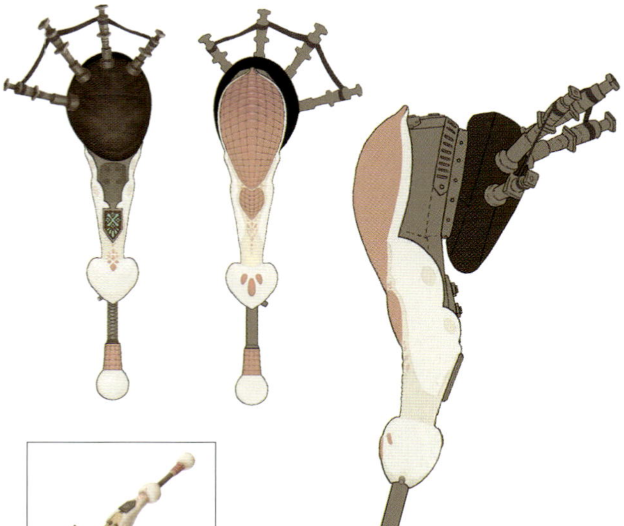

■浮空龙号角

CG渲染图

CG渲染图

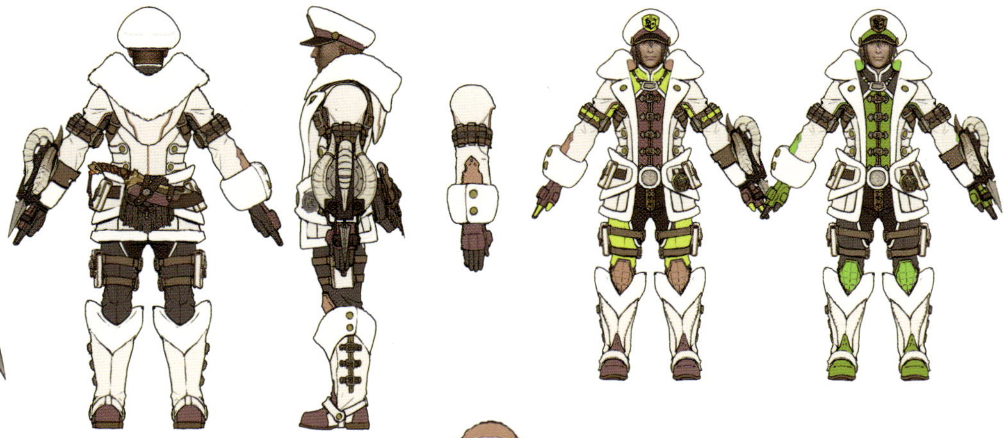

■浮空龙系列（男）

CG渲染图

■浮空龙猫系列

CG渲染图

用浮空龙轻巧又柔软的材料制成的防具，弹性很好，无论什么体型的猎人穿着都很合身。软软的皮毛手感很好，深受猎人们的喜爱。另外，护腿的膝下构造格外考究，可以在有风压的情况下轻松逃走。

CG渲染图

CG渲染图

■浮空龙猫肉球

■浮空龙系列（女）

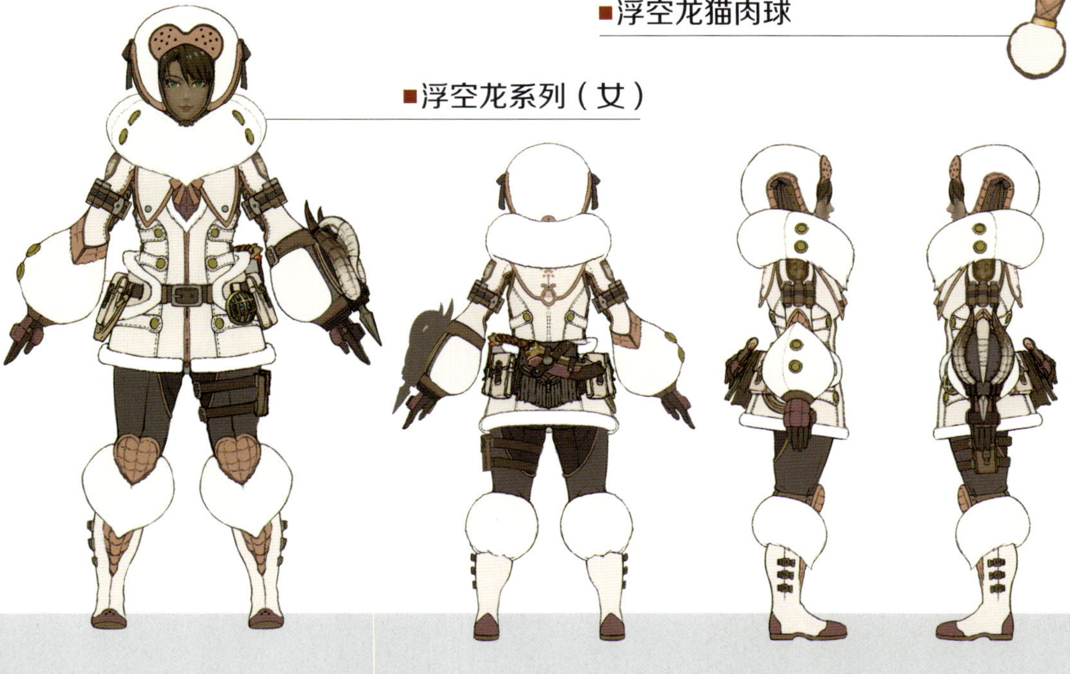

虽然名字叫作肉球，但却是用橡胶质的甲壳制成的，并不是捏起来软软的肉球。随从装备的帽子是软软的，中间含有气垫，以起到保护头部的作用。

土砂龙衍生武具

以土砂龙的素材制成的武具。用坚固素材制成的防具有着超乎寻常的强度。即便是被石头砸，或是被龙踩过都不会有一丝的裂痕，穿上它的样子就像一个烽火台一样。因为在制作的时候对素材进行过干燥处理，水分含量很低，所以对雷的抵抗性也很强。

■ 土砂龙粉碎者

CG渲染图

土砂龙的武器在制作时添加了突击龙坚硬的素材，这样武器再进行强化的时候便会变得更加坚固。

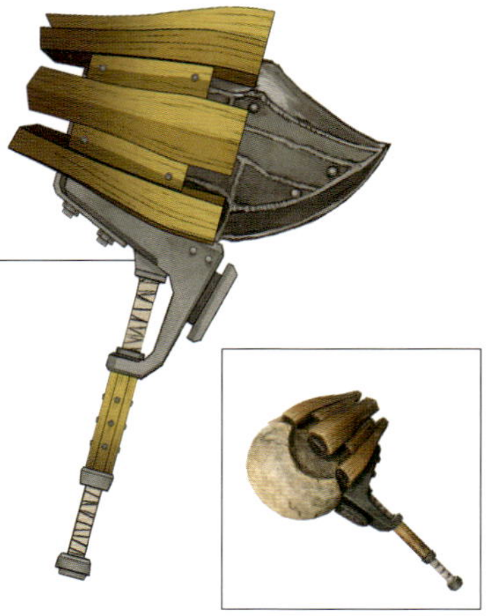

■土砂龙链枷

CG渲染图

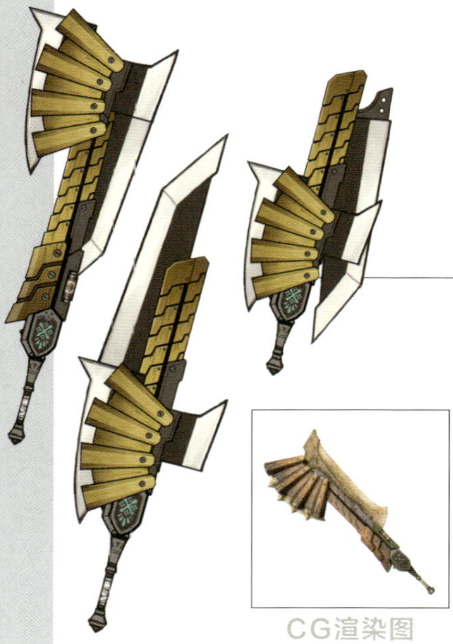

■土砂龙剑斧

CG渲染图

■土砂龙铳枪

使用土砂龙素材的武器，都有着一种仿佛能掘穿大地一般的蛮力。似乎让这种封印着的力量觉醒的话，便可以依靠这冲击力完全阻断猎物的退路。

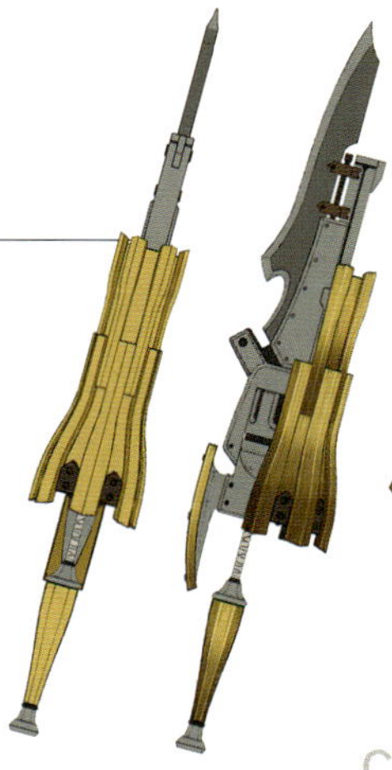

CG渲染图

■土砂龙长枪

CG渲染图

■土砂龙锐剑

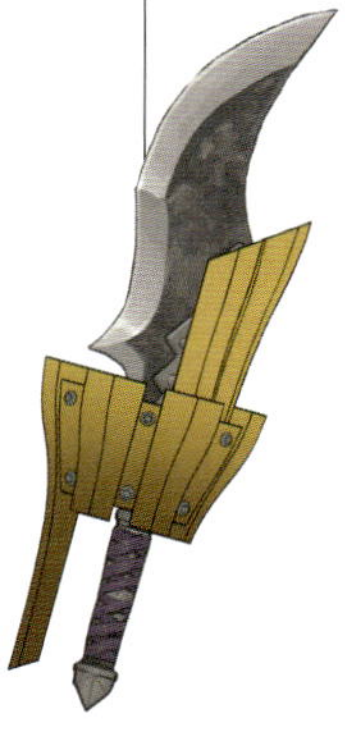

CG渲染图

■土砂龙步枪

CG渲染图

CG渲染图

■土砂龙系列（女）

■土砂龙系列（男）

CG渲染图

角龙衍生武具

以角龙的素材制成的武具，拥有着强力的威慑感和惊人的强度，拥有它的装备就是沙漠霸者的证明。坚实的防具能让装备者充满力量，而武器则拥有着能将猎物粉身碎骨的破坏力。

■爆槌战斧

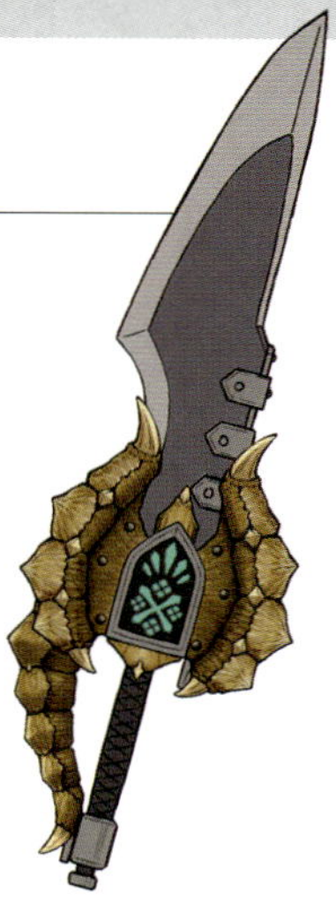

CG渲染图

角龙有代表性的两根大角和其尾甲是十分贵重的素材，在武器制作时用途很广泛。

■爆槌盾墙

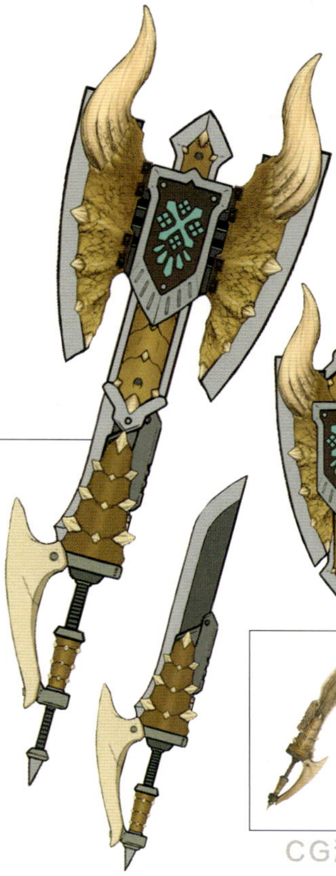

CG渲染图

■爆槌战斧

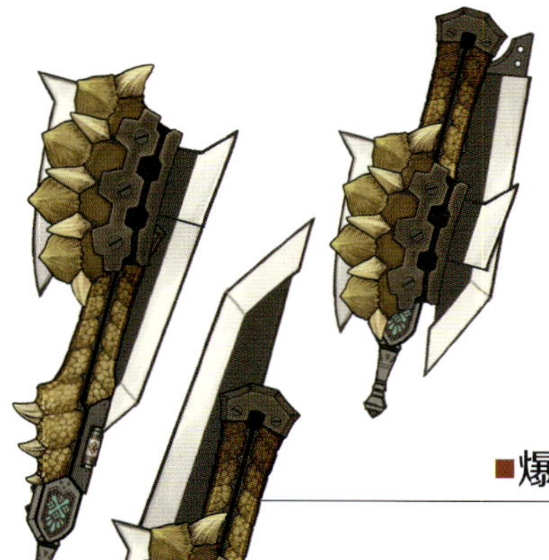

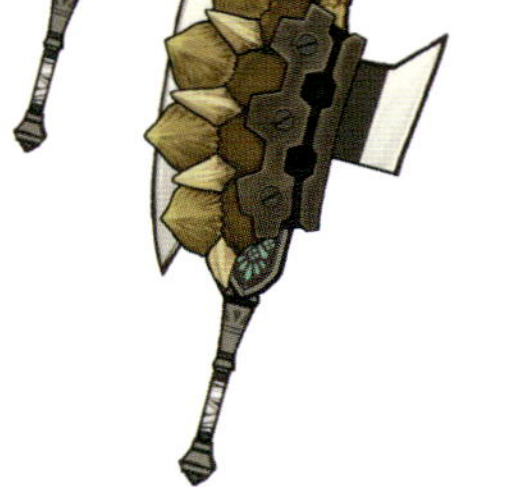

CG渲染图

■铜头锤

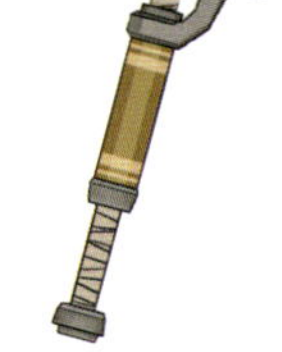

CG渲染图

■爆槌大弓

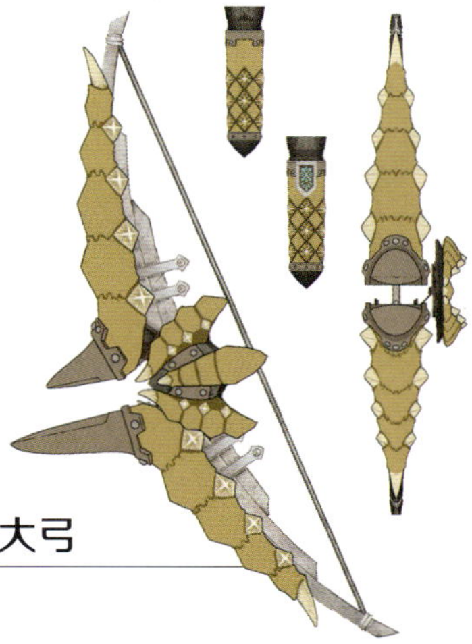

CG渲染图

■爆槌棍

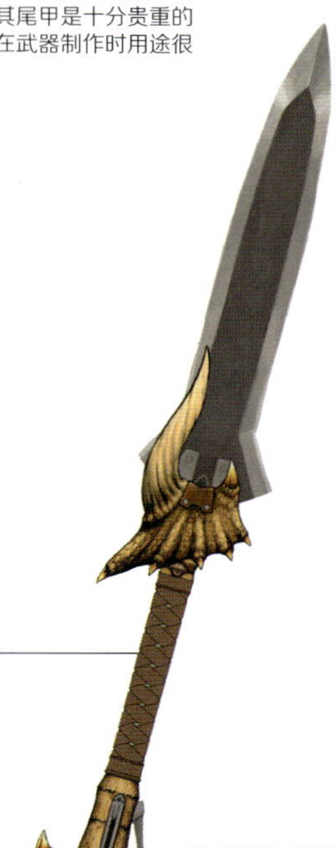

CG渲染图

■角龙系列（男）

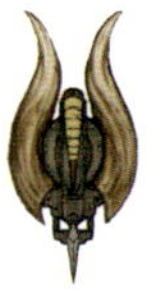

CG渲染图

防具的外观看起来简直就和沙漠的暴君角龙一模一样。重量级的防具对使用者的体格和体能都有着一定的要求，但穿上它就可以抵御猛烈的攻击甚至是震动。

■角龙系列（女）

CG渲染图

大凶颚龙衍生武具

以大凶颚龙的素材制成的武具。拥有着麻痹猎物的能力和对麻痹的优秀抗性，装备上它，人也会不由得变得残忍起来。毕竟被麻痹了的猎物需要在清醒的情况下承受恐惧，想想也确实是挺残忍的。

CG渲染图

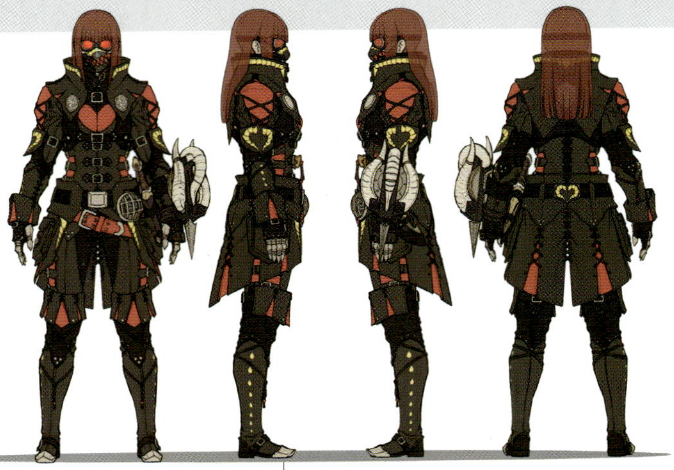

■大凶颚龙系列（女）

设计参考了大凶颚龙的外形，利用其柔软的皮做成的贴合身体曲线的防具，可以完美地适应瘴气地带的特殊环境。面罩和躯干两侧使用了特殊加工过的大凶颚龙的头壳制成。

CG渲染图

■大凶颚龙系列（男）

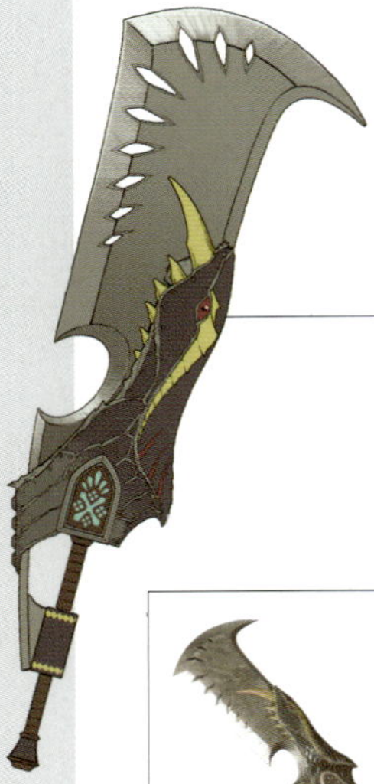

■凶颚龙大剑

CG渲染图

大凶颚龙的武器充分发挥了其锐牙的素材效果，斩味优秀，给予怪物猛烈一击的同时还可以向伤口中注入麻痹毒素。

■牙龙铳枪【黄牙】

CG渲染图

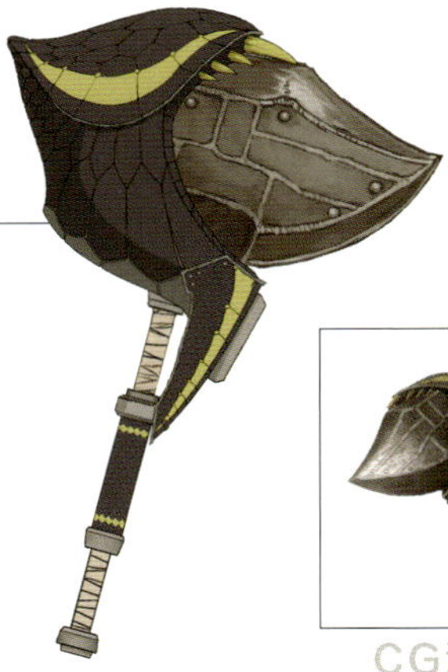

■马拉多战锤

CG渲染图

CG渲染图

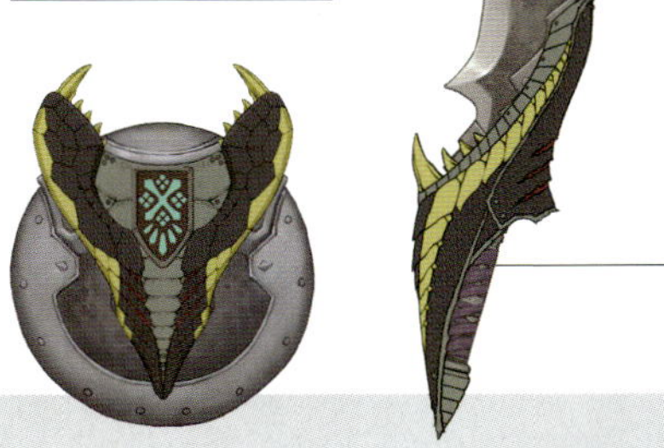

■凶颚龙小刀

■凶颚龙兵装

CG渲染图

岩贼龙衍生武具

以岩贼龙的素材制成的武具。被其外形所吸引的匠人们将它有特点的下巴融入武器的设计中。后背和脚也是传神地再现了岩贼龙的特征，使用了上位素材的武器性能也是有保障的。

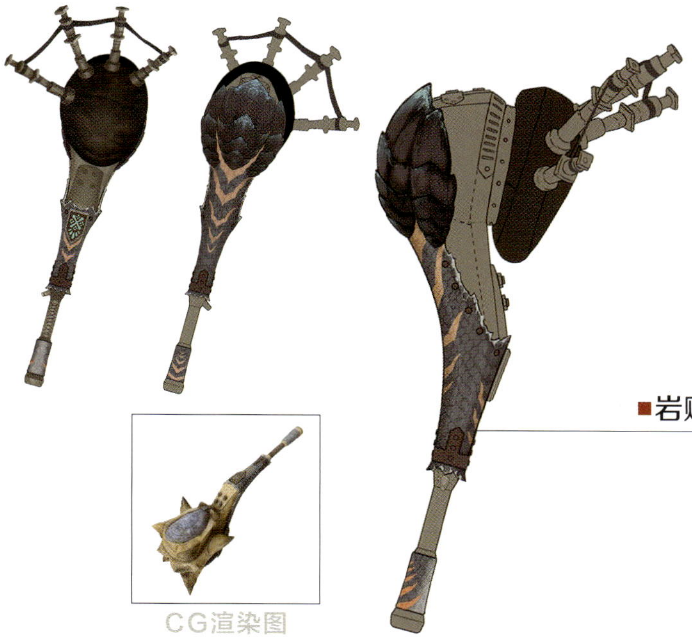

■岩贼龙号角

CG渲染图

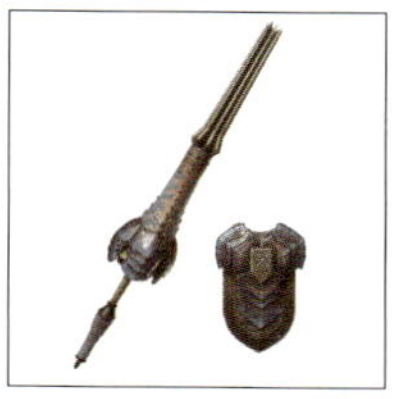

CG渲染图

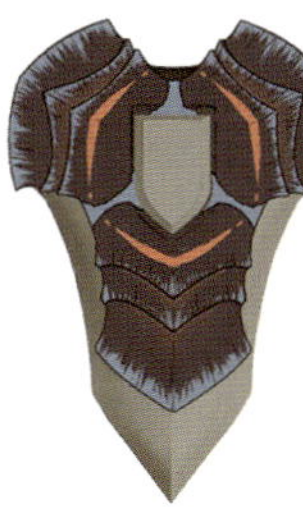

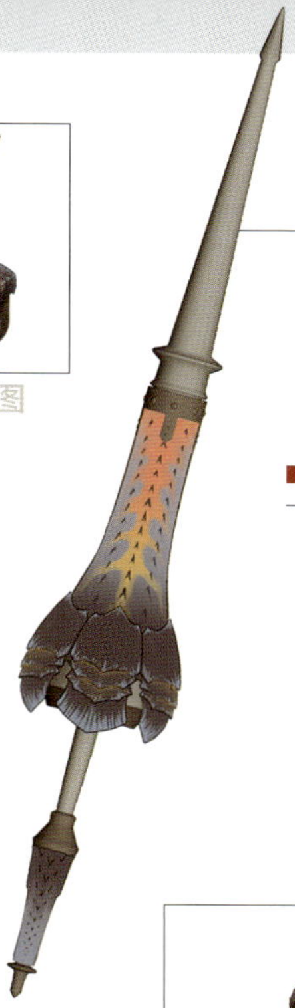

■岩贼龙刺针

岩贼龙的唾液可以将咬碎的龙结晶转化为爆弹，融入这种唾液制成的武器具有爆破属性。

CG渲染图

■岩贼龙长鞭

■岩贼龙炮

CG渲染图

■岩贼龙 α 系列（男）

CG渲染图

■岩贼龙 α 系列（女）

CG渲染图

皮和甲壳被打磨得十分光亮，制成了青色的甲胄。在保证了强度的同时也保证了较强的运动性，同时还拥有较强的抗爆破能力。

骨锤龙衍生武具

以骨锤龙的素材制成的武具。用密度超高、可以将岩石弹飞的坚硬骨头制成的防具，可以扛得住很大的冲击。就好像是注入了工匠心血的一道铁壁一样。

骨锤龙体内生有睡眠袋，利用其打造的武器附带睡眠属性。其同系列的防具则除了拥有超强的睡眠耐性，还可以令武器的睡眠属性攻击加强。

■尖刺剑

CG渲染图

■骨锤龙击锤

CG渲染图

研磨后的尖锐骨头镶嵌在武器之上，削铁如泥，似乎所有的猎物在它面前都如同一堆肉块一样，毫无还手之力。

■尖刺锐剑

CG渲染图

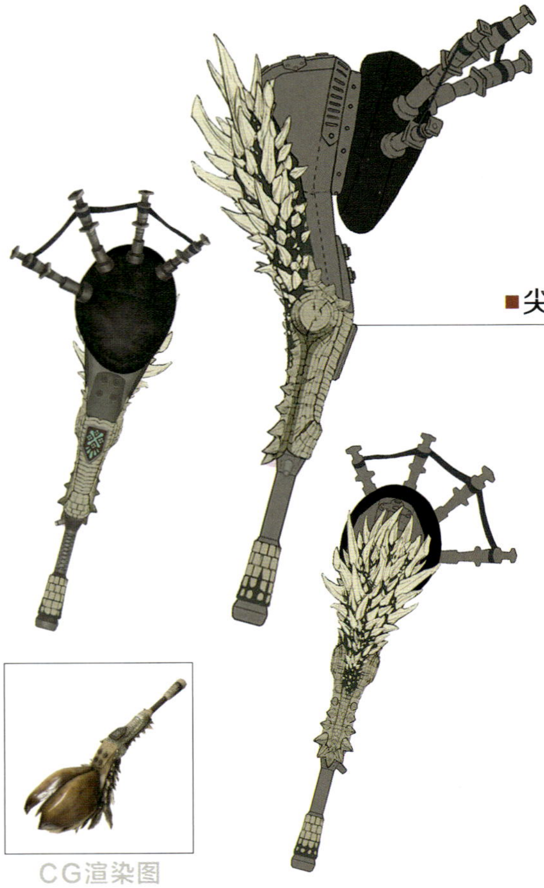

■尖刺号角

CG渲染图

CG渲染图

■尖刺发射器

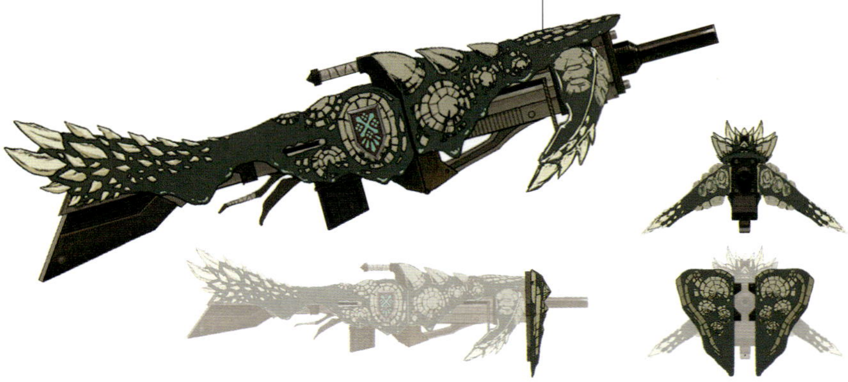

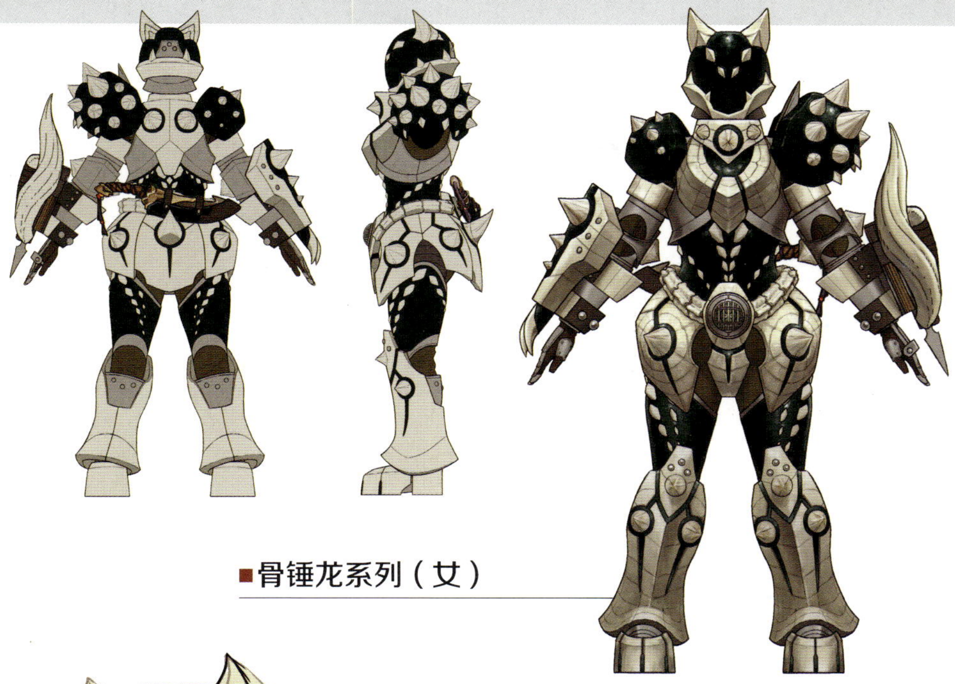

■骨锤龙系列（女）

CG渲染图

圆滚滚的随从防具很可爱，半透明的头部防具部件呈球状，背后收纳随从武器的设计更是融合了工匠们的最新创意。

■骨锤龙猫球

CG渲染图

■骨锤龙猫系列

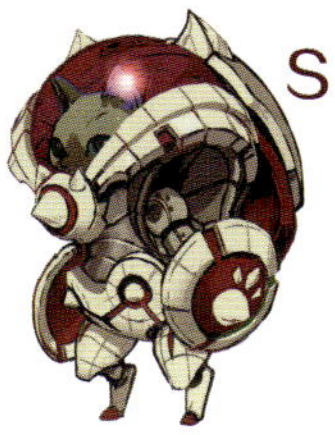

S色系列

CG渲染图

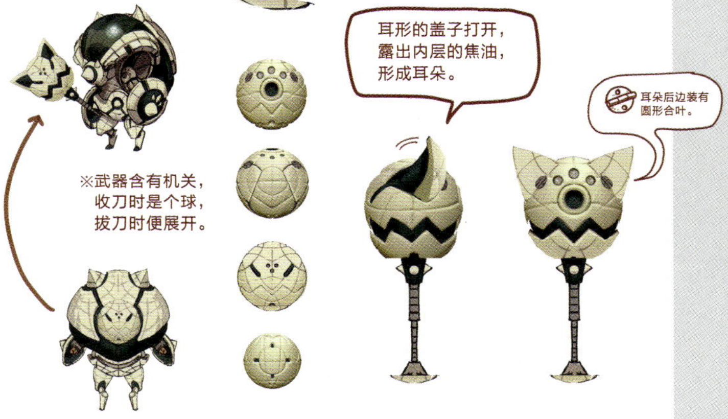

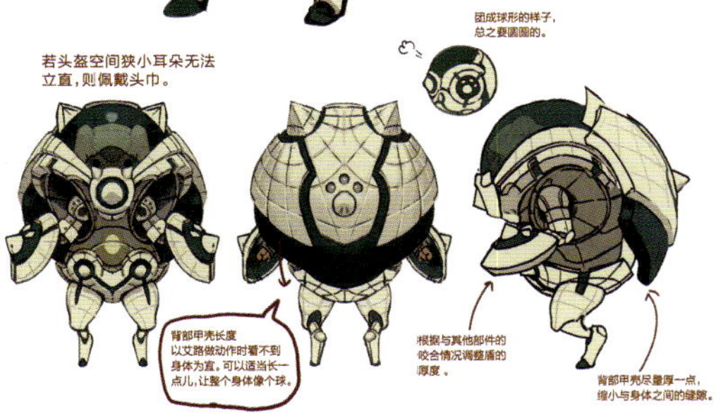

■骨锤龙系列（男）

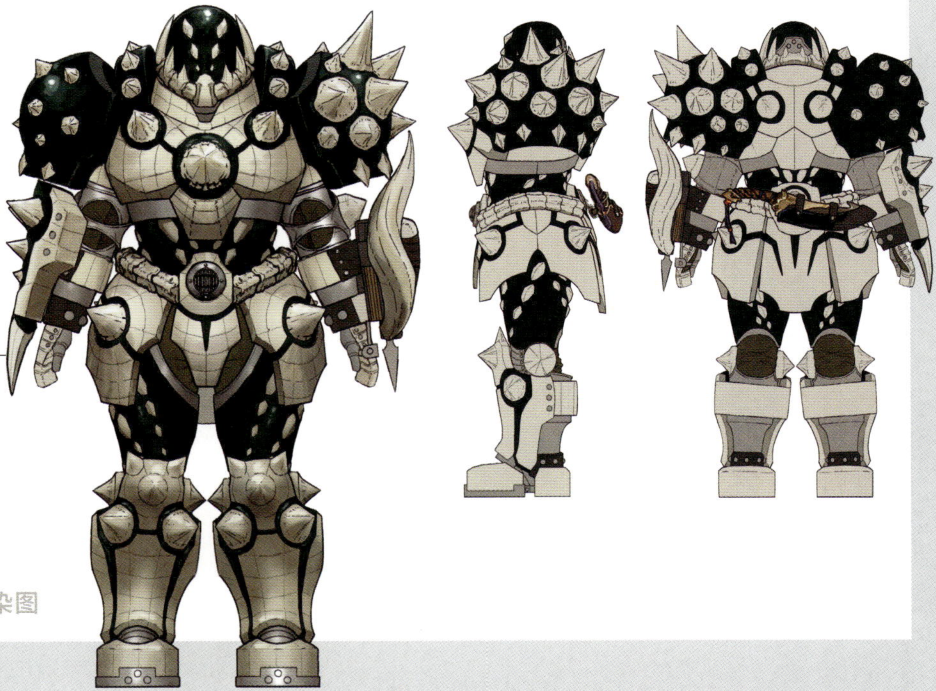

CG渲染图

扩展画廊：衣装一览

Extend World Gallery

衣装是披在身上的半身蓑衣，可以赋予装备者各种各样的特殊技能，是在新大陆的最新技术下诞生的特殊装备。调查员们努力地进行着新大陆怪物的生态研究，而衣装则是工匠们根据这些研究成果而发明制作出来的，算是对调查员辛苦付出的回报。这里展出了 16 种衣装，因为都是向五期团的收藏家借来的，请不要用手触摸。

■隐身衣装

一定时间内让怪物难以发现自己的衣装。外形上拟态了灌木丛，但好像也有点儿神似古代龙人呢。

■滑空衣装

让跳跃的滞空时间变长的衣装。在强风地带甚至可以获得媲美风漂龙的飞翔能力。

■体力衣装

可以吸收一定量攻击的衣装。虽然吸收量是有上限的，但其优越的实用性也是被公认的。

■挑衅衣装

容易被怪物盯上的衣装。身上的装饰物会随着摇摆反射七色光芒，刺激怪物的本能。

■盗掠衣装

可以通过攻击使大型怪物掉落换金道具的衣装。道具掉落的瞬间会发出格外耀眼的光芒。

■化合衣装

使异常状态攻击发动概率上升的衣装。这件衣装凝聚了对多种怪物特性的研究成果。

■强打衣装

为特定部位的攻击附加气绝值，或是增加原有气绝值的衣装。外形上效仿了历战个体，增加了些野性的风貌。

■免疫衣装

回复异常状态和属性伤害，并使其攻击无效化的衣装。经过了解毒除菌加工，清爽感满满。

■回避衣装

加长回避无敌时间的衣装。轻巧的设计，可以在完美回避后暂时提升攻击力。

■耐寒衣装

减轻冰属性伤害，使冰属性异常状态无效的衣装。以浮空龙的素材加工而成，穿起来暖暖的很舒服。

■耐热衣装

减轻火属性伤害，使火属性异常、爆破属性异常和炎热地形伤害无效的衣装，提供无与伦比的耐火防护。

■不动衣装

消除受到冲击时的反应，使风压、咆哮和震动攻击无效的衣装。还可以减少所受的伤害，简直是无与伦比、独一无二的极品。

■耐水衣装

减轻水属性伤害，使水属性异常无效的衣装。受泥鱼龙上质素材特性的影响，在水中和泥潭中的行动也不再受限。

■耐雷衣装

减轻雷属性攻击，使雷属性异常和麻痹无效的衣装。制作时融入的幻兽素材提供了这种强大的能力。

■转身衣装

自动回避高威力攻击，使其无效化的衣装。缠身的金光可以提前察觉到攻击，强制身体做出回避反应。

■耐龙衣装

减轻龙属性攻击，使龙属性异常无效化的衣装。有尸套龙一般的不祥之魂，还可以强化武器的龙属性。

话 题

衣装的活用和并用的装备

在星辰有一种被称作“烟筒”的辅助道具，和衣装并用的话可以获得强力的效果。

- 疗愈烟筒……恢复体力
- 解除烟筒……解除异常状态
- 达人烟筒……提升会心率

另外，护石也很受猎人们欢迎，佩戴在身上就可以获得相应的技能，设计也是多种多样。

■烟筒

插在地上，在周围一定范围内喷烟的道具。虽然持续时间有限，但接触到烟雾的人都可以获得相应的效果，非常实用。

■护石

戴在手或颈部的饰品，是华丽的设计与工匠技术相结合的产物，装备在身上轻便又美观。

风漂龙衍生武具

以风漂龙的素材制成的武具。设计上完美还原了风漂龙优雅的流线型曲线，又轻盈又锐利的武器附加了冰属性，如寒冰般凛冽刺骨。穿上这身装备就像是成了风的主宰，可以自由地控制风、利用风、乘风飞翔。

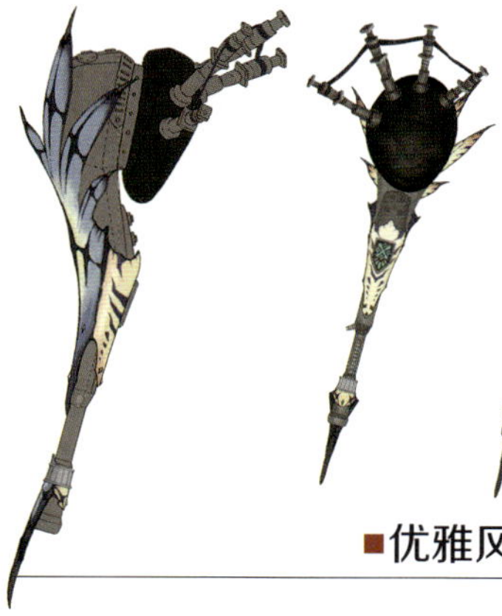

CG渲染图

■优雅风笛

■琴弦 / 冰凌琴弦

CG渲染图

■蔷薇 / 蔷薇改 / 冰凌蔷薇

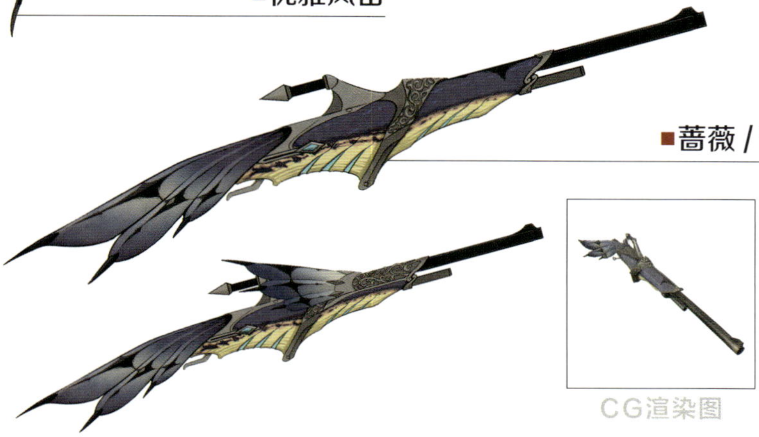

CG渲染图

■优雅弯刀

CG渲染图

■流星刀 / 幻光刀

CG渲染图

“敌心歹意，若为吾知，白风骤起，冰雨摧之。”手握风漂龙重弩的猎人，无一不沉醉在这句话中。

■优雅长弓

CG渲染图

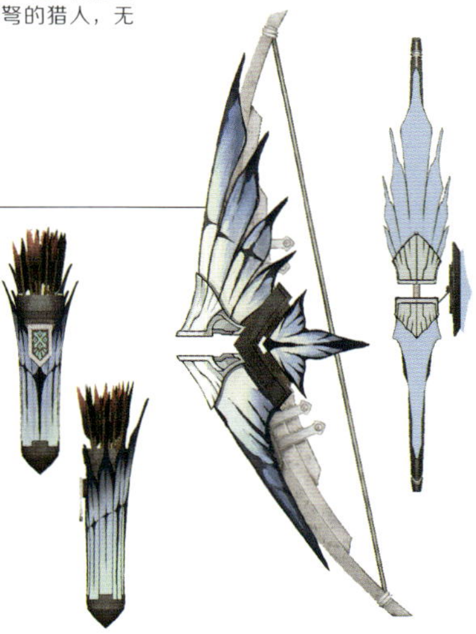

■银蕨 / 冰凌银蕨

CG渲染图

■风漂龙长枪 / 风漂龙斧枪

CG渲染图

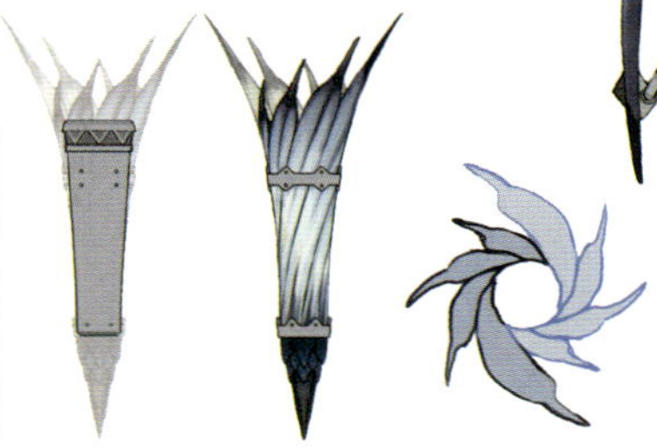

惨爪龙衍生武具

以惨爪龙素材制成的武具。利爪般的造型，似乎要将猎物搏动的心脏掏出，仿佛被恶灵附身了一般。似乎武器使用者要是意志稍有动摇，便会被这黑暗凶残的灵魂所吞噬。

■吸血锁镰 / 罪【真】

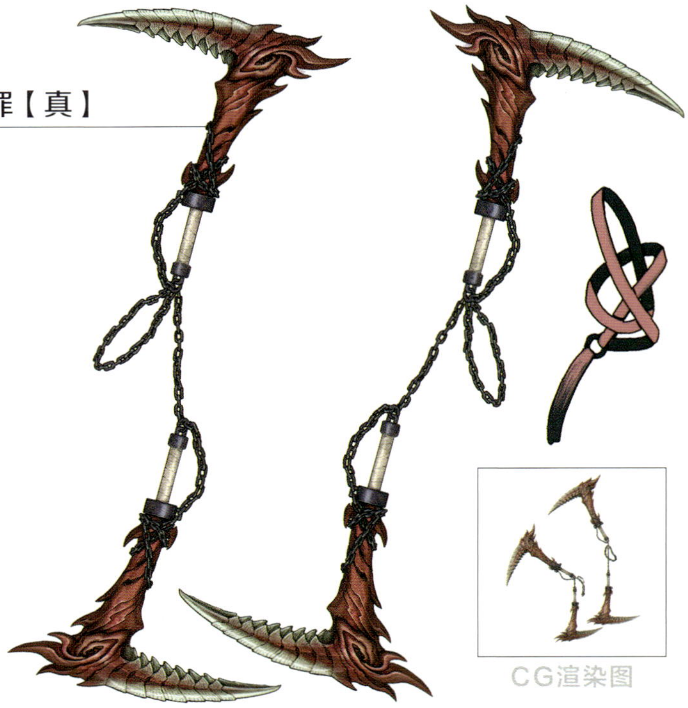

CG渲染图

惨爪龙的武器设计偏东洋武士风，通过上等素材的加工既保持了精美的造型又可达到优秀的斩味。

■魅惑三钴杵 / 恶【VICE】

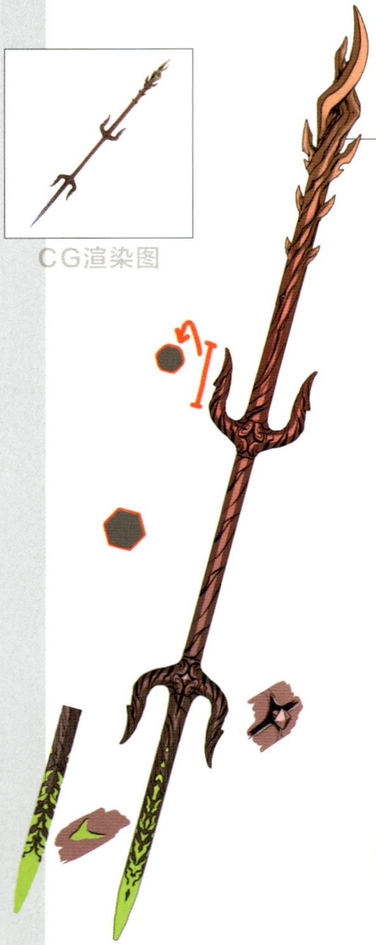

CG渲染图

■惨爪长棍

CG渲染图

■惨爪战斧

CG渲染图

■憎恨的火焰 / 憎【怨念】

CG渲染图

惨爪龙的爪和牙大大增加了武器的锋利度，用过这些武器的人说，感觉好像武器本身就有渴求鲜血的欲望似的。

■惨爪兵装

CG渲染图

■惨爪长枪

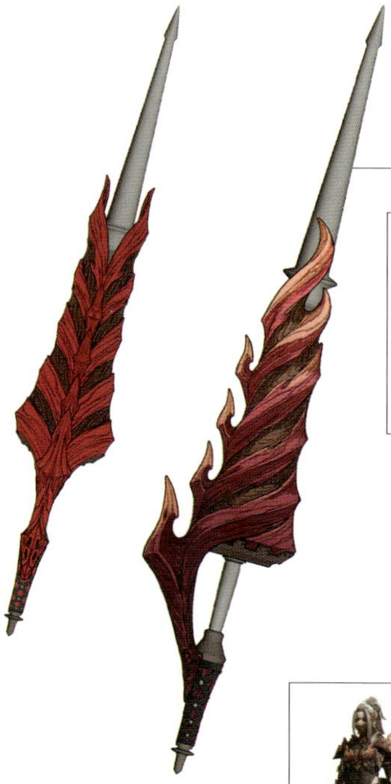

CG渲染图

■惨爪龙系列（男）

CG渲染图

■惨爪龙系列（女）

CG渲染图

神话中的恶灵一般的防具，不仅可以让使用者在格斗的时候身轻如燕，还可以使武器变得更加强力。

■惨爪龙猫锁镰

CG渲染图

■宿命之火/业【羯磨】

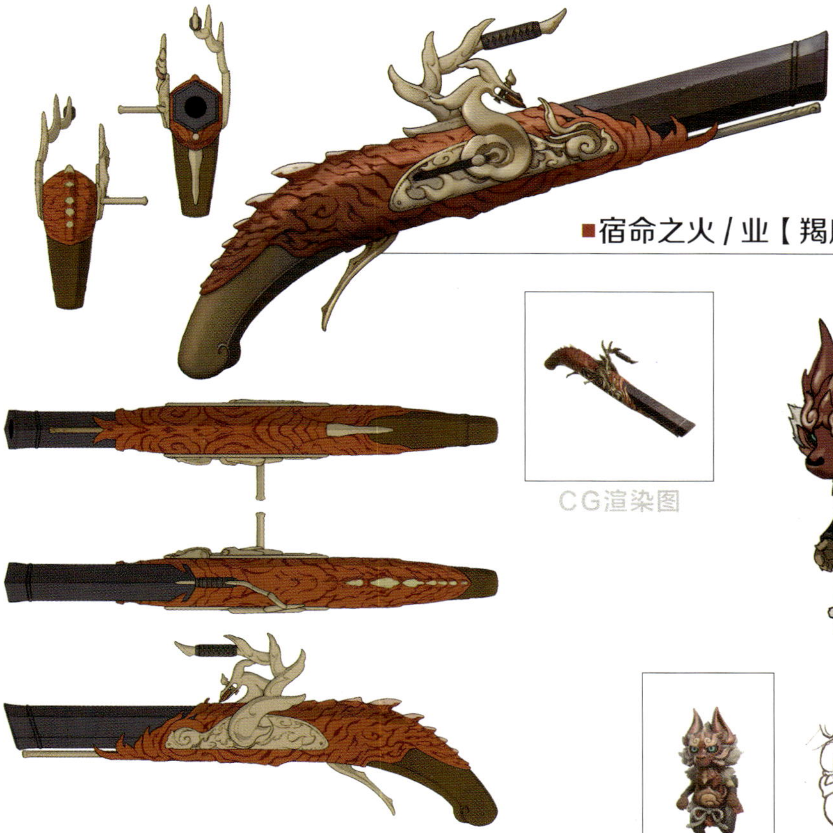

CG渲染图

■惨爪龙猫系列

CG渲染图

火龙衍生武具

以火龙的素材制成的武具。装备上它，一种天空王者的威严气场便油然而生，似乎地狱之火都要绕道而行。其武器可以给予敌人烈火一般的高热攻击，防具则拥有着火龙神秘之力的特殊能力。

CG渲染图

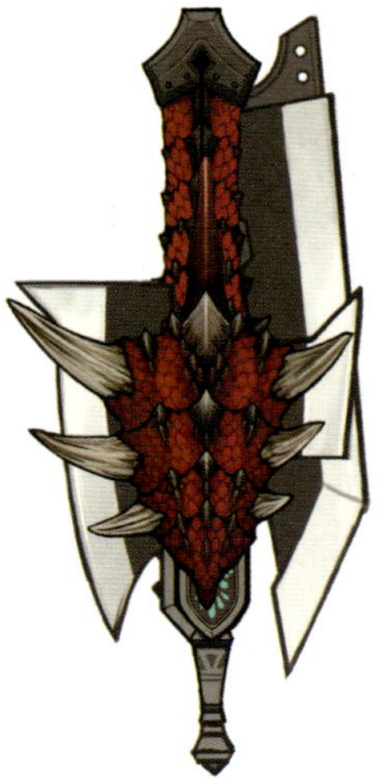

■火龙剑斧

■火焰小刀

CG渲染图

用火龙强韧外壳所制成的防具，不仅耐火性超高，坚固程度也是无与伦比。这象征着天空王者的武器是无数猎人所憧憬的，它的头盔对猎人来说就像是王冠一样。

■火龙系列（男）

CG渲染图

■火龙系列（女）

CG渲染图

■火焰之刃

CG渲染图

CG渲染图

■火焰长刀

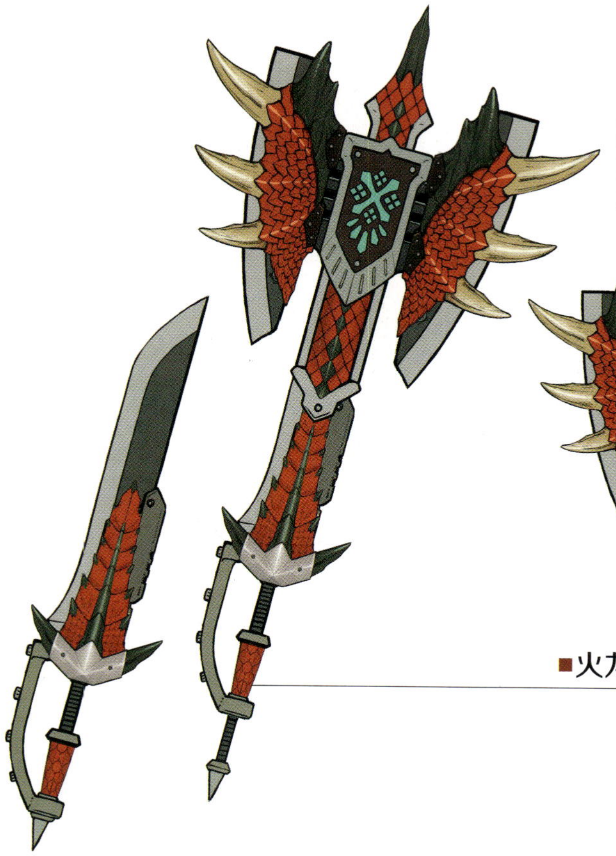

CG渲染图

■火龙盾斧

刀中封印着火龙的怒气，随着斩击一同放出的火舌一瞬间便将猎物燃成灰烬，仿佛要割裂天地一般。

■火龙铳枪

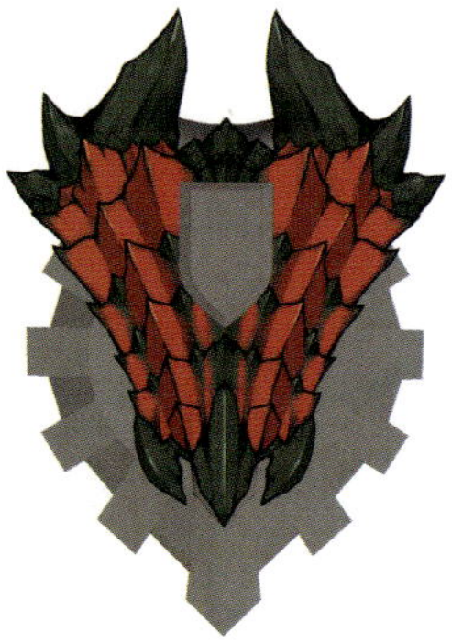

CG渲染图

■火焰长枪

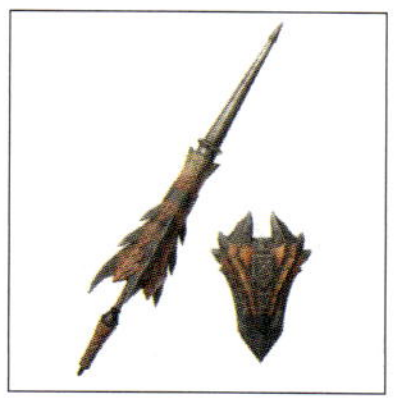

CG渲染图

■火焰迅击弩

CG渲染图

饱含火龙愤怒的弩枪和弓矢仿佛能贯穿天地一般，即便魄力比不上火龙的火球，但其威力已是前所未有。

■火龙强弓

CG渲染图

爆鳞龙衍生武具

以爆鳞龙的素材制成的武具，将其素材的特性最大限度地发挥了出来。爆鳞龙这种无论对手是谁，无论在哪，只要是活物通通列为捕食对象的狂躁风格，在其武器上得到了很好的展现。

CG渲染图

■爆鳞太鼓 / 爆鳞鼓赤红星光

将爆鳞龙头部的炽热爆腺用作素材，使得武器被赋予了爆破属性。但是这种素材极难处理，有不少工匠会在加工时意外受伤。

■爆鳞太刀 / 爆鳞刀赤红利刃

CG渲染图

■爆鳞突击枪 / 爆鳞枪赤红巨星

CG渲染图

CG渲染图

■爆鳞龙铳枪

■爆鳞龙 α 系列（男）

CG渲染图

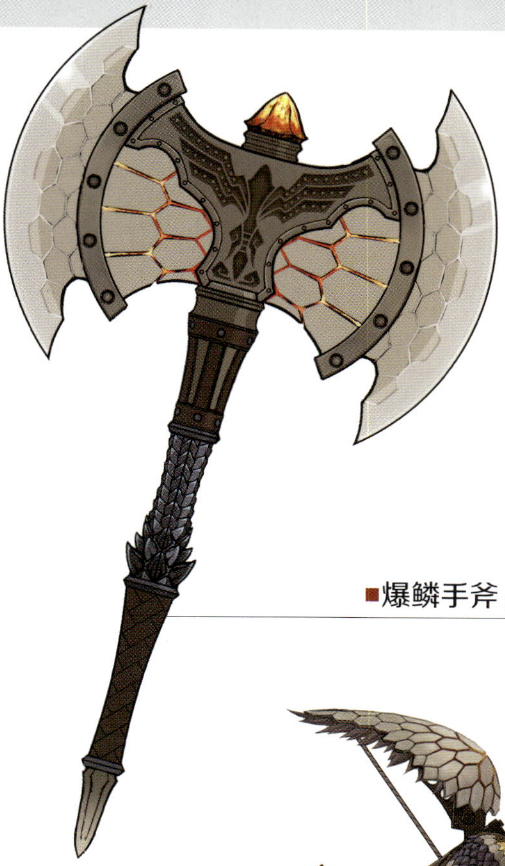

■爆鳞手斧 / 爆鳞双斧赤红巨星

CG渲染图

■爆鳞龙剑斧

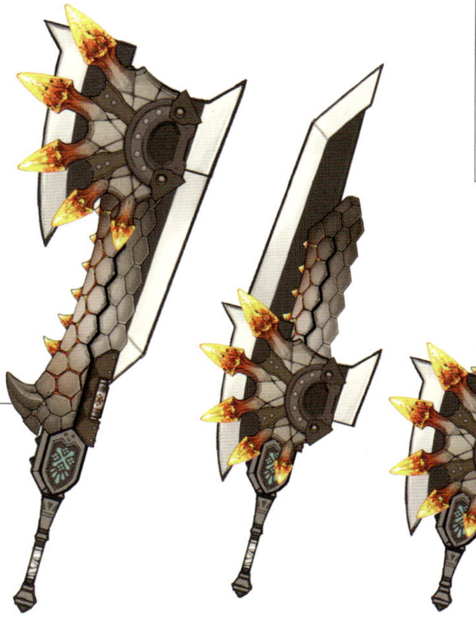

CG渲染图

■爆鳞龙台风炮

CG渲染图

胡闹，搞破坏，捣乱……随从艾路们似乎也被这狂躁的精神所感染，需要在调查时拼命克制住想乱来的冲动。

■爆鳞龙猫 α 系列

CG渲染图

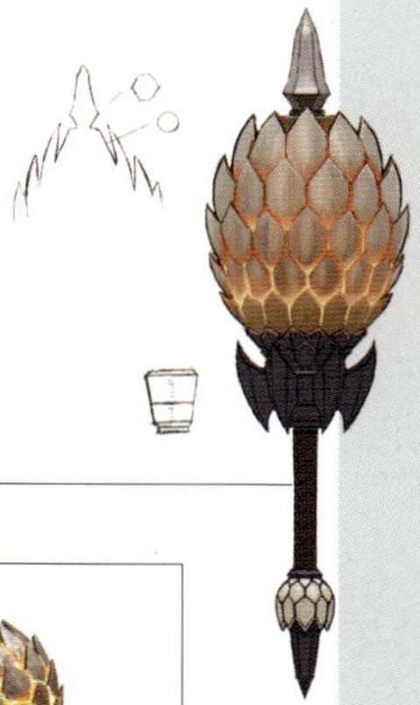

■爆鳞龙猫链锤 α

CG渲染图

以爆鳞龙外观为原型设计的防具，在性能上也具有和爆鳞龙类似的能力。遍布全身的龙样纹理，可以给予猎人加护，免于强力一击的伤害。

■爆鳞龙 α 系列（女）

CG渲染图

熔岩龙衍生武具

以熔岩龙的素材制成的武具。熔岩龙的外壳是熔岩冷却后形成的天然铠甲，其处理难度极大，需要十分精湛的技艺。耐火并且性能优秀的装备，在制作时添加了稀有矿石，从而十分坚固。

CG渲染图

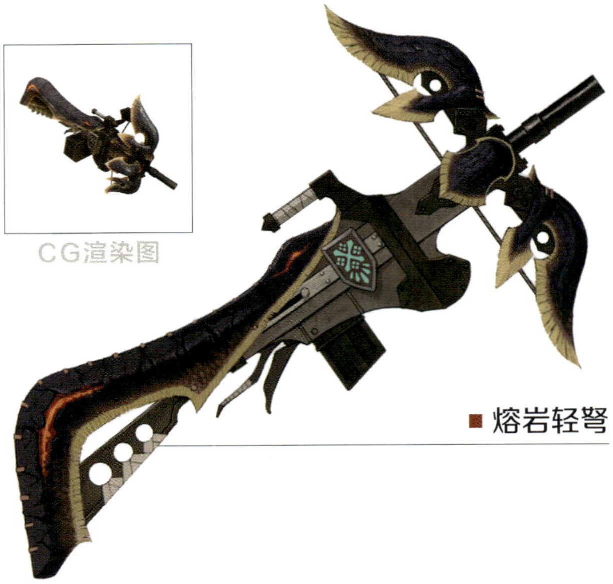

■熔岩轻弩

■熔岩飓风

CG渲染图

熔岩龙在滚烫熔岩中锤炼出的鳍十分锋利，简直就是天然的利刃。用其武器去攻击怪物，反而出血量会很少，这是因为刀刃上的高温可以瞬间将伤口灼烧焦化。

■熔岩之炎

CG渲染图

■熔岩龙 α 系列（男）

■熔岩龙 α 系列（女）

CG渲染图

CG渲染图

将厚重的甲壳反复悉心加工制成的防具，其制作工序复杂，工程量相当于普通防具的十倍。防具的一部分储有高热，可以加强武器的火属性攻击。

爆锤龙衍生武具

以爆锤龙的素材制成的武具。爆锤龙金色厚重的外壳经过加工打磨更加闪闪发光，其防具拥有可以完全阻断熔岩的耐热性和压倒性的强度，但同时也非常笨重，极难操作。

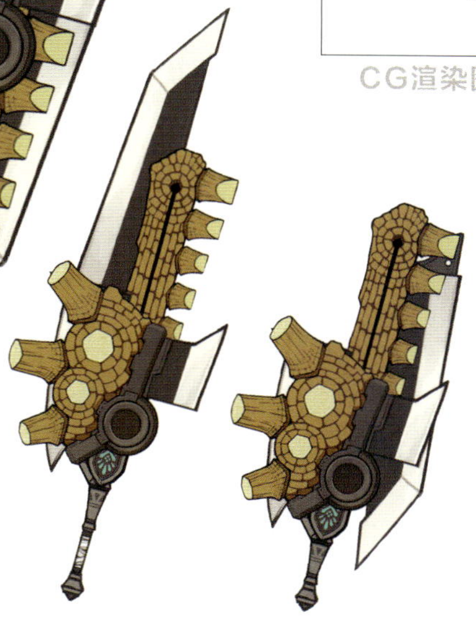

CG渲染图

CG渲染图

爆锤龙的武器输出主要不靠斩味，而靠压倒性的硬度和重量来给予猎物正中要害的重击。武器内含有的矿石会通过摩擦轻微发热。

■动力迅斧

■爆锤太刀

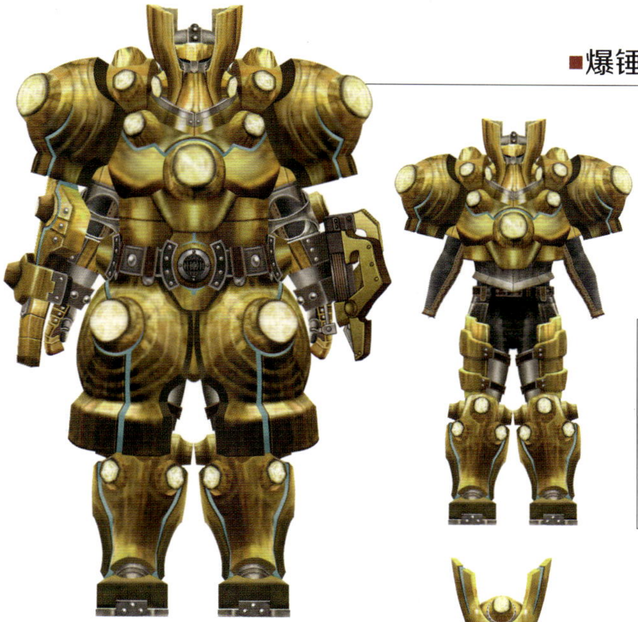

■爆锤龙 α 系列（男）

CG渲染图

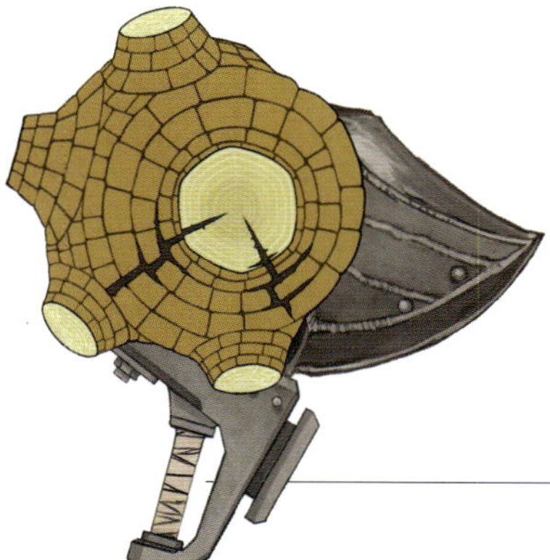

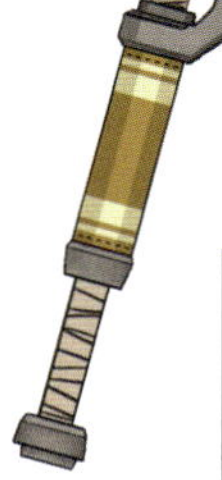

■爆锤粉碎者

CG渲染图

■爆锤龙 α 系列（女）

超重量级的铠甲不仅可以加强武器的破坏力，甚至还能加强防御性能，可以用坚不可摧来形容。导虫的虫笼采用了镶嵌式设计，和防具融为一体。

CG渲染图

熔山龙衍生武具

以熔山龙的素材制成的武具。巨大身躯上覆盖的火山岩般的漆黑外壳，有着压倒性的强度和爆破力，通过它的武器可以获得完全压制住敌人的力量。它的防具不仅力量强大，还有一种高贵的美感。

蕴含着火山之神的能量的武器，其一击的威力几乎可以截断川流、蒸发湖泊。手握着它的人，要为此力量付出代价。

CG渲染图

CG渲染图

■熔山龙铳枪 / 惊天动地熔山龙铳枪

■熔山龙盾斧 / 卷土重来熔山龙盾斧

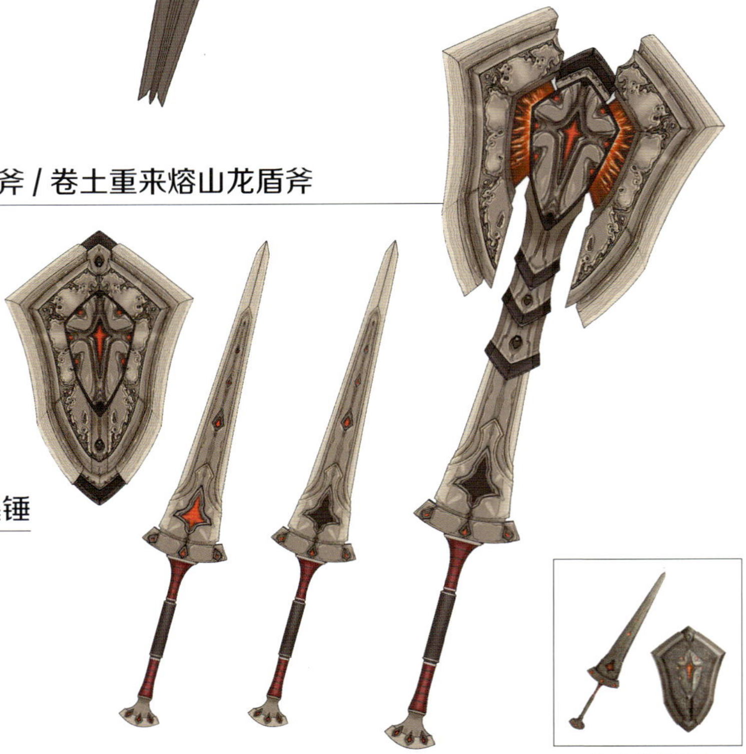

■熔山龙爆锤 / 活火激发熔山龙爆锤

CG渲染图

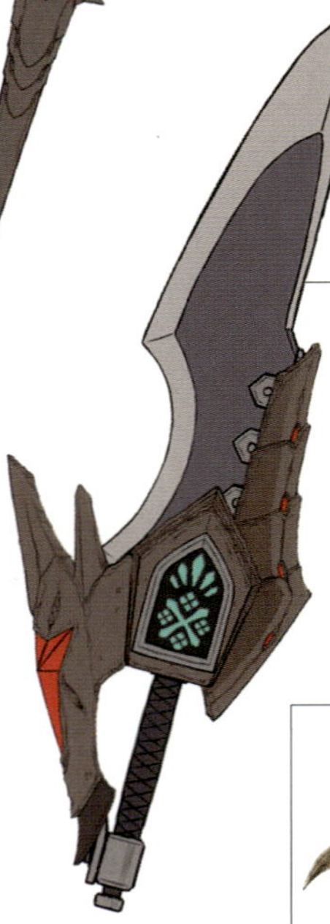

■熔山龙钩爪

CG渲染图

■熔山龙重弩枪

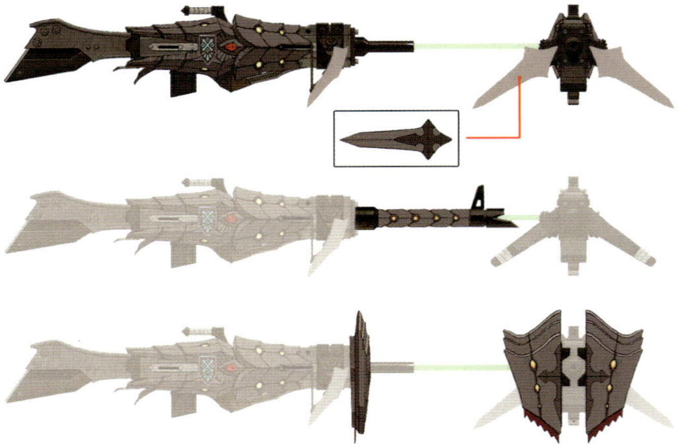

CG渲染图

拥有王族优雅高贵气质的防具，穿上它就好像不会被任何邪念所蛊惑，有着坚如磐石的意志和不屈的斗志。

CG渲染图

■熔山龙大剑

■熔山龙 α 系列（男）

CG渲染图

CG渲染图

■熔山龙 α 系列（女）

■熔山龙太刀

CG渲染图

随从防具做成了小丑的样子，拥有高耐火性，武器也附带爆破属性。虽然样子很可爱，威力可不能小觑，堪称随从武器中的极品。

■伟大猫 α 系列

CG渲染图

■马格达猫傀儡 α

CG渲染图

灭尽龙衍生武具

以灭尽龙的素材制成的武具。为了自己血肉的再生甚至会去捕食古龙，保护着它的是拥有惊人再生力的坚硬锐棘。将其用作武器的话可以获得能斩断一切的威力，用作防具则可以令受伤的躯体再生。

■灭尽龙单手剑

CG渲染图

■灭尽龙的裁决

CG渲染图

用灭尽龙的再生壳和尖爪加工成的武器，以经过无数次蜕变的异质素材，给予敌人永不完结的噩梦。

■灭尽龙太刀

CG渲染图

■灭尽龙长枪

CG渲染图

■灭尽龙的颤抖

CG渲染图

■灭尽龙粉碎者

CG渲染图

■灭尽龙斩斧

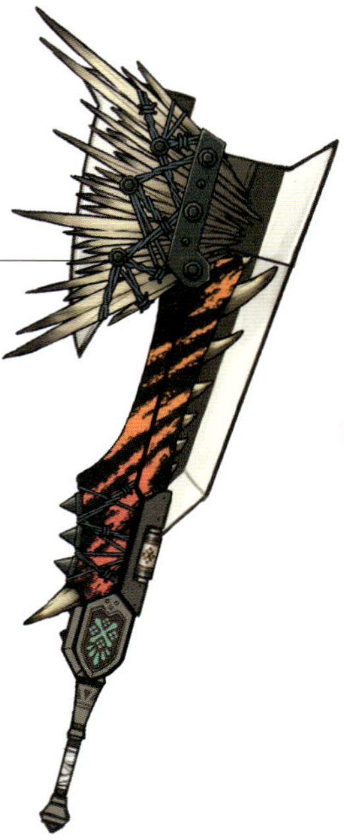

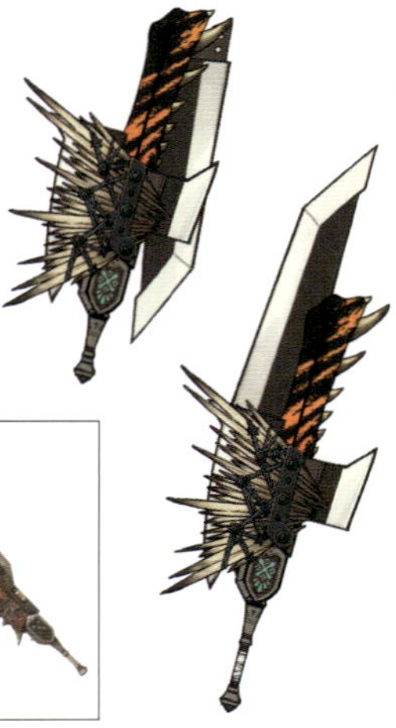

CG渲染图

■灭尽龙的挥击

CG渲染图

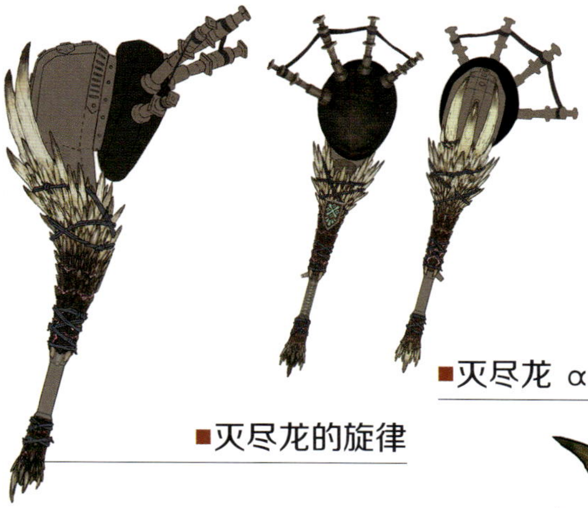

CG渲染图

■灭尽龙的旋律

■灭尽龙 α 系列（男）

CG渲染图

■灭尽龙 α 系列（女）

CG渲染图

使用这套防具的猎人的心魂会被吞噬，但可以获得无与伦比的暴虐、蛮勇、气魄、胆识和刚勇。

■灭尽龙大弓

CG渲染图

■灭尽龙的裂痕

CG渲染图

■灭尽龙重弩枪

CG渲染图

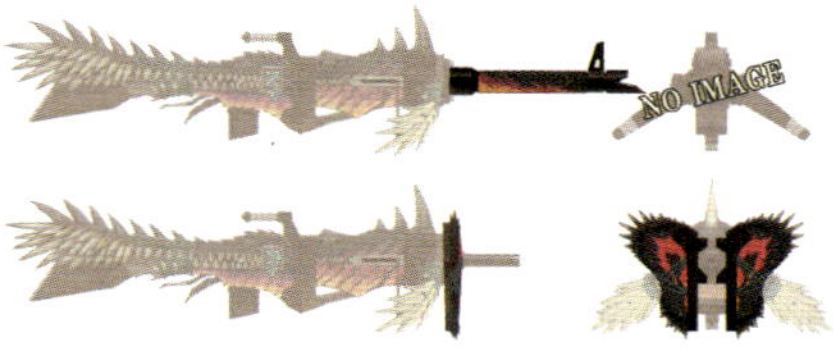

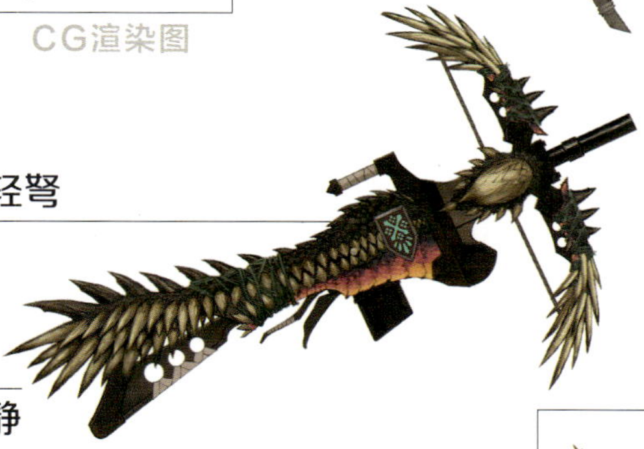

■灭尽龙轻弩

CG渲染图

■灭尽龙的沉静

CG渲染图

灭尽龙衍生武具

■灭尽一刀

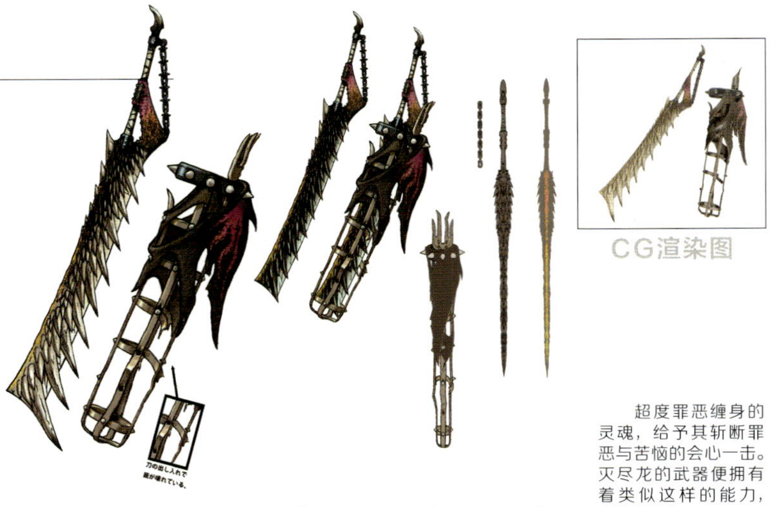

超度罪恶缠身的灵魂，给予其斩断罪恶与苦恼的会心一击。灭尽龙的武器便拥有着类似这样的能力，人称龙封力。

■灭鬼凶器

■歼灭之尖兵

■歼灭之爪

■寂灭的章节

■溃灭一击

■亡灭之腕

■烧灭种火

■断灭一闪

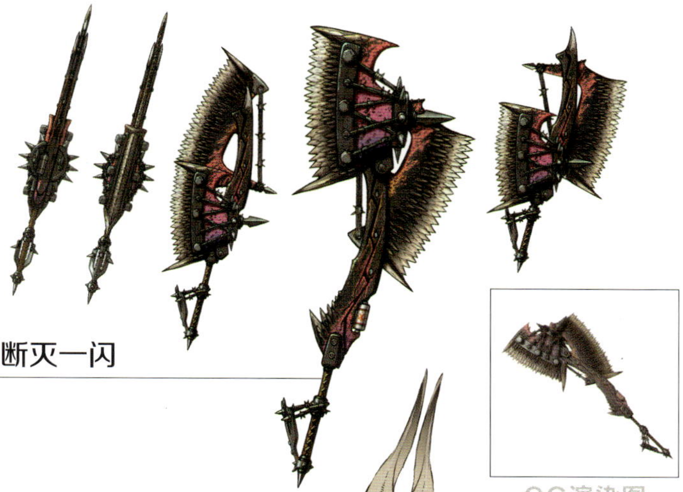

CG渲染图

■坏灭一束

灭尽龙棘的再生需要大量的能量，武器则在设计时加上了表示能量脉路的花纹。

CG渲染图

■扑灭导灯

CG渲染图

■毁灭契机

CG渲染图

■击灭炮火

CG渲染图

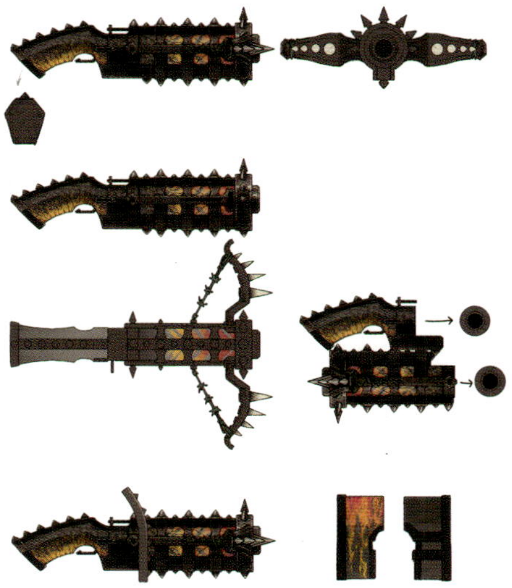

■必灭一矢

CG渲染图

■战纹猫大锤 α

CG渲染图

■战纹猫 α 系列

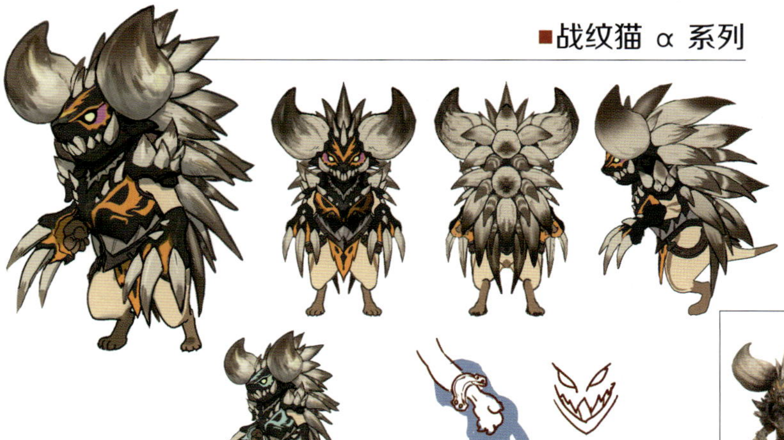

CG渲染图

麒麟衍生武具

以麒麟的素材制作的武具。姿态神圣的幻兽所拥有的雷霆万钧之力，在工匠卓越的技术加工下凝聚在了武器之中。苍白色的防具在阵阵白光之下截断来自敌人的冲击，而挥舞的武器则如雷电缠绕一般咄咄逼人。

■ 麒麟系列（男）

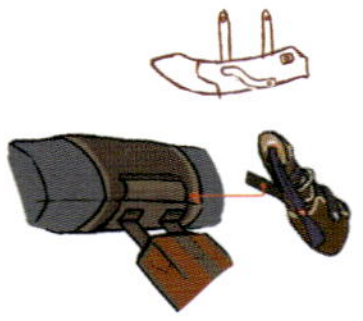

CG渲染图

■麒麟系列（女）

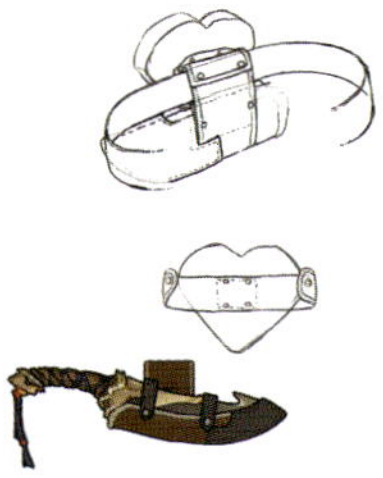

CG渲染图

防具的外观保留了麒麟美丽的苍角和鬃毛，除了可以加强武器的雷属性伤害，还可以获得精灵的加护。

钢龙衍生武具

以钢龙的素材制作成的武具。强韧的钢龙素材带来的可不只是他物难以匹敌的硬度，其武器附加的冰属性宛如刺骨的寒风，防具则可以抵抗暴风。钢铁雕塑一般的外形，透露着威严感。

■钢龙 α 系列（女）

防具的外观好像古代神像一样，庄严又神圣。胸甲的加工使用了钢龙的宝玉，武器的斩味在钢龙之魂的作用下可以得到提升。

CG渲染图

■钢龙 α 系列（男）

CG渲染图

炎王龙衍生武具

以炎王龙的素材制成的武具。设计上还原了炎王龙威风凛凛的英姿，而且在最新技术的加工下将炎王龙的火焰附着在了武器之上。所以其防具在坚固的基础上具有超强的耐热效果，武器则附带爆破属性。

■炎王龙 α 系列（男）

防具可以令装备者解放自身潜在的力量，通过最新的技术，还可以让装备者在发生会心攻击时不消耗斩味，十分特别。

CG渲染图

■炎王龙 α 系列（女）

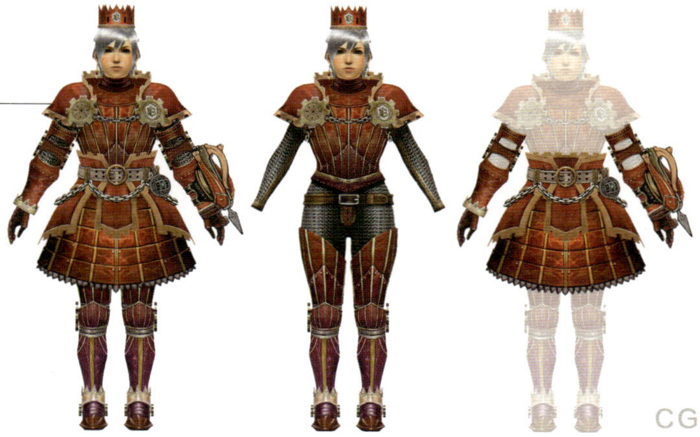

头部防具上左右各有一个可更改颜色的耳饰

CG渲染图

话题

以历战古龙和历战王古龙素材制成的防具

在历战古龙的个体当中，更强力的个体被称为历战王个体。成功狩猎历战王个体的猎人将获得特殊的票据作为勇气的象征，将其交给加工屋便可获得特殊装备。历战王古龙装备的性能远远凌驾于既存的装备，且防具上会有发光的部位，一眼便可以辨认出。

■麒麟 γ 系列（男 / 女）

尸套龙衍生武具

以尸套龙的素材制成的武具。这以尸体和瘴气作为力量之源的古龙，其武器也有着如同生命收割者一般的能力。但是装备上它，使用者的耳边会听到低声细语，像是亡灵在诉说着对世间的留恋……

■尸套龙剑斧

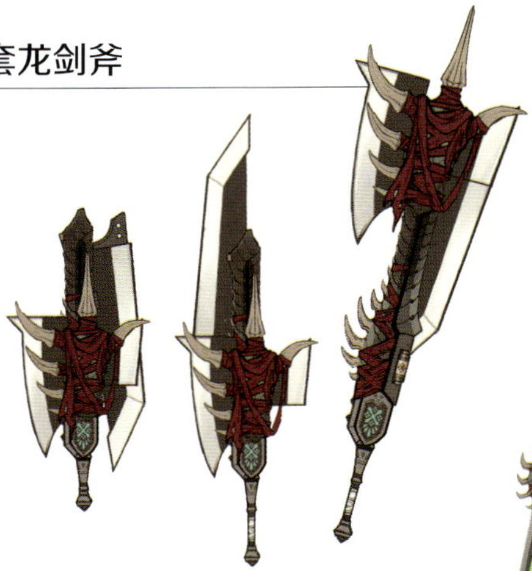

CG渲染图

■尸套龙操虫棍

■尸套龙铳枪

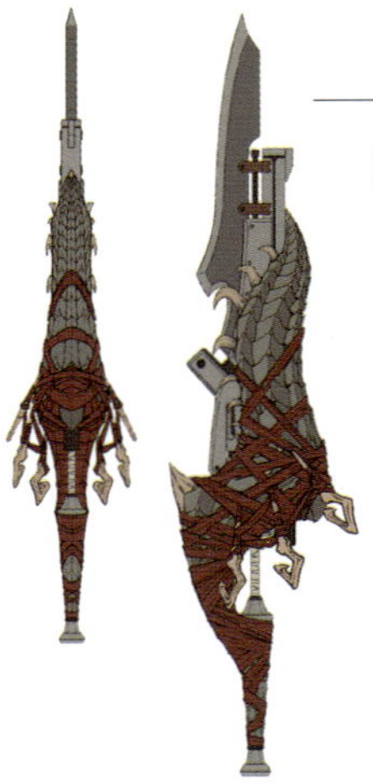

CG渲染图

CG渲染图

■魔物的愤怒

CG渲染图

■尸套龙大剑

CG渲染图

蕴含了瘴气之谷霸主尸套龙力量的武器，拥有强大的龙属性和龙封力。突出的尖棘吸食着猎物的血肉，获得更强大的能力。

■尸套龙长枪

CG渲染图

■尸套龙大锤

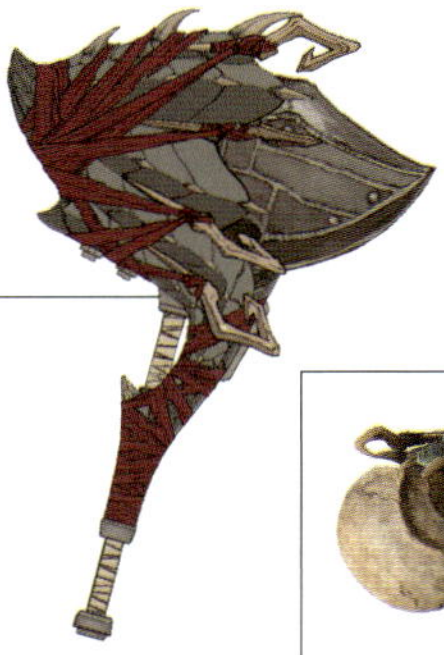

CG渲染图

■恶灵祸根

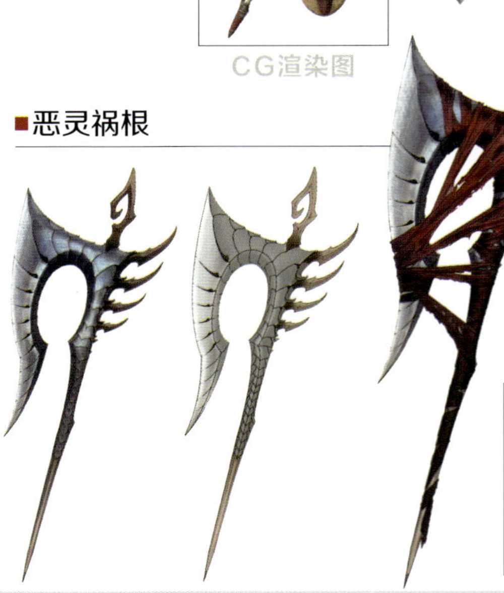

CG渲染图

■尸套龙弓

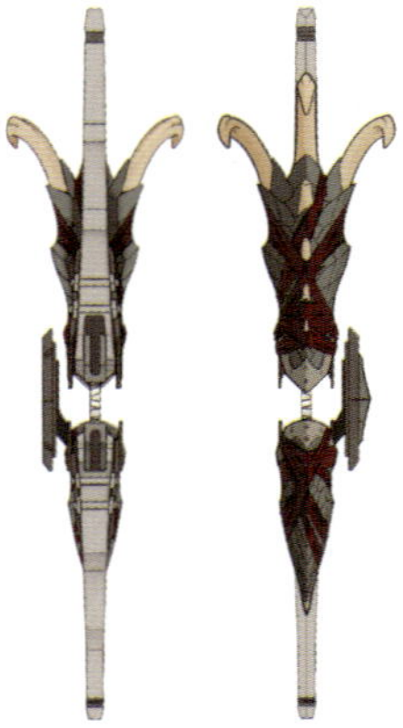

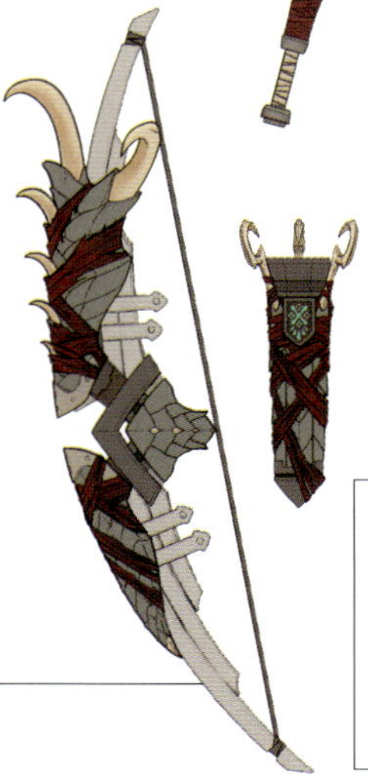

CG渲染图

■乌尔德猫剑 α

防具被附带龙属性的膜大面积覆盖，还带有尖爪和锐牙制成的无数的棘，整体外观上和尸套龙一样银光闪闪。

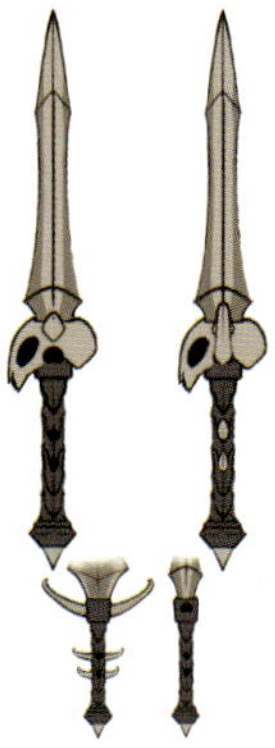

CG渲染图

■乌尔德 α 系列（男）

CG渲染图

■乌尔德 α 系列（女）

CG渲染图

CG渲染图

■乌尔德猫 α 系列

■死神的哀愁

尸套龙可以从其他生物吸收瘴气，转化为自己的能量。其防具活用了这一能力，有着惊人的回复力。

CG渲染图

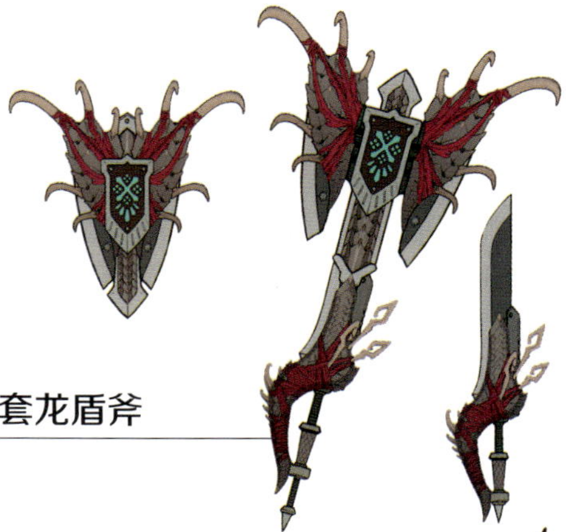

■尸套龙盾斧

CG渲染图

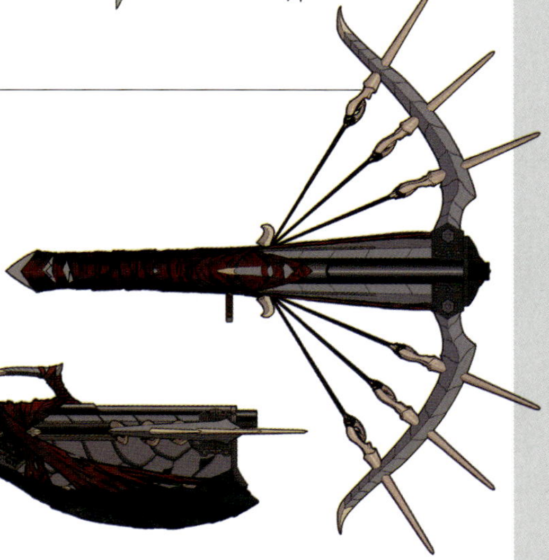

■骷髅的呐喊

CG渲染图

■尸套龙轻弩

CG渲染图

GADGETS

扩展画廊：随从道具实验室

Extend World Gallery

和新大陆的兽人族原住民们结为朋友，便可获得这些小道具。这些道具既能在战斗中协助猎人作战，同时也是友谊的象征。这里介绍了六种使用便利、趣味十足的随从道具。另外还有星辰调查员们独自设计的一些新奇道具的设定稿，这些都是机密资料，看到了可不要声张哦。

兽人族原住民智慧的结晶

六种随从道具

1蜜虫吸引香
2止步虫笼
3守护大盾
4激励乐器
5掠夺刀
6奇面族的壶爆弹

1、可以吸引蜜虫，从而回复体力的随从道具。外形做成了原大陆艾路栖息地的石雕的样子，香薰的味道也很治愈，令人身心放松。

2、森林虫笼族所赠。虫笼中可以事先布置好闪光翅虫或是能使猎物麻痹的虫，来限制怪物的行动。其使用技巧森林虫笼族也是一并传授给了艾路。

3、荒地守护族所赠。用坚硬的骨等素材制成的大盾，造型花纹夸张，可以挑衅怪物，吸引怪物的攻击注意力。

4、台地演奏族所赠。奇妙的乐器设计，既可以当号角来吹，也可以当小鼓来敲。它大胆的音色可以带来攻击防御的强化效果，以及对异常状态的耐性。

5、山谷掠夺族所赠。钩爪状的刀刃，可以从怪物的身上剥取道具。两把刀可以合并成一把大刀，其效果也加倍。

6、奇面族所赠。投掷壶爆弹可以对怪物造成伤害，还可以搭配随从投射器使用。因为重视可操作性，所以装载的火药量有限。

❖随从道具分析

据随从艾路说，蜜虫吸引香是将药草磨碎，再加水混合而成的。

❖制作方法的反复试验

同样是药草，是使用碾碎的叶子还是使用干燥的茎，效果相差很大。为了找到最佳的制作方法而进行了许多尝试，最终省去了干燥的步骤。形状上也尝试过很多种，像是圆锥形或是人偶形。

话 题

远距离攻击用的两种回旋镖

说到随从艾路的道具，就不得不提远距离攻击用的回旋镖。有木材削尖制成的斩击型，还有骨绑成十字的打击型，两种回旋镖分别和不同武器配套使用。随从的回旋镖非常结实，几乎不会坏。

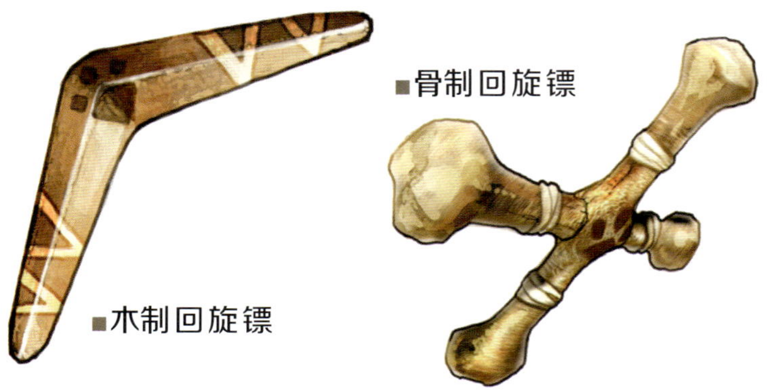

距离投入使用已经不远？！

各种创意设定图

巨大的注射器中装有效果不同的液体，必要的时候可以向猎人注射。但好像不太卫生？

将回复药注入蜂巢，再用回复药的养分来种植药草。想法很奇特，但实在是不太实用。

将带有异常状态效果的液体背在身后，武器浸入之后便可附加相应的异常状态。但是如果瓶子碎了会很麻烦，所以未实物化。

掠夺和采集的时候，可以将物品都装到小包袱里。从布面的花纹可以看得出其擅长的能力。

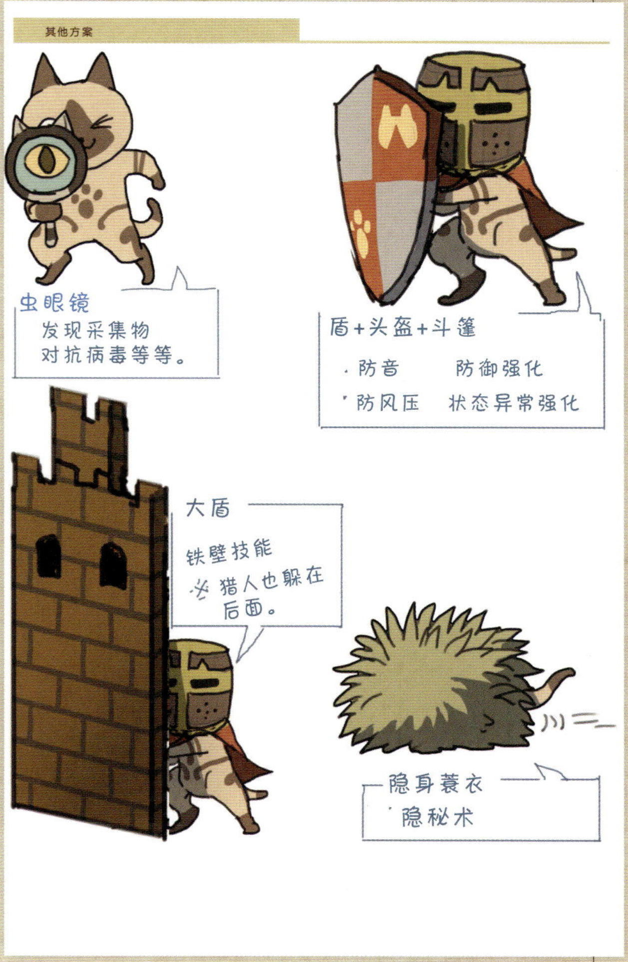

在随从道具的设计之中，强化防御性能的道具占了很大一部分呢。守护大盾的诞生也只是顺水推舟罢了。

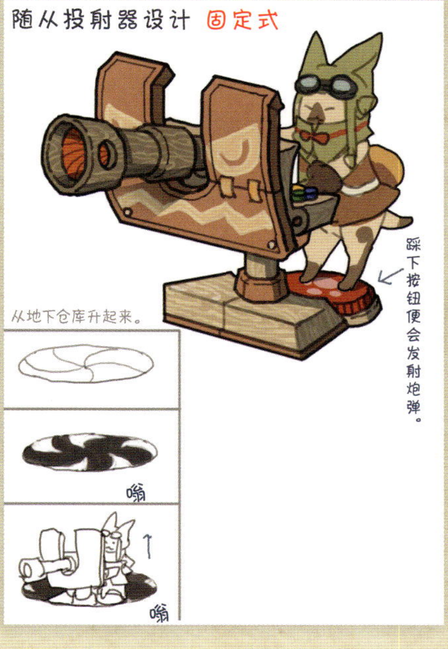

炮台式的固定式随从投射器，像是要塞的防卫一般。比移动式的威力大，耐久度高。

移动式的投射器以原大陆的怪物为设计原型，后来为了对应壶爆弹进行了改良。

冥灯龙衍生武具

以冥灯龙的素材制成的武具。吞噬了大量地脉能量的冥灯龙，能量在其体内奔流而发出淡淡的光，像是来自异世界的召唤一样。前期素材制成的武器也饱含着神秘的力量。

■冥灯龙大剑

CG渲染图

作为万物之神，被称为灵宝冥灯龙，以其素材制成的武器凭借锋利的刃和强大的龙之力，冷酷无情地将刃下猎物全部制裁。

■冥灯龙剑

CG渲染图

■冥灯龙太刀

CG渲染图

CG渲染图

■冥灯龙双剑

■冥灯龙狩猎笛

CG渲染图

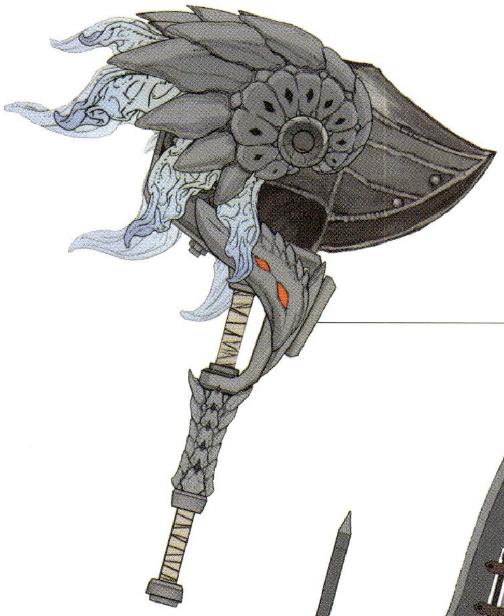

CG渲染图

冥灯龙大锤

武器上闪耀光辉的装饰部分，是以冥灯龙的幽翼为素材加工而成的。它随着能量的循环摇摆，像是风中摇曳的灯火一样。

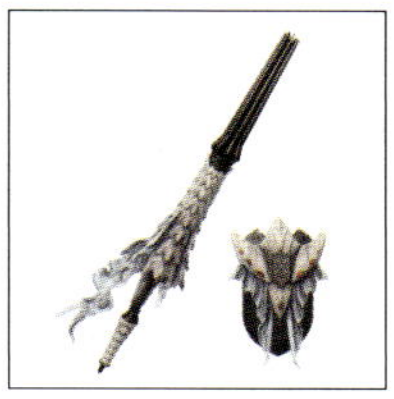

CG渲染图

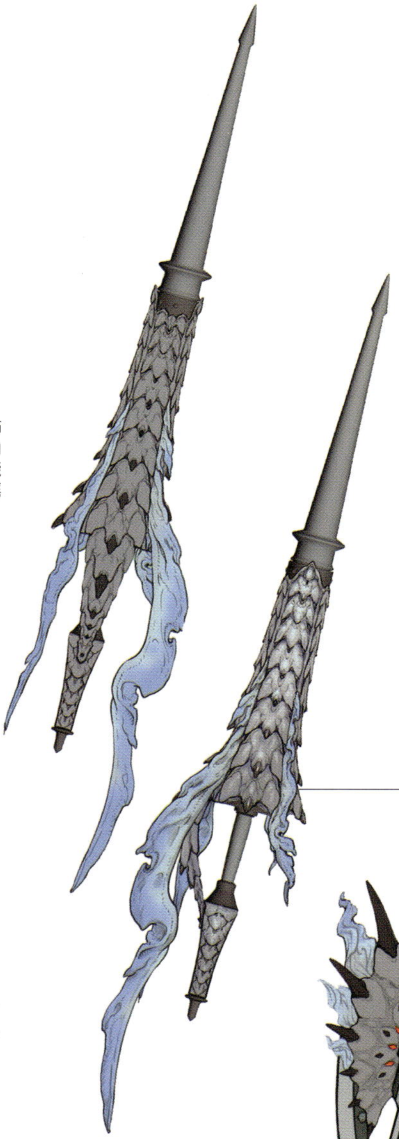

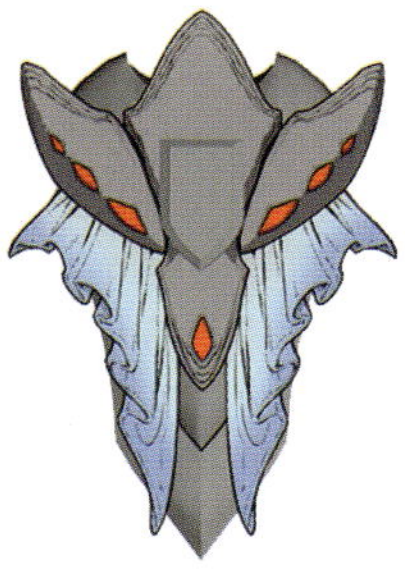

冥灯龙长枪

CG渲染图

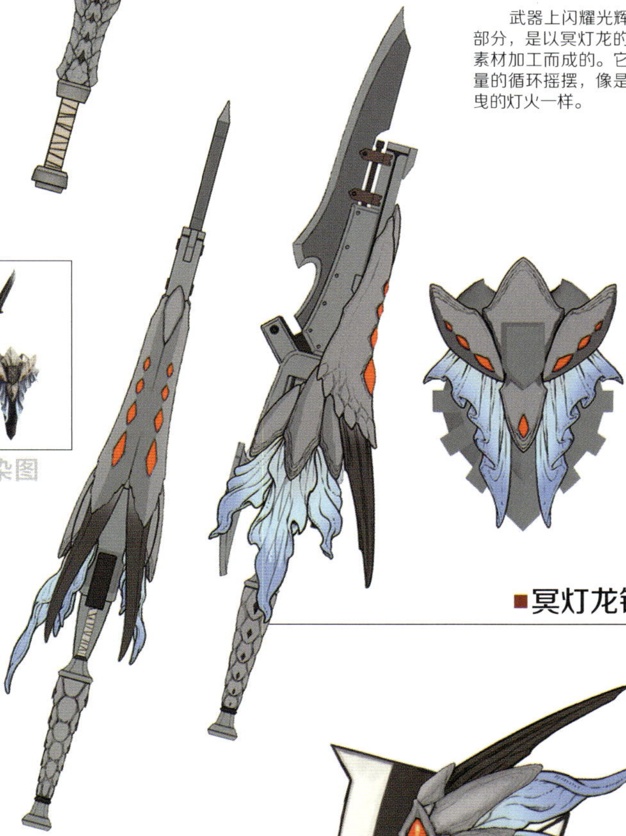

冥灯龙铳枪

冥灯龙盾斧

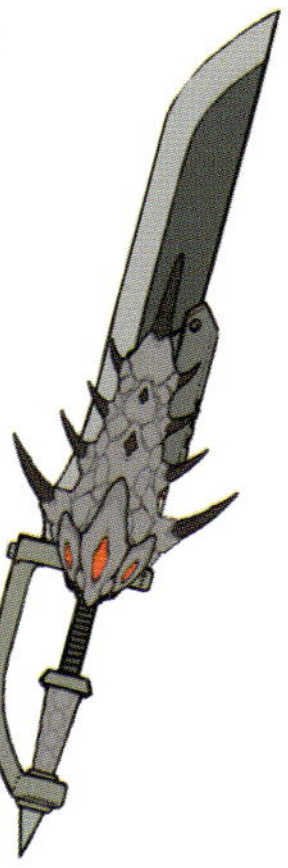

CG渲染图

冥灯龙剑斧

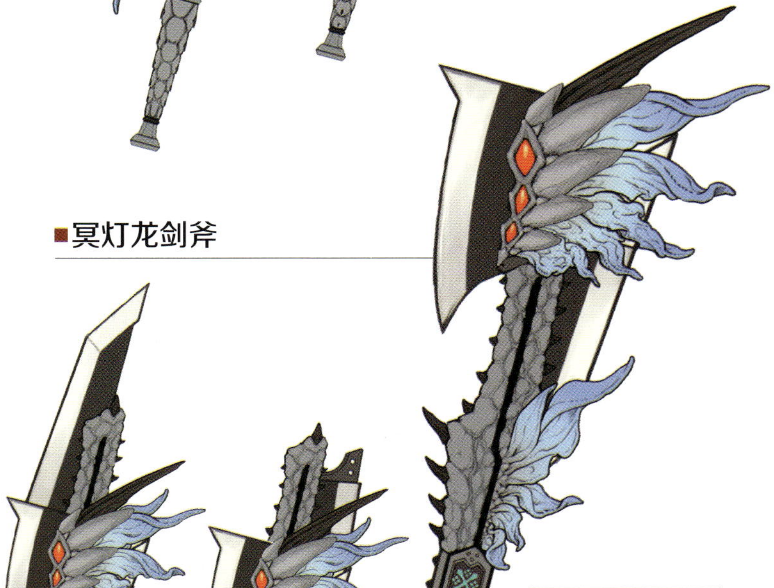

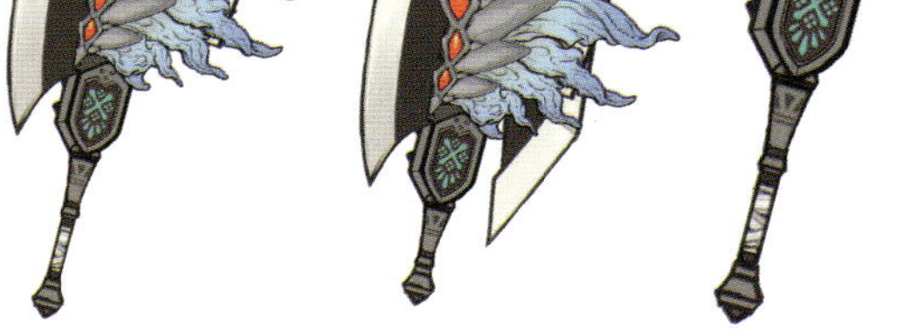

CG渲染图

冥灯龙的幽爪释放出的威力，仿佛可以割断肉体和灵魂之间的纽带似的。活用其特性制成的武器，拥有着无比强大的威力。

冥灯龙衍生武具

防具宛如沉浸在冥界狂宴的纯洁灵魂一般，装备者受到其内部循环的高纯度能量影响，身心会激动起来。

CG渲染图

■冥灯龙长刀

CG渲染图

■冥灯龙轻弩枪

CG渲染图

■冥灯幽火 α 系列（男）

■冥灯幽火 α 系列（女）

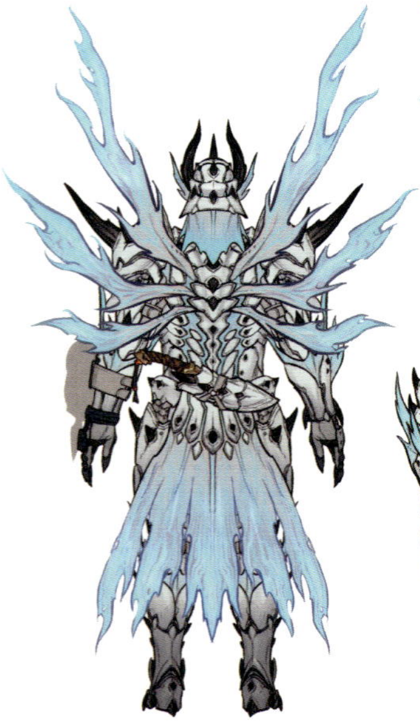

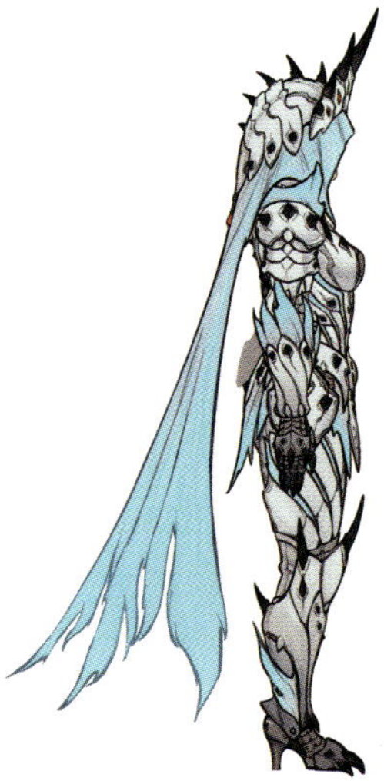

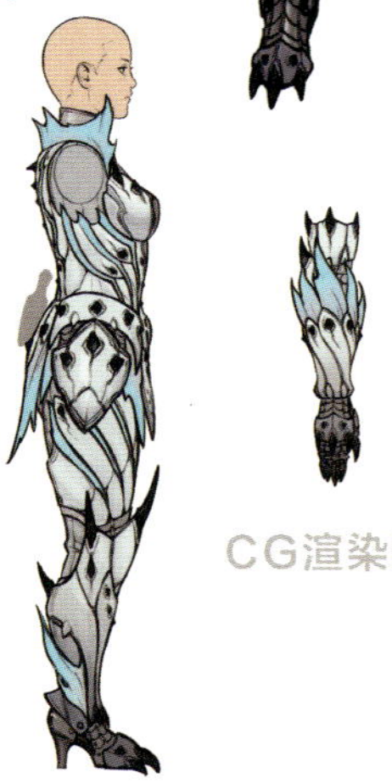

CG渲染图

■冥灯龙重弩枪

冥灯龙的神秘之力可以降低斩味消耗速度，使武器保持锋利，在弩枪上则体现为抑制弹丸的消耗。

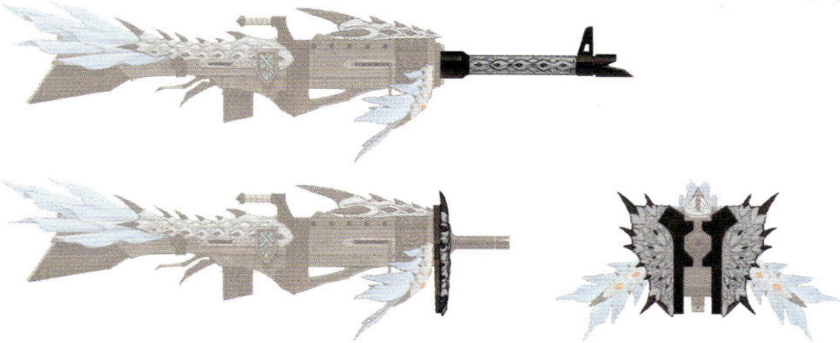

CG渲染图

■异国猫花束 α

以冥界婚礼的面纱、婚纱和手捧花为设计原型制作的随从武器，骷髅的图案让敌人心生恐惧。

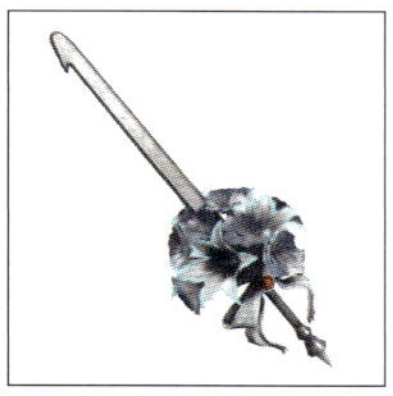

CG渲染图

■冥灯龙大弓

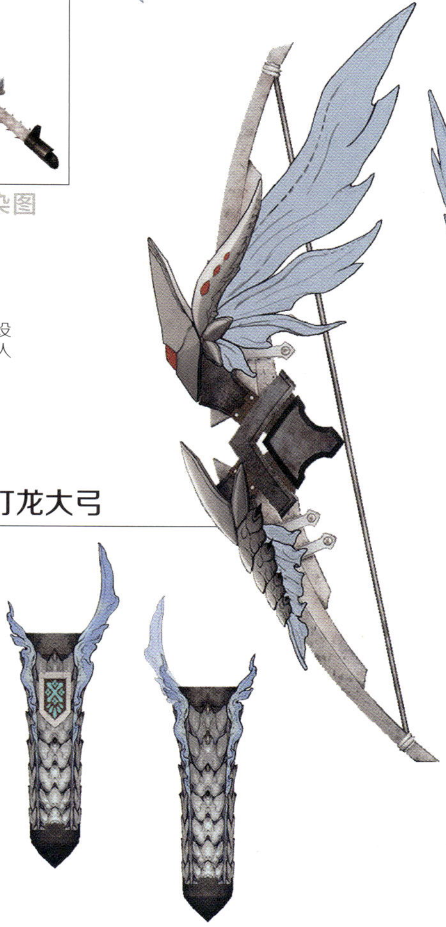

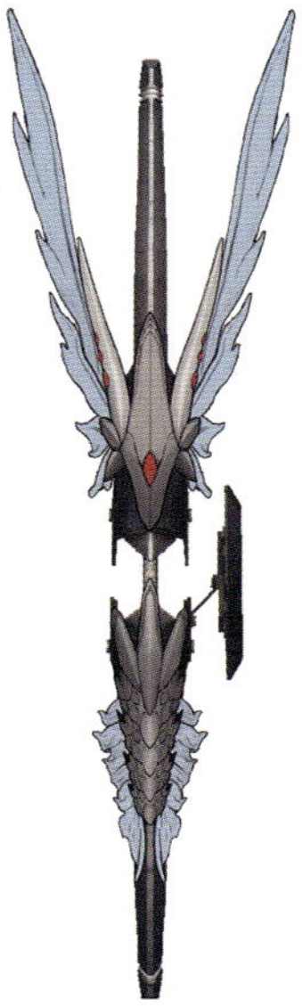

CG渲染图

■异国猫 α 系列

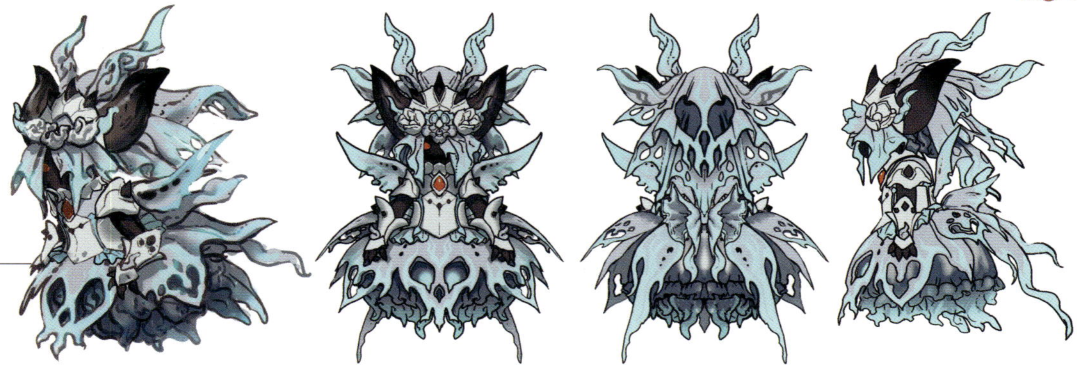

CG渲染图

恐暴龙衍生武具

以恐暴龙的素材制成的武具。暴虐的恐暴龙有着想要吞噬一切的贪欲，其武器则是征服了这凶恶怪物的勋章。手握这种武器不仅可以获得强大的力量，一股强烈的破坏欲望也会涌上心头。

■邪恶之翼 / 污秽暴风雨

CG渲染图

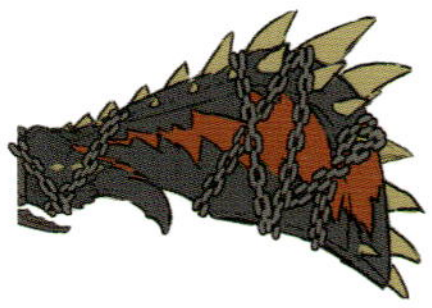

■锁缚的暴龙 / 深邃之锁

CG渲染图

■暴虐的盾斧 / 德斯特涅塔

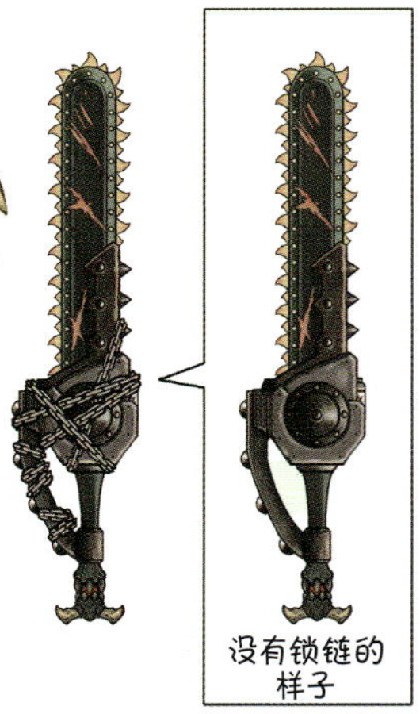

CG渲染图

■致命暴龙

CG渲染图

恐暴龙的武器拥有压倒性的破坏力。恐暴龙的钩爪附带龙属性，将其用作武器加工可以增大杀伤力。

■暴徒的凶弓 / 恶棍之弓

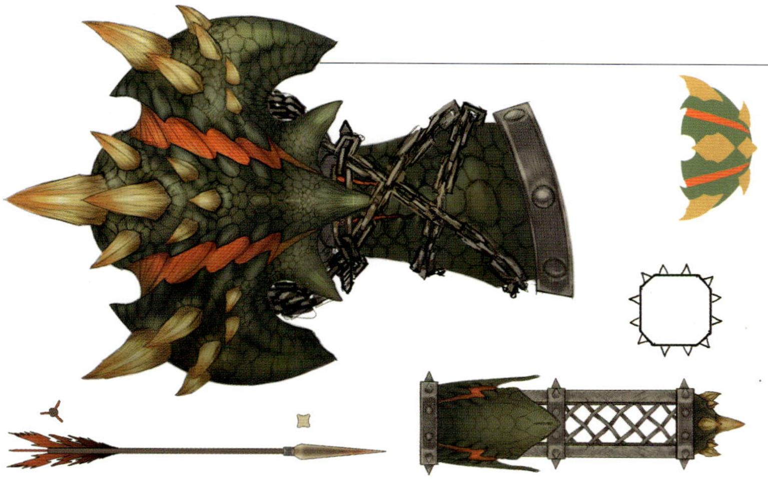

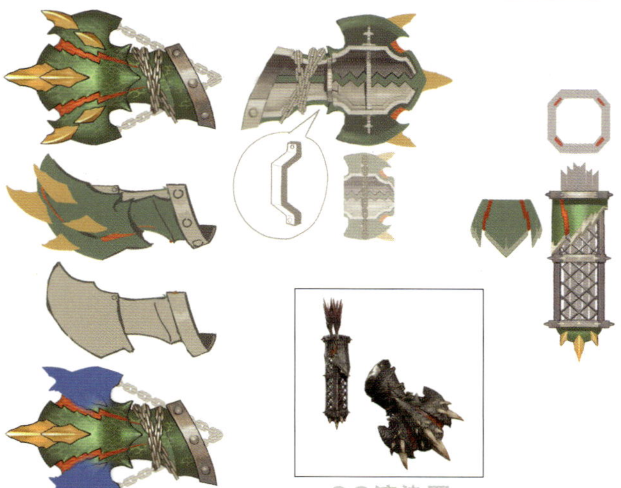

CG渲染图

■残虐 α 系列（男）

为了提高运动性能和耐冲击性能，防具在设计上再现了恐暴龙的肌肉纹理，腰带上的纹章象征了暴君的贪欲。

■残虐 α 系列（女）

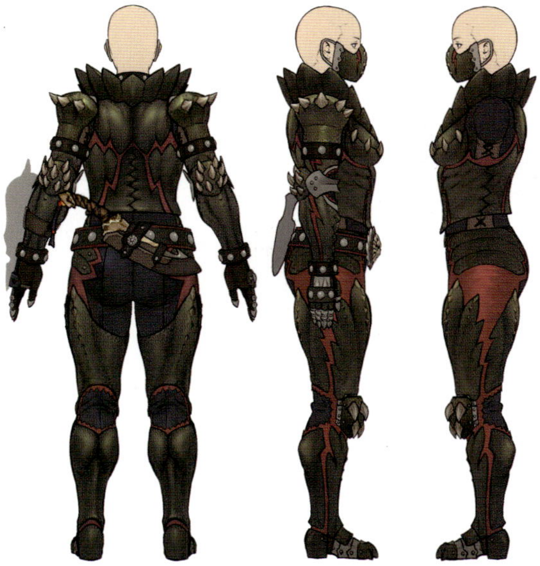

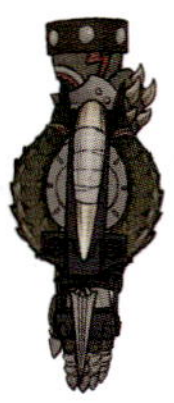

恐暴龙的防具主要由其黑皮和黑鳞制成。装备者在获得强大力量的同时，也会被永远得不到满足的饥饿感所淹没。

绚辉龙衍生武具

以绚辉龙的素材制成的武具。这被称作地母神、浑身缠绕金光的古龙，施予了星辰许多的恩泽。含有高纯度黄金的武器令许多人神往，价值连城自不必说，其能力也十分强大。

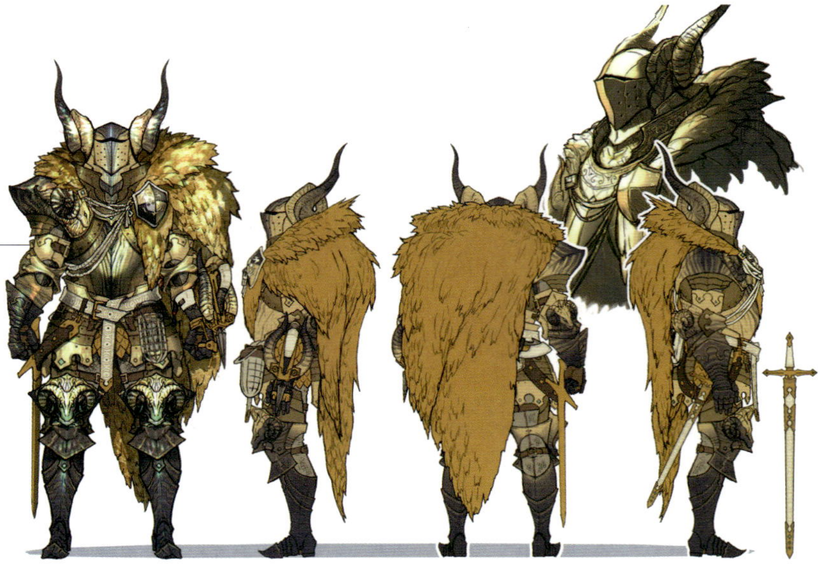

■绚辉龙铠罗 α 系列（男）

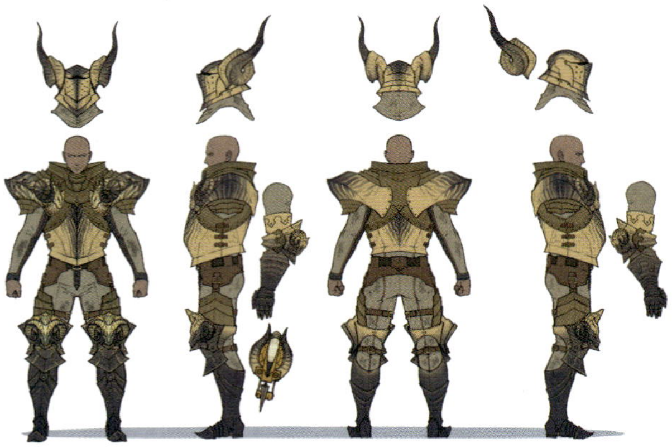

■绚辉龙铠罗 β 系列（男）

甲胄的外层由黄金打造，穿上它就好像被赋予了恩威并济的君主气质一般。

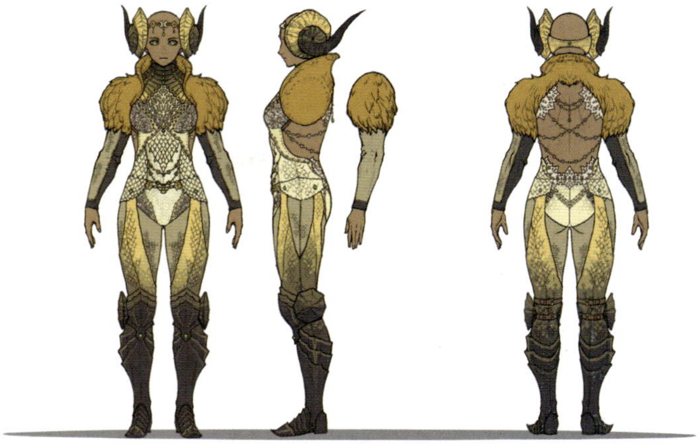

穿上用金丝编制而成的裙甲，就好像化身成了地母神，回应百姓们对丰收的祈愿，庇护苍生。

■绚辉龙铠罗 α 系列（女）

■绚辉龙铠罗 β 系列（女）

绚辉龙的防具性能非常全面，由于全身覆盖大面积的黄金，导热和导电性能非常好。以绚辉龙大角为原型制作的螺旋状头饰，蕴含了地母神愤怒的力量。

绚辉龙衍生武具

■绚辉龙猫 α 系列

从绚辉龙的金鳞和金壳中提纯出黄金，再和黄金纯度较高的金尾壳一同加工，形成了柔软的触感。随从的武器就是充分利用了这一特性。

■绚辉龙猫扇 α

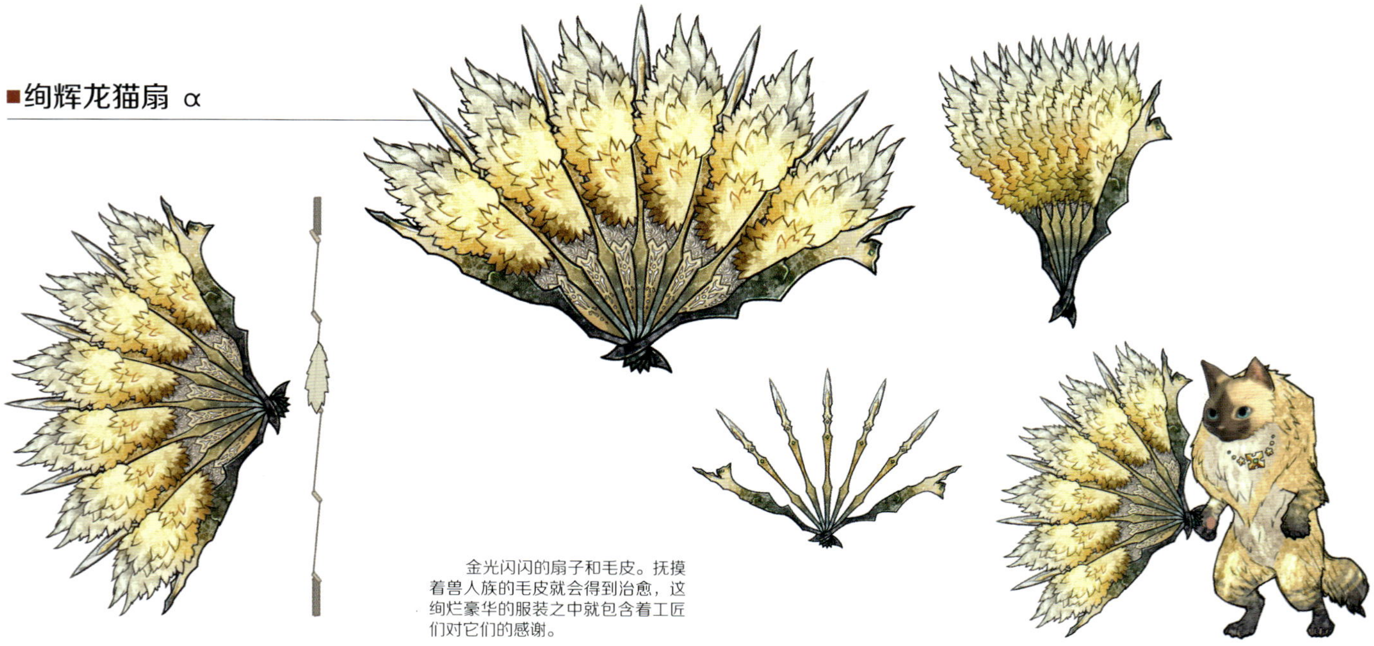

金光闪闪的扇子和毛皮。抚摸着兽人族的毛皮就会得到治愈，这绚烂豪华的服装之中就包含着工匠们对它们的感谢。

从绚辉龙处入手的鉴定武器

绚辉龙的衍生武器，是将附着在其身上的武器熔化后作为基础素材，加工而成的新武器。这其中的高级武器被命名为了铠罗系列，在其他素材的辅助下保证了高性能，同时又拥有金光闪闪的绚丽外表，很有魅力。这里陈列的是融入绚辉龙身体的多种武器，将被熔解的武器复原可费了工匠们好大的功夫。

CG渲染图

CG渲染图

在星辰制作的武器大多以金属或骨为构架，再在此基础上通过其他怪物的素材进行强化升级。这些复原出的武器也采用了同样的加工方式。

■熔解的武器：大剑

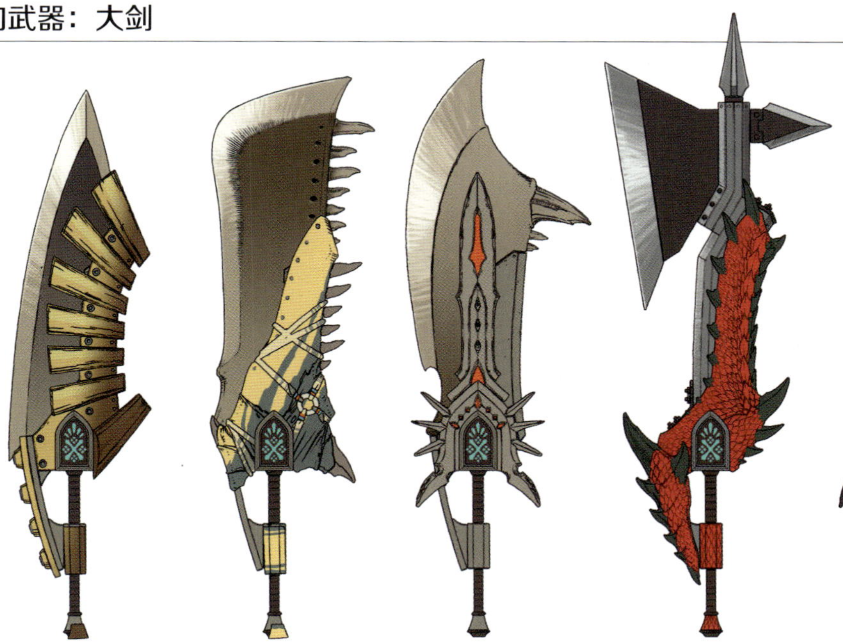

■熔解的武器：太刀

绚辉龙衍生武具

■熔解的武器：片手剑

■熔解的武器：双剑

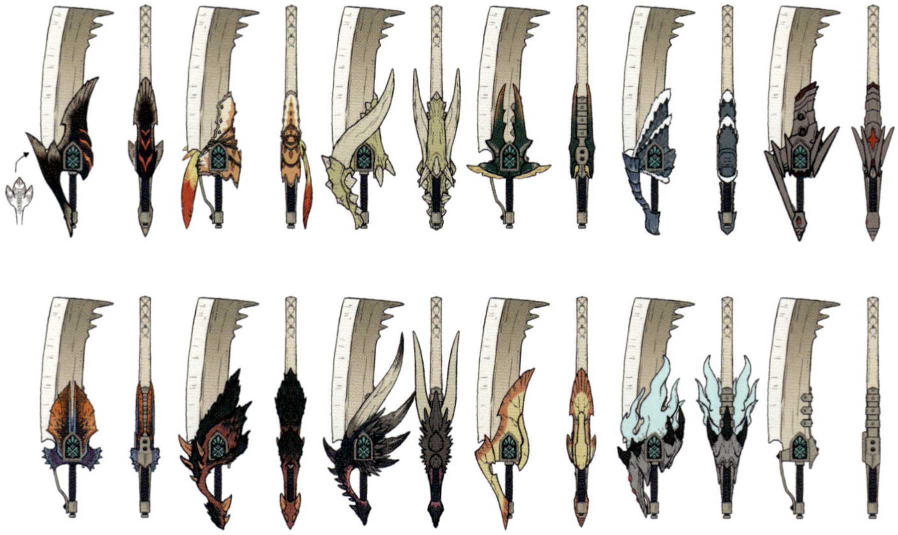

■熔解的武器：大锤

CG渲染图

CG渲染图

CG渲染图

CG渲染图

CG渲染图

■熔解的武器：狩猎笛

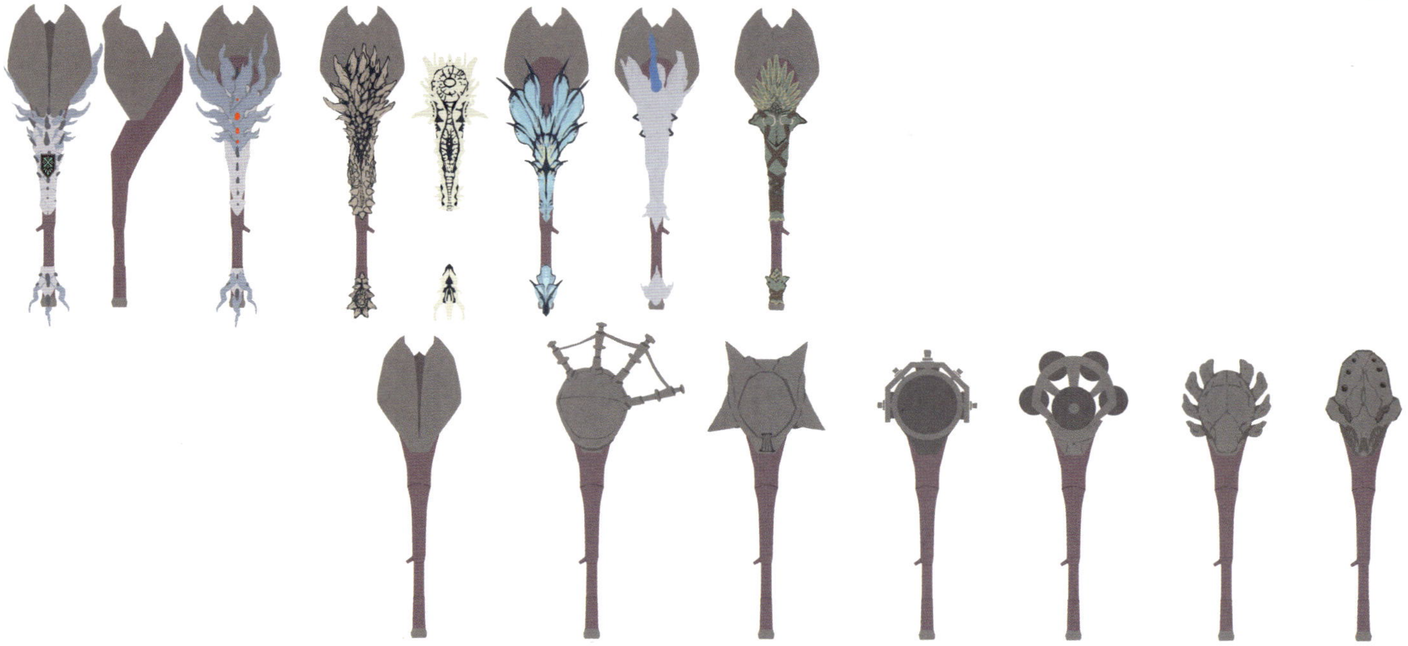

熔解出的铳枪、轻弩、重弩和弓，其武器构架是生产于新大陆的。根据这些发现，或许可以推断出绚辉龙这些年的生态巡回路线。

■熔解的武器：长枪

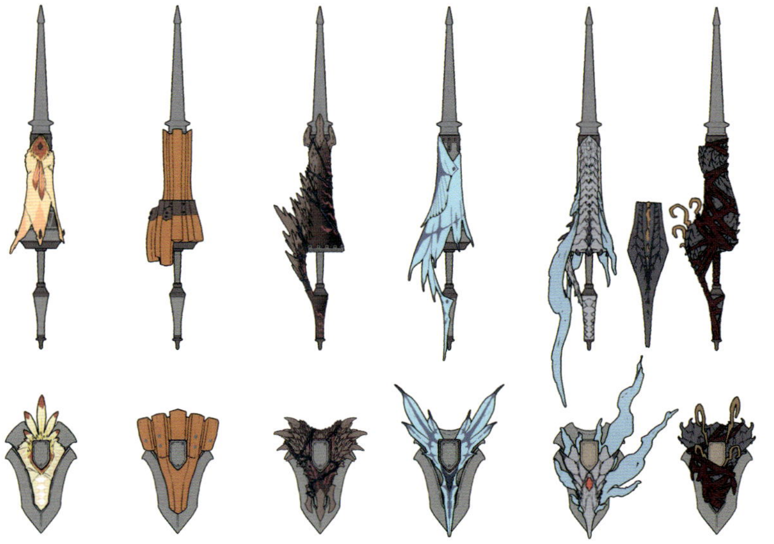

■熔解的武器：铳枪（铳剑部分）

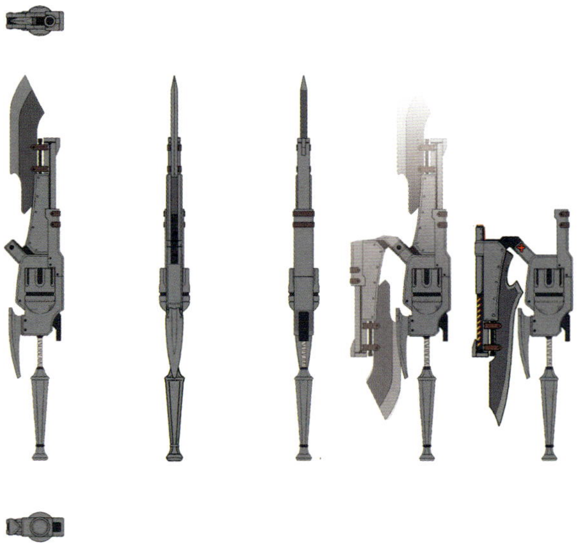

■熔解的武器：铳枪（盾部分）

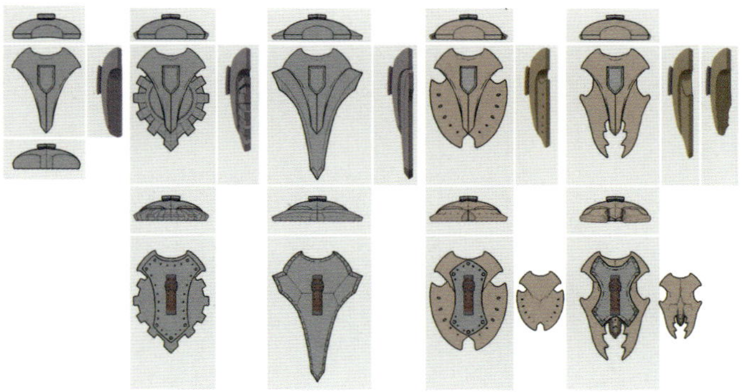

绚辉龙衍生武具

■熔解的武器：盾斧（铁制构架）

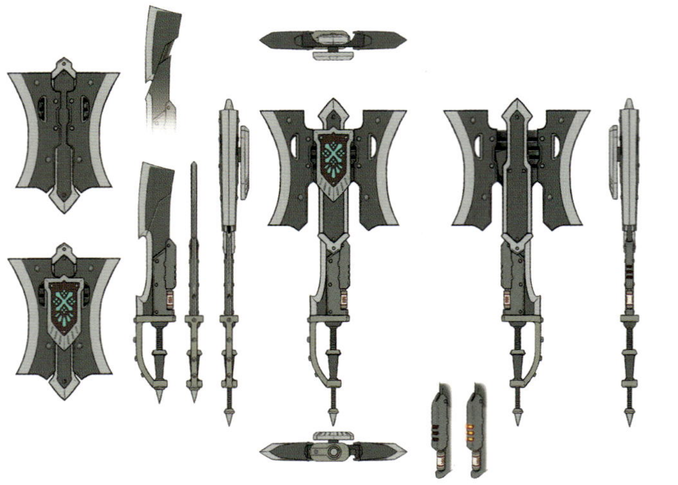

■熔解的武器：盾斧（骨制构架）

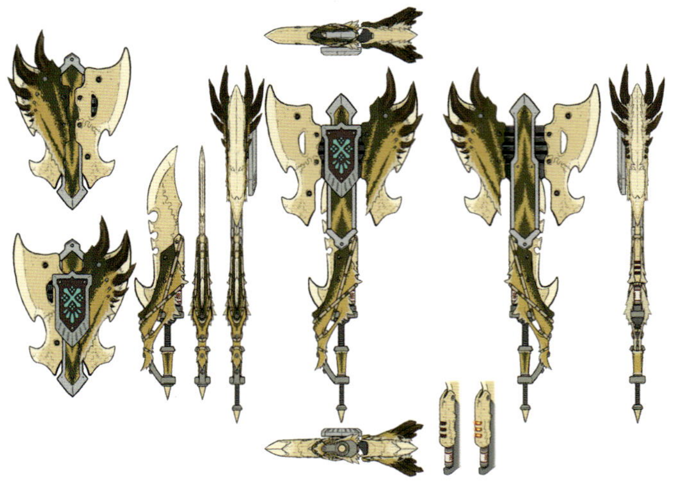

■熔解的武器：操虫棍

■熔解的武器：弓（铁制构架）

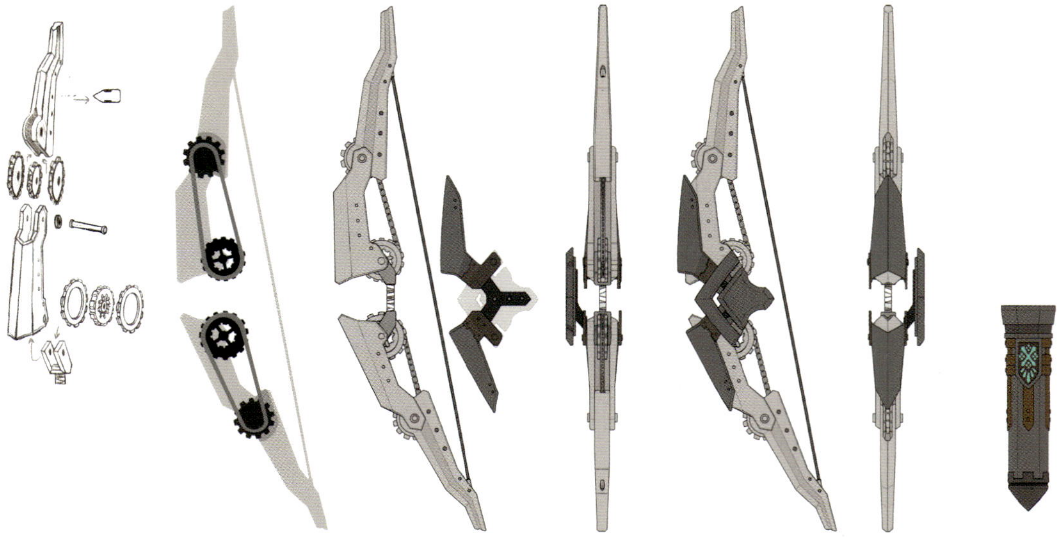

CG渲染图

CG渲染图

■熔解的武器：重弩（铁制构架）

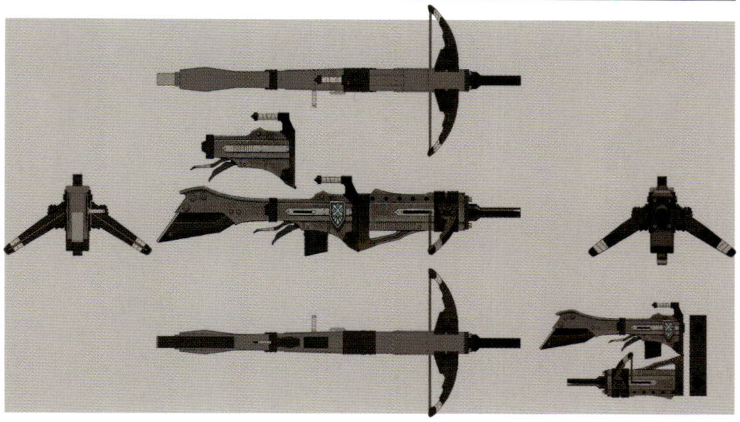

■熔解的武器：轻弩（骨制构架）

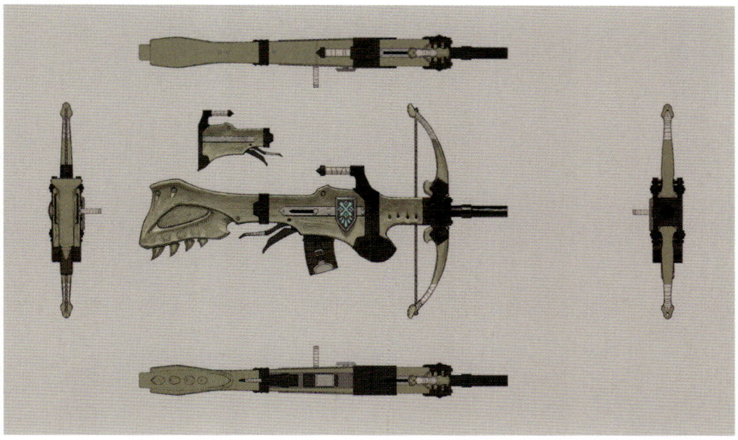

■熔解的武器：重弩（铁制构架 / 枪管）

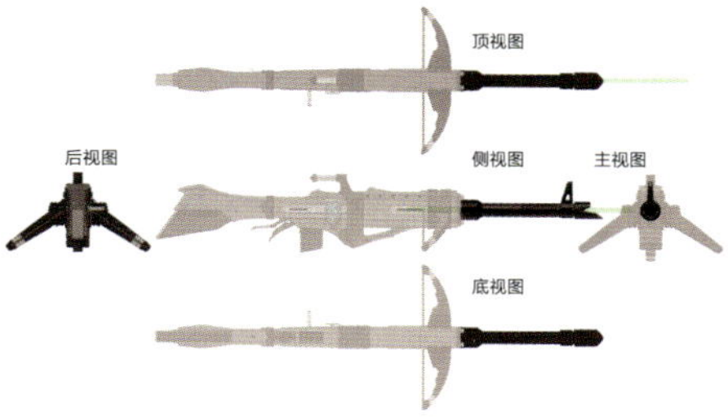

■熔解的武器：重弩（铁制构架 / 盾）

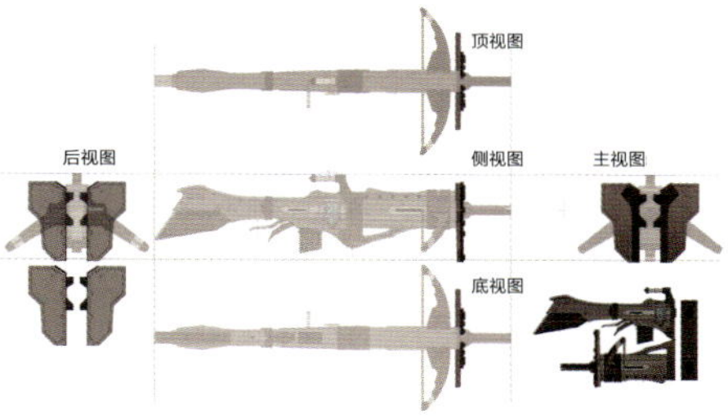

■熔解的武器：重弩（铁制构架 / 附加零件）

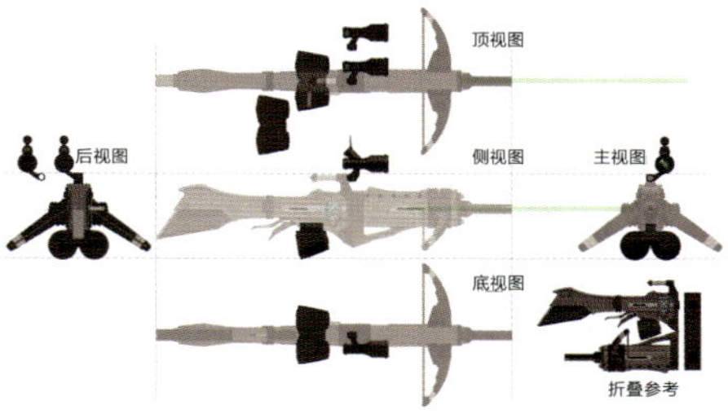

■熔解的武器：轻弩（骨制构架 / 消音器）

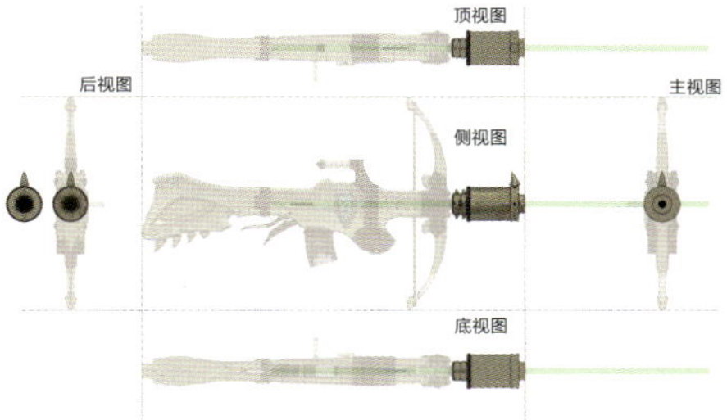

■熔解的武器：轻弩（骨制构架 / 长枪管）

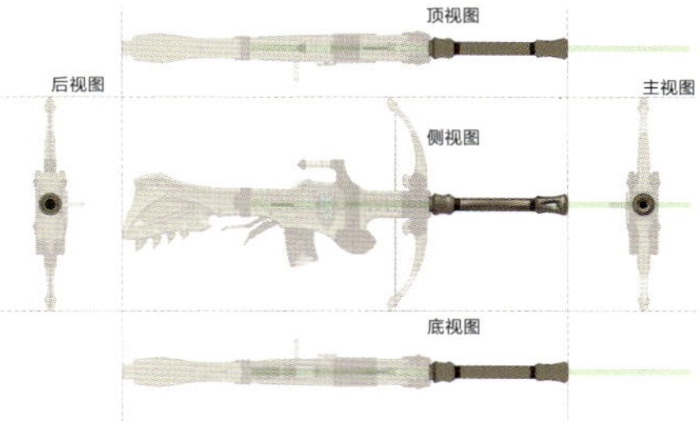

■熔解的武器：轻弩（骨制构架 / 附加零件）

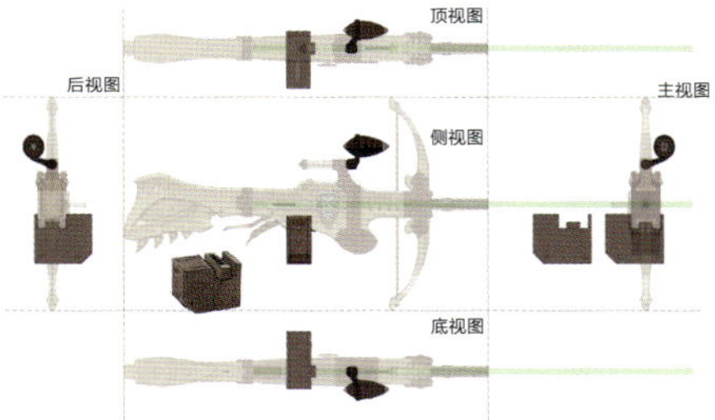

■熔解的武器：弓（骨制构架）

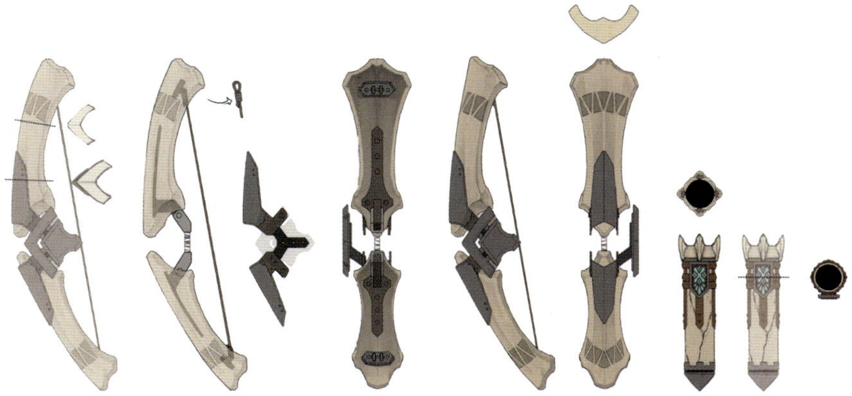

CG渲染图

CG渲染图

CG渲染图

炎妃龙衍生武具

以炎妃龙的素材制成的武具。炎妃龙被敬称为火焰的女王，设计上带有这种气质的防具高贵典雅，令人神往。宛如地狱之火般的青色火焰，赋予了其武器独一无二的能力。

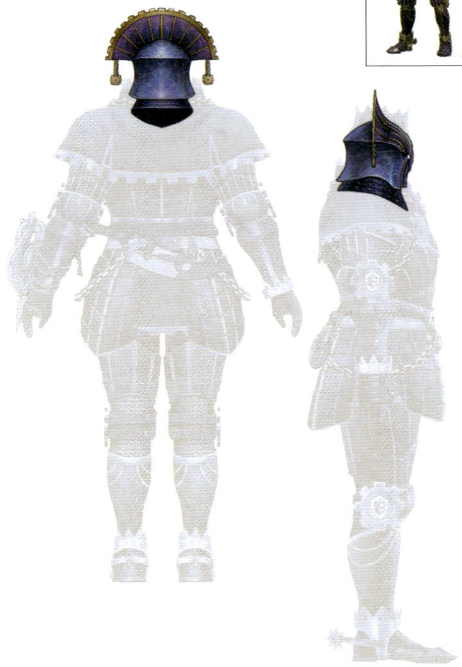

CG渲染图

■皇后 α 系列（男）

（可变更防具颜色的部位）

封入炎妃龙青色火焰的甲胄，有一种坚固塔楼般的庄严感。炎妃龙鬃毛拥有特殊的性能，用其加工过的防具拥有着超凡的耐火性。

CG渲染图

■皇后 α 系列（女）

（可变更防具颜色的部位）

话题 炎妃龙武器的特殊能力

发出青色光芒的武器，像注入了炎妃龙的灵魂一般，其中也蕴含着神秘的力量。一种可以保护使用者不被致命伤夺命，一种可以令使用者的伤口再生恢复，还有一种可以加强斩味或弹丸弓矢的耐久性——根据锻造方式的不同，武器所附带的能力也不同。

炎妃龙派生

武器技能（毅力）

灭尽龙派生

武器技能（加速再生）

冥灯龙派生

（利刃 / 弹丸节约）

■伊丽莎 α 猫系列

手持高贵优雅的阳伞，像是在庭院中散步的贵族一样。服装也设计得像是名门望族的盛装一样。

CG渲染图

CG渲染图

■伊丽莎猫阳伞 α

身着炎妃龙的防具，将得到独特的庇护。使用者可以突破自己耐力的上限，甚至得到“利刃 / 弹丸节约”的能力。

扩展画廊：星辰祭典——纪念相册

Extend World Gallery

ASTERA Festival Memories

开花祭

开花祭庆祝万物复苏的春季，在宴会的时候人们在酒场中央搭了一个由无数花朵编制而成的巨大噗吱猪。在上边撒花瓣的艾路也感觉好开心的样子。

纳凉祭

纳凉宴让人们忘却暑热，纵情享受这片刻的清凉。接待员们穿着奔放的服装，艾路们制作了巨大的雄火龙冰雕，会发现完成度高得吓人。

丰收祭

庆祝粮食的丰收，人们沉浸在扮装的乐趣的同时，也在扫灾除厄，祈求来年的风调雨顺。酒场中央有一个大南瓜做成的艾路，非常引人注目。

星辰祭

辞旧迎新的星辰祭上，酒场中装饰了精美的大吊灯，点点亮光在这寒冬的夜中熠熠生辉。

祭典之际

原大陆便有季节性的庆祝活动，而这一习惯在星辰也延续了下来。祭典每年举行四次，每次持续 20 天左右。活动期间集会区域“星之船”会被布置上各有特色的装饰物，身着特殊服装的集会区域接待员和艾路会前来迎接。在“星之船”的用餐区域可以点特殊套餐，这都是祭典期间限定的料理，务必要来尝一尝这山珍海味所带来的味觉盛宴。在酒吧柜台，除了可以承接本次限定的活动任务，之前活动的特殊任务也会在此期间复活。另外，祭典时还会有物资大特卖，每日赏金任务，以及每个祭典专属的特别道具和装备。盛大的庆典，让整个星辰都沉浸在喜悦之中。

话题

噗吱猪的特别服装

每逢星辰的祭典，擅长缝纫的调查员便会结合祭典主题为噗吱猪缝制衣服。服装样式不仅让噗吱猪不会抗拒，而且尺寸也是精心量过的，据说穿上这特殊衣装的噗吱猪会更愿意与人亲近。噗吱猪服装的设计主题是基本和接待员相匹配的。

开花祭
嗡嗡嗡小蜜蜂

感谢祭
闪亮派对

星辰的“感谢祭”是为了庆祝五期团抵达新大陆一周年的庆典。噗吱猪的服装也特别符合宴会的气氛，透着快活。

纳凉祭
海边的马丹娜

星辰祭
钟声绒毛大衣

丰收祭
南瓜的逆袭

小型怪物衍生武具

以小型怪物的素材制成的武具。大多数的防具不是成套的，而是充分利用各种生物的特征而生产一部分的防具。像用甲虫素材所制成的一整套装备实属罕见。

由于甲虫素材密度高、硬度大，所以从很久以前在原大陆就被用作武具的素材了。由甲虫的防御阵型得到的灵感，以类似结构支撑的防具虽然防御性优秀，但却非常不耐火，这一点至今未得到解决。

CG渲染图

■巨蜂系列（女）

■巨蜂系列（男）

CG渲染图

■音速号角

CG渲染图

菌猪的头部装备外形就是个猪头，戴上它便会不知不觉地像菌猪一样开始喜欢蘑菇，很受猎人们欢迎。虽然表皮上长满了苔藓的注意，但似乎不会吸引环境生物呢。

■菌猪头套 α（男）

CG渲染图

■冠突龙护手（男）

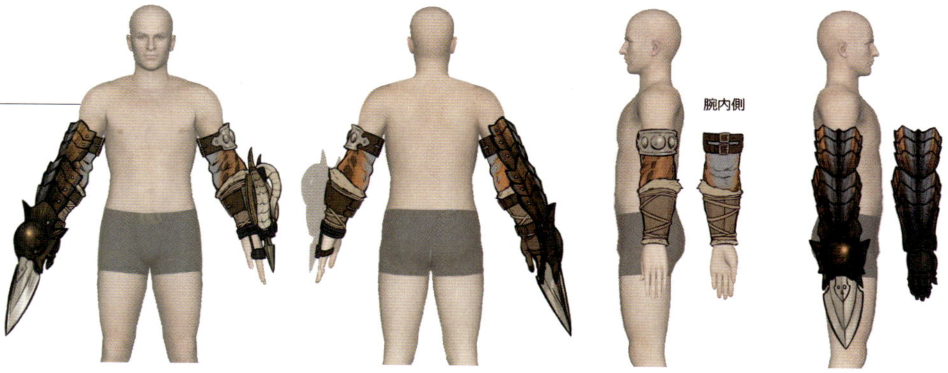

CG渲染图

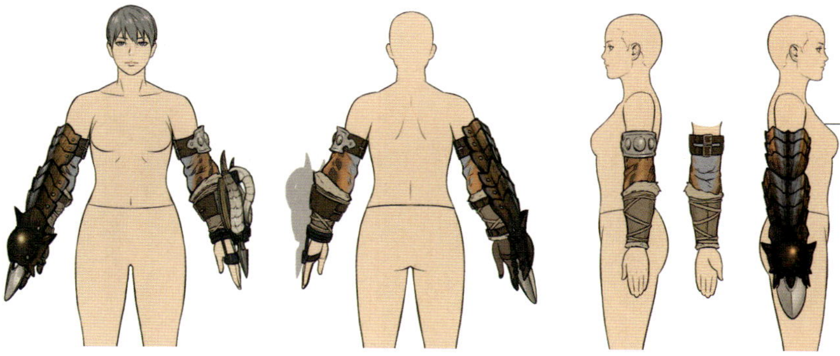

■冠突龙护手（女）

制作所需素材很容易筹备，所以在调查团中普及率很高。右臂被甲壳完全覆盖，手腕上的小刀在采集时方便好用。

CG渲染图

CG渲染图

■咬鱼靴（男）

■菌猪头套 α（女）

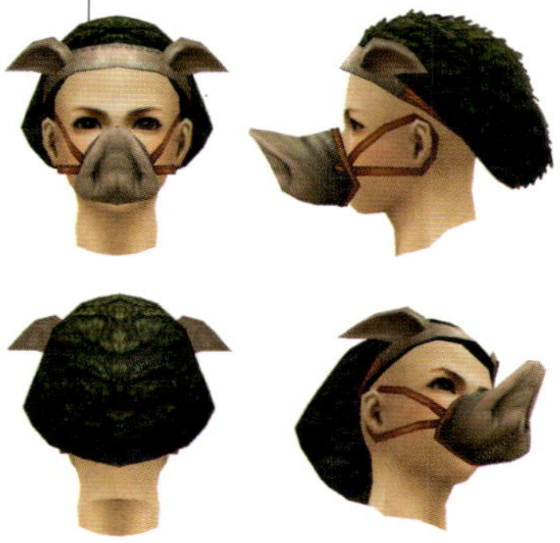

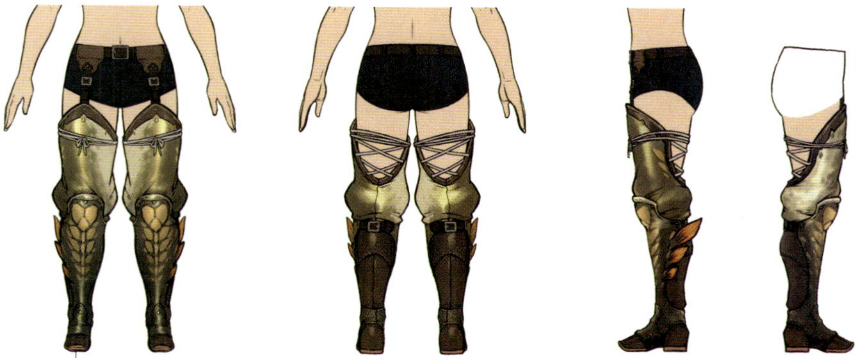

■咬鱼靴（女）

CG渲染图

咬鱼的素材易于加工，其靴子可以让使用者在水域地区行动不再受限。不仅是猎人，调查团中许多人都很受用。

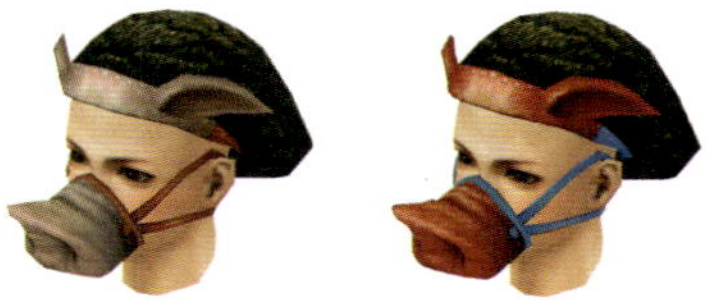

CG渲染图

小型怪物武具

CG渲染图

■巨甲虫长枪

CG渲染图

■巨甲虫利剑

CG渲染图

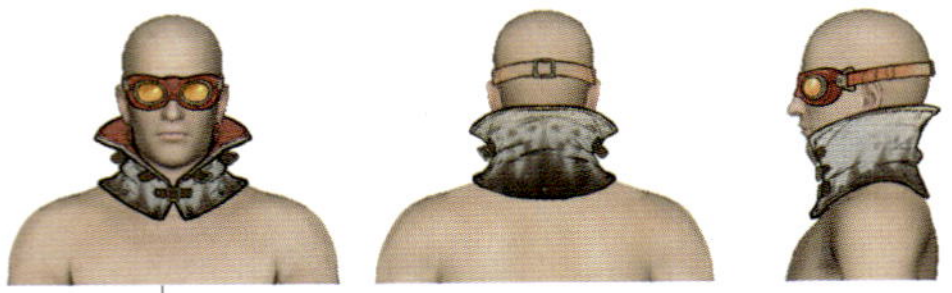

■猫蜥龙护目镜（男）

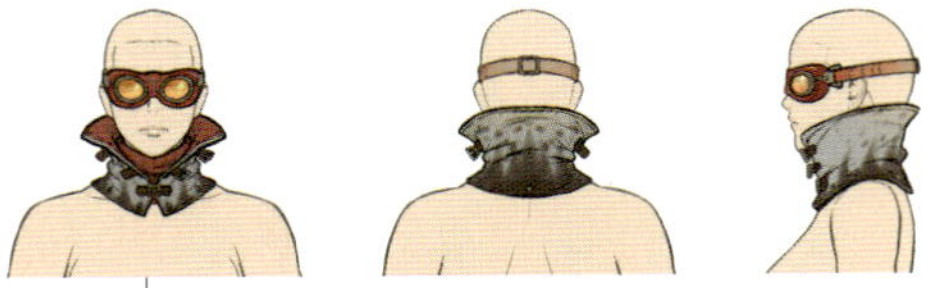

■猫蜥龙护目镜（女）

CG渲染图

■突击龙角 α（男）

具有猫蜥龙夜视能力的眼镜，做成突击龙头的样子。可以用厚厚的毛抵御冲击的头盔，还有用酸翼龙的皮加工成的耐热斗篷，各自都有其实用之处。

CG渲染图

■巨甲虫系列（男）

CG渲染图

CG渲染图

■巨甲虫系列（女）

■酸翼龙斗篷 α（男）

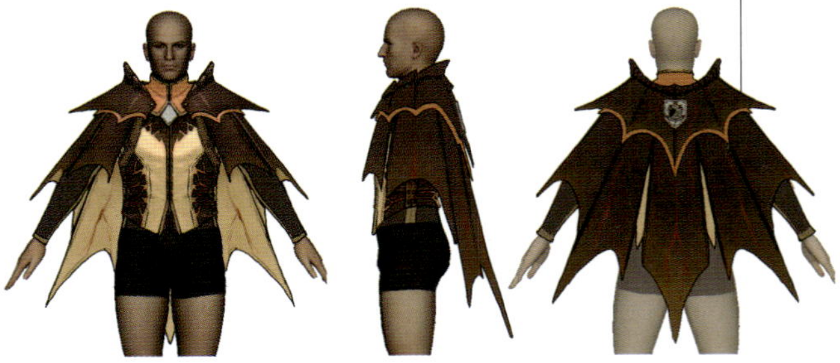

CG渲染图

CG渲染图

■酸翼龙斗篷 α（女）

其他素材武具

这里的装备主要是矿石或骨制的，或是需要特殊票据才能生产的特殊装备。有的素材很好筹措，也有的需要极为稀有的素材，装备种类丰富多彩。

■皮制系列（女）

■皮制系列（男）

又轻便又强韧的皮制系列也有相应的随从装备，随从的武器除了可以战斗，做农活也很好用。

使用一部分怪物的皮加工而成的皮制系列，其技能是可以辅助灵活的移动，穿着也很舒服，非常受欢迎。

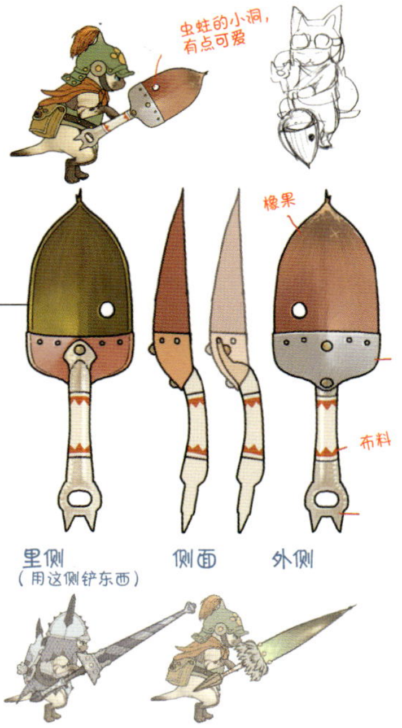

■橡子猫铲

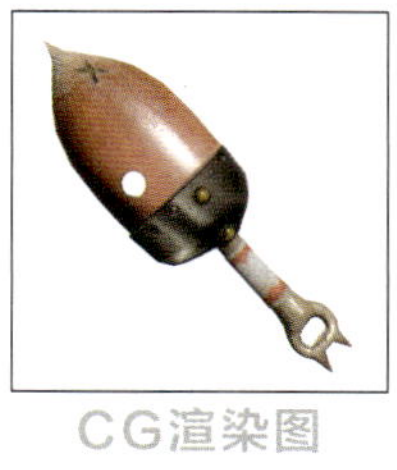

■皮制猫

其他素材武具

由传统工艺将铁锁编织成纹理细腻的锁甲系列套装，以其轻量化的实用性，优秀的机能和防护性深受猎人们垂青。

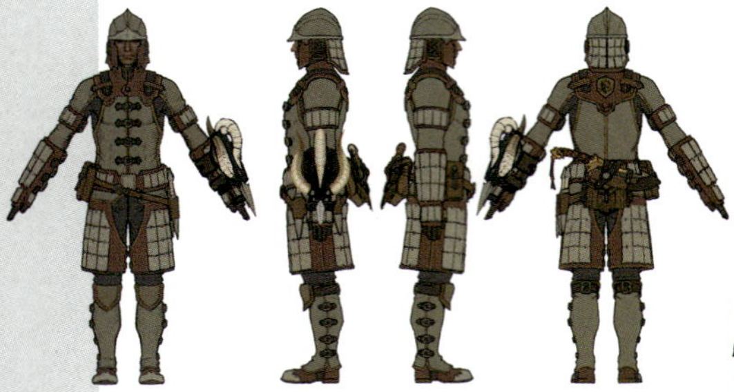

■锁甲系列（男）

CG渲染图

■锁甲系列（女）

CG渲染图

CG渲染图

■猎人系列（男）

衣如其名，这是一套很多猎人都很喜爱的装备。考虑到新大陆的通用性，经过改装后防具上可以装配导虫和投射器。

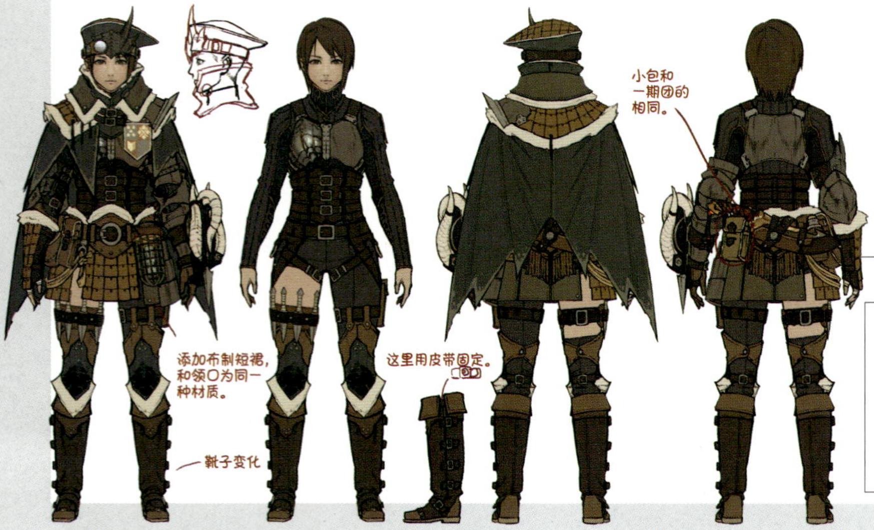

■猎人系列（女）

CG渲染图

■骨制系列（男）

骨制系列套装是用怪物之骨制成的一套传统装备。虽然看起来外形狂野，但防具却在保湿性上下了不少功夫，零碎的骨制装饰品更是工匠们精心设计的。

CG渲染图

CG渲染图

■骨制系列（女）

其他素材武具

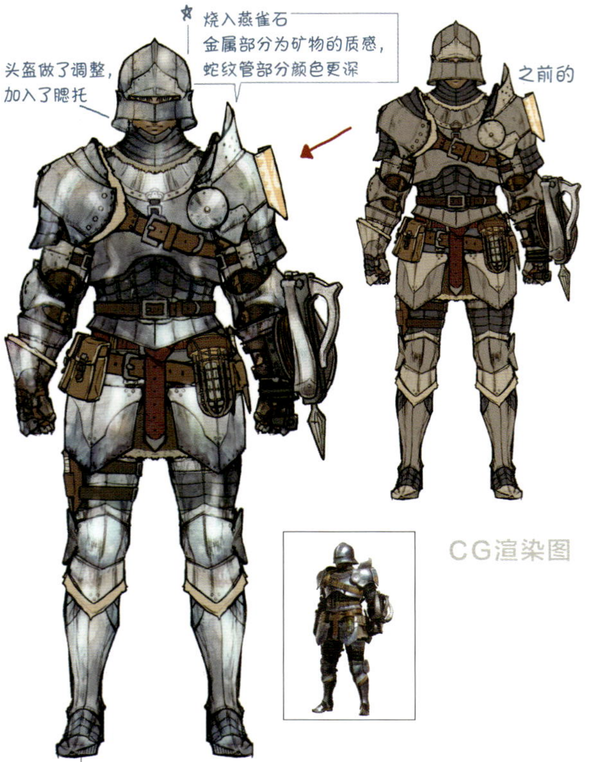

■合金系列（男）

用品质优良的燕雀石合成的合金系列套装，高强度的金属板保证了其防御力，连接处伸缩蛇纹管的构造保证了相对灵活的运动性。

参考了昆虫图鉴，活用大津凤蝶的特性制成的装备，穿上它就好像是昆虫的王者一样。其外观鲜艳，且对雷和龙的抗性很好。

■独角仙后系列（男）

■独角仙后系列（女）

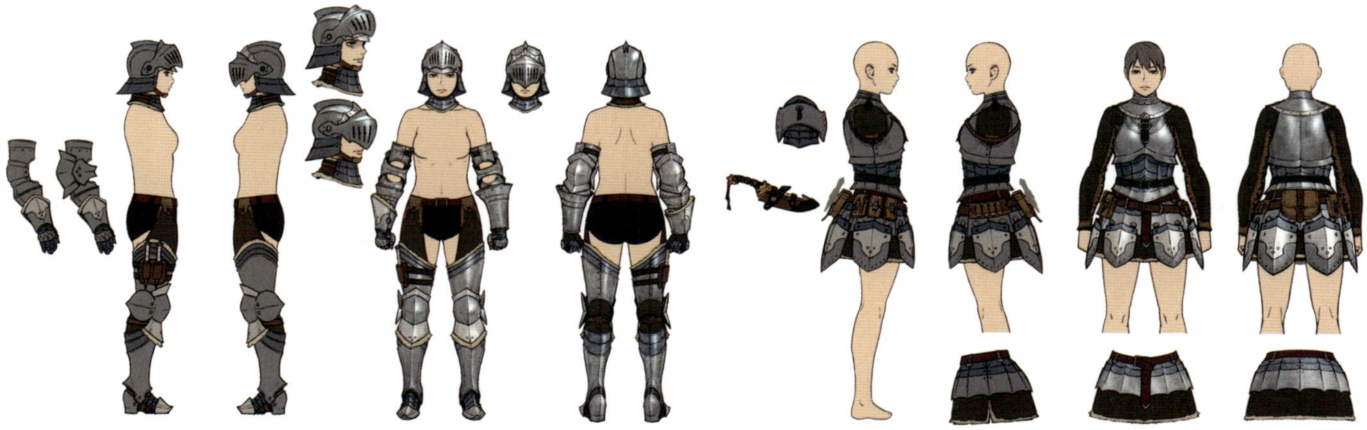

CG渲染图

■合金系列（女）

■燕尾蝶系列（男）

以大津凤蝶为素材制成的色彩鲜艳的蝴蝶形态防具，在女性防具中非常受欢迎。近些年也开发了男性的装备，穿上它的绅士们风度翩翩，很受女性喜爱。

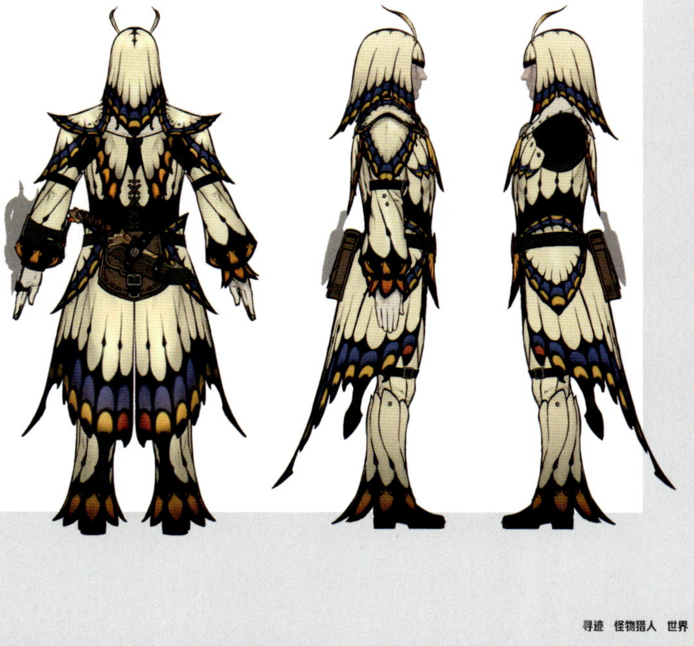

（燕尾蝶设计方案）

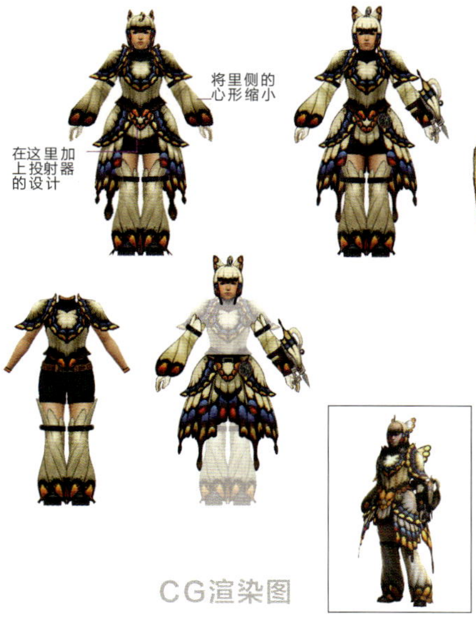

CG渲染图

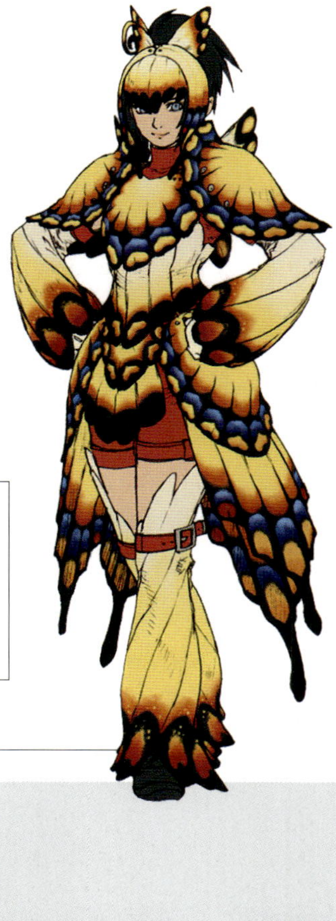

■燕尾蝶系列（女）

其他素材武具

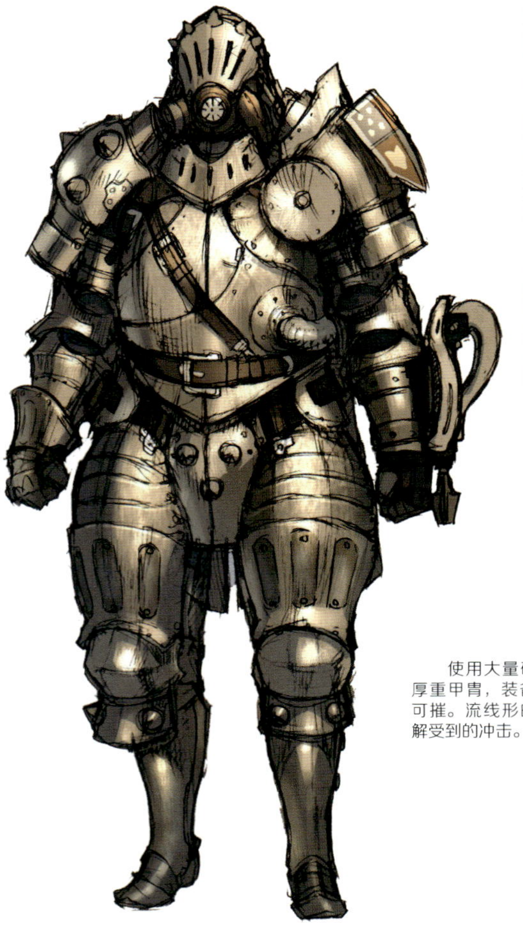

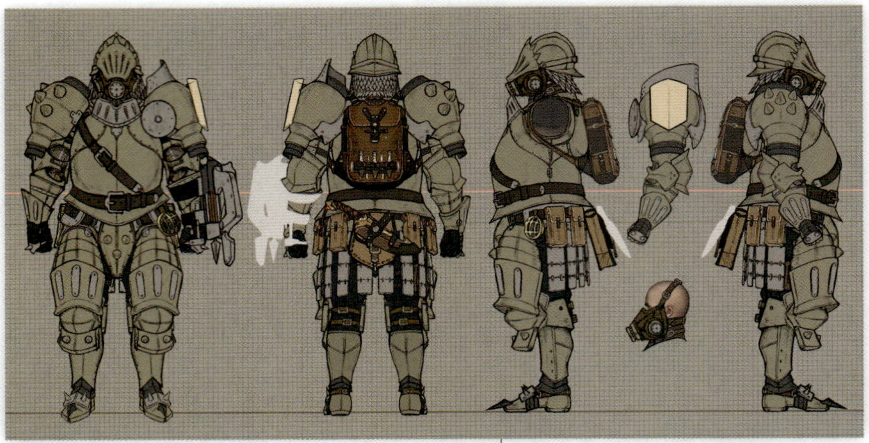

■矿石系列（男）

CG渲染图

■矿石系列（女）

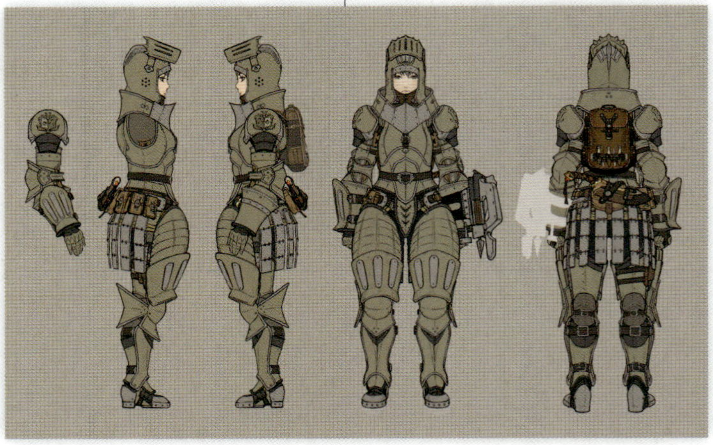

CG渲染图

使用大量矿石精炼制作的厚重甲胄，装备上它就会坚不可摧。流线形的构造，可以缓解受到的冲击。

话题

揭开挑战未知大陆的新篇章

很久很久以前，人和龙一起生活在永恒的时间里。有一天，五只龙将自己的身体化作了陆地、山、湖和雨、森林，以及指引明路的苍蓝星。有一个青年前去询问龙这样做的缘由，但他没有得到答案，而是获得了能够创造铭刻时间流逝的全新大地的力量，也就是五块龙的碎片。

这是一个很古老的神话故事，其全文可以在一期团船中的“五只龙的房间”读到。调查团的徽章正是描绘了这创世先祖一般的五只龙，而一期团的旗印则为星。这颗星既代表着龙所创造的苍蓝星，也代表着将人们指引至新世界的青年，象征了挑战未知大陆的勇气和崭新发现的期望，像是漆黑的汪洋大海上的一盏明灯。团旗枪则将人们的这种寄托具象化，是调查员们心灵的归属。

■团旗枪【流星】/团旗枪【引路的苍蓝星】

CG渲染图

■铸铁系列（男）

■铸铁系列（女）

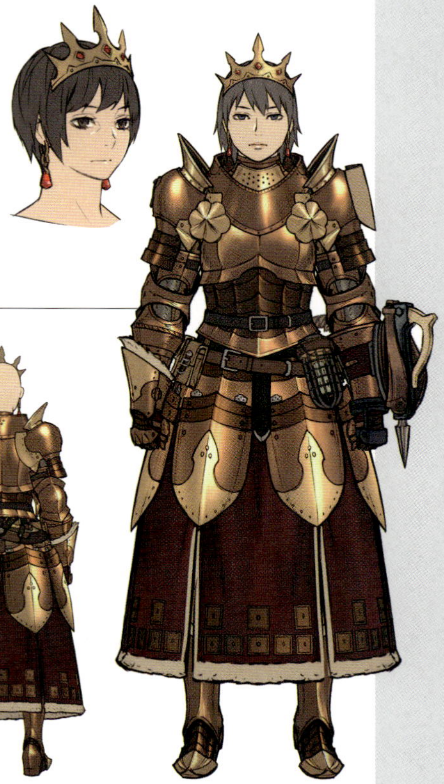

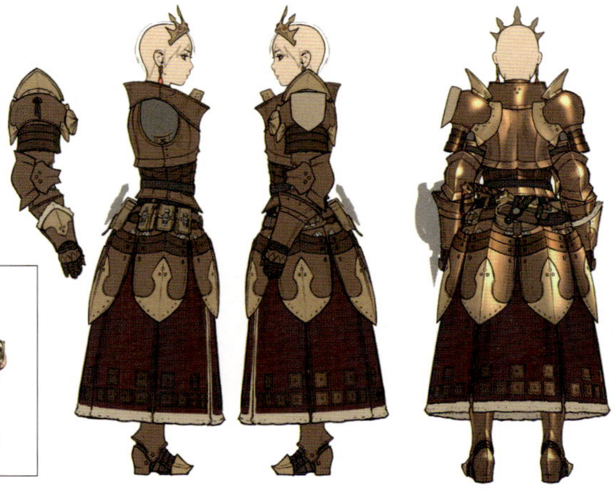

闪着美丽金色光泽的铸铁系列套装，无论男女老少都很喜欢。在工匠们的悉心加工下，多种矿石被精炼成高纯度的金属，才制成了这套装备。穿上它会被它的这种气质所感染，不禁以高要求自律起来。

CG渲染图

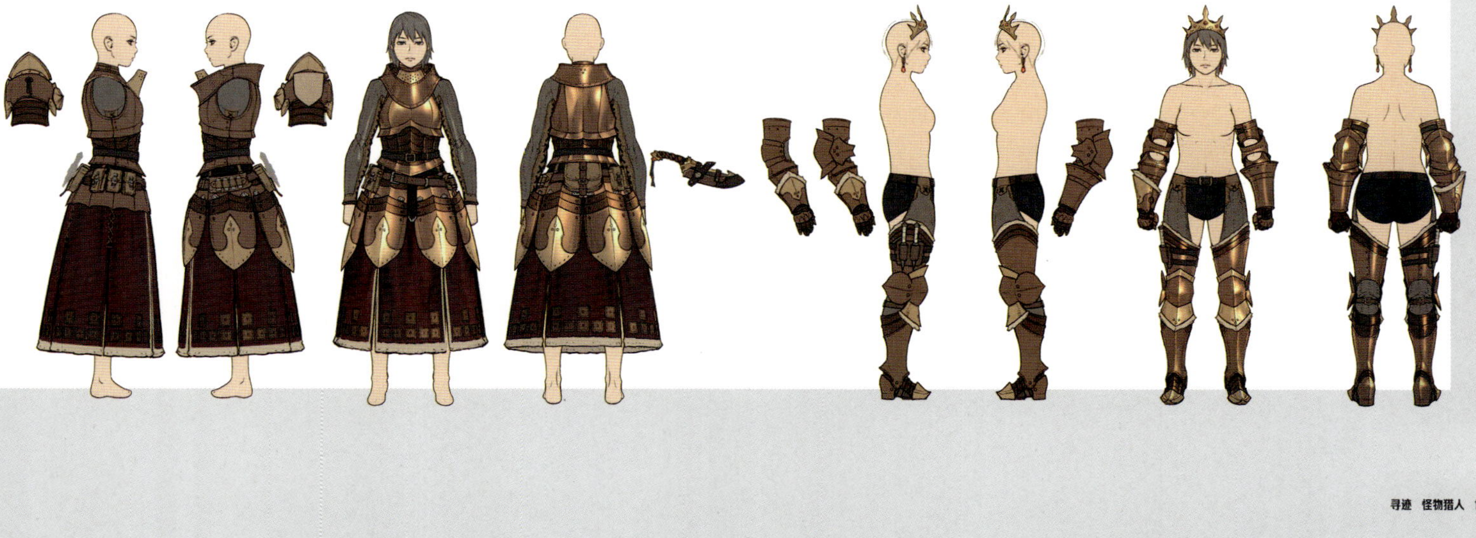

其他素材武具

CG渲染图

用斗技大会获得的硬币才可换来的防具，使用了最高级的皮革，是公会的其中一套正装。

■旅团系列（男）

话 题

只因为喜爱这触感

曾经有人问热情的生物调查员，有没有办法利用稀有环境生物柔毛秧鸡换下的羽毛，来再现其软软的触感呢？为了方便研究，他甚至把最喜欢的柔毛秧鸡送给了热情的生物调查员。被他的这种热情和执念所打动，热情的生物调查员经过思考后，向二期团的头领提议将其制作成武器。右侧手绘图为试做阶段时的设计稿，离成品还有很大一段距离……经过半年的不懈努力，“松软的羽毛扫把”完成了。这是一把双剑，右手雄左手雌，用柔毛秧鸡全身最柔软的羽毛打造而成。被这蓬松的武器打到根本不会痛，但是会被这极为舒适的触感引出强烈的睡意，这令委托人非常满意。

又过了大约三个月，仿造更稀有的粗毛秧鸡所制成的大锤也被开发了出来。像缝纫用的针包一样的锤子使用了最高级的硬邦邦羽毛，不知为何附带上了毒属性。更加不可思议的是，手握该武器的使用者，双眼会冒凶光。这并不是工匠们刻意做的，大概是因为这武器中寄宿着粗毛秧鸡的灵魂吧，这么来看武器附带的毒属性恐怕也是因为这个。

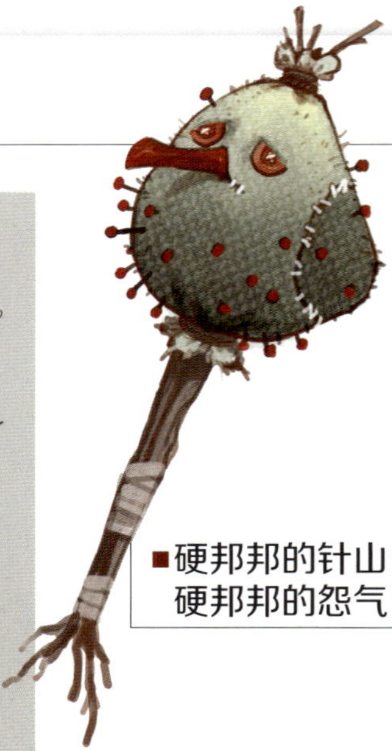

■硬邦邦的针山 / 硬邦邦的怨气

■松软的羽毛扫把 / 松软的慈爱

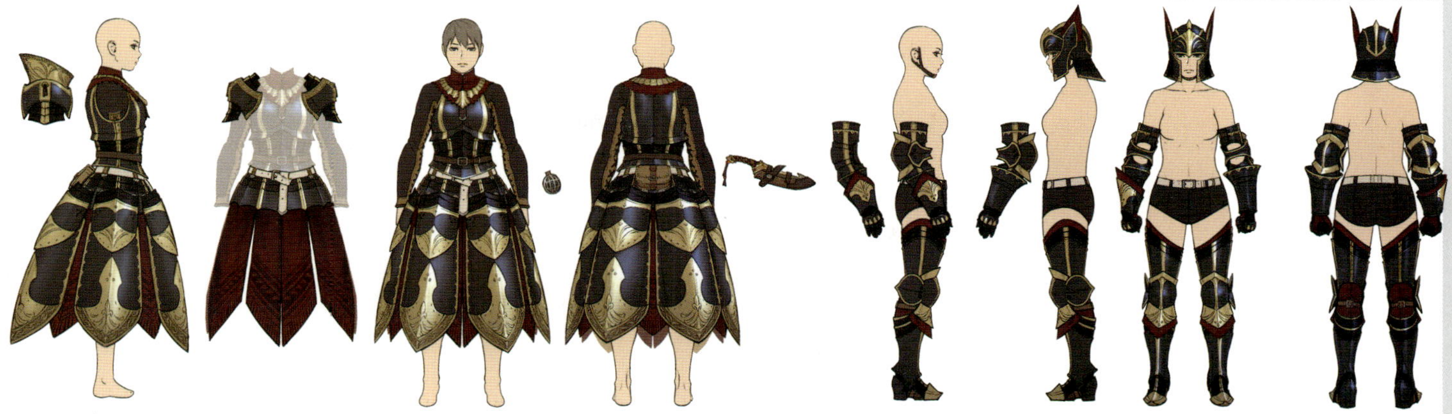

CG渲染图

■大马士革 α 系列（女）

工匠将贵重矿石用古龙血精炼后，细细加工而制成的钢铁甲胄，可以引导装备者走向霸主的地位。

■大马士革 α 系列（男）

CG渲染图

其他素材武具

CG渲染图

■杜宾 α 系列（男）

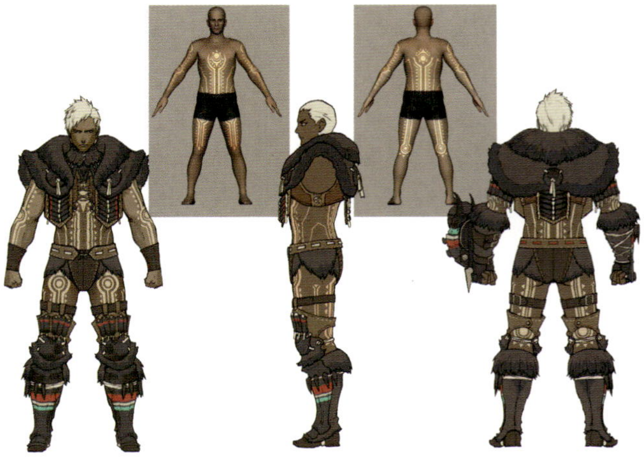

由未知来源的漆黑大骨所打造的装备。设计上模仿了龙的形态，且在加工时用到了古龙骨，装备在其特性影响下获得了神秘的力量，对龙的抗性很好。

■杜宾 α 系列（女）

CG渲染图

■死神系列（男 / 女）

由不祥的布料制成的装备，穿上它简直就像是死神降临一样。这被诅咒的装备，会让使用者听到亡魂痛苦的呐喊……

CG渲染图

CG渲染图

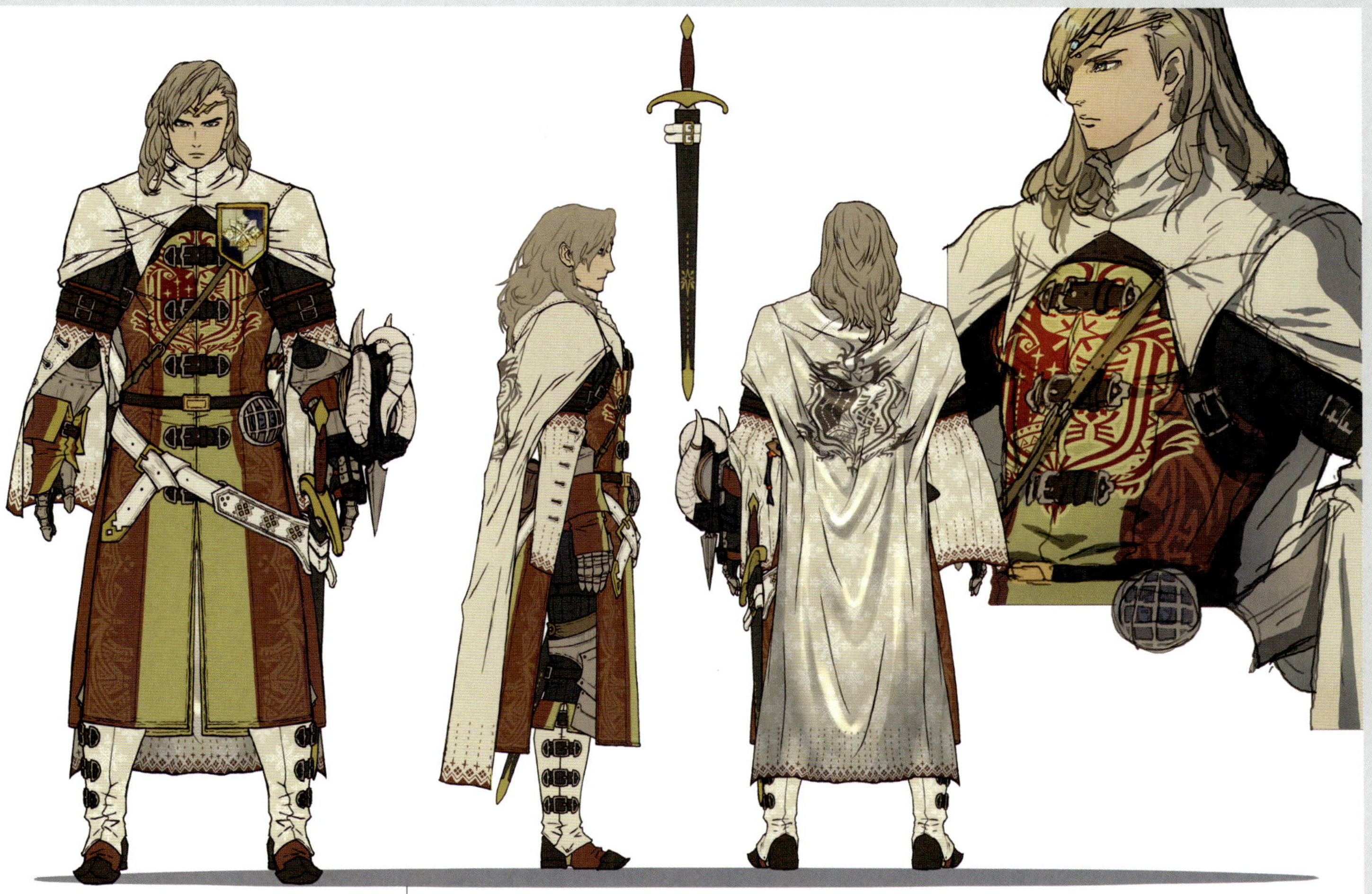

CG渲染图

■公会十字系列（男）

■公会十字系列（女）

CG渲染图

公会赠予少数被公认的英雄的正装。象征英雄睿智伟大的头饰，以及讲究的细节装饰，流露出高贵威严的气质。装备不仅附带丰富的技能，还可以给使用者带来好运。

其他素材武具

CG渲染图

以东方异国流传的铠甲原型设计的外观装备。在精细加工之下完美地呈现了头盔和铠甲原貌，肩部的大袖也是格外精美。

■外观装备：铠武者系列

■外观装备：晓之剑士【誉】系列（男）

这也是公会以东方异国元素为基础设计的，不过是士兵的装备，是这些修练武道之人的战铠。

■外观装备：晓之剑士【誉】系列（女）

志在天下的武士所用的铠甲，即便是随从艾路心中也会藏着斗志的吧。头盔上的肉球装饰物鼓舞着他们的士气。

■武者猫 α 系列、武者猫的太刀

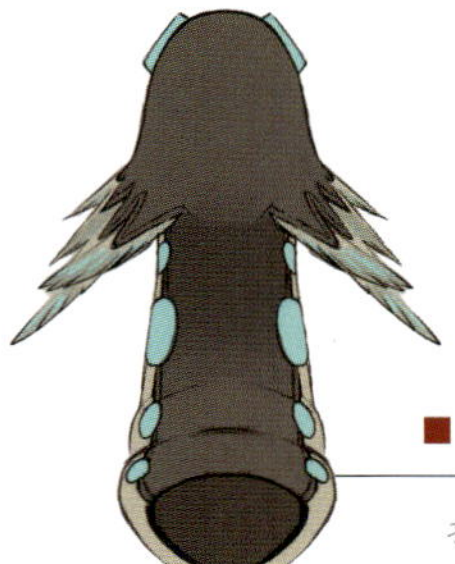

■摇曳鳗头套 α ①

①：游戏初期版本摇曳鳗被译为孑孓，后期版本中变更为摇曳鳗

模仿摇曳鳗外形的头套，饱含着热情的生物调查员的爱意，装备上它的人便也会变成爱的传播使者。也可以生产同样外貌的外观装备。

CG渲染图

话题

关于晓之剑士系列和老山龙

防具晓之剑士【寂/誉】的加工是参考了原大陆的现存装备晓丸/凛。这身装备是以老山龙的素材制成的，那是一种甚至超越了熔山龙，体形极为庞大的古龙。那是一种极为古老的怪物，在饱含了世代传承的同时，也寄托了人们的心愿。老山龙的寿命极长，也许在很久以后的某一次古龙迁徙，老山龙也会迈着它沉重而庄严的步伐来到新大陆。

■老山龙

旧文献中所记录的，从行进中的老山龙背后挖取素材的样子。当时还只是剥取素材，而未上升到需要狩猎讨伐老山龙的地步。

※上图为《怪物猎人》游戏画面

星辰祭典服装

星辰祭典时会派发特殊的票据，用这些票据可以在工房生产特殊的服装。工匠们精心设计了很多种配合祭典气氛的服装，从夸张华丽的，到古怪乖张的，应有尽有。

■巴鲁特 α 系列（女）

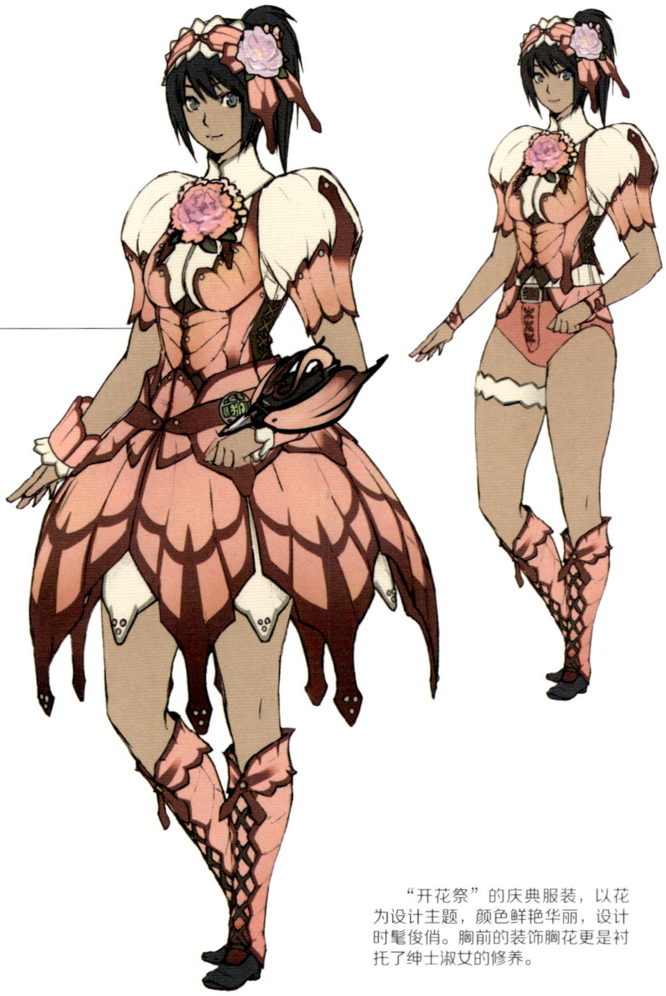

“开花祭”的庆典服装，以花为设计主题，颜色鲜艳华丽，设计时髦俊俏。胸前的装饰胸花更是衬托了绅士淑女的修养。

■巴鲁特 α 系列（男）

随从艾路的服装则像是在春天阳光下飞舞的蝴蝶一样。虽然样子很可爱，但武器可以挥洒麻痹鳞粉，威力不可小觑。

■燕尾蝶猫系列

■燕尾蝶猫杖

■潜水夫 α 系列（男）

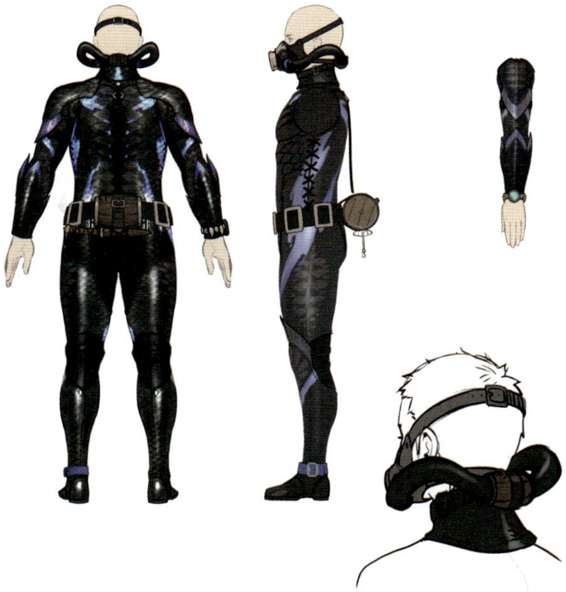

“纳凉祭”的庆典服装。贴合身体曲线的紧身衣，拥有着优秀的保温性和防水性。穿上它便会有一种难以抑制的想跃入大海的冲动。

■潜水夫 α 系列（女）

■阿罗哈猫系列

■阿罗哈乌克丽丽

随从的装备像是盛夏海边度假的衣服一样，清凉的夏威夷衬衫配上乐器，非常阳光快活。小鱼形状的装饰手链更是俏皮可爱。

星辰祭典服装

猎人们纷纷穿上了变装成大南瓜的服饰，点燃了这“丰收祭”的热情。穿上这身服装的样子，甚至有点像神秘的巫术师。

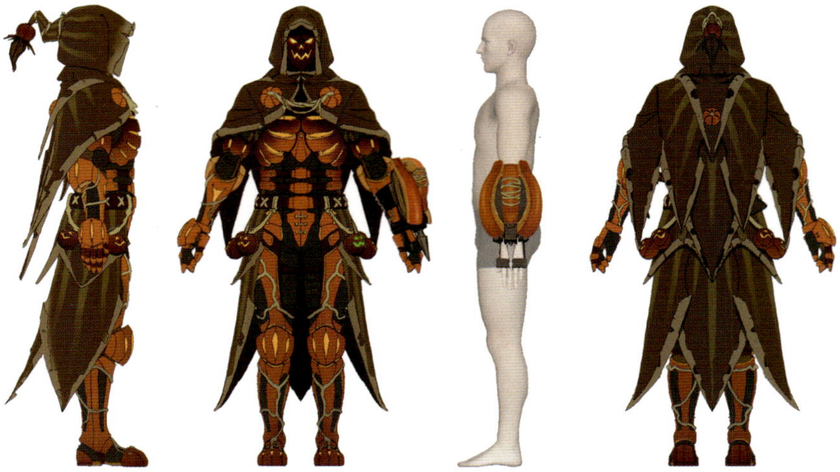

■收获系列（男）

■幽灵猫系列

随从艾路们则是装扮成了小捣蛋鬼。面具下亮着幽幽的绿光，对他们来说其实有点刺眼。

■幽灵猫灯

■收获系列（女）

温暖安心的“星辰祭”，其庆典服装也是一样的厚实。背后的小口袋可以用来装给心爱之人的礼物，但大部分猎人都在里边装了满满当当的随从艾路的零食。

■猎户星系列（男）

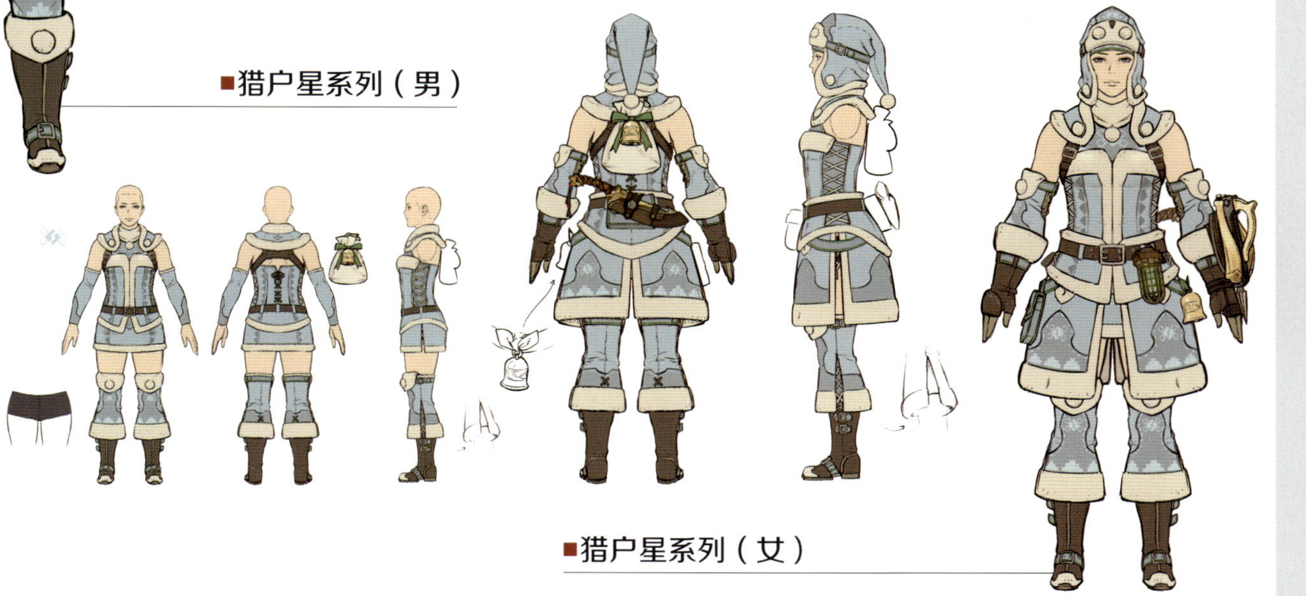

■猎户星系列（女）

■雪猫系列

■雪猫铃

小雪人外形的随从装备很是可爱，但如果被冷飕飕的雪猫铃打到的话会不禁打起寒战。

星辰祭典服装

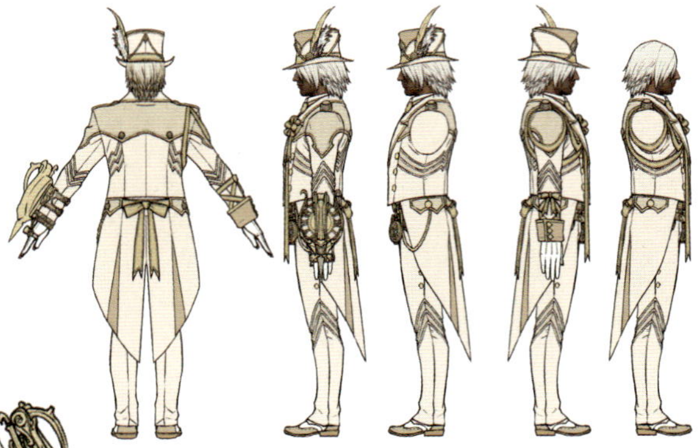

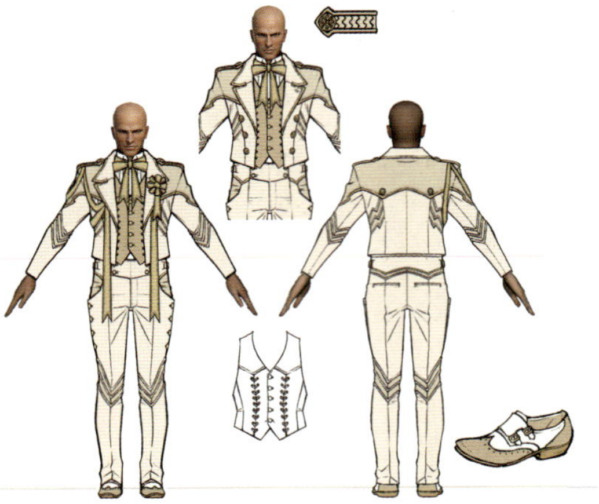

■盛装（男）

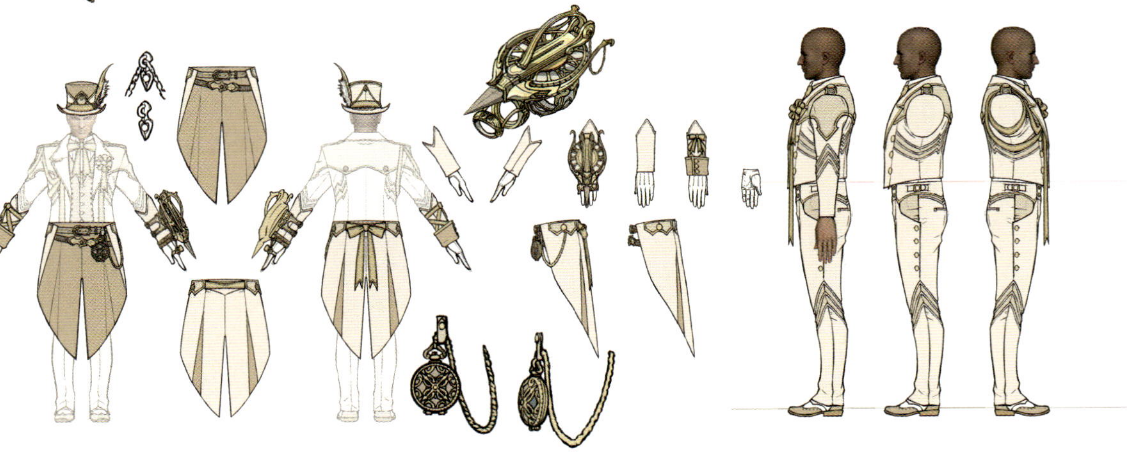

酒场“星之船”营业一周年的纪念衣装。投射器和导虫的虫笼之类的道具都经过了重新设计，身上的装饰品也尽显豪华。

■一周年投射器设计方案

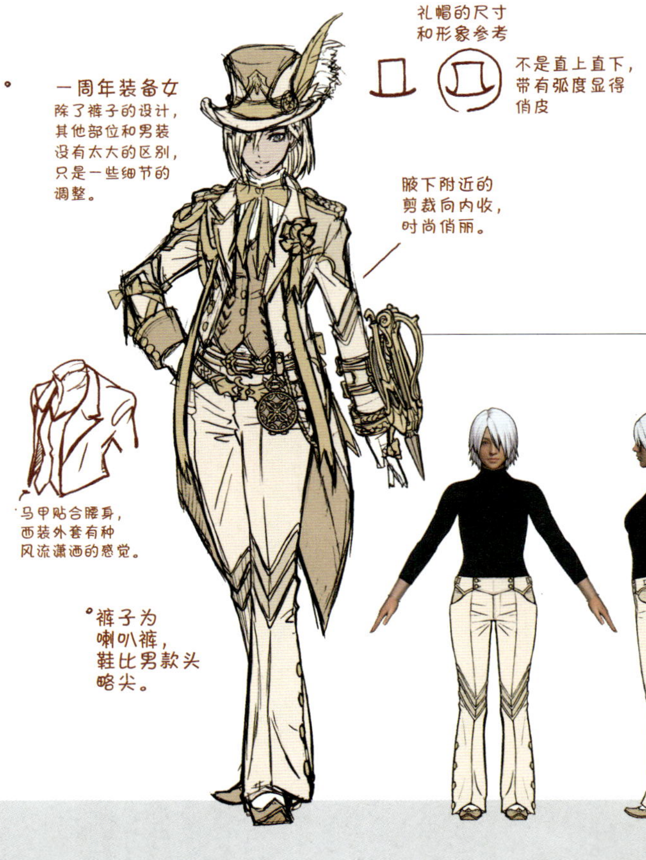

奔走于新大陆的猎人们，终于得到了短暂的休息——男男女女纷纷穿上了正式华丽的服装，为宴会增添了一分光彩。

■盛装（女）

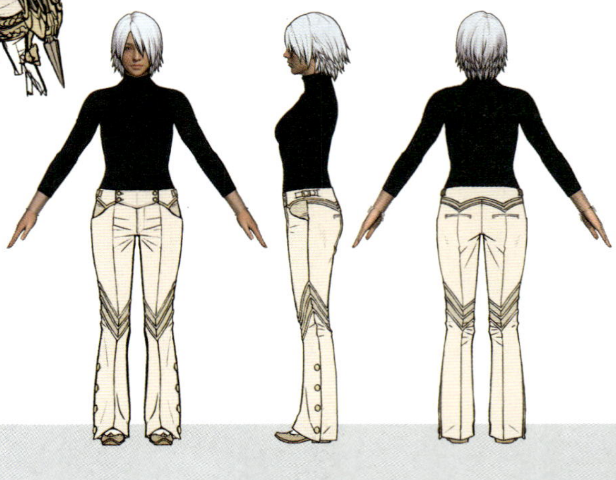

■巨星猫系列

浑身的亮片闪闪发光，穿上这身衣服，简直就化身成了派对上最闪耀的那颗星。

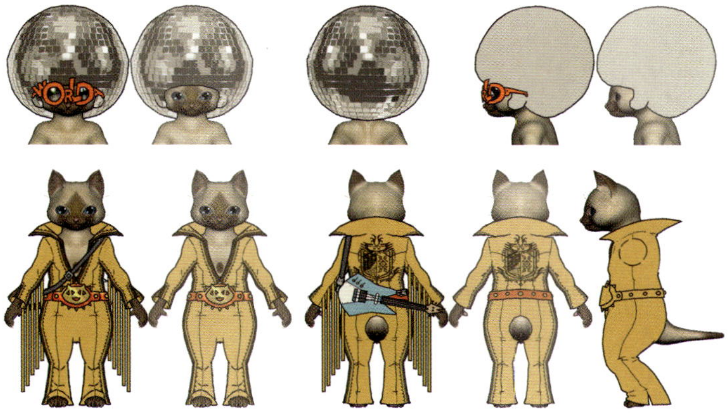

■巨星猫杖

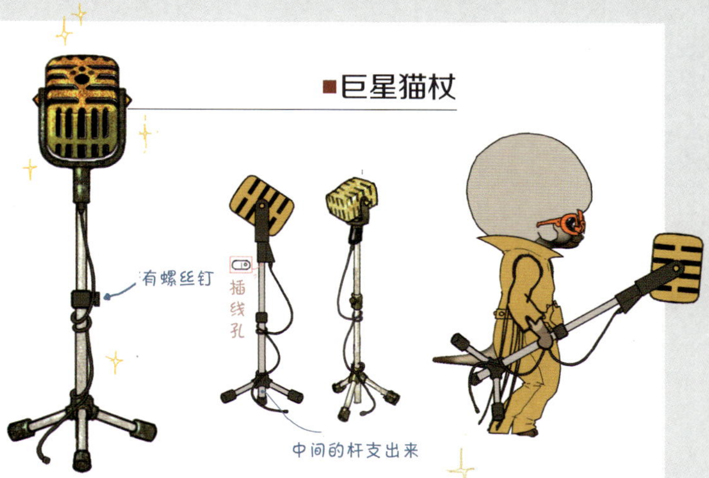

话题

革新性想象力下的创新大剑设计图

这是某个猎人画给二期团的头领看的设计图。其中融入了革新性的想法，添加使大剑斩击加速的机关，而使致命一击的攻击达到极限。二期团的头领说：“我就看了一眼，立刻觉得热血沸腾，想要大展身手。”便将它命名成龙热机关式【钢翼】。

蓄力攻击可以获得猛烈的推进力。附加火属性的高攻击，锋利的斩味和高扩张性，简直就是一把完美的大剑。

■龙热机关式【钢翼】

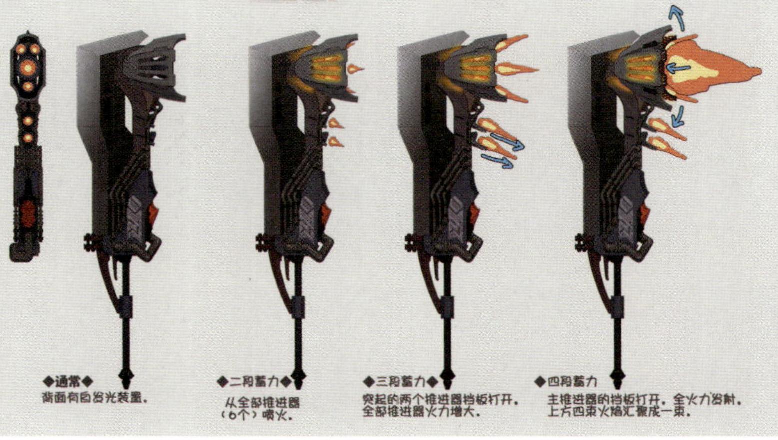

CG渲染图

扩展画廊：接待员的季节服装

Extend World Gallery

在庆祝每个季节节日的星辰祭典上，每天忙于调查和情报整理的接待员也会换上华丽的盛装，换换心情放松一下。这里展示了祭典期间接待员的四套不同的衣服和其设计图，也许可以在此借机重新认识一下她，发现她的新魅力。

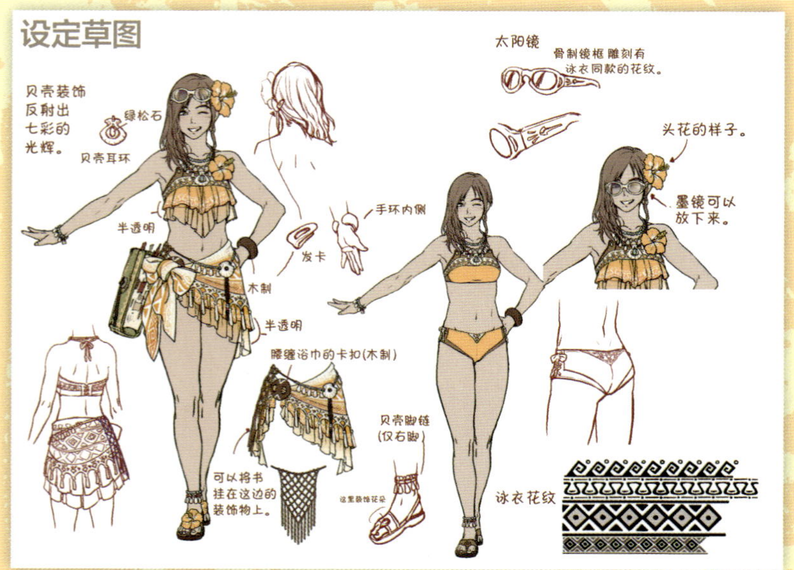

❖蜜虫长尾裙

“开花祭”的服装是以蜜虫为主题设计的。翅羽状的斗篷，瓢虫型的导虫虫笼，还有蜂巢花纹的紧身裤构成了一身俏皮的装备，接待员非常喜欢。

❖太阳的腰缠布

大胆的泳衣和清凉通透的腰间浴巾，这便是她“纳凉祭”时的服装了。她露出肚脐之后害羞的样子也是蛮可爱的。

ASTERA's Party Costume

话题

让我来当随从艾路吧

五期团抵达新大陆一周年的感谢祭上，接待员试穿了“艾路猫装扮”的衣服。要是被她请求买下这套的话，大概也没法拒绝她吧。

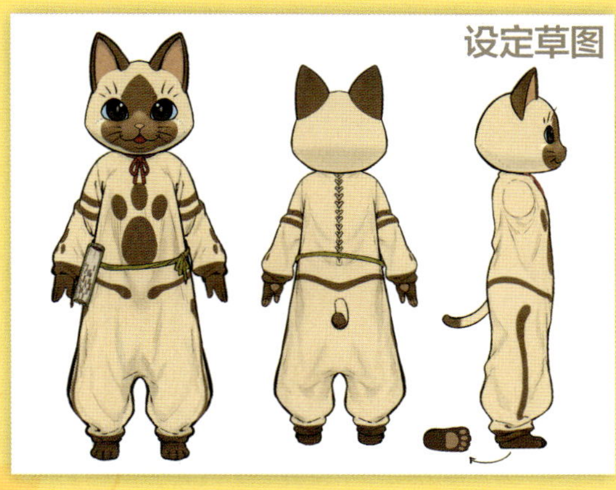

❖恶作剧的迷人礼服

这是“丰收祭”上，宛如会巫术的魔女一般的服装。和妖媚的整体气质相反，缎带和荷叶边透露出俏皮可爱，很显身材的紧身束腰，她也很喜欢。

❖蓬松柔软雪大衣

在辞旧迎新的“星辰祭”上所穿的服装。毛茸茸的部分暖暖的，被这暖意所包裹带来的满足感就像刚刚饱餐了一顿一般。

扩展画廊：装备画廊

Extend World Gallery

新大陆的武具由新发现的怪物素材制成，研发过程中二期团的成员们绘制了许多版本的设计图，经过了大量的试验才最终得以完成。这里展出的是加工屋提供的一部分资料，大多都是当时未被采用的设计稿，说不好今后我们也能亲眼见到这其中的某些装备呢。

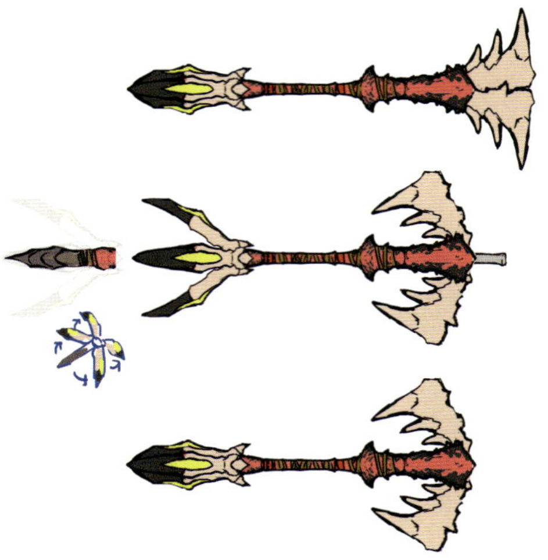

蛮颚龙

操虫棍

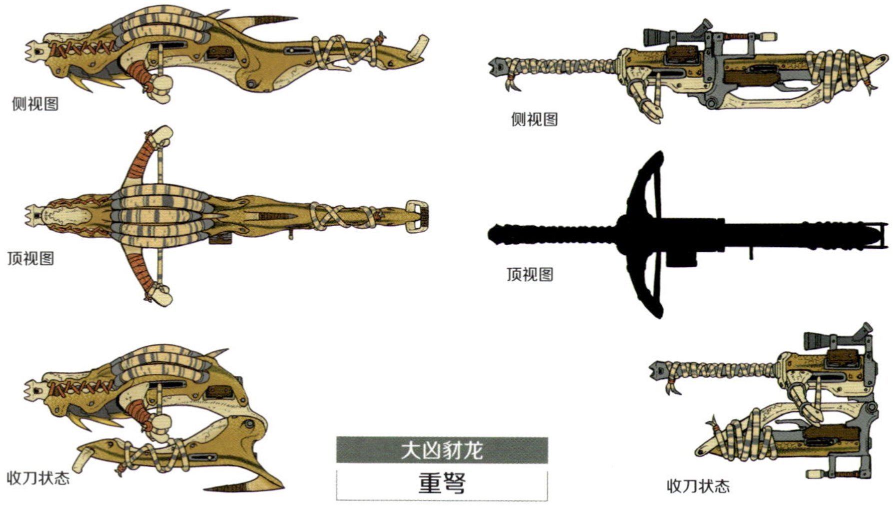

大凶豺龙

重弩

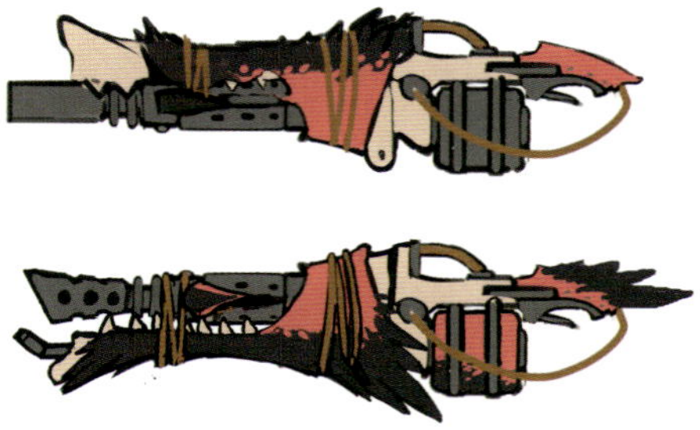

蛮颚龙

重弩

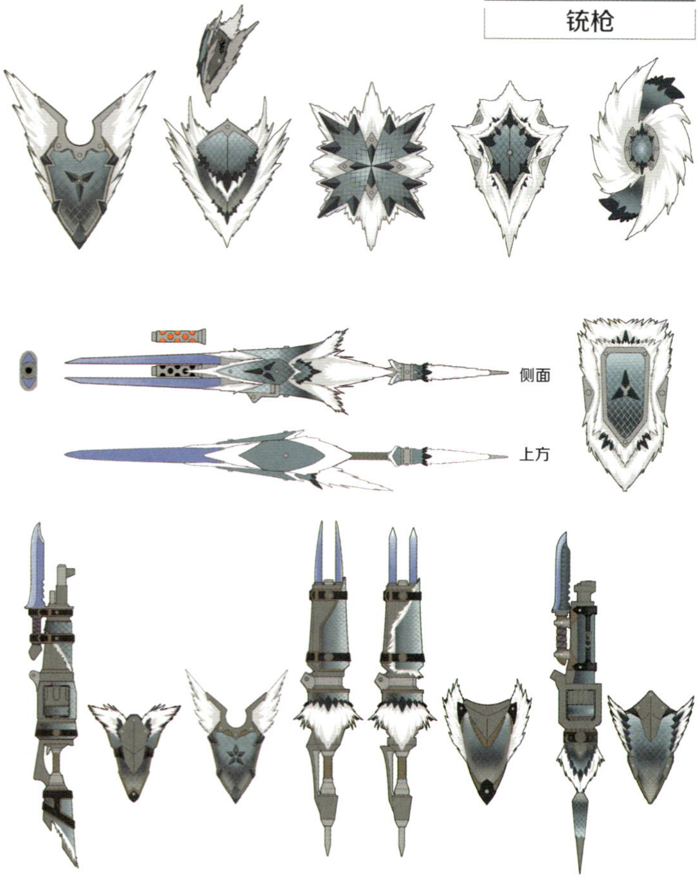

飞雷龙

铳枪

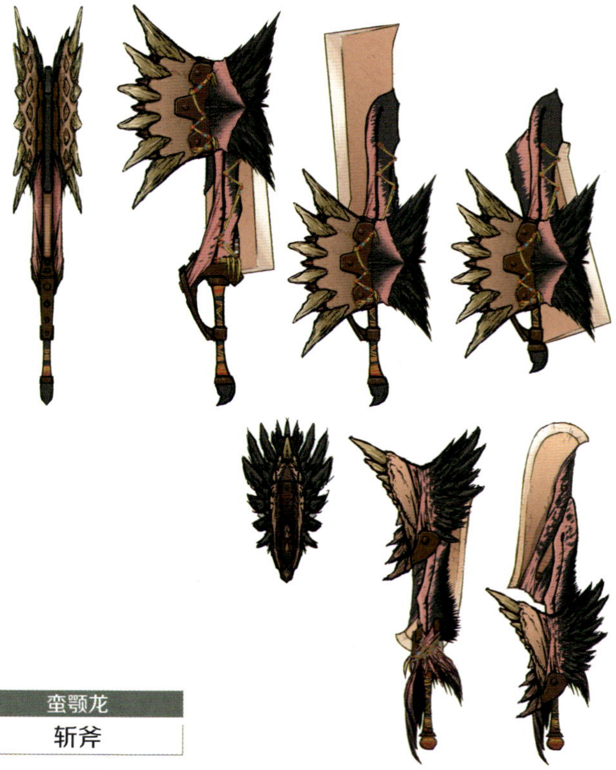

蛮颚龙

斩斧

风漂龙
片手剑

风漂龙
弓

风漂龙
重弩

风漂龙
斩斧

风漂龙
太刀

惨爪龙
操虫棍

惨爪龙
盾斧

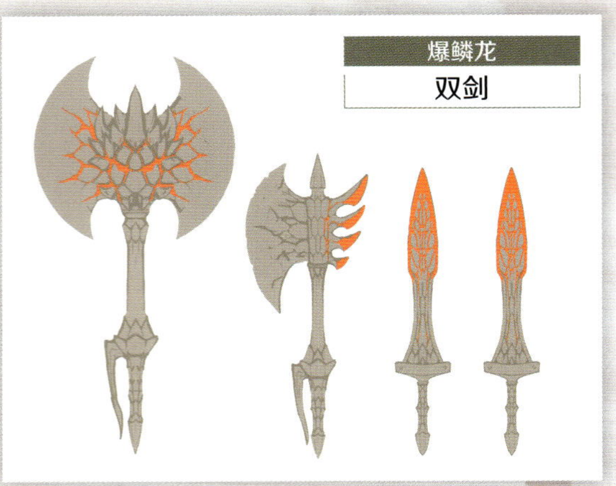

爆鳞龙
双剑

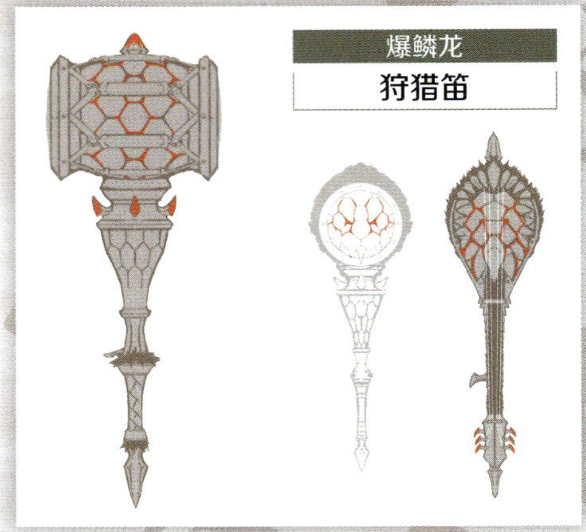

爆鳞龙
狩猎笛

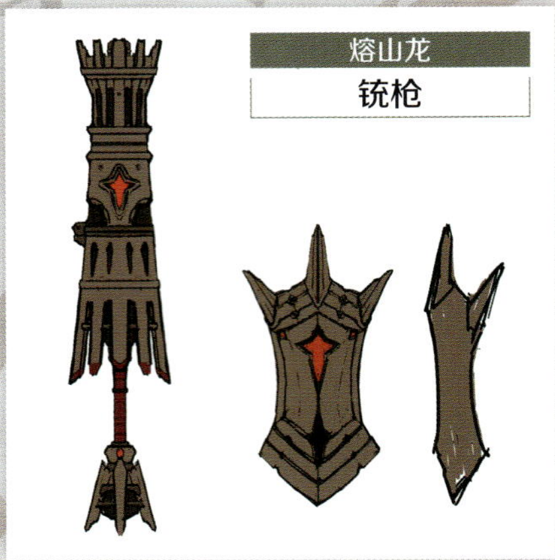

熔山龙
铳枪

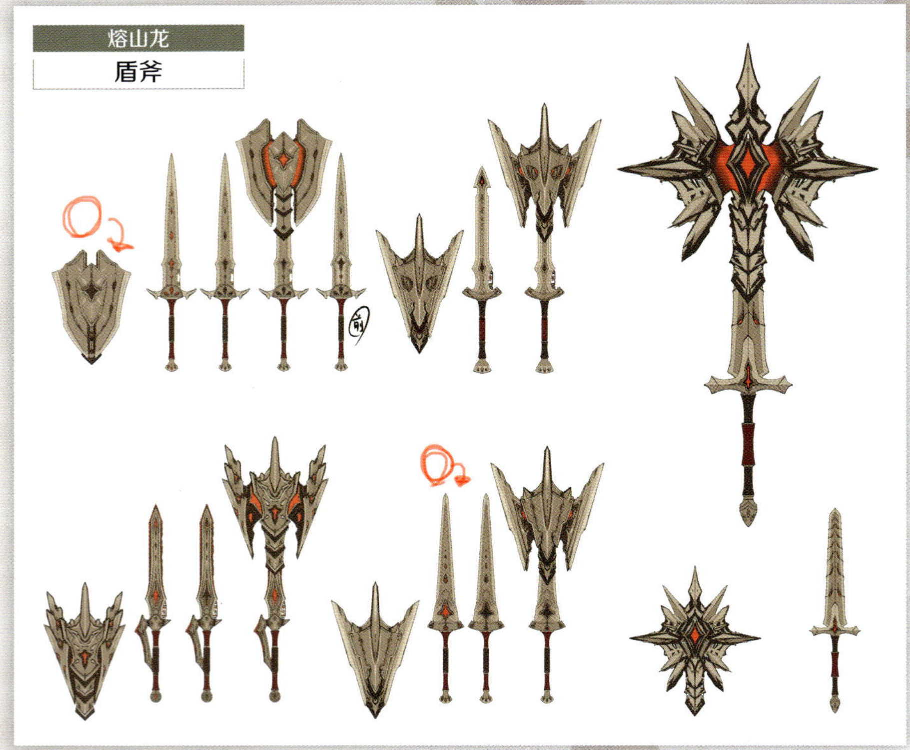

熔山龙
盾斧

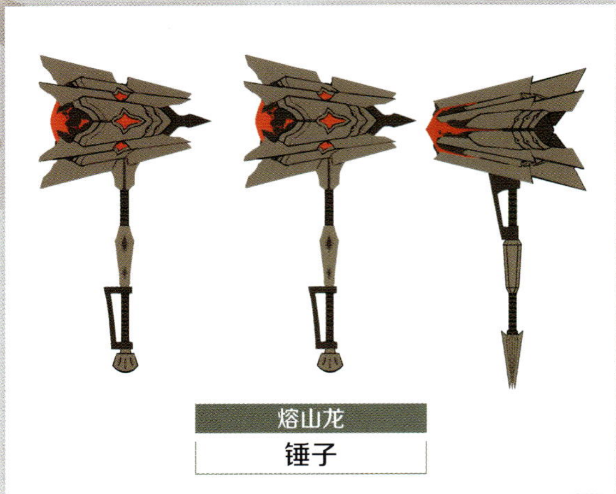

熔山龙
锤子

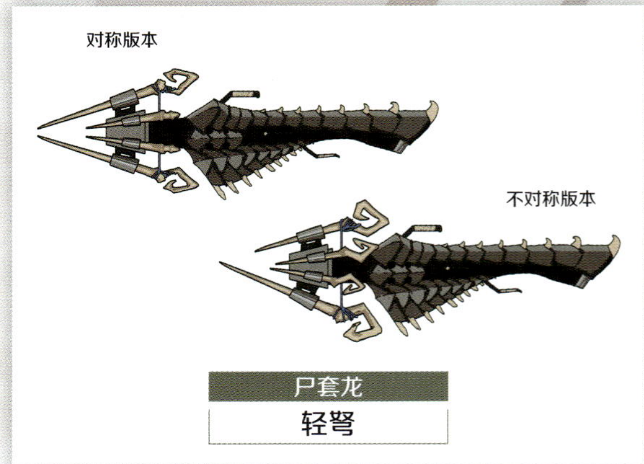

尸套龙
轻弩

尸套龙
大剑

尸套龙
长枪

灭尽龙
太刀
鞘
拔刀
收刀

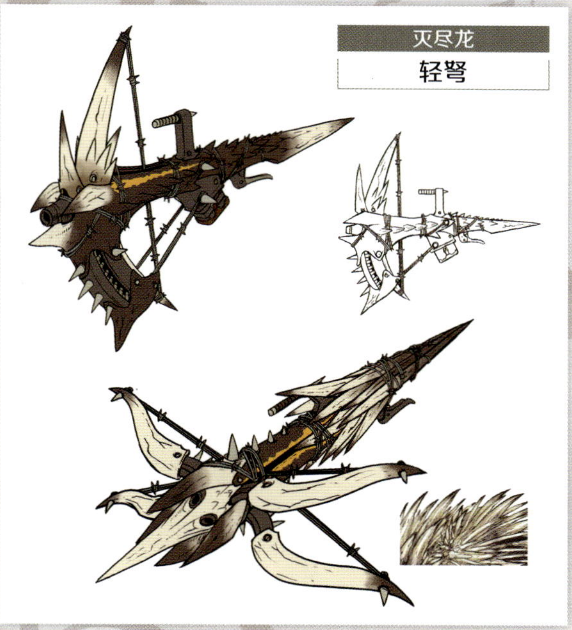
灭尽龙
轻弩

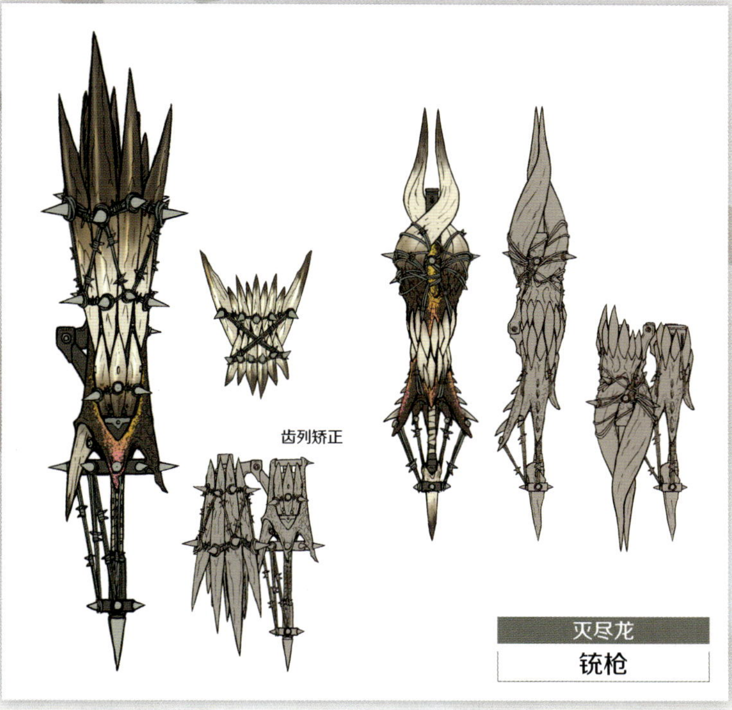
齿列矫正
灭尽龙
铳枪

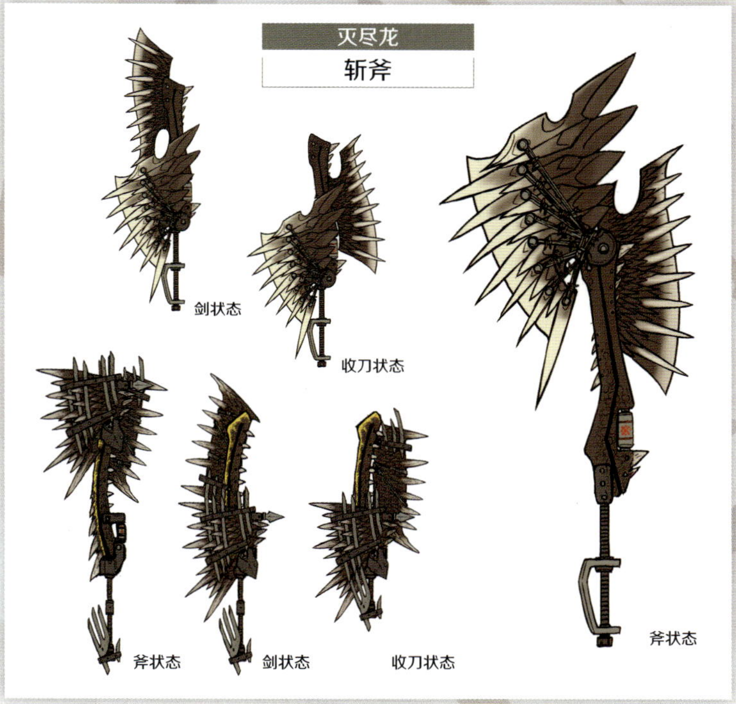
灭尽龙
斩斧
剑状态
收刀状态
斧状态
剑状态
收刀状态
斧状态

灭尽龙
狩猎笛
正面
侧面
太鼓
吉他
笛子

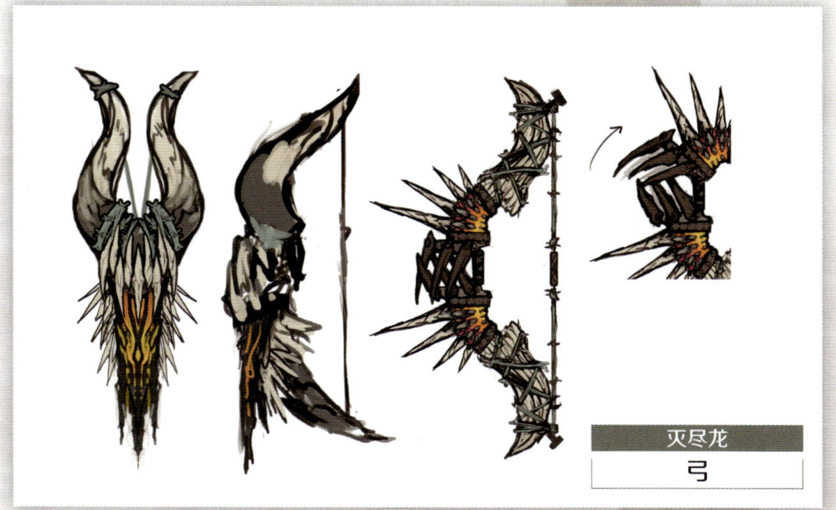
灭尽龙
弓

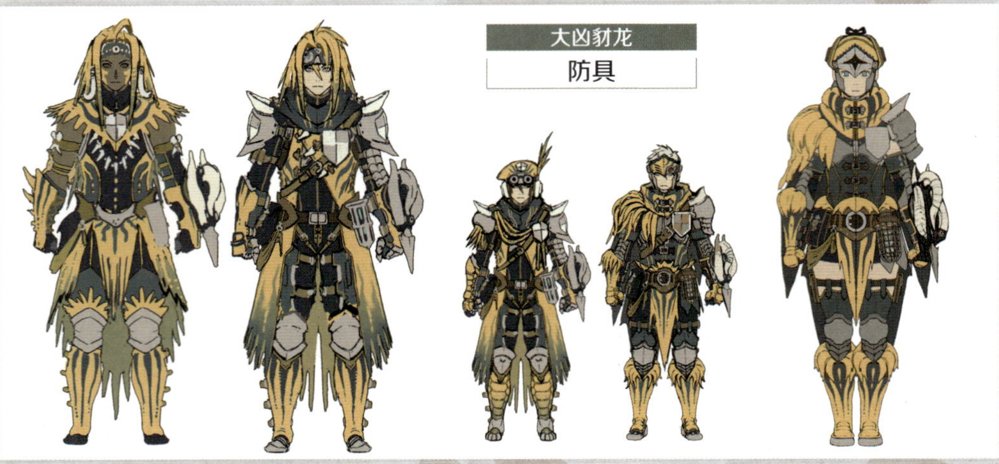
大凶豺龙
防具

泥鱼龙
防具

搔鸟
防具

飞雷龙
防具

蛮颚龙
防具

毒妖鸟
防具

大凶颚龙
防具
这种样子
S1.
S2.
S1.
S2.

头盔－怪物嘴部周围的样子
头盔外形
怪物鼻骨隆起的状态

眩鸟
防具

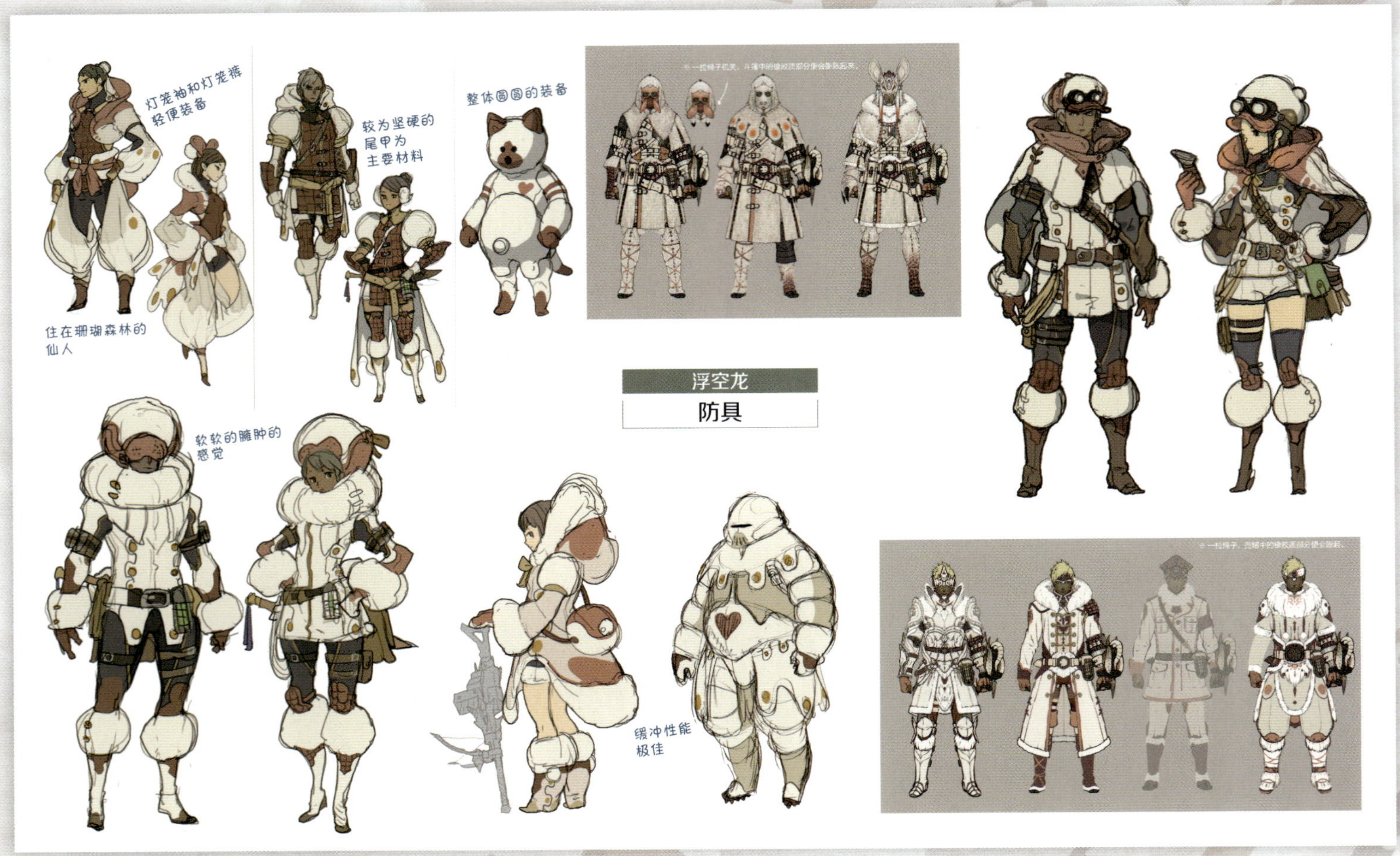

浮空龙
防具

惨爪龙
防具

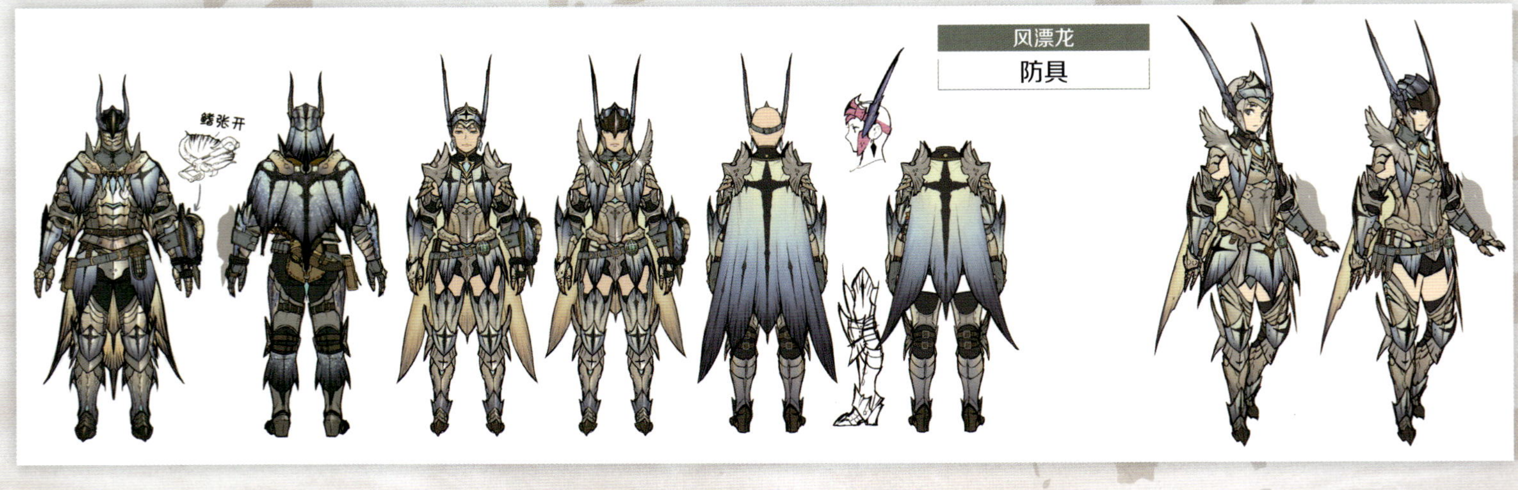

风漂龙
防具

岩贼龙
防具

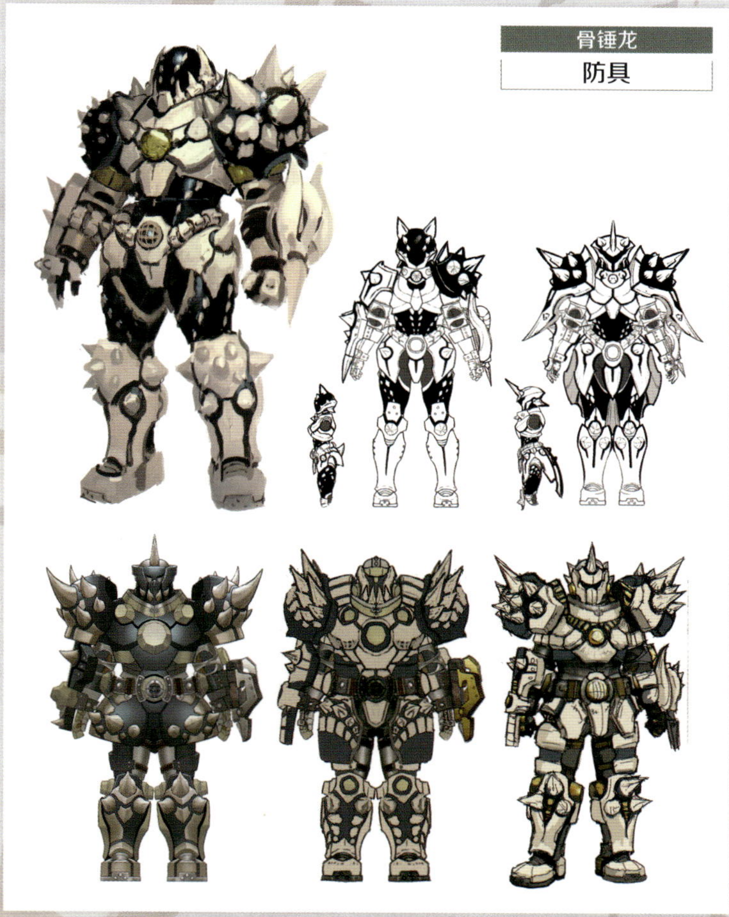

骨锤龙
防具

爆鳞龙
防具

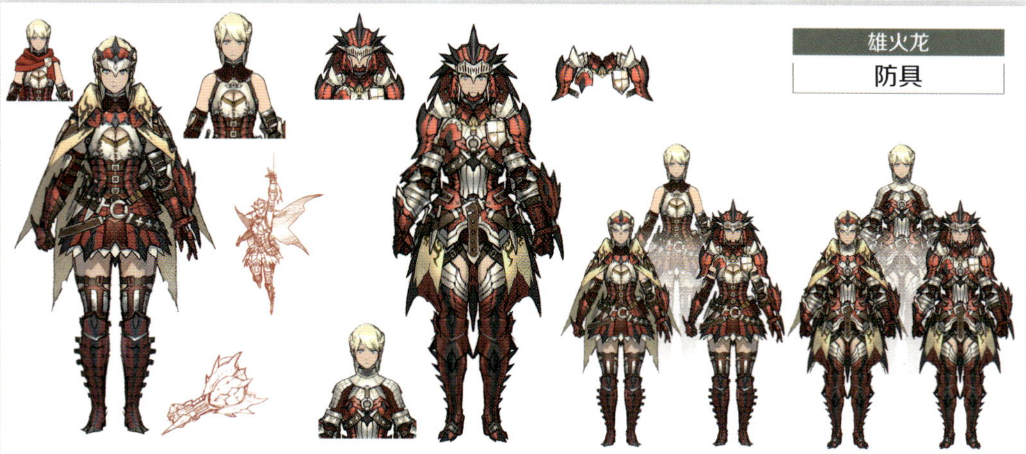

雄火龙
防具

雌火龙
防具

熔山龙
防具

灭尽龙
防具

尸套龙
防具

麒麟
防具

冥灯龙
防具

绚辉龙
防具

大凶豺龙
随从武具
蹲下变成毛球！
匍匐前进！
哦吼～
哦吼～
围着篝火大概
这种样子。

搔鸟
随从武具
呀！小偷！
嘿嘿嘿……
嗒 嗒
啊

泥鱼龙
随从武具
神秘的强者，
其真实身份是……
是皇帝喵
呃啊啊……

飞雷龙
随从武具

蛮颚龙
随从武具
自然色素

骨锤龙
随从武具

浮空龙
随从武具

惨爪龙
随从武具

爆鳞龙
随从武具

熔山龙
随从武具

尸套龙
随从武具

灭尽龙
随从武具

冥灯龙

随从武具

绚辉龙

随从武具

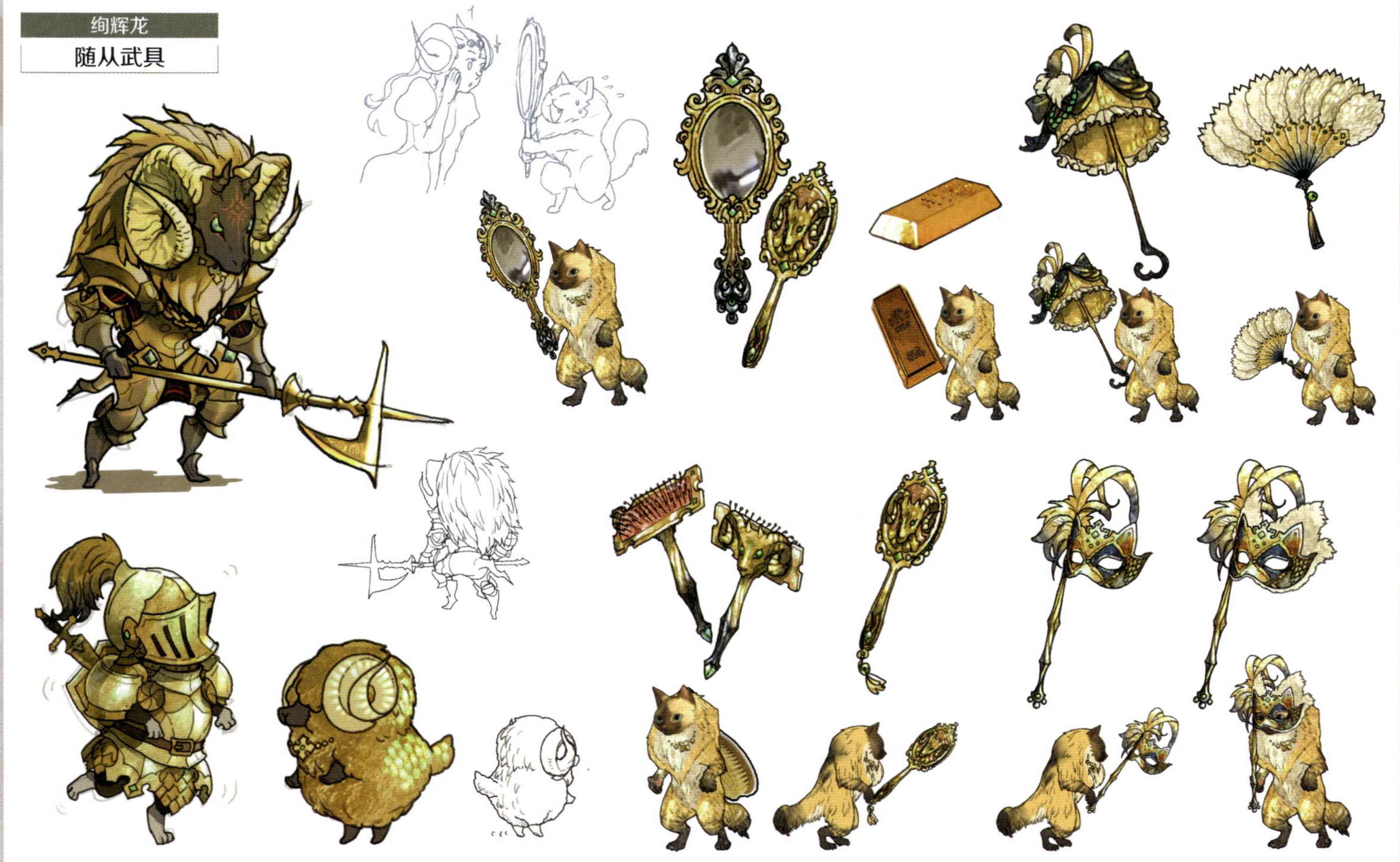

第五章
五期团历史漫谈之章

Background: Fifth Fleet History

寻迹　怪物猎人　世界

第五期调查团追随着熔山龙的足迹来到了新大陆，
将古龙迁徙的秘密彻底揭开。
这里记录了他们的故事，
记录了原大陆的各调查团在新大陆所经历的千辛万苦。

※ 各期团员的所属以五期团抵达之后的编制为准

那么……五期团的各位

快到出发的时间了，
无须过多告别的话语

登上这艘船，便再没有反悔的机会了

如果还没有下定决心的话，
建议你现在回头

现在前往新大陆的船即将起航

愿指引明路的苍蓝星一直闪耀

很久很久以前，
有五只龙与人们一同生活在白色的世界中。

在那里只有太阳和永恒的时间。

拜永恒时间之赐，人们虽不会失去任何东西，
却也什么都得不到。

一天，人们对这种既没有开始
也没有结束的现象感到疑惑及不可思议，
而向群龙们询问缘由。
群龙们张开了嘴，却只吐出了水而不是答案。
在创造了海与天空后，它们就这样游走了。

五只龙来到海的正中间，
把身体变成了岛屿。

一只沉入海中变成了陆地。

一只仰望天空而变成了山。

一只蜷缩起身躯变成了湖，而鳞片变成了雨。

一只进入沉睡，变成了森林。

而最后一只则飞跃上天变成了苍蓝星，
高挂在岛屿的正上方。

但人们怎么也想不透，
群龙们为何要变成岛屿的样子。
不久，一名青年，为了向群龙们探其究竟，
便穿上朴素的外套，乘上小船航向昏暗的大海。

青年终于循着苍蓝星抵达了龙之岛。
过了一段时间后，青年回来了。

人们上前询问："嘿，你见到龙了吗？"
青年回答："嗯，我见到龙了。"
人们紧接着问："那么，知道龙为什么变成岛屿了吗？"
但是青年没有回答，
而是从外套取出五块龙的碎片。

青年将碎片交给人们之后，
便不知去向。
于是人们离开白色的世界前往大海
用五块碎片创造了
广袤的陆地、山、湖以及森林。
最后，为了让当初指引青年的星星不感到寂寞，

Tale of the Five

五只龙的传说

创造了皎洁的明月。

广袤的陆地遮住了太阳，因而有了昼与夜的变化。
山、湖、森林产生了季节。
月亮则为海上带来潮汐。
就这样，世界有了时间。

因时间的流动，人们得到了死亡，
同时也获得了新生命。

人们开始在陆地上生活后，
经过一万个昼夜交替的日子。
人们遗忘了群龙，也忘了时间的由来。

但是由五只龙的身躯所变成的岛屿，
一直被视为是大海正中间最重要的地方，
在那之后人们也不会移居至此，
岛屿就这么一直维持着原有的风貌。

探索新大陆的来由与经过

The Discovery of the NewWorld

在本文中，为了阐明新大陆古龙调查团中五期团的活动情况，首先从调查团的成立目的及经过开始说明。他们所追寻的“古龙迁徙”是什么？又是什么时候、怎样将其设定为调查目标的？又是怎样派遣了各期调查团的？这里对以上问题都进行了整理。

路标 | “古龙迁徙”

关于古龙迁徙的调查持续了很多年。
这项调查的目的并不只有保护人类
不受古龙的侵害这么简单。

我们是为了更加了解堪称自然奇观的古龙，
找到与之调和的方法。

猎人的职责，既不是为了讨伐怪物，
也不是为了保护自然。
力争做自然界的调和者，
这就是我们猎人的使命。

——总司令

⬆古龙向着大海进发——这光景似乎和古老神话“五只龙的传说”中的场景重合，从中能感受到一种古老的浪漫。

古龙从远古时代就存在，它们会突然出现在人们的视线中，又前往不知通向哪里的远方。数百年前就有过火山一样的古龙朝着大海进发，消失在了远方这种记录。但是那时人们既不知道古龙要去哪里，也不知道它们此举的目的。毕竟每当古龙现身都会伴随着灾难，山崩地裂，森林化为火海，街道被夷为平地……人们纷纷忙着逃命，哪有闲心去研究古龙的去向。公会也是从40年前才开始关注古龙的动向的。

古龙的存在及其去向

古龙会漂洋过海进行迁徙。之前所记录的古龙迁徙为每100年一次，后来逐渐缩短到50年、30年。近50年中古龙迁徙的频率更是达到了每10年一次。近年进行迁徙的古龙有钢龙、炎王龙、麒麟，还有在海中潜行、资料不详的神秘古龙。公会为了调查古龙迁徙，于40年前组织了最初的调查团。

“古龙迁徙”泛指所有古龙渡海进行迁徙的现象，没有具体的种类划分。只是这很容易让人联想到古老传说“五只龙的传说”中的情节，难免让人浮想联翩。另外，虽然现在所确认的古龙迁徙周期为10年一次，但不排除今后周期还会变回100年一次的可能性。对于公会来说，即便许多谜团现在还没有解开，也不能放过任何一个细节。说起来，古龙原本就是人类擅自给这些生物下的定义，我们甚至都不知道它们到底是不是同类别的生物，关于它们还有许多未解之谜。关于古龙迁徙的调查，或许可以成为解开古龙存在之谜的突破口。

就这样，古龙调查团于40年前成立了。他们的目的是驾船追踪进行迁徙的钢龙，确认其目的地，并向公会报告。此行充满了不确定性与极大的危险，没有人知道追踪会持续多久，中途海域会出现何种危险，甚至有可能迁徙的目的地是古龙的一大繁殖地，那调查员的船很可能会遭到大批古龙的袭击……虽然对未知的调查充满了希望，但伴随而来的是强烈的风险与不安。所以公会将一期团人员编制缩减到了最小，一批与公会签下了生死状的勇士就这样踏上了征程。调查团后来被正式命名为了新大陆古龙调查团，开始了长达半个世纪的调查，而这就是一期团的成立经过。

一期团带着勇气和信念，追寻着古龙迁徙的真相，驾着船驶入了汪洋大海。他们就像“五只龙的传说”中孤独的年轻人一样，但愿苍蓝星能够指引他们前进的方向。

古龙是什么

自上古时代便存在，拥有着超越人类知识范畴的能力的怪物。有的古龙和通常的飞龙种体形相似，有的就宛如一座移动的大山。无论在山川还是河流，它们可改变沿途的生态系统，改变地形，甚至有时会毁灭人类的生活区。古龙的活动就好像地震或是火山喷发似的，以人类的力量几乎不可能阻止。所以人们惧怕天灾一样的古龙，敬畏古龙，世界各地都有关于古龙的神话故事代代相传。

➡公会所持有的原大陆地图。古龙中有小山一样体形巨大的个体，它们所到之处山崩地裂、河水逆流，连环境也可以被它们改变。

追寻迁徙的古龙——抵达新大陆

就这样，一期团的船踏上了征程，追寻着在天空中飞翔的钢龙前进。离开原大陆一段时间之后，有一天，海面上突然波涛肆虐，狂风四起。但这却不是天气所造成的，狂风骤雨之中，眼前的钢龙在和别的生物进行争斗。两只生物互相扭打纠缠在一起，越发猛烈的暴风雨将船整个卷起，喷涌的波涛将船顶到了半空中——

待狂风骤雨消散，呈现在调查员眼前的景象令他们震惊。他们的船体严重损毁，而且整艘船被冲到了高高的悬崖上。放眼望去，南部是一望无际的海洋，西部深处的森林中耸立着巨大的树木，而东部则是荒凉的沙漠。这种地形在原大陆前所未有，这意味着调查团发现了一片全新的大陆。经过之后的调查，人们推测和钢龙发生争斗的是一只可以操纵水的古龙，而受到它的影响，钢龙的迁徙以失败告终（并无钢龙上陆痕迹）。

进行迁徙的古龙，
大多数都是含有强大生命能量的个体呢。
这也难怪，能量匮乏的个体恐怕难以完成
如此远距离的迁徙吧。
不过，拥有强大生命能量的个体，
它们的共同点是什么？
你怎么看？你觉得古龙和我们是一类生物吗？
我有时候觉得我们和植物就很像呢。
就好比大树什么的。

——生态研究所的所长

新大陆的“星之船”

红色 × 处为一期团船搁浅的地点，而这也就是后来的星辰调查据点。坐落于悬崖上的船成了调查据点的象征，坐落在船尾的“五只龙的房间”中的彩色花窗如星辰般闪耀，这艘船也由此被命名为“星之船”。随着之后星辰据点的扩建，星之船变成了猎人们的集会所。

➡新大陆调查据点周围地图示意。附近的天气变化频繁，环状的内海波涛汹涌，船只和怪物都非常难靠近这里。

⬆矗立于调查据点西部的古代树森林。古代树是许多植物汇集而成的生命集合体，随着时间推移在不断成长。

新大陆独自的生态系统

就这样抵达了新大陆的一期团，将悬崖上的“星之船”当作调查据点，开始了他们的新大陆旅程。据技术班队长回忆，当时船上只有两名技术人员，船体还被严重损毁，但盘踞在悬崖上的据点可以很好地利用瀑布的水力，周围水源也很丰富，真是不幸中的万幸了。虽然一期团人少，但他们每个人都干劲满满。他们修整水路，利用瀑布建造动力设施，花了数年的时间建造好了这个可以确保生活环境的据点，可以满足对周边调查的一些需求。当时的记录详细描述了据点周围的样子，包括古代树森林中雄火龙和蛮颚龙的目击情报，东部沙漠发光的大蚁冢等。虽然存在着草食龙这种原大陆的熟面孔，但接连的新发现还是令调查员们大吃一惊。

特别是在登陆不久后目击到的飞在天空的光芒——那就是被总司令命名为“导虫”的生物。它会对植物、矿石、怪物的痕迹等各种物质的气味起反应，聚集在其周围。作为新大陆探索独特的道具，它引起了公会和原大陆研究者们极大的兴趣。

栖息在新大陆的许多动植物完成了
多样性的进化，这是在原大陆闻所未闻的。
无论怎么调查都还有新发现，资料太多了根本
整理不完，
真是令人头痛啊！

——兴奋的四期团团员

⬆樱虫和粪金龟（上图）及绕行兔（下图）。每次发现新物种，都会勾起相关学者极大的兴趣。

⬆除了导虫，翼龙也在新大陆发挥出了新的作用。新大陆的猎人通过投射器勾住翼龙的爪，可以自由地随着翼龙在空中翱翔。

路标‖ 新大陆古龙调查团

↑古龙调查团的徽章。集合了公会的标记和象征“五只龙的传说”的龙和星，从一期团起沿用至今。

新大陆古龙调查团分为五个期团，在这40年间总共有近1000名调查员先后抵达了新大陆。根据时期不同，各个期团所选拔的人才侧重点也有所不同，每个期团都有各自鲜明的特征。通过了解各个期团的特征，期团旗所象征的不同意义，可以对调查团有一个较为全面的认识。他们不仅是猎人，也不单是学者，而是勇于面对未知的挑战者。

在未知的航路与新大陆搏命的勇士们

四期团抵达新大陆的时候公会安排了返航的船，五期团抵达的时候也进行了同样的安排。虽然现在的调查员的总数将近1000人，但一期团和二期团的团员们大部分已于近十年返回了故国。原大陆的人们形容起调查团员，常会说一句话，“到新大陆的人不是天才就是怪人，还有不少问题人物。”这恐怕就是那些拒绝了公会的返航命令、坚持留在新大陆的人的真实写照了。另外，由于二期团之后的船队都由三艘以上的船构成，所以会预留出两艘船用于返航（其中一艘备用），而其他的船会被拆解，用于新大陆各地的基础设施建设。

本次进行迁徙的是熔山龙。
那是背负着火山的巨大古龙。
我们此行最大的目的，
就是揭开古龙迁徙背后的秘密。

——总司令

一期团团旗

旗印为星，底色为红。一艘30人左右的船上搭载了由当时最优秀的猎人组成的精锐部队，约40年前被派遣到新大陆。当时进行迁徙的古龙是钢龙。由于成员中只有两名技术人员，他们在生活基础设施的建立上吃了不少苦。一期团的团长是那位如金狮子般勇猛的壮汉猎人，之后他被称为调查团的大团长。

二期团团旗

旗印为焰，底色为橙。二期团于约30年前被派遣到新大陆，90名团员中约有六成都是技术人员，还有少数的研究员同行。他们乘着三艘船跟随着进行迁徙的炎王龙一同前进，在抵达新大陆时却遭到了生满黑色棘刺的怪物袭击。虽然它的目标是炎王龙，但战火还是殃及了调查团，最终被及时赶到的一期团所救。为了适应物资匮乏的新大陆狩猎生活，二期团员改善调整了装备规格，还制作了水车、投射器等新大陆不可或缺的基础设施。

↑从左至右分别为生态研究所所长、剑术大师、原野大师、总司令、大团长、料理长、龙人族的猎人、技术班队长。他们的称呼以五期团抵达之后的头衔为准，其余的期团员大部分已经返回了故国。

↑二期团加工工房的人们。中间被称作头领的人为二期团的团长。发明、加工作业使他长期处于被火光包围的高亮度环境，右眼几乎失明。最右侧的人为研究班队长。

↑三期团的主要人物，成员中有不少善于研究的龙人族。左侧的女性为三期团团长，她是二期团研究班队长的妹妹。右侧的为被称为“三位大爷”的学者们。

↑四期团成员中不仅有猎人和学者，还有许多负责物资流通的商人。这象征着星辰的各种设施机能开始完善，新大陆的生活也更加丰富多彩，所以物资方面的需求也变得多了起来。

三期团团旗

旗印为杯，底色为紫。约20年前被派遣到新大陆，成员主要以学者和研究者为中心。三艘船载着110名调查员，他们追寻着迁徙的钢龙来到了新大陆。由于渡航技术的改善，同样是三艘船却搭载了比二期团时更多的人。抵达新大陆后不久，他们便将主船改造成了热气球，向着无人踏足过的陆地深处飞去，但却从此音信全无。

四期团团旗

旗印为轮，底色为绿。约10年前被派遣到新大陆，成员达到了200人以上。为了完善调查据点的社会机能，四期团集合了负责物资流通的商人及擅长管理生活的人才。虽然归国的初期调查团员人数在增加，但由于新大陆的旅程不再是一张单程车票，想回家的时候便可以搭乘返航的船只归国，因此有更多的年轻人愿意加入调查团去闯荡。这次追寻着进行迁徙的麒麟来到新大陆的船只共有五艘，调查员270人。

五期团团旗

旗印为风，底色为白。五期团的规模为史上最大，六艘船载着近500名调查员来到了新大陆。五期团的成员基本都是精英猎人，其中一批特选调查员被编到了推荐组，以猎人和编辑者二人组队的方式进行活动。调查团的船队预计与进行迁徙的熔山龙一同启航，但由于其中一位猎人直到出航当天才与大部队会合，险些没能按时出发。

精英云集 ——身经百战的猎人与编辑者们

三期团的成员有一大半都在刚刚登陆不久就动身去了大峡谷。而他们被困陆珊瑚台地，与调查据点失去联系之后，要说没有给公会造成混乱那是不可能的，然而之后的期团送来的人员数量仍是只增不减，素质也越来越好。五期团抵达新大陆的人数有将近500人，这和前四个期团加起来的总人数差不多了。而这也象征了40年间渡航技术惊人的发展。随着时间的推移，第二代的调查员也逐渐成长了起来。有不少调查员的父母或祖父母都是一期团或二期团的前辈。虽然他们大部分都是从原大陆跟随调查团来到新大陆的，但也有一些新一代的调查员是新大陆土生土长的。现任调查班队长就是土生土长的新大陆人，总司令是他的外祖父，他本人现在正活跃在调查的第一线（他本人没有离开新大陆的意愿）。

熔山龙进行迁徙的动向是在四期团抵达新大陆后的第十年被确认到的。公会在这些年间选拔了一些精英猎人和编辑者，他们招募调查团员的时候除了招募普通的意向者，也将这些候补精英列入了队伍里。一期团的总司令希望可以实现两人一组的探索模式，推荐组的搭档们在出航前就已经见过面，以培养默契。新大陆也是做好了迎接五期团的全面准备，调查多年的古龙迁徙之谜，说不定可以解开了。

↑五期团团员们集结的一幕。左边的两位是推荐组中非常活跃的一对搭档，好胜的推荐组员和阳光的推荐组员，他们在许多场合都充分发挥了搭档制度的优势。

路标Ⅲ 五期团的到达

↑在总司令的要求下所集结起来的五期团，以前所未有的规模集结了各界精英。

一期团登陆以来的第40年，这是将被载入史册的一年。五期团终于迎来了出发的日子，猎人们和编辑者们壮志凌云，静静等待着船队的启航。忽然间大家都安静了下来，仿佛有一股清风穿过了之前喧嚣的人群。是那位传说中的猎人到了。这位猎人在出发前被公会派发了特殊任务，而之后也正是这位猎人被授予了“新大陆的苍蓝星”之名。

那么现在我们就准备
向新大陆出发了！

愿指引明路的苍蓝星
一直为你们闪耀！

追寻希望之星

对这些即将前往新大陆的调查员无须说过多道别的话，他们个个情绪高涨，对未知之地的探险充满了期待，船舱内洋溢着热烈的气氛。他们通过返乡前辈们的描述和新大陆的调查报告书对这片未知的大陆有了一个大致的了解，但这旅程对他们来说依然充满惊喜，必须打起十二分的精神。五期团的猎人们个个都是人才，编辑者们也都抱着要记录冒险的每一个细节的决心，打退堂鼓的人恐怕早已不在这艘船上了。

为了让团员们在途中养精蓄锐，船上提供了大量美食美酒，一点儿不亚于陆地上的美味佳肴。为了调查的顺利进行，公会已经提前安排过推荐组的猎人和编辑者们会面，等抵达新大陆时他们已经形成了搭档的默契。但是有一组的猎人和编辑者还未见过面，就是那位未参加出航前的说明会，最后与大家会合的猎人。他被公会安排了特殊的任务，而他的搭档接待员也是一位被公会所认可的精英。属于他们二人的冒险即将拉开序幕。

从调查开始到现在
也已经过了40年了。

公会很希望我们五期团可以解开
古龙迁徙的谜团呢。

——阳光的推荐组员

与朋友的相遇

同为推荐组的阳光的猎人和好胜的编辑者正在和那位猎人举杯豪饮。突然船身剧烈晃动了起来，周围的海面出现了异常。大家纷纷趴在窗户上，或是试图冲到甲板上，想搞清楚出了什么状况。

巨大的冲击从正下方袭来，海面像是被割裂了一般。一艘船在这巨大的冲击力下侧翻了过去，还有一艘船被波浪卷得直立了起来，船首指向天空……是它，五期团所追寻的进行迁徙的熔山龙，它火山一般的身躯突然浮出海面，出现在了船队的正中央。现在回想起来，它就好像是被海面上的歌舞升平所吸引，又像是想要平息掉这份喧嚣一般。

在之前古龙迁徙的调查中，跟丢目标是常有的事，而如今熔山龙出现在大家的视线之内应该说是件幸运的事。但五期团暂时顾不得那么多了，想方设法维持船身稳定继续航行的人，落水的人，从沉船中逃脱的人……新大陆已经近在咫尺，但船队却陷入了混乱之中。

后来被星辰搭救的他们，异口同声地谈论着同一个话题。

“看到了吗？那从熔山龙身上洒落的光芒……”

注意到了吗？
刚才海浪的声音变了呢。
应该快到陆地了吧。

——接待员

←即将抵达新大陆之际，熔山龙从海面浮了上来，出现在了船队的正中央。这场面简直就像是海底的火山隆起。

面前的新大陆

几艘即将抵达星辰的船于面向大陆近在咫尺的海域沉没，而那位猎人和编辑者所在的船搁浅在了熔山龙巨大的躯体上。万幸的是，船队遇难于近海区域，二人通过投射器抓住了空中盘旋着的翼龙，成功脱离了险境。他们在朝阳的沐浴下向着陆地进发，转眼间脚下的景色便从汪洋大海变成了广阔的森林。但是野生的翼龙无法准确控制飞行方向，不久他们便坠落在了调查据点西方的古代树森林。他们在刚才的骚乱中丢失了武器，现在只能凭借闪避躲开怪物的爪牙，最终成功与前来救援的调查班队长会合。

↑经过重重巧合成功从熔山龙背上逃脱的猎人与编辑者，非常乐于飞在空中欣赏新大陆的美景，也算是因祸得福了。

五期团的抵达路线

和过去的调查团一样，五期团也是沿着新大陆近海的天然洋流航路向星辰的海港进发。虽然在登陆之前与消失在海中的熔山龙来了个亲密接触，但这也正说明了本次对于目标的线路预测是成功的，没有将目标跟丢。

➡地图内红框所示的地点为星辰调查据点。从熔山龙背上逃脱的猎人与编辑者着陆在了古代树森林西南营地附近，他们一路向东走便可抵达星辰。

↑发光的导虫。猎人和编辑者二人依靠着导虫才没有在深林中走散迷路，成功获得了救助。

我的外祖父是一期团团员。
一期团是好久以前来到这儿的了。

我？我几期团都不是。
我只是生在这里，长在这里。

——调查班队长

↑从西侧的大门看到的星辰全景。虽然资源总量有限的整个据点存在着一丝异样感，但整体来说还是能让人感受到和谐的机能美，十分不可思议。

↑调查班队长带着被救助的二人在星辰的要塞附近遭遇了蛮颚龙的袭击。虽然情况危急，但他们在千钧一发之际成功脱险。

↑星辰各处配备着利用河川（更准确地说是瀑布）水力所驱动的水车，作为各种设施的动力源使用，也被用于在星辰各层区域间快速移动。

新大陆的故事，抑或是冒险回想

The Adventures in a NewWorld

——就这样，五期团抵达了新大陆，开始了关于“古龙迁徙”的调查。这里讲述了猎人和编辑者追寻着熔山龙的足迹，踏破森林、荒地，以及未知大地的故事。这是解开新大陆生态系统之谜，探寻生命真谛的旅程。

新大陆的基石——调查据点星辰

↑星辰的标记。最顶端装饰着星星的船象征着星之船；水车与滑轮的纹理象征着星辰各设施的动力源，这是大自然的恩惠；下方的海洋和港口象征着星辰的地理位置，以及多年以来人们对于这片未知大陆的探究。

负责调查的猎人，负责研究的学者，
提供后方保障的技术者……
所有人都在这里集结。
可以说这里就是调查团的中枢。

——调查班队长

五期团团员奇迹般地全员生还，成功抵达了调查据点星辰。除了他们自身过硬的综合素质，船队遇难的地点也离星辰很近。而且熔山龙释放的高热使得海水的温度和人的体温接近，即便落水也不会失温，大大提高了生存率，这可谓不幸中的万幸。而抵达星辰后，等候多时的物资班队长特别提出要见一见那两个人。就是那位最后登上船的猎人和他的搭档编辑者，被称为“期待之星”的二人。接下来的故事讲述的便是他们的新大陆冒险历程。

冒险准备

经过先前四期调查团的努力，星辰及其周边地区已经基本具备了小型要塞都市的机能。星辰的建设以东北部的星之船为中心，呈放射状扩大。依靠天然瀑布的水力，他们先后建立起了二期团的加工屋以及利用水力的移动机关，四期团抵达之后又在最下层建立起了流通区域。由于三期团在抵达之后一多半的人都离开了星辰，所以并未对星辰据点的建设做出什么显著的贡献。港口东南方坐落着利用四期团的船改造而成的居住区，史上规模最大的五期团得以在星辰安家落脚全靠这设计独特的居住区。但是被称为期待之星的推荐组员们并不住在这里，为了方便他们的调查活动，公会为他们在作战指挥部附近安排了住处。

↑加工屋。这里是二期团的头领坐镇的城塞，他们不分昼夜地制作着调查团所需的武器装备，是调查团的坚强后盾。

↑生态研究所。大量的资料堆积在这里，负责新大陆所有怪物生态和机能的整理研究。

↑植生研究所。将古代树的一部分移植到这里，利用其特殊性质来栽培其他的植物，其中也包含试验用的水果和谷物。

↑主要以四期团组成的流通区域，回荡着商人们叫卖的声音。

古代树森林

在用餐区域饱餐一顿之后，五期团的猎人们调查的第一站便是古代树森林，他们各自分头，消失在了森林深处。随着熔山龙的登陆，星辰周边的怪物开始变得越来越活跃，就连平时温顺的草食种冠突龙性情也变得凶暴了起来。

装备上二期团的头领（他也是团长，但大家都亲切地称他为头领，这更符合他的性格）所制作的武具，我们的“期待之星”也踏出了迈向森林深处的脚步。导虫察觉到了形形色色的未知植物和痕迹，光彩似乎比平时更鲜艳了，就连导虫也为这新大陆的发现而感到兴奋呢。

虎视眈眈——隐藏在森林中的危险

调查员们先后在古代树森林中发现了许多怪物，凶豺龙、冠突龙、大凶豺龙等。每次进行狩猎和调查时它们全都表现得很兴奋，和总司令所说的一样，这些怪物现在攻击性非常高，处于非常危险的状态。

虽然原野的状况很危险，但还是有许多学术系的调查员不顾风险赶赴一线进行现场勘查。毕竟对他们来说，可能调查异常的现象才是他们发挥真本事的时候。他们的调查对象不仅局限于食物链上层的大型怪物，还有原野上的环境生物——小动物、虫类、鱼类，以及特德尔之类的新大陆原住兽人族，涉及多个方面。虽然本文所讲述的故事多与大型怪物有关，但新大陆上大大小小的生命体一起构成了这多彩的生态系统，详细观察记录所有的生物，是调查团的使命。正如这古代树一样，最主要的目标调查古龙迁徙就像是树干，而其他方面的调查则像繁茂的枝叶一般。当然，猎人的调查不局限于大型怪物，有时候他们也会发现一些新种类的动植物，帮助料理长开发新的食材。这才是新大陆调查团的样子，全方位的调查结合在一起，才能还原出最真实最全面的新大陆。

回到故事上，调查员们发现了森林中类似熔山龙的痕迹，但毒妖鸟在周围徘徊，无法展开大范围调查。目前的第一要紧事，还是先修复受熔山龙影响遭到破坏的营地。虽然有搔鸟前来捣乱，但对于五期团的精锐部队来说并不是什么大威胁。

新大陆激变的地形

每发生一次古龙迁徙，新大陆的地图就需要重新绘制。拥有与自然灾害同级能量的古龙，每次行进都会给地形和生态带来巨大的变动。

五期团登陆时，受到熔山龙的影响，各地设置的营地遭到了破坏，怪物的栖息地也发生了变化，不得不重新进行调查。

↑调查班的叹息。又要重新制作生态地图啦——。古龙就是这样一种又危险又强大的怪物。

－星辰的动向－

· 两名五期团推荐组员从熔山龙背上成功逃脱，总司令召见了作为五期团代表的他们。
· 料理长委托五期团确保古代树森林的特产茸菇货源安全。
· 为了确认熔山龙登陆所带来的影响，生态研究所所长委托五期团对冠突龙、大凶豺龙等生物进行再次调查。

年龄，我想知道那家伙的年龄。
从调查得出的结果可以有一个大致的推测，不过还需要确认。
如果能捕获的话，就能采集它的外皮，确认它有没有牙齿，
再让导虫记住这些特征……
要做的事情太多了。

——生态研究所所长

· 二期团的头领开始为五期团的猎人们加工装备。
· 热气球开发员在潜心研究可以飞跃大峡谷的热气球。

· 救助海难落水的五期团员，清点名单，确认安全状况。
· 计划重建古代树森林的营地，在五期团的帮助下得以实施。
· 调查资源管理所针对五期团开放。

· 分配给各个成员二等小屋作为住处。
· 在四期团的陪同下体验新大陆的狩猎风格。狩猎方法的差异，特别是投射器的使用方法都得到了详细的讲解。

五期团任务轨迹❶

这段时期古代树森林的生态发生了变化，怪物进入了亢奋状态。考虑到熔山龙上陆对新大陆带来的影响，五期团的行动将以确保星辰的安全为首要目标。

凶豺龙

◆重新调查凶豺龙的栖息区域
◆据说五期团的王牌可以瞬间制服七头凶豺龙

冠突龙

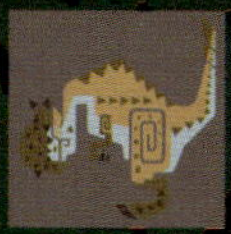

◆冠突龙的脾气变得凶暴，在确认其栖息地的变化，调查中需要加倍小心。在和调查班队长的任务中发现了欲捕食冠突龙的大凶豺龙，随后对之进行调查。

大凶豺龙

◆在开始调查熔山龙的痕迹后首次发现了疑似痕迹。但毒妖鸟在周围徘徊，无法进行详细调查。

古代树森林的探索

◆与在原野中调查的老练的兽人族学者、孤高的鱼类调查员、热情的生物调查员会合，听从他们的调查建议。
◆在营地建设地点遭遇搔鸟。

搔鸟

◆为了重建被损毁的营地，物资班队长拜托五期团击退捣乱的搔鸟。确认安全之后物资班将资材搬入，成功在森林深处设置了营地。

大蚁冢荒地

↑沙岩中的黑色巨物便是大蚁冢了。它的尺寸大得惊人，而且现在依然在继续生长。

将古代树森林深处的毒妖鸟讨伐之后，终于可以进行熔山龙痕迹的详细调查了。而在森林的另一侧，星辰东方的大蚁冢荒地中也发现了熔山龙的痕迹。调查班报告说除了熔山龙的痕迹，还发现了其他不明棘刺的痕迹。学者们——也就是三位大爷要前往荒地进行痕迹的调查，为了确保安全，总司令安排了“期待之星”作为他们的护卫。

吹拂荒野的风

总司令最担心的，就是遭遇留下神秘棘刺的怪物。虽然成功地避开了它，三位大爷的调查依然是多灾多难。沿途遭到雌火龙的追击，痕迹近在咫尺时又遭到土砂龙的袭击，要是没有护卫同行就糟了。担当护卫的“期待之星”在执行任务时遇到了一位猎人，他们当时并不知道眼前的人是谁，之后才知晓这位曾经是总司令的左膀右臂，如今在单独行动的大名鼎鼎的龙人族猎人。消失多年的龙人族猎人再次出现在人们的视野中，消息一经传出，震惊了星辰上下。

在大蚁冢荒地中探索，
发现了类似熔山龙的痕迹。

但是附近还有一些奇怪的痕迹，
导虫的反应也很奇怪。

——热血汉子的四期团团员

↑聚在熔山龙痕迹附近的导虫发出青色的光芒。可以从这痕迹中感受到超越平常生物的异质能量。

在大蚁冢荒地，
发现了棘刺一样的痕迹。

我记得好像十年前，
我刚刚加入调查团的时候，
也出现过类似的报告。

——兴奋的四期团团员

话说你们，
是在追寻“那个怪物”吗？

我也是呢。
我觉得找到了痕迹，
就相当于找到了真相。

——龙人族的猎人

五期团任务轨迹❷

大蚁冢荒地的探索

毒妖鸟

◆ 总司令所发动的紧急任务。为了调查熔山龙的痕迹，需要将在附近徘徊作乱的毒妖鸟击退。

土砂龙

◆ 跟随三位学者去大蚁冢荒地探寻熔山龙的足迹，途中在去往荒地的路上遭遇了雌火龙。
◆ 在大蚁冢荒地确认了熔山龙的痕迹，却遭遇了土砂龙的袭击，五期团成功将它击退。

为了确认熔山龙的行踪，调查团展开了对痕迹的正式调查。调查范围扩大到了广阔的大蚁冢荒地，猎人作为随行学者和编辑者的护卫，负责对出现的怪物进行调查狩猎。

主宰森林的蛮颚龙

各地痕迹的调查有条不紊地进行着。通过各处痕迹的发现时间分析，调查团推测出熔山龙正向着东北方向前进，目标正是大峡谷。总司令召开了作战会议，提议捕获巨大的古龙。想要实现这个计划，需要投入现阶段星辰所有的人力和物力。但是这样的话，星辰就成了一座无人把守的空城，如何保证星辰的安全是个重中之重的难题。近期古代树森林的生态发生了活性化，森林暴君蛮颚龙的领地扩大，甚至会出现在星辰附近。如今最紧要的任务，就是从蛮颚龙的袭击中保证星辰的安全。

植生研究所的所长为了对抗蛮颚龙研制了隐身衣装。但是收集材料的地区正巧是飞雷龙的领地，有它盘踞在这里，普通人根本无法靠近。于是现在的优先任务是击退飞雷龙，收集齐制作衣装的道具。有了隐身衣装，推荐组的猎人们就能以更充分的准备去对抗蛮颚龙。

被称为森林暴君的蛮颚龙适应了新大陆特有的地域环境，行动灵活、性情凶猛。将其击退是熔山龙捕获作战之前五期团执行的最重要的任务了。多亏了“期待之星”的英勇表现，蛮颚龙对据点带来的破坏被降到了最低。“希望之星”不负众望，简直可以被称为据点的守护者了。或许是因为团员们在抵达新大陆之前和熔山龙进行了一次刻骨铭心的亲密接触，所以现在大家都格外期待与它的再次见面。而现在调查团没有了后顾之忧，可以全力向熔山龙发起突击了。

泥鱼龙

◆ 前往荒地寻找行踪不明的生态研究所学者，最终在泥沼发现了他的身影。但是泥鱼龙突然来袭，猎人成功将其击退。
◆ 发现了黑色的神秘棘刺痕迹。

飞雷龙

◆ 受植生研究所所长的委托，击退古代树森林中雷光疾走的飞雷龙。

蛮颚龙

◆ 总司令发布的紧急任务，击退出现在星辰周边的蛮颚龙，确保熔山龙捕获作战时星辰的安全。

- 星辰的动向 -

· 一直以来行踪不明的龙人族猎人在大蚁冢荒地与五期团的“期待之星”相遇。
· 总司令召开关于熔山龙的作战会议，决定捕获熔山龙。
· 用餐区域“武器与山猫亭”扩建。
· 料理长委托五期团确保大蚁冢荒地的咬鱼的肝、熟成坚肉和草食龙的蛋货源安全。
· 生态研究所分析了熔山龙痕迹表面的成分，推算出了它的行进路线。

· 随着五期团调查活动的正式开展，加工屋和武器店也进行配合，全力生产更优质的武具来支援猎人。
· 研究班队长曾经因为人手不足将自己的妹妹叫来了新大陆，可她却遭了难。现在他很害怕再次见到妹妹，不知该如何面对她。

有些死脑筋的人会觉得，
将古龙捕获就会有坏事发生，
害怕得很。

不过我觉得就算真的有坏事发生，
我也想好好研究一番呢。
哈哈哈，开玩笑的！好有趣啊！

——研究班队长

· 大蚁冢荒地中确认出现了棘刺状的痕迹。这痕迹疑似与三十年前出现的神秘黑色怪物相符，调查仍在继续。

· 植生研究所所长提出在讨伐蛮颚龙之前为所有猎人配备特殊道具——隐身衣装。将森林深处的飞雷龙击退之后，隐身衣装的材料得以收集全，衣装被分发到了每位猎人手上。
· 为了对抗逼近星辰的蛮颚龙，加强了关卡的防卫。
· 植生研究所成功让古代树的种子发芽，并极速成长。

没想到真的发芽了呢——

之前直接培育也好，嫁接也罢，
对古代树的培育都失败了。

果然使用那个东西是个正确的选择呢。
不过既然如此，今后就快快长大吧。

长到把这座研究所撑破那么大！

——植生研究所所长

· 作为寻找行踪不明学者的先遣部队被派遣到大蚁冢荒地。
· 利用一期团船所建成的集会所“星之船”，“五只龙的房间”便坐落在船尾。神秘的彩色玻璃花窗和讲述“苍蓝星”由来的神话故事，令人遐想连篇。

熔山龙捕获作战

↑原本用于据点防卫的大炮和弩枪都被投入到了此次战役中，星辰所有的兵器被日夜不休地运往大峡谷。

话说起来……我上次害怕夜晚，
是在什么时候来着。
现在我却盼着黎明永远不要到来。

常年和火相伴，
我还以为我早就忘了这种感觉了呢。

——二期团的头领

熔山龙随着黎明一同现身……
这听起来简直像神话故事一般。

——好胜的推荐组员

熔山龙，五期团追寻着它漂洋过海，又差点因为与它的亲密接触遇险于海洋，现在又通过调查它的痕迹推测出了它的去向。如今终于到了要捕获它的时候了。这身躯庞大的生物究竟从哪里来？以什么为食？它又为什么漂洋过海来到新大陆呢？这些都是未知数，本次作战能解答多少问题也完全没有定数。

即便如此，新大陆古龙调查团还是集中在了一起，各自分工进行着任务的准备。猎人、编辑者、学者——大家为了停住熔山龙的脚步，将其捕获，进行彻底的调查，聚集在了大峡谷的一轮皓月之下。

大峡谷的激战

终于，熔山龙捕获作战开始了。不过这里笔者有一个疑问，将熔山龙捕获之后我能知道些什么呢？而且既然是捕获，就代表古龙还处于生存状态，那么它醒来之后又将怎样呢？关于这些问题我咨询过生态研究所所长。据所长说，熔山龙的捕获其实只是短暂地将其拘束。如果作战能够成功的话，先要进行外皮的采集，还要确认其牙齿的有无以及构造，以及让导虫记住其特征，之后再将熔山龙放走。所长很早以前就说过想要调查古龙的年龄，而通过外壳的成长过程和年轮的深浅或许可以解开这一谜团。另外，熔山龙的巨大身躯无法实现真正意义上的捕获，整个作战其实是融入了将熔山龙释放后的追踪计划。不知道聚集在大峡谷的调查员们对战略的大局有多少认识，总之调查团的首脑们决定按照上述的计划来执行。

星辰的东侧屹立着不可逾越的大峡谷，三期团的热气球正是消失在了大峡谷的另一侧，从此没了音信。捕获古龙这种计划前所未有，调查员们全都聚精会神，屏息凝视着远方。突然导虫从调查员们的虫笼中一齐飞出，青色的导虫像是在寻求着什么似的，在大峡谷各处彷徨。当它们聚集到大峡谷的底部时，一瞬间变为了代表警戒的红色，四散奔逃。这时地动山摇，飞沙走石，熔山龙出现在了人们的视野中。和推算的一样，正好是黎明时分，熔山龙进入了作战区域内。从各地的痕迹中推算出熔山龙动向的生态研究所所长此刻一定在拍手称快吧。但是现在并没有时间去确认他的反应，因为作战开始的号角已经吹响。

➡导虫放出青色的光芒，聚集在了深处的大峡谷底。转眼间，熔山龙撕裂了大峡谷的岩石层，出现在了朝阳之下。

古龙的捕获

在怪物狩猎的历史上，“古龙不可以捕获”是大家公认的一个事实，所以总司令的提案着实很令人吃惊。但研究班队长阐述了他的主张，他认为古龙只是与人类认知范围内的生物相差过多而捕获方式不明，并不是不可捕获。

↑古龙种的出现本身就堪比天灾，熔山龙也不例外，仅仅靠移动就将大峡谷的岩石层割裂，形成了一道贯穿的大裂谷。

↑挑战熔山龙捕获难题的总司令，以及为作战制作各种器材的头领。每个人都在尽可能地为作战出力。

⬅↑在熔山龙行进的线路上设置了两道障壁。在通过大炮和弩枪进行轰击之后，于第一道障壁使用单发式拘束弹进行捕获尝试。若熔山龙突破第一道障壁，则第一梯队的猎人直接飞到熔山龙后背上加以攻击，准备在第二道障壁前再次试行捕获。

调查员们纷纷进入了自己的岗位，用大炮、弩枪、投石器对熔山龙发动了猛烈的攻击。但这些攻击并不奏效，巨大的古龙继续缓缓地迈着它的步伐，完全没有停下脚步的意思，不久便突破了第一道障壁。

为了在第二障壁拦住熔山龙，猎人们飞到了熔山龙的体表上，将身体各处的散热器官一一破坏。感受到了异样，想要将身上烦人的小生物震落的熔山龙缓缓地直起了身子，以二足状态站立了起来。

站立起来的熔山龙，头部的散热器官裸露了出来，总司令下令将其破坏掉。如此，熔山龙到达第二障壁的时候又再次恢复了四足爬行的体态（是因为体力下降的缘故吗？）。抓住这个机会，调查团发射了第二枚拘束弹，熔山龙也终于停下了脚步。正在大家以为作战已经成功之时，一个未知怪物突然扑到了熔山龙的身上。是那个黑色棘刺覆盖全身的凶恶怪物，及时赶到的剑术大师以迅雷不及掩耳之势发动了攻击，剑光一闪，怪物左臂上的棘刺应声掉落。但是令人没想到的是，怪物左臂的棘刺居然在顷刻间就完成了再生。

正在众人与这凶暴的怪物进行周旋之时，熔山龙挣脱了束缚，再次开始了行动。

↑以熔山龙为目标袭来的神秘黑色怪物。它浑身生满棘刺，外表凶恶，猛烈的攻击性压得人喘不过气来。

你们近距离看到那黑色的家伙了呀——

我以前和搭档在调查中
见过它几次。

那是连我和搭档
都很少碰见的怪物。

那到底是什么东西？

——料理长

那个黑色怪物——

不会错，
那就是曾经被我们称为灭尽龙的个体。

它只在特定的时期来到新大陆，
出现在原野上，
过了这段时期之后它便会离开。

现在可以确认了，
它所出现的时期就是古龙迁徙的时期。

——总司令

五期团任务轨迹③

新大陆古龙调查团集中了所有人力、物力所进行的作战，其中五期团为对熔山龙作战的最后王牌。

熔山龙

- 调查团于大峡谷等待熔山龙，实施捕获作战。
- 熔山龙突破了第一道障壁之后，猎人们飞到它身上，将身体各处的散热器官破坏掉。
- 这是五期团第一次与灭尽龙正面相遇，受到它的影响，熔山龙捕获作战失败。

灭尽龙

↑人为设置的屏障完全不足以抵挡熔山龙，它割裂了大地，缓缓消失在了大峡谷对面。

陆珊瑚台地

⬆大峡谷的另一端，色彩斑斓的珊瑚丛生，一幅仿佛海底世界一般的画卷映入眼帘。

你们居然睡在那种地方，真是太蠢了。
到底是有多困。
是那个人把你们从瘴气之谷救回来的。
记得好好谢谢人家。

——三期团团长

付出了调查团全部人力物力的熔山龙捕获作战失败了，它消失在大峡谷对面后便没了踪影，观测不到。即便它再次出现，现在的物资已耗尽，短时间内不可能再有同规模的作战。

现在的状况对于古龙调查团来说可以用山穷水尽来形容，但是总司令的意志却没有动摇。他拜托船长向原大陆的公会转达本次作战的结果和继续调查的决定，又命令猎人们继续追寻熔山龙的痕迹。万幸的是，熔山龙的移动给大峡谷劈开了一道裂缝，终于可以前往大峡谷另一侧的世界了。第二次从熔山龙背上脱险的“苍蓝星”，和搭档编辑者打头阵前往了大峡谷对面的未知世界。

探求的孤独——与三期团的相遇

陆珊瑚台地，对这片长期无人到访的原野来说，猎人们就像是入侵者一样。“期待之星”二人组正沉浸于这美景的时候，忽然遭到了未知飞龙的袭击，不慎从台地上跌了下去，一层一层地坠向这陆珊瑚森林无尽的谷底……

等他们醒来时，发现自己置身于这熏香缭绕的场所。头顶上刺眼的阳光，说明现在至少不是夜晚，没有昏迷太长时间。

“你们好。”说话的是一位龙人族的女性，之前从未见过的容貌。据她说他们一路坠落到了陆珊瑚台地地下的谷底。奇迹般地捡回一条命，多亏了途中柔软的陆珊瑚充当了缓冲气垫，简直是不幸中的万幸。

他们正身处三期团的热气球中。虽说是热气球，但遭难坠落之后被直接改造成了基地，并不是浮在空中的。

“从天而降的猎人”和三期团团长进行了简短的信息交换。三期团曾在二十年前乘热气球翻越大峡谷，但却遭遇了怪物袭击，迫降在了这里。基地周边的生态系统上层和下层有着天壤之别，上层便是刚才的陆珊瑚台地，而下层是猎人二人组坠落到的瘴气之谷。生活在热气球中的三期团全部都是学者，可以说完全不具备狩猎的能力，瘴气之谷研究素材的获得全靠“那个人”的帮助。

猎人二人组也和三期团团长讲了星辰这边发生的事情。追寻十年一度的古龙迁徙来到新大陆的五期团，他们所追寻的熔山龙挣脱了调查团的拘束，消失在了峡谷深处等等——三期团团长了解状况后，认为当前的首要目标是对熔山龙踪迹的探索，接下来便陷入了沉思。

⬅或许因为团长是位龙人，又或许因为这里聚集了许多奇人……不，天才学者，研究基地神秘的氛围和星辰大不相同。因为曾经是船，居住空间非常宽阔。

生命之雪降落在台地

陆珊瑚台地对于新大陆来说是执掌着生命之源的核心地带。以陆珊瑚为中心形成了生机勃勃的生态系统，在这里的生物死去之后便会坠落到瘴气之谷，能量会被分解，进入新的循环。瘴气之谷的存在意义和对新大陆生态系统的影响在此先不做展开，这里着重赞扬的是这美丽的陆珊瑚。陆珊瑚的产卵对于整个生态系统来说就是生命的气息——一期团的某位冒险家称此光景为生命之雪的降落。

➡陆珊瑚在排精排卵。天空中飞舞的无数浮游物，简直就像纷纷扬扬的雪花。营养丰富的卵是栖息在这里的芳翼龙和浮空龙的食物，捕食者们纷纷享受着这大自然的恩惠。

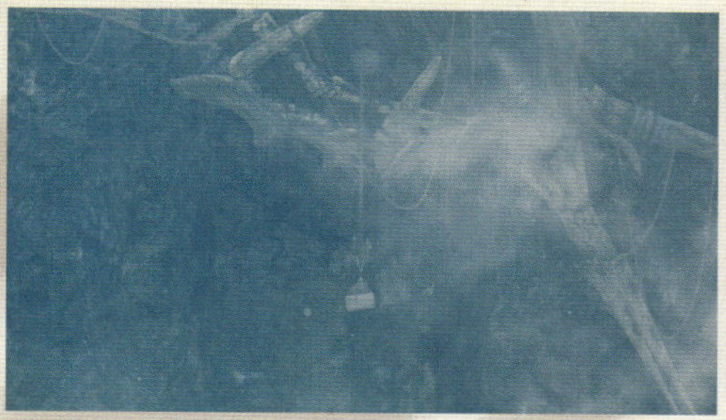

飞舞在陆珊瑚的强威之翼

通往三期团研究基地的道路被打开之后，调查班队长和热气球开发员从星辰赶来，和这里的众人会合。三期团团长推测，在瘴气之谷能找到确定熔山龙行踪的关键信息，所以他们决定再次将基地改造为热气球，向着谷底进发。调查一天也耽搁不得，从筹措浮空龙的素材，到再次制成新的热气球，中间仅过了数日。

虽然未进行试飞，但首次升空顺利成功了。成为飞空研究基地的三期团船缓缓地飞行，寻找着可以从上空降落到谷底的地点。通过滑轮索道继续向下进发的“期待之星”二人组，在着陆地点先后遭遇了大凶颚龙、骨锤龙等危险怪物。之后他们便遇到了“那个人”，一直在瘴气之谷单独探索的一期团猎人兼编辑者——原野大师。

原野大师和三期团团长通过实地探索和多方面证据的研究，推测熔山龙的痕迹可能位于瘴气之谷的最下层。三期团的热气球再次升空，向着更深处前进，准备降落到谷底最下层。但是这一带横风肆起，栖息了大量乘风飞行的芳翼龙，也正是捕食它们的大型飞龙的狩猎场。这时，曾经袭击了三期团热气球的怪物，也是前几日让“期待之星”二人坠落谷底的怪物出现了。那就是位于陆珊瑚台地生态系统顶点的飞龙——风漂龙。

风漂龙支配着台地的领空，自在飞翔，猎人一行人与它陷入了苦战。但五期团的王牌精通多种武器，经验老成，最终成功击退了风漂龙。在平息了风漂龙的危机后，热气球也终于平安无事地向着瘴气之谷最下层继续前进。

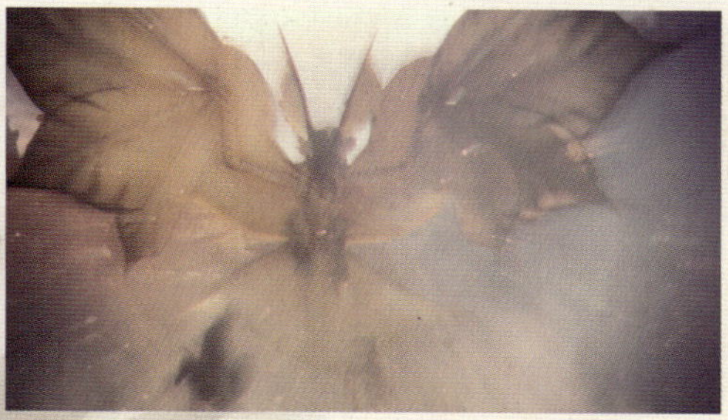

五期团任务轨迹④

为了探寻熔山龙的行踪而继续前进，在前方等待的是新的冒险地和怪物。

陆珊瑚台地的搜索

◆ 先遣部队穿过了大峡谷的裂缝，来到了陆珊瑚台地，却遭到了神秘飞龙的袭击。
◆ 发现了三期团的研究基地，建立了和星辰的联络通路。

眩鸟

◆ 发现眩鸟

浮空龙

◆ 受三期团团长委托调查浮空龙，获得改造研究基地热气球所需的素材。

乘热气球前往瘴气之谷

大凶颚龙 骨锤龙

◆ 通过滑轮索道从陆珊瑚台地降落至瘴气之谷。在着陆点发现了大凶颚龙，并将其击退。
◆ 在瘴气之谷遭遇了骨锤龙，并将其击退。

风漂龙

◆ 受三期团团长的委托，将台地空中的“猎人”风漂龙击退。

- 星辰的动向 -

· 调查班队长到三期团的研究基地与众人会合，同时提供给五期团猎人特殊装具——滑空衣装。

· 料理长委托五期团确认陆珊瑚台地的灵魂鱼子酱、瘴气之谷的壶腌生肉货源安全。
· 在瘴气之谷进行探索的原野大师遇到了从陆珊瑚台地坠落的两名调查员，并救助了他们。

· 头领想利用熔山龙所开辟出的大峡谷地形，他灵机一动设计出了特殊斗技场，并不眠不休地将其一口气建造了出来。
· 武器店成功研发了解除烟筒。
· 热气球开发员到三期团的研究基地与众人会合。利用浮空龙的素材对热气球进行了二次改造。
· 研究班队长终于可以见到妹妹了，但他内心很复杂。

· 研究基地的人听说调查班队长是总司令的外孙，都表示很震惊。“当时那么小的孩子现在都这么大了……”
· 温和的植物学者委托五期团进行古代树收获箱的扩容。
· 神秘炼金研究员通过研究古代龙人的技术制作出了护石，并提供给了“期待之星”。
· 三位大爷前往调查浮空龙的生态。

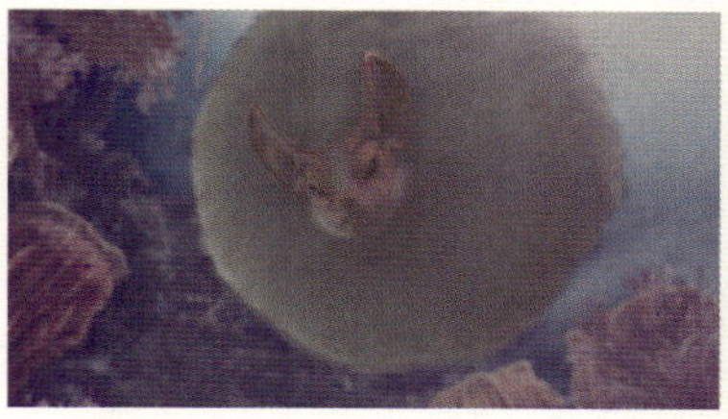

· 物资班为了支援准备跨越大峡谷的五期团，增加了物品种类。
· 物资班队长不禁感叹，之前的作战物资消耗实在是太多了。

快讲讲，另一侧究竟是什么地方？
能采集到一些奇怪的玩意儿吗？
哎呀，光是想想就要激动得发抖了！
虽说我很想过去呀，
可物资短缺也是个很大的问题呢。
搞不好哪天，
天上又会飞来个大怪物。
总司令又该要叫我准备作战用物资了。

——物资班队长

· 身为编辑者的好胜的推荐组员，对大峡谷另一侧的独特生态感到非常兴奋。
· 据报告说，捕获时的熔山龙，身上的火势燃烧得比渡海的时候更加强烈。

瘴气之谷

⬆惨爪龙凶暴的一面，让人深刻感受到了谷底死亡的气息。即便是身经百战的原野大师，处于被动状态后都很危险。

陆珊瑚台地和瘴气之谷的上层都没有熔山龙的足迹，那它的行踪只可能在谷底了。最了解瘴气之谷的人莫过于原野大师了，在她的带领下，击退了风漂龙的猎人和搭档开始了探索，前往那充满腐臭与死亡的谷底。

生命的终点，亦是起点

瘴气之谷大致上分为三层，这三层各有各的机能。首先是谷的最上层，负责堆积从陆珊瑚台地上坠落的尸骸。俯瞰瘴气之谷，巨大的龙骨盘踞在这里，构成了整个瘴气之谷的地基。堆积在这里的腐肉和骨，其中一部分被草木中的细菌分解为土中的营养物质，而剩下的则坠落到中层区域。中层光线昏暗，空气中充满了雾霾一样的瘴气，肉片和骨片在这瘴气的作用下被进一步分解。瘴气的真身其实是分解有机物的细菌，和名字一样，充满了阴森的死亡气息。

被瘴气分解所剩的物质继续渗落到最下层，等待它们的则是发出青色光芒的酸液湖。纵观整个瘴气之谷，好像是一个巨大的过滤系统似的，浓缩了生命的提取物最终转为了高纯度的养分，被大地所吸收。瘴气之谷就好像是消化食物的胃袋一般，这恐怕就是瘴气之谷的机能存在的意义吧。

让死亡成为死亡的场所——也就是生命的终点，墓场。这种词汇浮现在了我的脑海中。即便不用言语来描述，这种感觉也可以传达到心中，真是不可思议。头顶上就是陆珊瑚台地，那里无数的生命在绽放。但是其实无论头上的生命，还是脚下的腐肉，在自然界中都是一体的，是相互连接着的。死亡后的尸体坠落到瘴气之谷，成了台地的养分，也成了大地的基础。这份能量孕育了新的生命，而生命凋亡之后又会回到这里，再度化为能量。

陆珊瑚台地与瘴气之谷，生与死，新大陆与古龙迁徙，其实都是这种相辅相成、互相牵制的关系。

原野大师很早以前就单独翻越了大峡谷来到了陆珊瑚台地，与瘴气之谷进行了接触，她恐怕早已悟出了这个答案，三期团的团长也是同样。而五期团的到来，将这一印象最终确认为了事实，这恐怕是命运的安排呢。

瘴气之谷其实是一片墓场。

死期将至的怪物便会聚集到瘴气之谷。

尸体化作养分，
重新被陆珊瑚台地所吸收。

这样孕育出的生命，
于台地诞生，蓬勃，殒命之后又回到谷底。

真是完美的生态系统呢。

如此大规模的生态循环，真是头一次见。

——原野大师

古代树也好、其他生物也罢，
都是从殒命的古龙那里获得的能量。
所以古代树每隔十年，
都会发生一次急剧的生长。

自然太神奇了，
生命没有一处是被浪费掉的。

——温和的植物学者

立于生态系顶点的王者

果然，在瘴气之谷的最下层发现了熔山龙的痕迹。但是却没有发现最重要的信息，曾经到过谷底的这巨大生物，现在到底在哪儿呢……

收到报告的总司令认为瘴气之谷就是古龙的墓场，而现阶段的首要目标不变，依然是寻找熔山龙的行踪。原野大师与猎人一行人告别，继续出发进行瘴气之谷的调查了。临行前她说，自古便栖息在新大陆的古代龙人有可能知道些什么。遵从原野大师的建议，五期团的王牌猎人和搭档前往了古代树的顶端。途中他们误闯了雄火龙的领地，差点被愤怒的天空王者烧成两个火人。但是塞翁失马焉知非福，在这混乱之后，他们很快就遇到了森林中神秘的古代龙人。古代龙人说，他知道背负火山之龙的去向，但猎人们还没有知道这一消息的资格。

猎人们都清楚，古代龙人所说的资格，便是称霸新大陆的凶猛怪物们。天空的王者雄火龙，和沙漠暴君角龙，这两种在新大陆也被确认存在的怪物，战胜它们就可以达成古代龙人的要求。

新手猎人听到古代龙人出的难题恐怕要哭着逃跑吧。但是五期团的王牌猎人在陆珊瑚台地制服了风漂龙，在瘴气之谷制服了惨爪龙，根本不会惧怕。猎人勇敢地向雄火龙和角龙发起挑战并成功制服了它们，古代龙人也遵守诺言说出了熔山龙的去向。根据古代龙人的指示，他们离开了这死亡墓场，进入了蜿蜒曲折的地脉回廊。为自己寻找安息之所的熔山龙已经到了瘴气之谷的最下层，但它却像被什么所吸引着一般继续前进。如今，如果熔山龙在此殒命，它所释放出的巨大能量会通过地脉引发新大陆全域的巨大爆炸，届时整个新大陆都将不复存在。我们必须阻止这一切的发生。

但是，要怎么做？

熔山龙生命陨落之际

若熔山龙殒命于地脉回廊深处，它所释放出的巨大能量会波及地下不远处的地脉，届时爆发性的能量会顺着地脉蔓延至整个大陆，将新大陆化为焦土。调查团将集结一切人马，避免这种情况发生。

——立于顶点的生物。

你们应当知道背负火山之龙的秘密呢。

那头龙离开了它本应安息的场所，迷失在了地脉回廊里。

而如今，它的死期快到了。

它烈火一般的生命能量已经积攒到了极限。

——森林的古代龙人

◆熔山龙向地脉回廊移动。

◆熔山龙会在死亡的瞬间，将积攒到极限的生物能量全部释放。

◆地脉连接着新大陆全域，若熔山龙殒命于地脉回廊，它所释放的能量会将新大陆全部化为火海。

将熔山龙引导到开放海域，以中和它释放能量带来的影响。

如果说熔山龙的行动是遵从大自然的自然规律的，那想要阻止它，就是在向新大陆本身发起挑战。

既不是讨伐也不是同归于尽，我们选择了其他方式。
那就是调和的方式。
这是所有猎人都向往的与自然的关系。

这就是新大陆的猎人们。

——总司令

五期团任务轨迹⑤

瘴气之谷的探索

惨爪龙

◆ 追寻熔山龙的痕迹而向瘴气之谷谷底前进，却遭遇了惨爪龙，五期团成功将其击退。

生与死混杂的瘴气之谷是什么？猎人们为了探寻新大陆与古龙迁徙的真相，接下来的战斗将更加激烈。

古代树森林与大蚁冢荒地的探索

雄火龙

角龙

◆ 为了找寻熔山龙的行踪，猎人们找到了古代龙人帮忙。依照古代龙人的要求，五期团成功制服了古代树森林的王者雄火龙和大蚁冢荒地的王者角龙。

熔山龙诱导作战

↑对抗古龙兵器——击龙枪。正如其名字所示，它曾经作为王牌出现在多次著名的古龙防卫、击退战中。

我们一直观测着海洋，
而公会也在一直升级着渡航技术。
努力着的可不只有调查团。

——船长

在这事态紧急、物资枯竭的紧要关头，
船长居然给我带了满满一船的货物回来。
呀，此刻感觉船长特别帅。

——补给物资负责人

调查团中弥漫着紧张不安的气氛。熔山龙的行踪明确了，但如果它继续向地脉回廊深处前进，并绝命于此的话，它所积蓄的火焰般的生物能量会沿着地脉蔓延至整个大陆，将新大陆化作一片火海。届时熊熊烈火会吞噬大地，焦灼天空……

别说调查古龙迁徙了，现在就连留在新大陆上都是赌命的危险行为。要去哪里避难吗？来不及的。要将其讨伐吗？那样一样会使生命能量爆发，将整个大陆吞噬。一位五期团团员的发言使整个事情有了转机。也就是说调查团计划将地脉回廊中的熔山龙诱导到开放海域，让海水来缓和其释放出的能量。

背负炎岩之龙

作战方针决定了，但是实施起来还有些问题。之前的捕获作战中消耗的物资、器材现在还没能完全补充上，缺少大规模作战所需的物资。

而且，改变那巨大古龙的行进路线，真的可能吗？

就在这时奇迹发生了。不，与其说是奇迹，不如说是总司令绝妙的安排。捕获作战之后便离开了新大陆的船长，带着载满物资的船队回来了，这简直是作战会议当中的一针强心剂。

船长的话令调查团员们士气大增。他说公会收到了调查报告，为了能全力应对接下来可能出现的状况，为调查团准备了大量的物资和兵器，数量远超在捕获作战中所消耗的部分。而且其中包含了搭载击龙枪的最新型号击龙船，这强大的对抗古龙兵器曾在之前的多次大规模讨伐中起到决定性的作用。

有了这些兵器和物资，总司令再次集结了调查团的全部人马，发动了紧急任务，目标将熔山龙诱导至开放海域。既不是将其讨伐，也不是将新大陆化为焦土，总司令所选择的是一条调和之路。

其实细想起来，无论是熔山龙漂洋过海迁徙到新大陆，还是它朝着土地尽头的地脉回廊继续前进，都是大自然的发展趋势。宏观来看，这无疑是新大陆乃至世界运转的一部分。而猎人们正在想方设法停住它的脚步，改变它的前进方向，这算不算是对自然的擅自干涉呢？或许答案是肯定的，但调查团心意已决。总司令乃至调查团上下所做的一切，都是为了在新大陆存活下去，为此竭尽全力，仅此而已。

作战方式很简单。调查团将在地脉深入地下的地点，也就是地脉回廊的入口处正面迎击前进的熔山龙，用击龙枪使其胆怯，从而使其改变行进方向逃至开放海域。击龙枪的效果有公会打保票，关键就在于发动攻击的时机能不能成功地让熔山龙改变行进方向。之前的作战中已经表明，破坏熔山龙表面的散热器官对它的体力削减有明显的作用。就这样，调查团整装待发，期待着与“他”的再次相会。

↑地脉回廊中，大地的能量以熔岩的形式溢出，调查团正是在这里和熔山龙展开了决战。如果熔山龙在这里将能量全部释放，那会将周围瞬间化为焦土，调查团的故事恐怕也要于此戛然而止了。

实际上依靠大炮和弩炮的攻击，
想对熔山龙的行进路线造成直接影响，
非常困难。
但是如果让它避开战火，
转向去开放海域的话，
我们就成功了。

——补给物资负责人

英雄之证

大炮和弩枪被设置在了构筑在回廊的障壁上，连天花板的岩石也被用作了武器，猎人们乘着翼龙腾空而飞，所有的空间都安排了战斗力。猎人们和他们的后勤保障队通通使出了全力，准备迎战。和预想的一样，那浑身黑色棘刺的怪物灭尽龙再度袭来，而这次以五期团的精锐为中心的猎人们与灭尽龙展开了激烈的战斗。捕获作战时的失败经历，激发出了人们渴望成功的斗志和勇气。

熔山龙缓缓地前进，当它移动到障壁附近时，总司令一声令下——击龙枪，发射！击龙枪冲击力猛烈，剧烈的后坐力甚至要将作为底座的船弹飞，巨大的尖枪势如破竹地贯穿了古龙的身体。对体形巨大的熔山龙来说，一根击龙枪的突刺不会给它造成什么致命伤，但它大概有生之年第一次感受到如此剧烈的疼痛吧。它仰天长啸，之后缓缓沉入了大海，向着开放海域走去。熔山龙的诱导作战成功了，回廊内的调查员们欢声沸腾了起来。

至此，新大陆古龙调查团对于古龙迁徙的调查可以告一段落了。死期将至的古龙会向着“古龙的墓场”瘴气之谷进发，在那里寿终正寝。而死去古龙的能量沿着地脉滋润了整个新大陆，孕育新的生命，成了这丰厚生态系统的基础。

但是，为什么熔山龙会跑到地脉回廊去呢？

但是，熔山龙为什么离开了古龙墓场呢？
既然是做好了死亡的准备才来到这里的，
事到如今也不会再与命运做抗争了吧？

这简直像在回廊的另一侧，
存在着更温暖的篝火和美味的饭菜一样，
哈哈哈。

——料理长

⬇总司令和剑术大师终于松了一口气。自一期团登陆起已经过了40年，古龙迁徙之谜的调查终于可以告一段落了。

⬆前所未有的大作战获得了成功，调查员们欢声沸腾。五期团的优异表现，不愧于“新大陆的白风”这一称号。

五期团任务轨迹⑥

与熔山龙的最终决战。这不仅是追寻着它来到新大陆的五期团的最终任务，也将为跨越40年的古龙迁徙调查画上句号。

熔山龙

- 在地脉回廊做好迎战准备，对熔山龙实行诱导计划。
- 用尽所有手段削减熔山龙的体力，破坏其身体各处的散热器官。
- 击退闯入的灭尽龙，诱导作战成功。

灭尽龙

诱导作战后

熔山龙走到外海域后，不一会儿便寿终正寝。巨大的身躯化作了海中的一座小岛，成了全新生态系的基础，这让人不禁联想到了“五只龙的传说”。然而知道了古龙迁徙真相的调查团，现在有了新的疑问。为什么古龙会离开它的墓场，前往地脉回廊深处呢？它在追寻着什么？

继续的生命之旅

这段时间辛苦啦，五期团……
现在心情畅快我能明白，但还不能大意。

它为什么离开了墓场？
这个最关键的问题还没有解决……

——料理长

熔山龙诱导作战之后，调查团迎来了短暂的休整时光，各位团员可以各随己愿放松片刻。当然这其中忙于调查熔山龙痕迹的学者，以及整理给公会的报告书的总司令这种一刻不得清闲的人。

击龙枪在诱导作战时起到了关键的压轴作用，有了它的帮助，原大陆和新大陆中间安全稳定的航线也得以确。可以说状况得到了突破性的好转。

而被誉为“苍蓝星”的五期团王牌猎人在作战中贡献突出，调查团特意将星之船的“五只龙的房间”改装成了特等小屋，供其使用。

↑为了探究陆珊瑚台地的变化，五期团的“期待之星”二人组正乘着翼龙飞行。正是制服了风漂龙的他们，才会做出这么大胆的行动。

四期团的调查员在大蚁冢荒地调查可疑的痕迹时，不幸负伤返还。
大蚁冢荒地居然目击到了毒妖鸟的身影。

来自禁断之地的野兽低语

一些精力旺盛、好奇心膨胀的猎人和编辑者在这段时间继续着对新大陆各地的调查，但他们纷纷因为一些奇怪的违和感而返回了星辰。他们说平时司空见惯的怪物出现在了意想不到的地方，而且不仅如此，这些怪物还变得异常凶暴，攻击力和危险度都远超平常的状态。

为了确认这些传闻，被称为“苍蓝星”的猎人和他的搭档前往了大蚁冢荒地，却在这里遭遇了本来栖息在古代树森林的毒妖鸟，而且这只个体异常强韧。另外，他们还发现了类似雌火龙的痕迹，只是现在还不能确认留下痕迹的怪物是什么。综合这两项调查结果，总司令判断留下神秘痕迹的怪物在陆珊瑚台地。于是他发布了紧急任务，“期待之星”二人组立即乘着翼龙前往了台地。但是翼龙却在半空中遭到了怪物的袭击，那就是初次在新大陆现身的雌火龙亚种——樱火龙。

这应该是营养非常丰厚的地域孕育出的怪物吧——其学者和研究者们将捕获回星辰的樱火龙团团围住，议论纷纷。正在这时，西侧的关卡附近突然热闹了起来。只见一个比周围人高出一头的猛汉，肩上挎着包袱，风风火火地来到了星辰。总司令看到他喜笑颜开，开玩笑地用拳头捶了捶那猛汉的胸膛。

这是五期团第一次与他相见，他就是人称“大团长”的一期团团长。

↑神秘怪物突然冲出，紧追着侵入它领地的翼龙不放。这就是生有粉色鳞片的雌火龙亚种——樱火龙。

那个迎击巨大古龙的地方，
再往深处还有一大片原野。

那里还有许多活跃的怪物。

——大团长

感觉好厉害啊。
好像是拥有强大能量的生物呢。

——接待员

伟大结晶的光辉

大团长点名要求那位“最活跃的猎人”和搭档一起跟他走，他们即刻出发来到了地脉回廊的深处。大团长带回了一块神秘的结晶，而在与熔山龙激战的战场更深处，坐落着一座结晶的山。大团长在大约30年前开始只身追寻灭尽龙的踪迹，之后便在地脉回廊的深处发现了这片前人未踏足过的原野。

熔山龙消失在海平面以后，灭尽龙也随之没了踪影。受到古龙移动的影响，地脉回廊的岩石地层辟出了一条狭窄的小路，沿着它一直走便来到了这片神奇的原野。地下与地上的世界居然是相通的，滚滚的火山岩浆在静静燃烧，而周围大大小小的结晶在相继闪耀。

据说那周围一带弥漫着奇妙的香甜气味，而将结晶握在手中的话会感受到体内能量的沸腾……

瘴气之谷所产生的地脉能量汇集到这里，形成了固体状的能量结晶。据大团长说，新大陆上出现的强韧怪物都是从这里出发的。

正如他所言，盘踞在这里的怪物远比内陆的个体要强健。而且几乎没有群居生物，到处都是独来独往的大型怪物。

团员眼中的大团长

浪人、荒唐的男人、如闪电一般降临，又像风一般离去……团员们对大团长的印象各种各样，有些四期团五期团团员第一次见他会把他错认成金狮子，有人说他是绝对的强者，也有人说他是个怪人，大家对他的评价五花八门，而他也不是很在乎大家怎么评价他。

⬆他将调查据点委托给总司令后便不知去向。他是一个靠直觉来行动的人，据他自己说，他的直觉从来没出过差错。

五期团任务轨迹⑦

调查员们为调查出现在各地的强劲怪物而努力着。同时大团长回到了星辰，为古龙迁徙的调查打开了全新的局面。

大蚁冢荒地的探索

毒妖鸟

◆ 发现了类似雌火龙的神秘痕迹。之后遭遇了强劲的毒妖鸟个体，并对之进行调查。

蛮颚龙

◆ 收到了来自生态研究所所长的报告，对强劲的蛮颚龙个体进行调查。
◆ 于各地调查类似雌火龙的神秘痕迹。

◆ 于各地调查类似雌火龙的神秘痕迹

樱火龙

◆ 受总司令之命紧急前往陆珊瑚台地，途中发现了樱火龙，并对之进行调查。

地脉回廊～龙结晶之地的探索

◆ 受大团长之命，与他一同前往地脉回廊深处，并抵达了龙结晶之地。对周围进行探索后，发现了岩贼龙、熔岩龙和爆锤龙。

岩贼龙

熔岩龙

爆锤龙

上位开放

· 生态研究所所长对神秘痕迹进行分析。
· 料理长进一步扩建“武器与山猫亭”，并开始开放酒类食材。
· 料理长委托五期团确保瘴气之谷的透心胸腹肉、钢肉，以及龙结晶之地的粗野鰤鱼货源安全，帮忙筹措百万高丽菜。
· 大团长返回星辰。

蛮颚龙骨骼结构较为平常，
生态行动较为单纯，
常被作为新大陆研究的基准对象。

——生态研究所所长

· 从强韧怪物身上可以获得更强韧的素材，利用它可以开发制作新武具。
· 经过研究，装饰品的穿着变为可能。
· 武器店在继续研制特殊装具。

· 神秘炼金研究员潜心研究新的炼金技术。
· 学者们悄悄发布了交货委托，自己筹措了鬼芋酒、龙琥珀酒和火龙威士忌。

· 补给物资负责人再次增加了物资的种类。
· 通过强韧的摇鸟素材，完成了肥料严选香菇菌床的研制。
· 通过强韧的泥鱼龙素材，扩展了古代树收获盒子的容量。
· 通过强韧大凶颚龙的素材，完成了肥料远古活性剂的研制。

亚种怪物的话，
在原大陆见过类似的个体。
对于我们来说，
这是个接触稀有怪物的好机会。

——阳光的推荐组员

“不要放弃任何一个引起
注意的小细节。如果无视它的话，
今后会后悔的。”
我的老师曾经这样教导我。

——接待员

龙结晶之地

↑位于地脉回廊深处、火山地带前方的结晶森林。调查团将其命名为了“龙结晶之地”，继续着对它的探索。

熔山龙消失在海中之后，
灭尽龙也没了踪影。

我追着它的踪迹发现了这条路。
这条路是受熔山龙影响出现的，
类似大地的裂缝一般。

——大团长

就在大团长一行人集中探索龙结晶之地之时，新大陆各地都相继发生了怪物的强韧化异变，也纷纷出现了古龙的目击报告。这些变化开始的时间，大约就是熔山龙殒命、灭尽龙返回龙结晶之地的时间。万幸的是，聚集在新大陆的猎人们大多身经百战。他们有的目击过古龙，有的甚至与古龙进行过直接的对峙，所以面对现在的状况并没有惊慌，应对起来游刃有余。

现在所目击到的古龙都是以前有记录的古龙。它们应该是通过古龙迁徙来到新大陆的，但为什么会突然现身于各地，原因尚不明确。

威胁古龙的兽牙

龙结晶之地，熔山龙的行动与灭尽龙的动向，强韧怪物与古龙的现身……这其中一定存在着某种联系。生态研究所通过对灭尽龙战斗痕、捕食痕的研究得出了一个结论，那就是灭尽龙捕食古龙。

吞噬古龙的怪物，这简直是超出平常认知的存在。这样就能解释古龙为什么会出现在各个原野了，是因为灭尽龙出现在了龙结晶之地，扰乱了它们的安宁。

现在调查团得出了如下的结论。灭尽龙只于古龙迁徙的时期现身，是因为它以长寿且积蓄了大量能量的古龙为目标，企图捕食它们。但是它的目标熔山龙消失在了海中，所以它便穿过了地脉回廊来到了龙结晶之地，企图捕食别的古龙。因此，调查团以此地为中心，开启了对强韧怪物以及古龙种的调查。

↑位一直追寻着熔山龙的五期团和灭尽龙有着不解的缘分。

这样一来，灭尽龙便将所有的线索串联了起来。据首次发现灭尽龙至今已过了近30年，当时大团长和料理长费尽千辛万苦，无论怎么追查也确定不了其行踪。用生态研究所所长的话来说，这意义不明的神秘生物，只能将其归类为古龙。而它以进行迁徙的古龙为目标这一点，和调查团刚好吻合。特别是在熔山龙的调查过程中，它曾两次和调查团交手。为了挖掘古龙迁徙更深一层的秘密，总司令发动了紧急任务。

接下来要调查这弑龙者灭尽龙。也就是说，调查团需要制服这只古龙。按理说制服了龙结晶之地的灭尽龙，古龙的暴乱行为就会恢复正常了。但是与预期相反，古龙的活跃行为依然没有平静的迹象。

钢龙、炎王龙先后出现在了其他的原野上。为了调查清楚龙结晶之地的真相，这些古龙也和灭尽龙一样，被列入了调查对象范围之内。另外，瘴气之谷也确认了尸套龙的活动存在，这是近20年来谷底谜一样的神秘生物。它会吸食怪物体内的瘴气来补充自己的能量，拥有着令人心生畏惧的能力。它也被列入了调查对象范围之内，调查团将这些古龙一一进行了制压与调查。

令人震惊的是，上述的这些丰功伟绩，全都要归功于五期团那位被誉为“白风”的猎人。

捕食熔山龙的灭尽龙，
为什么去往了龙结晶之地呢？

是要去捕食栖息在那里的古龙吗？
还是为了捕食“其他的神秘生物”？
熔山龙也在死前离开了墓场，

前往了地脉回廊深处，
也就是这龙结晶之地。
龙结晶之地究竟存在着什么？

将死者和求生者都渴望的东西，
是什么？

——总司令

↑盘踞在龙结晶之地最高点的古龙钢龙。与调查班队长一同前去调查的五期团众人，被它操纵天气的暴风之力打得苦不堪言。

五期团任务轨迹⑧

调查团曾两次与命运的对手灭尽龙相遇。它的行动导致了新大陆的古龙活动进一步加速活性化，调查也在进一步深入。

灭尽龙

◆ 总司令发布紧急任务，向着龙结晶之地的深处进发。曾在熔山龙捕获作战、诱导作战中两次闯入的灭尽龙，如今成功被五期团击退。

炎王龙

尸套龙

◆ 通过对大蚁冢荒地古龙痕迹的调查，发现了原本栖息在龙结晶之地的炎王龙。五期团跟随着剑术大师，进行了对炎王龙的调查。

◆ 通过对古代树森林古龙痕迹的调查，发现了原本栖息在龙结晶之地的钢龙。五期团与调查班队长等人一起进行了对钢龙的调查。

◆ 通过对瘴气之谷古龙痕迹的调查，发现了栖息在谷底最深处的尸套龙。受三期团团长的委托，五期团成功完成了对尸套龙的调查。

钢龙

星辰的动向

· 剑术大师有着关于炎王龙的珍贵回忆，他对此次炎王龙的目击报告非常感兴趣，主动前赴调查。
· 料理长委托五期团确保五香芹菜、粗野鰤鱼、高级羊肉、霜降西红柿、七彩甜椒、千年蟹等食材的货源安全。

古龙常常被称为天灾。
但大家却相当沉着冷静。
看来各位真的都是原大陆
身经百战的精英。

——阳光的推荐组员

· 头领试图让大团长去使用投射器，果然又被拒绝了。
· 武器店继续开发了许多新特殊装具。有挑衅衣装、达人烟筒、耐热衣装等。

· 神秘炼金研究员潜心研究新的炼金技术。
· 在期团长的委托下完成了大蚁冢荒地角龙和黑角龙的调查。依靠调查结果制作出了达人烟筒和星辰啤酒。
· 学者们悄悄发布了交货委托，制成了黄金芋酒。
· 三位大爷去探寻空中恐怖分子爆鳞龙的栖息地。

在原大陆时有一次遭遇古龙，
物资短缺，近乎出现饥荒。
古龙仅仅是出现，
就会带来危及生命的灾难。
当时能做的只有等待古龙离去。
我提起古龙，满脑子都是这段痛苦的
回忆。

——物资班队长

· 通过强韧眩鸟的素材，制成了“肥料浓厚招虫果冻”。
· 在大蚁冢荒地的调查中目击到了炎王龙。
· 植生研究所利用瘴气之谷的土壤，成功让古代树急剧成长，甚至突破了研究所的天花板。

· 干劲十足的五期团员在调查中目击到了钢龙的反射光。他曾在原大陆遭遇过一次钢龙，绝对不会看错。

迷茫的时候就向着天涯海角奔跑吧！
跑起来大部分的事就都能解决了！

——大团长

收束之地——那是生命的胎动

你这是上哪儿去？
渡河？

——技术班队长

调查至此，依然存在着诸多谜团。错失了熔山龙的灭尽龙，为什么会前往龙结晶之地？它的目标是栖息在那里的古龙，还是什么其他的东西？熔山龙离开了作为墓场的瘴气之谷，它又想在龙结晶之地寻求什么？古龙迁徙之谜，与新大陆生命的核心息息相关，而我们也逐渐地在向这真相靠近。

在古龙的调查暂告一段落时，大团长再次返回了星辰。他说他和老朋友一起，找到了地脉能量异常高涨的原因。

而他也带来了那位龙人族猎人的口信，五期团员和大团长一起动身，去与等待他们一起渡河的龙人族猎人会合。

↑将死者和新生者都渴望着这里，这里到底隐藏了什么？这河水流逝的尽头，究竟有些什么——

——你也看到了吧？
那古龙之墓。

在那谷底的地下深处，
连接着整个新大陆的地脉中，
能量的总量多得异常。

以前碰见你的时候我就是在调查这件事，
现在终于发现了能量所集中的场所。
就在这河的深处。

现在我们准备渡河，到那里去调查。

你也克服了这么多困难，来到了这里。
和我们一起走吧。

——龙人族的猎人

冥河对岸揭起的灯火

这里光线昏暗，寂静到有些令人毛骨悚然。光线照射到一望无际的龙结晶之上呈现出耀眼的青白色，这是冰冷的无机物特有的光辉，但却饱含着生命的活力。面前出现了一条河，一艘小船静静地停在岸边。

那位龙人手里拿着船桨等候在此。

这不是一次任务，而是一个约定。他们追寻着灭尽龙的痕迹，被它所引导着，最终抵达的是前方未知的真相。

没有人知道等待在前方的是什么，也没人知道接下来会发生什么，甚至不知道此行会不会有去无回。所以为了安全起见，为了发生不测时能有人及时向调查团汇报，搭档编辑者留在了岸边。大团长、龙人族猎人，以及那位“苍蓝星”和他的随从艾路，渐渐消失在了冥河深处。

龙人族猎人之所以可以找到这条河，是因为熔山龙改变了地形。在这河对岸的深处，便是新大陆地脉能量的集中之地。正如至今为止的调查结果所示，死去的古龙会在瘴气之谷被分解，能量通过地脉继续循环，并逐渐结晶化。龙结晶之地便是这长年以来生命循环的集成产物。但是古龙迁徙的频率上升到了每十年一次，地脉中所流淌的能量急剧地增加，而这些变化是可以被龙人感知到的。所以他才没有去追寻作为调查目标的熔山龙，而追寻着地脉能量的流向来到了这里。

这能量集中的场所，一定存在着什么生物，肯定会发生什么异常的事情……龙人族的猎人将自己的感受脱口而出，而大团长的直觉也对此表示赞同。新大陆的馅饼皮破掉了，诱惑生命的甜蜜馅料正在溢出，这感觉不妙……

如果说龙结晶是结晶化的古龙能量，那眼前的生物无疑就是龙结晶的再生体。那是一只和龙结晶一样发出青白色光芒的龙……所有的能量都收束到了这龙形的生物身上，能量随着它心脏的跃动而释放，好像是在庆祝着什么，喜悦地在嬉戏一般。最终与它对峙的只有一位猎人，没错，只有那位五期团的“苍蓝星”可以担此重任。

坐镇星辰的总司令曾叮嘱过猎人们，千万不要独自前去调查，一定要活着回到星辰。就在那位“苍蓝星”陷入胶着战况之际，他想起了等待在冥河对岸的搭档。总司令的话既是建议，也是忠告。曾经有些调查员被新大陆的魅力所吸引而忘我地进行独自探索，却迷失在了未知的内陆，调查团也就不得不为了救助他们多花费时间走弯路。猎人和编辑者组队出行，组队调查，才是开拓新大陆最高效最安全的办法。

还记得吗，以前古代龙人说：
“你若能成为森林和荒野生态系的王者，
我就告诉你熔山龙的秘密。”

这次的调查，
多亏你制服了生态系统顶点的怪物，
我们才能得到关键信息呢。

也就是说，立于新大陆生态系顶点的王者，
就是你喽？

——热衷调查的四期团团员

新大陆的白风

渡过河川，跨过冥海——
从龙背坠落，从天空坠落，又从大地坠落——
而如今，星辰的“苍蓝星”，平安归来了。

星辰正在举办一场盛大的宴会，庆祝新大陆最深处的奥秘被揭开，古龙迁徙的谜团被完全解开。在新大陆所有的调查员举杯欢庆的时刻，公会传来了通报。为表对古龙迁徙之谜解开的庆贺，全新种的古龙被命名为了冥灯龙。

如今任务结束了，公会也准备安排调查员全员返航。

这宴会不仅是任务结束的庆贺，更是新大陆进一步深入调查新篇章的开启。前方还有更多的苦难在等待，但是此刻所有人的眼中都闪着希望与期待的光芒。

敬我们的调查团，敬引路的“苍蓝星”，干杯！

你果然是希望之星呀。

你没有选择跟随着别人，
而是选择了自己发光，
成了先驱的引导者。

新大陆有你，我感到非常自豪。
向你致敬，引路的“苍蓝星”。

——总司令

五期团任务轨迹⑨

冥灯龙

深入到新大陆的最深处，这已经不算是一次任务了。而是他们自己选择用自己的命运去开拓未知的世界。

- 与龙人族猎人、大团长一起深入到龙结晶之地深处的地脉收束地，发现了未知怪物之后将其成功制服。
- 完全新种的古龙被公会命名为冥灯龙。
- 新大陆古龙调查团的任务结束了。各期团的有志之士自愿地留在了新大陆进行进一步深入的调查。

真是的，新大陆可大着呢！
现在也还没探清全域的样子呢。

一定还有什么未知物，
接下来的路还长着呢。

你是不是也这么想？

——原野大师

新大陆的故事记录

The Memories of the NewWorld

追寻古龙迁徙的新大陆古龙调查团的故事结束了。
但是大家心知肚明，新大陆的调查才刚刚拉开帷幕。
本文的最后是对调查团 40 年以来活动的记录整理。
如果能对之后的研究起到一点儿帮助的话，那将是我的荣幸。

追寻引路之星——新大陆调查团的轨迹

新大陆的古龙迁徙调查产生突破性的进展，其实是集中在五期团登陆以后的时间段。可以说之前的调查团活动，基本都是在为了五期团的最后冲刺打基础、做准备。在风风光光的五期团背后，凝聚的是短短 40 年间人类社会惊人的成长和发展。

最初只有一艘船孤零零地抵达了未知的大陆，在开始的十年中基本的居住环境非常艰苦。探索一片完全未开化的土地，首先要做的就是了解周围的环境，并建立地基，这正是一期团主要的工作。但一期团的成员基本都是综合素质很高、比较独立的精英。大家分头进行着调查和研究，各自靠自给自足来维持独自生活，基本很难取得突破性的成果。他们看着盘旋在上空的怪物和类似古龙的身影，却没有能力展开正式的大规模调查，心中充满了不甘。

在这凭借有限的物资勉强糊口的十年间，一期团的调查生活多有不便，而二期团的到来为调查团添入了技术之火。武具变得更加丰富，调查据点星辰的各类设施也得到了完善。然而三期团遇难于大峡谷的另一侧，从此音信全无，这是令调查团司令部十分懊悔的一件事。虽然很想立刻就派遣追加部队过来，怎奈人力和物力都不满足，只能等待下一次古龙迁徙的机会。接下来的四期团集合了一批实务能力较强的综合人才，星辰建立起了小规模的自立经济圈，并且可以和原大陆进行贸易往来。为了迎接五期团，居住区域也得到了全面的扩建。

这样一来，调查团终于做好了开展正式大型调查的准备。之后五期团的故事，正如前文讲述的那样。

调查团的历史大事件

1 

约40年前

冥海之中的光辉为一切的开始

- 登陆时由于异常的海平面上升现象，船搁浅在了悬崖上，裂成了两截。
- 在追寻进行迁徙的钢龙之时意外遭遇水之龙的袭击，随后丢失目标。
- 将悬崖上的船作为了调查据点。
- 总司令发现了导虫，并探索其利用方法。
- 发现了闪耀着光辉的龙，并将其命名为黄金地母神绚辉龙。但因为人手不足而放弃了追踪。

2 

约30年前

创造了一切，不息的热情之火

- 剑士、弩手装备规格统一化。
- 开发投射器的原型。
- 以进行迁徙的炎王龙作为目标的灭尽龙现身。
- 大团长的随从艾路在和灭尽龙对峙时武器损毁，之后转职为了料理长。

3 

20年前

拥有丰富的学识，任何情况下都能保持冷静

- 追踪进行迁徙的钢龙。
- 抵达新大陆后不久便为了翻越大峡谷将船改造为了热气球（由二期团的技术者负责）。
- 遭到风漂龙的袭击，整艘船大头朝下坠落进了陆珊瑚台地。
- 发现了台地下层的瘴气之谷和坐镇其中的神秘古龙，并将其命名为尸套龙。
- 在陆珊瑚台地进行了 20 年研究工作。

4 

10年前

以强大的气势推动调查的前进

- 公会大范围募集团员，选拔各个领域的优秀人才。
- 促成流通区域的建成与居住区域的扩张。
- 物资班队长与技术班队长（一期团）、研究班队长（二期团）一起负责资源的高效回收与筹备，三人被称为"队长组合"。
- 推测进行迁徙的古龙为麒麟。

5 

轻盈跃动的新大陆白风

- 在登陆之前与熔山龙进行了"亲密接触"。
- 跨越大峡谷，成功与三期团汇合。
- 调查风漂龙、尸套龙、灭尽龙等与调查团有着不解之缘的怪物，并获得成功。
- 踏入龙结晶之地，彻底解开古龙迁徙之谜。
- 发现冥灯龙
- 开通往返于新大陆和原大陆公会的定期船。

调查团的人们

碍于篇幅有限，本文不可能将调查团上上下下近1000人全部列出，所以在此记录了一些对调查团做出过杰出贡献的重要人物。由于五期团抵达新大陆时，一期团、二期团的成员大部分已返回故国，所以介绍内容也较少。

其中规模最大的五期团并没有期团长，这是因为新大陆这边已经建立起了完善的指挥系统。而实际上是四期团的调查班队长在负责现场的指挥，作战会议则由总司令与推荐组的代表召开。另外，负责流通区域的“队长组合”，三位队长分别来自一期团、二期团和四期团。他们的这种关系也是各期团相互合作的一种表现。带着这种观念，再去回想之前五期团的故事，是不是有什么新的感受呢？新大陆是一个整体，德特尔、奇面族等原住民也为我们提供了不少帮助，当然不能忘了它们。

↑虽然女儿夫妇返回了故国，总司令依然选择留在了新大陆，他和调查班队长是祖孙关系。

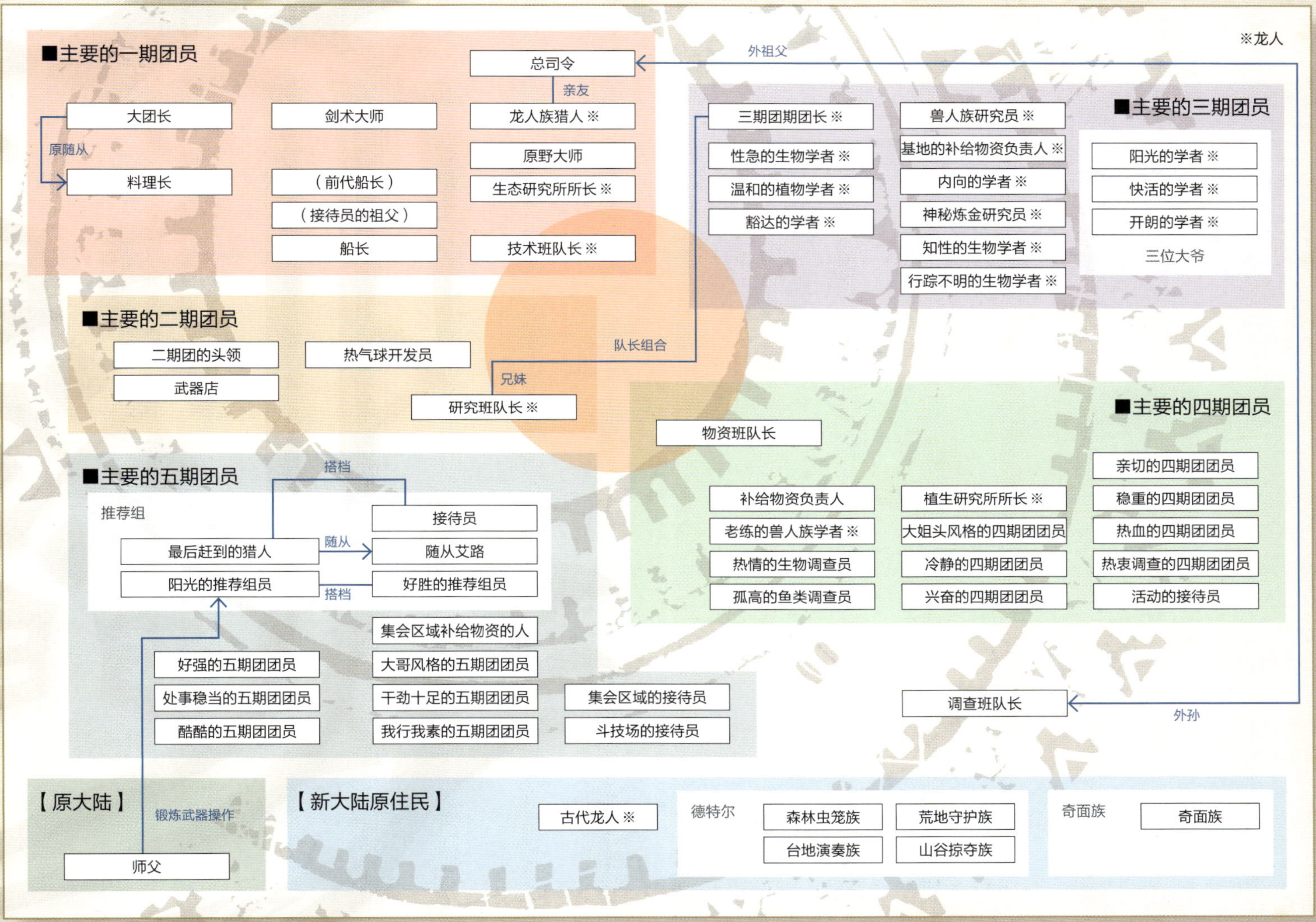

新大陆生态系统全貌

↑从一期团抵达新大陆以来已经已经过了 40 年，随着五期团的活跃，调查团终于对当地生态系统有了较为全面的认识。

新大陆的探索，可以说是将生态系统依据特征和强弱分为了几个部分，逐一进行调查的过程。下图所示的熔山龙行进轨迹与五期团调查路径就很直观地说明了这一点。

抵达了新大陆的五期团首先追寻着熔山龙的痕迹进行了古代树森林的调查，并确保调查据点的安全①。之后将调查范围扩大到了大蚁冢荒地，并发现了以熔山龙为目标的灭尽龙的痕迹②。接下来进行了熔山龙捕获作战，虽然失败，但是通过熔山龙开辟出的裂谷成功穿越了大峡谷③。在这个阶段，调查团对新大陆的理解还很单纯，很浅层。

在他们看来，新大陆的所有事物规模都很大，很原始，而且越是有活力的事物就越会变得更大更强，简单来解释就是这样了。

弱肉强食的连锁及扩大

五期团在穿越了大峡谷之后，在三期团的协助下进行了瘴气之谷的探索④。之后在地脉回廊迎击了熔山龙，成功将其诱导至开放海域⑤。若熔山龙殒命于地脉附近，那整个新大陆都将化作焦土，他们成功地拯救了新大陆。到此为止，是有关进行迁徙的熔山龙的调查过程。

■熔山龙行进轨迹与五期团调查路径

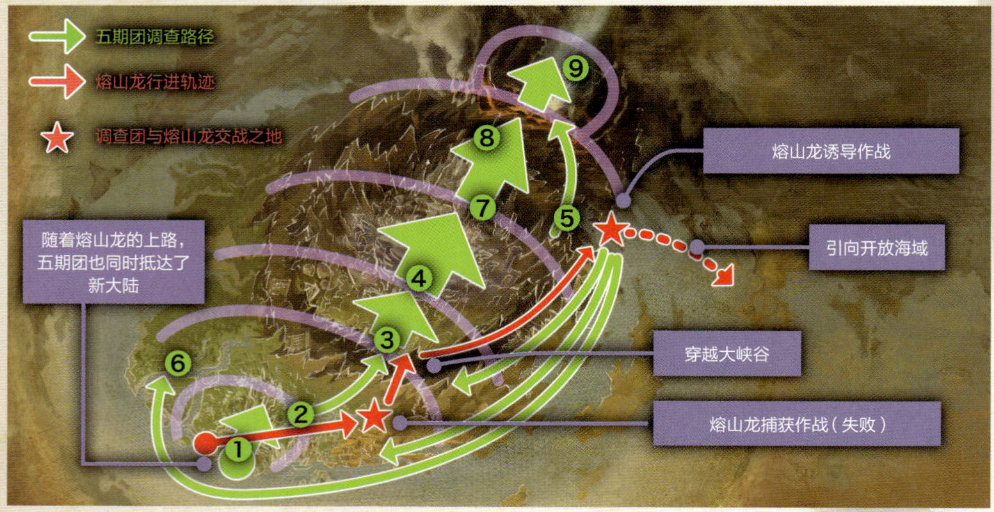

古龙迁徙是指死期将至的古龙迁徙至其墓场瘴气之谷的行为，至此调查团对古龙迁徙的调查也算是告了一个段落。

新大陆以陆珊瑚台地和瘴气之谷为中心，通过地脉将能量输送至新大陆全域，衍生出了多样化的生态系统。但是如果能量分布失衡，新大陆整体的生态系统就有崩溃的危险。

而事实上，自从熔山龙消失在海中，新大陆悄然发生了转变。前所未有的强韧怪物和亚种怪物开始在新大陆各地现身，为了查明缘由，五期团再次回到了古代树森林和大蚁冢荒地⑥。大团长回到星辰后，带着五期团深入了地脉回廊的深处⑦。

■新大陆生态系统·简图

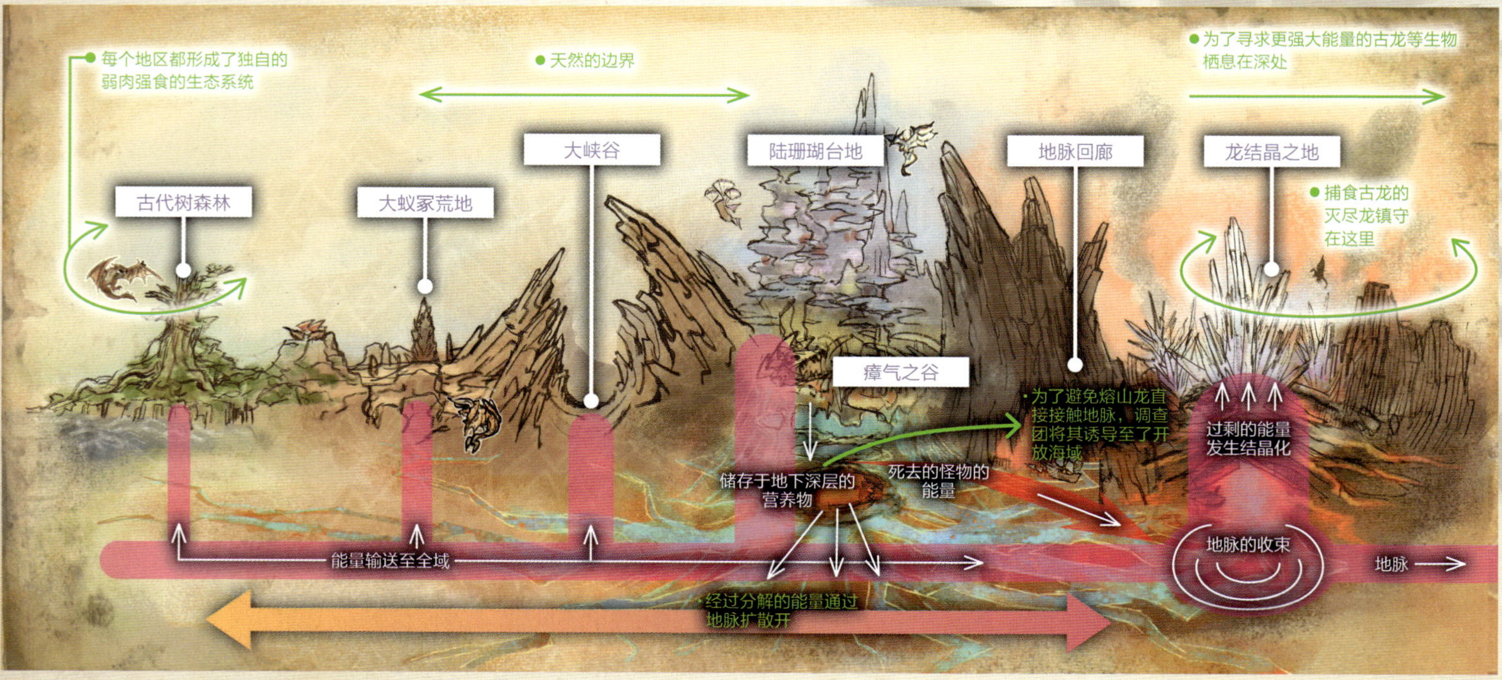

地脉回廊深处的世界和之前的自然景色完全不同。与感受到旺盛生命力的森林和荒地、陆珊瑚与瘴气谷完全不同，这里布满了异质的龙结晶。在这里，五期团与一路上多次碰面的灭尽龙展开了激烈的争斗⑧。至此我们可以发现，新大陆的每个原野之间不是相互独立的，而是相互连接、相互关联着的。前页的“新大陆生态系统·简图”就是在此基础上绘制的。

新大陆生态系统的关键在于陆珊瑚台地和瘴气之谷。这不仅是新大陆的核心，对地脉来说也相当于心脏一般。死去的生物在瘴气之谷被分解，其被熔解的能量深入到地脉蔓延到新大陆全域，对其他的生态系统产生影响。

各个地域的地标，例如巨大的古代树和大蚁冢，都可以说是地脉能量的一个具象表现。古代树会以十年为周期进行一次急速的生长，而这周期正好和古龙迁徙的周期相吻合。将熔山龙身上的岩石用于苗株生长的肥料，会看到苗株急速的成长，这也是地脉能量影响到全域生态系统的一个侧面佐证。总司令的友人龙人族的猎人早在很久以前就发现了地脉能量的异常，所以他才一个人去追寻地脉的流向。另外只身翻越大峡谷的原野大师，和三期团的研究者们也多少对此有所察觉。他们对陆珊瑚台地和瘴气之谷有所了解，对新大陆的生态循环有着较为整体的认知，所以才能发觉其中的异样。

但是为了将直觉上的违和感和异样变成确凿的事实，还需要经过各种对生态系统的调查和事实证据，为此猎人们的力量是必不可少的。正是活跃的五期团让这一切变为了可能。

生态系统的根本实质就是弱肉强食。正如生物的物竞天择、自然淘汰一样，这片土地上的能量也经历了同样的过程。从陆珊瑚台地，到瘴气之谷，再深入地下……经过层层分解过滤，形成了高纯度高密度的能量体，这难道不是个“淘汰”的过程吗？过剩的能量经过长年的积累、结晶化，逐渐形成了龙结晶之地。与之相对的，猎人们经历的困难与考验也是层层升级，一步步踏进这纯度越来越高的生态系统……

制服了角龙和雄火龙，击退了灭尽龙，战胜了钢龙、炎王龙、尸套龙的猎人，接下来即将去往哪里……

超越一切的前方，正是龙人族猎人所感受到的，使能量发生异常的神秘之地⑨。

冥河对岸揭起灯火，一艘孤舟摇曳。
向着那幽暗火光前进，旗帜在白风下招展。

苍蓝星，你可知道——
那是生命的胎动。

■“五只龙的传说”浮雕

无名记录者的后记

现在再看到五只龙的房间中的浮雕时，我感到了一种不可思议的既视感。“五只龙的传说”其实和调查团的新大陆冒险是相通的。

漂洋跨海的龙，将自身化作陆地、化作山河、化作森林的龙。被苍蓝星所指引，孤身驶向冥海的青年……

这一切似乎都能成为五期团的故事中对应的符号，是我想太多了吗？

讨伐冥灯龙意味着什么，我不清楚。森林、台地、瘴气之谷依然屹立在那里，还是以前的样子。每天的太阳照常升起，陆珊瑚的“生命之雪”也照常飘落。各地的怪物也没有弱化的迹象，新大陆的生态依然保持着微妙的平衡。要说影响的话，那最起码短期之内，进行迁徙的古龙可以平安无事地于墓场安息了吧。那来自地底的能量收束，召唤着它们的神秘光辉，已经被彻底切断了。

以五期团为首，调查团还有许多同胞留在了新大陆。他们渴望未知，新大陆的调查对他们来说才刚刚开始。这片新世界还很广阔，调查团所踏足的土地，也许只占整个大陆很小的一部分。下次的古龙迁徙会发生在10年后吗？又或许是100年后？我真心希望本文能对未来的猎人和编辑者提供一些参考，要是能帮到你们，那将是我的荣幸。

最后，我想说一些作为一个编辑者自己的想法。现在我觉得，被称为冥灯龙的那全新生命体，不正是新大陆“指引明路的苍蓝星”吗？

在它的召唤、引导之下，才有了古龙迁徙的故事，它在等待着调查团的“白风”到来。而如今，我们也成了这新大陆生态系统的一部分，在这伟大的生命循环中生存，死亡，再至新生。

——终

执行美术导演

特别采访

回首《怪物猎人　世界》

《怪物猎人　世界》不仅全世界累计销量高达 1000 万份，还获得了“日本游戏大赏 2018”等多个评选的奖项，成了 2018 年最具代表性的游戏。如今距离游戏发售已经过了一年，我们邀请到了开发团队的核心人物，制作人辻本先生、执行美术导演藤冈先生和导演德田先生。在此我们将请他们讲述一下开发过程中的各种心路历程。

在本访谈中，三位回顾了开发过程中所遇到的诸多挑战与创新，让各位读者能从另一个角度认识《怪物猎人　世界》。

（于 2018 年 11 月末采访于卡普空东京支店）

自发售至今忙碌的一年

辻本：先和大家问个好。各位《怪物猎人　世界》的玩家，谢谢你们喜欢这款游戏，我代表开发组全体成员向大家表示由衷的感谢，谢谢你们对这个游戏一直以来的支持。

——自发售至今已经过了一年了呢。

辻本：是的。不过说实话根本没感觉到时间过得这么快。从发售开始一直忙着狩猎大会和其他工作，真是一刻也没闲着。

藤冈：能在发售至今的一年间里，一直持续受到关注的《怪物猎人》系列作品，这几乎是头一个了。我们也在进行持续的开发工作，定期将大型下载内容（以下简称 DLC）像燃料一样投放下去，这对我们来说也是前所未有的挑战。看了来自玩家的反馈之后，我们想尽量地去满足玩家的需求，于是工作量比计划的要大了许多。而且这些工作比想象得更难以取舍，这个也想加进去，那个也想做，真是忙得不亦乐乎。

德田：最初的半年忙得手忙脚乱的。既要修复错误，又要调整游戏平衡性，还处理了许多之前从未遇到过的问题。而且 DLC 的开发还在同时进行着。

藤冈：当一个 DLC 快做完时，下一个 DLC 的工作内容就会紧接着跟上来。有时候连续开好几个会，大脑需要反应一下“这说的是哪个 DLC 的事？”，简直忙到混乱。（笑）

德田：之前的游戏在开发完成的时候总会有工作告一段落了的感觉，但是这个游戏直到发售都没有完结的感觉。针对一些错误我们准备了调整补丁，接下来在更新中还要进一步去进行修正……就这样感觉一件事接着一件事，忙忙碌碌转眼一年就过去了。

——那大概是什么时候感觉到工作告一段落了呢？

藤冈：大概大会结束之后吧？

辻本：是的，大概在“DREAM MATCH in TGS 2018”①结束之后。所以是 9 月左右？

——那不正是在秋天吗！

辻本：所以说有点意外，距现在没多长时间。（笑）

德田：5 月、6 月每周都举办大会的时期，正巧与联动任务的工作撞车。说实话，那时候简直比本篇开发最终阶段还要忙，曾有好多个瞬间都觉得自己快要精神崩溃了。（笑）

初次实行的双人导演制

——这次为什么安排了藤冈先生和德田先生两位导演？

藤冈：是我最开始提议要两位导演相配合的。由于制作量非常大，所以想双人分工来完成，德田主要负责游戏设计方面。结果不仅是在制作方面，在线下活动上也是如此。倘若只有我一位导演的话，那我可能只能参加优先度较高的活动。但现在有两个人，一个人做主导的时候另一个人可以配合他，这样搭配起来才效率最高。

德田：我们两个人配合得很好，现在都觉得这个工作一个人绝对干不来。

藤冈：是这样的。（笑）

辻本：这也是我们第一次尝试这种开发编制。

——辻本先生当时对这种开发编制是怎么看的呢？

辻本：我也觉得这是一个好方法。如此大规模的开发内容，导演的负担是非常大的。虽然在前作的制作中也有过这种感觉，但如今开发平台变成了次世代主机，有必要让多位导演一同配合来完成开发了。所以《怪物猎人　世界》的开发大体

①：卡普空在 2018 年东京电玩展（TGS）期间举办的赛事。

分为了两部分，美术和世界观设计交由一位导演，游戏设计则由另一位负责。我也觉得这样非常合理，便照这种模式实施了下去。

藤冈：我是在出席《怪物猎人 4》的海外活动时，感觉到一个人的能力果然还是有限的。现场的应答，而且未得到反馈的话进程就无法继续，再加上人在海外，我那个时候就在想“这事一个人干不来呀”。（笑）

辻本：我们的制作人不仅是制作游戏，我们卡普空希望制作人可以通过各种线下活动与玩家见面，将游戏的方方面面直接传达给玩家。所以一定程度来讲，我们需要营造能够分工配合的开发环境，不能把任务都担在一个人身上。这样出了什么状况还能有人来处理，要是所有负责人都不在就麻烦了。虽然有很多困难，我们也还是很愿意出席海外的活动，毕竟这是让我们的技术走向国际化的一个最好途径。

藤冈：我们一直很重视海外市场，决不会让通往海外的大门关闭。

辻本：我们团队的成员也是都很喜欢海外的游戏的。

紧张与兴奋下的首次制作公开

——游戏第一次公布消息是在 2017 年 6 月 13 日，美国洛杉矶 E3 的会场吧。当时各位是抱着何种心态制作的那支宣传片呢？

藤冈：宣传片的制作，最重要的一点就是该透露给玩家多少的信息。但是我和德田的思维都有点被固化了，我们所想的还是和以前的宣传片类似的形式。全程基本没有武器操作，最后再让玩家知道这是《怪物猎人》。但是社内也有许多人建议我们说，“不拿武器打怪那算什么呀”“还是多展示一些动作操作吧”。（笑）我记得很清楚，我当时是这么说服他们的，“不，要展示的是设计概念！最重要的是勾起玩家的兴趣！”之后便朝着这个方向去制作了。

德田：要介绍一作《怪物猎人》，只展示武器动作我认为是比较浮于表面的。我们想让玩家看到的是不用武器打怪的时候游戏其他的可能性，这种形式也正与本作游戏的主题相吻合。

辻本：虽然可能深度玩家一眼就能看出这是《怪物猎人》，但我们是想让玩家刚一看到宣传片时产生“啊，这是《怪物猎人》吗？”的疑问，毕竟与前作相比做了很大的改动，等到雄火龙出场时再让玩家觉得“啊，还真是”……这么说起来，最初版的宣传片好像篇幅还更长一点呢。

藤冈：是的。本来我们是想要多展示一点儿东西的，但宣传片要讲究一个节奏。总共 10 分的内容，最后压缩到 3 ~ 4 分钟。

德田：虽然准备得很充分，但果然到了公开的时候还是很紧张。

藤冈：是的呢。虽然只是公开一段宣传片，但其实我们都在现场。我们直到最后一刻都在调整宣传片的内容，所以很期待观众们的反应，一直在现场紧张地观察。

德田：我紧张得都有点儿失神了。（笑）甚至都没有反应过来台下响起的欢呼声。

藤冈：是啊，没反应过来。

德田：之后看回放，才发现观众们的欢呼声如此激烈。

藤冈：当时有工作人员负责现场的摄像，他对我们说现场的反响特别好。后来我们看回放，当雄火龙出场时现场响起了剧烈的欢呼声，之后标题

出来时全场简直要沸腾了。看到这个我们才终于松了一口气，感觉卸下了一个大担子。

德田：即便结束了也是热血沸腾呢。

藤冈：是的。不过在说着这些的时候，我们已经在讨论接下来的工作准备了。

（一同笑）

德田：从公开的第二天开始会场有封闭式直播展示，对我来说这也是个战场。而这里观众的反响也非常好，就连大凶豺龙将草食龙吞下去再吐出来都有欢呼声。

藤冈：这段直播要如何来展示我们也研究了很久。

德田：是的，琢磨了很久。也有人跟我们说，直接放视频不就好了吗，但是我们想通过直播展示给玩家游戏中不同环境下的变化，想让玩家觉得“哦，居然还能这样玩。”我们想给这些特意赶来会场观看直播的观众独一无二的体验。当然，实机操作有失败的风险，但是我们有自信，即便出现了什么意外，这款游戏也可以让观众觉得有意思，乐在其中。当然我为了展示事先录制好了视频，这是为了以防万一。有一些关键机制我无论如何都想展示给观众，如果这里操作出现了失误，那就启用后备方案播放视频，这些我们都安排好了。详细的操作指南，我们也都提前交给了负责实机操作的人。

藤冈：不过负责实机操作的人可是被德田的魔鬼训练洗礼过的呢。（笑）

德田：E3 的时候的确要求得相当严格。

藤冈：“你们这么玩根本不行！照着这个去练，要能打出这种效果！”类似这样吧。

（一同笑）

辻本：这么说来，当时我们从日本去了好多工作人员呢。负责直播英语解说的人也是我们从日本带去的。

藤冈：海外的活动出动如此大规模的队伍还是第一次。不过说起来，好像从《怪物猎人》初代开始开发者们就觉得“我不在的话就做不了这个展示呢。”当时就是开发者出席各种线下活动，与玩家面对面，将自己的理念告诉玩家。

辻本：然后我就把这一行为贯彻到海外了。当时有人说，非得要带这么多人出差吗？我说，这次必须得这么干了。（笑）

——结果看来是得到了比较理想的回应呢。

德田：是的。当时获得了相当不错的反响，于是我们有自信，将这一套搬到国内的话一定也会获得好评。回国后我便出席了在秋叶原的直播活动，我记得那时候我也特别紧张。

辻本：是吗？

德田：是的！这毕竟是在日本，而且这回是由我作为导演来和辻本先生一起做实机演示了。E3 的时候是封闭展示，多少还有些容错率，现场直播就全世界仅此一回了，而且我还对 E3 负责实机操作的人员那么苛刻来着。我也对开发团队说过，“这是我想展示的场面，请大家再加把劲把它做出来。”如果因为操作失败而没能展示出来，那不是浪费了大家的努力吗。所以我一直绷着神经，想把要展示的东西都完好地呈现出来，但那时候辻本先生多人联机的时候场面一度很混乱，我怎么可能不紧张！

（一同笑）

——但是每次观众看得还都挺开心的。（笑）

藤冈：我们所做的直播，基本都是看起来很轻松的。开发者很享受制作的过程，我们在做展示的时候也会给观众展示出我们乐在其中的一面。但是我们自己平时试玩可以这样，真正做展示的时候，是有一些尚且不能公开的内容的，这个会比较重要，我想德田的紧张也有这个因素。

德田：是啊。不过结果是成功的。估计辻本先生他们的操作，让玩家们觉得一群大叔玩得这么开心，这游戏肯定特有意思，达到了这种效果也是挺好的（笑）

——是不是辻本先生看透了这一点，故意演示出那种游戏效果的呢？

藤冈、德田：这个肯定不是。

辻本：嗯……

（一同笑）

藤冈：眼前看得到的东西就都想摸摸看呢。（笑）

辻本：那个也想展示给玩家看嘛。

德田：我还记得你那时候在说“呃，稍等我一下。”这声音真是在我脑子里挥之不去。（笑）

藤冈：这么说来还有一次也让我印象深刻，那次是在社内给会长和销售部做演示。我记得不是德田在操作，但当时由于辻本插嘴又把场面给搅得一团乱……本来要把最好的一面展示给会长，结果成了一次糟糕的演示。（笑）

德田：当时开发也到了比较关键的时刻，辻本先生说“不能把重担都交给开发团队，就由我这个制作人来负责演示吧。”我们就说：“好，那拜托您了”。

藤冈：到此为止辻本先生还是很帅的。

德田：这次大失败之后，他就改口说：“下次还是都交给你们吧”。（笑）

辻本：可不是嘛。我当时说“永远不知道有什么意外会发生，这就是《怪物猎人　世界》的魅力，接下来就要轮到玩家了。”大家一笑而过没有计较真是太好了。（笑）

（一同笑）

——至今《怪物猎人　世界》的全球销量也达到了 1000 万份以上，这可真是个惊人的成绩。

藤冈：真的非常感谢大家。

德田：每突破一个大关，辻本先生都会立刻打电话、发邮件祝贺，我们也非常开心。看着销量一步一个脚印地上涨，制作人的喜悦和兴奋我们全都感受到了。

辻本：这确实是。说实话社内几乎没人预想到销量能这么好。

藤冈：既不含续篇也不含付费 DLC，单单游戏本体能有这么惊人的成绩真是当初谁都没有想象到。

全球同步发售，感受玩家反馈的发售日

——各位是抱着何种心情迎接《怪物猎人　世界》的发售日的？

德田：其实太忙了，还真不太记得了。（笑）

辻本：那时我和德田在准备涩谷的发售纪念活动，藤冈在美国。

藤冈：是的。（笑）由于是全球同步发售，我那时

候在美国的店铺出席线下活动。我一边为前来购买的玩家签名，一边坐镇发售现场。那场活动中我们通过 facetime 联络上了日本的会场，所以我也算是远程参加了日本的活动。

——美国玩家的反应如何？

藤冈：我以为前来购买的大部分会是重度游戏爱好者，但现场并不是这样。有很多轻度玩家也前来购买，连店员都说这种情况很少见。但是好像单独来购买的女性比较少。对我来说，能与这些特意前来店铺购买游戏的美国玩家见面真是太好了。

辻本：我们在结束了涩谷的活动之后就赶去下个地方了。

德田：是的，各地都在举办发售活动。

——全球同步发售真是不容易呀。

辻本：所以现在回想起来，那时候的各种调整还真是挺难的。不仅是发售日，媒体的新闻、评分解禁，也都要全球同步。当时满脑子都是时差，净想着这个地方是几点那个地方是几点了。

藤冈：这么说来，我记得日本是最吃亏的了。发新闻的时间不是大清早就是深夜。

辻本：毕竟是按顺序来的，没办法。（笑）

藤冈：但这么做也是有意义的，全球的玩家们信息同步对等，可以一起讨论一起狂欢。结果加入游戏中的玩家多了，多人游戏的匹配也就变得很快。在全球范围内匹配，只要发出救难信号，就立刻会有海外的玩家前来帮忙呢。

德田：我以前和发出求助信号的海外玩家一起玩过，他们都很谦和很友好。我和韩国玩家、中国玩家一起，为了帮他们做装备陪他们刷了好多任务。最后中国的玩家给我发来了“Thank you”，而韩国玩家迟迟没有反应，在过了好一会儿之后给我发来了用字母写的“Arigato gojaimasu”[①]，都是一群可爱的玩家呢。（笑）

——那还真是让人高兴呢。

藤冈：能像这样与海外的玩家进行交流，《怪物猎人　世界》还是系列首次。全世界的人们可以跨越国籍，跨越人种，通过游戏联结在一起，这对我们来说也是宝贵的经验。

德田：看海外玩家的论坛最有意思的一点，就是他们关于解放猎人等级的双麒麟任务的反应。

藤冈：那可真是惨烈。

德田：有些海外的系列老玩家说：“《怪物猎人　世界》和前作相比真的太简单了。”然后就有其他的玩家回复他说“你还没打双麒麟吧？你先打过了它再说吧”。（笑）

藤冈：然后要是有打不过的人，他们又会回复说：“欢迎来到《怪物猎人　世界》的世界”。（笑）

德田：这些人真懂啊。

——这么说来海外玩家的反应还真是有趣呢。

德田：不过对于初次接触《怪物猎人》系列的海外玩家来说，双麒麟任务还是有点太难了。

藤冈：一直以来都打得很顺的玩家可能没有什么合作与属性相克的意识，许多人不知道吃生命粉尘，无奈看着队友在麒麟的雷霆下疯狂猫车。

德田：我们在设计这个任务的时候需要玩家去注重技能配置，在协力作战上特殊装具、生命粉尘也是必不可少的。通过这些玩家便能意识到配合的重要性，更容易去通过今后的高难度任务。但是可能还是有点儿做过火了，制作了麒麟的开发人员说他每天都去帮着打十遍左右的双麒麟任务，每天晚上净在家打海外玩家的双麒麟救难任务了。（笑）

——（笑）。感觉通过这个任务可以学会团队配合呢。

藤冈：像德田这样亲自到玩家的救难任务中演示，慢慢地注意到攻略法的玩家也会越来越多的吧。

德田：设置了坎儿的自然是我们，但是我们也希望玩家可以注意到游戏的攻略法。玩家是怎么玩的，特别是海外的玩家会卡在哪里，又突破了哪里的难关，这些我都很感兴趣。我们也会根据玩家的需求来调整更新的内容，带着这种目的，我去了解了很多玩家的心声。

——这样一来，着实感受到了这是一款全球化的游戏呢。

藤冈：这次着实感受到了《怪物猎人》的全球化。比如说，我们的员工到海外出差的时候，就听到海外的工作伙伴说正在玩《怪物猎人　世界》呢。这是之前很少发生的事情。在日本的话倒是无论业界内外都有人和我们说过是《怪物猎人》的粉丝，但在海外，除了游戏媒体的人就几乎没听到过类似的话了。也就是说，不在游戏业内的人也会开始和我们说：“我们在玩《怪物猎人　世界》，是这个游戏的粉丝。”真的让我感受到了这款游戏被世界所接受，非常感动。之前真的从没想象过在日本体验到的现象有一天也可以在海外感受到。

辻本：哦，说起来前一阵子我在旧金山，在街上走着就听见有人说“我在玩《怪物猎人　世界》哟。”然后我想都没想就“哦”地答应了一声。

藤冈：就光在街上走着就遇到了？（笑）

辻本：是啊，忽然就冲过来了，吓了我一跳。（笑）

藤冈：我和德田两人去新加坡的活动时也有这种感觉。来自菲律宾、印度尼西亚、马来西亚等东南亚国家的人会过来和我们说，是《怪物猎人》的粉丝。每次到海外出差，都能真实地感受到全球的玩家在大幅度增加。

德田：我五月去美国的时候遇到了一位第一次接触《怪物猎人》系列的女性评论员，她跟我说她非常喜欢这款游戏。她说她以前知道这个游戏，但是没有玩过，根本没有想到这个游戏能这么好玩这么刺激。她樱火龙的任务打了 45 分钟，跑遍了陆珊瑚台地，最终讨伐成功的时候真是感动涌上心头。“我把所有能用的都用了，资源也都耗光了，最终战胜它时的那种感动是其他任何游戏都没带给过我的。”那一刻我感受到，我们制作出了一款能够给玩家带来感动的游戏，让所有第一次接触《怪物猎人》的玩家都能沉浸在这迷人的世界中。我在玩初代《怪物猎人》时所体会到的感动，我想我们成功地把它传达到了全世界的玩家心中，那一刻我感到非常欣慰与自豪。

——辻本先生从什么地方感受到了这作游戏在海外的影响吗？

辻本：这次我们在海外也举办了狩猎大会。最终在东京游戏展进行表演赛的时候，来自各国的玩家们聚集在台下，相互交流，那时我便觉得让这个游戏走向世界真是个有意义的决定。

藤冈：而且那天后选手们还一起聚了聚。会日语和英语的选手在中间充当翻译。后来看视频网站，是那位视频博主把那时候的选手当作客人都召集到了一起，他们还在一起打了游戏。这些选手回国之后可能就会变成名人了吧，这种感觉真好。

德田：日本的视频博主上传的视频不仅写了日语，还配上了英语副标题，真是感觉到了世界之间的紧密联系。

辻本：是的呢。不论国内国外，《怪物猎人　世界》是系列中大家录视频录得最多的一作了。

藤冈：有很多摸索类型的视频，能看到玩家们碰壁之后不放弃地反复进行挑战真是太好了。

——那么日本玩家的反应如何呢？这一年间应该收到了不少来自玩家的反馈吧。

藤冈：这回我们在发售之后定期地更新 DLC，每一次都能给日本玩家带来不少新鲜的体验。我看到过玩家说：“贝希摩斯太强了，打不过怎么办？”之类的话。（笑）

辻本：在日本我经常听说，有很多玩家成天守在主机前玩《怪物猎人》，玩得不亦乐乎。我很开心玩家能喜欢我们的游戏。和以前的系列相比，本次游戏的游玩内容要丰富得多。特别是和史克威尔·艾尼克斯的联动合作任务，其中出现了许多有关角色扮演游戏的用语，由于和《怪物猎人》系列种类不同，有许多玩家是头一次听说这些词汇。有玩家表示游玩之后觉得：“啊！这种角色扮演游戏也挺有意思的”，这也达到了我们进行联动的目的。

与《最终幻想14》的联动

——既然提到了联动那我们就接着这个话题聊一聊。这次公开了联动企划，与史克威尔·艾尼克斯合作将贝希摩斯作为了追加内容，有很多人都对此表示很震惊呢。

藤冈：与《最终幻想14》（以下简称《FF14》）的联动呀……之前从没做过这种联动呢，有种接下了挑战状的感觉。

（一同笑）

德田：最初我们在交流时说道：“现在浮于表面的联动有点太多了。”之后制作人吉田直树（史克威尔·艾尼克斯）说：“那我们来做一次真正的联动的，不愧于游戏名字和玩家的那种。”

藤冈：吉田制作人也是个很讲究的人，我们既然决定要做了，一定会认真准备。结果这个联动便是双方共同努力的结果。结果虽然贝希摩斯不是《怪物猎人》系列的角色，也给我们的玩家们留下了很深刻的印象。

德田：我们在开发中也会去亲自体验《FF14》，想着将大型多人在线游戏的思路融合到《怪物猎人》中能产生什么奇妙的化学反应。我们在这次联动中想尝试的东西非常多，用了很短的时间便确立了主题，开始着手去做了。我们团队内也有许多《FF14》的粉丝，他们热情都很高涨，常说“不做到这种程度就不行。”几乎没有人觉得内容做得太多了。（笑）

藤冈：确实是没有，而且他们还疯狂地想多加东西呢。不过要加的怪物是在本篇的世界观构架中不存在的，我们最开始还在考虑着如何用现存怪物的建模数据去进行改动。既然是联动，我们也考虑过以灭尽龙作为基础进行改造。但是收到了对方发来的资料和 3D 建模之后，我们立刻决定直接从零开始做，这样绝对比在其他怪物基础上进行改造来得快来得好。

①：二者分别为英语和日语（发音）的“谢谢”。

辻本：怪物的联动，这也是系列历史上的第一次呢。所以作为制作人我也是做好了觉悟的。虽然决定联动题材和怪物的时间点正赶上忙的时候……但是我个人和吉田先生于8年前有个约定，所以既然说了要做，那就痛快地开始实施了。

藤冈：《FF14》的角色不是会动用很多魔法吗，看起来像是物理系的贝希摩斯，其实也会使很厉害的魔法。所以在《怪物猎人》的世界观和表现方式下无法呈现的效果，借助贝希摩斯这个对象便能展现无余了。就像突然掀起的龙卷风、落雷之类的，有种放飞自我的感觉。（笑）

——离开了《怪物猎人》世界的框架就可以尽情发挥了呢。

德田：是的呢。黄道陨石也是对方游戏中的一大亮点，难得联动一次，怎么能不把它加进来。（笑）《FF14》特有的机制，与《怪物猎人》有代表性的武器操作，在贝希摩斯身上得到了完美结合。

根据玩家的动向实施更新

——DLC的更新日程是如何决定的呢？

德田：最初是按照怪物等级顺序进行制作的，所以决定更新顺序为恐暴龙、绚辉龙、炎妃龙。

藤冈：虽然已经定下了贝希摩斯的联动任务，但具体时间还要与对方进行商榷，所以那时尚未确定。

辻本：后来的很多更新并不在一开始的计划中，比如历战王怪物之类的。

藤冈：关于历战王怪物，当时我们是觉得需要再为玩家投放一点儿新燃料了。我们春夏秋冬每个季节都有一次限时活动，那时候我们也会为玩家准备一些新内容，新惊喜。从以往的经验来看，我们一般都是能一定程度预测玩家在游戏发售后的动向的，但是这次玩家的动作有些快得出乎意料。

德田：对，是很快。其实最初的恐暴龙DLC要是能再早一点儿更新就好了，但碍于制作流程实在是很难再提前。所以我们之后便提前了历战恐暴龙的更新时间。

——是嘛，还有这样的事。

德田：原本的计划是先更新恐暴龙，之后过一段时间再更新历战恐暴龙。但是看到那时候玩家的进度，就觉得单靠一只恐暴龙不足以吸引玩家，而且已经暂停游戏的玩家可能不会对此有任何反应。所以历战恐暴龙的更新就提前了，就像个惊喜一样，虽然这是我独断的决定吧。

辻本：那是更新两天前我和德田打电话决定的。（笑）所以没出现在更新日程表上，那是完全临时做的决定。（笑）

（一同笑）

德田：我们关注着玩家的动向，也会根据玩家的喜好来变化更新内容。这一年来大家打得最多的怪物是大凶豺龙，全世界总共杀了得有一亿几千万头。为了大凶豺龙的“复仇”，我们在一周年纪念时推出了攻击力极高、报酬也极高的大凶豺龙任务。（笑）其实我们在制作绚辉龙的时候参考了一些大凶豺龙的素材，而反过来，将绚辉龙的动作逆输入到大凶豺龙这里，成了它的新招式。

藤冈：这是我们根据玩家的动向设计出的，饱含了大凶豺龙“怨念”的任务。

（一同笑）

得到全球范围好评的喜悦

——《怪物猎人　世界》对各位来说是一部怎样的作品呢？

德田：我从以前开始就是《怪物猎人》系列的粉丝，因为憧憬着它我才加入了卡普空。我从那时就觉得《怪物猎人》一定能走向世界，得到全世界玩家的认可，它的概念和设定完全有这个潜力。这次我被任命为了《怪物猎人　世界》的导演，虽然给团队的大家添了不少的麻烦，但我依然坚持着要将《怪物猎人》推向世界的信念。从结果来看是成功的，大家接受了这款游戏，这也是至今为止对我来说意义最重大的一部作品。我想把我在《怪物猎人》初代感受到的感动与喜悦传达给全世界的玩家，现在看来也算是获得初步的成功了。

藤冈：对我来说，但凡在游戏业界工作的人，基本没有不想参与3A游戏制作的。而我也正是借助着《怪物猎人》这个平台，获得了十分宝贵的经验。不仅可以接触到最先进的技术，而且也是亲身体会了这种游戏应该做到什么程度什么水平。卡普空有许多这种大IP，我也听说实际做起来会很难很辛苦，真正自己尝试起来感受还是不一样的。我们整个开发组的人都通过开发过程获得了成长，而且真诚地希望我们的工作可以成为卡普空继续发展的基石。我们也会定期地出席全球范围内的各种活动，与玩家面对面，进行直接的交流。这种销售战略下我们的工作量很大，虽然很辛苦，但亲身经历下来真实能感受到，我们所做的一切努力都是有价值的。

辻本：是这样的。这次的《怪物猎人　世界》在制作初期就确定了要走向世界的这一方针，开发代号也正是“world”。但是正像德田说的那样，这款游戏有这个潜力，我们有能抓住玩家心的自信。而且不仅在开发中，在宣传和贩售时也是如此，《怪物猎人》对我们来说是一个意义重大的IP。另外，本次的游戏首次实现了多语言化，这是游戏走向世界的最低标准了，可以说没有它便很难进行海外推广。本次实现了全球同步发售，虽然获得了玩家的一致好评……但我个人觉得，规模展开得有点儿太快了，真是把我们折腾得够呛。

（一同笑）

——面向海外的新闻公开，各位觉得什么地方最困难？

辻本：首先我们需要确定在什么地方投放燃料，然后投放的时机、顺序、具体内容，各种细节的调整花费了我们大量的心思。比如我们会在面向粉丝的活动上公开联动，其他的也会根据活动的性质来调整公开的新闻内容。

藤冈：我们也需要考虑各个国家都喜好什么，通过什么最能抓住他们的兴趣。

——所以说，在各个国家所公开的内容会不同吗？

藤冈：与其说是内容，不如说是展示的侧重点不同。好比美国喜欢动作游戏的玩家居多，所以我们便着重宣传游戏设计方面。而欧洲国家的玩家更重视世界观，我们的宣传也会偏向设定这一方面。在日本的话，玩家会比较想对游戏有一个整体的认识，想知道都有什么新要素，所以宣传资料的数量也较多。若不针对各个国家做出调整，就不能达到良好的媒体宣传效果。

致本书的读者们

——请各位对购买了本书的《怪物猎人　世界》粉丝们说两句吧。

藤冈：首先非常感谢大家购买本书。这本书收录了关于《怪物猎人　世界》的大量设定，各种边边角角的细节，可以说从小石子到小虫子无所不有，在编写和设计上花费了大量的心思。而且本书在各个章节的内容设计上都很注重交互，能够让玩家通过这大量的设定产生沉浸感，真正走进《怪物猎人　世界》的世界。所以说这 500 多页的书绝不是华而不实的面子货，这其中饱含了开发设计过程中的心血，请务必一页一页地仔细阅读，你会发现意想不到的惊喜。另外，本书在海外也有销售，希望海外的玩家也能喜欢。我之前看着被翻译成日语在书店售卖的海外书籍觉得很羡慕，我们也想出一本这样的书！于是这本书便饱含着我们的执念问世了。（笑）

德田：《怪物猎人　世界》比起之前系列的作品添加了很多更富有想象力的元素，而我们也设计了更加真实完整的生态系统。我们希望玩家可以通过翻阅本书，对各类设定有更加深刻的理解。生态系统终究还是由生物构成的，本书中提到的一些怪物设定，像蛮颚龙晒日光浴之类的，可能之前玩家并没有注意到。如果这引起了玩家的兴趣，让他们重新打开游戏去确认的话，岂不是很有意思？当然，除了怪物，本书还记录了很多关于地形要素、环境生物等平时游戏中容易被忽略的细节，我们希望玩家在阅读过之后再回到游戏时，可以体验到别样的乐趣。

辻本：说到《怪物猎人　世界》，最大的变化当然就是表现力上的升级了，许多前作中模糊的画面，现在都清晰地呈现在了玩家眼前。在武器和防具的设计上我们也是下了很大的功夫，希望玩家在看过书中的设定图后再回到游戏中去对比一下，看看书中的样子是不是真的被呈现了出来。如果能通过此书让玩家发现开发人员在细节上花费的心血，那将是我们的荣幸。

——最后想请辻本先生谈一谈对《怪物猎人》系列未来的展望，来结束本次的访谈。

辻本：本次是《怪物猎人》系列第一次走出国门，面向世界，我们也得到了全世界玩家的认可。能够让玩家们不分国籍，通过游戏连接到一起，我认为这是《怪物猎人》所迈出的崭新的一步。《怪物猎人》的系列还将继续，今后又将出现怎样的作品呢？我们将付出全力进行开发，也请各位玩家期待今后的怪物猎人！

and next...
MONSTER HUNTER: WORLD

MONSTER HUNTER
WORLD
ICEBORNE
モンスターハンターワールド：アイスボーン

图字：07-2021-0141

图书在版编目（CIP）数据

寻迹怪物猎人世界 / 日本Ambit书籍编辑部编著 ；
赵栩嘉译. — 长春 ： 吉林美术出版社，2024.4
书名原文：DIVE TO MONSTER HUNTER: WORLD
ISBN 978-7-5575-6835-1

Ⅰ. ①寻… Ⅱ. ①日… ②赵… Ⅲ. ①电子游戏－基
本知识 Ⅳ. ①G898.3

中国版本图书馆CIP数据核字(2021)第165398号

寻迹　怪物猎人　世界
XUNJI GUAIWU LIEREN SHIJIE

原作品名：DIVE TO MONSTER HUNTER: WORLD モンスターハンター：ワールド公式設定資料集
著　　者：日本Ambit书籍编辑部
译　　者：赵栩嘉
出 版 人：赵国强
责任编辑：陶　锐
责任校对：朱　军
出　　版：吉林美术出版社（长春市净月开发区福祉大路5788号）
发　　行：吉林美术出版社
网　　址：www.jlmspress.com
印　　刷：北京盛通印刷股份有限公司
版　　次：2021年10月第1版　2024年4月第5次印刷
开　　本：787mm×1092mm　1/8
字　　数：250千字
印　　张：70

书　　号：ISBN 978-7-5575-6835-1
定　　价：357.00元/册

次元书馆

出版统筹：贾　骥　宋　凯
出版监制：张泰亚
特约编辑：张子祎
美术编辑：张恺珈